中共湖州市南浔区委
湖州市南浔区人民政府 主办
《南浔年鉴》编纂委员会 编

南浔年鉴

NAN XUN YEAR BOOK

中国·南浔（2021）

方志出版社
Publishing House of Local Records

图书在版编目（CIP）数据

南浔年鉴. 2021 /《南浔年鉴》编纂委员会编. ——北京：方志出版社，2021. 12
ISBN 978-7-5144-5138-2

Ⅰ. ①南… Ⅱ. ①南… Ⅲ. ①区（城市）—湖州—2021—年鉴 Ⅳ. ①Z525.54

中国版本图书馆 CIP 数据核字（2021）第 275586 号

南浔年鉴（2021）

编　　者：《南浔年鉴》编纂委员会
责任编辑：刘　珊
出 版 者：方志出版社
地址　北京市朝阳区潘家园东里 9 号（国家方志馆 4 层）
邮编　100021
网址　http://www.zgfzcb.cn
发　　行：方志出版社图书营销中心
电话（010）67110500
经　　销：各地新华书店
印　　刷：杭州余杭人民印刷有限公司
开　　本：889×1194　　1/16
印　　张：26.25
字　　数：810 千字
版　　次：2021 年 12 月第 1 版　　2021 年 12 月第 1 次印刷
印　　数：001~800 册
ISBN 978-7-5144-5138-2　　定价：210.00 元

重 要 会 议

11月9—10日，全省乡村全域土地综合整治与生态修复现场会在南浔召开

11月16—17日，全省乡村产业高质量发展推进会在南浔召开

1 月 2 日，中共湖州市南浔区委四届九次全体（扩大）会议暨经济工作会议在南浔召开

5 月 7—9 日，湖州市南浔区第四届人民代表大会第四次会议在南浔召开

5月7—9日，政协第三届湖州市南浔区委员会第四次会议在南浔召开

6月1日，南浔区召开全区领导干部会议

领导活动

7月1日，市委副书记、市长王纲（左三）在南浔调研矛盾纠纷调解工作情况

9月27日，市人大常委会党组书记、主任孙贤龙（前排右二）在南浔调研《浙江省民营企业发展促进条例》执法情况

6月2日，市政协党组书记、主席杨建新（前排左二）在南浔调研“深化‘三服务’，奋战‘五个年’”活动情况

9月16日，市委副书记、政法委书记夏文星（左四）在南浔区人民检察院走访调研未成年人检察工作

7 月 23 日，区委书记杨卫东（前排右二）带队赴中心城区，督查全国文明城市复评工作

8 月 10 日，区委副书记、区长温建飞（中）带队深入基层一线，慰问在高温酷暑辛勤工作的建筑工人

1月9日，区人大常委会党组书记、主任梅爱祥（前排右二）赴善琏镇开展“三服务”活动并走访慰问困难群众

8月26日，区政协党组书记、主席孙根祥（右一）视察省未来社区试点（“湖州样本”）——南浔頔塘社区建设情况

南浔要闻

4月20日，区委、区政府举行援鄂医务人员凯旋欢迎仪式，迎接英雄胜利归来

5月15日，中国·南浔第三届全球创新创业大赛开幕式在上海国际会议中心举行

6月3日，南浔区党政代表团先后赴桐乡市、嘉善县、吴江区、无锡市学习考察旅游业发展情况

6月11日，家风建设与基层社会治理南浔案例分享暨中华老字号家风传承活动举行

6月28日，水晶晶南浔——2020南浔城市品牌推介上海活动年暨南浔（上海）科创中心揭牌仪式在上海举行

7月24日，区委、区政府召开国有企业发展座谈会

7 月 30 日，南浔城市规划展示中心举行开馆仪式

8 月 2 日，南浔区地方标准规范《既有多层住宅加装电梯实施指南》等在杭州发布

9月9日，全区教育发展大会暨庆祝第三十六个教师节大会召开

9月22—23日，2020年长三角G60科创走廊质量标准暨电梯产业发展论坛在南浔举行

9 月 30 日，全国第七个烈士纪念日，南浔区举行公祭仪式

10 月 13 日，四川省广安市党政代表团到南浔调研东西部扶贫协作工作

创业发展

2月20日，南浔区举行“奋战一季度　冲刺开门红”重大项目集中开工仪式

6月28日，南浔区举行大象酒店国际会展中心及南林大桥项目开工仪式

6 月 28 日，南浔区举行太阳酒店·水晶晶广场项目开工仪式

10 月 10 日，“世界绿地　共创南浔——绿地·南浔城际空间站启动仪式”在南浔举行，包含 238 米超高层双子塔在内的绿地·南浔中心启动建设

11 月 24 日，浙江水利水电学院新校区项目开工仪式在南浔举行

11 月 30 日，南浔区举行沪苏湖高铁南浔站交通枢纽工程开工仪式，全面拉开高铁南浔站建设序幕

编 辑 说 明

一、《南浔年鉴》以马克思列宁主义、毛泽东思想、邓小平理论、“三个代表”重要思想、科学发展观、习近平新时代中国特色社会主义思想为指导，坚持辩证唯物主义和历史唯物主义的立场、观点和方法。《南浔年鉴》是地方综合年鉴，是记载南浔区改革开放和现代化建设历史进程的年度资料性文献，旨在逐年记载南浔区行政区域自然、政治、经济、文化、社会和生态等方面情况，为宣传南浔、总结南浔、研究南浔和建设南浔提供服务。

二、《南浔年鉴》的年号采用国内外通行的编年法，即封面上标明的是编辑年份，而内容记载的是上一年资料。采用分类法编辑，主体部分采用类目、分目（部分分目下增设次分目）、条目三个结构层次，以条目为记载资料的基本单位。全书由图片、编辑说明、编纂机构、目录、正文和附录等部分组成。

三、《南浔年鉴（2021）》主体部分共设28个类目，包括特载、大事记、区情概览、党政、民主党派、人民团体、外事 台湾事务 侨务、法治、军事、人力资源 社会保障、农业、工业、旅游 商务、城建 环保、交通 通信、财政 税务 统计、金融、经济管理与监督、教育、文化 科技、体育 卫生、社会生活、开发（园）区、乡镇、人物、文件选编、统计资料，另设附录。

四、《南浔年鉴》的编辑工作在编纂委员会指导下，按编辑部的组稿计划和撰稿要求，由区级机关各部门、各单位和开发区、各镇确定专人负责撰写或提供稿件，并经主管领导审核。凡涉及区内国民经济和社会发展全局性的数据，以区统计局的数据为准。为尊重撰稿部门的意见，条目中保留由撰稿部门提供的数据，如有出入，均以“统计资料”所刊数据为准。

五、《南浔年鉴》使用的文字、标点、数字和计量单位均按照有关国家标准和规定执行。文字使用规范简化字，标点符号用法执行《标点符号用法》（GB/T 15834—2011），数字用法执行《出版物上数字用法》（GB/T 15835—2011），计量单位用法执行 GB 3100、GB 3101 和 GB 3102（所有部分）。

《南浔年鉴》编纂委员会

主　任：杨卫东

副主任：王剑峰　莫建华　吴冠宇　谢建伟

主　编：翟海峰　吴叙良

副主编：周建军　章沈泳

《南浔年鉴》编辑部

主　任：胡　赞

编　辑：王有林　张凌耿

目　录

特　载

大 事 记

区情概览

党　　政

民主党派

人民团体

外事　台湾事务　侨务

法　　治

军　　事

人力资源　社会保障

农　　业

工　业

旅游　商务

城建　环保

交通　通信

财政　税务　统计

金　融

经济管理与监督

教　育

体育　卫生

社会生活

开发（园）区

乡　　镇

人　物

文件选编

统计资料

附　录

·报　告·

·表彰名单·

特　　载

加快大赶超步伐　重塑水晶晶南浔 高质量打造湖州"开放东大门　创业新高地"

——在区委四届九次全体（扩大）会议暨经济工作会议上的报告

中共南浔区委书记　杨卫东

2020年1月2日

一、乘势而上、赶超跨越，高质量发展迈出坚实步伐

2019年，区委常委会在省市委的坚强领导下，紧紧围绕打造湖州"开放东大门　创业新高地"的发展定位，深入开展"三服务"活动，经济社会发展各项工作实现"全年红"。预计全年地区生产总值增长7.5%，财政总收入、一般公共预算收入分别增长10%和12%；规上工业增加值增长7.5%，固定资产投资增长15%，工业性投入增长30.8%，高新技术产业投资增长100%，城镇、农村居民人均可支配收入分别增长8.7%和9.2%；社会消费品零售总额增长8%。

这一年，我们聚焦做大做强，产业转型持续深化。工业经济提质增效。实施工业经济"三千"专项行动，规上工业总产值突破880亿元。加大企业培育力度，出台"新象新牛"大企业培育三年行动计划，新增规上企业129家，完成企业股改38家，新增新三板和成长板挂牌企业14家。推进制造业数字化转型，新增两化融合重点项目7个，入选国家两化融合管理体系贯标试点企业4家。整治淘汰"低散乱"企业685家，家具及竹木制品制造业列入省传统制造业改造提升分行业省级试点。"2019·全国家居业高质量发展大会"在我区召开，获评中国家居业高质量发展示范区。现代服务业加速提升。预计服务业增加值增长8%，新增限上企业53家。全域旅游加快发展，全区接待国内外游客1950万人次、增长15%，实现旅游总收入230亿元、增长16%。新增省级AAA级景区村庄等各类旅游阵地81个，和孚镇创成省级旅游风情小镇，荻港景区创成省级生态旅游区，善琏镇创成AAAA级景区镇，古镇夜游、石淙花海、采菊东篱等成为网红景点。电子商务快速发展，完成网络零售额71.91亿元，增长38%，增幅居全市第一。现代农业特色发展。深化农业"两区"建设，建成省级农业强镇2个，西部渔业现代园区列入省级现代农业园区创建名单，成功创建省级农业绿色发展先行区；通过国家级渔业健康养殖示范场现场验收，得分居全省第一。累计推广稻虾综合种养3200公顷，"跑道鱼"跑道334条，"红美人"柑橘种植面积212公顷。"桑基塘鱼"荣获国家农产品地理标志。2019年农业现代化评价列全省第12位，比2018年上升4位。

这一年，我们聚焦加压加码，项目"双进"成效显著。招商引资取得突破。建立驻外招商五大片区23个招商局，全力招引优质项目。预计全年新增亿元以上产业项目130个，其中工业项目120个；新批外资项目16个，合同外资7.86亿美元。项目推进扎实有力。建立重大项目"三率"评估、"三长"领办、"五个一律"供地、评审准入四大机制，全力加快项目推进。预计认定市大好高项目39个，在建南洋电机、鼎旭智造等亿元以上工业项目106个，亨通光网、约顿气膜等36个工业项目竣工。推进开发区万亩大平台建设，完成农户征迁 732 户、企业 29 家，拓展面积 200 公顷。持续推进小微企业园建设，完成主体工程15个、投入运营3个。要素保障不断强化。大力推进全域土地综合整治，申报项目数量和规模均列全省首位，全年用地保障达 593 公顷，其中工业用地保障 349 公顷，均创历史新高。加大金融保障力度，全区存贷款余额超千亿元，注册“绿贷通”平台企业 2514 家，发放绿色贷款 160 亿元。

这一年，我们聚焦创新创优，改革步伐日益稳健。重点领域改革深入推进。以“最多跑一次”改革为牵引，在全省率先推行综合测绘、涉企证照通办、企业开办“零成本”、工程建设项目审批“多证合一”等系列改革，推出投资项目精准导航图模式，发布国内首个企业开办全流程地方标准，在全市率先完成“无证明区”创建。农业水价综合改革试点县绩效评价列全省第一。练市镇列入全省综合执法体制改革基层“一支队伍管执法”试点乡镇。创新活力持续激发。成功创建国家知识产权强县工程示范区、南浔智能机电省级高新区、省级可持续发展创新示范区，首次入选全国“创新百强区”。成功创建智能电梯、绿色家居两个省级产业创新服务综合体。新增国家知识产权优势（示范）企业 6 家，居全市第一。加快创新平台建设，开发区“南太湖精英计划”产业园开园，沪浔协同科技大市场、同济大学技术转移中心南浔分中心投入运营，新建市级院士专家工作站 3 家。加快科技企业培育，新增高新技术企业28家、省级科技型中小企业111家。入选“南太湖精英计划”领军项目41个，新增高技能人才1583人，引进大学生及其他各类人才15723人。省级以上人才工程取得突破，省级“海外工程师”“省千”入选数量分别列全市第一、第二。大力培育众创空间，新增省级众创空间 4 家、市级众创空间12家。“三服务”活动成效显著。实现区内企业走访全覆盖，减轻企业各类成本负担 15.77 亿元，解决规上企业土地历史遗留等问题近 800 个。助推国家市场监管总局相关电梯标准修订，《南浔区迎难而上竭力维护本土企业权益》入选省“三服务”典型案例。全年新设各类市场主体 10168 户，同比增长48%。着力精文简会，重点精简三类文件发文总数和会议总数分别减少43.5%、38.6%。

这一年，我们聚焦精致精细，城乡面貌大步提升。中心城区形象不断改善。实施新一轮中心城区建设管理三年行动计划，全年推进项目92个，预计完成投资 128 亿元。頔塘南岸旧城改造工程入选全省首批未来社区、为全市唯一，完成总体工程量的50%；褚家漾区块完成全部56家企业搬迁，引进新城吾悦广场城市综合体项目。加快古镇保护利用，丝绸码头、非遗展示馆、宜园复建工程等项目竣工，北片入口廊桥、东市河两岸整治提升、东塘路景观工程等重点项目加速推进。加强城市精细化管理，深化“城警联勤”模式，实现全科网格与警务网格有效对接。完成省文明区创建测评验收。环境治理持续深化。治水工作首夺全省“大禹鼎”，$PM_{2.5}$平均浓度和空气质量优良率两项指标改善率全市第一，获批省级生态文明建设示范区。高质量打赢小城镇环境综合整治收官战，21 个小城镇建设省级样板率达52.38%，位居全市第一、全省前列。美丽乡村全域覆盖。完成投资4.5亿元，新创建美丽乡村30个、完成美丽乡村扩面提质14个，实现美丽乡村创建全域覆盖；加速推进“十线、十景、十小镇”建设，新建成美丽乡村小镇 5 个、美丽乡村精品村 4 个、美丽乡村景观线 2 条。交通水利建设掀起热潮。全年实施交通项目167项，预计完成投资35亿元。风顺路二期、湖盐公路改建、三新公路拓宽等工程有序推进，“三高”连接线竣工通车、南浔大桥即将贯通，累计完成农村公路等级提升 440 千米，全省首创基本无隐患美丽公路模式，实现交通基础大提升。全速推进“百漾千河”水利建设，完成水利投资8.02亿元，投资完成率位列全市第一、全省前列。

这一年，我们聚焦共建共享，幸福指数不断攀升。社会事业全面发展。加快教育事业发展，重兆小学、旧馆幼儿园等顺利搬迁，江蒋漾学校和 8 所幼儿园完成主体工程，中考成绩连续八年位居全市第一。加快健康南浔建设，成立南浔区医疗集团，设立全省首个全民健康日，发布全国首个《健康村镇建设与评价规范》，菱湖人民医院实现竣工，区中医院开工建设。推动文体事业发展，举办各类文体活动600余场，区图书馆新馆开工建设，建成农村文化礼堂28个、非遗大师工作室5个，获评全省文化礼堂示范乡镇1个，区档案馆被评为国家级数字档案馆。完善社会保障体系，区社会福利中心顺利推进，困难群众医疗救助落实率达100%，新增城镇就业22540人，城镇登记失业率2.05%。持续实施低收入群众三年奔小康工程，投入各类帮扶资金1.43亿元，实现人均年收入 13300 元以下低收入群众奔小康行动三年任务两年超额完成。深化与广安东西部扶贫协作，“国企引领、三产联动”对口帮扶模式入选国务院东西部扶贫协作典型案例。社会治理不断深化。深入推进扫黑除恶专项斗争，破获涉黑恶犯罪团伙 38 个，抓获犯罪嫌疑人 787 人；启动实施“四个秩序”专项整治行动，生产安全事故数、死亡人数、火灾起数分别下降 40%、25%、57.6%，有望实现平安南浔十五连冠、勇夺“二星平安金鼎”。全省首创特种设备“安全顾问”制度，实现特种设备安全“零”事故。开展“厨房革命”和“食安校园”三年行动，食安指数排名位列全市第一。妥善化解各类矛盾纠纷 1 万余件，民事调撤率列全省第二，区法院获全国法院“基本解决执行难”工作先进单位。积极推进社会组织参与社会治理，建成幸福邻里中心 8 家。民主法治建设持续推进。深化法治南浔建设，全面推行党务公开工作。召开区委人大工作会议、区委政协工作会议，积极支持人大、政府、政协开展工作。加强对统战工作的领导，组建区乡贤联盟，出台全国首个宗教中国化和宗教工作法治化建设指南。加强和改进党对工会、共青团、妇联等群团组织的领导，认真做好党管武装、审计、档案、党史、老干部、关心下一代、残疾人等工作。

这一年，我们聚焦从严从实，党的建设全面加强。主题教育高标准推进。区委常委会带头开展学习教育、调查研究、检视问题、整改落实，引领推动全区广大党员积极投身主题教育。组织各级党委（党组）集中学习研讨 559 次，领导班子人员讲党课 454 次。区领导带头完成全区行政村（社区）走访全覆盖，梳理各类问题 394 个、解决 328 个。结合“千名干部联千组”，1925 名干部直插基层一线收集问题 750 个、解决 638 个。集中开展领导干部政治素质考察、基层党组织组织力年检和党员党性体检，深入查找不足、深挖根源。扎实推进十大专项整治和“三个一批”重点问题整改，区领导领衔包干，解决区级层面“三个一批”问题 28 个，建立长效机制 6 项。相关做法得到《人民日报》、新华社、《浙江日报》等主流媒体报道 83 次，其中头版头条 2 次。思想政治建设不断强化。深入学习宣传党的十九届四中全会精神，组织区委理论中心组集中学习 17 次。严格落实意识形态责任制，牢牢掌握意识形态工作领导权。成立区融媒体中心，全面完成新时代文明实践中心建管用体系建设。“最美家风+”品牌持续打响，获主流媒体报道 200 余次。干部队伍建设有力有效。强化干部教育，认真办好北大“创二代”青年企业家培训班、年轻干部培训班等主体班次 20 期，累计参加 1885 人次。强化一线锻炼，创新百人百岗“项目专员”双向培养机制，使用好各年龄段干部，选派 216 名干部参与驻外招商、项目推进等中心工作。强化监督管理，全年对 7 名干部谈话诫勉、189 名干部谈话提醒，不断推动干部担当作为。创新实施“银雁返乡”计划，搭建平台发挥老干部作用，助力中心工作。大力实施“双创双全”组织力提升工程，全年新增基层党建示范点 26 个、市级整镇提升示范镇 1 个，完成新建（改建）活动场所 22 个。选优配强村级班子，推行村党组织书记区级党委备案管理和后备人才培育计划，调整村党组织书记 24 名，选派党员民警 47 名到村担任副书记，切实强化基层治理力量。组建“强村公司”，启动村级物业项目 33 个，提前实现年经营性收入 30 万元以下村清零。清廉南浔建设持续推进。坚守优化政治生态护航赶超跨越工作理念，精细化实施“六清工程”，清廉学校、清廉医院打响品牌，在全市率先出台清廉企业建设规范。大力培育清廉乡村示范点，村级工作餐、村级限额以下工程规范化管理等做法在全市推广，试点实施的 579 个村级工程项目造价平均下降 15.6%。成立巡察办、组建巡察组，高标准完成 3 轮常规巡察和 4 个专项巡察，发现问题 1120 个，移交问题线索 39 条。扎实开展各类专项治理，查处违反中央八项规定精神问题 33 件，挖出黑恶势力“保护伞”“关系网”23 人，留置主要对象 10 人，查办全市第一例“保护伞”和第一例人防系统职务犯罪案件。认真开展“九个一”警示教育、为党员干部澄清正名、受处分人员回访教育等活动，做到严管和厚爱相结合。

回首过去的一年，全区上下砥砺奋进、克难攻坚，实现了横向比变化快，纵向比进步快，发展的基础更实，赶超的底气更足，对外的形象更好。我们厘清了赶超跨越的发展思路。深入开展调查研究，梳理排摸一批事关南浔长远发展的重大项目，研究确定“一个定位、一个导向、二个抓手、八大工程”的“一一二八”工作部署，为全区高质量赶超发展凝聚了共识、明确了方向。我们找准了提纲挈领的工作方法。大力倡导“以实绩论英雄”的鲜明导向，激励全区干部实干担当、拼搏进取，确定了每月召开区领导领衔的重大项目推进例会、镇（开发区）

党委书记例会制度，并定期在湖州日报上晾晒亮牌，激发全区上下比学赶超、奋勇争先。我们放大了融沪接苏的区位优势。随着长三角一体化规划纲要正式发布，沪苏湖高铁即将全线开工，南浔经吴江至上海的城际铁路已初步列入国家规划，南浔长三角核心区位优势进一步凸显。我们引进了振奋人心的重大项目。成功引进总投资 290 亿元的合丰泰玻璃基板项目，为第五届浙商大会上签约体量最大的产业项目和我区建区以来首个超百亿的工业项目，填补了浙江省在该领域的产业空白。引进浙江水利水电学院、浙江同济科技职业学院 2 所高校，填补了我区高等教育的空白。我们夯实了城乡一体的发展基础。完成小城镇环境综合整治、美丽乡村全域覆盖、农村公路等级提升三大收官战，获评小城镇环境综合整治省级优秀区、省级四好农村公路示范区、省级美丽乡村示范区，城乡面貌持续改善。我们营造了同舟共济的浓厚氛围。始终把团结协作作为事业胜利的基石和保证，大力倡导快乐工作法，全区上下心往一处想，劲往一处使，形成了同心同向、和衷共济的良好局面。南浔对外影响力持续提升，得到国家级媒体报道 530 次、省级媒体报道 650 次。

在看到成绩的同时，我们也必须清醒地认识发展中的短板和不足：比如，战略性新兴产业和高新技术产业增加值增幅不快，说明我区产业结构不优、产业层次不高，高质量发展的动力支撑有待进一步增强；中心城区城市形象有待提升，城市功能还不够完善，辐射集聚能力还不强；与群众对美好生活的愿望相比，公共服务、社会保障的供给质量有待进一步提高；干部队伍能力水平还不够高，不敢担当、不能担当现象时有发生，敢于担当、善于担当意识和能力还不够，作风建设还需进一步加强，等等。对此，我们要采取有效措施，切实加以解决。

二、守正创新、奋勇担当，高水平推进区域治理现代化

区域治理事关区域社会和谐稳定，事关党和国家长治久安。党的十九届四中全会对新时代坚持和完善中国特色社会主义制度、推进国家治理体系和治理能力现代化作出了科学完备的顶层新设计。省市委全会分别就贯彻落实党的十九届四中全会精神，高水平推进省域、市域治理现代化分别进行了部署。为深入贯彻落实中央和省市委全会精神，我们起草了《中共湖州市南浔区委关于高水平推进区域治理现代化的决定》，并明确我区推进区域治理现代化，就要做到“六个必须”：

1. *必须坚持党的全面领导。*要坚持和加强党的全面领导，切实把党的政治优势、组织优势、制度优势等转化为社会治理效能。要全面推进基层党建与社会治理有机衔接，把党组织的服务管理触角延伸到社会的每个末梢，实现政府治理、社会调节、居民自治良性互动。要做深做实镇（开发区）“大工委”、社区“大党委”制，大力推进“红色联盟”“红色物业”等红色系列建设。

2. *必须坚持加快高质量赶超发展。*要始终坚持发展第一要务，抢抓长三角一体化国家战略机遇，全面实施融沪接苏“1152”工程，全力抓好开放合作、项目双进、产业转型、企业培育、改革创新等重点工作，健全高质量发展的现代化经济体系，努力实现南浔更高质量赶超发展，为实现高水平区域治理现代化提供坚实的物质保障。

3. *必须坚持践行“两山”理念。*要牢固树立“两山”理念，健全完善污染防治体制机制，加快构建生态文明体系，全面推动绿色发展，重塑“水晶晶南浔”。要吃深吃透“两山”理念中蕴含的治理思想，在推进区域治理过程中大胆探索、积极实践，形成可复制、可推广的治理经验，构建共建共治共享的区域治理新格局。

4. *必须坚持以人民为中心。*要把站稳人民立场作为深入推进社会治理的首要原则，充分发挥人民群众积极性，认真听取人民群众意见建议，在推进区域治理中充分体现人民共同意志、切实保障人民合法权益、不断激发人民创造活力，让全区人民享有更多获得感、幸福感、安全感。

5. *必须坚持加强基层社会治理。*要立足问题导向，聚焦防范重大风险，把“防为主、防为上”工作方针贯穿到基层治理的各个环节，统筹推进系统治理、依法治理、综合治理，推广“最美家风+”“六老六大员”“乡贤参事会”等做法，全面夯实基层治理基础，争当中国特色社会主义治理现代化先行示范区。

6. *必须坚持弘扬改革创新精神。*要以“最多跑一次”改革为支点，进一步撬动区域治理领域的各项改革，通过创新思想理念、方式方法、科学技术、体制机制，充分释放改革创新红利，不断提高区域治理社会化、法治化、智能化、专业化水平，将改革创新势能转化为区域治理效能。

三、坚定信心、抢抓机遇，奋力开创高质量发展崭新局面

2020年是高水平全面建成小康社会的决胜之年，是"十三五"规划的收官之年，是南浔高质量赶超发展的加速之年，做好2020年工作尤为重要。近期中央和省委经济工作会议、市委八届八次全会暨经济工作会议深刻分析了国际国内形势，明确了今年目标任务和重点工作。我们必须深刻领会、全面落实，切实把思想和行动统一到党中央和省市委对形势的科学判断和决策部署上来。

中央和省市委强调，要客观、全面、辩证、积极地看待当前形势。从国际形势看，世界面临百年未有之大变局，世界经济仍处在国际金融危机后的深度调整期，长期矛盾和短期问题交织，结构性因素和周期性因素相互作用，经济问题和政治问题相互关联，不稳定不确定因素增多。从国内形势看，我国正处在转变发展方式、优化经济结构、转换增长动力的攻关期，"三期叠加"影响持续深化，加上中美贸易摩擦影响，经济下行压力持续加大，前进中面临许多困难与挑战，但稳中向好、长期向好的基本趋势没有改变。

就南浔来说，面临的困难和风险挑战很多，但有利因素也很多，稳中有进、进中向好的基本态势不会改变。一是我国经济有强大韧性、巨大潜力和超大市场规模，我们仍然处于重要战略机遇期。二是宏观政策逆周期调节成效正在显现，特别是大规模减税降费政策，有利于增强市场主体活力。三是长三角一体化国家战略深入实施，沪苏湖铁路即将全线开工，嘉湖一体化全面推进，南浔正迎来千载难逢的发展机遇，地处长三角中心腹地的区位优势将更加凸显，必将有力推动项目、资金、人才等各类优质资源加速交汇集聚。四是南浔具有良好的发展基础和发展态势，尤其是随着近两年新引进项目的落地达产，发展后劲不断增强。只要全区上下坚定信心、保持定力，抢抓机遇、主动作为，奋力推进各项重点工作落到实处、取得实效，就一定能够战胜各种风险挑战，实现高质量赶超发展。

基于以上分析，做好2020年全区工作的指导思想是：高举习近平新时代中国特色社会主义思想伟大旗帜，全面贯彻中共十九届四中全会，省委十四届六次全会，中央、省委经济工作会议和市委八届八次全会暨经济工作会议精神，按照省委"八八战略"再深化、改革开放再出发的要求，落实市委"一四六十"工作体系，坚持稳中求进工作总基调，坚持新发展理念，坚持以供给侧结构性改革为主线，全方位融入长三角一体化国家战略，持续深化"三服务"活动，高水平推进区域治理现代化，全面推进"一一二八"工作部署，统筹抓好稳增长、促改革、调结构、惠民生、防风险、保稳定各项工作，确保高水平全面建成小康社会，实现"十三五"规划圆满收官，重塑"水晶晶南浔"，高质量打造湖州"开放东大门、创业新高地"。

2020年全区经济社会发展的主要预期指标建议为：地区生产总值增长8%；固定资产投资增长15%，其中工业性投入增长20%以上；财政总收入和一般公共预算收入均增长12%以上；规上工业增加值增长8.5%；研究与试验发展经费支出占地区生产总值比重达3%；社会消费品零售总额增长8%；城乡居民收入分别增长9%、9.5%；节能减排等约束性指标完成省市下达的目标任务。工作中要把握以下原则：

——坚持稳中求进工作总基调。坚持"稳"字当头，保持"稳"的定力，坚定"进"的信心，巩固扩大当前良好的发展态势，扎实做好"六稳"工作，打好"三大"攻坚战，持续推进供给侧结构性改革，不断提升经济质量和效益，努力实现量质齐升、又稳又进、又好又快。

——坚持以"两山"理念为引领。坚定不移走"绿水青山就是金山银山"的发展路子，在持续推动经济社会发展过程中，真正把绿色发展的理念落实到谋思路、作决策中去，落实到稳增长、调结构、惠民生中去，以实际行动绘就"水晶晶南浔"新画卷。

——坚持补齐高水平全面建成小康社会短板。紧紧围绕高水平全面建成小康社会和"十三五"规划圆满收官目标，对照省市高质量发展综合绩效考核和绿色发展指数体系，紧盯薄弱环节，对表对标、查漏补缺，不断固根基、扬优势、补短板、强弱项，着力提升发展的质量和小康的成色。

——坚持全面融入长三角一体化。抢抓长三角一体化和沪苏湖铁路开工的巨大机遇，立足区域发展格局，全面对接长三角一体化国家战略，以更大力度融沪接苏，承接沪苏产业转移，加快资金、人才等各类要素流入，加强同长三角各大城市全方位协作，全力实现协同、融合、共赢发展。

具体来说，要围绕"一一二八"工作部署来开展：

"一"，即紧紧围绕一个定位：围绕打造湖州

“开放东大门、创业新高地”的发展定位，加快南浔高质量赶超发展。

“一”，即持续强化一个导向：强化“以实绩论英雄”的鲜明导向，激励全区各级干部实干担当、奋勇争先。

“二”，即牢牢扭住两个抓手：一是狠抓重大项目推进。牢牢扭住事关全区长远发展的一批引领型、旗舰型重大项目，强化领导负责、牵头协调、比拼晾晒、例会推进，切实以大项目带动大发展；二是狠抓强镇（开发区）计划推进。切实强化镇（开发区）工作，加快推进“三年强镇（开发区）工作计划”，定期对重点考核指标和细分指标进行晾晒亮牌，激发比拼赶超的强大斗志。

“八”，即全力实施八大工程：

1. 全力实施融沪接苏“1152”工程

实施融沪接苏“1152”工程三年行动计划，加快构建全方位、宽领域、多层次的融沪接苏新格局。

加快推进一条城际铁路。积极向国家和省市发改委对接争取，主动与周边县区沟通联系，联合吴江区、桐乡市，共同深化线形走向、场站设置、轨道制式等内容的可行性研究，全力确保南浔经吴江至上海城际铁路正式纳入《长三角多层次轨道交通体系规划》，力争成为“十四五”期间实施类项目。

全力引进“专精特新”企业一千家。加强与青浦、吴江等地合作，深入研究共建产业园相关机制，高水平启动建设开发区、南浔镇、练市镇、旧馆镇4个千亩级的沪苏绿色智造产业园，加快长三角产业协同南浔示范园实体化运作，高质量引进一批产业园区建设运营管理龙头企业，力争到2021年引进上海电气设备行业等“专精特新”企业1000家以上。

着力引进高端康养人群五万人。开展全域土地整治和生态修复工程，加快打造“田园+康养、旅游+康养、文化+康养”等田园牧歌式康养住区，力争到2021年引进上海银发金领等高端康养人群5万人。加快“城南南浔上海小镇”项目规划设计，启动区域内水系、绿化等景观建设，深入对接高端康养人群相关需求，研究出台相关优惠政策，承接上海优质医疗、教育等资源。

大力引进创业科技型人才两万人。全力推进“海外工程师”以及南太湖系列重大人才工程，以更大力度引进省外顶尖人才、领军人才，打造人才生态最优区。加快开发区“南太湖精英计划”产业园建设。推动上海科创中心、杭州科创飞地以及高铁新城科创园建设，突出人工智能、移动通信、生物医药等新兴产业，力争到2021年引进科创团队300个以上，以社保关系在上海、生产生活在南浔等方式引进创业科技型人才2万人（含大学生）。

2. 全力实施城市能级提升工程

加快实施中心城区建设管理和南浔古镇保护利用两个三年行动计划，构建大交通体系，全面提升城市能级。

加快中心城区建设。实施城建项目113个，总投资187亿元。高标准推进高铁新城建设，全面启动大象酒店、太阳酒店、会展中心、绿地南浔中心高铁新城CBD等重大项目，大力发展总部经济、楼宇经济、特色街区，打造一批城市新地标、新名片。开工建设浙江水利水电学院，全力推进頔塘未来社区、褚家漾区块等旧城改造项目，加快实施老旧小区改造，启动頔塘北岸整治工程，新增城市公共绿道20公里。加快建设吾悦广场、佳源中心广场、广弘新天地等城市综合体重点项目，不断完善城市功能。通过中央电视台、高铁列车冠名等方式，全面打响“水晶晶南浔”城市品牌。

加强古镇保护利用。坚持因地制宜、规划统领，深入挖掘丰厚的历史文化，合理布局业态，精心谋划项目，完善基础配套，以崭新的思路举措，走出一条保护开发新路子，持续讲好“南浔故事”，擦亮古镇金名片。完成东大街、东市河南岸整治等项目，推进宝善街修缮及河道开挖、丝行埭及南西街综合整治等项目。加快引进精品民宿酒店25家，各类优质业态50家，完成已有业态整改提升25家。

提升城市管理水平。巩固扩大全国文明城市创建成果，提升城市精细化管理水平，加强“智慧城市”建设，加快解决停车难等突出问题，打造城市管理亮点品牌。推行“城乡环卫一体化”市场化机制。巩固深化“城警联勤”机制，保持常态长效管理，积极探索城市管理新模式。

着力构建大交通体系。实施交通项目101项，完成投资20亿元。全力保障沪苏湖铁路全线开工，加快推进南浔综合交通枢纽工程、湖盐公路改建、南浔至临安公路新建、三新公路拓宽等工程建设，确保湖山大道建成通车，力争苏台高速、湖杭高速开工建设，南浔至临安公路南浔至练市段完成前期，构建外联内畅的大交通体系。全力打造全省农村公路样板，积极争创国家级“四好农村路”示范区。加快推进基本无隐患美丽公路建设，有序实施美丽经济交通走廊创建。

3. 全力实施项目双进双产工程

坚持“项目为王”理念，持续打赢项目引进推进攻坚战，全力拓展平台空间，为高质量发展提供坚实支撑。

全力以赴引项目。选优配强五大片区驻外招商力量，深化与沪苏杭地区的对接合作，加强政策保障，重点围绕高端装备、数字经济等新兴产业，力争引进亿元以上重大产业项目 150 个以上，工业项目 140 个以上，新增市认定“大好高”项目 50 个以上。以我区列入省小微企业园建设提升工作县区为契机，招引一批优质小微企业入驻。着力打造高质量外资集聚先行区，确保实到外资 2.5 亿美元。

不遗余力推项目。落实区领导联系重点项目制度，进一步深化“四率”评估和“三长”领办机制，积极营造上下联动、部门联手推项目的良好氛围。全年开工亿元以上重点产业项目 100 个以上，竣工 60 个以上，完成投资 200 亿元以上，确保合丰泰玻璃基板等重大项目早开工、快推进。

持之以恒拓平台。集中力量攻坚开发区万亩大平台，新拓展面积 333 余公顷，完成迁西路、向阳路延伸段基本道路建设，全力形成发展新框架，加快争创国家级开发区。加快南浔智能机电高新技术产业园建设，持续整合提升双林、菱湖、和孚等老工业平台，切实提升承载能力。

4. 全力实施转型升级加速工程

坚持把加快产业转型速度和加大企业培育力度作为高质量发展的主攻方向，全力做大经济总量、提升产业质量。

推动工业经济迈上台阶。大力度推进工业经济扩量，规上工业产值力破 1000 亿元大关。以传统优势产业高质量转型升级、厂房租赁业规范有序发展专项行动、“亩均论英雄”评价为抓手，推动工业经济提质增效。以合丰泰玻璃基板项目落地为契机，全力引进数字化、信息化配套项目，加快打造数字经济万亩千亿产业大平台。

推动“新象新牛”企业培大育强。以更大力度支持重点企业加快发展、加快上市、加快人才引进，以“一月一排行、一季一例会”及“象牛”服务机制为抓手，全面助推“新象新牛”及培育企业不断做大做强。加快森赫电梯、彩蝶实业等重点企业上市步伐，全年新增股份制公司 20 家、挂牌企业 10 家，完成 IPO 材料申报 2 家。坚持调优规上企业结构，加快企业升规工作，确保规上企业保持 1000 家以上。

推动现代服务业提质增效。充分运用好新服务业政策，挖掘一大批个转企和下转上，推动服务业扩量提质。大力发展全域旅游，加快“漫南浔”水上之旅、湖笔小镇、桑基鱼塘、十线十景十小镇等项目推进，培育创建旅游风情小镇 1 个、省级产业融合示范基地 1 个、全域旅游示范乡镇 1 个，实现景区村庄全覆盖。加快建材市场提档升级，完善业态布局。加快电子商务发展，做大做强跨境电商，实现网络零售额 90 亿元。着力开发文化产品，加大“古镇浔迹”和“善琏文创”文旅产品开发力度，打响具有南浔特色的陈家菜、全羊宴、全鱼宴等特色餐饮品牌。

5. 全力实施营商环境优化工程

持续深化供给侧结构性改革，不断加快创新步伐，深入开展“三服务”活动，着力打造营商环境最优区。

持续释放改革动力。全面深化“最多跑一次”改革，推行审批服务告知承诺全域化改革，实施项目投资“一件事”服务改革，打造企业设立联办、项目联批、数据联测、竣工联验一站式服务平台，加强线下场景应用和线上系统对接，构建区块链政务服务体系。深化绿色金融改革，新接入“绿贷通”平台企业1200家，全区银行机构绿色贷款余额达 160 亿元以上。以创建国家级农村宅基地使用管理专项改革试点县区为目标，全力推动农村存量宅基地盘活利用工作，确保参与农户 1000 家。

持续提升创新水平。加快培育创新主体，全年新增高新技术企业22家以上，省科技型中小企业100家以上，市“双高”企业 17 家以上，高新技术产业增加值增长 10.5%以上。加快打造创新平台，全力创建国家级电机特色产业基地，高水平建设智能电梯、绿色家居两个省级产业创新服务综合体。加快集聚创新要素，新增省级企业研究院 3 家以上、省级企业研发中心 8 家以上、院士专家工作站 2 家以上，开展产学研合作 30 项以上，开发省级新产品 150 项以上。推进质量强区和知识产权强区建设，参与国际国家标准制订 10 项，全年发明专利授权 150 件，新增注册商标 1100 件、“浙江制造”标准 5 项。

持续深化“三服务”活动。贯彻落实省委“更深更细更精准”的要求，坚持“南浔 365，天天在服务”主题，持续深化“千名干部联千组”等常态服务机制，创新服务载体、服务平台，抓好精准服务、攻坚克难，更好地破解困扰企业生产经营的发展难题，更好地解决关乎群众切身利益的民生问题，更好地补齐制约基层改革发展的突出短板。重点以“绣花功夫”精准服务企业，巩固和提高减税降费成效，加大金融支持实体经济力度，促进民营经济持续健康发展。

6. 全力实施乡村振兴样板工程

加快农业增效、农村发展、农民增收，全力打造具有江南水乡韵味的乡村振兴样板。

让农业更强。着力规划建设万亩农业大平台，全力实施农业产业规模化发展三年行动计划，深入推进万亩红美人、万亩跑道鱼、万头湖羊、万亩稻虾“四个万”基地建设，提升“南浔知味”品牌知名度，打响南浔农业金名片。加快推进数字渔业发展行动、湖羊振兴行动，实现特色产业政策支持全覆盖。谋划南浔农业高新区建设，创建2个省级现代农业园区、1个国家级农业强镇、1个省级农业强镇。

让农村更美。全面实施全区范围内全域土地综合整治工程，启动行政村50个以上，到2021年规划复垦建设用地2万亩、垦造新增耕地1000公顷，全年用地保障达1万亩以上。充分利用古镇、古村、平原水乡等特色资源，持续推进产村融合发展，建设一批千姿百态的具有江南水乡韵味的新农村社区，打造新时代美丽乡村深化版。建设新时代美丽乡村20个，重点打造荻港—竹墩古村片区、田园花海石淙片区等六大片区，推动美丽乡村向美丽经济转化。完成乡村农贸市场改造提升6家，创建省放心农贸市场6家。以“百漾千河”工程为重点，大力推进水利工程建设，完成投资8亿元以上。

让农民更富。围绕村集体年经营性收入增长20%以上、达到100万元以上的目标，推动实现村级强村公司全覆盖，持续壮大村集体经济。建设农创客综合服务平台，为各类主体和回乡创业青年提供空间和服务。深入实施“千家主体培育工程”，不断拓宽农民增收渠道，全力培育新型农业经营主体。推进农合联“三位一体”改革，建立公司+农创客+村集体+低收入农户+党员的全领域增效模式。

7. 全力实施生态环境提质工程

牢固树立“两山”理念，统筹推进生态文明建设，让南浔生态更美丽、环境更宜居、生活更舒适。

坚决打赢治水治气持久战。持续做好水的文章，深化河（湖）长制，全力推进污水零直排区建设，确保III类及以上水质断面比例、水环境功能区达标率均保持100%，再夺大禹鼎，再现“水晶晶南浔”。坚决打赢蓝天保卫战，加快推进遥感监测平台建设，提升系统化、科学化、精细化管理水平，确保$PM_{2.5}$平均浓度控制在32微克/米^{3}以内，空气质量优良率达到80%以上。

坚决打赢治乱拆违阵地战。以创建省“无违建区”为目标，按照“控新增、去存量、大改造、创精品”的要求，对全区重点区域、重点类型的违法建筑进行全面排查整治，强化防违控违长效机制，加快拆违和旧厂区、旧住宅区改造步伐，拆后土地利用率达80%以上，顺利通过“基本无违建区”复评。

坚决打赢垃圾分类攻坚战。实施垃圾分类精准治理，深入推进垃圾分类“拉网式”管理，实现全区人均生活垃圾产生量零增长，城镇和农村生活垃圾回收利用率分别达50%、45%以上，全面提升垃圾减量化、资源化、无害化处置水平。建成区镇互联互通的农村生活垃圾智能化管理系统，建设生活垃圾分类区级示范村30个，实现区级示范小区、示范单位创建率60%以上。

8. 全力实施民生和谐幸福工程

坚持把群众对美好生活的向往作为奋斗目标，切实办好民生实事、补齐民生短板、促进社会和谐。

大力发展社会事业。促进教育事业发展，组建南浔实验小学教育集团，开工建设南浔实验小学新校区（华夏小学）、褚家漾小学，完成新南浔高中主体工程，投入使用江蒋漾学校和8所幼儿园，不断优化教育资源配置。加快健康南浔建设，建成首批3个健康示范镇；加大区中医院项目推进力度，确保菱湖人民医院投入使用；深化完善医共体运行机制，实现基层就诊率达70%、区域就诊率达90%以上。促进文体惠民，组织送戏下乡、全民健身等活动600场以上，谋划新区博物馆建设，新建农村文化礼堂38个，与浙江水利水电学院共建图书馆、大剧院、体育中心。加快建设水晶晶颐养中心，实现示范型居家养老服务中心乡镇全覆盖，打响“幸福南浔夕阳红”品牌。

不断强化社会保障。积极推进高质量就业，确保全年新增城镇就业2万人，城镇登记失业率控制在3.5%以内。加快完善社保体系，实现基本养老保险、基本医疗保险人人享有。推进医共体医保支付方式改革，提升医疗保障水平。实施高质量保障低收入群众小康生活工程，扩大救助对象覆盖面，确保小康路上不落一户、不落一人。

深化平安南浔建设。围绕平安南浔十六连冠、平安乡镇创建“满堂红”的总目标，进一步深入推进扫黑除恶专项斗争，深入开展严打深挖、打伞破网、固本强基三大行动，做到扫干净、除彻底。持续开展“四个秩序”专项整治工作，抓好基层治理“四平台一中心一网格”“三治融合”等体系建设，深化区社会矛盾纠纷调处化解中心及镇（开发区）分中心建设，加快构建新型基层社会治理体系。加强安全生产监管，完善应急管理体系建设。加大食品安全监管力度，巩固深化省食品安全区创建成果。创新社会治理方式，积极引导社会组织参与社会治理，全力构建具有南浔特色的社会治理共同体。

切实做好帮扶协作。深化同广安区扶贫协作，实施“湖羊入川”工程，促进广安柠檬、龙安柚、中药材等帮扶基地增产增效；加快推进南浔·广安扶贫协作产业园建设，着力打造浙川东西部扶贫协作样板园区；以“浔栖江南度假区”农旅结合项目为引领，扩大合作交流。加强同重庆涪陵龙桥街道对口支援、白山市江源区对口合作、缙云县山海协作。

四、不忘初心、牢记使命，全面推进管党治党再上新的台阶

牢牢把握新时代党的建设总要求，坚持党要管党、全面从严治党，不断提高党建质量，为推进南浔高质量发展提供坚强保证。

1. 突出政治建设统领地位。始终坚持正确政治方向，牢固树立“四个意识”，坚定“四个自信”，坚决做到“两个维护”。巩固“不忘初心、牢记使命”主题教育成果，坚持不懈强化理论武装，自觉用党的创新理论武装头脑、指导实践、推动工作。牢牢把握意识形态工作领导权、管理权、话语权，持续做好网络舆情管控。大力弘扬社会主义核心价值观，深化“最美家风+”等群众性文明创建活动，形成文明社会新风尚。坚持党对一切工作的领导，支持人大依法履行职责，支持政府放手开展工作，发挥政协专门协商机构作用。着力巩固和发展最广泛的爱国统一战线，团结引导全区各界群众与区委同心同德、同向同行。加强和改进党的群团工作，认真做好党管武装、档案、党史、老干部、关心下一代和残疾人等工作。

2. 大力锻造干事创业铁军。选优配强领导班子，坚持政治素质标准，强化“实绩论英雄”导向，不断拓宽选人用人视野。着力完善领导干部实绩考评体系，注重平时考核、一线考核，大力推动干部能上能下。以高素质专业化干部队伍建设为目标，健全考评机制，分层分类开展培训、比拼活动，着力提升干部能力水平，推动快干、巧干、实干。坚持严管和厚爱结合、激励和约束并重，全方位加强干部思想与行动、工作与社交、八小时内外的监督管理，完善落实正向激励、容错纠错、澄清保护等机制，大力营造“干部为事业担当、组织为干部担当”的良好氛围。

3. 持续夯实基层组织基础。深入实施“双创双全”组织力提升工程，推动各领域党建示范点建设，以点带面推进全域提升、全面过硬。聚焦2021年换届，深化实施村党组织书记后备人才培育计划，指导开展选派临退（退休）公职人员回村任职工作，紧密结合村书记、主任“一肩挑”，制定“一村一策”，为村级党组织带头人队伍建设打好基础。结合党员教育培训工作规划，持续抓好“红色星期六”主题党日、党员轮训等载体，建设高素质党员队伍。做实“党建+”工作载体，不断深化“千名干部联千组”“百名干部破百难”等机制，着力发挥基层党组织战斗堡垒作用和党员先锋模范作用。

4. 纵深推进清廉南浔建设。加快构建“四责协同”机制，推动各级党委（党组）知责明责、履责督责、考责问责形成闭合。做深做实清廉机关、清廉工程等清廉细胞建设，巩固扩大“六清工程”建设成果。坚持巡视、巡察双向联动，持续深化纪检监察“三项改革”，加强“四个监督”统筹衔接，推动人大、司法、审计等各类监督力量贯通协调，增强监督合力，找准问题偏差。聚焦“微腐败”“保护伞”“四风”等问题，牢牢守住惩治的“后墙”，织密织紧制度的“笼子”，前移前置预防的“关口”，用好用活“四种形态”。全面深化标本兼治，构建一体推进不敢腐、不能腐、不想腐体制机制，持续巩固发展反腐败斗争压倒性胜利，着力优化政治生态上的绿水青山。

同志们，美好梦想不是等得来、喊得来的，而是拼出来、干出来的。让我们紧密团结在以习近平同志为核心的党中央周围，在省市委的坚强领导下，勠力同心、昂扬奋进，敢于担当、善于作为，加快大赶超步伐，重塑水晶晶南浔，奋力谱写南浔高质量赶超发展的精彩篇章，为全省“两个高水平”建设做出新的更大的贡献！

政府工作报告

——在湖州市南浔区第四届人民代表大会第四次会议上

湖州市南浔区人民政府代区长　温建飞

2020年5月8日

一、2019年主要工作回顾

2019年是新中国成立70周年。一年来，面对国内外风险挑战明显上升的复杂局面，我们深入贯彻落实习近平新时代中国特色社会主义思想，在市委、市政府和区委的坚强领导下，在区人大、区政协的监督支持下，紧紧围绕打造湖州“开放东大门、创业新高地”的发展定位和“聚力大赶超、实现新跨越”的奋斗目标，统筹推进经济社会高质量赶超发展，较好完成了区四届人大三次会议确定的目标任务。实现地区生产总值458亿元，同比增长7.3%；实现财政总收入63.74亿元，其中一般公共预算收入37.93亿元，分别增长5.2%和7.9%；固定资产投资增长13.5%；城乡居民收入分别增长8.9%和9.3%，社会消费品零售总额增长8.6%。

过去一年，我们抢抓长三角一体化发展重大战略机遇，百亿级项目招引取得重大突破，总投资290亿元的合丰泰玻璃基板项目落户我区，该项目成为第五届世界浙商大会签约的最大产业项目；高等院校招引取得历史性突破，与浙江水利水电学院、浙江同济科技职业学院签订战略框架协议，为南浔高质量赶超发展注入了强劲动力。过去一年，我们全力补齐民生事业、生态环境短板，全年民生支出39.43亿元，低收入群众奔小康工程三年任务两年完成，帮助困难群众实现有效脱贫，小城镇环境综合整治、美丽乡村全覆盖、500千米农村公路三大战役圆满收官，百姓的获得感、幸福感进一步增强。过去一年，我们坚持“以实绩论英雄”，激发争先创优热情，勇夺国家知识产权强县工程示范区、国家渔业健康养殖示范区等“国字号”荣誉18项，荣获省级生态文明建设示范区、省美丽乡村示范区、省级“四好农村公路”示范区、省文明区等省级荣誉52项，表彰奖励数量创历史之最。

回顾总结一年来的工作，我们主要抓了以下六个方面：

（一）聚力新旧动能转换，产业质效显著提高

工业经济加快转型。推动高端装备、绿色家居、金属新材、现代纺织等先进制造业集群化发展，规上工业增加值增长7.9%，实现规上工业总产值895亿元。提升制造业信息化、智能化水平，新增省级工业设计中心3家、市级以上数字化车间和智能工厂9家，创建国家级绿色工厂3家。改造提升传统产业，整治淘汰“低散乱”企业685家，家具及竹木制品制造业成功列入省第三批传统制造业改造提升分行业省级试点。实施“千名干部服务千企冲刺千亿”专项行动，排摸解决实际问题近800个，为企业减负22.5亿元。实施企业梯度培育行动，完成“个转企”354家、“企升规”155家，新增股改企业38家、挂牌企业20家。推进质量标准品牌建设，新增“浙江制造”标准10个、“品字标”品牌企业13家。

现代服务业扎实推进。培育发展旅游休闲、电子商务、建筑业、物流业等优势产业，新增限上服务业企业56家，增加值增长7.6%。启动实施全域旅游发展三年行动，善琏获评省AAAA级旅游景区镇、和孚入选省级旅游风情小镇，创建省级产业融合示范基地7个，省级旅游景区村庄覆盖率达82%，全区游客接待量、旅游总收入分别增长15%、16%。电子商务快速发展，新增省级电商专业村6个，旧馆入选省级电商镇，网络零售额增长38%，居全市第一。全面落实建筑、物流业扶持政策，引进建筑业企业4家，实现总产值38.79亿元，物流业增加值增长8%。

绿色高效农业深度发展。深化农业“两区”建设，农业现代化发展水平综合评价升至全省第12位，农业增加值增长3.5%。累计推广稻虾综合种养3200公顷、“红美人”柑橘基地212公顷、“跑道鱼”养殖跑道334条。新培育家庭农场104家、市级以上农业龙头企业6家，“桑基塘鱼”被认定为国家农产品地理标志，和孚成功创建省级农业强镇。启

动实施数字渔业发展“八个一”工程，西部渔业园区列入省级现代农业园区创建名单，菱湖被授予“中国淡水渔都”称号。获评全国县域数字农业农村发展水平评价先进区、省级农业绿色发展先行区。

（二）聚力项目提速提级，发展后劲显著增强

招商引资成效明显。坚持招商引资“一号工程”，成立驻外招商五大片区23个招商局，专职招商人员达68人。成功举办融沪接苏协同发展（上海）推进会、“2019·湖州人大会”南浔篇等活动，全年签约亿元以上产业项目147个，总投资669.2亿元，落地开工30个。新认定市“大好高”项目46个，入选省重大产业项目3个、省重点建设项目16个。列入省市县长项目工程5个、开工4个。

产业平台加速拓展。加快打造“万亩千亿产业园”，开发区万亩大平台新拓展面积200公顷，腾出北部园区发展空间80公顷，完成南浔大道、外环西路等8条道路改造提升。南浔智能机电高新技术产业园升格为省级高新区。推进双林、和孚、菱湖、旧馆等工业平台整合提升，新增可利用面积254公顷。持续推进小微企业园建设，完成主体工程15个，投入运营3个。

重大项目强力推进。实施重大项目“三率”评估、“三长”领办机制，75个亿元以上项目开工入库，亨通光网、约顿气膜等40个项目竣工，工业投资增长29.5%。全力推进交通、水利等基础设施建设，“三高连接线”一期、南浔大桥建成通车，湖山大道、吴兴至临安公路南浔段等项目加快推进，杭嘉湖北排通道后续工程获省发改委批复，太嘉河后续工程开工建设。

（三）聚力释放创新活力，改革开放显著加快

重点改革更加有力。全面深化“最多跑一次”改革，政务服务整体提速30%以上，15分钟内办结率达到60%以上。在全省率先推行综合测绘、企业“一日开办零成本”和工程建设项目审批“多证合一”等改革，实现50天内完成项目开工前审批。在全市率先完成“无证明区”创建。纵深推进“亩均论英雄”改革，完成4788家工业企业亩均效益评价，消化处置“五未”土地283公顷，新批工业用地全部实现“标准地”出让。农业水价综合改革工作绩效评价全省第一。

要素保障更加精准。实施工业项目“五个一律”供地机制，全年保障各类建设用地593公顷，其中工业用地349公顷，均创历史新高。实施省级全域土地综合整治试点项目4个，盘活存量农村宅基地2206户，土地复垦461公顷。深化绿色金融改革，银行存贷款余额首次突破千亿元，新增“绿贷通”平台注册企业1955家，制造业贷款增长14.2%。全年向上争取用地指标63公顷，各类资金17.54亿元。公共资产网络竞争平台在阿里巴巴上线运行。

创新驱动更加强劲。实施规上企业科技创新“三个全覆盖”行动，高新技术产业增加值增长8.1%，全社会研究与试验发展经费支出占地区生产总值比重达到2.9%。新增高新技术企业28家、省科技型中小企业111家。成功创建智能电梯、绿色家居两个省级产业创新服务综合体，入选省级可持续发展创新示范区。成立上海科学技术交流中心南浔工作站，新增市级以上众创空间16家，新建省级博士科研工作站2家、院士专家工作站3家。新引进大学生及各类人才1.6万人，培育选树各类技能人才1759名。

开放融合不断深化。启动实施融沪接苏“1152”工程，谋划建设长三角绿色智造联动发展南浔青浦合作园。加快高质量外资集聚先行区建设，完成合同外资7.86亿美元，实到外资1.22亿美元。积极应对中美贸易摩擦，215家重点企业纳入“订单+清单”监测预警系统，完成出口总额85.46亿元；新增出口实绩企业58家、境外投资项目7个。健全东西部扶贫协作、对口合作等工作机制，南浔·广安东西部扶贫协作产业园首批项目开工建设，入选国务院扶贫办全国“携手奔小康”典型案例。

（四）聚力美丽南浔建设，城乡环境显著改善

城市建设掀起热潮。启动中心城区城市建设管理三年行动，实施城建项目92个，完成投资132.3亿元。广弘华美达酒店、城市规划展示中心投入使用。頔塘社区成为全市唯一、全省首批未来社区，28幢高层住宅完成结顶。褚家漾区块改造顺利推进，引进新城吾悦广场城市综合体项目。南林公园对外开放，新增绿地68公顷、绿道27千米。加大古镇保护利用力度，征收房屋2万平方米，丝绸码头、非遗展示馆、古镇夜游灯光秀等项目完工。狠抓交通治堵，实施机动车停放服务分类收费，完成外联道路建设8.8千米，新增公交线路3条、公共停车位1716个。

乡村振兴走在前列。2019年度乡村振兴个性化指标比拼晾晒排名全市第二。高质量完成村级集体经济三年强村计划，建成村级物业项目15个，年经营性收入30万元以下的欠发达村全部“摘帽”。全

面完成 21 个小城镇环境综合整治，省级样板率达 52%，居全市第一、全省第二，获评小城镇环境综合整治省级优秀区。建成美丽乡村景观线 2 条、美丽乡村小镇 5 个、美丽乡村精品村 4 个，举办农事节庆活动 12 次。旧馆获评省级美丽乡村示范镇、石淙获评省园林城镇。

环境治理持续发力。完成 4 个园区和 93 个单元“污水零直排区”建设，扎实推进“河长制”，建成美丽河道 90 千米、美丽湖漾 5 个，实现 12000 公顷鱼塘渔业尾水治理全覆盖。提标改造污水处理厂 3 家，新改建雨污管网 92 千米。整治关停危化品、印染等涉污企业 52 家，市控及其以上地表水监测断面水质达标率 100%，勇夺“大禹鼎”。创新开展“两区两边”无裸露土专项治理和道路清洁化工程，93 家重点涉挥发性有机物企业启用“环保用电智能监管系统”，八大行业企业环保管理标准化实现全覆盖，空气优良率 80.9%，$PM_{2.5}$ 平均浓度下降至 34 微克/米^3，两项指标变化率居全市第一。加强土壤污染源头管控，建成工业固废管理中心 12 家。生活垃圾精准分类全面推开，创建省级高标准生活垃圾分类示范小区 4 个、示范村 3 个。开展城乡人居环境大排摸大督查大提升“百日攻坚”行动，整治问题点位近万个，完成“两改”123 万平方米、拆违 260 万平方米。

（五）聚力共建共治共享，民生福祉显著提升

保障体系不断健全。全力以赴稳就业，新增就业 2.4 万人，帮扶失业人员再就业 6845 人，城镇登记失业率 1.79%。完善因病致贫返贫防控机制，新设 1000 万元以上专项医疗救助资金。基本养老和医疗保险参保精准扩面，发行新一代市民卡，开展医保支付方式改革。完善社会养老服务体系，建成示范型居家养老服务中心 4 家、219 家居家养老照料中心实现社会化运行。中心城区 7 个安置小区开工建设，建成各类保障房 12464 套，完成农村危房治理 295 户，新增住房公积金缴存 16812 人。

社会事业全面进步。教育质量稳步提升，重点中学上线率首次突破 50%。重兆幼儿园、镇西幼儿园等 8 所新建幼儿园完成结顶，小学和幼儿园校内托管服务实现全覆盖。设立全省首个全民健康日，出台全国首个健康村镇地方标准。成立南浔医疗集团，区域内就诊率提升至 92%。区中医院开工建设，菱湖人民医院竣工。区图书馆新馆开工建设，新建文化礼堂 50 个，开展基层文体活动 600 余场，顺利通过省基本公共文化服务标准化建设认定。组建区融媒体中心，南浔城市形象宣传片登录央视。区档案馆被评为国家级数字档案馆。

社会大局持续稳定。推进基层治理“四平台一中心一网格”提升工程，配备专职网格员 420 人，建成幸福邻里中心 8 家。扎实开展扫黑除恶攻坚年活动，捣毁黑恶势力犯罪团伙 38 个，抓获犯罪嫌疑人 787 名。“厨房革命”全面推进，1291 家餐饮单位纳入智慧监管，成功创建省食品安全区。政府隐性债务年度化债任务有序完成，企业“两链”风险得到有效处置。启动“四个秩序”专项整治工作，开展安全生产“无隐患”管理企业、“无隐患”美丽公路创建，推行特种设备“安全顾问”制度，安全生产事故、火灾事故起数分别下降 36%、59.1%，道路交通事故死亡人数下降 22.8%。重大活动安保任务顺利完成，实现“平安南浔”十五连冠、勇夺全省首批一星“平安金鼎”。

与此同时，国防动员、双拥优抚、人民防空等工作扎实推进，民族、宗教、外事、台侨工作有序开展，统计、邮政、地方志、老干部、关心下一代工作得到加强，工青妇、红十字、慈善、残疾人等事业取得新进展。

（六）聚力政府高效运行，自身建设显著加强

认真履行主体责任，政府系统全面从严治党向纵深发展。扎实开展“不忘初心、牢记使命”主题教育，深入开展“三服务”活动，切实将“大学习、大调研、大抓落实”的各项要求落到实处。着力提升行政效能，部门间“最多跑一次”成为常态，获评全省机构改革成绩突出集体，练市镇实施“一支队伍管执法”省级改革试点。加大公共资金、国有资源资产等审计力度，完善工程建设招投标制度，“三公”经费下降 20.9%。严格执行重大行政决策法定程序，干部学法、行政负责人出庭应诉等制度全面落实。自觉接受人大依法监督、政协民主监督、纪检监察监督和社会舆论监督，办理人大代表建议 84 件、政协委员提案 118 件，满意率均为 100%，“12345”政府阳光热线群众满意率 99.4%。

各位代表，过去一年，我们同心协力、真抓实干，在决胜高水平全面建成小康社会进程中迈出坚实步伐。这些成绩的取得，是市委、市政府和区委正确领导的结果，是区人大、区政协监督支持的结果，更是全区干部群众团结奋斗的结果。在此，我代表区人民政府，向全区广大干部群众，向给予我

们大力支持的人大代表、政协委员，向离退休老同志，向各民主党派、工商联、无党派人士、各人民团体和社会各界人士，向所有关心、支持南浔发展的海内外朋友们，表示衷心的感谢！

同时，我们也清醒地看到，当前我区经济社会发展还存在一些短板和不足。主要有：经济总量仍然偏小，资源要素、发展空间日益趋紧，大平台、大企业、大项目支撑力不足；新动能培育不快，新兴产业占比还不够高，现代服务业发展还不够快，科技创新和人才支撑力有待加强；城市能级和品质功能仍需提升，教育、医疗、文体等优质公共服务供给还不充分；安全风险隐患仍然较多，一些行业和领域安全生产事故仍然多发。同时，少数政府工作人员创新意识、法治思维、专业精神仍需加强，还不能很好地适应新时代发展要求。我们一定高度重视这些问题，采取有力措施，认真加以解决。

二、2020 年主要工作

各位代表！今年伊始，面对突如其来的新冠肺炎疫情，全区上下万众一心、众志成城，广大医务工作者不畏艰险、冲锋在前，各级干部职工迎难而上、坚守阵地，广大企业和群众迅速响应、自觉投入，疫情防控取得阶段性重要成效。疫情发生以来，我们始终坚持外防输入、内防扩散，在全市率先推行“两书三防三公示”制度，做到“部署早、控得牢、病例少”，确诊的 3 例输入病例已全部治愈出院，1 例输入的无症状感染者得到有效管控；我们始终坚持“全国一盘棋”，在抓好我区疫情防控的同时，先后派出 3 批共 17 名医务人员赴武汉前线支援；我们始终坚持“两手抓、两手硬”，开展“深化‘三服务’、助企开复工”专项行动，先后出台应对疫情支持工业企业健康发展、农产品稳产保供和服务业企业发展等一揽子扶持政策，有序做好复学复课，全区经济社会秩序全面恢复。当前，疫情防控已进入“下半场”，我们将慎终如始抓好疫情防控，坚决落实“外防输入、内防反弹”的各项举措，严密防范境外输入风险，落实联防联控、精密智控和分区分级精准防控举措，加大无症状感染者排查防控力度。持续深化“专员+专班+专项”驻企服务机制，因时因势推出更多稳企业保增长的政策举措，以最大的力度和超常规的举措帮助企业渡过难关。坚持在疫情防控中准确识变、科学应变、主动求变，狠抓“六稳”工作，守牢“六保”底线，全力实现疫情防控和经济社会发展两战全胜目标。

2020 年是高水平全面建成小康社会和“十三五”规划的收官之年，也是抗击新冠肺炎疫情的特殊之年。当前，外部环境依然严峻复杂，“三期叠加”影响持续深化，经济下行压力不断加大，特别是境外疫情加速扩散蔓延，国际经贸活动受到严重影响，我国经济发展面临前所未有的挑战。但“危和机总是同生并存的，克服了危即是机”，我国经济稳中向好、长期向好的基本趋势没有变，长三角一体化发展、全省大湾区大花园大通道大都市区建设等战略的实施，为南浔发展提供了重大历史机遇。我们将统筹推进疫情防控和经济社会发展工作，抓住并用好外部机遇，找准并补齐发展短板，巩固并扩大南浔优势，克难攻坚，奋勇争先，推动全区经济社会各项事业再上新台阶，为浙江“努力成为新时代全面展示中国特色社会主义制度优越性的重要窗口”作出南浔贡献。

今年政府工作的总体要求是：高举习近平新时代中国特色社会主义思想伟大旗帜，全面贯彻党的十九大和十九届二中、三中、四中全会精神和习近平总书记在浙江、湖州考察时的重要讲话精神，按照省委“八八战略”再深化、改革开放再出发的要求，落实市委“一四六十”工作体系，坚持稳中求进工作总基调，坚持新发展理念，坚持以供给侧结构性改革为主线，全方位融入长三角一体化国家战略，持续深化“三服务”活动，高水平推进区域治理现代化，全面推进区委“一一二八”工作部署，统筹抓好疫情防控和经济社会发展各项工作，做到“两手都要硬，两战都要赢”，突出“稳企业、增动能、防风险”重点，确保高水平全面建成小康社会，实现“十三五”规划圆满收官，重塑“水晶晶南浔”，建设美丽繁华新江南，高质量打造湖州“开放东大门、创业新高地”。

综合考虑各方面因素，建议今年全区经济社会发展的主要预期目标为：地区生产总值增长 8%左右；固定资产投资增长 15%左右，其中工业性投入增长 20%左右；财政总收入和一般公共预算收入均增长 10%左右；规上工业增加值增长 8. 5%左右；研究与试验发展经费支出占地区生产总值比重达 3%；社会消费品零售总额增长 8%左右；城乡居民收入分别增长 9%左右、9. 5%左右；节能减排等约束性指标完成省、市下达的目标任务。完成上述目标，着重把握五个导向：

——必须坚持以稳企为重点。稳是大局。稳企业就是稳经济、稳发展，就是保就业、保民生。面对当前疫情前所未有的挑战和后续形势的巨大不确定性，坚持把“稳企业”作为当前及今后一个时期政府工作的首要任务，强化预警监测、政策帮扶、专班服务、风险处置，努力做到不让一家企业在疫情冲击中倒下，努力做到不发生重大“两链”风险，不断稳住高质量发展的“基本盘”。

——必须坚持以人民为中心。贯彻落实以人民为中心的发展思想，把保障和改善民生作为一切工作的出发点和落脚点。坚持以百姓之心为心，下大力气解决群众反映强烈的共性问题、深层次问题、老大难问题，以看得见的变化回应群众期盼，让南浔人民的生活“芝麻开花节节高”，不断践行高质量发展的初心使命。

——必须坚持以开放促发展。牢牢抓住沪苏湖铁路全线开工的重大利好，毫不动摇地紧密接轨大上海、深度融入大上海。以更高站位审视区域发展，深入实施融沪接苏“1152”工程，持续唱响“水晶晶南浔”品牌，坚持以最佳的人居环境、最好的功能支撑、最强的政策供给、最优的营商环境，推动南浔从长三角地理中心向发展高地转变，努力打造成为“低成本创业之城、高品质生活之城”，不断强化高质量发展的战略支点。

——必须坚持以项目为引领。牢固树立“抓项目就是抓发展，谋项目就是谋未来”的理念，紧紧扭住41个区委、区政府重大项目。集中优势力量和资源要素向重大项目倾斜，在项目推进中敢担当、能担当，在难题破解中能作为、善作为，抢抓国家新一轮政策窗口期，全力以赴争取资金、土地等各类要素保障，不断增强高质量发展的内生动力。

——必须坚持以实绩论英雄。继续高扬“以实绩论英雄”的干事风向标，把15项重点考核指标作为推动发展的主旋律主抓手。坚持以上率下，领导靠前站、有事马上办、工作讲实效，推动各级各部门“比担当、比实干、比贡献”，营造比学赶超、争先创优的浓厚氛围，不断完善高质量发展的工作体系。

重点在九个方面实现新突破：

（一）突出稳企业，在狠抓逆势转型上实现新突破

强化精准服务。全面落实疫情发生以来各级各部门出台的各类稳企业、稳经济、稳发展的政策意见，大力实施减税减费减租减息减支措施，力争全年为企业减负降税30亿元以上。坚持政企同心，提振信心，共同克服疫情特别是境外疫情对经济带来的重大冲击或不确定性，千方百计解决企业及其关联企业已经出现或可能出现的问题和困难。坚持“抓大扶中育小推上市”，深入实施“新象新牛”大企业培育、“凤凰行动”“雄鹰行动”，新增“新象新牛”企业及培育企业10家以上，实现“个转企”200家、“企升规”50家、股改30家。建立“专精特新”重点企业培育库，打造一批细分行业“隐形冠军”“单打冠军”。

强化转型提质。实施工业经济“三千”提质行动，全力冲刺规上工业产值千亿目标，力争战略性新兴产业、装备制造业增加值分别增长9%、9.5%。出台专门政策，引导鼓励支持“三电一板”做大做强。支持电梯企业联大联强，拓展境外市场；支持电机、电磁线企业拓展研发应用领域、拉长产业链，扩大供应链、提升价值链；支持木业企业抱团打造品牌，开展兼并重组，拓展境外市场，创新营销模式，着力向全屋定制、绿色智能家居等产业链高端转型。加快制造业“两化”融合发展，实施数字转型升级项目12个。培育发展数字经济，建成市级以上数字车间、智能工厂10个，新增“上云”企业1000家，数字经济核心产业增加值增长11%以上。深化“三强一制造”建设，参与制订国际国内标准12项，新增“品字标”企业10家、“浙江制造”标准10项，每万人有效发明专利拥有量达32.7件。

强化创新引领。深入开展科技创新加速行动，加快智能电梯、绿色家居两大省级产业创新服务综合体试点建设，力争高新技术产业增加值增长10%。完善“高技术、高成长”企业等创新主体培育机制，新增高新技术企业22家、省科技型中小企业100家、省级以上企业研发机构10家。与浙江大学共建智能驱动产业联合研究中心，新增众创空间8家、市级院士专家工作站2家以上。实施“金蓝领”职业技能提升行动，新引进大学生等各类人才1.38万人。

（二）融入大战略，在狠抓融沪接苏上实现新突破

加快交通互联互通。加快构建外联内畅的大交通网络，谋划推进长三角水乡旅游城际轨道项目，全力保障沪苏湖铁路南浔段开工。加快南浔综合交通枢纽工程、湖盐公路改建、吴兴至临安公路新建、三新公路拓宽、吴兴至临安公路北延及南浔隧道工程等项目建设；力争苏台高速、湖杭高速开工建设；

织菱公路完成前期；确保湖山大道建成通车，打通南浔与吴江、桐乡交界区域省际断头路。

加快产业协同发展。积极联动长三角生态绿色一体化发展示范区建设，加强与吴江、青浦等地合作，加快推进长三角绿色智造联动发展南浔青浦合作园建设。积极落实湖州嘉兴一体化发展“五个一”标志性工程，加快打造练市—乌镇嘉湖一体化先行区。争当沪湖绿色智造廊道桥头堡，积极承接沪苏产业转移，力争引进“专精特新”企业200家以上。加快推进“城南上海小镇”项目，打造田园牧歌式康养住区。

加快平台扩容提升。开展“喜迎高铁、万亩征迁”攻坚行动。围绕争创国家级开发区，完成万亩大平台征迁清零，頔塘北岸开发区北部园区改造153公顷以上；快速推进4平方千米南浔青浦合作园征地拆迁和基础设施建设；完成高教产业园区、上海小镇、高铁新城板块征迁；全力推进省级高新区练市片区、旧馆临港工业平台及双林、菱湖、和孚等工业平台扩容提质。同步推进小微企业园建设、招商和运营管理。加快上海科创中心和开发区科创产业园建设。

（三）持续增动能，在狠抓双进双产上实现新突破

内挖外引增后劲。充分发挥“湖九条”“浔九条”政策牵引作用，积极探索“基金+产业”招商模式，引进产业项目200个以上，新增市认定“大好高”项目50个以上。统筹驻外招商平台和专业招商员队伍力量，紧盯上海、苏州、杭州等重点区域，办好上海推介会、专题招商会、城市发展论坛等活动。围绕合丰泰等旗舰型项目延链补链，力争形成“引进一个、带动一批”的裂变效应。强化“留商也是招商”的理念，千方百计激活民资、用好民资，发挥南浔民资雄厚的巨大效应，旗帜鲜明地支持本土企业做大做强，对产业好、潜力大的优质民企加大要素保障力度。

拔钉破难抓推进。坚持每季举行重大项目集中开工仪式，完善急事难题“三长”领办、项目“三率”评估、“五个一律”供地等机制，全力推进合丰泰8.5代液晶面板、海顺新材料等100个以上项目开工建设，鼎旭科技、南洋电机等60个以上项目竣工，确保高新技术产业投资、制造业投资均增长20%以上。实施省市县长项目工程6个，确保落地率80%以上。聚焦省“2+6”项目清单，用好政策窗口期，全力争取各类资源要素。

突破瓶颈强保障。科学编制“十四五”规划，完成第三次国土调查和国土空间规划编制，进一步优化空间布局。强化土地要素供给闭环管理，开展老旧工业区块改造和厂房租赁业规范管理，新增工业供地200公顷以上。全面推进旧馆、石淙等9个省级全域土地综合整治与生态修复工程，新增耕地200公顷、建设用地复垦480公顷，力争列入国家级试点项目3个。深化绿色金融改革创新，力争新增贷款100亿元、“绿贷通”平台注册企业1200家。加大节能挖潜力度，持续开展高能耗行业整治工作，缓解能耗瓶颈制约。

（四）增创新优势，在狠抓改革开放上实现新突破

纵深推进“最多跑一次”改革。持续优化营商环境，进一步减事项、减环节、减材料、减时间、减费用，奋力打造营商环境最优区。推进一般企业投资项目审批“最多80天”改革，小型项目压缩至45天以内。全面实现个人和企业全生命周期“一件事”流程“最多跑一次”。深化“无证明区”建设，推动审批服务告知承诺制向全领域拓展。加强事中事后监管，大力推动“双随机、一公开”覆盖更多监管领域。

持续深化“亩均论英雄”改革。充分发挥“亩产数字地图”调度指挥作用，精准实施资源要素差别化配置政策，加快实现园区外无规下企业，力争规上工业亩均税收、亩均增加值分别增长15%、20%。启动服务业“亩产效益”综合评价。推动“标准地”向服务业、农业领域拓展，推广“标准地”信用监管模式。消化处置“五未”土地67公顷，盘活存量建设用地67公顷，实施低效用地再开发47公顷。

更好推动开放型经济发展。积极应对境外疫情对外贸企业的冲击，全面落实“稳外贸十条政策”，引导和支持外贸企业稳市场、拓市场、抢市场，新增出口实绩企业60家，确保出口市场份额不降低。做深做实“订单+清单”监测预警系统，建立“政府+信保+银行”合作机制，扩大出口信用保险覆盖面。加大海外招商和并购力度，力争实到外资3亿美元，新增境外投资项目7个以上。

（五）提升首位度，在狠抓城市能级上实现新突破

推动区块整体开发。深入开展新一轮城市开发建设，加快推进100个城建项目，完成投资130亿

元以上。加快城市有机更新，全力推进頔塘未来社区、褚家漾旧城改造工程，全面启动頔塘北岸改造项目。高标准推进高铁新城建设，启动大象酒店及会展中心、太阳酒店及渔人码头、南浔中心高铁新城CBD等新地标项目。完善城市基础设施，打通风顺路、直港路等4条断头路，启动实施南林大桥改造工程。着力打造一批慢行步道、休闲廊道，新增城市绿地40公顷、绿道20千米。统筹推进小城市、中心镇、特色小镇发展，推进练市、菱湖打造美丽城镇样板，支持菱湖争创省级小城市。

深化城市精细管理。以“绣花功夫”抓好环境长效管理，开展人居环境卫生大提升行动，创建5个精细化管理示范镇。实施7个老旧小区改造，培育5个“红色物业”示范小区，完成既有住宅加装电梯20台。加快“智慧交通”建设，完成主要路口信号灯联网联控，新增公交线路3条、停车位2000个。健全城镇生活垃圾分类处置体系，垃圾回收利用率达到50%以上。持续推进“三改一拆”，积极争创省“无违建县区”。

培育壮大城市经济。出台加快服务业发展新政，培育发展跨境电商、网红经济、中介服务、金融保险、科创研发等新业态，服务业增加值增长8.5%左右。优化中心城区商圈布局，加快推进新城吾悦广场、佳源中心广场、广弘新天地等城市综合体项目建设。加快发展楼宇经济，争取央企名企设立分支机构，支持总部经济园、金融大厦引进总部型企业，培育税收“亿元楼”2幢以上。持续推进物流业、建筑业快速发展。坚持“房住不炒”，促进房地产市场平稳健康发展。优化消费市场环境，新增放心消费示范单位189家，创建省放心农贸市场6家。

（六）聚焦“强富美”，在狠抓乡村振兴上实现新突破

致力农业更强。以工业化理念发展现代农业，谋划建设农业高新技术产业示范区，引进千万元以上农业项目100个，力争市级农业“大好高”项目15个。提标改造粮食生产功能区533公顷，建设高标准农田1200公顷。持续推进2个省级现代农业园区创建，加快打造万亩红美人柑橘、万亩跑道鱼、万头湖羊、十万亩稻虾等“四个万”基地工程。落实生猪保供稳价措施，建成年出栏10万头以上现代化养殖场1家。

致力农民更富。实施新一轮村级集体经济三年强村计划，村均集体经济年经营性收入突破100万元。争创省级“三位一体+”集成改革示范区，提升强村公司运营水平，新增市级以上农业龙头企业5家、家庭农场100家以上。完善“1+N”强农惠农富农政策体系，推动“两进两回”，完成农创客综合服务平台建设，全面推广“农情绿意贷”“两美”农合贷、“粮农贷”等金融产品，新增涉农贷款3亿元。

致力农村更美。深入实施“千万工程”，打造新时代美丽乡村深化版，建设新时代美丽乡村20个。加快推进南浔至练市农村公路景观线，建设美丽经济交通走廊132千米，争创“四好农村路”全国示范区。持续推进“百漾千河”工程，完成杭嘉湖北排通道后续工程前期工作，创建美丽河湖5个，整治圩区667公顷以上，争夺省第22届水利大禹杯。建成农村生活垃圾智能化管理系统，生活垃圾产生量实现负增长0.5%。持续推进存量宅基地盘活利用，争创全国农村宅基地改革试点县区。推动乡村治理“三治融合”，新建农村文化礼堂45个，创建全国乡村治理示范村2个。

（七）重塑“水晶晶”，在狠抓全域旅游上实现新突破

加快古镇复兴步伐。深入实施古镇保护利用三年行动计划，确保通过省级旅游度假区考核。推进张宅、蒋宅等古建筑修缮，重建东园、极乐寺，启动实施宝善街、栲栳湾水系恢复工程。加快实施洗粉兜等北部景区空间腾挪，谋划推进古镇商务会议中心、景区南出入口延伸、运河酒店等项目，完成丝行埭整治和古镇剧场建设。加快旅游产品创新和新兴业态培育，引进精品民宿酒店25家，过夜游客增长20%以上。提升线上线下营销水平，稳步推进古镇门票收费机制改革。

提升全域旅游品质。推进旅游发展全域化、优质化、特色化，游客接待总人数增长10%以上。推进大运河黄金旅游带南浔段建设，实施运河含山保护开发、桑基鱼塘保护利用、羊角漾田园综合体、练市樱花园等项目，开通南浔古镇至荻港古村水上旅游游线。推动“十线十景十小镇”向美丽经济转变，创成全域旅游示范镇1个、景区村庄实现全覆盖。打造“舌尖上的南浔”，打响全羊宴、全鱼宴、龙虾宴等主题餐饮品牌。

加强文旅融合发展。坚持以文促旅、以旅彰文，加快传统文化资源向文化产业转化。实施非遗活化工程，启动全区文化资源普查，加快嘉业藏书楼、

练市粮仓等文物活化利用，打响湖丝、湖笔、绫绢等文化品牌。启动区博物馆建设，支持民间力量兴办博物馆。发展影视动漫、会展文创等特色产业，鼓励和支持《浔商》等文艺精品创作生产，文化产业增加值增长10%。全面打造“一镇一节”，持续扩大和孚鱼文化节、善琏湖笔文化节、菱湖淡水渔都丰收节等活动影响力。

（八）对标先行地，在狠抓社会治理上实现新突破

持续攻坚环境污染防治。高标准打好治水、治气、治土、治废四大攻坚战，全力做好第二轮中央生态环境保护督察迎检工作。咬定再夺“大禹鼎”目标，完成剩余52个单元“污水零直排区”建设，实施污水处理厂清洁排放改造，新改建污水管网15千米，确保市控及以上地表水监测断面水质达标率100%。继续加大道路、工地等重点区域颗粒物管控，全面推进工业废气治理，确保$PM_{2.5}$年均浓度控制在32微克/米^{3}以内，空气优良率80%以上。建立土壤环境监测网络，完成区固危废收储运一体化中心建设，推进重点工业企业危废仓库规范化建设提升，争创“无废城市”。

着力防范化解重大风险。加强金融风险、企业“两链”风险管控，妥善化解重点企业流动性风险、上市公司股权质押风险。从严管控政府性债务总规模，完成政府隐性债务年度化债任务，确保政府债务率保持在95%以下的绿色安全区。扎实推进国有企业市场化转型，完成“双覆盖”企业2家，新增信用评级AA级以上企业1家。

全面提升基层治理水平。创新发展新时代“枫桥经验”，深化社会矛盾纠纷调处化解中心建设，打造“一门式”镇级便民服务中心，实现社会治理“最多跑一地”。强化社会治理共同体建设，提升综治智慧系统、城警联勤系统数字化水平，健全立体化、信息化治安防控体系。纵深推进“扫黑除恶”专项斗争，严厉打击各类违法犯罪活动。以“四清六化”为目标，开展矛盾纠纷和安全隐患排查“两见底”行动，持续深化“四个秩序”专项整治，建立安全生产分类分级监管体系，推进“无隐患”系列创建工程，坚决杜绝重特大事故发生。确保完成重大活动安保任务，平安南浔冲刺“十六连冠”。

（九）着力补短板，在狠抓民生事业上实现新突破

优先发展教育事业。教育是最大的民生，也是新型城市化的重要助推器。坚持培育和引进并举、公办和民办并重、硬件与软件并建，创新一切办法，不惜一切代价，加快推进南浔教育高质量突破。统筹抓好学前教育扩容补短、义务教育优质均衡、高中教育加快崛起、职业教育工匠培养、高等院校加快推进等工作，争创全国义务教育优质均衡发展区、省教育现代化区。开工建设浙江水利水电学院、南浔实验小学高铁新城校区、褚家漾小学，完成新南浔高中主体工程，确保江蒋漾学校、庆同小学、横街中学和8所新建幼儿园投入使用。以最大力度关心教师、培养教师、引进教师，全力打造新时代高素质教师队伍。

加快建设健康南浔。把群众生命安全和身体健康放在更加突出的位置，健全常态化疫情防控机制，全面提升应对突发公共卫生事件的处置能力和水平。投入18亿元完善基层卫生服务体系，加快推进区人民医院感染病区、区中医院、练市人民医院、双林人民医院、旧馆镇卫生院、千金镇卫生院等公共卫生和医疗能力提升项目，确保菱湖人民医院投入使用。加大高层次卫生人才引育力度，全面落实一线医务人员关心关爱措施。深化医药卫生体制综合改革，完善医共体配套机制，支持二级医院建立医联体，确保全区基层就诊率、区域就诊率分别保持在70%和90%以上。坚持预防为主的卫生与健康工作方针，实施“健康南浔2030”行动纲要，建设健康镇2个、健康村35个，争创全国健康促进县区。推进3岁以下婴幼儿照护服务工作。开展全民健身活动，办好全国射箭赛、第二届国际桨板赛等体育赛事。

完善社会保障体系。实施高质量保障低收入群众小康生活工程，稳步提升最低生活保障标准，确保低收入群众动态清零。深入推进重点群体就业帮扶工程，新增城镇就业3万人、大学生创业主体375家以上，城镇登记失业率控制在3.5%以内。提升养老服务水平，加快建设水晶晶颐养中心，实现示范型居家养老服务中心镇级全覆盖。深化医保支付方式改革，持续做好困难人员专项医疗救助，健全残疾人服务保障体系。推行节地生态安葬，新建公益性安息堂2家。扩大住房公积金覆盖面和受益面，保障中低收入住房困难家庭220户以上。

高标准做好东西部扶贫协作，加快建设南浔·广安扶贫协作产业园，着力打造浙川东西部扶贫协作样板。加强同重庆涪陵龙桥街道对口支援、白山市

江源区对口合作。做好第七次全国人口普查。扎实做好退役军人服务、国防动员、人民防空等工作，加强民宗、外事、台侨、统计、邮政、档案、供电、红十字、慈善、工会、关心下一代等工作，维护妇女、未成年人和新居民合法权益。

三、加强政府自身建设

各位代表，目标在前，重任在肩。我们将全面推进政府治理体系和治理能力现代化，建设一支忠诚、务实、高效、依法、廉洁的政府铁军，以战斗的姿态、奋进的状态，实干苦干拼命干，大干快干抓紧干，努力交出一份让南浔人民满意的答卷。

建设忠诚可靠的政府。始终坚持正确政治方向，牢固树立“四个意识”，坚定“四个自信”，做到“两个维护”，把“不忘初心、牢记使命”作为终身课题，自觉用习近平新时代中国特色社会主义思想武装头脑、指导实践、推动工作。始终坚持全区“一盘棋”，全面落实区委“一一二八”工作部署，做到区委工作部署到哪里，政府工作就推进到哪里，确保党委各项决策部署落到实处。始终坚持诚信施政，对描绘的蓝图、确定的目标，做到谋一件、干一件、成一件，严格履行向人民作出的庄严承诺。

建设务实担当的政府。始终做到实事求是谋发展，不图虚名，不务虚功。建立健全集中财力办大事的财政工作体系，防止政策搞“碎片化”、资金撒“胡椒粉”，集中精力在稳企业上出实招，在增动能上谋实事，在补短板上见实效，在保平安上下实功，以实际成效推动高质量发展。做到真心实意为人民，坚持取之于民、用之于民，继续把新增财力优先保障和改善民生，抓实抓好每件“关键小事”。做到敢想敢为敢担当，以“踏石留印、抓铁有痕”的决心，全力以赴破难点、攻堵点、创亮点；坚持“以实绩论英雄”，不断优化干事创业环境，让先进者脱颖而出、后进者无处遁形。

建设勤政高效的政府。克服本领恐慌、能力不足，强化干部的学习培训、实践锻炼、压担使用，努力提高谋划能力、专业能力、攻坚能力和群众工作能力。坚持重心前移、主动服务，推进“服务企业、服务群众、服务基层”常态化制度化，把办公地点移到一线，把协调会开到一线，解决问题在一线，推动工作在一线。主动对标提标、对表加速，对重大项目、重大工程、重大平台，做到规划布局“一张图”、要素配置“一本账”、专班推进“一盘棋”、全程服务“一条龙”，确保各项重点工作又好又快推进。

建设依法规范的政府。严格遵循法治精神，善用法治思维和法治方式解决问题，规范公正执法，对违法者“利剑高悬”，对守法者“无事不扰”，把各项行政行为纳入法治轨道。主动接受人大依法监督和政协民主监督，认真办理人大代表建议和政协委员提案。严格落实重大行政决策法定程序，全面实施政府法律顾问和公职律师制度。加快政府数字化转型，统筹推进数字技术运用和制度创新。深化行政执法体制改革，提升跨部门跨领域综合执法效率。健全群众信访件办理机制，认真办理 12345 政府服务热线信访件，突出做好初信初访工作，以高度负责的态度对待群众诉求、解决实际问题。

建设清正廉洁的政府。特殊年份要更加牢固树立“政府过紧日子”的意识，最大限度加大政府减支，一般性支出压缩 15%以上，日常公用经费和“三公”经费支出压缩 5%以上，力争实现政府减支 7000 万元以上，统筹用于疫情防控和稳企业稳发展扶持政策。聚焦公共资金、公共资源配置、政府性投资等重点领域，加强审计监督和政务公开。严格落实党风廉政建设责任制，坚持用制度管权管事管人，从源头预防和治理腐败。坚决支持纪检监察机关监督执纪问责，深入推动清廉南浔建设，进一步营造风清气正的政治生态环境。

各位代表！乘风好破浪，奋进正当时。让我们更加紧密地团结在以习近平同志为核心的党中央周围，高举习近平新时代中国特色社会主义思想伟大旗帜，在中共南浔区委的坚强领导下，紧紧依靠全区人民，锐意进取、开拓创新，只争朝夕、不负韶华，以硬核举措保障“两手硬、两战赢”，重塑“水晶晶南浔”，为加快南浔高质量赶超发展，决胜高水平全面建成小康社会而努力奋斗！

湖州市南浔区人民代表大会常务委员会工作报告

——在湖州市南浔区第四届人民代表大会第四次会议上

湖州市南浔区人大常委会主任　梅爱祥

2020年5月8日

过去一年的主要工作

2019年是新中国成立70周年，是高水平全面建成小康社会关键之年，也是地方人大设立常委会40周年。一年来，在区委的坚强领导下，区人大常委会高举习近平新时代中国特色社会主义思想伟大旗帜，按照习近平总书记对地方人大及其常委会工作的重要指示，坚持党的领导、人民当家作主、依法治国有机统一，贯彻落实省市区委人大工作会议精神，紧贴赶超发展主题、紧扣法治建设主线、紧系民生改善主旨，在担当中探索创新、在实干中依法履职，共召开常委会会议10次，主任会议16次，听取审议专项工作报告22项，作出决议决定和审议意见17项，开展重点执法检查5次，任免国家机关工作人员127人次，为推动我区高质量赶超发展做出了积极贡献。

一、坚持讲政治、强定力，牢牢把准履职方向

常委会始终做到旗帜鲜明讲政治，突出加强党的政治建设，进一步增强“四个意识”、坚定“四个自信”、做到“两个维护”，确保人大工作正确的政治方向。

1. *始终坚持党的领导*。自觉把党的领导贯穿于人大工作的全过程、各方面，坚持从政治和全局的高度谋划和推进人大工作，全面有效地依法履行各项职能。积极协助区委召开人大工作会议，贯彻落实《中共湖州市南浔区委关于高水平推进新时代人大工作和建设的意见》。严格执行请示报告制度，坚持重大问题、重点工作、重要事项及时请示报告。区委常委会多次研究人大工作，提出具体要求，作出相关部署。坚持党管干部原则，依法任免国家机关工作人员，组织任命人员向宪法宣誓。

2. *落实区委决策部署*。坚持“区委有号召、人大有行动”，常委会班子成员主动担当作为，牵头和参与生活垃圾精准分类、全域土地综合整治、中心城区空间整理、重大项目推进、选商引资等中心工作，以人大实际行动助推区委决策落实。依法行使重大事项决定权，作出“规上工业企业土地及厂房未批先建历史遗留问题处置”“南浔古镇水系修复”“设立‘全民健康日’”等决定。2020年初新冠肺炎疫情暴发后，常委会坚决贯彻党中央决策和省、市、区委的部署要求，积极主动、全力以赴投入疫情防控工作，扎实开展“深化‘三服务’、助企开复工”专项行动，累计深入63家企业开展“三服务”200多次，协调解决实际问题81个；专题听取全区疫情防控工作和工业企业复工复产情况的报告，及时向各级代表发出倡议，广大代表积极响应，在医疗救治、捐款捐物、群防群治、复工复产等方面发挥示范作用，努力为全区统筹推进疫情防控阻击战和经济社会发展总体战作出贡献。

3. *充分发挥党组作用*。深入学习贯彻党组工作条例，健全完善常委会党组学习、议事、决策工作制度和机制，切实发挥党组在人大工作中把方向、管大局、保落实的领导作用。围绕区委中心工作和常委会年度工作重点，定期召开党组会议及时研究解决工作中遇到的突出问题，有力有序推动工作落细落实。认真履行管党治党政治责任，严格落实全面从严治党、党风廉政建设和意识形态工作责任制，严格执行党组议事规则和决策程序，严格遵守各项纪律规矩，积极营造风清气正的政治生态和干事创业的良好环境。

二、坚持强监督、提质效，全力助推赶超发展

常委会紧紧围绕赶超发展难点、民生关切痛点、基层治理堵点问题，聚焦重点领域和重要环节，坚持正确监督、有效监督，为全区经济社会发展提供有力支持。

1. *助推经济高质量发展*。按照省市县（区）人大“三级联动”工作部署，结合我区实际，打好促进民营经济高质量发展“二三四”监督组合拳，召开各类座谈交流会11次，组织各级代表走访企业130余家，收集建议意见90余条，特别是针对调研中部分规上企业有未批先建的实际情况，进行“定点式”督查、专题调研，依法作出决定，妥善处理132家企业用地的历史遗留问题，产生良好的社会反响。密切关注全区经济运行状况，加大对重大项目、平台建设、小微产业园、美丽乡村等工作监督力度。依法审查10个政府重大投资项目，删减存疑项目2个，涉及总投资8500万元。听取区政府国有资产管理情况报告，认真履行国有资产监督职责。以宣传贯彻《湖州市美丽乡村建设条例》为契机，突出美丽乡村项目建设、村级集体经济发展、美丽经济转化等重点，开展涉农专项资金专项监督，推动我区通过“浙江省美丽乡村示范县”评审。建设人大预算联网监督和政府重大投资项目与预算监督两个系统，不断提升政府专项资金使用效益。

2. 助推法治南浔建设。在全省范围内率先开展扫黑除恶工作的专项监督，开展“双进互动”活动，共收集建议意见300余条；举行以“聚焦扫黑除恶，打造最优营商环境”为主题的代表问政会，公检法司“四长”共同到会应询，推动扫黑除恶纵向深入，促进人民群众安全感切实提升，该项工作得到市人大常委会主要领导的批示与肯定。构建“三进”普法工作路径，组织执法机关进站普法、司法机关进站释法、代表群众进站学法，持续延伸普法工作基层触角。听取“七五”普法、法治政府建设工作报告，开展消防法、防洪法、学前教育条例等法律法规执法检查，积极推动公益诉讼意见贯彻落实，加强规范性文件备案审查工作，主动配合市人大做好文明行为促进条例、美丽乡村建设条例的宣传贯彻以及市容和环境卫生管理条例等立法调研，有效促进法治南浔建设。

3. 助推民生持续改善。聚焦民生实事项目重点，发挥在项目筛选、过程跟踪、成效评估中的应有作用，构建出“全链条、全环节、全覆盖”的监督闭环，年初区人代会上首次组织全体代表对2018年民生实事项目实施情况开展满意度测评，年中半年度政情报告会听取和审议区政府2019年民生实事推进情况工作报告。对基础教育、古镇门票收入等群众和代表关注的民生问题，加强调研，形成专报，向区委报告、向区政府反馈，区委、区政府高度重视，主要领导作出批示，推动相关问题解决。围绕城乡一体化发展课题，专题听取政府规划执行情况汇报，开展城镇精细化管理和重大交通城建项目代表问政活动。

4. 助推生态文明建设。聚焦生活垃圾精准分类工作，建立“五督”工作机制，实施生活垃圾分类全域网格化管理，推进生活垃圾精准分类持续深入，助推创建省级高标准生活垃圾分类示范小区14个、示范村5个。全面落实生态环境状况报告制度，推动区、镇两级政府依法落实生态环保责任。连续两年开展“污水零直排区”创建督查，助推全区日处理能力30吨及以上的终端标准化运维实现全覆盖。组织实施水污染、大气污染防治“一法一条例”执法检查，为我区打好生态治理攻坚战提供坚实法治保障。

三、坚持优服务、增活力，更好发挥代表作用

常委会始终坚持代表主体地位，着力在保障依法履职上下功夫，让代表真正成为人大工作的力量之源、智慧之源、活力之源。

1. 做好“加”的文章。不断深化全区29家“五星级”代表联络站建设，坚持建、管、用并举，深入推进“一站一品”创建，由覆盖“全域化”向功能“实效化”转变，形成“菱之花”“老娘舅工作室”“七彩代表”“选民说事堂”等一批各具特色、富有成效的工作品牌。如菱湖镇人大以“菱之花”牵手“格桑花”，主动组织代表“妈妈”结对西藏班学生，让在菱湖中学西藏班学生有家的温暖，这项工作在全市推广，得到全国人大领导的充分肯定。

2. 深化“联”的内涵。深化落实“双联系”制度，探索建立常委会组成人员联系代表、代表联系群众、“一府一委两院”及政府工作部门联系代表群众“三联系”机制，推动“局长”走进代表联络站、担任领导职务的人大代表走进联络站常态化，推动代表融入“基层治理四平台”制度化，一年来共接待代表群众658人，收集意见建议183条，现场解决问题42个，跟踪推进项目34个，有效打通代表联系群众“最后一公里”，人民代表报头版报道相关做法。

3. 增强“办”的实效。紧抓代表建议件办理，把握关键环节，健全工作机制，着力在提升解决率上实现新突破。采取“督大户、督重件、督过程、督公开”的方式，盯过程、抓结果、重落实，开展代表意见建议中期督办活动，组织代表对8个重点办理区级部门进行集中督查，连续两年代表建议件解决率达60%以上。突出“双向座谈交流、定向征求意见、全面评价评估”三个环节，实行全过程评价，提升建议件办理实效。

四、坚持守初心、担使命，切实加强自身建设

常委会把开展“不忘初心、牢记使命”主题教育作为重大政治任务，切实加强常委会及机关自身建设，进一步提高履职能力和服务保障水平。

1. 扎实开展主题教育。紧扣“守初心、担使命，找差距、抓落实”的总要求，结合人大实际，开展“八个一”活动，着力在深学、细研、严查、真改上下功夫，常委会领导和各委室负责人深入走访120个行政村，发现、收集问题83个，解决问题56个，有效实现“理论学习有收获、思想政治受洗礼、干事创业敢担当、为民服务解难题、清正廉洁作表率”总目标。

2. 切实加强队伍建设。持之以恒抓学习，开展常委会党组及机关党组“党性党纪教育一刻钟”32次，组织常委会组成人员参加专题履职培训，举办4次专题法制讲座，不断提升机关干部素质能力。完善专委会建设，组建社会建设委员会，成立专业小组和专家智库，为新专委实现良好开局提供保障。树立“以实绩论英雄”的导向，营造比学赶超氛围，充分展示人大干部的担当作为和良好形象。

3. 增强人大工作合力。密切与镇（开发区）人大联系指导，注重发挥专工委作用，开展“一委室一镇（开发区）一品牌”创建活动，不断提升全区人大整体工作水平。加强人大宣传信息工作，全年市级及以上媒体共录用宣传信息198条，在《人民日报》等重要媒体上唱响南浔人大工作“好声音”，多篇重要宣传报道得到市、区领导的批示肯定，我区连续四年被评为全省人大信息工作先进集体。

各位代表，常委会过去一年的各项工作取得了新进展、新成效，这是在区委坚强领导下，常委会组成人员和全体代表共同努力的结果，是区政府、区政协、区监委、区法院、区检察院积极配合的结果，是各镇、开发区、区级各部门和全区人民、社会各界大力支持的结果。在此，我谨代表区人大常委会向大家表示衷心的感谢！

在看到成绩的同时，我们也清醒认识到存在的问题和不足，主要是：监督的实效和刚性有待进一步增强；讨论决定重大事项的范围和程序有待进一步规范；代表履职的保障和服务机制有待进一步提升；常委会自身建设和履职能力有待进一步加强；等等。面对这些不足，我们将以更加奋发有为的精神状态，努力加以改进。

2020年的主要任务

各位代表，今年是高水平全面建成小康社会的决胜之年，是“十三五”规划的收官之年，是南浔高质量赶超发展的加速之年。在统筹推进疫情防控和经济社会发展的关键时刻，习近平总书记亲临浙江和湖州考察并发表重要讲话，赋予浙江新的目标定位，对湖州工作提出新的重要指示，为我们做好各方面工作提供了根本遵循。面对新形势新任务，今年常委会工作的总体要求是：在区委的坚强领导下，把习近平总书记的殷殷嘱托转化为强大动力，高举习近平新时代中国特色社会主义思想伟大旗帜，全面贯彻党的十九大和十九届二中、三中、四中全会精神，强化“重要窗口”意识，扛起“示范样本”担当，按照区委四届九次全会和人大工作会议部署要求，紧扣“一一二八”工作部署，依法有效履职，主动担当作为，更好地发挥职能作用，为推进区域治理现代化、重塑水晶晶南浔、建设美丽繁华新江南、高质量打造湖州“开放东大门、创业新高地”作出更大贡献。

一、强化政治引领，在彰显制度优势上更加自觉

常委会要精准把握党的领导是中国特色社会主义制度的最大优势，围绕区委决策部署和全区工作大局，发挥好人大制度的根本政治制度功效。

1. 坚定政治自觉。深入贯彻习近平新时代中国特色社会主义思想和党的十九届四中全会精神，以习近平总书记关于坚持和完善人民代表大会制度的重要思想为统领，增强“四个意识”，坚定“四个自信”，做到“两个维护”，把党的领导贯穿于依法履职的全过程和人大工作的各方面，努力开创新时代人大工作新局面。

2. 增强制度自觉。抓好区委人大工作会议精神落实，紧紧围绕全会部署要求，找准工作切入点着力点，高标准高质量谋划和推进人大工作。树立“全局一盘棋”理念，坚持“立足于帮、着眼于促”，加强与“一府一委两院”的工作联系，健全政府重大决策出台前向人大报告机制，积极营造推进人大工作的良好氛围，努力形成在党委统一领导下人大工作与中心工作同频共振的生动局面。

3. 突出行动自觉。健全完善区人大常委会讨论决定重大事项办法，围绕高铁枢纽规划等事关全局和长远发展事项，依法作出决议决定，使区委主张转化为全区人民的共同意志。坚持党管干部原则与人大依法行使选举任免权有机统一，规范人事任免机制，落实宪法宣誓制度，确保组织意图通过法定程序圆满实现。强化任后监督，增强任命干部依法履职意识。

二、强化监督支持，在优化区域治理上更显作为

常委会要突出发展导向、问题导向、效果导向，注重支持与监督相统一，提高人大监督的针对性、持续性和有效性，着眼推进南浔区域治理现代化。

1. 聚焦稳增长基础。围绕“提绩效”，用好预算联网监督和政府重大投资项目与预算监督两个系统，以残疾人“两项补贴”和农村危旧房改造专项资金预算编制情况为重点，持续开展涉农资金专项重点审查监督，着力提升财政资源配置效率和使用效益；围绕“防风险”，专题听取关于政府性债务和化债情况汇报，审议2020年南浔区地方政府债务限额的议题，坚决遏制隐性债务增量，确保债务风险安全可控；围绕“优环境”，全面宣传、深入贯彻《浙江省民营企业发展促进条例》，实施有效监督推动落实，以法规确立的制度优势提振发展信心、破解发展难题。专题调研产业合作园谋划情况，跟踪监督规上工业企业土地及厂房未批先建历史遗留问题处理进展，助力营造更优的营商环境。

2. 聚焦法治化治理。围绕“有件必备、有备必审、有错必纠”的目标，修订《南浔区人民代表大会常务委员会规范性文件备案审查办法》，以备案全覆盖带动审查全覆盖，以审查全覆盖实现监督全覆盖，确保备案审查工作取得实效。制定《南浔区人民代表大会常务委员会关于听取和审议区监察委员会专项工作报告办法（试行）》，积极审慎稳妥推进对区监察委员会的监督。认真听取区政府关于法治政府建设工作情况的报告，听取和审议区政府关于禁毒工作情况专项报告，开展区法院、区检察院员额“两官”述职评议、行政执法案件评查，专题调研认罪认罚从宽制度落实情况，维护人大法律监督权威。开展土壤污染防治法和市人大出台的美丽乡村建设条例、乡村旅游促进条例等执法检查，确保法律法规在我区贯彻实施。

3. 聚焦获得感提升。紧扣城市能级提升，听取区政府2019年度城市规划实施情况和2020年度城市规划制定报告，推动规划建设工作规范、有序开展；紧扣回应民生关切，持续完善政府民生实事项目人大代表票决制工作，持续关注重大交通城建项目建设、扫黑除恶等工作，持续做好大气污染防治、美丽河湖建设等监督工作，专题调研垃圾分类、低收入群众生活保障、公共文化服务体系建设、医共体建设运行、职工权益、退役军人服务保障等工作，着力提升人民群众幸福指数；紧扣乡村振兴战略，听取审议区政府关于深化“三位一体”农合联改革、促进“三农”发展工作情况报告；紧扣矛盾纠纷多元化解，配合省市人大联动开展矛盾纠纷调处化解“最多跑一地”专题调研，就进一步推进诉源治理工作作出决定，积极发动各级代表担任基层治理四平台“五大员”，全力助推基层社会治理现代化。

三、强化服务保障，在密切群众联系上更加深入

常委会要坚持尊重代表、依靠代表、服务代表，更好发挥代表接地气、察民情、聚民智的作用，做实做亮我区代表工作“金名片”。

1. 深化代表联络站建设。贯彻落实省、市人大关于深化代表联络站工作和建设有关指导意见，围绕发挥“六个作用”，全面巩固全区29家“五星级”代表联络站建设成效，形成“一站一品”特色站点，逐步打造人大代表参与基层社会治理的综合平台。完善“三联系”制度，健全“一府一委两院”国家机关联系代表群众机制，探索在代表联络站群众约见代表、群众约见政府部门负责人活动，进一步构建基层治理难题破解前沿阵地。

2. 强化代表履职服务保障。抓好人大代表培训纳入党委组织部门整体培训计划的工作，分层次分批次有序开展代表履职培训，不断提升代表的履职能力和水平。规范代表活动经费管理，完善代表履职补助制度，为代表履行职务提供必要的服务和保障。

3. 提升代表建议办理质效。健全代表反映群众意见处理反馈机制，建立各镇（开发区）人大向同级党委报告制度和党委研究处理制度，形成“代表提、党委定、政府办、人大督”的闭环模式，推动解决群众关切的问题。加大依法监督力度，运用询问、质询等多种方式，真正触及矛盾、敢于亮剑，在推动“事要解决”上下功夫、见成效。

四、强化自身建设，在凝聚干事合力上更有成效

常委会要顺应新时代人大工作发展的新要求，不断提升依法履职的能力和水平。

1. 进一步提升履职能力。巩固拓展“不忘初心、牢记使命”主题教育成果，不断加强常委会及机关政治建设、思想建设、组织建设、作风建设、纪律建设。按照新时代对干部学习的新要求，坚持以严的标准和实的作风推动履职实践和队伍建设，提高常委会组成人员和人大干部的思想政治素质，增强依法履职和服务发展的能力。加强制度建设，不断推进人大工作的规范化、制度化、程序化。

2. 进一步激发履职活力。坚持“以实绩论英雄”工作导向，从实处着眼、以实干考量、用实绩说话，切实抓好发展所需、群众所盼、人大所能的工作。坚持树好导向、建好机制、搭好平台，积极推动探索实践和工作创新，引导形成人大建设的特色亮点和工作品牌。改进宣传方式方法，讲好南浔人大故事，扩大我区人大工作影响力。加强“智慧人大”建设，为人大工作创新发展提供信息化支撑。

3. 进一步凝聚履职合力。坚持上下人大“一盘棋”的思想，创新工作载体，拓宽参与渠道，进一步密切上下级人大之间的联系，优化联动项目安排、活动组织形式、上下协作互动和履职成果运用，在联合履职、联系指导、联动创新上增进合力、形成常态、强化效应。

各位代表，坚持和完善中国特色社会主义制度，人大肩负着重大使命；推进治理体系和治理能力现代化，人大承担着重要职责。让我们更加紧密地团结在以习近平同志为核心的党中央周围，在中共南浔区委的坚强领导下，只争朝夕、不负韶华，敢于担当、善于作为，为加快大赶超步伐，重塑水晶晶南浔，奋力谱写南浔高质量赶超发展的精彩篇章作出新的更大的贡献！

政协第三届湖州市南浔区委员会常务委员会工作报告

——在政协第三届湖州市南浔区委员会第四次会议上

南浔区政协主席　孙根祥

2020年5月7日

一、2019年工作回顾

一年来，区政协及其常委会在区委的坚强领导和省、市政协的悉心指导下，高举习近平新时代中国特色社会主义思想伟大旗帜，深入学习贯彻落实中共十九届四中全会精神，全面贯彻落实中央和省、市、区委决策部署，聚焦区委“一五一十”工作安排，着力发挥专门协商机构作用，不断推进政协工作提质增效，为全区高质量赶超发展做出了积极贡献。

（一）牢记初心使命，把牢正确政治方向。深入学习贯彻习近平新时代中国特色社会主义思想，切实增强“四个意识”、坚定“四个自信”、做到“两个维护”，始终在思想上、政治上、行动上同以习近平同志为核心的党中央保持高度一致。

一是深入学习贯彻中央和省、市、区委政协工作会议精神。区委高度重视中央和省、市委政协工作会议精神的学习贯彻，2次研究全区政协工作，及时召开区委政协工作会议，全面部署全区政协工作的总体要求、目标任务、重点工作，研究制定新时代加强和改进人民政协工作二十条实施意见。区政协坚持把深入学习贯彻中央和省、市、区委政协工作会议精神作为当前和今后一个时期的重大政治任务，先后通过党组会议、主席会议、常委会会议等，多形式、分层次进行专题学习，并向区委常委会作专题汇报，切实做到学在深处、研在新处、干在实处。

二是扎实开展“不忘初心、牢记使命”主题教育。根据中央和省、市、区委的统一部署，认真开展“不忘初心、牢记使命”主题教育。全面把握“十二字”总要求，认认真真读原著、学原文、悟原理，实地参观“红军长征追踪馆”“浔心堂”等红色教育基地，组织开展学习研讨，讲好专题党课。召开区政协老干部座谈会，回顾区政协自成立以来的发展历程，展望美好前景，集聚发展动力。在对照党章党规找差距、广泛听取意见建议的基础上，高质量召开专题民主生活会、组织生活会，制定检视剖析问题清单，落实整改措施，使党员干部思想得到洗礼、党性得到锤炼，作风得到转变、合力得到凝聚。同时，在全区政协系统精心组织开展“新时代人民政协的新样子”专题讨论，围绕“五个如何”，开展全员研讨、主题宣讲、演讲比赛、撰写笔谈、金点子征集等，进一步把握新时代人民政协的新方位新使命。

三是不断加强政协系统党的建设。深入贯彻落实中共中央和省、市、区委关于加强政协党的建设部署要求，落实全面从严治党主体责任，做到重大事项及时向区委请示，重要活动及时向区委报告，重点意见建议及时向区委提出，切实肩负起实现党对人民政协领导的政治责任。全年向区委常委会专题汇报政协党组履行全面从严治党主体责任、年度协商计划等工作6次。切实加强思想政治建设，依托理论学习中心组、政协主席读书会、“党性党纪教育一刻钟”等载体，开展集中学习28次。支持派驻纪检监察组开展工作、履行职责，着力营造风清气正的政治生态环境。

（二）围绕中心大局，服务赶超跨越发展。自觉把服务区委“一五一十”工作部署作为工作主线，不断完善“13456+”协商议政新格局，加强政协专门协商机构建设，专出特色水平，彰显价值作用。

一是协商议政献良策。协助区委制定出台开展“请你来协商”平台建设工作的实施意见，完善“请”的机制，拓宽“你”的范围，打造“来”的阵地，创新“协”的方式，提升“商”的成效，做精擦亮“政协365、请你来协商”特色品牌，相关做法在全省“请你来协商”平台建设工作座谈会上作经验交流。成功举办以“高质量打造高铁新城，迎接高铁时代的到来”为主题的区委书记与委员“面对面”、以“农产品营销升级为突破口，促进农民增收”为主题的区长与委员“面对面”以及“推进医养结合，完善养老服务”“加强知识产权保护，推进科技兴企”“助推全域旅游”“助推全域土地综合整治中农村存量宅基地盘活利用工作”等 6 场重点“请你来协商”活动，提出 100 余条精准务实的意见建议，有力地推动了相关工作。创新“互联网+”模式，通过线上线下互动直播 3 次。围绕“深化接苏融沪、高质量打造湖州‘开放东大门、创业新高地’背景下，如何建设最优营商环境”，开展深度调研，提出六个方面 21 条工作建议，得到区委书记的批示肯定，为进一步优化全区营商环境提供决策参考。

二是民主监督添助力。围绕“城乡生活垃圾分类处理”，开展三级政协联动专项集体民主监督，组织省、市、区三级政协委员98人，组建民主监督小组7个，开展实地监督调研17次，检查行政村（社区）51个、垃圾处理企业和处理点68个，走访座谈群众150余人次，有效推动了工作开展和长效机制建设。深入开展委派民主监督和“回头看”工作，委派6个民主监督小组到区委政法委等单位开展为期1年的定题定点式跟踪监督，对区发改经信局等4个单位的民主监督建议落实情况进行“回头看”，确保民主监督“不走过场”。聚焦“赶超发展、科技创新、城市建设、乡村振兴、民生稳定”等主题，开展“紧盯双过半、助力全年红”专题视察监督，有力助推区委、区政府重大决策部署的贯彻落实。

三是提案办理促落实。坚持把协商民主贯穿于提案工作的全过程，不断创新提案办理协商模式，有效推动提案的办理落实。区政协三届三次会议立案的118件提案，截至2019年6月底已全部办复完毕，提案办理满意率达100%。将乡村振兴、民营企业发展等9件提案作为年度重点提案，由区委、区政府领导牵头领办，区政协副主席联系督办，促使重点提案办理工作更好落到实处。召开提案办理民主评议面商会，对区发展改革和经济信息化局、区文化和广电旅游体育局开展民主评议，促进提案办理成果的有效转化。确定20件重要提案开展“背靠背”评议，有效提升提案办理协商成效。

四是履职为民解难题。聚焦民生关键小事和企业基层堵点难事，在全区政协系统全面开展“三进三问三服务”活动，各级政协委员和机关干部共走访企业388家、村（社区）249个，协调解决困难问题185个。组织开展“六送下乡”系列活动，累计提供科技、农技、教育、法律、健康义诊等咨询服务3000余人次，发放各类书籍资料和文体用品近5000份。围绕“美丽乡村建设后续管理”“多层住宅加装电梯”“高质量建设‘四好农村路’”“改善环境空气质量”等群众关心关注的热点难点问题，开展调研视察和协商活动，积极建言献策，助力问题解决。

（三）加强团结联谊，广泛凝聚共识合力。注重建言资政和凝聚共识双向发力，把加强思想政治引领、广泛凝聚共识摆到更加重要的位置，努力寻求最大公约数、画好最大同心圆。

一是搭好合作共事的“大舞台”。认真落实主席会议成员联系各民主党派、工商联制度，大力支持他们运用政协平台开展履职活动。支持和保障党外人士积极参与政协履职活动，在政协各项会议和活动中优先安排他们发表意见和建议。召开民主党派、工商联、民营企业家、行业协会、商会、新生代企业家委员等多场座谈会，不断引导他们提高政治站位和政治觉悟，增进对中国共产党和中国特色社会主义的政治认同、思想认同、理论认同、情感认同，夯实团结奋斗的共同思想政治基础。一年来，各民主党派、工商联和无党派人士在全体会议上发言9人，提交集体提案21件。

二是建好社会各界的“连心桥”。深化“一村一社区一委员”机制，既组织委员围绕党政中心工作开展视察监督、调研协商，又积极引导委员利用自身专业知识和影响力主动发声，深入基层和界别群众广泛凝聚共识、传播共识，协助党委政府做好宣传政策、协调关系、解疑释惑、化解矛盾的工作。认真做好反映社情民意信息工作，全年共编报社情民意信息219篇，《儿童青少年近视综合防控工作面广量大，建议纳入全国文明城市和未成年人思想道德建设工作测评体系》等36篇信息被全国和省、市政协录用。支持茶文化研究会等社团开展团结联谊工作。加强与省内外政协的沟通交流。

三是增强文史宣传的“感召力”。开展中华人民共和国和人民政协成立70周年系列庆祝活动，举办“同心同行70载”书画展，开展“我与人民政协”征文活动，编撰《我与人民政协》文史专辑。陈康兴委员参与新中国成立70周年群众联欢活动编导；选送集体舞《我们都是追梦人》参加省政协“与祖国同行、与时代共进”文艺会演；5名委员的履职经历入选湖州文史《纪念人民政协七十华诞》专辑。加大对外宣传力度，在《人民政协报》《联谊报》

等媒体刊发报道37篇，有效扩大了南浔区政协工作影响力。

（四）加强自身建设，全面提升履职能力。按照“懂政协、会协商、善议政，守纪律、讲规矩、重品行”的要求，着力打造政治过硬、能力过硬、作风过硬的政协委员和机关干部队伍。

一是加强委员队伍建设。出台区政协全体会议工作规则、委员履行职责的若干规定、委员活动经费管理使用的意见等制度文件，开展委员履职“五个一”活动，实施委员年度履职积分考核评价制度，促进委员进一步强化责任担当，做好“委员作业”，更好地在政协工作中履职尽责、在本职岗位上建功立业、在界别群众中示范引领。加强委员学习培训，邀请全国政协原研究室副主任原冬平到南浔作“重温政协70年辉煌历程，树立新时代人民政协的新样子”专题讲座；组织50名优秀委员代表，赴中国人民大学开展履职能力提升专题研修工作。

二是加强政协机关建设。推进学习型、服务型、智慧型政协机关建设，大力倡导“实绩论英雄”导向，弘扬乐业奉献、苦干实干的工作作风，着力提高政协机关的服务保障能力水平。坚持区政协主席会议定期听取和研究专委会工作制度。加强政协机关工作力量配备，加大机关干部对外交流和年轻干部培养使用力度。强化大局意识，主动参与招商引资、生态建设、金融工作、征地拆迁、项目专员、环境综合整治百日攻坚等区委、区政府中心工作、重点工作。

三是加强履职阵地建设。按照“有场所、有标识、有标准、有制度”的要求，规划建设“1+10+11”委员履职阵地，着力打造成为委员学习交流的新载体、协商议政的新平台、团结联谊的新桥梁、展示风采的新窗口，为委员履职营造良好环境。镇（开发区）政协工作机制得到有效落实。省政协党组副书记、副主席孙景淼到南浔进行专题调研，并给予充分肯定。

各位委员、同志们！自新冠肺炎疫情发生以来，区政协围绕党政所急、群众所盼、政协所能，把疫情防控和助企复工复产作为履职的重中之重，第一时间向全体政协委员发出“抗击疫情、人人有责”的倡议书。全体政协委员和机关干部立足岗位，发挥优势，自觉参与一线抗疫和志愿服务，积极协商建言，主动捐款捐物，发表《隔离不隔爱——致全体医学隔离观察人员及家属的一封信》；通过网上“云协商”，提出“南浔、吴江两地人员及车辆实行互通互认”的协商建议，被区委、区政府采纳，为打赢“两战”作出了积极贡献。据不完全统计，各级政协委员和政协各参加单位捐赠抗疫善款2000多万元，口罩、防护服、手套等物资40余万件（个）。

各位委员、同志们！中共南浔区委对政协工作高度重视、十分关心，始终把政协工作纳入全局统一谋划、部署和推进，为政协履行职能提供了坚强保证。区政府对政协工作予以大力支持，为政协发挥作用创造了良好条件。2019 年区委、区政府领导多次参加区政协会议活动，多次对区政协工作作出批示，其中区委、区政府主要领导参加 10 人次，作出批示 7 件次。

各位委员、同志们！回顾过去一年的工作，常委会较好地完成了各项目标任务，特色亮点多、工作成效好。这是中共南浔区委坚强领导的结果，是区人大常委会、区政府大力支持的结果，是各级各单位和社会各界积极配合的结果，是全区政协各参加单位和广大政协委员共同奋斗的结果。在此，我代表区政协常委会，向大家表示衷心的感谢！

同时，我们也清醒地看到，工作中仍然存在一些问题和不足，如：个别调研协商的质量效果还有待进一步提升；协商成果转化落实有待进一步提高；政协基础工作薄弱、人员力量薄弱问题有待进一步破解；个别委员的责任意识和履职能力有待进一步增强；等等。这些都需要在今后工作中认真研究、切实改进。

二、2020 年主要任务

2020 年是高水平全面建成小康社会的决胜之年和“十三五”规划收官之年，也是全面贯彻落实中央和省、市、区委政协工作会议精神深化之年。前不久，习近平总书记亲临浙江、湖州考察，给浙江赋予“努力成为新时代全面展示中国特色社会主义制度优越性的重要窗口”的新使命，对湖州作出“乘势而为、乘胜前进”的新指示。我们一定要提高政治站位，扛起使命担当，切实把习近平总书记的亲切关怀、殷切嘱托转化为砥砺前行的不竭动力。2020年区政协工作的总体要求是：高举习近平新时代中国特色社会主义思想伟大旗帜，全面贯彻党的十九大和十九届二中、三中、四中全会和习近平总书记在浙江、湖州考察时的重要讲话精神，把加强思想政治引领、广泛凝聚共识作为中心环节，坚持团结和民主两大主题，紧紧围绕区委“一一二八”工作部署和“深化‘三服务’、奋战‘五个年’”活动，充分发挥专门协商机构作用，提高政治协商、民主监督、参政议政水平，不断增强政协工作的创新力、凝聚力、影响力，干出新时代人民政协的新样子，谱写新时代政协工作高质量发展的新篇章，为重塑“水晶晶南浔”，建设美丽繁华新江南，打造湖州“开放东大门、创业新高地”贡献智慧和力量。

根据这一总体要求，我们要提振精气神、激发新状态，奋力推动全区政协工作高质量发展，进一步树立新时代人民政协的新样子。

（一）提高政治站位，在凝聚思想共识中担当新使命。坚持把习近平新时代中国特色社会主义思想作为加强思想政治引领的主线和灵魂，强化政治引领、坚定维护核心、筑牢思想基础，确保政协事业始终沿着正确方向前进。

一要持续深化理论学习。坚持以习近平新时代中国特色社会主义思想为指导，深入学习贯彻习近平总书记在浙江、湖州考察时的重要讲话精神，学深悟透习近平总书记关于加强和改进人民政协工作的重要思想，认真贯彻中央和省、市、区委政协工作会议精神，持续在“学懂弄通做实”上下功夫，做到学思用贯通、知信行合一。

二要坚决维护党委核心。始终将区政协工作置于中共南浔区委领导之下，坚决贯彻执行中共中央和省、市、区委的决策部署，认真抓好党委制度文件、会议精神的学习贯彻，切实做到党委有号召、政协有行动，党委有部署、政协有落实，确保同心同行、同频共振。

三要发挥党组核心作用。发挥政协党组把方向、管大局、保落实重要作用，坚持党建工作与履职工作一起谋划、一起部署、一起推进，推动政协工作高质量发展。加强政协党组对机关党组、机关党总支和全体政协党员委员的领导，着力推进党的组织对党员委员的全覆盖、党的工作对政协委员的全覆盖。

（二）推进协商民主，在发挥专门协商机构作用中彰显新作为。坚持在改革中发展，在务实中前行，健全协商机制，创新协商方式，进一步完善“13456+”协商议政新格局，提高政协履职的科学性和实效性。

一要完善协商形式集众智。进一步做精擦亮南浔“政协365、请你来协商”特色品牌，围绕“加快推进全域土地综合整治，打造乡村振兴新引擎”“补短板、扬优势，大力提升城市能级”两大主题，分别举办区委书记、区长与政协委员“面对面”协商议政会。围绕“抢抓高铁湖州东站建设机遇，加快西部片区赶超发展”“加强低收入群众就业帮扶”等主题，组织开展“请你来协商”专题协商议政会。以“互联网+协商”思维，高标准建设“实体”“网上”履职双平台，通过网络议政、远程协商等新形式，进一步扩大群众有序政治参与。立足高起点，关注“十四五”规划编制，谋划出金点子。

二要提高协商质量建真言。围绕“长三角一体化背景下，做强做优特色产业集群”主题开展重点课题调研，为助推全区高质量赶超发展建言资政。围绕“加强住宅小区物业管理”等 6 个课题分别开展专题调研。聚焦经济社会发展重点工作、重大项目，开展“紧盯双过半、助力全年红”专题视察调研活动。

三要健全制度机制求实效。研究制定协商工作办法，建立健全协商议题、调查研究、组织协商、建议转化、跟踪问效等工作规范，努力打造制度化、程序化、规范化的协商闭环。加强制度融入，推动政协履职成果纳入党委决策机制、政府议事规则。坚持并完善委派民主监督和“回头看”工作机制，对政府部门开展经常性协商监督。加强和改进提案工作，完善区委、区政府领导领办、区政协领导督办重点提案制度，深化提案办理“面对面”“背靠背”民主评议机制。

（三）坚持履职为民，在增进民生福祉中作出新贡献。坚持以人民为中心，认真倾听群众呼声，积极反映群众愿望，紧扣民生领域实际问题履职尽责。

一要持续关注民生福祉。围绕“社会治理领域‘最多跑一地’”“长三角区域污染防治协作机制落实”“城乡生活垃圾分类处理”等主题，开展联动监督。围绕“幼儿园项目建设”“推进医共体建设”等群众关心关注的问题，分别开展 6 次专题视察调研。结合“走进基层、走进群众”界别活动月，开展“六送下乡”系列民生服务活动。

二要打通为民服务渠道。深化“一村一社区一委员”工作机制，探索建设“委员民情联络站”，引导委员投身“三进三问三服务”活动，拓展委员联系群众的深度和广度，不断推动政协工作向基层延伸，着力打通联系基层“最后一公里”。加强委员同基层群众的密切联系，真诚倾听群众呼声，真实反映群众愿望，真情关心群众疾苦，为补齐民生短板、促进社会公平正义积极建言资政。

三要加强反映民情民意。把关注民生、履职为民作为提案工作的出发点和落脚点，聚焦各类民生“关键小事”，确保提案“提得准、接地气”，更好发挥提案在服务发展、改善民生中的作用。进一步完善社情民意信息收集和反应机制，提高精准性，发挥“直通车”作用。

（四）致力增进团结，在汇聚各方力量中取得新成效。始终把加强大团结大联合摆在更加突出位置，充分发挥人民政协统一战线组织功能和作用，推动建言资政和凝聚共识双向发力，真正让人民政协制度优势转化为治理效能。

一要在统一思想中凝聚共识。健全完善以政协党组理论学习中心组学习会为引领，党组会议、主席会议、常委会会议集体学习和主席读书会、学习讲座、专题培训等相配套的学习体系，在事关道路、制度、旗帜、方向等根本问题上统一思想和步调，坚持一致性和多样性统一，推动各党派团体和各族各界人士实现思想上的共同进步。

二要在议政建言中凝聚人心。把凝聚共识融入政协履职的全过程、各方面，着眼党政中心大事、改革发展要事、民生改善实事、社会治理难事深入履职，广泛宣传政策、解疑释惑、增进团结。深化完善“1+10+11”委员履职阵地建设，拓展团结联系各族各界人士新渠道。积极运用网络信息技术，发挥多媒体融合作用，传播共识、凝聚人心。

三要在联络联系中凝聚力量。建立健全各党派参加人民政协工作的共同性事务情况交流机制。畅通党外知识分子、非公有制经济人士、新的社会阶层人士意见诉求表达渠道。密切同民族宗教界代表人士的经常性联系，做好界别委员专题学习考察、界别协商、反映社情民意等工作。深化完善与南浔港澳乡亲和中国台湾同乡的沟通交流、联谊联络等制度，加强同南浔籍海外华人华侨社团的联络联系。

（五）强化责任担当，在加强自身建设中树立新形象。巩固深化“不忘初心、牢记使命”主题教育和“新时代人民政协的新样子”专题讨论活动成果，不断提升政协委员和机关干部履职能力水平。

一要发挥委员主体作用。制订实施委员学习培训计划，采取“请进来”“送出去”等形式，丰富学习内容，提升学习实效。充分发挥“委员活动中心”“委员活动站”“委员会客厅”“界别活动室”等履职阵地作用。切实加强履职动态管理，着力完善委员履职评价和考核机制，建立健全政协常委、委员述职和履职反馈等制度，努力提高委员履职的积极性。

二要加强机关队伍建设。发挥好专委会在政协履职中的基础性作用，加强与界别委员的联系沟通，有计划、有步骤开展履职活动。持续提升机关整体服务保障水平，营造清朗的政治生态和浓厚的实干氛围，增强全局意识、落实“快”字要求、提升干事本领，打造一流干部队伍，建设一流政协机关。积极参与“喜迎高铁　万亩征迁”百日攻坚行动、招商引资、美丽南浔建设、金融工作、项目专员等全区中心工作，提升政协机关的服务能力和水平。

三要加强镇（开发区）联络组建设。强化系统联动理念，鼓励各镇（开发区）政协工作联络组积极开展探索创新，不断推动南浔区政协工作向基层延伸。探索推进各镇（开发区）委员履职阵地规范化、制度化建设，着力破解“两个薄弱”难题。

各位委员、同志们！风正可扬帆，奋力谱新篇。让我们更加紧密地团结在以习近平同志为核心的党中央周围，不忘初心、牢记使命，乘势而为、乘胜前进，奋力谱写我区人民政协事业新篇章，为重塑水晶晶南浔，积极开创新时代南浔高质量赶超发展新局面做出更大贡献！

大事记

1月

2日　中共南浔区委四届九次全体（扩大）会议暨经济工作会议在南浔举行。

7日　四届区委第七十次常委会会议召开。

10日　四届区委第七十一次常委会会议召开。

同日　全区“不忘初心、牢记使命”主题教育总结大会召开。

同日　2019年度区领导班子和领导干部年度考核会议召开。区委书记杨卫东主持，并作区委领导班子年度总结、区委干部选拔任用及本人年度述职报告。区委副书记、代区长温建飞作区政府领导班子年度总结和本人年度述职报告。梅爱祥、孙根祥、王剑峰等区四套班子领导参加。会上，市委考核组负责人作考核动员讲话和有关情况说明，最后进行区领导班子及领导干部民主测评（评议）。

20日　四届区委第七十二次常委会会议召开。

同日　区政府召开四届第五十七次常务会议。

2月

2日　区委常委扩大会议召开。

3日　四届区委第七十三次常委会会议召开。

7日　区委常委扩大会议召开。

20日　南浔区2020年“奋战一季度　冲刺开门红”重大项目集中开工仪式举行。

同日　区委常委扩大会议召开。

26日　区政府召开四届第五十八次常务会议。

28日　四届区委第七十四次常委会会议召开。

3月

5日　区政府召开四届第五十九次常务会议。

12日　召开中国共产党湖州市南浔区第四届纪律检查委员会第五次全体（扩大）会议。区委常委、区纪委书记、区监委主任徐娟代表区纪委常委会作工作报告。会议以视频形式召开，各镇（开发区）设分会场。会上，区纪委委员审议通过区纪委工作报告。

13日　召开区委常委扩大会议。会议研究部署向上争取政策有关事宜。

14日　全区城乡人居环境卫生大提升行动动员会暨生态环境保护第一次工作例会召开。

19日　四届区委第七十五次常委会会议召开。

25日　召开四届区委第七十六次常委会会议。

26日　区政府召开四届第六十次常务会议。

4月

3日　四届区委第七十七次常委会会议召开。

同日　召开区委常委扩大会议。

14日　区政府召开四届第六十一次常务会议。

17日　四届区委第七十八次常委会会议召开。

20日　举行援鄂医务人员凯旋欢迎仪式。

24日　四届区委第七十九次常委会会议召开。

同日　区政府召开四届第六十二次常务会议。

5月

7—9日　中国人民政治协商会议第三届湖州市南浔区委员会第四次会议召开。

同日　湖州市南浔区第四届人民代表大会第四

次会议召开。

11日 四届区委第八十次常委会会议召开。听取关于南浔区部分镇行政区划调整工作、关于《南浔区实施“争先创优”行动工作方案》。

同日 全区实施“争先创优”行动动员部署大会召开。区委书记杨卫东在会上强调，全区上下要深入学习贯彻习近平总书记在浙江和湖州考察时的重要讲话精神，坚决贯彻落实省委、省政府和市委、市政府“争先创优”行动部署，迅速投入这场硬仗大考之中，全面形成比学赶超工作氛围，全力夺取经济高分报表，为加快重塑水晶晶南浔、建设美丽繁华新江南做出更大贡献。梅爱祥、孙根祥等区四套班子领导出席，区委副书记、政法委书记王剑峰主持。会议以视频形式召开，各镇（开发区、度假区）设分会场。会上，区发改经信局、区商务局、区住建局、区农业农村局、区“三服务”活动办分别作表态发言。

同日 区政府召开四届第六十三次常务会议。

12日 区政府召开四届第六十四次常务会议。

13日 区政府召开四届第六十五次常务会议。

14日 四届区委第八十一次常委会会议召开。

同日 召开区委全委扩大会议。会议审议南浔区部分镇行政区划调整方案。

21日 四届区委第八十二次常委会会议召开。

22日 区委全面深化改革委员会举行第二次会议。温建飞、梅爱祥、王剑峰等区四套班子领导出席。会议听取2020年全区改革工作要点和重点改革项目安排情况；审议讨论区委全面深化改革委员会2020年工作要点和重点改革项目及区委全面深化改革委员会专项小组组成人员名单。

同日 区委全面依法治区委员会举行第二次全体会议。会议传达中央全面依法治国委员会第三次会议、省委全面依法治省委员会第二次会议精神、市委全面依法治市委员会第二次会议精神；听取2019年法治南浔建设情况和2020年法治南浔建设工作要点；讨论审议有关文件。

同日 全区实施“争先创优”行动工作部署会召开。会上，解读《南浔区实施“争先创优”行动工作方案》，就“争先创优”工作进行全面部署。

29日 全区实施“争先创优”行动月度例会暨镇（开发区）工作例会召开。

6月

1日 四届区委第八十三次常委会会议召开。

同日 区委书记杨卫东带队赴开发区，深入联系指导村，走访调研村（社区）换届准备工作。

2日 市政协主席杨建新带队，到南浔调研“深化‘三服务’，奋战‘五个年’”活动。

同日 区人民政府与湖州银行股份有限公司举行战略合作签约仪式，双方将建立更加紧密、更深层次、更大范围的战略合作关系。

3日 由区委书记杨卫东，区委副书记、区长温建飞率领的南浔代表团，先后赴桐乡市、嘉善县、吴江区、无锡市考察旅游业发展情况，进一步强化长三角地区交流合作，学习先进、开阔视野，全力推动南浔旅游发展，尤其是南浔古镇保护与发展。

4日 召开区委常委扩大会议暨旅游业发展务虚会。

同日 南浔区人民政府与浙江水利水电学院举行共建新校区签约仪式。浙江水利水电学院党委书记史永安，党委副书记、校长华尔天，党委副书记吴小英等，区领导杨卫东、温建飞、梅爱祥、王剑峰等出席签约仪式，学院相关处室和区级有关部门负责人参加。

5日 区委、区政府召开重大项目推进工作例会。区委书记杨卫东在会上强调，要紧扣“破慢、提标、加速”主基调，咬定目标节点，突出“快”字、开足马力，全力快速推进各项工程，确保重大项目早出成果。区委副书记、区长温建飞主持会议，梅爱祥、王剑峰等区四套班子领导出席。会上，区委组织部（人才办）、区发改经信局、区教育局等各责任部门对照重大项目清单，分别汇报牵头项目存在的困难问题和下一步工作计划。项目牵头有关区领导展开充分讨论，聚焦项目推进中存在问题短板，谈想法、提建议。

9日 区政府召开四届第六十六次常务会议。

10日 区委书记杨卫东率区级有关部门负责人，深入一线检查指导防汛工作。

11日 家风建设与基层社会治理南浔案例分享暨中华老字号家风传承活动在南浔举行。新华社副社长刘正荣，省委常委、宣传部部长朱国贤，市委常委、宣传部部长范庆瑜，区领导杨卫东、王剑峰、杨长海，新华社、中央广播电视总台、《新华每日电讯》、省文明办有关负责人及相关专家学者、企业家代表、媒体代表等出席。

15 日 四届区委第八十四次常委会会议召开。

同日 全区生活垃圾治理推进会召开。区委书记杨卫东在会上强调，要认真贯彻落实习近平总书记重要指示精神及全省、全市生活垃圾治理推进会精神，奋起直追、争先创优，齐心协力、扎扎实实推进全区生活垃圾治理工作，确保高水平打赢生活垃圾治理攻坚战。区人大常委会主任梅爱祥主持，区领导杨长海、陈勤泳、徐天林、吴冠宇、陈文龙出席。副区长秦胜部署工作，南浔镇、菱湖镇、区住建局、区农业农村局、区综合执法局作表态发言。

19 日 区委召开常委扩大会议，传达学习贯彻省委十四届七次全体（扩大）会议及市委常委扩大会议精神。

24 日 区委理论学习中心组召开学习会，专题学习《中国共产党机构编制工作条例》。区委书记杨卫东主持会议并讲话，区委常委、组织部部长范海鸣作条例精神领学解读。

同日 四届区委第八十五次常委会会议召开。

28 日 太阳酒店·水晶晶广场项目开工仪式和大象酒店·国际会展中心及南林大桥项目开工仪式分别举行。

同日 南浔区在沪举行水晶晶南浔——2020 南浔城市品牌推介上海活动年暨南浔（上海）科创中心揭牌仪式。市委常委、组织部部长徐仲仪宣布“水晶晶南浔——2020 南浔城市品牌推介上海活动年”开幕，副市长施根宝致辞。浙江水利水电学院党委书记史永安、校长华尔天，杨卫东等区四套班子领导出席。市、区有关部门负责人及国内外 20 余家知名企业、人才机构代表等参加。现场 25 个重大项目集中签约，总投资 618.86 亿元，涵盖高端装备、智能制造、高校合作、人才科技等领域。其中，100 亿元以上项目 3 个。

29 日 南浔区庆祝建党 99 周年　加强党的政治建设暨机关党的建设工作推进会召开。区委书记杨卫东讲话，区委副书记、区长温建飞主持会议。梅爱祥、孙根祥等区四套班子有关领导出席，区委副书记、政法委书记王剑峰宣读表彰文件。会议表彰区优秀共产党员、区乡村振兴优秀带头人，与会领导为部分代表颁发表彰证书。会上，区优秀共产党员代表、练市镇党委、区农业农村局党组、区市场监管局党委、旧馆镇港湖村党总支作交流发言。

30 日 全区实施“争先创优”行动月度工作例会暨镇（开发区）工作例会召开。

同日 区领导杨卫东、温建飞、王剑峰等分别带队，慰问老党员和生活困难党员，为他们送去党和政府的关怀和温暖，感谢他们为党的事业和南浔经济社会发展做出的积极贡献，并通过他们向全区广大党员致以节日的祝福。其他区委常委也深入基层，走访慰问老党员和生活困难党员。

7 月

1 日 市委副书记、市长王纲在南浔区社会矛盾纠纷调处化解中心接待来访群众。

3 日 区委、区政府召开重大项目推进工作例会。

10 日 南浔区新南浔论坛举行“标准化助推高质量发展”专题讲座。省数字经济学会标准化工作委员会主任、省区块链标准化专业技术委员会副秘书长梁艳华作专题辅导。

14 日 全区村（社区）组织换届工作领导小组会议暨换届试点工作动员部署会召开。

同日 区政府召开四届第六十七次常务会议。

17 日 四届区委第八十六次常委会会议召开。

21 日 南浔区召开优秀村干部代表座谈会，邀请部分已退职和即将退职的行政村党组织书记，畅谈工作心得体会，为南浔高质量赶超发展建言献策。

23 日 四届区委第八十七次常委会会议召开。

同日 区委书记杨卫东带队赴中心城区，督查全国文明城市复评工作。

24 日 区委书记杨卫东主持召开国有企业发展座谈会。

28 日 召开区委四届十次全体（扩大）会议。

同日 区领导杨卫东、温建飞、梅爱祥、孙根祥、沈威等走访湖州军分区和区人武部，看望慰问部队官兵，向大家表示感谢并致以问候。

30 日 区政协举行“请你来协商”专题协商议政会，围绕“加快推进全域土地综合整治，打造乡村振兴新引擎”这一主题，区委书记杨卫东与区政协委员开展“面对面”协商，广泛听取意见建议，共谋高质量发展良策。

同日 南浔城市规划展示中心举行开馆仪式。

31 日 全区实施“争先创优”行动月度工作例

会暨镇（开发区）工作例会召开。

8月

2日 南浔区地方标准规范《既有多层住宅加装电梯实施指南》等发布暨城镇老旧小区加装电梯圆桌对话活动在杭州举行。省市场监督管理局局长章根明，副市长施根宝，全国电梯标准化技术委员会秘书长陈凤旺，杨卫东、温建飞、梅爱祥、孙根祥、王剑峰等区四套班子领导及省、市相关部门负责人出席，电梯企业负责人和加装电梯客户代表等参加。

4日 区政府召开四届第六十八次常务会议。

6日 全区“两山”转化提升年工作推进会召开。区委书记杨卫东强调，要切实推进“两山”在南浔区的有效转化，加快以“绿水青山”扮靓水晶晶南浔，以“金山银山”共筑美丽繁华新江南。区领导杨长海、秦胜、吴冠宇参加。会上，通报“两山”转化提升年工作推进情况，部署下阶段的目标任务；区发改经信局、石淙镇作交流发言。

同日 清廉南浔建设第三次联席会议暨2020年度现场推进会召开。

同日 《浙江日报》报业集团党委书记、社长唐中祥一行到南浔调研。

7日 全区美丽城镇建设现场推进会召开。会上，通报美丽城镇建设推进情况、存在问题，布置下一步工作；练市镇、菱湖镇、和孚镇、善琏镇有关代表分别作交流发言。

10日 区委书记杨卫东，区委副书记、区长温建飞分别带队深入基层一线，向冒着高温酷暑辛勤工作的执勤交警、消防队员、建筑工人、环卫工人送去防暑用品，代表区委、区政府向全区奋战一线的广大劳动者表示敬意和慰问。

11日 四届区委第八十八次常委会会议召开。

同日 南浔区村（社区）组织换届工作领导小组第二次会议召开。

14日 区委、区政府召开重大项目推进工作例会。

17日 市政协党组副书记、副主席叶理中率队到南浔，以座谈交流、听取汇报的方式，就南浔区贯彻落实中央和省、市委政协工作会议精神情况开展督查。区委书记杨卫东作工作汇报。区政协党组书记、主席孙根祥，区政协副主席陈文龙、潘宇文、郑勇、孙水根参加。

18日 区委审计委员会召开第四次会议。区委书记、区委审计委员会主任杨卫东强调，要深入学习贯彻中央审计委员会第三次会议，省委、市委审计委员会第四次会议精神，特别是习近平总书记重要讲话精神，全面履行职责，坚持依法审计，为建设“重要窗口”示范样本提供更多的清风阳光。

19日 全市区县互看互学互比活动举行。市四套班子领导，各区县及市级有关部门负责人等，集体赴各区县实地考察，进一步营造加快高质量赶超发展、奋力冲刺“全年红”的浓厚氛围。考察团首站走进南浔，区委书记杨卫东现场交流汇报，区委副书记、区长温建飞等参加。

25日 市委副书记、市长王纲在南浔区调研“五未”（签约未开工、开工未竣工、竣工未投产、投产未上规、上规未达产）项目。

同日 区政府召开四届第六十九次常务会议。

28日 四届区委第八十九次常委会会议召开。

同日 区委理论学习中心组召开专题研讨会，学习《习近平谈治国理政》第三卷。会上，杨卫东、徐娟、徐国华、陈勤泳、单永杰、沈培明、吴冠宇、陈文龙、潘宇文、郑勇、王湘起等区领导结合工作实际，围绕《习近平谈治国理政》第三卷一书谈学习体会。

28—29日 省村（社区）组织换届工作督导组由省财政厅二级巡视员尹红平带队，专题调研指导南浔区村（社区）组织换届工作。区委书记杨卫东在座谈会上全面介绍南浔区村（社区）组织换届工作情况。

9月

2日 区委书记杨卫东带队赴旧馆镇调研，深入园区一线、企业内部，推动木业行业绿色发展加快步伐。

3日 全区民政工作暨2020年“慈善一日捐”活动动员大会召开。

8日 由省民政厅党组书记、厅长王剑侯率队的调研组到南浔，专题调研南浔区村（社区）组织换届及基层政权建设工作。区委书记杨卫东作专题汇报。

9日 全区教育发展大会暨庆祝第三十六个教师节大会召开，广大教师和教育工作者齐聚一堂，共同庆祝教师节。区委书记杨卫东出席并讲话，区领导梅爱祥、范海鸣、李雪华、吴冠宇、王湘起及各镇（开发区）、区级各部门、各校（园）负责人与获奖代表等出席。大会举行颁奖仪式，为浙江省2020年“春蚕奖”“绿叶奖”，2020年浙江省“三育人”先进个人、先进集体，“南浔教育奖”优秀教育成果奖获得者、优秀管理成果奖获得者、优秀管理团队获得者，南浔区第四届十佳“最美教师”颁发荣誉；部分获奖代表作交流发言。

10日 南浔区“奋战三季度、抢占制高点”重大项目集中开工暨签约仪式（开发区专场）举行。著名经济学家、清华大学经济管理学院原院长钱颖一出席签约仪式并发言，副市长施根宝宣布项目开工并在签约仪式上致辞。区四套班子领导出席。

同日 区政府召开四届第七十次常务会议。

11日 区委书记杨卫东率区级相关部门，专题调研南浔古镇便捷旅游线路及老旧小区改造工作。

17日 四届区委第九十次常委会会议召开。

同日 全区全域旅游暨古镇旅游发展大会召开。区委书记杨卫东讲话，会议由区委副书记、区长温建飞主持，梅爱祥、孙根祥、王剑峰等区四套班子领导出席。会议部署全域旅游、古镇旅游发展工作。区文广旅体局、区旅投集团、和孚镇、善琏镇相关负责人先后作表态发言。

22—23日 2020年长三角G60科创走廊质量标准暨电梯产业发展论坛在南浔举行。住房和城乡建设部科技与产业化发展中心副主任陈伟、国家市场监督管理总局发展研究中心副主任姚雷、省市场监督管理局副局长章一文、副市长施根宝、区委书记杨卫东、副区长费学梅及国家、长三角三省一市有关部门负责人出席。

23日 2020中国（南浔）电梯产业发展论坛暨首届南浔电梯网上博览会开幕式举行。

25日 全区实施“争先创优”行动月度工作例会暨镇（开发区）工作例会召开。

同日 区委书记杨卫东带队赴南浔镇、练市镇，走访调研村社组织换届工作。

27日 水乡旅游线暨高新区工作推进会召开。

同日 市人大常委会党组书记、主任孙贤龙带队，到南浔开展《浙江省民营企业发展促进条例》（以下简称《条例》）执法调研。孙贤龙一行首先实地考察星光农机股份有限公司。随后，到谱拉歌世服饰有限公司考察。最后，在双林镇召开座谈会，专题听取区、镇相关工作情况、《条例》宣贯执法调研和监督情况、基层人大工作开展情况等汇报。

28日 区政府召开四届第七十一次常务会议。

30日 全国第七个烈士纪念日，南浔区举行烈士纪念日公祭仪式，深切缅怀先烈功绩，祭奠烈士英灵，寄托无限哀思，激发爱国热情，为重塑水晶晶南浔、建设美丽繁华新江南而努力奋斗。区委书记杨卫东宣读祭文，区委副书记、区长温建飞主持，梅爱祥、孙根祥、王剑峰等区四套班子领导，各镇（开发区）、区级各部门负责人和区法院、区检察院、区公安分局干警及民兵、学生代表等参加。

同日 四届区委第九十一次常委会会议召开。

同日 区委、区政府召开重大项目推进工作例会。

10月

9日 区人武部召开宣布命令大会。市委常委、湖州军分区司令员江宏勋宣布任职命令并讲话，区委书记、区人武部党委第一书记杨卫东讲话，区委常委、区人武部部长沈威主持。会上，江宏勋宣布任职命令，任命杨晓钢为区人武部政委。杨卫东在讲话中向湖州军分区党委、首长长期以来对南浔区经济社会发展和南浔武装工作的关心厚爱表示感谢，对杨晓钢到区人武部任职表示欢迎。会上，新任命的区人武部政委杨晓钢作表态发言。

10日 “世界绿地 共创南浔——绿地·南浔城际空间站启动仪式”举行，包含238米超高层双子塔在内的绿地·南浔中心启动建设。上海市人大常委会原党组书记、主任龚学平宣布开工，绿地控股集团董事长、总裁张玉良，区领导杨卫东等出席。

同日 区委召开全区村（社区）组织换届工作会议。

12日 区社会矛盾纠纷调处化解中心新址启用仪式举行。

13日 区委书记杨卫东带队赴开发区，检查安全生产工作。

同日 四川省广安市委副书记、市长曾卿率领市党政代表团到南浔调研东西部扶贫协作工作。湖州市副市长施根宝，广安市副市长尹黎明，南浔区委书记杨卫东，广安市政府副秘书长、广安区委常委、副区长黄卫军，南浔区委常委、开发区党委书记陈纯志等参加。

同日 市委常委、市纪委书记、市监委主任梁雪冬到南浔督导村（社区）组织换届选风选纪。

16日 区政府召开四届第七十二次常务会议。

19日 浙江省人民医院南浔院区成立两周年总结大会举行，全面提升全区医疗服务水平，深化区医共体与浙江省人民医院合作，回顾总结两年来合作成果。浙江省人民医院党委书记洪朝阳、区委书记杨卫东、副区长吴冠宇等出席。浙江省人民医院相关部门代表及各学科专家、各镇（开发区）和区级相关部门主要负责人等参加。活动中，区医疗集团汇报合作两周年工作情况。与会嘉宾领导为浙江省人民医院乳腺外科孟旭莉、眼科吴苗琴专家工作室揭牌。浙江省人民医院下沉科室专家代表签订南浔区人民医院科室创三乙技术目标责任书。

20日 四届区委第九十二次常委会会议召开。

21日 省政协党组副书记、副主席孙景淼到南浔调研基层协商与社会治理工作。

22日 区委书记杨卫东到南浔镇中心代表联络站，开展联系人民群众主题活动，与代表、群众面对面进行座谈交流，听取基层意见建议。

23日 省委召开县（市、区）委书记工作交流会。会上，滨江、镇海、瓯海、南浔、嘉善、上虞、金东、开化、黄岩、缙云10个县（区）负责人交流学习习近平总书记重要讲话精神、探索构建新发展格局、推动高质量发展等经验做法和下一步思路举措。

26日 《浙江日报》刊登交流会发言摘录。区委书记杨卫东围绕打造千亿光电产业填补浙江省行业空白进行交流学习。南浔区全力做好谋产业、抢项目、打基础、优服务4篇文章，共引进光电产业项目总投资达706亿元，其中百亿级项目3个、50亿级项目2个。

27日 省人大常委会党组副书记、副主任李卫宁到南浔调研美丽乡村建设及人大代表联络站运行情况。

28日 全区召开“十四五”规划方案汇报会，贯彻落实中央和省委、省政府，市委、市政府关于高质量编制好“十四五”规划精神，提升南浔区规划编制质量和水平。区领导杨卫东、温建飞、孙根祥等出席。会上，区发改经信局汇报“十四五”规划编制开展情况；编制单位介绍“十四五”规划基本思路；相关区级部门作交流发言。

30日 四届区委第九十三次常委会会议召开。

同日 全区领导干部会议召开，传达学习贯彻中共十九届五中全会和全省领导干部会议、全市领导干部会议精神，研究部署全区贯彻落实工作。

11月

5日 四届区委第九十四次常委会会议召开。

同日 区政府召开四届第七十三次常务会议。

6日 全区举行“决战四季度　夺取全年红”重大项目集中签约仪式，43个重大产业项目集中签约，总投资225.91亿元。签约项目包括新能源汽车、新材料、高端医疗、先进装备制造、新型农业等特色项目，其中20亿元以上项目3个，10亿元以上项目2个，80%以上项目来自长三角地区，进一步助力全区打造成为长三角中心投资热土。仪式上，上海华合复合材料有限公司、青岛阿莫泰克有限公司有关负责人作交流发言。

同日 全区“决战四季度　夺取全年红”重大项目集中开工仪式在各镇专场举行。

9—10日 全省乡村全域土地综合整治与生态修复现场会在南浔召开。会议强调要整体谋划，强化生态修复，注重农民权益，高质量推进乡村全域土地综合整治与生态修复工作，夯实“三农”发展基础。副省长彭佳学出席并讲话，省政府副秘书长蒋珍贵，省自然资源厅厅长黄志平，市委常委、常务副市长杨六顺，各地市有关负责人，各县（市）、区有关负责人等参加，区领导杨卫东、王剑峰、方科、秦胜、吴冠宇等分别陪同。2018年以来，全省有序推进乡村全域土地综合整治与生态修复三年行动计划，通过整治土地、建成高标准农田、盘活存量建设用地、废弃矿山整治等，开展各类生态系统整治修复工作。其中，南浔区在2019年度全省全域整治绩效评价得分中排名第二，并获得2019年度省政府督查激励，旧馆镇和南浔镇项目列入省试点并上报国家试点。会前宣读全省2019年度耕保考核情况通报，表彰2019年度考核优秀单位，相关单位交流发言，通报全省乡村全域土地综合整治与生态修复工作情况。

12日 省委第八巡视组巡视南浔区工作动员会议召开。会前，省委巡视工作领导小组办公室副主任王俊向南浔区委书记杨卫东传达省委书记专题会议的有关精神。会上，省委第八巡视组组长马万里就即将开展的巡视作动员讲话，王俊就配合做好巡视工作提出要求，市委常委、市纪委书记、市监委主任梁雪冬参加会议，杨卫东作表态发言，南浔区委副书记、区长温建飞主持会议。省委第八巡视组副组长及巡视组其他成员，省委巡视办有关人员，区四套班子领导，区政府党组成员，区人民法院、区人民检察院党组主要负责人参加会议。近五年退职、退休的原四套班子领导，区政协秘书长，南浔经济开发区管委会主任，各镇党委书记、镇长，区级各部门主要负责人，区纪委监委和区委组织部领导班子成员，区委巡察办主任和区委各巡察组组长列席会议。动员会后，召开区委工作汇报会，省委巡视组听取南浔区委相关工作情况汇报。

13 日 在省人民大会堂主会场，全省召开抗击新冠肺炎疫情总结表彰大会。南浔区有 5 位个人、2 个单位获得表彰。其中，南浔镇辽西村党支部作为先进集体和先进基层党组织代表，区发展改革和经济信息化局局长、党组书记陆利斌作为省“担当作为好干部”，在省主会场接受表彰。会议以视频形式召开。

同日 中共湖州市南浔区委党校（区行政学校）揭牌仪式暨开学典礼举行。区委书记杨卫东、市委党校常务副校长朱荣伟为区委党校（区行政学校）揭牌。区委书记杨卫东致辞并作“开学第一课”。区委常委、组织部部长、统战部部长、党校校长范海鸣主持会议。

16—17 日 全省乡村产业高质量发展推进会在南浔召开。副省长彭佳学出席并讲话，省政府副秘书长蒋珍贵主持，省农业农村厅厅长王通林介绍全省乡村产业发展情况。副市长夏坚定，各地市有关负责人出席，区委书记杨卫东作典型发言。区领导温建飞、王剑峰、范海鸣、陈勤泳、秦胜、徐国华及各县（市）、区有关负责人等参加。彭佳学在讲话中充分肯定南浔区乡村产业高质量发展取得的积极成效，指出南浔打造长三角“中央厨房”的定位高，营商环境良好，生产方式秉持绿色发展，坚持数字化发展，亮点工作多。

17 日 区政府召开四届第七十四次常务会议。

19 日 召开区委常委扩大会议。区委书记杨卫东第一时间传达学习贯彻省委十四届八次全体（扩大）会议和市委常委扩大会议精神，研究部署全区贯彻落实工作。

23 日 四届区委第九十五次常委会会议召开。

24 日 南浔区举行浙江水利水电学院新校区项目开工仪式，正式拉开该校南浔校区建设序幕，这也标志着南浔区高校建设“零”的突破。浙江水利水电学院党委书记史永安宣布项目开工。浙江水利水电学院校长华尔天、区委书记杨卫东分别致辞。区领导梅爱祥、孙根祥、王剑峰、陈纯志、吴冠宇及学院师生代表等参加。

25 日 市委宣讲团到南浔宣讲中共十九届五中全会精神。市委宣讲团成员、市委组织部常务副部长邱见春作宣讲报告。

同日 区委书记杨卫东一行看望全国劳动模范施文美，并与她亲切座谈。

27 日 南浔区举行运河国际文化交流中心暨南浔古镇北部项目集中开工仪式，20 个重点项目集中开工，为古镇旅游发展注入强心剂。区委书记杨卫东宣布项目开工。

30 日 南浔区举行沪苏湖高铁南浔站交通枢纽工程开工仪式，全面拉开高铁南浔站建设序幕。区委副书记、区长温建飞宣布项目开工。区委副书记、政法委书记王剑峰致辞。

同日 全区实施“争先创优”行动月度工作例会暨镇（开发区）工作例会召开。

12 月

2 日 全市区县互看互学互比活动举行。市四套班子领导，各区县、市级有关部门负责人等到南浔，实地督查 2020 年以来主要经济指标完成情况，考察部分新建在建项目。

4 日 区委、区政府召开重大项目推进工作例会。

7 日 区政府召开四届第七十五次常务会议。

10 日 市政府党组成员、南太湖新区党工委副书记、管委会主任吴智勇率领的南太湖新区党政代表团到南浔考察。

11 日 四届区委第九十六次常委会会议召开。

同日 由区委书记杨卫东率领的党政代表团，赴苏州市吴江区考察，学习先进经验，拓宽视野思路，深化交流合作，共同推动长三角区域高质量发展。考察中，吴江区委书记李铭、区政协主席李斌、区委副书记钱斌等会见南浔代表团一行。

12 日 区四套班子务虚会召开。会议深入学习贯彻习近平总书记系列重要讲话精神和中共十九届五中全会精神，立足南浔实际，借鉴先进经验，围绕“十四五”规划及2021年工作，谋思路、谈想法、提建议、商举措，为南浔未来五年发展举旗定向、谋篇布局，为2021年工作定好盘子、理清路子，推动南浔在“十四五”时期实现跨越式发展。

15日 四届区委第九十七次常委会会议召开。

同日 区政府召开四届第七十六次常务会议。

18日 南浔经济开发区4个会场同步举行2020年重大项目集中竣工投产仪式，充分展示政企合力克服疫情影响，演绎项目建设的“速度与激情”。

同日 全区亿元以上独立选址新开工产业项目比看活动拉开帷幕。杨卫东、温建飞、梅爱祥、孙根祥、王剑峰等区四套班子领导集体赴各镇（开发区）走访，实地考察94个亿元以上独立选址新开工产业项目建设情况，掀起项目“双进双产”新一轮热潮。

29日 四届区委第九十八次常委会会议召开。

同日 区政府召开四届第七十七次常务会议。

30日 浙江泰嘉光电科技有限公司超薄玻璃基板深加工项目结顶仪式举行。39万平方米厂房仅用134天结顶，“南浔速度”再次刷新。

区情概览

·综　述·

【概况】　南浔区是2003年1月经国务院批准建立的湖州市辖区，下辖南浔、练市、双林、菱湖、和孚、善琏、旧馆、千金、石淙9个镇和1个省级经济开发区。其中南浔、练市、双林、菱湖、和孚5个镇为全国千强镇，南浔、练市、菱湖被列为省级中心镇。区域面积702平方千米，其中林地面积70平方千米，水域面积93平方千米，园地面积96平方千米，耕地面积294平方千米，其他用地面积149平方千米。2020年，全区共有211个行政村和34个社区，户籍人口为48.9万人，常住人口为54.3万人。

【区位优势】　南浔区地处浙江北部杭嘉湖平原，位于长三角城市群中心腹地，是上海都市圈和杭州都市圈的交会点，东北毗苏州市吴江区，东南邻桐乡市，南连德清县，西接吴兴区，北濒太湖，是湖州市接轨上海的东大门。区域内，申苏浙皖、申嘉湖、练杭3条高速公路横跨东西，浔练公路、“三高连接线”、三新公路穿越南北，318国道、湖浔大道、湖盐公路贯通全境，沪苏湖高铁南浔站正在建设，京杭运河、长湖申和湖嘉申航道穿域而过，距离上海、杭州、苏州等大城市均为100千米左右，水陆交通便捷，区位优势独特。

【地形地貌】　南浔区是典型的江南水乡平原，地势较低，海拔在5米以下。境内河流纵横，湖漾密布，共有河道2248条，总长2110千米；湖泊和池塘615处，面积13.6平方千米；全区总水域面积93平方千米，水域水面率13.3%。地形平坦，仅有数座海拔百米以下的小山。土壤主要为冲积土和水稻土。

【气候特征】　南浔区处于中低纬度，属北亚热带季风气候区。气候总的特点是：季风显著，四季分明；雨热同季，降水充沛；光温同步，日照较多；气候温和，空气湿润。据1981—2010年气象资料统计，一般年份初霜约在11月中旬，终霜约在次年3月中旬，全年无霜期249天；年日照时数1812.9小时。据2009—2019年南浔自动气象站数据统计，年平均气温17.4℃，平均气温最高的年份为2017年，达18℃，最低的年份为2011年，达16.7℃；气温以每年1月最低，平均气温为4.5℃，7月最高，平均气温为29.5℃；历年极端最低气温-7.9℃，极端最高气温41.5℃；年平均降雨量为1321.1毫米，降水日数为158.9天。通常情况下，年降水量的六到七成集中在4—9月，梅雨季一般出现在6月中旬至7月上旬。

2020年，南浔区气候异常，天气复杂多变，出现寒潮、暴雨、高温、干旱和强对流等恶劣天气，给工农业生产和人民生活造成影响。年平均气温为18.1℃，极端最低气温为-6.1℃，极端最高气温为39℃；低温日数为6天，高温日数为37天。年内出现3次寒潮天气过程，分别是2月14—16日、3月26—28日和12月29—31日，带来强降温、雨雪、大风和低温冰冻天气，其中，12月31日最低气温为-6.1℃，出现严重冰冻。5月29日入梅，为历史第二早，7月18日出梅，出梅晚，梅雨期50天，为有气象记录以来历史最长梅雨期；梅雨期出现多轮强降雨过程，雨量大、暴雨过程频繁，雨量534.0毫米，是常年的2倍左右，对水利、交通、农业和旅游业造成不利影响。春夏季强对流天气多发，出现短时强降水、雷暴、大风等；3月21日下午到夜里，全区普降大到暴雨，并伴有短时强降水和强雷电；4月12日傍晚，部分地区出现8～9级雷雨大风，阵风达14.9米/秒；5月25日夜里，受对流云团影响，全区普降大到暴雨；8月10日午后，出现短时强降水和雷雨大风，雨量72.5毫米，1小时最大雨量41.3毫米。高温出现时间早，7月异常偏少，8月异常偏多；5 月 3 日，最高气温达 35.4℃，为历史最早高温初日；8 月出现持续高温天气，高温日数达 25 天，为历史上 8 月高温日数最多的年份。年内出现 2 次阶段性气象干旱，8 月至 9 月上旬、10 月中旬后期至 11 月中旬，连晴少雨，大部分地区出现轻度至中度气象干旱，土壤墒情下降，表层土壤达轻旱状态；其中，8 月至 9 月上旬持续晴热高温少雨，个别果园和林地旱情显现，农户纷纷开启抗旱模式。年内还出现 3 次阶段性连阴雨天气，1 月、9 月中下旬和 11 月下旬出现长时间连续阴雨寡照天气，其间雨水过多，日照创新低，对各类农作物生长发育和病虫害防治等带来不利影响，对农事活动的开展造成一定影响。年内台风影响较弱，8 月 4 日，受台风“黑格比”影响，出现阵雨，大部分地区阵风 5～7 级；8 月 25 日，受台风“巴威”外围环流和冷空气影响，出现雷阵雨，并伴有短时强降雨、强雷电和局地大风；9 月 1—2 日，受台风“美莎克”远距离外围环流和弱冷空气共同影响，出现阵雨及大风天气。

【历史人文】 南浔区历来是江南闻名遐迩的“丝绸之府”“鱼米之乡”“文化之邦”，历史文化底蕴深厚，名人辈出。区委、区政府所在地南浔镇具有独特的水乡古镇风貌、别具一格的江南园林、中西合璧的精美建筑，拥有一批独具特色的历史遗存，被列为浙江省 15 个历史文化名城之首，被联合国教科文组织列入世界历史文化遗产预备清单，曾荣获联合国教科文组织颁发的“2003 年亚太地区文化遗产保护杰出贡献奖”。早在宋、明、清三代，南浔镇就有进士 41 名，有“九里三阁老，十里两尚书”之称，近代还涌现出了以刘、顾、张、庞为代表的中国最大的丝商群体“四象八牛七十二金黄狗”，聚拥财富半壁江山。现代，南浔区名人更是层出不穷，有清末民国初期四大藏书家之一刘承干，国民党元老、西湖博览会创始人张静江，西泠印社创始人之一张石铭，中国历史最长、受奖学生最多、设置学校最广的“叔苹奖学金”创办者顾乾麟，著名经济学家桂世镛，著名实业家章荣初，著名报告文学家徐迟，著名书法家沈尹默、费新我等。当代，在全国颇具影响力的南浔籍专家、学者有 80 余人，其中有中国工程院原副院长卢良恕、“两弹一星”总设计师屠守锷、“中国导弹驱逐舰之父”潘镜芙等 10 位南浔籍“两院”院士。

【旅游资源】 南浔区旅游资源丰富，名扬四海。2014 年 6 月 22 日，中国大运河项目被联合国教科文组织列入《世界遗产名录》，大运河南浔段（含頔塘故道和南浔镇历史文化街区）成为湖州市首个世界文化遗产，南浔镇也因此成为中国首个整体荣膺世界遗产的江南古镇和运河重镇。南浔镇享有“中国历史文化名镇”“中国十大魅力名镇”“全国文明镇”“国家卫生镇”“全国环境优美乡镇”“全国特色景观旅游名镇”等美誉称号，全镇有 4 处全国重点文物保护单位：嘉业堂藏书楼及小莲庄、南浔张氏旧宅建筑群、大运河——頔塘（南浔丝业会馆及丝商建筑为其子项目）、尊德堂（张静江故居）。粉墙黛瓦的民居建筑群百间楼沿河而卧，与不远处的市级文物保护单位洪济、通津二桥组成了一幅“小桥、流水、人家”的美丽风景，尽显江南水乡秀气。2005 年中央电视台“十大魅力名镇”颁奖词中对南浔镇的评述是：“太湖边上的鱼米之乡，古镇中的文化重地。方圆十里，五座园林，处处庭院幽深；一镇之地，以丝绸闻名，曾经富可敌国；嘉业藏书楼，深藏文化底蕴；丝竹袅袅，演义诗画水乡；人文荟萃，巨贾云集，江南好，最忆是南浔。”其中双林镇、菱湖镇、善琏镇也都是江南著名古镇，形成了全国少有的古镇群落。南浔区又是全国古桥保存最集中、最完整的地区，最具代表性的属双林镇的全国重点文物保护单位“双林三桥”和省级文物保护单位“幻溇古桥群”。和孚镇荻港村已列入第一批中国传统村落名录。善琏镇被评为“中国湖笔之都”，含山蚕花节被列为“中国民间艺术游”系列活动，2015 年 6 月湖笔小镇成为浙江省首批特色小镇。全区现有文物保护单位 79 处，其中全国重点文物保护单位 5 处，省级重点文物保护单位 10 处，国家级非遗项目 3 项，省级非遗项目 11 项，市级非遗项目 39 项。2015 年，南浔古镇景区成功创建为全市首个国家 AAAAA 级旅游景区，填补了湖州市国家 AAAAA 级旅游景区的空白；荻港景区成功创建为国家 AAAA 级旅游景区。在全面保护古镇（村）景区、文化的基础上，加大开发力度，旅游事业蓄势待发。全区拥有国家 AAAAA 级旅游景区 1 个、AAAA 级旅游景区 1 个、AAA 级旅游景区 10 个，省级旅游度假区 1 个，省 AAAA 级景区 1 个，省级生态旅游区 1 个，省级旅游风情小镇 2 个，三星级以上旅游宾馆 3 家，特色文化主题酒店 1 家，拥有全国乡村旅游重点村 1 个，省级特色旅游村 5 个，省级休闲旅游示范村5个，市级乡村旅游示范村7个。

南浔区有名甲天下的辑里湖丝，有全国著名的菱湖淡水鱼生产基地，有技艺精湛被誉为文房之宝的善琏湖笔，有“轻如朝雾、薄如蝉翼”之称的双林绫绢等传统名特优产品享誉海内外。

【年度财政】 2020年，南浔区地区生产总值为467.83亿元，比2019年增长3.3%。分产业看，第一产业增加值26.74亿元，增长4.1%；第二产业增加值270.72亿元，增长1.7%；第三产业增加值170.37亿元，增长5.9%。三次产业增加值结构比为5.7∶57.9∶36.4，第三产业比重比2019年提高1.3个百分点。

全年实现财政总收入67.22亿元，其中地方财政收入40.46亿元，分别比2019年增长5.5%和6.7%。财政总收入占GDP的比重为14.4%。地方财政收入中，税收收入37.39亿元，增长8.1%，占比为92.4%；从主要税种看，增值税、企业所得税和个人所得税分别为15.41亿元、4.78亿元和2.23亿元，分别增长0.9%、1.1%和36.0%。

全年财政支出55.22亿元，比2019年增长12.7%，教育、文化、社会保障和就业、医疗卫生、农林水、节能环保等民生领域共支出32.58亿元，占财政支出的比重为59.0%。

全年固定资产投资额比2019年增长7.6%。分产业看，工业投资增长28.6%，服务业投资下降0.8%。从结构性看，民间投资增长16.6%，交通投资增长33.9%，高新技术产业投资增长22.4%，生态环保、城市更新和水利设施投资下降17.1%。

（编辑部）

·经济与社会发展·

【农业】 南浔区是全国粮食生产先进单位，浙江省农业特色优势产业综合强区，省级粮食生产先进县区，浙江省第一届“河姆渡杯”粮食生产铜奖区，浙江省畜牧业大区。2014年6月，“桑基鱼塘”入选第二批中国重要农业文化遗产名录，成为全市首个入选中国重要农业文化遗产名录的传统农业系统。2018年4月，在意大利首都罗马举行的全球重要农业文化遗产国际论坛上，“桑基鱼塘系统”正式接受由联合国粮农组织总干事若泽·格拉齐亚诺·达席尔瓦颁发的“全球重要农业文化遗产（GIAHS）”奖牌。农业以畜禽、水产、粮油、蚕桑、蔬果、苗木为主导产业，农业产业结构不断优化，效益农业、特色农业大力发展，高效生态农业发展势头良好。

2020年，实现农林牧渔业总产值48.73亿元，比2019年增长4.4%。其中，农业产值10.63亿元，增长4.7%；林业产值0.03亿元，同2019年持平；牧业产值9.52亿元，下降0.3%；渔业产值23.67亿元，增长5.7%。经济作物播种面积10160公顷，其中蔬菜面积6053公顷，果用瓜780公顷；油菜籽产量0.67万吨；生猪出栏7.10万头，下降17.4%；蚕茧产量0.22万吨，下降14.1%；家禽出栏1476.05万羽，增长9.6%；禽蛋产量0.67万吨，下降15.0%；水产品产量15.58万吨，增长5.3%。

全年引进投资1000万元以上农业项目102个，其中市级农业大好高项目12个；累计推广渔业养殖跑道397条、稻虾综合种养4000公顷；累计发展“红美人”柑橘种植约279公顷，启动建设万头湖羊基地4家，投产1家；新增注册家庭农场312家，新增省级示范性家庭农场4家、市级示范性家庭农场12家，认定区级示范性家庭农场30家；新增省级龙头企业4家、市级龙头企业5家、省级农业产业化联合体2家。

【工业】 2020年，全区规模以上工业实现增加值155.66亿元，按可比价计算，比2019年增长4.1%，其中轻工业40.18亿元，重工业115.48亿元，分别增长-6.6%和8.5%。31个大类行业中，有18个行业增加值实现增长，6个行业超过10亿元。其中，通用设备制造业28.80亿元，增长12%；电气机械和器材制造业23.63亿元，增长27.5%；金属制品业15.03亿元，增长11.7%；非金属矿物制品业11.59亿元，增长37.7%。从重点产业看，高新技术产业82.20亿元，增长4.3%，占比为52.8%；战略性新兴产业53.54亿元，增长9.0%，占比为34.4%；装备制造业70.89亿元，增长11.9%，占比为45.5%（注：有的企业在3个重点产业中属于其中的2个，甚至3个，在统计时增加值重复计算）。

全年规模以上工业实现营业收入982.61亿元，比2019年增长4.9%；利税71.76亿元，其中利润47.19亿元，分别增长-2.7%和3.1%。电气机械和器材制造业，金属制品业，通用设备制造业，木材加工和木、竹、藤、棕、草制品业营业收入超100亿元，共实现营业收入588.99亿元，占全部规模以上工业的59.9%。6个行业利税超过5亿元，其中，金属制品业11.45亿元，增长1.3%，通用设备制造业14.04亿元，增长15.0%；电气机械和器材制造业10.30亿元，增长4.8%；非金属矿物制品业6.77亿元，增长16.5%；纺织业5.65亿元，下降20.9%。

全区年末拥有建筑企业43家，其中在库总承包一级资质企业5家。全年完成建筑业增加值17.62亿元，占GDP比重为3.8%；房屋建筑施工面积373.4万平方米，增长16.8%；竣工面积137.4万平方米，增长24.8%。

南浔区是全国科技进步考核先进区。2020年专利申请量3959项；专利授权量2249项，其中发明专利113项。全区年末拥有国家重点扶持高新技术企业33家，比2019年增加9家；拥有省级高新技术研发中心8家；省级企业研究院7家，比2019年增加1家。科学技术支出1.54亿元。

【服务业】 2020年社会消费品零售总额比2019年下降6.1%。限额以上批发业销售额155.81亿元，增长14.4%；限额以上零售业销售额10.56亿元，下降2.2%；限额以上住宿业营业额1.09亿元，下降4.5%；限额以上餐饮业营业额1.83亿元，下降7.0%。限额以上批发零售业销售额166.37亿元，增长13.2%。其中，金属材料类77.36亿元，增长19.8%；食品、饮料、烟酒类9.74亿元，增长2.8%；石油及制品类4.77亿元，下降18.5%；化工材料及制品类7.04亿元，增长39.7%。

【对外经济】 2020年，实现外贸进出口总额123.11亿元，比2019年增长24.3%。其中，出口108.60亿元，增长26.9%；进口14.51亿元，增长7.9%。按贸易方式分，一般贸易出口98.31亿元，增长20.7%；加工贸易出口9.51亿元，增长130.2%。按企业性质分，内资企业出口67.76亿元，增长8.4%；外资企业出口15.40亿元，下降6.1%；流通企业出口25.43亿元，增长279.7%。按主要产品分，贱金属及其制品出口19.15亿元，增长70.2%；塑料、橡胶及其制品出口10.91亿元，增长32.6%。按主要市场分，非洲出口增长较快，达67.0%；北美洲、亚洲、欧洲分别增长35.8%、24.6%、19.1%，拉丁美洲增长1.5%。

全年合同外资4.57亿美元；全年实到外资0.52亿美元。

【城乡建设】 2020年重点建设项目共100个，累计完成投资133.1亿元。江蒋漾公园、直港路（中心街至联谊段）、中心城区绿道（一期）等项目相继完成，新增直港路、西城路等道路建设10.5千米，新改建道路5千米，打通万顺路断头路，新增停车位2271个，缓解交通拥堵及加大中心城区车辆承载力。此外，大象酒店、太阳酒店、水利水电学院等项目也在全力推进。全年处置生活垃圾23.5万吨，无害化处理率达100%，城镇生活垃圾资源化利用率达100%。加装电梯，提升居住质量，全年完成加装电梯单元6个，开工建设单元7个，有意向安装电梯单元50余个。专注污水处理，新建改造污水管网32千米，新建雨水管网19千米，提标改造管网17千米，雨污分流改造管网18千米，清淤排水管网420千米。

重点项目稳步实施。“三高连接线”、南浔大桥顺利通车，湖山大道（南浔段）已于12月底完成项目交工。沪苏湖铁路南浔段已施工完成投资额1.5亿元，完成征迁工作1.96亿元。高铁南浔站综合交通枢纽已于11月正式开工建设，枢纽工程已完成临建办公楼、宿舍楼、钢筋加工场建设，完成支护桩70根，完成投资1亿元；全年共实施农村路网项目115个，完成投资9.56亿元。其中农村公路等级提升实施48个；农村公路大中修完成36个；危桥改造工程完成14座；无隐患美丽公路创建县道完成17项。

全年$PM_{2.5}$平均浓度29微克/米^3，同比下降14.7%；空气质量优良率89.4%，同比上升8.5个百分点。全区4个行政交界出境断面和7个区控以上地表水监测断面水质均达Ⅲ类以上，达标率100%。全面开展木质家具、地板、电梯、电机等特色行业低挥发性有机物源头替代工作，共计完成173家木质家具企业、34家电梯企业、30家电机企业源头替代，地板行业已全部使用高固含量UV漆、水性漆；完成88家企业固废（危废）仓库规范化建设整治提升，有效保障涉废领域环境安全。

【教育】 2020年年末，全区共有小学23所，在校学生总数2.75万人；全年新招生4915人，毕业3720人，小升初比率保持100%。共有初中16所，在校学生总数1.05万人；全年新招生3534人，毕业3576人，初升高比率为99.4%。

全年全区教育经费总量142265.5万元，比2019年增长21.46%。公共财政预算教育经费100885万元，比2019年增长11.84%。其中预算内教育事业经费

93448万元，比2019年增长12.59%；教育费附加7437万元，比2019年增长3.27%；事业收入15382万元，比2019年减少5.94%；其他教育经费收入25999万元，比2019年增长46.25%。

【文化体育】 2020年年末，全区拥有剧场、影剧院11个，文化馆、艺术馆3个，全年举办展览54个，组织文艺活动135次；公共图书馆11个，总藏量64.03万册（件）；举办训练班结业人数11320人次；省、市中心村全民健身广场（休闲公园）5个。

区图书馆新馆进入装修设计，菱湖镇文体中心推进有序，练市文化站完成搬迁，双林镇文化站完成改造。新建城市书房1家、城镇书房1家，乡镇文化驿站实现全覆盖；完成3个省市重点文艺项目申报；承办2020年浙江省新农村题材小戏会演及第九届南太湖艺术节音乐专场暨开幕式等大型文艺活动3场次，举办“水晶晶南浔”品牌文艺活动和“文化走亲”“文化下乡”等系列基层文化活动480余场次，配送图书2万册。

高标准建设体育场地。水利水电学院体育中心进入施工阶段，出台《南浔区扶持体育发展专项资金补助办法》，加大对基层体育场地设施建设补助力度，建成中心城区8千米环城健身步道、双林镇蔡崇信体育馆、练市镇练溪公园；完成百姓健身房10家、省级小康体育村升级工程20个。举办南浔夏日次元电竞嘉年华、第二届南浔古镇桨板公开赛等品牌赛事，石淙定向寻宝赛、练市篮球联赛、千金自行车赛等“一镇一赛”、文化礼堂运动会等群体赛事活动50余场，区级单项协会比赛27场；成功申报省、市体育产业资金项目3个，创建省级运动休闲示范项目1个。

【医疗卫生】 2020年年末，全区拥有医疗卫生机构255个，其中医院8家、卫生院（社区服务中心）14家、门诊部12家、诊所73个、社区卫生服务站144个；拥有医疗床位1531张，其中医院实有床位1364张；卫生技术人员2795人，其中执业医师819人、执业助理医师212人、乡村医生132人、注册护士1009人。

【人民生活】 2020年年末，全区户籍人口48.90万人，其中男性23.94万人，女性24.96万人；城镇人口18.31万人；60岁以上人口15.49万人，占总人口的31.7%，占比提高0.6个百分点。全年出生人口3302人，出生率为6.74‰；死亡人口4192人，死亡率为8.56‰；人口自然增长率为-1.82‰。全区城镇新增就业26765人，城镇失业人员再就业7314人，困难人员再就业950人，城镇登记失业率1.52%。

据100户城镇居民家庭抽样调查，全年城镇居民人均可支配收入达59847元，比2019年名义上增长4.2%。其中，工资性收入增长4.0%，经营净收入增长3.4%，财产净收入增长3.2%，转移净收入增长10.6%。人均生活消费支出29037元，增长1.2%。据100户农村居民家庭抽样调查，全年农村居民人均可支配收入达37051元，比2019年名义上增长7.4%。其中，工资性收入增长7.1%，经营净收入增长6.9%，财产净收入增长15.0%，转移净收入增长19.2%。人均生活消费支出21946元，增长1.9%。

【社会保障】 2020年年末，全区城乡居民基本养老保险参保人数15.55万人，人均待遇水平每月293.58元。落实对65周岁以上人员每人每月增资15元政策，每月增发养老金120万元。社保扶贫应保尽保、待遇应享尽享。

开展“六无六有”（学无忧、业无忧、居无忧、行无忧、水电无忧、用无忧，险有免、产有扶、病有助、梦有圆、教有伴、残有助）救助帮扶。制定出台《南浔区低收入群众救助帮扶　加快建设“幸福南浔”实施方案》，共计帮扶项目12个，子项帮扶19个，涉及单位14个，惠及困难群众16.69万人次，补助资金1.56亿元。全区4103户7401名低收入群众人均年收入从2019年年底的1.7万元增长至2.08万元。建成3家居家养老服务中心，升级3家示范型老年食堂；引进大型、连锁养老企业2家，新增4家社会福利中心实施公建民营；新增2家区级养老护理人员培训基地。

【平安南浔建设】 深入推进平安南浔建设，荣获2020年度浙江省平安县（市、区）称号，实现平安南浔“十六连冠”。全年除火灾事故外，全区发生各类生产安全事故12起，死亡10人，较2019年，事故总起数下降25%、死亡总人数下降23.1%。一般以上道路交通事故115次，比2019年下降5.0%，经济损失24.56万元，比2019年下降12.7%；刑事案件立案数2081件。火灾累计发生事故40起，比2019年下降36.5%，直接经济损失173.4万元；2020年度无较大以上伤亡事故发生。

【机构编制】 2020年7月，设立中共湖州市南浔区委党校（湖州市南浔区行政学校）、湖州市南浔区社会矛盾纠纷调处化解中心，均为区委直属公益一类事业单位，机构规格为正乡科级。

（编辑部）

·精神文明建设·

【概况】 2020年，南浔区宣传思想文化工作深入贯彻习近平新时代中国特色社会主义思想，中共十九大、十九届四中和五中全会精神，围绕中央和省、市宣传思想工作会议部署，按照市委“一四六十”工作体系、区委“一一二八”工作的相关要求，坚守“重点突破、整体推进，守正创新、特色引领，内育素材、外树品牌”的工作理念，筑牢基层基础，夯实理论舆论，发展文化文明，做强内宣外宣，为重塑“水晶晶南浔”，建设美丽繁华新江南，全面建成小康社会提供强大的思想支撑和精神力量。

【理论武装】 抓主线、树标杆，理论武装守正出新。理论学习有新收获。深入贯彻习近平新时代中国特色社会主义思想，中共十九大、十九届四中和五中全会精神，高标准、严要求落实理论学习，推动理论武装守正出新。以党委（党组）理论学习中心组为龙头，以习近平新时代中国特色社会主义思想为主线，组织开展交流研讨、集中学习和专题辅导报告等形式的学习12次，南浔区委理论学习中心组被评为2020年度优秀县处级党委（党组）理论学习中心组。各镇（开发区）、区级各部门党委（党组）中心组累计开展学习700余次。以“学习强国”学习平台为依托，进一步强化理论学习。60周岁以下党员覆盖率100%，向学习平台供稿2629篇（条），录用1395篇（条），南浔区委宣传部获评“学习强国”平台“2019—2020年度优秀供稿单位”，南浔区教育局机关党总支获2020年度浙江省“学习强国”“学习之星”先进组织，南浔区卫生健康局费洪亮、双林镇人民政府高升华等10位党员（群众）获2020年度湖州地区“学习强国”“学习之星”先进个人称号。

理论宣讲有新突破。打造“浔先讲”青年理论宣讲品牌，构建“区+部门+镇”联动工作体系，打造“2+10+N”（区级层面组建2支宣讲团，各镇和开发区下设10支子宣讲团，区级部门结合系统业务组建N支宣讲团）宣讲团架构，推进理论宣讲大众化，累计宣讲700余场，受众38000余人次。3名宣讲员参加省微党课大赛，获省二等奖1个、三等奖2个；2名宣讲员参加湖州市“我最喜爱的习总书记的一句话”微宣讲大赛决赛，分别获二等奖、三等奖。广泛搭建“微课堂”，“习习轻风”抖音号发布宣讲视频120余个，总阅读量1200余万人次，总点赞量72.3万人次，粉丝达27.5万人。“浔先讲”理论宣讲团作品分别在“学习强国”平台和中央、省、市级媒体上展示，其中2篇在“之江思享汇”微信公众号上展示，练市小学沈红霞等5人《我最喜爱的习总书记的一句话》宣讲微视频在“天目新闻”客户端展播，《努力提高新闻质量和水平》《加快转变发展模式》等文章发表在《浙江日报》理论版《我在之江学新语》栏目中。

理论阵地有新发展。基层党校逐步建强，社科阵地稳步推进。打造10个新时代基层宣讲示范点，“社科普及进农村文化礼堂”荣获2019年度全省社科普及创新示范推介项目称号，被市社科联评为2019年度先进集体。完成省级社科课题1个，申报并立项省社科联课题1个，列入市级社科规划课题3个。一篇信息被《浙江社科要报》录用，并获副省长成岳冲批示。

【舆论引导】 明方向、拓渠道，舆论宣传引领出色。社会宣传把牢重点。抓牢区委、区政府重要决策部署和中心工作重点，全方位、多渠道拓宽宣传路径，做到舆论宣传引领出色。开设“防疫复工”、“绿水青山就是金山银山”理念十五周年、“水晶晶南浔”城市品牌、“全域整治”、“三服务”、“扫黑除恶在行动”等重大主题，共编发《南浔时报》140期、《南浔新闻》267期，刊播稿件4186篇（条）。其中在“南浔新闻”“今日南浔”客户端平台推出防疫复工相关专栏10个，24小时直播平台1个，发布相关报道2949篇，直播稿件715条；播出“绿水青山就是金山银山”理念十五周年报道142期；全域整治报道274期；推出“三服务”攻坚克难案例共568个。组织参加湖州市“‘在湖州看见美丽中国’——我在爱国主义教育基地等你”微视频演讲比赛，演讲和微视频参展均获三等奖2个、优秀奖1个，并获评优秀组织奖。积极选树最美典型，善琏镇公共事业服务中心副主任张开荣获2020

年度“最美浙江人·浙江骄傲”人物提名奖。

对外宣传抓准焦点。高频次推介“水晶晶南浔”城市品牌，在央视《新闻30分》栏目投放南浔城市形象宣传广告，累计覆盖34.36亿人次；冠名一列京沪高铁、亮相纽约时代大屏，开展32项城市品牌主题宣传。通过各种途径推送城市品牌形象达300多次。多维度讲好南浔战疫故事，在《经济日报》《光明日报》等省级以上报刊发文80余篇（条）。有序化推进主题采访，围绕“绿水青山就是金山银山”理念十五周年、“融入长三角 接轨大上海”等重大主题，举办新华社等媒体走访调研湖州全面融入长三角一体化到南浔采访、沪苏湖铁路南浔站开工采访等活动。全年被国家级主流媒体录用稿件677篇（条），其中头版59篇（条）；省级主流媒体（含上海）录用584篇（条），其中头版56篇（条）；18部纪录片在省级以上电视台播出。登上央视《新闻联播》6次、《浙江新闻联播》28次。扩大外宣平台建设。在《浙江新闻联播》开设南浔台，成立并运营浙报集团县级融媒体中心共享联盟南浔工作站。

网信宣管掌控要点。网络宣传影响力更显著。围绕“抗疫复工”“习近平在浙江考察调研”“绿水青山就是金山银山”等主题，开设专题20余个，刊发和转载宣传稿件6125篇，策划创作抗疫题材《南浔，摒牢！》等优质网宣作品，阅读量超80万人次。精心打造紧贴社会热点、回应网民关切的“浔轩平”网评品牌，发文63篇。网络生态管控更有力。开展“捉谣记——浙江疫情辟谣”等专项整治行动，发布辟谣信息4条。网络舆情发现更精准，推进网络生态“浔情哨”工程，相关工作获区委书记批示2次。网络安全保障更有效，排查全区网站、系统安全漏洞，完成技术整改4次，关闭服务器2个，在2020年全市网络安全攻防演练中荣获一等奖。

【文明创建】 强载体、优品牌，文明建设全域提升。继续深化“最美家风+”建设。围绕“最美家风+建设”“全国文明城市创建”“核心价值引领”等重点工作，精细化、品牌化打造精神富有高地，做到文明建设全域提升。继续深化“最美家风+”建设。推出“最美家风+”诚信主题年，培育100个诚信示范典型和十大诚信家风阵地。向全区诚信家庭推出“最美家风信用贷”，在218个行政村开展授信，发放贷款7.3亿元。举办家风建设与基层社会治理南浔案例分享暨中华老字号家风传承活动，发布我国首部地方家书集锦《南浔家书》和《南风浔韵——门楼里的家风》。实现全区14万家风亮晒全覆盖，“最美家风+”建设列入全市2019年精神文明建设十件大事。

扎实推进新时代文明实践。成功发布全省首个《新时代文明实践户建设与评价规范》地方标准规范，打造湖州市“浔愿”新时代文明实践示范带1条、示范所3个、示范站15个。举办全区志愿服务项目大赛，甄选金奖2个、银奖2个、铜奖5个。“浔先讲”青年理论宣讲团公益宣讲项目等三个项目荣获市志愿服务项目大赛银奖。南浔镇增山社区获省最美志愿服务村（社区）。在新时代文明实践云平台文明大脑平台注册志愿者超8万人，志愿组织577个，志愿服务总时长10万余小时。举办疫情防控知识宣讲、企业复工复产帮扶、贫困家庭志愿服务联络结对等群众性志愿活动5000余场，惠及群众10万余人。

有效提高城乡文明水平。巩固浙江省文明区创建成果，高质量通过全国文明城市复评。成功创建全国文明镇1个、全国文明单位1个、全国文明村1个，浙江省文明镇1个、浙江省文明单位3个、浙江省文明村4个、浙江省文明家庭3户。实施“最美好家风·文明好习惯”文明实践活动，打造“浔风八礼”文明品牌，引导120余家餐饮业单位、5000余名志愿者参与“浔风八礼·文明公筷”行动，培育文明“新食尚”。

逐步推动公民思想道德建设。选树道德模范、最美人物、身边好人等先进典型，1人入选“中国好人榜”，4人（含团队）入选“浙江好人榜”，1人入选“诚信浙江人”，10人入选“湖州好人榜”，45人获评“新时代 南浔好人”。大力加强未成年人思想道德建设，10人获评区级“水晶晶南浔好少年”，2人获评市“新时代好少年”，1人获评市“两山追梦好少年”。优化双林镇后坝营地等未成年人阵地建设，召开浙江省未成年人思想道德建设现场会。“南浔区未成年人道德法治体验馆建设项目”入选2020年湖州市未成年人思想道德建设十件实事。

【文化发展】 聚合力、激活力，文化发展争先创优。“六文”（农村文化礼堂、社区文化家园、乡镇文化广场、企业文化车间、学校文化校园、城市文化公园）阵地全方位筑稳。紧扣“文化浙江”建设要求，促进南浔文化事业繁荣，全领域、高质量创优文化精品，做到文化发展争先创优。全方位筑稳“六文”阵地，持续推进农村“文化礼堂”、社区“文化家园”、城市“文化公园”、企业“文化车间”等阵地建设。先后承办2020年湖州市农村文化礼堂“我们的村晚”和2020年湖州市农村文化礼堂村歌大赛决赛。典型案例《实施提升工程 打造文旅融合新地标》入编全省农村文化礼堂建设工作书面交流材料，建成217家农村文化礼堂，提前实现农村文化礼堂建制村全覆盖，成功获评浙江省农村文化礼堂建设示范县（区）。156家文化礼堂完成“浔礼e家”智慧平台投放运行，“浔礼e家”智慧平台获2019年度浙江省广播电视科技创新项目“金潮奖”，“浔礼e家”项目团队获2019浙江省网络视听年度技术与产品创新团队，1人入选全省第三届“最美礼堂人”。新增五星级文化礼堂5家，建成社区“文化家园”9家。

文化产业逆形势上扬。实施《南浔区扶持影视产业发展细则（试行）》，拨付899.73万元专项资金用于扶持影视文化企业成长。全年规上影视企业数量达17家，100余家影视企业总产值达5.26亿元，原创动画《百变水晶晶》在中国国际动漫节进行发布和集体签约。大运河文化带建设等11个项目被列为2020年全市文化产业重点建设项目。新增善琏湖笔小镇研学营地项目等12个投资额达5000万元以上文化产业项目。先后举办“第十届湖笔文化节”、“在湖州看见美丽中国”文创设计大赛作品展示、全国首届毛笔制作职业技能总决赛等。3家企业参展第十六届深圳文博会及长三角文博会；国鹰文创获市文创大赛三等奖，霁光（湖州）工艺获2021年花博会工艺品类唯一指定特许经营商。5家企业获湖州市第四批成长型文化企业荣誉，3家企业获第五批浙江省成长型文化企业荣誉。

文艺精品高质量发展。讲好南浔战疫故事，创作《阳光》等“战疫”主题歌曲20余首，推出《坚守》等摄影作品12800余幅。打造“水晶晶南浔”文艺精品，“浔商”题材长篇报告文学《水无穷处》获第八届“徐迟报告文学奖”长篇奖，《江南豪门》获优秀作品奖，实现历史性突破，成为全市首个获该奖项的区县。推出“水晶晶南浔丛书”品牌，点校整理出版《浔溪诗征》。成功举办第十届中国湖州·湖笔文化节开幕式暨大运河名家经典诗歌朗诵会。在市第九届南太湖艺术节喜获5金、8银、15铜佳绩，数量和质量再创新高，其中，音乐《归》获得创作、表演双金奖。小戏《抱金猪》获省新农村建设题材小戏会演金奖，舞蹈《春上蚕时》入围省第十一届音乐舞蹈节，歌舞剧《永不褪色的红军被》等4部作品列入市优秀文艺作品扶持项目。《寻味水晶晶南浔》等电影开机，“浔商”题材电视连续剧《待到春来化蝶时》和新农村题材电视连续剧《花开燕归来》在筹拍中。拍摄“南浔名人”系列纪录片，其中《叔苹的种子》在浙江省电视台国际频道播出，《少年归来》在浙江卫视和香港电视台播出。开办水晶晶南浔·第二期“南太湖”影像工作坊，举办“水晶晶南浔”杯全国摄影大展。南浔区文化馆青年舞蹈队等4个团队被列入2020年湖州市基层优秀文艺团队扶持名单。

文化市场规范化管理。以《2020年南浔区“扫黄打非”工作要点》为抓手，组织“扫黄打非·护苗2020”专项行动，在全区43所中小学校开展“绿书签”进校园活动，发放绿书签、护苗海报3万余份。开展“扫黄打非·净网2020”专项行动和“扫黄打非·清源2020”专项行动，全年共查缴各类非法出版物、印刷品1800余册（份），删除网上非法信息200余条，查办“扫黄打非”类行政案件8起，刑事案件1起，在新时代文明实践中心云平台开展扫黄打非活动15次。实施许可承诺告知制、全程网办政务2.0上线等举措，2020年新办理印刷许可1起，出版物许可12起，变更13起，备案1起。完成印刷企业、出版物经营单位年度核验工作，累计审核印刷企业102家，出版物零售单位69家。全区完成农村数字电影放映2652场。

【队伍建设】 抓内育、强外引，队伍建设管理到位。用好“学习强国”载体。夯实精心育人、制度管人工作基础，精准化、制度化深耕队伍建设，做到干部管理提质增效。用好“学习强国”载体，大力推进“学习强国”平台建设，通过线下学习会、督查通报、知识竞赛和线上钉钉群晾晒等形式营造比学赶超氛围，引导全体机关干部了解最新动态、学习丰富理论、晾晒宣讲视频、强化“四力”（脚力、眼力、脑力、笔力），提升全体机关干部思想政治水平和理论素养。2020年有6名学员进入全省前500名行列，获“2019年度浙江省学习强国平台‘学习之星’”荣誉称号。

拓宽信息报送路径。加强舆情和信息调研工作，深挖掘、精提炼、广推送宣传思想特色亮点工作。上报舆情信息681篇，中宣部录用50篇；采写工作信息 280 篇，中央办公厅录用 1 篇，中宣部《每日要情》录用 2 篇，省委办公厅录用 8 篇，《浙江宣传》录用 6 篇，市委办录用 4 篇，湖州宣传期刊录用 15 篇，被省市级领导批示 11 次。区委宣传部获2019年度浙江省宣传信息工作先进单位和2019年度社会舆情信息工作先进单位称号，1 人分获 2019 年省宣工作信息和舆情信息先进个人称号，获评《宣传半月刊》“2020 年度优秀组织奖”，南浔图书馆新时代文明实践中心被定为中宣部舆情直报点。

建强人才培养机制。引进市外优秀文化人才 3 人，引进优秀创新团队 1 个，刚性引进数量位居三县两区首位。制订宣传文化干部年度培训工作计划，积极选派干部参加省市业务培训、挂职交流。选派 1 名干部参加全省网络舆情应急工作暨网络生态“瞭望哨”工程培训班，4 名干部参加全省网络文化传播业务培训，1 名干部参加省宣舆情信息和工作信息培训，选派 2 名干部分别参加湖州市生态文明新型示范区建设专题培训和湖州市乡镇（街道）宣传委员暨宣传文化系统优秀年轻干部培训班。对新信息员开展一对一线下辅导 15 次，钉钉群线上辅导 30 次。设立南浔区新闻发言人制度，并对南浔经济开发区、各镇及区级有关单位新闻发言人及助理进行培训。外派项目专员 1 人，市委宣传部挂职 1 人，旅投挂职 1 人。（王志刚）

·美丽乡村建设·

【概况】 2020 年，南浔区按照《南浔区高水平建设新时代美丽乡村三年实施方案（2020—2022）》要求，以“十线十景十小镇”建设为总抓手，全力打造组团式新时代美丽乡村样板片区，深化建设“新时代美丽乡村升级版”，进一步推进产村整合发展。年度成功创建省级美丽乡村示范镇 1 个、省级美丽乡村精品村 3 个、省级农村生活垃圾分类示范村 3 个、美丽乡村小镇 2 个、美丽乡村景观线 2 条。2020 年南浔区在湖州市美丽乡村考核中获一等奖。至 2020 年年末，南浔区拥有省级美丽乡村示范镇、美丽乡村精品村累计数量分别达 6 个、16 个，市级美丽乡村累计达 159 个。

【美丽乡村创建】 秉持“绿水青山就是金山银山”的发展理念，深入实施乡村振兴战略，持续落实“千村示范、万村整治”决策部署，以农村增美、农业增效、农民增收为主要目标，扎实推动农业农村改革，有力实施乡村振兴战略、先进示范创建，取得明显成效。

以精品示范打造平原水乡美丽乡村“南浔样板”。成功打造双林镇省级美丽乡村示范乡镇，南浔区鱼米之乡省级美丽乡村风景线（花乌线练市段），双林镇华桥村、菱湖镇竹墩村、和孚镇新荻村 3 个省级美丽乡村特色精品村，练市镇农兴村、双林镇华桥村、和孚镇新荻村、菱湖镇杨介巷村四个市级美丽乡村精品村顺利通过验收。制定出台《南浔区高水平建设新时代美丽乡村三年实施方案（2020—2022）》，谋划打造平原水乡“六大样板”（和孚镇苕溪渔隐、石淙镇蚕花圣地、练市镇和南浔镇诗画琏溪、旧馆镇港廊未来乡村、菱湖镇未来鱼米之乡、善琏镇笔韵含山六大样板片区），启动荻港、石淙两个片区新时代美丽乡村样板村建设，每个片区安排区财政专项资金 1500 万元，高标准打造乡村特色空间，共排定项目 30 个，计划总投资 3. 14 亿元。其中，“苕溪渔隐”片区深入挖掘荻港古村落历史文化，依托全球重要农业文化遗产金名片，撬动国企及社会资本 1. 2 亿元发展生态休闲旅游，通过举办渔文化节、打造夜美灯光秀、开设乡村直播间等，进一步促进产村融合发展。相关做法在全省乡村产业高质量发展现场推进会上得到与会领导充分肯定。“蚕花圣地”片区积极打造花海综合体，成功入选省级一事一议财政奖补助推美丽乡村建设试点，争取到省级补助资金 2000 万元；成功举办花海龙虾节、灯光节，新引进千万元以上农业项目 10 个，列入市级大好高项目 1 个。

以高标准、高水平推进农村生活垃圾分类全覆盖。基本实现农村生活垃圾分类处理全覆盖，完成行政村智能化建设全覆盖，新增省级示范村 3 个、市级垃圾分类处理村 44 个、市级标杆村 80 个，数量均居全市之首。区财政投入近 1000 万元建成景观生态式垃圾转运站 83 个，全面落实站长制，规范“四定四分”（分类投放要定时、分类收集要定人、分类运输要定车、分类处理要定位）工作流程，推进封闭式管理，实现“垃圾不落地”，在年度市人大委托第三方评估中，南浔区农村抽查点位实现零错投，为三县三区唯一农村零错投县区。以严督实考推进常态长效，全面实行“日督晾晒、半月评比、每月排名、年度考核”制度，建立绩效考核与经费奖补挂钩机制，农村生活垃圾回收利用率达 50.2%，资源化利用率和无害化处理率均达 100%。

推进农村人居环境全面改善。为进一步巩固扩大成果，健全长效管理机制，区委、区政府专门制定并实施《2020 年南浔区城乡人居环境大提升行动方案》，以拆除违法违章建筑、整治散乱污企业、全面实施垃圾分类、落实长效管理等为重点，把城乡人居环境大整治提升工作向全面深入推进。累计关停“散乱污”企业 846 家、整治 355 家，拆除一户多宅 6312 户、违章建筑 90 万平方米，整治农业生产设施用房 3630 处、拆除 1732 处，整治关停废品回收点 552 个，清理户外广告包括“牛皮癣”共 10688 处，餐饮行业污水废气、“五线”（网线、电话线、有线电视线、信号线、弱电线）等整治工作基本完成。

【历史文化（传统）村落保护利用】 2020 年，南浔区历史文化村落保护利用在建项目为续建第七批重点村（菱湖镇竹墩村），竹墩村共有农户 657 户，安排项目 6 个计划投入资金 1732 万元，已完成一幢九间房古建筑修复项目、与历史风貌有冲突的建（构）物拆除 70 户整修改造 32 幢，村内古道及其他的修复与改造、基础设施建设和环境改善、历史风貌环境提升等项目正加快推进施工建设，完成总投资 1196 万元，占总工程量的 69%，确保在 2021 年 10 月全面完成建设任务。（沈　良）

·区、镇（局）级机构及负责人名录·

中共湖州市南浔区委员会

书　记：杨卫东

副书记：温建飞　王剑峰

常　委：方　科　徐　娟（女）杨长海

金荷新（至 10 月）　支德永（至 6 月）

黄卫军　范海鸣　黄骆意（至 10 月）

陈纯志　沈　威（6 月起）

丁　罡（10 月起）

委　员：（以姓氏笔画为序，书记、副书记、常委均为委员，从略）

王培华　文　涛　毕　琳（女）　朱建章

孙根祥　李学明　吴林元　吴叙良

何琪虎　闵金良　沈舟平（至 10 月）

沈利建　沈建强　沈培明　陆龙根

陈勤泳　罗祖盘　季泉兴　金荷新

周洪声　钱红梅（女，至 1 月）　钱宝荣

徐天林　徐国华　梅爱祥　曹雪祥

屠　峻　屠赞宏　谢建伟

候补委员：鲁晓丽（女）

湖州市南浔区人民代表大会常务委员会

主　任：梅爱祥

副主任：魏海松（至 4 月）　李雪华

潘金宝（至 4 月）　陆龙根　莫建华

徐国华（5 月起，至 10 月）

陈勤泳（5 月起）　徐天林（5 月起）

副主任候选人：徐国华（至 5 月）

陈勤泳（1 月起，至 5 月）

徐天林（1 月起，至 5 月）

常　委：（以姓氏笔画为序）

毛建强　刘　英（女）　许建荣　李彬彬

杨文杰　吴根荣　吴　斌（5 月起）

沈利建　沈金星　沈建平　沈家骅

沈新祥　宋伟杰　陈找根　陈剑青

陆　斌（5 月起）　林　勤　周志江

周桂珠（女）　周晓耿　胡秉耀（5 月起）

费娟华（女，5 月起）　钱　江　倪方荣

章沈强

党组书记：梅爱祥

党组副书记：魏海松（至 6 月）　金荷新（10 月起）

党组成员：徐国华（至 10 月）　潘金宝（至 6 月）

陆龙根　莫建华　宋伟杰

陈勤泳（3 月起）　徐天林（3 月起）

湖州市南浔区人民政府

区　长：温建飞（5 月起）

代区长：温建飞（至 5 月）

副区长：方　科　秦　胜　单永杰　沈培明

吴冠宇　费学梅（女）

钟　其（挂职，至 7 月）

郑　琦（挂职，女，至7月）
马新萍（挂职，女，11月起）
凯沙尔江（挂职，11月起）
党组书记：温建飞
党组副书记：王剑峰　方　科
党组成员：单永杰　沈培明　吴冠宇　费学梅（女）
吴林元　郑　琦（挂职，女，至6月）
马新萍（挂职，女，7月起）
凯沙尔江（挂职，10月起）

政协湖州市南浔区委员会

主　席：孙根祥
副主席：陈文龙（至11月）　潘宇文　王湘起
孙水根（兼）　郑　勇（5月起）
副主席候选人：郑　勇（至5月）
徐国华（10月起）
秘书长：谢建伟
常　委：（以姓氏笔画为序）
干胤杰　王秀红（女）　王金康　石增中
冯　云（女）　朱柏荣　孙伟强（5月起）
严振华　吴华良　吴兴权
吴　桢（女，5月起）　沈思全
沈新华（5月起）　宋泉章　陈云锋
陈康兴　於　丽（女）　姚明根　顾正韡
顾建平（5月起）　殷　彤
屠赞宏（5月起）　程玉琴（女）
党组书记：孙根祥
党组副书记：陈文龙（至10月）　徐国华（10月起）
党组成员：王湘起　谢建伟　徐　俊

中共湖州市南浔区纪律检查委员会

书　记：徐　娟（女）
副书记：曹雪祥　王　坚（至1月）
王建萍（1月起）
常　委：沈　斌　谢丽红（女，至4月）
王建萍（至1月）　宋新良
杨　伟（1月起）　徐　斌（4月起）
委　员：朱泽民　闵肖立　沈光明　沈振华
张红卫　范建芳　徐法宝　戴益民
陈泽育　丁利民　慎玉龙　姚文杰

湖州市南浔区监察委员会

主　任：徐　娟（女）
副主任：曹雪祥　王　坚（至4月）
王建萍（4月起）
委　员：徐　斌　宋新良　鲁海峰（4月起）
孙　婷（女，4月起）

湖州市南浔区人民法院

院　长：沈舟平（至12月）
代院长：沈佩明（10月起）
副院长：慎玉龙　胡震四　尹建峰
党组书记：沈舟平（至10月）　沈佩明（10月起）
党组副书记：慎玉龙
党组成员：雷震云　胡震四　沈晓婷（女）
朱泽民　尹建峰
政治处主任：沈晓婷（女）
审委会专职委员：刘英政　沈琴法
南浔法庭庭长：葛忠平
练市法庭庭长：尹建峰
双林法庭庭长：李倩倩（女）
菱湖法庭庭长：江　泰
执行局局长：雷震云

湖州市南浔区人民检察院

检察长：毕　琳（女）
副检察长：闵肖立　钱　军　沈　澄
党组书记：毕　琳（女）
党组副书记：闵肖立
党组成员：钱　军　沈　澄　章春燕（女）
戴益民　李　超
政治部主任：李　超
检委会专职委员：章春燕（女）　钱丽娟（女）

区委工作部门

区纪委、监委机关
办公室主任：闫振员（1月起）
党风政风监督室主任：孟鹏飞
信访室主任：张　弘（至4月）
案件监督管理室主任：王克威
第一纪检监察室主任：沈　伟（4月起）
第二纪检监察室主任：鲁海峰（至4月）
　　张　弘（4月起）
第三纪检监察室主任：谈永生
第四纪检监察室主任：王征中
案件审理室主任：孙　婷（女）
驻委办纪检监察组
组　长：吴建林
副组长：杨　勇　吕建花（女）
驻府办纪检监察组
组　长：周建明
副组长：施海凤（女）　沈国宏（1月起）
驻宣传部纪检监察组
组　长：屠建文（女）
副组长：沈吴祥　陈　建（至1月）
　　李　程（女，4月起）
驻组织部纪检监察组
组　长：谢丽红（女）
副组长：潘文贤　钱培祥
驻法院纪检监察组
组　长：朱泽民
副组长：倪笑彬
驻检察院纪检监察组
组　长：戴益民
副组长：张　丽（女）
驻开发区纪检监察组
组　长：徐法宝
副组长：杨佩红（女）
办公室
主　任：徐天林（至7月）　翟海峰（7月起）
副主任：徐渊潮（至6月，兼，6月起）
　　顾伟民（至1月）　吴群英（女）
　　胡　赟（6月起）　陶文伟
　　孙国华（兼，至6月）　汤雪松（兼）
　　沈伟利（兼）
室务会议成员：吕丹枫（女）　吴建林
台湾工作办公室
主　任：徐天林（至7月）　翟海峰（7月起）
副主任：吕丹枫（女）
档案局
局　长：汤雪松
组织部
部　长：范海鸣
常务副部长：沈利建
副部长：陈泽育　王银武（女）　吴博文
　　郭凤娟（兼，女）　石增中（兼）
部务会议成员：周海淇（女）　陈　晨（至8月）
　　郝成杰　章忠凯　谢丽红（女）
　　褚小龙（8月起）
老干部局
局　长：沈利建
副局长：王银武（女）
公务员局
局　长：沈利建（6月起）
区直机关工委
书　记：范海鸣
专职副书记：章忠凯
“两新”工委
专职副书记：周海淇（女）
副书记：冯旭康（兼）　曹桂江（兼）　陈炳龙（兼）
区关工委
专职副主任：陈　晨（至8月）　褚小龙（8月起）
区委人才办
专职副主任：郝成杰
宣传部
部　长：杨长海
常务副部长：沈振华
副部长：陈培英（女）　沈中心
部务会议成员：陈建伟　计奇花（女）　陆　剑
　　屠建文（女）　章　蓉（女）
　　徐　斌（4月起）
文　联
主　席：沈振华
副主席：陆　剑
社科联
主　席：沈振华
副主席：计奇花（女）

区政府新闻办专职副主任：徐根红
互联网新闻舆情中心主任：郭志辉

统战部
部　长：金荷新（至10月）　范海鸣（10月起）
常务副部长：严振华
副部长：李民强　熊　颖（女）　李晓锋
部务会议成员：冯旭康　戚伟敏

民族宗教事务局
局　长：严振华
副局长：李民强　李晓锋

侨　办
主　任：严振华
副主任：李民强　熊　颖（女）　李晓锋

政法委
书　记：王剑峰
常务副书记：朱建学
副书记：何文彬　沈洪亮　徐建刚　单永杰（兼）
委　员：沈舟平（至10月）　沈佩明（10月起）
毕　琳（女）　王忠洪（至4月）
王娟娟　沈群松　黄　成
胡　晓（4月起）

政治处
主　任：王娟娟（女）

法学会
专职副会长：王忠洪（至4月）　胡　晓（4 月起）

区委编办
主　任：郭凤娟（女）
副主任：马　烽　徐锡东
室务会议成员：严　洁（女，4月起）

区委巡察办
主　任：沈　斌
副主任：郝俊伟（至8月）　张晓良（8月起）
巡察组组长：姜吴刚（至7月）　张根荣　嵇银荣
巡察组专职副组长：高云祥　张晓良（至8月）
吴民强　俞　晴（8月起）

信访局
局　长：孙国华（至6月）　徐渊潮（6月起）
副局长：邵剑忠　李定桥
信访督查专员：沈国宏（至1月）

政策研究室
主　任：任元清（4月起）
副主任：沈伟利　姜小东（至4月）　周建军

档案馆
馆　长：汤雪松
副馆长：张宇锋　金丹杰
党组书记：汤雪松
党组成员：金丹杰　计建国

区融媒体中心
主　任：陈建伟
副主任：刘立群（女，4月起）　姚　健（4月起）

区委党校（8月起）
校　长：范海鸣
副校长：欧子静（女）

区社会矛盾纠纷调解中心（8月起）
主　任：王剑峰
第一副主任：朱建学
常务副主任：徐渊潮
副主任：凌慧琪（女）

区人大常委会工作部门

办公室
主　任：宋伟杰
副主任：周佩群（女）　朱丹娜（女）
杨柳青（挂职，至6月）

研究室
主　任：宋伟杰
副主任：邓兆洲（至7月）

监察司法委员会
主任委员：宣永铃
副主任委员：林　勤　吴　丹（女）

财经委员会
主任委员：杨文杰
副主任委员：陆　斌　胡维国

社会建设委员会
主任委员：鲁晓丽（女）
副主任委员：沈益平

农业农村工委
主　任：费娟华（女）
副主任：郑缓香（女）　何小波（兼，至7月）
邹　颖（兼，女，7月起）

教科文卫工委
主　任：许建荣
副主任：金国英（女）

代表与选任工委

主　任：沈金星（至8月）　何育锋（女，8月起）

副主任：沈　敏（女）

城建与环资工委

主　任：沈建平

副主任：徐军民

机关党组

党组书记：宋伟杰

党组成员：宣永铃　鲁晓丽（女）　许建荣
沈建平　沈金星（至8月）　费娟华（女）

政协南浔区委员会工作部门

办公室

主　任：徐　俊

副主任：王新凤（女，至1月）　栗　智
张杨震（1月起）

提案委

主　任：朱惠汉（至3月）
吴　桢（女，3月起，至12月）

副主任：钱伟娟（女）　徐渊潮（兼，至6月）
章沈泳（兼）　王新权（4月起）

经济委

主　任：屠赞宏

副主任：施国芳　刘　斌　费敏良（兼）
杨井水（4月起）

教科卫体委

主　任：莫慧娟（女，至1月）　孙伟强（1月起）

副主任：唐晓倩（女）　姚明星（兼）　王益钟（兼）

社法民宗委

主　任：鲍劲松

副主任：吴小枫（女）　乔慧明（至4月）
何文彬（兼）　吴建光（兼）
王忠洪（4月起）

委工委

主　任：王秀红（女）

副主任：朱桂翔　李民强（兼）　陈泽育（兼）

农业农委

主　任：董明华

副主任：金小晖　张兰轩

机关党组

党组书记：谢建伟

党组副书记：徐　俊

党组成员：屠赞宏　董明华　莫慧娟（女，至1月）
鲍劲松　王秀红（女）　孙伟强（1月起）

区人民政府工作部门

办公室

主　任：吴叙良

副主任：章沈泳　孙伟强（至1月）　胡建强
沈晓良（至4月）　杨慧华　周杨晨
邱伟荣（5月起）　沈晓斌（4月起）

党组书记：吴叙良

党组副书记：章沈泳

党组成员：孙伟强（至1月）　胡建强　周建明
沈晓良（至4月）　邱伟荣
王乃新（8月起）

生态文明建设办公室

专职副主任：胡　赞（至6月）　严奇峰（8月起）

大数据服务中心

主　任：陈东方（女）

发改经信局

局　长：陆利斌

副局长：褚利斌　姚国祥　徐　斌（至4月）
戴　晶（女）　刘　波（挂职，至4月）
曹军军（4月起）

总经济师：詹家峰

金融发展服务中心主任：袁梦华（女）

党组书记：陆利斌

党组副书记：褚利斌　姚国祥（4月起）

党组成员：徐　斌（至4月）　詹家峰　平臻宏
袁梦华（女）　刘　波（挂职，至4月）

教育局

局　长：陈勤泳（至3月）　王培华（3月起）

副局长：姚明星　於　丽（女，至4月）　陆国强
张俊毅（4月起）　陈　云（12月起）

党委书记：陈勤泳（至3月）　王培华（3月起）

党委副书记：姚明星　陈　云（12月起）

党委委员：陆国强　黄海新　俞建华
张俊毅（4月起）

科技局

局　长：潘雪祥（至4月）　於　丽（女，4月起）

副局长：邹贤华　曹军军（至4月）

潘雪祥（4月起）
党组书记：潘雪祥
党组副书记：邹贤华
党组成员：邵　涛（至12月）　曹军军（至4月）
徐志华（4月起）

民政局
局　长：吴建学
副局长：姚小莉（女）　陈炳龙　王　良
党委书记：吴建学
党委副书记：姚小莉（女，4月起）
党委委员：陈炳龙　王　良　陈　斌（至3月）
孙萍萍（女，4月起）

司法局
局　长：沈群松
副局长：朱锦方　马小红（女）　戴来香（女）
党组书记：沈群松
党组副书记：朱锦方
党组成员：马小红（女）　戴来香（女）　简国华

财政局
局　长：何琪虎
副局长：崔正云　孙　晖（女）　沈利明
总会计师：李卫英（女）
党委书记：何琪虎
党委副书记：崔正云
党委委员：孙　晖（女）　沈利明　李卫英（女）
顾新江

人力社保局
局　长：石增中
副局长：段良英（女）　吴建光
李　程（女，至4月）　曹光景（8月起）
党组书记：石增中
党组副书记：段良英（女）
党组成员：董水根（至7月）
李　程（女，至4月）
曹光景（8月起）　顾　辉（4月起）

住建局
局　长：文　涛
副局长：钱云飞　张　涛　黄瑞春
总工程师：孙钟良（至1月）　袁榴红（女，4月起）
党委书记：文　涛
党委副书记：钱云飞
党委委员：范建芳　张　涛　黄瑞春
袁榴红（女，至4月）　王　翔
杨位国（4月起）

交通局
局　长：季泉兴（至6月）　朱　峰（6月起）
副局长：顾月洪（至4月）　程华斌　邱小锋
总工程师：施海峰
党委书记：季泉兴（至6月）　朱　峰（6月起）
党委副书记：顾月洪（至4月）
党委委员：程华斌　邱小锋　施海峰　王　羽
李广永　沈海峰（4月起）

水利局
局　长：朱建章（至6月）　孙国华（6月起）
副局长：何小波（至7月）　陆建军
邹　颖（女，7月起）
总工程师：沈敏毅（女）
党组书记：朱建章（至6月）　孙国华（6月起）
党组副书记：何小波（至7月）
邹　颖（女，7月起）
党组成员：沈敏毅（女）　陆建军　沈雪良（4月起）

农业农村局
局　长：卫　良
副局长：陈　宇　沈剑平　吴　豪
姜小东（4月起）　钱　勇（8月起）
总农艺师：盛雅萍（女）
农业综合行政执法队（4月起）：梅　宽
党组书记：卫　良
党组副书记：陈　宇　费娟华（女，至8月）
党组成员：沈剑平　吴　豪　方建强
姜小东（4月起）　钱　勇（8月起）

商务局
局　长：吴桢（女，至3月）　诸景华（3月起）
副局长：董海辉（至3月）　宋新良　费　翔
陆艳苑（女，4月起）　钦　青（12月起）
党组书记：董海辉（至3月）　诸景华（3月起）
党组副书记：钦　青（12月起）
党组成员：宋新良　费　翔　王乃新（至8月）

国际贸易促进会南浔区委员会（4月起）
专职副会长：张　斌

文广旅体局
局　长：周光宇
副局长：周益敏（至6月）　邱建敏　沈　懿（女）
吴寅华
局长助理：杨盛怡（挂职，女，至4月）
文化市场综合行政执法队（4月起）：徐铁成
党组书记：周光宇
党组副书记：周益敏（至6月）

党组成员：邱建敏　沈　懿（女）　李　彦
　　　　陈　勇（至4月）　徐铁成（4月起）

卫生健康局

局　长：李　强
副局长：王益钟　程　萍（女）
　　　　嵇　冰（挂职，至11月）
　　　　潘明峰（4月起）
党委书记：李　强
党委副书记：王益钟
党委委员：朱洪根　马海霞（女）　潘明峰
　　　　　潘晓明（至4月）　毛建强（兼）

退役军人事务局

局　长：宋国平（至8月）　徐晓荣（8月起）
副局长：陆仲怡　汪　澄
党组书记：宋国平（至8月）　徐晓荣（8月起）
党组副书记：陆仲怡
党组成员：周永华（至1月）　汪　澄
　　　　　宋　丽（女，4月起）

应急管理局

局　长：施永伟
副局长：杨少锋　慎伟峰（至4月）
　　　　余为荣（至1月）　吴　燕（女，1月起）
总工程师：吴　杰
党组书记（至3月）：施永伟
党组副书记（至3月）：杨少锋
党组成员（至3月）：慎伟峰　余为荣（至1月）
　　　　　　　　　吴　杰　吴　燕（女）
党委书记（3月起）：施永伟
党委副书记（3月起）：杨少锋
党委委员（3月起）：慎伟峰（3月起，至4月）
　　　　　　　　　余为荣　吴　杰
　　　　　　　　　吴　燕（女）
　　　　　　　　　章　晗（8月起）

审计局

局　长：丁利民
副局长：王杰华　沈小燕（女）　车爱萍（女）
总审计师：朱晓锋
党组书记：丁利民
党组成员：王杰华　沈小燕（女）　朱晓锋

市场监管局

局　长：李学明
副局长：穆红卫　曹桂江　杨徐伟（至5月）
　　　　郑锋英（女）　吴建平（6月起）
总工程师：吴建平（至6月）
　　　　　顾乾峰（6月起，至7月）
党委书记：李学明
党委副书记：穆红卫　曹桂江
党委委员：杨徐伟（至5月）　郑锋英（女）
　　　　　吴建平　黄惠良（4月起）
市场稽查大队大队长（至4月）：黄惠良
市场监管综合行政执法队队长（4月起）：黄惠良

统计局

局　长：姚国峰
副局长：费敏良　陈春燕（女）
总统计师：王学良
党组书记：姚国峰
党组副书记：费敏良
党组成员：陈春燕（女）　王学良
　　　　　宋　琰（女，4月起）

医保局

局　长：冯　云（女）
副局长：张红卫　李　梅（女）
党组书记：张红卫
党组成员：李　梅（女）　郑林方

综合执法局

局　长：冯　强
副局长：沈国荣　蒋世明　展福海（至3月）
　　　　温国荣　于　凯（兼）　胡国华（4月起）
党组书记：冯　强
党组副书记：沈国荣
党组成员：蒋世明　展福海（至3月）　温国荣
　　　　　于　凯（兼）　胡国华（4月起）
　　　　　胡冰健（4月起）

政务服务办

主　任：方　科（兼）
常务副主任：陈海燕（女）
副主任：胡　晓（至4月）　高曙光　王　丰
　　　　胡建荣（4月起）
党组书记：方　科（兼）
党组副书记：陈海燕（女）
党组成员：胡　晓（至4月）　高曙光　宋美琴（女）
　　　　　王　丰　胡建荣（4月起）

度假区管委会

主　任：屠　峻
副主任：费建民　朱丽华（女，4月起）　李　刚
　　　　沈杨欢（至4月）　倪董未（女）

陈　晨（8月起）　陈风平（8月起）
党委书记：屠　峻
党委副书记：费建民　朱丽华（女，4月起）
党委委员：倪董未（女）　李　刚
沈杨欢（至4月）　陈　晨（8月起）
陈风平　叶　徐　谢海峰（兼，至7月）
吴国华（兼，7月起）

科技新城管委会

主　任：沈吴勇（至4月）　沈　岐（4月起）
副主任：周建才（至4月）　满　涛
沈吴勇（4月起）
党组书记：沈吴勇
党组成员：周建才（至4月）　满　涛　马君君

机关事务管理服务中心

主　任：章荣明
副主任：陈荣华　张守起
党组书记：章荣明
党组成员：陈荣华　张守起　蒋姗姗（女）

供销合作社（农合联）

主　任：陈　虎
副主任：袁　峰　钱宏斌（1月起）
党组书记：陈　虎
党组成员：袁　峰　钱宏斌（1月起）

计生协会机关

会　长：李雪华
常务副会长：李　强（兼）
专职副会长：马海霞（女，4月起）
副会长：周剑明（兼，至8月）
胡维国（兼，至8月）
胡建强（兼，至8月）
潘小红（女，兼，至8月）
金国英（女，8月起）　邱伟荣（8月起）
陈泽育（8月起）

上海联络处南浔工作部

主　任：沈德明
副主任：金江兰（女）

邮政管理局（1月起）

局　长：顾伟民
副局长：李小强（4月起）
党组书记（4月起）：顾伟民
党组成员（4月起）：李小强

群众团体

总工会

主　席：魏海松（至4月）　徐天林（4月起）
常务副主席：周洪声
副主席：崔雄文　沈林强　章建英（兼，女）
倪　威（兼）　吴寅华（挂职）
党组书记：周洪声
党组成员：崔雄文　陆　敏（女）　沈林强
杨雪莉（女）
经费审查委员会主任：陆　敏（女）

团区委

书　记：王国权
副书记：王　金（至12月）　池静宜（女，1月起）
高海松（兼）
汤松音（女，挂职，至1月）
姚豪杰（挂职，4月起）
韦国栋（挂职，4月起）

妇　联

主　席：茅雪莹（女，至12月）
副主席：于明英（女，至12月）
钱晓燕（女，12月起）　闵陈晨（女）
高爱芬（女，兼）　任　菲（女，挂职）
章九英（女，兼）
党组书记：茅雪莹（女，至12月）
党组副书记：钱晓燕（女，12月起）
党组成员：于明英（女，至12月）　陈洁英（女）

科　协

主　席：邵　涛（至12月）
副主席：董海辉（兼）　陆国强（兼）　方建强（兼）

工商联机关

主　席：潘宇文（女）
专职副主席：冯旭康
党组书记：严振华
党组成员：李晓锋　冯旭康

残　联

理事长：何育锋（女，至8月）　宋国平（8月起）
副理事长：孙荣荣　钱晓英（女）
范玲英（兼，女）　黄海新（挂职）
李　程（女，挂职，至4月）
党组书记：何育锋（女，至8月）　宋国平（8月起）

党组副书记：孙荣荣
党组成员：钱晓英（女） 陈 勇（4月起）

红十字会机关

会 长：钱红梅（女，兼，至4月）
吴冠宇（4月起）
专职副会长：朱洪根
副会长：王娟娟（女，兼，至5月） 陆国强（兼）
陆仲怡（兼，至5月） 孙 晖（女，兼）
邱伟荣（5月起） 孙萍萍（女，5月起）
潘明峰（5月起）
党组书记（4月起）：李 强
党组成员（4月起）：朱洪根

区属国有集团

城投集团

董事长：朱 峰（至6月） 虞 岱（6月起）
副董事长：管利成（至1月）
虞 岱（1月起，至6月）
何小波（7月起）
总经理：管利成（至1月）
虞 岱（1月起，至6月）
何小波（7月起）
副总经理：张 峰 陈 莉（女，至7月）
总经理助理：董旭鹏（7月起）
总会计师：沈建明
总工程师：王 峰
党委书记：朱 峰（至6月） 虞 岱（6月起）
党委副书记：管利成（至1月）
虞 岱（1月起，至6月）
何小波（7月起）
党委委员：张 峰 沈建明 陈 莉（女，至7月）
吴新卫 王 雨（女）
纪委书记：吴新卫

交投集团

董事长：闻爱祥
副董事长：虞 岱（至1月） 姚强英（女，1月起）
总经理：虞 岱（至1月） 姚强英（女，1月起）
副总经理：莫文杰 张 建 张 言（女）
高少勇
党委书记：闻爱祥
党委副书记：虞 岱（至1月） 莫文杰
姚强英（女，1月起）
党委委员：张 建 戴旭岚（女） 高少勇
纪委书记：戴旭岚（女）

旅投集团

董事长：刘厚平
副董事长：叶伟强（1月起）
总经理：刘厚平（至1月） 叶伟强（1月起）
副总经理：张记生（至8月） 朱旭梅（女）
冯 悦（3月起） 费震夏（女，7月起）
张丽莉（女，7月起） 顾乾峰（7月起）
总经理助理：费震夏（女，至7月）
钟方俊（至7月） 褚夏亮（7月起）
总会计师：钟方俊（7月起）
党委书记：刘厚平
党委副书记：张记生（至8月） 叶伟强（1月起）
张丽莉（女，7月起）
顾乾峰（7月起）
党委委员：丁建强
纪委书记：丁建强

新城集团

董事长：姜 波（8月起）
副董事长：姜 波（1月至8月） 张记生（8月起）
总经理：姜 波（至8月） 张记生（8月起）
副总经理：高 浩（8月起） 屠国平（8月起）

区级部门（单位）

南浔区人武部

党委第一书记：杨卫东
部 长：沈 威
政 委：支德永（至10月） 杨晓钢（10月起）
副部长：陈黎晖（至10月） 邱琦绩（10月起）

南浔区消防救援大队

政治教导员：马 俊
大队长：王 军
副大队长：喻志林
参 谋：雷文聘
南林路站政治指导员：阴 志
双林站政治指导员：宋海龙（至6月）
双林站队长：王鹏帅（6月起）

南浔区公安分局

党委书记、局长、督察长：单永杰

党委副书记、政委：姚国祥（至 10 月）
党委副书记、副局长：沈岳祥（至 9 月）
党委委员、副局长：沈光明
党委委员、纪委书记：王晓华
党委委员、副局长：陆桂龙
党委委员、副政委兼政治处主任：包雪峰
党委委员、副局长：何文庆
党委委员、副局长：斯振聪（10 月起）

南浔区自然资源和规划分局

党委书记、局长：茹　伟（至 7 月）
　　姜建发（7 月起）
四级调研员：茹　伟（1 月起）
党委委员、副局长：钱　勇（至 10 月）　姜玮康
党委委员、规划编制中心主任：蒋学兵
党委委员、练市所所长：王书国
党委委员、市不动产登记服务南浔分中心主任：
　　许晓斌
党委委员兼办公室主任：彭汇凯（10 月起）
党委委员、副局长：钦　青
副局长：吕　培（挂职，7 月起）

南浔区生态环境分局

局　长：徐晓荣（至 3 月）　姬胜军（3 月起）
副局长：丁国方（8 月起）　沈美新
　　费　梁（至 6 月）　杨家旺
党组书记：徐晓荣（至 8 月）　姬胜军（8 月起）
党组副书记：姬胜军（3 月起，至 8 月）
　　丁国方（8 月起）
党组成员：沈美新　费　梁（至 3 月）　杨家旺
　　徐灵捷（3 月起）　陈尔祝（3 月起）

南浔区税务局

党委书记、局长：张　杰（至 4 月）
　　徐　毅（4 月起）
党委委员、副局长：陆冬根（至 4 月）
　　孟雪海（至 5 月）　冯永良
茅学峰　董　超（至 4 月）　朱兴江
党委委员、纪检组长：任　芳（女）

工行南浔支行

党总支副书记、副行长（主持工作）：
　　沈留良（至 4 月）　温姚琪（4 月起）
党总支委员、副行长：吴振华　蔡丽红（女）
　　蒋国华（9 月起）
党总支委员、行长助理：楼黄燕（女，至 9 月）

农行南浔支行

党委副书记、副行长（主持工作）：
　　丁　琴（女，至 7 月）
党委书记、行长：丁　琴（女，7 月起）
党委委员、副行长：许国良　朱晓明（5 月起）
　　周天福（7 月起）
党委委员、纪委书记：求美羽（女）
党委委员、行长助理：朱晓明（至 5 月）
　　尤佳贤（至 7 月）

建行南浔支行

党委书记、行长：胡　涛
党委委员、副行长：沈　霞（女）　金　风
　　梅　妍（女）
见习副行长：罗　海

中行南浔区支行

行　长：徐　霆（女）
副行长：沈　颖（女，至 6 月）　傅晓天（1 月起）
　　朱　娟（女）　李　舸（6 月起）

浙江南浔农村商业银行

党委书记、董事长：沈家骅
党委委员、行长：虞承杰
纪委书记、监事长：钱　霞（女）
党委委员、副行长：冯新达　潘建妹（女）
　　邱全民

湖州银行南浔支行

行　长：葛　飞
副行长：莫兆平（女，至 11 月）
行长助理：朱莉青（女，至 3 月）
　　周吉卿（女，3 月起）　陈宇栋（8 月起）

人寿保险南浔区支公司

党支部书记、经理：张金良（至 4 月）
　　陈至列（4 月起）
党支部宣传委员、副经理：程　晖（至 4 月）
党支部纪检委员、经理助理：杨　光（至 4 月）
党支部纪检委员兼宣传委员、副经理：
　　杨　光（4 月起）

人民财保南浔支公司

党支部书记、总经理：潘　华
纪检委员、副总经理：黄旭庆（女，至 8 月）
　　金月雄（8 月起）
副总经理：钱春燕（女）　周　涛

中国电信南浔分公司

总经理：沈　博（至 1 月）　杨建平（1 月起）

副总经理：陈伊炜　蔡建明

新闻传媒南浔分中心

副主任（主持工作）：沈志伟

党支部书记、副主任：朱三星（至4月）

副主任：费艺丽（女，至4月）

　　　　吴秋艳（女，4月起）

南浔广播电视网络传输分中心

总经理：沈丽琴（女）

副总经理：钱金根　沈健新（3月起）

中国移动南浔分公司

副总经理（主持工作）：邱　路（至9月）

总经理：谈国泉（9月起）

副总经理：周卫东　王佩芬（女）

　　　　　杨欢捷（12月起）

中国联通南浔区分公司

总经理：陈　俊

副总经理：郑建锋（5月起）

总　监：牛跃军

乡镇、开发区

南浔镇

党委书记：吴冠宇

党委副书记：姚文斌　沈　亮　费　军（12月起）

　　　　　　郭楼儿（挂职，10月起）

　　　　　　胡秉耀（至12月）

　　　　　　陶文伟（挂职，10月起）

党委委员：杨　伟（至1月）　叶伟强（至1月）

　　　　　温文泉　王晓丹（女）　姚　峰

　　　　　何丹丹（女）　杜新梁（兼）

　　　　　邹建新（1月起）　吕宗铭（1月起）

人大主席：胡秉耀（7月起）

人大主席候选人：胡秉耀（至7月）

人大副主席：顾振贤

镇　长：姚文斌

副镇长：邹建新　沈学峰　沈建新

　　　　叶伟强（至1月）　吴书谊（7月起）

副镇长候选人：管利成（1月起至4月）

　　　　　　　吴书谊（4月起至7月）

纪委书记：杨　伟（至1月）　吕宗铭（1月起）

纪委副书记：褚忠惠

人武部长：姚　峰

副科级组织员：张国妹（女）

练市镇

党委书记：沈振宇

党委副书记：罗祖盘　李建平（至3月）

　　　　　　沈旭晟（挂职）　沈建钢（1月起）

党委委员：丁国方（至8月）　钱建中

　　　　　仰国红（至1月）　陆丹凤（女）

　　　　　严芳华（女）　沈建钢（至1月）

　　　　　李莲莲（女，至1月）

　　　　　莫欣庆（兼，至7月）

　　　　　王新凤（女，1月起）　余为荣（1月起）

人大主席：宋泉章

人大副主席：邱建忠

镇　长：罗祖盘（7月起）

镇长候选人：罗祖盘（至7月）

副镇长：钱建中　朱风明　徐宁峰

　　　　沈　岐（至4月）　潘明峰（7月起）

副镇长候选人：潘明峰（4月起，至7月）

纪委书记：李莲莲（女，至1月）　石月荣（1月起）

纪委副书记：章金南（女）

人武部长：沈建钢（至1月）　余为荣（1月起）

正科级组织员：潘菊良

双林镇

党委书记：陆松华

党委副书记：姚永平（至7月）　彭　琳（女）

　　　　　　王国权（挂职，至1月）

　　　　　　沈晓良（8月起）

　　　　　　高升华（挂职，12月起）

党委委员：高国勇　张俊毅（至4月）　严雅利（女）

　　　　　姚文杰　杨祥春（至4月）

　　　　　杨　斌　胡春强（兼）

　　　　　周少南（挂职，至11月）

　　　　　仰国红（1月起）　吴高杰（4月起）

人大主席：吴　斌

人大副主席：王新权（至4月）

人大副主席人选：杨徐伟（6月起）

镇　长：姚永平（至7月）　彭　琳（女，7月起）

镇长候选人：彭　琳（女，7月起，至7月）

副镇长：杨　斌　唐　华　沈徐华（女）
宋新华（7月起）
副镇长候选人：宋新华（1月起，至7月）
纪委书记：姚文杰
纪委副书记：蔡学杰
人武部长：高国勇
正科级组织员：杨荣根（至3月）
副科级组织员：朱凯敏（至1月）

菱湖镇

党委书记：王培华（至3月）　沈其民（3月起）
党委副书记：沈其民（至3月）　徐伟中
邹　颖（女，至7月）
陈　莉（女，7月起）
李建平（3月起）
许跃平（挂职，12月起）
党委委员：沈洪杰　薛　景　陆国民　侯朝阳
汪　健（至1月）　张国强
李小强（兼，至4月）
沈伟英（女，1月起）
莫欣庆（兼，7月起）
人大主席：陈剑青
人大副主席：杨井水（至4月）　慎伟峰（7月起）
人大副主席候选人：慎伟峰（4月起，至7月）
镇　长：沈其民（至3月）　李建平（7月起）
镇长候选人：李建平（3月起，至7月）
副镇长：张国强　姚浩良　陆艳苑（女，至4月）
沈峰勇　沈杨欢（7月起）
副镇长候选人：吴　昊（挂职，至7月）
沈杨欢（4月起，至7月）
纪委书记：汪　健（至1月）　沈伟英（女，1月起）
纪委副书记：耿若曦
人武部长：陆国民（3月起）
正科级组织员：高新明

和孚镇

党委书记：沈增赟
党委副书记：周剑明　胡建荣（至4月）
倪春翔（4月起）
张　弈（挂职，12月起）
党委委员：俞　晴（至8月）　邱建荣　褚良伟
袁小锋　杨升辉　郑　斌
池静宜（女，至1月）
倪春翔（兼，至4月）
张丽莉（女，至7月）
杨盛怡（女，挂职，4月起）
黄烽杰（兼，7月起）　郝俊伟（8月起）
人大主席：杨建中
人大副主席：吴健伟
镇　长：周剑明
副镇长：邱建荣　薛　方　孙益平　李哲新（女）
吴夏平（女，挂职，7月起至12月）
副镇长候选人：吴夏平（女，挂职，至7月）
纪委书记：俞　晴（至8月）　郝俊伟（8月起）
纪委副书记：胡成新
人武部长：袁小锋
正科级组织员：钱志宏
副科级组织员：徐　欢（女）

善琏镇

党委书记：吴丽梅（女，至1月）
丁　罡（挂职，1月起，至10月）
党委副书记：丁　罡（挂职，至1月）　沈敏勇
李莲莲（女，1月起）
周益敏（挂职，6月起）
党委委员：金晓风　邱忠华　姚强英（女，至1月）
姚惠良　陈有德　朱丹旦（女，至12月）
曹光景（挂职，至8月）
徐新强（兼，至7月）　朱　华（1月起）
曹晓波（兼，7月起）
人大主席：陈瑞清
人大副主席：鲍学俊
镇　长：丁　罡（挂职，至1月）　沈敏勇（7月起）
镇长候选人：沈敏勇（1月起，至7月）
副镇长：姚强英（女，至1月）　朱　华　余　溢
孙钟良（7月起）
副镇长候选人：孙钟良（1月起，至7月）
纪委书记：金晓风
纪委副书记：谈林雅（女）
人武部长：邱忠华
副科级组织员：钱明华（女）

旧馆镇

党委书记：翟海峰（至7月）　姚永平（7月起）
党委副书记：潘小红（女）　费海峰
党委委员：侯楠松　张华飞　石月荣（至1月）
蔡建军（女）　沈永良　章瑚纬（女）
吴　斌（兼，6月起）
殷莉华（女，挂职，至11月）
陈　建（1月起）　徐　欢（8月起）
朱玉婷（挂职，女，12月起）
人大主席：朱文伟
人大副主席：顾慧强
镇　长：潘小红（女）
副镇长：张华飞　田建强　徐国平（1月起）
纪委书记：石月荣（至1月）　陈　建（1月起）
纪委副书记：严利花（女）
人武部长：沈永良
副科级组织员：徐　欢（至8月）

千金镇

党委书记：丁一平
党委副书记：陈小红　宋锦荣
党委委员：施亚萍（女）　宋新华（至1月）
朱　慧（女）　朱建人　费海峰（女）
潘国兴（兼，至4月）
张涵彦（女，挂职，7月起）
邵忠贤（兼，7月起）
人大主席：沈祖良
人大副主席：孙洪章
镇　长：陈小红（7月起）
镇长候选人：陈小红（至7月）
副镇长：宋新华（至1月）
杨锡伟（挂职，至11月）
周国华（至1月）
朱　慧（女，7月起）　朱凯敏（7月起）
副镇长候选人：朱凯敏（1月起，至7月）
朱　慧（女，1月起，至7月）
陈少锋（挂职，12月起）
纪委书记：施亚萍（女）
纪委副书记：褚益可
人武部长：朱建人

石淙镇

党委书记：姚国祥
党委副书记：任元清（至4月）
朱丽华（女，至4月）
张丹峰（挂职，至12月）
顾月洪（4月起）
黄瑞春（挂职，4月起）
蔡建良（挂职，12月起）
党委委员：华小彬　沈伟英（女，至1月）
陆建强　张丽莉（女，至1月）　李如刚
欧子静（女，挂职，至8月）
汤松音（女，11月起）　汪　健（1月起）
张强亮（兼）
人大主席：杨少华
人大副主席：杨维献
镇　长：任元清（至4月）　顾月洪（7月起）
镇长候选人：顾月洪（4月起，至7月）
副镇长：姚　欢（至12月）　华小彬
副镇长候选人：吴夏平（女，12月起）
纪委书记：沈伟英（女，至1月）　汪　健（1月起）
纪委副书记：高根荣
人武部长：李如刚
正科级组织员：宋明霞（女）

南浔经济开发区、湖州市南太湖产业集聚区南浔分区管委会

南浔经济开发区

党委书记：陈纯志
党委副书记：闵金良　诸景华（至3月）　沈晓强
董海辉（3月起）　张丹峰（12月起）
蔡建明（挂职，12月起）
党委委员：刘晓芬（女）　朱勤清　杨占桩
姜　波（至1月）　朱建国
沈晓斌（至4月）　胡官政（至1月）
韦小泉　徐法宝　张春伟（兼）
朱晓明（挂职，至10月）
王新光（4月起）
陈　伟（挂职，6月起）

褚　斌（4 月起）

许国良（挂职，10 月起）

南浔经济开发区管委会、湖州市南太湖产业集聚区南浔分区管委会

主　任：闵金良

副主任：诸景华（至 3 月）　刘晓芬（女）

沈晓强　韦小泉　朱勤清

田中伟（挂职，至 1 月）　董海辉（3 月起）

陈　伟（挂职，6 月起）

张丹峰（12 月起）

蔡建明（挂职，12 月起）

办公室

主　任：胡官政（至 1 月）　王新光（4 月起）

党群工作部

部　长：沈晓斌（至 4 月）　蔡建军（女，8 月起）

社会治理办公室

主　任：朱建国

经济发展局

局　长：张康康

财政金融局

局　长：屠徐峰

建设发展局

局　长：姜　波（至 1 月）　严建国（4 月起）

社会发展局

局　长：张海清

投资促进局

局　长：陈发兵

农业农村局

局　长：赵　寅

社区工作部

部　长：闵　琦（4 月起）

人武部

部　长：杨占桩

招商局（至 3 月）

局　长：陆　伟

招商服务中心（3 月起）

主　任：陆　伟

投资服务中心（至 3 月）

主　任：王新光

企业发展服务中心（3 月起）

主　任：季琛贤（8 月起）

党　政

·中国共产党湖州市南浔区委员会·

【区委四届九次全体（扩大）会议暨经济工作会议】 1月2日，中共南浔区委四届九次全体（扩大）会议暨经济工作会议召开。区委书记杨卫东代表区委常委会作工作报告，并在会议结束时作总结讲话。出席这次全会的区委委员有30名。区委常委会主持会议。区委副书记、代区长温建飞部署一季度“开门红”和岁末年初工作，区领导梅爱祥、孙根祥等出席。全会以习近平新时代中国特色社会主义思想为指导，深入学习贯彻中共十九大和十九届二中、三中、四中全会及中央经济工作会议，省委十四届六次全会，省委经济工作会议，市委八届八次全会暨经济工作会议精神，听取和讨论杨卫东受区委常委会委托所作的工作报告，研究部署当前和今后一个时期推进区域治理现代化重点任务以及2020年工作，审议通过《中共湖州市南浔区委关于高水平推进区域治理现代化的决定》。

【区委四届十次全体（扩大）会议】 7月28日，召开区委四届十次全体（扩大）会议。会议高举习近平新时代中国特色社会主义思想伟大旗帜，全面贯彻中共十九大和十九届二中、三中、四中全会精神，省第十四次党代会和省委十四届七次全会精神，市第八次党代会和市委八届九次全会精神，深入学习贯彻习近平总书记考察浙江和湖州重要讲话精神，系统研究部署贯彻落实工作举措，审议通过《中共湖州市南浔区委关于深入学习贯彻习近平总书记考察浙江重要讲话精神　加快建设“重要窗口”示范样本的决定》，动员全区上下凝心聚力、奋勇争先，为重塑“水晶晶南浔”、建设美丽繁华新江南、高质量打造湖州“开放东大门、创业新高地”而努力奋斗。会上，区委书记杨卫东代表区委常委会作工作报告，并分组讨论，审议全会报告和决定（审议稿），审议通过决定，区委书记杨卫东作会议小结。区委委员、区委候补委员等参加。

【区委常委扩大会议】 2月2日，召开区委常委扩大会议。为进一步落实新型冠状病毒感染的肺炎疫情防控工作措施，本次会议由区委书记杨卫东主持。区委副书记、代区长温建飞传达省委书记车俊、省长袁家军在省委常委会议上的讲话精神和市新型冠状病毒感染的肺炎疫情防控工作领导小组会议精神，与各镇（开发区）视频连线听取疫情防控工作存在的问题与工作建议。区委书记杨卫东讲话。区委常委，区人大常委会、区政协主要领导参加。

2月7日，召开区委常委扩大会议。区委书记杨卫东主持并传达中央政治局常务委员会会议精神和省委书记车俊在省疫情防控工作领导小组扩大会议上的讲话精神以及市委常委扩大会议精神；副区长、区防控办主任吴冠宇汇报全区疫情防控工作情况及下一步工作安排建议；副区长沈培明汇报全区复工相关准备情况及工作建议；区委副书记、代区长温建飞和区委书记杨卫东讲话。区委常委，区人大常委会、区政协主要领导等参加。

2月20日，召开区委常委扩大会议。区委书记杨卫东主持。区委副书记、代区长温建飞传达习近平总书记在中共中央政治局常委会会议、中央全面深化改革委员会第十二次会议上的重要讲话精神及省委书记车俊、省长袁家军在省委常委会议上的重要讲话精神和市委常委扩大会议精神；区级有关部门汇报发言，区委书记杨卫东讲话，区委常委，区人大常委会、区政协主要领导等参加。

3月13日，召开区委常委扩大会议。会议研究部署向上争取政策等有关事宜。区委常委，区人大常委会、区政协主要领导等参加。

4月3日，召开区委常委扩大会议。区委书记杨卫东传达学习贯彻省、市委常委会会议精神。区四套班子领导等参加。

6月4日，召开区委常委扩大会议暨旅游业发展务虚会，区委书记杨卫东讲话，区委副书记、区长温建飞主持，梅爱祥、孙根祥等区四套班子有关领导出席，度假区、区级有关部门负责人参加。

6月19日，区委召开常委扩大会议，传达学习贯彻省委十四届七次全体（扩大）会议及市委常委扩大会议精神。区委书记杨卫东传达并讲话。梅爱祥、孙根祥、王剑峰等区四套班子领导出席。会议指出，这次省委全会是全省深入学习贯彻习近平总书记考察浙江重要讲话精神，推动人才强省、创新强省，全面展示“重要窗口”时期召开的一次重要会议，意义十分重大。各级各部门要精心组织安排，迅速掀起学习热潮。要深入学习、高度重视、迅速行动，及时把省委全会精神传达到全体党员干部。特别是领导干部要率先垂范、带头学习，力求先学一步、学深一层，切实发挥好表率作用。要把握重点，深刻领会省委打造重要窗口的鲜明主题和深邃内涵，深刻领会两个高水平的总体目标和建设人才强省、创新强省的总体部署。要广泛宣传，及时通过各种媒体、各种阵地、各种形式，精心制定方案，加强组织协调，开展有声势、有深度的宣传报道，动员全区及时把思想和行动统一到中央和省委、市委的决策部署上来，奋力推进南浔高质量赶超发展。

11月19日，召开区委常委扩大会议。区委书记杨卫东第一时间传达学习贯彻省委十四届八次全体（扩大）会议和市委常委扩大会议精神，研究部署全区贯彻落实工作。温建飞、梅爱祥、王剑峰等区四套班子领导出席。

【区委全委扩大会议】 5月14日，召开区委全委扩大会议。会议审议南浔区部分镇行政区划调整方案。区委委员、区委候补委员等参加。

【区委常委会】 1月7日，召开四届区委第七十次常委会会议。会议讨论干部问题。

1月10日，召开四届区委第七十一次常委会会议。会议听取关于中央和省、市委“不忘初心、牢记使命”主题教育总结大会精神和全区贯彻落实意见的汇报、关于召开区四届人大四次会议和区政协三届四次会议有关情况的汇报、关于区四届人大代表补选有关情况的汇报。

1月20日，召开四届区委第七十二次常委会会议。由区委书记杨卫东传达学习省十三届人大三次会议、省政协第十二届三次会议和全市领导干部会议精神。会议听取关于区政府、区人大常委会、区政协、区法院、区检察院党组2019年工作和2020年工作安排，全面从严治党主体责任履职情况及党组主要负责人第一责任人履职情况的汇报。听取关于召开全区深化“三服务”奋战“五个年”动员部署会有关情况的汇报，关于2019年东西部扶贫协作工作和2020年工作计划的情况汇报，关于区四届人大四次会议有关建议名单、区政协三届四次会议有关建议名单的汇报，关于区三届政协委员调整有关情况的汇报，关于2019年度镇（开发区）综合考核结果情况的汇报，关于省纪委全会精神及全区贯彻落实意见和区纪委四届五次全会方案及工作报告的情况汇报，关于有关人员职级晋升的情况汇报，会议还书面通报了《关于2019年度区委常委会成员履行全面从严治党“一岗双责”的情况汇报》《关于南浔区工商业联合会深化改革实施方案的情况汇报》《关于全省离退休干部“双先”表彰大会、老干部局长会议精神及我区贯彻落实建议的情况汇报》《关于2019年度法治政府建设工作及2020年工作要点的汇报》《关于2019年度全区公安工作情况汇报》《市对区2019年度全面从严治党主体责任落实情况年终检查反馈意见》《关于落实全面从严治党主体责任市对区检查反馈意见的整改方案》。

2月3日，召开四届区委第七十三次常委会会议。会议听取关于疫情防控十大专项组情况汇报，研究下一步疫情防控措施。

2月28日，召开四届区委第七十四次常委会会议。会议由区委常委、宣传部部长杨长海传达学习《中共浙江省委贯彻〈中国共产党宣传工作条例〉实施办法》主要精神，由区自然资源和规划分局领学农转征收供地基本流程。听取关于应对疫情支持工业企业、农业企业、服务业企业健康发展和复工复产保障用工有关政策，关于2020年南浔区“以实绩论英雄、贡献占比大比拼”考核办法，关于新冠肺炎疫情对财政减收增支影响有关情况，关于2020年度南浔区招商引资引才实施意见，关于进一步加强统计基层基础建设有关情况，关于“低收入群众三年奔小康”行动工作情况，关于2019年度全区“新象新牛”及培育企业和税收百强、规模百强工业企业评选情况，关于南浔区高质量发展区长重点工作一季度目标责任书有关情况，关于2020年南浔区“低效能”部门评定办法的有关情况，关于2019年度区级单位综合考核结果情况。会议还书面通报了关于全国全省统战部部长会议精神及全区贯彻落实情况，关于2019年度南浔区金融支持地方经济社会发展考评情况。

3月19日，召开四届区委第七十五次常委会会议。听取关于南浔区新时代美丽城镇建设实施方案、关于推进村级强村公司的实施方案（试行）、关于南浔区全域土地综合整治中有关农村水系综合整治工作、关于2020年度区委巡察工作计划及四届区委第七轮巡察工作方案、关于选派“驻村书记”实施方案、关于乡镇部门中层及以下干部制度性交流轮岗工作实施方案、关于2020年南浔区扶持建筑企业财政奖励办法的汇报。书面通报关于《南浔区计生协会改革实施方案》、关于2020年度区委理论学习中心组学习计划、关于《中共湖州市南浔区委2020年度政党协商计划》。会议还讨论了干部问题。

3月25日，召开四届区委第七十六次常委会会议。听取关于全区新冠肺炎疫情防控工作情况及下一步安排建议、关于省市安全生产和消防工作会议精神及全区贯彻落实意见，传达学习习近平总书记在中央政治局常委会上重要讲话精神和省市委常委会有关精神及部署全区贯彻落实意见，会议还传达学习了关于请示报告工作有关精神。

4月3日，召开四届区委第七十七次常委会会议。由区委副书记、区委政法委书记王剑峰传达学习习近平总书记在中央政治局会议上的重要讲话精神。听取关于南浔区2019年印染行业整治工作成效及下一步工作，关于南浔区促进厂房租赁业规范有序发展实施方案，关于创建南浔区农业高新技术产业示范区，关于《南浔区农村集体资金非现金结算管理指导意见（试行）》，关于中央、省委政法工作会议精神及全区贯彻落实的有关情况，关于《南浔区支持稳外贸发展十条政策》，关于调整开发区、南浔镇、度假区管辖范围，关于城投集团有关工作，关于成立中共湖州市南浔区委党校（行政学校），会议还书面通报了关于全省“开展扶贫开发和扶贫协作专项监督”及“强化清廉村居建设有力推动基层治理”工作推进会精神，关于省人大《浙江省民营企业发展促进条例》宣传贯彻会议精神及全区贯彻落实情况、《区委常委会2020年工作要点》。

4月17日，召开四届区委第七十八次常委会会议。听取关于“水晶晶南浔”城市品牌打造、关于建立南浔区重点项目土地要素供给闭环管理机制、关于南浔区加强欠薪处置五条意见、关于2020年《政府工作报告》和民生实事项目、关于区四届人大四次会议安排调整及《湖州市南浔区人民代表大会常务委员会工作报告》、关于区政协三届四次会议有关安排调整情况及《区政协常委会工作报告》《提案工作报告》、关于《湖州市南浔区人民法院工作报告》、关于《湖州市南浔区人民检察院工作报告》、关于南浔区村（社区）规模优化调整、关于頔塘北岸改造提升“百日攻坚”行动和南浔镇三大区块征迁清零“百日攻坚”行动、关于南浔区行政执法“五个一律”铁规、关于南浔城区CD-03-02-07C和CD-03-02-07E地块收储和引进绿地集团投资建设城际空间站项目情况、关于2019年度镇（开发区）“以实绩论英雄促赶超出成效”考核和区级部门“市对区指标”争先进位考核末位淘汰单位情况、关于南浔古镇景区门票优惠方案（试行）情况，会议还书面通报了《关于2019年全区预算执行情况及2020年预算（草案）起草的报告》《湖州市南浔区2019年国民经济和社会发展计划执行情况及2020年国民经济和社会发展计划草案的报告》。

4月24日，召开四届区委第七十九次常委会会议。听取关于南浔区稳企业增动能项目“双进双产”新政、关于华夏幸福PPP项目企业询证函确认。

5月11日，召开四届区委第八十次常委会会议。听取关于南浔区部分镇行政区划调整工作、关于《南浔区实施“争先创优”行动工作方案》。

5月14日，召开四届区委第八十一次常委会会议。会议审议南浔区部分镇行政区划调整方案。区委委员、区委候补委员等参加。

5月21日，召开四届区委第八十二次常委会会议。由区委书记杨卫东传达学习习近平总书记在中央政治局常委会上的重要讲话精神，由区委常委、纪委书记徐娟传达领学全国巡视工作会议，中央和省纪委关于抓好公共资源中会所整治“回头看”工作，扶贫开发、扶贫协作专项监督工作有关精神。听取关于南浔区实施“争先创优”行动工作相应配套方案、关于“新海派气象、水晶晶南浔”2020南浔城市品牌推介活动总体方案、关于举办2020年全省乡村产业高质量发展现场推进会、关于南浔区高水平建设新时代美丽乡村三年实施方案（2020—2022）、关于制定南浔区人才新政4.0版及2020年全区人才工作、关于南浔区深化“亩均论英雄”改革促进高质量发展的实施意见（2020 年修订）、关于“百漾千河”PPP 项目剩余投资空间项目补充情况的汇报、2020 年度协商工作计划的情况汇报、关于区管领导班子和领导干部 2019 年度考核等有关情况的汇报。会议还书面通报了关于南浔区“最美家风+”诚信主题年工作方案、《2020 年湖州市南浔区党内法规工作要点》。

6 月 1 日，召开四届区委第八十三次常委会会议。听取关于 2019 年政府绩效目标考核奖基础部分发放、关于南浔区新时代文明实践中心省级试点工作实施方案。会议还讨论了干部问题。

6 月 15 日，召开四届区委第八十四次常委会会议，听取关于湖州圣龙工业产业园处置、关于区政府与中车交通产业合作事宜，关于“幸福南浔·学无忧”低收入群众就学救助，关于引进中国二冶集团第二工程分公司，关于湖州机电研究院地块和办公楼收储，关于民革南浔区支部、民盟南浔区支部、民进南浔区基层委、农工党南浔区支部、九三学社南浔区支社工作，关于近期区外两起重大安全事故等有关情况的汇报。会议书面通报了《南浔区“建设五化幸福河，重塑水晶晶南浔”五年行动计划（审议稿）》《南浔区村（社）干部廉洁履职负面清单（试行）（送审稿）》。

6 月 24 日，召开四届区委第八十五次常委会会议，由区委常委、组织部部长范海鸣领学，集体学习《中国共产党机构编制工作条例》。听取关于南浔区村社组织换届准备工作、关于全区防汛工作开展情况及下一步打算、关于开展南浔区优秀共产党员推选表彰工作、关于部分科级行政事业机构设置及领导职数调整有关情况。会上学习了《中华人民共和国民法典》。

7 月 17 日，召开四届区委第八十六次常委会会议。听取关于《2020 年度南浔区全国文明城市复评攻坚“十大提升行动”方案》《2020 年度南浔区全国文明城市复评工作督查考核办法》、关于省市村（社区）组织换届试点工作动员部署会精神及全区贯彻落实情况、关于南浔广安东西部扶贫协作工作。会议讨论了干部问题，还书面通报了市委对台工作会议精神及全区贯彻建议，对各镇（开发区）党委、区级有关部门党委（党组）落实意识形态工作责任制专题督查的情况，四届区委第八轮巡察工作实施方案的情况，南浔区第二轮安全生产综合治理三年行动计划的情况。

7 月 23 日，召开四届区委第八十七次常委会会议。会议听取关于全区上半年经济运行情况和下半年工作安排建议、关于区委四届十次全体（扩大）会议建议方案和“全会报告”“决定”起草情况、关于核定部分科级领导职数有关情况。会议传达学习全省民族团结进步表彰大会会议精神及全区贯彻落实举措。会议还书面通报了《南浔区红十字会改革实施方案》、健康南浔行动实施方案，传达学习了 2020 年全市“扫黄打非”工作会议精神及全区“扫黄打非”工作要点。

8 月 11 日，召开四届区委第八十八次常委会会议。会议听取关于区村（社区）组织换届工作的有关情况、关于南浔区村级集体经济三年强村计划的实施意见（2020—2022）及强村公司运行指导意见的情况、关于加快推进“既有多层住宅加装电梯”两项标准工作情况、关于南浔区稳企业增动能项目“双进双产”新政实施办法、关于华尚光电高导通透明硅基电路板及光通讯芯片产业项目情况、关于深入推进南浔区低收入群众救助帮扶加快建设“幸福南浔”实施方案。书面传达学习全市交通运输行业党建工作推进会精神并全区贯彻落实建议。会议还书面通报了 2020 年上半年全区公安工作情况。

8 月 28 日，召开四届区委第八十九次常委会会议。会议传达学习《省纪委关于童加朝严重违反中央八项规定精神问题及其教训警示》、市纪委关于进一步重申纪律要求坚决整治违规吃喝问题和全区 2020 年以来查处的违反中央八项规定精神情况；传达学习意识形态有关文件精神；传达学习省委常委、组织部部长黄建发调研湖州、南浔时讲话精神。听取关于做好迎接第二轮中央生态环境保护督察工作、关于推进新时代南浔民政事业高质量发展、关于引进优必选项目及认购其新增注册资本、关于区政府与中车城市交通有限公司产业合作及城投集团与“绿脉怡诚”收购 A 公司部分股权、关于南浔区农房集聚工程建设质量安全指导意见、关于 2020 年度镇（开发区）和区级部门综合目标绩效考核办法、关于 2020 年南浔区区级财政预算调整方案（草案）等相关情况的汇报。会议原则同意区财政局提出的 2020 年南浔区区级财政预算调整方案（草案），要求根据会议讨论意见贯彻执行。会议讨论了干部问题。会议还书面通报了 2020 年上半年南浔区网络安全和信息化工作情况、全省各级人大常委会主任学习会精神及全区贯彻落实建议、开展“新时代新生代的新担当”主题教育活动暨新生代企业家“双传承”计划的实施方案。

9月17日，召开四届区委第九十次常委会会议。区委书记杨卫东传达学习省委常委、纪委书记许罗德在全省巡视巡察工作会议暨十四届省委第十轮巡视动员部署会上的讲话精神、《关于进一步解决干部工作突出问题持续匡正选人用人风气的通知》文件精神、习近平总书记近期系列重要讲话精神。听取关于省委书记袁家军在省委党校2020年秋季学期开学典礼上的重要讲话精神、关于2020年1—7月平安建设形势的情况、关于水晶晶南浔·寻找水晶晶女孩全国选拔大赛的情况、关于相关工作情况的汇报。会议原则同意区委办提出的相关工作方案并要求根据会议讨论意见抓好落实、关于2020年省级和市级“担当作为好干部”推荐建议人选的情况。会议还书面通报南浔区扫黑除恶专项斗争工作推进情况，关于出台南浔区加强“纪审协同”、审计整改两项制度的情况，全国地方政协工作经验交流会，全省政协主席读书会暨市县（市、区）政协工作经验交流会和全市政协主席暑期读书会暨政协工作经验交流会精神及全区贯彻落实建议。

9月30日，召开四届区委第九十一次常委会会议。区委书记杨卫东传达学习中共中央办公厅印发的《关于加强新时代民营经济统战工作的意见》、习近平总书记在湖南考察时的讲话精神和在教育文化卫生体育领域专家代表座谈会上的讲话精神、省十三届人大四次会议精神。听取关于南浔区秋冬季新冠肺炎疫情防控工作方案、关于全省村（社区）组织换届工作会议精神及全区换届工作总体安排建议、关于出台加强区管国企内部审计工作十六条意见的情况、关于与绿地集团成立合资公司共同开发南浔城际空间站整体方案、关于购买上海虹桥世界中心资产的情况、关于在上海绿地申花足球队赛事现场投放广告的情况。会议还书面通报了关于《南浔区“三线一单”生态环境分区管控方案》、《新时代南浔产业工人队伍建设改革实施方案》。

10月20日，召开四届区委第九十二次常委会会议。由区委副书记、政法委书记王剑峰传达学习习近平论坚持总体国家安全观（2020）和《工作秘密管理暂行办法》。由区委常委、区纪委书记、区监委主任徐娟传达学习上级有关巡视巡察会议精神。会上还传达学习习近平总书记在中央党校（国家行政学院）中青年干部培训班开班式上的讲话精神和在深圳经济特区建立40周年庆祝大会上的讲话精神。会议听取关于市对区安全生产巡查、关于加强人民调解工作实施“双十双百双千”行动意见、关于南浔区国有资本产业投资基金管理办法和绩效评价办法、关于出台《南浔区劳动模范模范集体评选和管理办法（试行）》的有关情况。会议还书面通报南浔区2020年总河长令（第1号）。

10月30日，召开四届区委第九十三次常委会会议。由区委副书记、政法委书记王剑峰传达学习新修订的《中华人民共和国档案法》。由区委常委、组织部部长范海鸣领学传达学习全省“建设清廉机关、创建模范机关”工作推进会暨第九次县市区机关党建工作交流会精神及全区贯彻落实建议。会议还传达学习习近平总书记在纪念中国人民志愿军抗美援朝出国作战70周年大会上的讲话精神。听取全区三季度经济运行情况和下一阶段工作安排建议。会议讨论干部问题。还书面通报《严明全域土地综合整治“十必须十严禁”纪律要求》、南浔区第二轮中央生态环境保护督察信访交办件分析报告及相关建议、《南浔区国有企业退休人员社会化管理实施方案》。

11月5日，召开四届区委第九十四次常委会会议。会议由区委常委、区纪委书记、区监委主任徐娟同志传达学习《关于被巡视党组织准备工作的意见（试行）》《被巡视党组织配合省委巡视工作规定》的精神和要求。听取关于《上一轮巡视以来区委工作情况汇报》《省委第八巡视组来浔巡视工作安排建议》。会议原则同意区委办提出的《上一轮巡视以来区委工作情况汇报（征求意见稿）》《省委第八巡视组来浔巡视工作安排建议》。

11月23日，召开四届区委第九十五次常委会会议。由区委常委、区纪委书记、区监委主任徐娟传达学习中共中央政治局常委、中央纪委书记赵乐际来湖州调研精神。会议还传达学习习近平总书记近期重要讲话精神。由区委副书记、政法委书记王剑峰传达全省乡村全域土地综合整治与生态修复现场会精神，副区长秦胜传达全省乡村产业高质量发展推进会精神。会议还听取关于南浔区农村乱占耕地建房问题专项整治三年行动方案、关于参与协鑫集成定向增发并引进再生晶圆项目落户、关于拟与合丰泰签订设备出关贷款扶持补充协议。会议还书面通报2020年南浔区食品安全工作的汇报、《中华人民共和国食品安全法实施条例》《关于清单式推进清廉社区建设的实施意见》。

12月11日，召开四届区委第九十六次常委会会议。由区委常委、宣传部部长杨长海领学《关于当前我省意识形态领域形势的通报》。区委书记杨卫东传达学习习近平总书记近期重要讲话精神。会议听取关于扎实推进全区新乡贤工作助力重塑水晶晶南浔有关情况、关于南浔区冬春季新冠肺炎疫情防控工作情况、关于南浔区做大做强国有企业三年（2021—2023年）行动方案、关于南浔区基础教育“十百千”人才引育工程实施办法（试行）、关于组建南浔区人才产业发展集团有限公司的情况、关于頔塘未来社区回购回迁有关事项的汇报，会议还书面通报《南浔区2020年度履行党风廉政建设责任制情况报告》、关于南浔区反邪教工作形势通报。

12月15日，召开四届区委第九十七次常委会会议。听取关于做好全区被征地农民参加基本养老保险工作情况的汇报、关于部分科级行政事业机构设置及领导职数调整有关情况的汇报、关于做好全区被征地农民参加基本养老保险工作情况的汇报。

12月29日，召开四届区委第九十八次常委会会议。由区委常委、宣传部部长杨长海传达学习省委、市委网信委第二次全体会议精神。区委书记杨卫东传达学习习近平总书记近期系列重要讲话精神、省委经济工作会议精神及全市区县委书记工作例会精神。会议听取关于南浔区重点人群新冠病毒疫苗紧急接种工作方案、关于学前教育深化改革规范发展的实施意见、关于规范乡镇（街道）“属地管理”工作有关情况、关于南浔区规上工业企业开展“创新评动力”活动、关于购置上海市青浦区绿地集团相关资产的汇报。会议还讨论干部问题。

（潘晓飞）

【区委理论学习中心组学习活动】 2020年区委理论学习中心组围绕中心工作，注重学用结合，共组织学习12次。

2月28日，区委理论学习中心组举行《中共浙江省委贯彻〈中国共产党宣传工作条例〉实施办法》专题学习会，区委理论学习中心组全体成员参加会议。

3月23日，邀请副区长郑琦作“全面从严治党”专题辅导报告，区委理论学习中心组全体成员参加报告会。

4月13日，区委理论学习中心组学习召开“深入学习贯彻习近平总书记在浙江视察时的重要讲话精神”专题研讨会，杨卫东、温建飞、梅爱祥、孙根祥、王剑峰、方科、杨长海、金荷新、范海鸣、陈纯志等领导做专题发言。

5月29日，区委理论学习中心组学习召开“树‘争先创优意识’，建‘重要窗口’样板”专题研讨会，徐娟、单永杰、潘宇文、费学梅、陆龙根等领导做专题发言。

7月10日，邀请浙江省数字经济学会标准化工作委员会主任、国家级标准化培训讲师、浙江数字经济巡讲团讲师、浙江大学标准化工程硕士校外导师梁艳华作“标准化助推高质量发展”专题辅导报告。区委理论学习中心组全体成员；南浔经济开发区管委会主任，各镇党委书记、镇长；区级各部门主要负责人；区市场监管局中层正职以上干部参加报告会。

8月5日，区委理论学习中心组举行专题学习会，观看红色电影《半条被子》。区委理论学习中心组全体成员、各镇（开发区）党委或政府（管委会）主要负责人、区级各部门主要负责人、全区宣传文化系统干部等参加观看。

8月28日，区委理论学习中心组学习召开《习近平谈治国理政》第三卷专题研讨会，杨卫东、徐娟、沈培明、徐国华、陈勤泳、单永杰、吴冠宇、潘宇文、郑勇、王湘起等领导做专题发言。

10月15日，邀请全国政协委员王秦丰作“国学与为官之道”专题讲座。区委理论学习中心组全体成员；区政协秘书长；各镇党委、政府主要负责人，各镇（开发区）党委副书记，开发区党群工作部部长、各镇组织委员；区级各部门党政主要负责人、党委（党组）副书记，区委办、区政府办副主任，区纪委常委、监委委员，区委组织部、区委宣传部、区委统战部副部长，区委政法委副书记；项目专员参加会议。

10月20日，区委理论学习中心组学习召开“习近平论坚持总体国家安全观”专题学习会，区委理论学习中心组全体成员参加会议。

11月9日，中央政法委委员、秘书长，跨军地改革工作小组组长，中央全面依法治国委员会办公室副主任陈一新作“‘描绘好现代化新蓝图，再创中国之治新奇迹’党的十九届五中全会精神”宣讲报告，区委理论学习中心组全体成员，退出现职的区级领导及副处级以上退休老干部，区政协秘书长，各镇党委书记、镇长，区级各部门党政主要负责人部分学校教师代表参加会议。

11月25日，邀请市委宣讲团成员，市委组织部常务副部长邱见春作中共十九届五中全会精神宣讲报告，区四套班子领导，区法院院长、区检察院检察长，区政府党组成员，南浔经济开发区管委会主任，区政协秘书长，各镇党委书记、镇长，区级各部门党政主要负责人参加会议。

12月12日，区委理论学习中心组学习召开“学习贯彻十九届五中全会精神，谋划‘十四五’规划及明年工作”专题研讨会，杨卫东、温建飞、李雪华、秦胜、陈文龙、孙水根等领导做专题发言。

（王志刚）

【组织工作概况】 2020年年末，全区共有行政干部1483人（不含下派和兼职），其中县（处）级领导干部34人，科级领导干部432人，一般干部1017人；共有女干部526人，占35.47%，大专以上学历干部1472人，占99.26%；35周岁以下干部651人，占43.9%；党外干部295人，占19.89%。

全区共建立基层党组织1455个，其中党委43个，党总支部199个，党支部1213个。全区共有党员27442人，其中女性7356人，占26.8%；35周岁及以下6490人，占23.6%；60周岁及以上9759人，占35.6%。全区共有211个行政村，其中党委建制6个，党总支建制151个，党支部建制54个。村“两委”成员共1158人，其中35周岁及以下398人，高中及以上学历1028人。全区共有非公企业法人单位2359家，其中从业人员在100人以上的有276家，50～99人的有206家；非公企业共建有党组织311个，其中党委10个，党总支部3个，党支部298个，共有党员5471人，其中业主党员307人。全区共有社区34个；社区党组织共63个，社区党员2421人。全区共有区级机关单位55个，其中建立党委8个，党总支部17个，党支部30个，共有党员2993人。

全区人才总量114418人，自主培育国家级引才计划人才8人、省级引才计划人才32人。省领军型创新团队1个，省级“海外工程师”29人次。入选省“151”人才工程培养人选15人，湖州市“南太湖精英计划”领军型创业创新团队252个（创业类项目147个，创新类项目105个），2家创业企业在省成长板成功挂牌，1家创业企业成功挂牌“新三板”。入选湖州市“南太湖特支计划”50人。拥有国家级科技孵化器1个；省级博士后科研工作站16家，其中3家为国家级；市级院士专家工作站20家，其中5家为省级。建有“南太湖精英计划”产业园、南浔（上海）科创中心等高层次人才创业创新平台。

【领导班子和干部队伍建设】 突出加强干部队伍政治建设和专业化培养。强化政治纪律和政治规矩教育，结合档案审核、经济责任审计、个人事项报告等，全面掌握领导干部的政治表现。注重紧扣形势、实战实用，举办长三角一体化专题培训班、科级干部培训班等主体班次20期左右，培训人员2000余人次。顺利承办北京大学线下教学培训班，选送全区37名优秀新生代企业家参加北京大学新媒体时代产业升级、区域振兴领军人才“百人培养计划”专题研修班（学制一年）。深入推动“干部教、教干部”培训方式，领导干部围绕区情教育、重点项目上台讲学22人次。持续推进东西部扶贫协作教育培训工作，加强与四川省广安市广安区交流协作，全年累计培训党政干部700余人次，专技人才1800余人次。完成区委党校筹建并于11月正式开学办班。持续推进南浔古镇、和孚镇荻港村等现场教学基地改造提升。

强化“以实绩论英雄”推动干部担当作为。坚持在改革发展主战场、维护稳定第一线、服务群众最前沿考察、识别干部，选派驻外招商75人，三服务办等区重点专班21人，东西部扶贫协作28人，3名党政主要负责人因考核末位被调整岗位，对12名领导干部进行提醒谈话。深入实施“一把手战略储备工程”，建立一把手储备人选“部委分片联系”日常跟踪机制。提拔使用18名在第一批“项目专员”中表现出色的年轻干部，继续选派20名有潜力、高素质的年轻干部担任第二批“项目专员”。2020年，全区科级领导干部中，35岁左右及以下年轻干部达21.7%，乡镇党政正职中35岁左右及以下年轻干部达38.9%。创新实施中层及以下干部制度性交流，首批50名干部进行交流轮岗。开展90后优秀年轻干部面对面活动，一对一面谈60人。

严管厚爱激发干部队伍活力。完成全区453名区管干部个人事项集中填报工作，结合干部选用、日常管理等工作，对70人进行查核比对，其中免职1人，取消考察对象资格1人，诫勉2人、谈话提醒2人。抓好“一把手”经济责任监督，结合审计对5个单位开展监督工作。会同区纪委监委、区审计局等部门完成14名新任正职领导干部经济责任告知、14名党政"一把手"离任经济事项交接工作。完成各单位中层干部选拔任用预审把关94次。结合区委巡察和整改"回头看"，对32个单位开展选人用人专项检查。做好干部选拔任用"一报告两评议"工作，督促30个单位限期整改。用好区委、区政府重点工作干部表现信息沟通机制，获取干部表现信息48条。在日常走访、年度考核等工作中发现有的领导干部存在思想、纪律等方面的苗头性、倾向性问题，对其中的12人进行谈话提醒。深入开展违规兼职及违规因私出国（境）专项整治"回头看"，对全区2000余名区管干部、公务员、事业中层干部企业兼职、经商办企业情况开展查核比对，清理企业违规兼职23人次。继续加强干部关心关爱，完善干部谈心谈话和容错纠错机制，持续深化干部心理健康关爱工作。充分运用职务职级并行政策，及时落实工资、津补贴等相关待遇。统筹推进公务员职业生涯全周期"一件事"改革，共计办结业务664件。探索机关事业单位工作人员荣誉退休机制，全面打造社区"乐活驿站""家门口老年大学"，畅通离退休干部看病就医便捷通道，让退休人员感受到组织的温暖。

【基层组织和党员队伍建设】 高质量完成村社组织换届工作。深入贯彻省、市、区有关村（社区）组织换届工作部署，围绕"五好两确保"（选出忠诚担当好头雁、堪当重任好班子、创业奋进好气象、风清气正好生态、干群齐心好局面；确保换届过程平稳、确保换届后高效运转）工作目标，推行"七个一"（建立一组组织力评价指数，突出"量才选贤"；编织一张村社选情研判网，做细"精密智控"；打出一套净化生态组合拳，严防"带病参选"；推出一堂干部履新必修课，推动"上马快干"；推送一份廉洁履职保健餐，确保"防患未然"；拧紧一条镇村联动监督链，扎紧"权力笼子"；推行一批清廉正村新机制，实现"标本兼治"）工作模式，严把换前人选考察、换中选情稳控、换后履职监督三道关口，稳妥有序完成全区行政村（社区）组织换届工作。突出选优配强，持续实施村党组织书记后备人才培育计划，通过公开招聘、回请贤人等方式拓宽选人视野，对照"四过硬五不能六不宜"标准，综合运用联审、监察、巡察等方式，防止"带病参选"。坚持以"实绩论英雄"，推动干换结合，除6个村外均实现书记、主任"一肩挑"。实行选情"三色"管理（根据包乡走村、乡镇排查情况，将所有村社分为三类，即绿色村社、黄色村社、红色村社。绿色村社为选情平稳的，黄色村社为选情一般的，红色村社为选情复杂的），针对13个选情复杂村落实"四个一"（每个村由1名区领导负责，配备1名乡镇领导、1名驻村"第一书记"、1个区级部门进行联系帮扶）工作举措，推动全面整转，换届期间选情平稳有序。全面推行"履新十大举措"（一是统一亮相晒出形象；二是集中谈话厘清思路；三是包网入户走亲连心；四是认领事项开门就干；五是统一标准规范干事；六是找准短板提升素质；七是治村导师帮扶领路；八是负面清单划定红线；九是搭台竞赛拼出干劲；十是及时备案科学管理），通过统一亮相、集中谈话、包网入户、认领事项等，推动村（社区）干部"上马就干"。

全面夯实基层基础。建立健全"八项"[项目领办、双周通报展示、月度现场推进、双月调研督查、季度亮晒排名、部委班子不定期抽听、年终绩效考核、村（社区）党组织组织力指数排行]责任落实机制，压紧压实基层党建主体责任。顺利完成涉及14个村（社区）规模优化调整工作。大力推进各领域党支部标准化规范化建设，集中开展239个基层党组织换届工作，强化党支部政治功能和服务功能。规范推进党员发展工作，全年举办发展对象培训班2期，发展党员480名。扎实推进党员队伍分类管理试点工作，确定6个乡镇为试点，有序开展年老体弱、行动不便和失能党员管理，稳妥推进党性体检和不合格党员处置，落细落实党内关怀帮扶各项举措。推动相对落后村（社区）阵地提升，全年完成新建阵地18个、改造阵地15个。开展"无表格村社"创建，全面推广"村社通"系统，245个村（社区）系统激活率、使用率均达100%，有力推动基层减负松绑。

推动乡村振兴赋能提质。全面推行区级领导班子成员包乡走村，深化实施"整乡推进、整县提升"，全年新建区级及以上先锋示范村6个、乡村振兴产业示范带2条，整转后进村党组织13个。大力实施党员人才工程，推动村（社区）班子整固提升，为乡村振兴集聚人才优势。集中选派28名曾担任过科级领导干部的临退休人员担任"驻村书记"，帮助村里向上争取资金820余万元，引进项目12个。启动新一轮"三年强村计划"，推动强村公司组建全覆盖，通过梳理一批相关资源、开发一批发展项目、培育一批专业人才、完善一套管理制度、落实一批扶持政策，提升集体经济造血能力，全面消除经营性收入50万元以下的行政村。深入推行“六老六大员”（由老党员、老干部、老教师、老职工、老队长、老农民义务担任政策法规宣讲员、治安巡逻员、文明卫生监督员、纠纷调解员、民主管理督察员、关心下一代辅导员）、“五管”（村级工程群众管、集体资金线上管、资产资源留痕管、乡风民俗活动管、干部权力公开管）等乡村治理机制，大力推进扫黑除恶专项斗争，推动乡村治理“三治融合”（自治、法治、德治相结合）。建立健全村党组织组织力指数评价体系，每季度对各村党组织组织力指数进行排名公示，推动各村“以实绩论英雄”。

推动城市治理优化提升。深化城市党建“红色系列”建设，结合换届完善社区“大党委”、红色联盟工作机制，配备民警副书记、兼职委员。扎实推进“红色物业”，完成16个业委会换届和15个示范小区创建。全面推行物业红黑榜和“六方会谈”（“六方”：街道、社区、业委会、物业公司、社会组织、居民代表）工作机制，建立南浔区物业纠纷调解中心，提升城市基层治理水平。大力建设“红色阵地”，深入推进社区党群服务中心规范提升，新建浔南社区、增山社区等一批优质党建阵地，集中打造社会组织综合党委党群服务中心，引进培育优质社会组织入驻中心社区，提升居民获得感和满意度。

大力实施双强示范争先专项行动。深化“红心暖企”服务品牌，持续开展两新党建“三整一全”（整园建强、整楼推进、整线突破，全面提升）建设，提升有效覆盖水平。深入实施新生代企业家“双传承”（政治传承、事业传承）计划，组建全区新生代企业家人才库，做好21名新生代企业家政治吸纳。探索推行新生代企业家挂职村党组织副书记机制，8名新生代企业家入村就职，有效充实村级后备人才队伍。成功举办全区新生代企业家“双传承”培训示范班，助力新生代企业家赋能成长、接班创业。持续实施“南太湖红领人才计划”，新增高级党务红领2人，中级党务红领4人，初级党务红领73人，有效提升全区两新党组织党务工作者能力水平。

推动各领域党建齐头并进。对照“建设清廉机关、创建模范机关”要求，开展“浔遍红迹争朝夕”专项行动，大力推进“红堡超市”建设，有效提升机关党建工作质量，对相关做法在全省机关党建工作推进会上作交流发言。召开十大行业系统党建工作推进会。进一步理顺国企党建管理体制机制，由区财政局党委统一归口管理，推动党的组织和工作更好嵌入企业生产经营。统筹抓好公立医院党建、中小学校党建工作，全面推行党组织领导下的院长、校长负责制，推出“网上学堂”“党员积分制管理”等一系列特色做法。加大对司法、交通、民政、邮政等新兴领域党建指导力度，按照“一业一品”（一个行业系统建设一个党建品牌）要求加大品牌推广力度，陆续推出“红色律动暖企”“幸福南浔”等党建品牌。

【人才队伍建设】 深化人才工作机制。坚持党管人才原则，组织学习习近平总书记关于人才工作重要论述，牢固树立人才引领发展战略地位。制定全区人才工作要点，将市对区人才工作考核任务细化成25类共131项具体指标，每项指标都落实到具体责任部门。依托“以实绩论英雄”、“双进双产”、重点指标通报等考核推进体系，实行“红黄蓝”牌激励制度，推动全区人才工作指标争先进位。推出“浔英计划”区级引才计划，聚焦关键技术突破，创新项目招引渠道，引领新兴产业发展。立足区域发展定位，紧扣各类人才引留用、企业主体作用发挥等问题，重磅出台南浔区人才新政4.0版以及“浔九条”、房票、教育券等“撒手锏”政策，构建人才全链条创新创业生态体系，进一步增强人才政策竞争力。

强化人才智力引领。加强与第三方引才机构合作，施行人才引荐联动模式，已全职引进领军人才20人，柔性引进顶尖、领军人才53人。入选省级引才计划建议人选8人、省“海外工程师”6人，入选“南太湖精英计划”30个、“南太湖特支计划”12个。成功举办第三届全球创新创业大赛，共吸引208个人才项目报名，决出12个获奖项目，推荐5个项目参加市级总决赛并有2个项目获奖。成功举办高端装备及智能驱动技术尖峰对话，15名人才达成初步合作意向。运用新技术、新媒介开展人才“云招聘”“云面谈”81余场，吸引1254家企业参加，推出岗位35586个。开展线下招聘会57场，招引大学生及各类人才15694人，其中大学生12133人。以政策保障鼓励企业加强专利申请、标准制（修）订，提升行业话语权，2020 年每万人发明专利拥有量达 34.06 件，增幅居全市第 3 位；制（修）订国际、国家标准 13 项，得分相比 2019 年增长 111%，排名全市第 3 位。

提升人才平台能级。大力推进南浔人才创业园二期、高铁新城科创园等平台建设，全力打造多层次人才创业孵化体系。积极对接上海高端智力资源，打造重量级人才飞地，6 月南浔（上海）科创中心成功开园，总面积 2.2 万平方米，已签约项目 18 个，入驻 12 个。聚焦高校智力资源，依托南京大学、山东建筑大学等高校，围绕项目招引、科技研发、人才服务、成果转化等目标签订战略合作协议，共建产学研研究院，推动地校合作深度融合。加强与浙江大学合作，建立南浔智能驱动产业创新研究院，打造人工智能驱动工程师协同创新中心，1000 平方米办公场地已正式投入使用。加快推进人才集团实质化运行，进一步提升人才工作效能。

（蒋振辉）

【统战工作】 2020 年，全区统战系统聚焦市委统战部“举‘两山’旗、走‘同心’路、助‘赶超’业”和区委“一一二八”[围绕一个定位——打造湖州“开放东大门、创业新高地”；强化一个导向——“以实绩论英雄”；扭住两个抓手——重大项目推进和强镇（开发区）计划推进；实施八大工程——融沪接苏“1152”工程、城市能级提升工程、项目双进双产工程、转型升级加速工程、营商环境优化工程、乡村振兴样板工程、生态环境提质工程、民生和谐幸福工程]工作部署，为重塑“水晶晶南浔”，建设美丽繁华新江南，高质量打造湖州“开放东大门、创业新高地”凝聚最大向心力，画好最大同心圆。全区统战系统各项工作获得中央领导批示 2 次；省领导批示 6 次，其中省委主要领导批示 1 次；市领导批示 19 次，其中市委、市政府主要领导批示 2 次；区委主要领导批示 60 次，区政府主要领导批示 5 次。

服务中心工作，同心助推全区发展大局。“疫情就是命令，防控就是责任”，凝聚统战力量，投身新冠肺炎疫情防控，为全区打好疫情防控阻击战和经济发展总体战做出积极贡献。据不完全统计，全区统战系统累计帮助采购口罩、防护服、手套等物资 427000 余件；捐款捐物累计超过 4500 多万元，无偿捐赠口罩、防护服、消毒液等防疫物资 187000 余件。扎实推进新乡贤工作，出台《关于切实加强新乡贤工作 以沉甸甸乡愁助力重塑水晶晶南浔的实施意见》等“1+X”系列文件，开展新乡贤工作五大行动，完成约 400 人的重点乡贤数据库，新增区城市展览馆等多个乡贤实践基地，开展乡贤活动 30 余场次，打响“水晶晶南浔、沉甸甸乡愁”品牌，针对南浔区新乡贤工作在全市乡贤回归工作暨新乡贤工作推进会上作汇报发言。积极参与頔塘北岸征迁和頔塘南岸分房工作，提前半个多月完成目标任务，平稳地完成回购和分房抽签工作。

突出携手同行，推动多党合作走深走实。在全市率先完成民革、民盟、民进、农工民主党、九三学社 5 个民主党派区级组织的换届工作，各民主党派有关工作得到省主委批示肯定 4 次。开展“双百结对·同心共建”活动，组织 12 个民主党派基层组织与 12 个村（社区）结对共建，组织活动 50 余场次。积极动员党外代表人士建言献策，累计提出“金点子”88 个、“微点子”101 个，得到市委、市政府主要领导批示 6 件（次），区委、区政府主要领导批示 59 件（次）。建立党外人士报送意见、建议—统战部门汇总收集上报—区领导批示—督促部门落实—向报送人反馈的工作闭环模式。针对该项工作在全市专项民主监督工作推进会作汇报交流。完善党外干部工作沟通合作机制，1 位党外人士被提拔为副处级领导干部，2 位党外人士被提拔为正科级领导干部，3 位党外人士被提拔为副科级领导干部。

丰富载体形式，推动新阶层统战更具活力。组建区众创空间新联会联盟，形成“1+10+N”[1 个区级众创空间新联会联盟；10 个镇（开发区）级众创空间新联会；N 个园区级众创空间新联会]组织架构体系，牵线南浔银行为众创空间联盟授信 10 亿元，引进大学生创业团队 36 个，新增就业 200 余人。持续推进新阶层人士实践创新基地建设，扎实做好资源整合、人心凝聚、人才集萃、作用发挥四篇文章，在全市率先实现乡镇（开发区）新联会全覆盖，打造“周桂珠工作室”、凌波塘摄影文学社等一批有社会影响的公益品牌，区知联会副会长周桂珠获评省“知联之星”。高质量完成区网联会换届工作。

紧盯“两个健康”，引领民营经济彰显担当。深化《清廉企业建设指导规范》，扎实推进清廉企业建设，打造市级清廉企业示范点 7 个，区工商联主要领导获评全市“清廉湖州建设”突出贡献个人。在疫情防控中彰显工商联新担当，获全省“抗击新冠肺炎疫情以来民营企业调查点工作先进单位”。深化“同心·三服务”，服务电梯企业逆疫上扬工作获全省工商联系统6月服务“两个健康”（非公有制经济健康发展和非公有制经济人士健康成长）优秀案例。注重培育新生代企业家队伍，在全省率先开展“新时代新生代的新担当”主题教育活动，完成区新生代企业家联谊会换届。南浔区开展“新时代新生代的新担当”主题教育活动相关做法被评为全省工商联系统11月服务“两个健康”优秀案例。积极组织工商联代表人士深入调研、建言献策，区工商联副主席、世友木业董事长倪方荣关于《全面推行装饰材料EO级标准》的调研报告，得到中共中央政治局常委、国务院总理李克强和中共中央政治局常委、国务院副总理韩正的批示肯定。

强化依法管理，保持民宗领域和谐平安。投入80余万元，建成启用全省县（区）一级首个民族宗教管理服务中心。高质量完成区少数民族代表人士联谊会换届。菱湖中学被确定为第三批省级民族团结进步重点培育单位，《菱湖中学学生给车俊书记的一封信》得到省委书记车俊、市长王纲的批示肯定。《湖州市菱湖中学深耕19载办好内地西藏班促进民族团结结硕果》在中央统战部《统战信息》刊发，得到省委常委、统战部部长熊建平批示肯定。区少数民族联谊会会长杨秀智获评浙江省第六届民族团结进步模范个人。区委统战部（区民宗局）被评为湖州市民族团结进步模范集体。深入推进宗教领域“六进六导”（社会主义核心价值观进场所，强化思想引领导向；爱国主义教育进场所，强化政治意识导向；政策法律法规进场所，强化法治理念导向；公共安全管理进场所，强化平安稳定导向；优秀传统文化进场所，强化文化建设导向；公益慈善进场所，强化和谐共荣导向）系列活动，实现全区宗教活动场所“两化”（宗教中国化，宗教工作法制化）建设全覆盖；将全区宗教和民间信仰场所纳入全科网格管理，持续做好基督教私设聚会点防反弹等工作。以纳入全省民间信仰活动场所动态管理为契机，试行“百分制”考评，做好“一庙一故事”收集编纂，出刊《水晶晶南浔·民间信仰故事》。成功举办浙江省“民间民俗·多彩浙江”优秀传统文化系列活动之华夏笔工祭笔祖民俗活动“蒙恬会”。

扩大联谊联络，拓展港澳海外工作成效。落实精密智控要求，累计核准数据信息2000余条，确保海外人员有序返回南浔。在全省率先开展“大爱南浔·守望相助　为海外华侨、留学生驰援防疫物资”活动。疫情期间，知名乡贤蔡崇信捐赠2500万元，市长王纲致函感谢，获浙江省侨界“十杰”荣誉称号。探索建立村一级侨联组织和孚镇荻港村，筹划成立“四象八牛”浔商浔贤后裔联谊会上海分会。桑基鱼塘研学文化交流基地申报省侨务工作示范基地。中国湖笔文化馆申报省级华侨国际文化交流基地。启用“南浔海外人才国际会客厅”，设立新加坡海外人才联络站，开展“2020助燕南飞·筑梦水晶晶南浔”活动，推荐南太湖精英计划5个，参与推荐人才工作10余人次。叔苹奖学金获全省侨联系统“最具影响力工作”入围奖，区侨联获评全国侨联系统助力脱贫攻坚优秀集体。

夯实工作基础，基层统战自身建设全面加强。积极构建大统战工作格局，在抗击疫情等重大战役中，引导全区统战人士自觉将思想和行动统一到中央和省、市、区委的各项决策部署上来。强化考核指挥棒作用，完善年度乡镇统战重点工作“项目化”“清单化”管理模式，实行乡镇统战委员月度例会和部机关周例会机制，督促工作推进。组建民主党派、乡镇基层和部机关干部等3组信息报送网格，唱响南浔统战“好声音”，切实提升基层统战工作影响力和辨识度，在市对区统战信息工作考核中位列前茅，在区级部门党委信息考核中位列第二，在党群系列位列第一。（朱梦娜）

·湖州市南浔区人民代表大会·

【区四届人大四次会议】　南浔区第四届人民代表大会第四次会议于2020年5月7—9日举行。

会议的主要议程是：听取和审查湖州市南浔区人民政府工作报告；审查湖州市南浔区2019年国民经济和社会发展计划执行情况的报告及2020年国民经济和社会发展计划草案的报告，审查、批准湖州市南浔区2019年国民经济和社会发展计划执行情况的报告及2020年国民经济和社会发展计划；审查湖州市南浔区2019年预算执行情况的报告及2020年预算草案的报告，审查、批准湖州市南浔区2019年预算执行情况的报告及2020年预算；听取和审查湖州市南浔区人民代表大会常务委员会工作报告；听取和审查湖州市南浔区人民法院工作报告；听取和审查湖州市南浔区人民检察院工作报告；审议湖州市南浔区人民政府关于2019年度民生实事项目实施情况和 2020 年度民生实事候选项目有关情况的报告，对湖州市南浔区人民政府2019年度民生实事项目实施情况进行满意度测评、票决确定湖州市南浔区人民政府2020年度民生实事项目；审议湖州市南浔区人民政府关于2019年度环境状况和环境保护目标完成情况的报告；选举事项；其他事项。

5月7日召开预备会议，选举大会主席团和秘书长；通过会议议程；通报表扬2019年度代表工作先进集体和个人。整个会议共安排全体会议 4 次，主席团会议4次，计划预算审查会议1次。区四届人大四次会议期间，共收到代表10人以上联名提出议案建议 72 件，其中城建交通类 15 件、社会事业类20件、工业财经类3件、农业农村类16件、旅游商贸类10件、生态文明类8件。这些议案，主要涉及城乡统筹发展、道路交通改善、生态文明建设、民生社会保障、现代农业提升、旅游商贸发展等方面。根据地方组织法、代表法的有关规定，大会秘书处在收到代表联名提交的议案建议后，及时进行认真研究，并征求有关方面的意见，建议将这72件议案建议全部转为建议处理。在大会闭幕后，分别交由有关部门研究办理，并负责答复代表。

【区四届人大常委会第二十六至三十四次会议】 2020年区四届人大常委会共召开9次常委会会议。

1月10日，召开区四届人大常委会第二十六次会议。主要议题是：审议通过关于接受有关辞去湖州市南浔区第四届人民代表大会常务委员会委员职务请求的决定；审议通过关于接受有关辞去湖州市南浔区第四届人民代表大会代表职务请求的决定；审议通过关于在部分选区补选湖州市南浔区第四届人民代表大会代表的决定；审议通过《补选湖州市第八届人民代表大会代表办法》；补选湖州市第八届人民代表大会代表；通过有关人事任免事项；审阅关于召开区四届人大四次会议有关情况的汇报，审议通过关于召开区四届人大四次会议的决定；听取和审议部分在南浔的市人大代表的述职报告，并开展述职评价。

1月19日，召开区四届人大常委会第二十七次会议，主要议题是：听取和审议关于2019年度民生实事项目完成情况和2020年度民生实事候选项目有关情况的报告；听取和审议关于2020年度政府重大投资项目计划草案的报告，审议通过关于同意区政府2020年度政府重大投资项目计划报告的决定；听取和审议区政府重点评议部门2019年工作情况的报告，审阅区人大常委会评议调研组关于重点评议对象的调研报告及区级其他有关部门2019年工作情况的报告，并进行工作评议；听取和审议关于区人大常委会在区四届人大四次会议上的工作报告（送审稿）及起草情况说明；审议通过区人大常委会 2020年工作要点；审议通过《补选湖州市第八届人民代表大会代表办法》；补选湖州市第八届人民代表大会代表；审阅区政府关于2019年度南浔区生态环境状况和环境保护目标完成情况的报告（送审稿）；审阅区政府关于2018年度预算执行和其他财政收支情况专项审计问题整改落实情况的报告；审阅区政府关于区四届人大三次会议及闭会期间代表议案和建议、批评、意见办理情况的报告；审阅区发改经信局关于南浔区2019年国民经济和社会发展计划执行情况及2020年国民经济和社会发展计划草案的报告（送审稿）、区人大财经委关于南浔区2019年国民经济和社会发展计划执行情况及2020年国民经济和社会发展计划草案的审查报告（送审稿）；审阅区财政局关于南浔区 2019 年预算执行情况及 2020年预算草案的报告（送审稿）、区人大财经委关于南浔区 2019 年预算执行情况及2020年预算草案的审查报告（送审稿）；审阅区财政局关于2020年部门预算编制情况的报告（送审稿）；审阅关于区人大监察司法委在区四届人大四次会议上的报告（送审稿）；审阅关于区人大财经委在区四届人大四次会议上的报告（送审稿）；审阅关于区人大社会建设委在区四届人大四次会议上的报告（送审稿）；审阅区四届人大四次会议选举办法（送审稿）；审阅区四届人大四次会议大会报告决议表决办法（送审稿）；审阅区四届人大四次会议关于南浔区人民政府2019年度民生实事项目实施情况满意度测评办法（送审稿）；审阅区四届人大四次会议关于南浔区人民政府 2020 年度民生实事项目代表票决办法（送审稿）。

4月21日，召开区四届人大常委会第二十八次会议，主要议题是：听取和审议区政府关于全区生活垃圾精准分类工作情况的报告及区人大常委会调研组的调研报告；审阅关于区四届人大四次会议有关安排调整情况的汇报，审议通过关于召开区四届人大四次会议的决定；审议通过关于补选的湖州市南浔区第四届人民代表大会代表资格的审查报告；通过有关人事任免事项。

5月14日，召开区四届人大常委会第二十九次会议，主要议题是：听取和审议区政府关于南浔区部分镇行政区划调整方案的报告，审议通过关于同意南浔区部分镇行政区划调整的决议。

7月6日，召开区四届人大常委会第三十次会议，主要议题是：听取和审议区政府关于禁毒工作情况的报告及区人大常委会调研组的调研报告；审议通过《关于加强诉源治理，进一步推进精密智治基层社会治理示范区建设的决定》；审议通过关于接受有关辞去湖州市南浔区第四届人民代表大会代表职务请求的决定；通过有关人事任免事项。

8月27日，召开区四届人大常委会第三十一次会议暨半年度政情报告会，主要议题是：听取和审议区政府关于2020年上半年工作完成情况和下半年工作安排的报告；听取和审议区政府关于2020年民生实事项目推进情况的报告；听取区人大常委会调研督查组关于三大平台建设、民生实事项目、垃圾分类和农房集聚情况的中心发言；审阅区政府关于2020年上半年国民经济和社会发展计划执行情况的报告；审阅区政府关于2020年上半年预算执行情况的报告；审阅区政府关于2019年度国有资产管理情况的综合报告；审阅区政府关于2020年度政府投资项目计划调整有关情况的报告；审查和批准区政府关于2019年区财政决算的报告，听取区政府关于2019年区本级财政预算执行和其他财政收支情况的审计工作报告，审阅区人大财经委关于2019年区财政决算的审查报告；审阅区法院关于2020年上半年工作完成情况和下半年工作安排的报告；审阅区检察院关于2020年上半年工作完成情况和下半年工作安排的报告；通过有关人事任免事项。

10月26日，召开区四届人大常委会第三十二次会议，主要议题是：审议通过关于接受有关辞去湖州市第八届人民代表大会代表职务请求的决定；审议通过《补选湖州市第八届人民代表大会代表办法》；补选湖州市第八届人民代表大会代表。

11月9日，召开区四届人大常委会第三十三次会议，主要议题是：听取和审议区政府关于《中华人民共和国劳动合同法》贯彻实施情况的报告及区人大常委会执法检查组的执法检查报告；听取和审议区政府关于南浔区公共文化服务体系建设情况的报告及区人大常委会调研组的调研报告；听取和审议区法院、区检察院、区公安分局关于落实认罪认罚从宽制度情况的报告及区人大常委会调研组的调研报告；审议通过关于批准2020年南浔区地方政府债务限额的决定；审议通过《湖州市南浔区人民代表大会常务委员会规范性文件备案审查办法（修订）》；确定2020年重点工作评议部门；通过有关人事任免事项。

12月22日，召开区四届人大常委会第三十四次会议，主要议题是：听取和审议区政府关于深化“三位一体”农合联改革促进“三农”发展工作情况的报告及区人大常委会调研组的调研报告；听取和审议区政府关于2019年度区本级预算执行和其他财政收支专项审计问题整改情况的报告；审议通过《湖州市南浔区人民代表大会常务委员会生态环境报告审查办法（试行）》；审议通过关于接受有关辞去湖州市第八届人民代表大会代表职务请求的决定；审议通过关于接受有关辞去湖州市南浔区第四届人民代表大会代表职务请求的决定；补选湖州市第八届人民代表大会代表；听取和审议部分在南浔的市人大代表的述职报告，并开展述职评议；审阅关于“十四五”规划期间若干问题的调研建议。

【区四届人大常委会第四十四至五十九次主任会议】 2020年区四届人大常委会共召开16次主任会议。

1月10日，召开区四届人大常委会第四十四次主任会议，主要议题是：听取关于提请审议《补选湖州市第八届人民代表大会代表办法（草案）》的议案（草案）；听取关于补选湖州市第八届人民代表大会代表有关情况的汇报；听取关于提请接受有关辞去湖州市南浔区第四届人民代表大会常务委员会委员职务请求的议案（草案）；听取关于提请接受有关辞去湖州市南浔区第四届人民代表大会代表职务请求的议案（草案）；听取关于区四届人大三次会议以来代表变动情况和区、镇代表建议补选情况的汇报；听取关于在部分选区补选区四届人大代表的议案（草案）；听取有关人事任免事项的汇报；听取关于2019年度代表工作考评情况的汇报；听取关于开展2019年度在南浔的市人大代表述职评议活动建议方案的情况汇报；听取关于确定区四届人大四次会议旁听公民代表建议名单的情况汇报；听取关于召开区四届人大四次会议有关情况的汇报；听取关于2019年度各镇（开发区）人大工作考核情况的汇报；确定区四届人大常委会第二十六次会议的建议议程、时间、地点、日程。

1 月 19 日，召开区四届人大常委会第四十五次主任会议，主要议题是：听取关于提请《补选湖州市第八届人民代表大会代表办法（草案）》的议案（草案）；听取关于补选湖州市第八届人民代表大会代表有关情况的汇报；听取区政府关于 2019 年民生实事项目完成情况和 2020 年民生实事候选项目有关情况的报告；听取区发展改革和经济信息化局关于南浔区 2020 年度政府重大投资项目计划草案的报告，书面审阅区人大财经委的初审意见；听取区财政局关于 2018 年度财政预算执行和其他财政收支情况专项审计问题整改落实情况的报告；听取关于区人大常委会在区四届人大四次会议上的工作报告（送审稿）及起草情况说明；听取关于区人大常委会 2020 年工作要点（草案）、监督工作计划（草案）和会前学法计划（草案）及起草情况说明；确定区四届人大常委会第二十七次会议的建议议程、时间、地点、日程；审阅区政府关于 2019 年度南浔区生态环境状况和环境保护目标完成情况的报告（送审稿）；审阅区政府关于区四届人大三次会议及闭会期间代表议案和建议、批评、意见办理情况的报告；审阅关于南浔区 2019 年国民经济和社会发展计划执行情况及 2020 年国民经济和社会发展计划草案的报告（送审稿）、关于南浔区 2019 年国民经济和社会发展计划执行情况及 2020 年国民经济和社会发展计划草案的审查报告（送审稿）；审阅关于南浔区 2019 年预算执行情况及 2020 年预算草案的报告（送审稿）、关于南浔区 2019 年预算执行情况及 2020 年预算草案的审查报告（送审稿）；审阅关于 2020 年部门预算编制情况的报告（送审稿）；审阅关于区人大监察司法委在区四届人大四次会议上的报告（送审稿）；审阅关于区人大财经委在区四届人大四次会议上的报告（送审稿）；审阅关于区人大社会建设委在区四届人大四次会议上的报告（送审稿）；审阅区四届人大四次会议选举办法（送审稿）；审阅区四届人大四次会议大会报告决议表决办法（送审稿）；审阅区四届人大四次会议关于南浔区人民政府 2019 年度民生实事项目实施情况满意度测评办法（送审稿）；审阅区四届人大四次会议关于南浔区人民政府 2020 年度民生实事项目代表票决办法（送审稿）；审阅区级部门 2019 年工作情况的报告及重点评议对象的调研报告。

3 月 31 日，召开区四届人大常委会第四十六次主任会议，主要议题是：听取区政府关于新冠肺炎疫情防控工作情况的报告和全区工业企业复工复产情况的报告；审阅区政府关于南浔城区 2019 年度规划执行和 2020 年度规划安排情况的报告；审阅区政府关于 2019 年法治政府建设情况的报告；审阅 2020 年区人大各委室重点调研课题安排建议。

4 月 20 日，召开区四届人大常委会第四十七次主任会议，主要议题是：听取有关人事任免事项的汇报；听取区政府关于全区生活垃圾精准分类工作情况的报告及区人大常委会调研组的调研报告；听取关于区四届人大四次会议有关安排调整情况的汇报；听取关于区四届人大四次会议有关建议名单（文件）的汇报；听取关于补选的湖州市南浔区第四届人民代表大会代表资格的审查报告（草案）；确定区四届人大常委会第二十八次会议的建议议程、时间、地点、日程；审阅区四届人大四次会议全体会议主席台领导座次说明及安排建议表。

5 月 14 日，召开区四届人大常委会第四十八次主任会议，主要议题是：听取关于区人大常委会主任、副主任分工建议的汇报；听取区政府关于南浔区部分镇行政区划调整方案的汇报；确定区四届人大常委会第二十九次会议的建议议程、时间、地点、日程。

6 月 17 日，召开区四届人大常委会第四十九次主任会议，主要议题是：听取有关人事任免事项的汇报；听取区政府关于南浔区医共体建设情况的报告和区人大常委会调研组的调研报告；听取区政府关于全区低收入群众奔小康工作情况的报告和区人大常委会调研组的调研报告；听取区政府关于贯彻落实《湖州市美丽乡村建设条例》推进新时代美丽乡村建设工作情况的报告和区人大常委会检查组的检查报告；听取区政府关于禁毒工作情况的报告和区人大常委会调研组的调研报告；听取《关于加强诉源治理，进一步推进精密智治基层社会治理示范区建设的决定（草案）》及起草情况说明；听取《关于开展“四长走进代表联络站，矛盾纠纷化解在一线”主题活动的实施方案（草案）》的情况汇报；听取关于确定区四届人大四次会议重点建议件的情况汇报；听取关于区四届人大常委会组成人员联系本级人大代表建议安排的情况汇报；听取关于 2020 年半年度政情报告会建议方案的情况汇报；确定区四届人大常委会第三十次会议的建议议程、时间、地点、日程。

7月6日，召开区四届人大常委会第五十次主任会议，主要议题是：听取关于提请接受有关辞去湖州市南浔区人民政府副区长职务请求的议案（草案）；听取关于提请接受有关辞去湖州市南浔区第四届人民代表大会代表职务请求的议案（草案）；听取关于2020年度区政府民生实事项目分组监督实施方案（草案）的情况汇报。

7月30日，召开区四届人大常委会第五十一次主任会议，主要议题是：听取区政府关于《中华人民共和国土壤污染防治法》贯彻实施情况的报告及区人大常委会监督组的监督意见；听取区政府关于2019年度南浔区国有资产管理情况的综合报告；听取关于《2020年度镇（开发区）和区级部门人大工作考核办法（草案）》及起草情况说明。

8月26日，召开区四届人大常委会第五十二次主任会议，主要议题是：听取有关人事任免事项；听取区政府关于2020年上半年工作完成情况和下半年工作安排的报告；听取区政府关于2020年民生实事项目推进情况的报告；听取区政府关于2020年度政府投资项目计划调整有关情况的汇报；听取区政府关于2019年区财政决算的报告、关于2019年区本级财政预算执行和其他财政收支情况的审计工作报告及区人大财经委关于2019年区财政决算的审查报告；听取区政府关于2019年度国有资产管理情况的综合报告；听取区人大常委会调研督查组关于在2020年半年度政情报告会上的中心发言；确定区四届人大常委会第三十一次会议暨2020年半年度政情报告会的建议议程、时间、地点、日程；审阅区政府关于2020年上半年国民经济和社会发展计划执行情况的报告；审阅区政府关于2020年上半年预算执行情况的报告；审阅区法院关于2020年上半年工作完成情况和下半年工作安排的报告；审阅区检察院关于2020年上半年工作完成情况和下半年工作安排的报告。

9月29日，召开区四届人大常委会第五十三次主任会议，主要议题是：听取关于“十四五”规划编制调研工作方案的情况汇报；听取关于社会矛盾纠纷调处化解“最多跑一地”改革情况的调研报告。

10月26日，召开区四届人大常委会第五十四次主任会议，主要议题是：听取关于提请接受有关辞去湖州市第八届人民代表大会代表职务请求的议案（草案）；听取关于湖州市第八届人民代表大会代表缺额及补选有关情况的汇报；听取关于提请审议《补选湖州市第八届人民代表大会代表办法（草案）》的议案（草案）；听取关于补选湖州市第八届人民代表大会代表有关情况的汇报；确定区四届人大常委会第三十二次会议的建议议程、时间、地点、日程。

11月4日，召开区四届人大常委会第五十五次主任会议，主要议题是：听取有关人事任免事项的汇报；听取区政府关于《中华人民共和国劳动合同法》贯彻实施情况的报告和区人大常委会执法检查组的执法检查报告；听取区政府关于南浔区公共文化服务体系建设情况的报告和区人大常委会调研组的调研报告；听取区政府关于2020年南浔区区级财政预算调整方案（草案）的情况汇报；听取区法院、区检察院、区公安分局关于落实认罪认罚从宽制度情况的报告及区人大常委会调研组的调研报告，审阅区司法局关于落实认罪认罚从宽制度情况的报告；听取关于《湖州市南浔区人民代表大会常务委员会规范性文件备案审查办法（修订草案）》及起草情况说明；听取关于开展2020年区级部门工作评议的实施方案（草案）和关于深化完善区政府工作部门主要负责人述职测评工作的实施方案（草案）的情况汇报；确定区四届人大常委会第三十三次会议的建议议程、时间、地点、日程。

11月9日，召开区四届人大常委会第五十六次主任会议，主要议题是：听取有关人事任免事项。

11月26日，召开区四届人大常委会第五十七次主任会议，主要议题是：听取关于区级部门预算提交区四届人大五次会议审议的实施方案（草案）的情况汇报；听取关于开展2020年度在南浔的市人大代表述职评议活动建议方案的情况汇报。

12月14日，召开区四届人大常委会第五十八次主任会议，主要议题是：听取区政府关于深化“三位一体”农合联改革促进“三农”发展工作情况的报告及区人大常委会调研组的调研报告；听取区政府关于2019年度区本级预算执行和其他财政收支专项审计问题整改情况的报告；听取关于《湖州市南浔区人民代表大会常务委员会生态环境报告审查办法（试行）（草案）》及起草情况说明；听取关于市人大代表缺额及补选有关情况的汇报；确定区四届人大常委会第三十四次会议的建议议程、时间、地点、日程；审阅区人大各委室2020年度重点调研课题报告。

12月21日，召开区四届人大常委会第五十九次主任会议，主要议题是：听取关于个别区人大代表辞去代表职务有关情况的汇报。

【政治建设】 区人大常委会始终牢记人大是党领导下的政治机关，把政治建设放在首位，切实增强“四个意识”、坚定“四个自信”、做到“两个维护”，把坚持党的领导贯穿于人大工作的各方面和全过程。学思践悟明方向。将深入学习领会习近平总书记考察浙江和湖州时的重要讲话精神、习近平法治思想、《习近平谈治国理政》第三卷和中共十九届五中全会精神作为重大政治任务，筑法治之基、行法治之力、积法治之势。2020年，共召开常委会党组学习会、专题讲座16次。着力加强思想政治建设，出台《关于加强人大政治机关建设的实施意见》，确保把政治建设落实到新时代南浔人大工作的实践之中。行动自觉抓贯彻。自觉把人大工作置于党委的坚强领导下，做到与区委思想同心、目标同向、工作同力，寓监督于支持，寓监督于服务，切实保障区委重大决策有效落实。充分发挥常委会党组把方向、管大局、保落实作用，完善常委会党组向区委请示报告常态化机制，自觉做到重大事项提前请示、重点工作主动汇报、重要活动争取支持，全年向区委请示报告重大问题和重要事项21件次。举措有力强担当。紧扣“六稳”（稳就业、稳金融、稳外贸、稳外资、稳投资、稳预期）、“六保”（保居民就业、保基本民生、保市场主体、保粮食能源安全、保产业链供应链稳定、保基层运转）任务，“两手硬、两战赢”目标等重大决策部署，充分发挥人大制度优势和职能作用，在一线听到人大声音、感受人大作用、展现人大作为。面对严峻的新冠肺炎疫情，常委会班子成员率先垂范、机关干部全员参与、各级代表示范引领，全面参与群防群治、复工复产、捐款捐物、医疗救助等工作，各级代表累计参加志愿活动万余人次；常委会专题听取疫情防控和复工复产专项工作报告，扎实开展动物防疫和野生动物保护执法检查，有力推动防控工作在法治轨道上顺利开展。积极参与“深化‘三服务’、助企开复工”专项行动，深入走访63家企业开展“三服务”200多次，累计协调解决实际问题81个。同时，常委会班子成员积极牵头参与“全面小康决胜年”、生活垃圾精准分类、全域土地综合整治、重大项目推进等中心工作，以人大实际行动助推区委决策落实。

【助推发展】 区人大常委会坚持问题、目标和结果“三大导向”，打好“组合拳”，形成“闭合链”，促使人大监督更有深度和力度，有效助推全区经济社会发展。助推经济高质量发展。多形式、多渠道推进《浙江省民营企业发展促进条例》（以下简称《条例》）宣传贯彻监督工作，共开展《条例》内容、条款解读等宣传活动21次，学习活动13次，问卷调查企业100家，重点监督配套政策制定落实情况，切实为民营经济高质量发展保驾护航。聚焦嘉湖一体化先行区建设、三大平台（开发区万亩大平台、南浔镇马腰青浦产业园、练市镇嘉湖一体化先行区）建设、南浔智能制造高质量发展等重点工作，深入开展调研，积极为促进全区高质量赶超发展建言献策。精心开展“十四五”规划调研审议，通过分组调研、网络征求建议等方式，广泛收集意见，提出加快现代产业体系构建等6方面共20条有针对性的建议。推进预算联网监督实现常态化，加快延伸基层网络，实现全区29个“五星级”代表联络站预算联网监督系统全覆盖。提升专项资金使用绩效，开展减税降费政策落实情况和中央财政直达资金、抗疫特别国债、地方政府专项债券等预算执行监督，强化问题整改跟踪监督。在全市首创《预算监督专报》，定期通报部门预算执行情况，切实增强预算执行的规范性和严肃性。助推区域治理现代化。深入开展社会矛盾纠纷调处化解“最多跑一地”改革专项监督，创新组织“‘四长’（区公安分局局长、区人民法院院长、区人民检察院检察长、区司法局局长）走进代表联络站，矛盾纠纷化解在一线”主题活动，由常委会班子成员带队，组织公检法司机关负责人走进代表联络站，共收到意见建议280余条，现场答复和办理落实260余条，通过各方努力，已成功化解多起困扰属地政府的信访积案。作出全省首个诉源治理决定，最大限度降低矛盾纠纷成讼率，切实把矛盾解决在萌芽、化解在基层；积极争取区委区政府支持，出台《南浔区规范法律服务市场专项行动方案》，联动15家单位，在全区范围内开展专项整治行动，打击“司法黄牛”，优化法律服务环境。深化员额法官、员额检察官述职测评，开展《中华人民共和国禁毒法》执法检查和认罪认罚从宽制度专题调研，不断推动司法队伍建设，促进司法公正。助推增进民生福祉。以群众关心的热点作为监督工作的切入点和着力点，调研督查教育领域重点建设项目、医共体建设、医保基金监管和养老服务、退役军人服务保障、公共文化服务体系建设等工作，不断提升人民群众的幸福感和获得感。创新民生实事项目监督方式，常委会首次与区纪委监委开展联合监督，成立6个监督小组，对部分推进不力、进展缓慢的项目，倒查责任落实和作风问题，助推民生实事项目高质量、高标准完成。尤其是助推城乡居民困难人员专项医疗救助项目的顺利实施，切实解决了尿毒症等重特大疾病患者的后顾之忧，相关举措得到《浙江日报》等媒体报道。调研监督农房集聚质量问题，助推区政府制定《南浔区农房集聚工程建设质量安全指导意见》，相关经验做法得到《人民代表报》等媒体报道。上下联动开展“寻访低收入家庭”活动，组织826名各级代表参与寻访活动，收集汇总低收入家庭信息1469户，涉及2783人，形成“一户一表”档案，审议专项工作报告，落实帮扶救助措施。开展发展村级集体经济、培育壮大村级强村公司、深化“三位一体”（集生产、供销、信用于一体）农合联改革等专题调研，推动乡村振兴战略落实落细。助推生态文明建设。全市首创《生态环境报告审查办法》，形成从年初计划备案、年中特定问题检查、年末人代会审查的全过程监督。创新镇人大关于环境状况报告审议形式，制定出台《关于镇人大审议环境状况和环境保护目标完成情况报告的指导意见》。开展《中华人民共和国土壤污染防治法》贯彻实施情况执法检查，有效推动土壤治理与修复工作，助力打好净土保卫战。持续跟踪监督生活垃圾精准分类，通过常委会会议“重点审”、机关委室“常态督”、代表部门“合力推”、镇（开发区）配合“交叉督”，全力补齐垃圾分类短板，有效推动垃圾分类工作落到实处，在市人大组织的生活垃圾分类第三方评估中取得较好成绩。

【代表履职】 区人大常委会坚持把握“代表机关”职能定位，积极拓展代表履职方式和路径，不断擦亮南浔人大代表工作的“金名片”。拓展代表履职平台。做深“代表联络站+”文章，推动联络站由覆盖“全域化”向功能“实效化”转变，使之真正成为密切联系群众的重要制度化渠道、群众参与基层社会治理的重要制度化渠道、人大深化“三服务”的重要制度化平台。深入推进“一站一品”创建，持续深化“菱之花”“老娘舅工作室”“七彩代表”“选民说事堂”等一批各具特色、富有成效的工作品牌。菱湖中学西藏班“代表妈妈”的经验做法获时任省委书记、省人大常委会主任车俊的批示肯定。完善代表履职机制。积极探索构建代表联系群众“扁平化”工作运行体系，有效打通代表联系群众的“最后一公里”。深化落实“双联系”（人大常委会组成人员联系代表、代表联系人民群众）制度，建立常委会组成人员联系代表、代表联系群众、“一府一委两院”及政府工作部门联系代表群众“三联系”机制，推动领导干部进站、公检法司“四长”进站、“局长”进站常态化，组织各级代表助推“四大建设”（大湾区建设、大花园建设、大通道建设、大都市区建设）主题活动，面对面听取群众意见，实打实帮助群众解决问题，切实把显著的制度优势转化为强大的治理效能。增强代表履职实效。坚持从源头上把好代表议案建议质量关，综合采用集中交办、重点督办、代表反馈等形式，完善“提、办、督、评”的办理工作机制。着力在提升解决率上实现新突破，采取“督大户、督重件、督过程、督公开”的方式，盯过程、抓结果、重落实，实现重点建议件解决率100%。进一步细化对区级部门代表议案建议办理工作的考核标准，促使承办单位形成“一把手”负总责、相关单位具体办、责任落实到人头的工作机制。（宋晨光）

·湖州市南浔区人民政府·

【区政府常务会议】 2020年，区政府召开了四届第五十七次至第七十七次（共21次）常务会议。

四届第五十七次常务会议于2020年1月20日召开。会议听取区扶贫协作前方工作组关于2019年东西部扶贫协作工作和2020年工作计划的汇报；听取区项目领导小组办公室及区发展改革和经济信息化局关于落实合丰泰项目协议中贷款事项、G8.5超薄玻璃基板深加工项目厂房代建公司投资主体及协议、项目开工仪式的汇报；听取区发展改革和经济信息化局关于《进一步加快服务业发展的若干意见》、2019年“新象新牛”及培育企业评选和“税收百强工业企业”“规模百强工业企业”、《南浔区2020年“奋战首季、奋勇当先”“开门红”行动方案》的汇报；听取区政府办公室关于南浔区2019

年度“一五一十”重点工作先进集体和先进个人及行政奖励评选、2020年《政府工作报告》和民生实事项目的汇报；听取区委办公室关于2019年度镇（开发区）综合考核结果、《2020年度南浔区“低效能”部门评选办法（试行）》、《2020年南浔区“以实绩论英雄 贡献占比大比拼”考核办法》的汇报；听取区交通投资集团关于收购菱湖梦湖公司资产的汇报；听取区统计局关于进一步加强统计基层基础建设的汇报。会议书面通报湖州市南浔区2019年国民经济和社会发展计划执行情况及2020年国民经济和社会发展计划草案的报告、2019年全区预算执行情况及2020年预算（草案）起草情况、深化浙江省食品安全县（区）创建工作、2020年政府投资项目立项计划、2019年度南浔区金融支持地方经济社会发展考评情况、湖州市南浔区查处兵役违法行为暂行规定、2019年度法治政府建设工作及2020年工作要点等事宜。

四届第五十八次常务会议于2020年2月26日召开。会议听取区农业农村局关于全区农业主体复工复产和春耕备耕的汇报；听取区发展改革和经济信息化局关于全区规上工业复工复产、全区服务业复工复产的汇报；听取区住房和城乡建设局关于全区建筑业房地产业复工复产的汇报；听取区商务局关于全区外资外贸及商贸业复工复产、2020年度南浔区招商引资实施意见的汇报；听取区人力资源和社会保障局关于全区企业员工返岗的汇报；听取区财政局关于新冠肺炎疫情对财政减收增支影响的汇报；听取区政府办公室关于南浔区高质量发展区长重点工作一季度目标责任书、应对疫情支持工业企业、农业企业、服务业企业健康发展和复工复产保障用工有关政策的汇报；听取关于2019年度区级单位综合考核结果的汇报。会议书面通报制定《南浔区2020年应急管理工作要点》、“低收入群众三年奔小康”行动等其他事宜。

四届第五十九次常务会议于2020年3月5日召开。会议听取区住房和城乡建设局关于南浔区新时代美丽城镇建设实施方案、2020年南浔区扶持建筑企业财政奖励办法的汇报；听取区政务服务管理办公室关于全区2019年“最多跑一次”改革工作和2020年重点改革的汇报；听取区生态环境分局关于南浔区2020年度木业行业绿色发展提升行动方案，电磁线、电机行业深化治理提升行动方案以及建材行业、磁性材料、磨料磨具行业清洁化改造行动方案的汇报；听取区自然资源和规划分局关于南浔地理信息数据库建立及维护、抓紧推动南浔城区城市设计全覆盖工作暨启动《中心城区有机更新研究》编制的汇报；听取区生态建设指挥部关于2019年度南浔区“五水共治”工作考核的汇报；听取区政府办公室关于2019年度省政府督查激励项目预申报工作的汇报；听取度假区关于南浔古镇文旅产业招商政策（试行）的汇报；听取区水利局关于南浔区全域土地综合整治中有关农村水系综合整治工作的汇报。会议书面通报2019年度南浔区“四边三化”工作考核、南浔区畜禽养殖禁养区划分调整方案等其他事宜。

四届第六十次常务会议于2020年3月26日召开。会议听取区防空办关于南浔区新冠肺炎疫情防控工作情况及下一步安排建议的汇报；听取区农业农村局关于开展南浔区2020年农业项目“双进双产”工作和创建南浔区农业高新技术产业示范区、南浔区农村集体资金非现金结算管理指导意见（试行）的情况汇报；听取区发展改革和经济信息化局关于南浔区2019年印染行业整治工作成效及下一步工作、南浔区促进厂房租赁业规范有序发展的实施方案、快复产保增长政策意见和支持规下样本企业加快发展的若干政策（试行）、促进“三电一板”产业高质量发展四条意见的情况汇报；听取区商务局关于南浔区支持稳外贸发展十条政策的汇报；听取区城市投资发展集团关于城投集团有关工作的情况汇报；听取区科技新城管委会关于2020年一季度区政府与华夏幸福PPP合作项目审计及结算情况的汇报；听取区公安分局关于南浔中心城区实施智能交通项目的情况汇报；听取区委组织部关于成立中共湖州市南浔区委党校（行政学校）的情况汇报。会议书面通报南浔区防范和化解金融风险应急预案、南浔区消防安全形势分析情况的报告。

四届第六十一次常务会议于2020年4月14日召开。会议听取区政府办公室关于南浔区行政执法“五个一律”铁规的情况汇报；听取南浔经济开发区管委会和南浔镇政府关于頔塘北岸改造提升“百日攻坚”行动方案和南浔镇三大区块征迁清零“百日攻坚”行动方案的汇报；听取区财政局关于2019年政府绩效目标考核奖基础部分发放和区级行政机关（事业）单位工作人员住房公积金缴存调整情况的汇报；听取区旅游投资发展集团关于南浔古镇景区门票优惠方案（试行）情况的汇报；听取区科技新城管委会关于南浔城区CD-03-02-07C和D-03-

02-07E 地块收储和引进绿地集团投资建设城际空间站项目有关情况的汇报；听取重点办关于建立南浔区重点项目土地要素供给闭环管理机制的实施意见的汇报；听取区人力资源和社会保障局关于南浔区加强欠薪处置五条意见的汇报；听取区交通局关于南浔区争创“四好农村路”全国示范县情况的汇报；听取区生态环境分局关于南浔区印染行业富余排污权交易出让方案的汇报；听取区委组织部（人才办）关于南浔区人才新政 4.0 版的情况汇报；听取区应急管理局关于开展企业“十百千”工程的情况汇报。会议书面通报南浔区进一步强化生态环境执法监管工作七条意见、建立健全涉农资金统筹整合长效机制实施意见、南浔区公共数据管理办法（试行）、南浔区信息化项目管理办法（试行）及有关人事任免的报告。

四届第六十二次常务会议于 2020 年 4 月 24 日召开。会议听取区商务局关于南浔区稳企业增动能项目“双进双产”新政的情况汇报；听取区科技新城管委会关于华夏幸福 PPP 项目企业询证函确认的有关情况汇报。

四届第六十三次常务会议于2020年5月11日召开。会议听取区民政局关于南浔区部分镇行政区划调整工作情况的汇报；听取区政府办公室关于《南浔区实施“争先创优”行动工作方案》的情况汇报。

四届第六十四次常务会议于 2020 年 5 月 12 日召开。会议听取区水利局关于“百漾千河”PPP 项目剩余投资空间项目补充情况的汇报；听取南浔镇关于城南试验区土地全域流转有关情况的汇报；听取区发展改革和经济信息化局关于南浔区深化“亩均论英雄”改革促进高质量发展的实施意见（2020 年修订）的情况汇报；听取区农业农村局关于南浔区高水平建设新时代美丽乡村三年实施方案（2020—2022）、举办 2020 年全省乡村产业高质量发展现场推进会的情况汇报；听取区商务局关于“新海派气象　水晶晶南浔”2020 南浔城市品牌推介活动总体方案的情况汇报；听取区食品安全委员会办公室关于进一步加强基层食安办建设的情况汇报。会议书面通报南浔区开展 2020 年度区政府常务会议学法计划、2019 年行政复议和行政应诉工作及 2020 年工作要点、南浔区计划生育协会改革实施方案、促进 3 岁以下婴幼儿照护服务发展的实施方案、全省“新时代枫桥式退役军人服务站”建设推进会会议精神和有关人事任免的报告。

四届第六十五次常务会议于 2020 年 5 月 13 日召开。会议听取区民政局关于南浔区部分镇行政区划调整方案的汇报。

四届第六十六次常务会议于 2020 年 6 月 9 日召开。会议听取区生态建设指挥部关于中央环保督察工作的情况汇报；听取区生态环境分局关于南浔区吸引第三方社会资本参与六大特色行业“散乱污”企业整治助推经济绿色高质量发展三年行动计划（2020—2022 年）的情况汇报；听取区供销合作社联合社关于创建“三位一体”改革全省先行示范县区行动方案的情况汇报；听取区农业农村局关于南浔区粮食增产保供六条扶持意见的情况汇报；听取区发展改革和经济信息化局关于南浔区印染企业整治方案、区政府与中车交通产业合作事宜的情况汇报；听取区教育局关于南浔区实施公办民办同步招生的情况汇报；听取区自然资源和规划分局关于制定进一步加强补充耕地项目管理实施意见的汇报；听取区民政局关于“幸福南浔·学无忧”低收入群众就学救助、部分镇行政村（社区）规模优化调整情况的汇报；听取南浔镇关于马腰片区企业评估及补偿情况的汇报；听取练市镇关于引进中国二冶集团第二工程分公司的情况汇报；听取区科学技术局关于共建“浙江大学——湖州智能驱动产业联合研究中心”有关情况的汇报；听取菱湖镇关于湖州圣龙工业产业园处置情况的汇报；听取区交通投资集团关于湖州机电研究院地块和办公楼收储情况的汇报。会议书面通报 2020 年南浔区政府工作报告重点工作和十方面民生实事责任分解情况、木质家具制造企业全面推行使用低挥发性有机物原料实施方案、南浔区“建设五化幸福河，重塑水晶晶南浔”五年行动计划、进一步加强建设工地扬尘污染防治工作“三色”管理实施意见的情况报告。

四届第六十七次常务会议于 2020 年 7 月 14 日召开。会议听取区扶贫协作前方工作组关于南浔广安东西部扶贫协作工作情况的汇报；听取区财政局关于南浔区国有企业采购实施办法（试行）的情况汇报；听取区科技新城管委会关于 CX-05-03-09H 地块存量垃圾处置方案的情况汇报；听取区统计局关于南浔区第七次全国人口普查工作的情况汇报；听取区应急管理局（安委会）关于南浔区第二轮安全生产综合治理三年行动计划的情况汇报；听取区市场监督管理局关于南浔区电梯产业质量标准建设的工作汇报；听取区文化和广电旅游体育局关于南浔区旅游发展专项资金奖励补助办法的情况汇报；会议书面通报南浔区全面推进“两进两回”行动的实施意见（2020—2022年）、2020年上半年南浔区反恐工作、南浔区建设全国健康促进区的情况、健康南浔行动实施方案及有关人事任免。

四届第六十八次常务会议于2020年8月4日召开。会议听取区商务局关于引进浙北新型贸易服务中心项目相关事宜汇报、关于南浔区电子消费券发放事宜汇报、关于“浔信贷”外贸企业贷款融资合作项目的情况汇报以及关于南浔区稳企业增动能项目“双进双产”新政实施办法的情况汇报；听取南浔经济开发区管委会关于华尚光电高导通透明硅基电路板及光通讯芯片产业项目的情况汇报；听取区民政局关于深入推进南浔区低收入群众救助帮扶加快建设“幸福南浔”实施方案的情况汇报；听取区发展改革和经济信息化局关于南浔区“五未”项目处置专项行动实施方案的汇报；听取区农业农村局关于南浔区村级集体经济三年强村计划的实施意见（2020—2022）及规范南浔区强村公司运行的指导意见、农村集体经济发展基金管理办法的情况汇报；听取区生态环境分局关于南浔区“无废城市”建设实施方案有关情况的汇报，关于南浔区制革、电镀行业深化整治工作方案有关情况的汇报；听取区住房和城乡建设局关于南浔区建筑工程施工发包与承包违法行为认定查处管理办法（试行）的汇报；听取区退役军人事务局关于在全区开展退役军人“五必访”常态化走访工作实施方案的情况汇报；听取区制造业高质量发展领导小组办公室关于南浔区高质量发展区长重点工作二季度目标责任书完成情况及三季度目标责任书的汇报；听取区政府办公室关于调整有关区领导工作分工和人事任免的汇报。会议书面通报南浔区2020年度加快政府数字化转型打造现代智慧城市工作推进计划。

四届第六十九次常务会议于2020年8月25日召开。会议听取区教育局关于空调进教室工程和购置7辆中小学生校车的情况汇报；听取区财政局关于2020年南浔区区级财政预算调整方案（草案）的汇报；听取区委办公室关于2020年度镇（开发区）和区级部门综合目标绩效考核办法的汇报；听取区城市投资发展集团关于收购上海浔智科技有限公司方案的情况汇报；听取区科学技术局、区财政局关于科技创新重大政策落实情况有关问题整改落实情况的汇报；听取区住房和城乡建设局关于南浔区农房集聚工程建设质量安全指导意见的汇报；听取区生态环境分局关于浙江泰嘉光电科技有限公司G8.5超薄玻璃基板深加工项目审批情况的汇报；听取区科技新城管委会关于引进优必选项目及认购其新增注册资本的情况汇报；听取区民政局关于推进新时代南浔民政事业高质量发展有关情况的汇报；听取区发展改革和经济信息化局关于2020年度南浔区工业企业绩效评价有关情况的汇报、关于《南浔区2020年“奋战三季度、夺取全年红”行动方案》相关情况的汇报、关于《南浔区内企业搬迁项目土地配置工作机制（试行）》相关情况的汇报；听取区发展改革和经济信息化局、区城市投资发展集团关于区政府与中车城市交通有限公司产业合作及城投集团与“绿脉怡城”收购A公司部分股权的情况汇报。会议书面通报2020年政府投资项目立项计划调整有关情况、2019年区财政决算情况和2020年1—6月财政预算执行情况、南浔区国有企业退休人员社会化管理实施方案、南浔区“生态环境监督员”管理办法（试行）的情况、南浔区2020年大气污染防治工作考核办法、新建上海经苏州至湖州铁路（南浔段）征迁补偿安置实施办法。

四届第七十次常务会议于2020年9月10日召开。会议听取区委组织部（人才办）关于落实人才新政4.0版相关细则的汇报；听取区农业农村局关于南浔区保障农业产业融合项目建设“标准地”促进乡村产业振兴的实施方案的汇报；听取区应急管理局关于南浔区应急管理数字化建设的实施方案的汇报；听取区文化和广电旅游体育局关于南浔区创建浙江省全域旅游示范区实施方案和南浔区创建浙江省AAAA级旅游景区城实施方案有关情况的汇报；听取区住房和城乡建设局关于加强小区物业管理工作实施意见的汇报；听取区发展改革和经济信息化局关于南浔区小微企业园高质量发展的实施意见的汇报、关于南浔区绿色高端智造家居谷建设方案的汇报；听取区财政局关于2020年新增地方政府债券及“两直”资金分配使用方案的汇报；听取区旅游投资发展集团关于水晶晶南浔·寻找水晶晶女孩全国选拔大赛的情况汇报。会议书面通报2019年度区级预算执行和全区其他财政收支情况审计结果、南浔区加强“纪审协同”、审计整改两项制度的情况、综合行政执法事项划转的情况及有关人事任免。

四届第七十一次常务会议于2020年9月28日召开。会议听取区政府办公室关于2020年度省政府督查激励项目预申报工作的情况汇报；听取区审计局关于加强区管国企内部审计工作十六条意见的情况汇报；听取区财政局关于2020年新增地方政府债券资金使用情况和申报南浔区绿色转化财政专项激励政策的情况汇报；听取区发展改革和经济信息化局关于重点项目清单情况的汇报、关于做好“十四五”重大建设项目有关工作的汇报；听取区自然资源和规划分局关于2020年自然资源部土地例行督察相关情况的汇报；听取区新型冠状病毒肺炎疫情防控工作领导小组办公室关于南浔区秋冬季新冠肺炎疫情防控工作方案的汇报；听取区低效办关于南浔中心城区低效用地清零行动的情况汇报；听取区教育局关于新建南浔实验小学高铁新城校区（南浔锦绣小学）、浙江水利水电学院附属学校和马腰小学异地迁建的情况汇报；听取区旅游投资发展集团关于在上海绿地申花足球队赛事现场投放广告的情况汇报；听取区城市投资发展集团关于与绿地成立合资公司共同开发南浔城际空间站方案的汇报、关于购买上海虹桥世界中心资产的汇报。会议书面通报南浔区深化“最多跑一次”改革推进“放管服”改革“双提升”攻坚行动方案、南浔区“三线一单”生态环境分区管控方案等相关事宜。

四届第七十二次常务会议于2020年10月16日召开。会议听取区发展改革和经济信息化局关于南浔区工业经济高质量赶超发展实施意见（2020—2022年）有关情况的汇报；听取区司法局关于加强人民调解工作实施“双十双百双千”行动意见的汇报；听取区生态环境分局关于南浔区第二轮中央生态环境保护督察信访交办件分析报告及相关建议的汇报；听取区应急管理局关于市对区安全生产巡查有关情况的汇报；听取区财政局关于南浔区国有资本产业投资基金管理办法和绩效评价办法的汇报；听取区科学技术局关于南浔区科技创新发展十五条意见的汇报；听取区人力资源和社会保障局关于稳就业工作实施办法的汇报；听取区委政法委关于南浔区各镇（开发区）社会矛盾纠纷调处化解中心建设项目“以奖代补”实施意见的汇报；听取区高质量办关于南浔区高质量发展区长重点工作三季度目标责任书完成情况及四季度目标责任书的汇报。会议书面通报2020年湖州市南浔区法治政府建设工作要点、南浔区2020年总河长令（第1号）等相关事宜。

四届第七十三次常务会议于2020年11月5日召开。会议听取和孚镇关于和孚桑基鱼塘项目（一期）概算和EPC工程量调整情况的汇报；听取南浔经济开发区管委会关于投资建设年产50万套电驱总成项目的情况汇报；听取区财政局关于区管企业负责人2019年薪酬的情况汇报、关于南浔区PPP项目财政支出管理操作细则（试行）及新设立基金公司的情况汇报；听取区委组织部（人才办）关于南浔区人才政策资金兑现的情况汇报；听取科技新城管委会关于拟与合丰泰签订设备出关贷款扶持补充协议的情况汇报；听取区综合行政执法局关于南浔区探索开展跨部门、跨领域“综合查一次”联合执法检查工作实施方案（试行）的汇报；听取区发展改革和经济信息化局关于南浔区老旧工业园区企业改造提升实施意见的汇报；听取区自然资源和规划分局关于南浔区农村乱占耕地建房问题专项整治三年行动方案的情况汇报；听取区政府办公室关于调整有关副区长工作分工的汇报。会议书面通报南浔区区级以下河道及湖漾管理范围划界工作的情况、南浔区节水行动实施方案编制情况、南浔区行政争议化解“三长”包案实施细则和南浔区行政争议化解领导批示督办操作规定等相关事宜。

四届第七十四次常务会议于2020年11月17日召开。会议听取练市镇人民政府关于南浔区参与协鑫集成定向增发并引进再生晶圆项目落户的情况汇报。

四届第七十五次常务会议于2020年12月7日召开。会议听取区财政局关于南浔区做大做强国有企业三年（2021—2023年）行动方案的汇报；听取区发展改革和经济信息化局关于工业投资项目达产复核验收延期规定（试行）的汇报；听取区教育局关于南浔区基础教育“十百千”人才引育工程实施办法（试行）的情况汇报、关于南浔区老年大学建设的情况汇报；听取区住房和城乡建设局关于頔塘南岸旧城改造项目125户型安置相关情况的汇报；听取区城市投资发展集团关于頔塘未来社区回购回迁有关事项的汇报、关于成立科创股权投资基金中心（有限合伙）的情况汇报；听取区委人才办关于组建南浔区人才产业集团和共建“深圳大学生态环境研究院”有关情况的汇报；听取区委宣传部关于进一步开展“水晶晶南浔”城市品牌宣传活动的情况汇报；听取区科技新城关于区政府与华夏幸福PPP项目绩效评价及签订补充协议有关事项的汇报、关于区政府与华夏幸福合作区域2020年实施项目及部分公基建项目审计结算情况的汇报。会议书面通报南浔区人民政府重大行政决策全过程记录和档案管理办法、南浔区练市镇小城市培育试点三年（2020—2022年）行动计划等相关事宜。

四届第七十六次常务会议于2020年12月15日召开。会议听取区人力资源和社会保障局关于做好南浔区被征地农民参加基本养老保险工作情况的汇报。

四届第七十七次常务会议于2020年12月29日召开。会议听取区交通投资集团关于捷安出租车公司有关情况的汇报；听取高新区管委会关于购置上海市青浦区绿地集团相关资产的情况汇报；听取区人力资源和社会保障局关于南浔区人力资源服务产业园建设情况的汇报；听取区生态环境分局关于2021年污染防治“双十”攻坚行动实施方案的汇报；听取区政府办公室关于全区政府系统争创“单打冠军”打造标志性成果推动高质量发展专项行动方案的情况汇报；听取区教育局关于学前教育深化改革规范发展的实施意见的汇报；听取区科学技术局关于南浔区规上工业企业开展“创新评动力”活动的实施意见（试行）的汇报；听取区委编办关于规范乡镇（街道）“属地管理”工作有关情况的汇报；听取区邮政管理局关于南浔区邮政快递业高质量发展三年行动方案（2021—2023年）的汇报；听取区发展改革和经济信息化局关于工业厂房租赁规范有序发展有关工作情况的汇报；听取区新型冠状病毒肺炎疫情防控工作领导小组办公室关于南浔区重点人群新冠病毒疫苗紧急接种工作方案的汇报。会议还书面通报2020年南浔区药品安全工作，全国和省、市安全生产工作电视电话会议精神及南浔区贯彻落实情况等相关事宜。

【人大代表建议和政协提案办理工作】 自觉接受人大依法监督、政协民主监督、纪检监察监督和社会舆论监督，全年共办理人大建议72件、政协提案110件，满意率分别为97.22%、100%。

【民生实事项目】 始终把保障和改善民生作为工作的出发点和落脚点。围绕群众急需、急盼，区委、区政府经过广泛征集和认真筛选，确定交通枢纽工程长途客运站、城乡居民困难人员专项医疗救助、中心城区道路畅通、区中医院建设、校园综合提升工程、老年人流感疫苗自愿免费接种、南浔实验小学新校区（华夏小学）、主要道路红绿灯智能联网、中心城区设施提升、2020年“满意消费长三角·放心消费在南浔”示范创建活动十方面的民生实事项目。区政府统筹做好社会保障和民生改善工作，完成年初确定的民生实事项目办理工作。

【区政府其他重要会议】 2020年，区政府召开的其他全区性会议有：全区重大改革重大项目重点要素重点问题推进工作第三次例会，2020年南浔区规划委员会一、二、三、四、五、六、七次会议，南浔区2020年“奋战一季度、力夺开门红”重大项目开工仪式第二次筹备工作会议，南浔区新型冠状病毒感染的肺炎疫情防控工作视频会议，南浔区一季度行政诉讼形势分析会，全区高质量发展考核工作推进会，全区工业经济例会，全区安全生产暨镇（开发区）工业平台建设工作会议，南浔区区域一体化发展和“十四五”新型城市化发展座谈会，南浔区新冠疫情防控工作会议，南浔区“三调”建设用地处置工作会议，南浔区新升规工作推进会，全区重大项目招引暨一季度招商引资工作会议，全区安全生产工作现场推进会，2020年全区防汛防台工作会议暨区防指第一次全体成员会议，南浔区城镇基准地价更新、集体建设用地基准地价建设、农用地基准地价建设、标定地价体系建设工作座谈会，南浔区5G基站建设推进会，全区校外培训机构复工工作会议，南浔区2020义务教育资源布局调整项目社会风险评估报告评审会，南浔区生态保护红线划定协调会，南浔区深化“最多跑一次”推进“放管服”改革工作部署会，全区高质量发展区长重点工作一季度完成情况工作例会，南浔区生活垃圾精准分类工作推进会，南浔区出口专班工作布置会，全区财政税收工作会议，南浔区小微园区安全生产规范化建设现场推进会，南浔区公共卫生及医疗能力综合提升项目推进协调会，全区城乡人居环境大提升暨污染防治攻坚第二次工作例会，南浔区红十字会二届二次理事会议，全区小微园高质量发展现场会，南浔区深化“最多跑一次”推进“放管服”改革半年度工作会议，2020年南浔区交通重点项目（三高一隧）征迁推进会，全区生活垃圾精准分类半年度工作暨现场推进会，南浔区城乡居民困难人员专项医疗救助专题会议，全区打造绿色高端智造家居谷建设座谈会，全区城乡人居环境大提升暨生态环保第三次工作例会，2020年全区重点人群免费流感疫苗接种启动会议，南浔区第二轮安全生产综合治理三年行动暨危险化学品运输、有限空间作业专项整治推进会，南浔区自然资源价格体系建设工作成果征求意见会和节约集约模范县区创建工作座谈会，全区“食安医院”建设动员部署会，全区食品药品安全委员会2020年度第一次全体扩大会议暨全区食品药品安全工作会议，南浔区第二场“亲清直通车·政企恳谈会”，南浔区公共卫生及医疗能力综合提升项目第二次推进协调会，全区码头综合整治工作动员部署会，全区配合中央生态环境保护下沉督察工作部署会，南浔区“开放合作突破年”工作推进会，南浔区对口工作推进会，南浔区“五未”项目处置推进会，南浔区中心城区低效土地再开发清零工作会议，全区小微园招商工作部署会，全区规范预拌混凝土行业座谈会，南浔区頔塘南岸旧城改造项目安置房分房工作动员布置会，全区综合查一次推进会，南浔区頔塘南岸旧城改造项目安置房分房工作推进会，南浔区高铁项目信息依申请公开相关案件办理协调会，全区法治政府建设推进会暨府院检联席会议，南浔区政务服务中心智能化工程运维协调会，南浔区“十四五”规划专家座谈会，全区第七次人口普查工作推进会，全区港口码头环保问题整治工作部署会，全区住房公积金工作推进会，南浔区国有企业发展座谈会，全区城乡人居环境大提升暨生态环境保护第四次例会，全区专项债支出、项目土地报批、聚力破“五未”项目推进会，2021年度南浔区能级提升项目申报相关工作座谈会，全区根治欠薪冬季专项行动部署会，南浔区管道燃气特许经营评估报告评审会，全区交通工作推进会，南浔区工程建设领域突出问题专项整治动员部署会议，南浔区农村房屋安全隐患排查整治动员部署会，南浔区计生协三届二次理事会，全区高质量发展工作推进会，南浔区镇级便民服务中心“一站式”改革现场会，全区科技创新工作会议，南浔区重点人群新冠病毒疫苗接种工作会议。

【区政府重要文件】 1月，区政府主要发出的文件有《湖州市南浔区人民政府办公室关于印发南浔中心城区老旧小区改造实施方案（2020—2022年）的通知》《湖州市南浔区人民政府办公室关于印发南浔区雨雪冰冻灾害应急预案的通知》《湖州市南浔区人民政府办公室关于印发南浔区突发事件应急救援联动机制及应急救援指挥机制和南浔区应急救援联席会议制度的通知》《湖州市南浔区人民政府办公室关于印发湖州市南浔区财政专项资金管理办法的通知》《湖州市南浔区人民政府办公室关于印发南浔区区级国有资本经营预算管理办法（试行）的通知》《湖州市南浔区人民政府办公室关于印发南浔区职业技能提升行动实施方案（2019—2021）的通知》《湖州市南浔区人民政府办公室关于印发〈南浔区深化浙江省食品安全县（区）创建工作实施方案〉的通知》《湖州市南浔区人民政府关于公布南浔区非物质文化遗产传承人的通知》《湖州市南浔区人民政府关于给予湖州市自然资源和规划局南浔区分局行政奖励的决定》《湖州市南浔区人民政府关于在市场监管领域全面推行“双随机、一公开”抽查监管的实施意见》。

2月，区政府主要发出的文件有《湖州市南浔区人民政府办公室关于印发南浔区全面构建集中财力办大事财政政策体系组织实施方案的通知》《湖州市南浔区人民政府办公室关于印发南浔区畜禽养殖禁养区划分调整方案的通知》《湖州市南浔区人民政府关于应对疫情支持企业健康发展的政策意见》《湖州市南浔区人民政府关于应对疫情支持农产品稳产保供的六条意见》《湖州市南浔区人民政府关于应对疫情支持服务业企业健康发展的八条意见》《湖州市南浔区人民政府关于企业复工复产保障用工补助奖励的意见》。

3月，区政府主要发出的文件有《湖州市南浔区人民政府办公室关于公布2019年度南浔区外经贸和服务业先进企业名单的通报》《湖州市南浔区人民政府办公室关于进一步加快服务业发展的若干意见（试行）》《湖州市南浔区人民政府办公室关于调整区级治安保卫重点单位的通知》《湖州市南浔区人民政府办公室关于印发南浔古镇文旅产业招商政策（试行）的通知》《湖州市南浔区人民政府办公室关于印发推进镇级便民服务中心政务服务“一站式”改革实施方案的通知》《湖州市南浔区人民政府办公室关于印发南浔区支持规下样本企业加快发展若干政策（试行）的通知》《湖州市南浔区人民政府办公室关于印发南浔区促进“三电一板”产业高质量发展五条意见的通知》《湖州市南浔区人民政府办公室关于印发南浔区快复产保增长若干政策意见的通知》《湖州市南浔区人民政府办公室关于开展“洗楼”式安全隐患排查见底暨深化重点行业领域专项整治行动的通知》《湖州市南浔区人民政府关于开展第七次人口普查的通知》。

4月，区政府主要发出的文件有《湖州市南浔区人民政府办公室关于印发湖州市南浔区公共数据管理办法（试行）湖州市南浔区信息化项目管理办法（试行）的通知》《湖州市南浔区人民政府办公室关于印发南浔区创建“四好农村路”全国示范县实施意见的通知》《湖州市南浔区人民政府关于调整有关区领导工作分工的通知》《湖州市南浔区人民政府关于印发粮食增产保供六条扶持意见》。

5月，区政府主要发出的文件有《湖州市南浔区人民政府办公室关于印发南浔区支持稳外贸发展十条政策的通知》《湖州市南浔区人民政府办公室关于调整区政府法律顾问团组成人员的通知》《湖州市南浔区人民政府办公室关于印发南浔区促进3岁以下婴幼儿照护服务发展的实施方案的通知》。

6月，区政府主要发出的文件有《湖州市南浔区人民政府办公室关于印发2020年政府工作报告重点工作和十方面民生实事责任分解的通知》《湖州市南浔区人民政府办公室关于印发南浔区粮食安全应急预案的通知》《湖州市南浔区人民政府办公室关于印发南浔区全面推进“两进两回”行动的实施意见（2020—2022年）的通知》《湖州市南浔区人民政府关于深化“亩均论英雄”改革促进高质量发展的实施意见》。

7月，区政府主要发出的文件有《湖州市南浔区人民政府办公室关于印发南浔区低收入家庭子女就学救助实施意见的通知》《湖州市南浔区人民政府办公室关于印发南浔区建设全国健康促进区实施方案的通知》《湖州市南浔区人民政府关于给予马斌嘉奖的决定》《湖州市南浔区人民政府关于调整区政府第一届咨询委员会组成人员的通知》。

8月，区政府主要发出的文件有《湖州市南浔区人民政府办公室关于印发南浔区“五未”项目处置专项行动实施方案的通知》《湖州市南浔区人民政府关于调整部分区政府咨询委员会组成人员的通知》。

9月，区政府主要发出的文件有《湖州市南浔区人民政府办公室关于印发南浔区自然资源统一确权登记工作方案的通知》《湖州市南浔区人民政府办公室关于印发推进违法建筑依法处置工作的实施意见的通知》《湖州市南浔区人民政府办公室关于印发南浔区创建浙江省全域旅游示范区和4A级景区城实施方案的通知》《湖州市南浔区人民政府办公室关于印发南浔区绿色高端智造家居谷实施方案（试行）的通知》《湖州市南浔区人民政府办公室关于印发南浔区小微企业园高质量发展实施意见（试行）的通知》《湖州市南浔区人民政府办公室关于印发2020年南浔区食品药品安全工作要点的通知》《湖州市南浔区人民政府关于潘金宝同志任职的通知》。

10月，区政府主要发出的文件有《湖州市南浔区人民政府办公室关于开展第一次自然灾害综合风险普查的通知》。

11月，区政府主要发出的文件有《湖州市南浔区人民政府办公室关于印发南浔区工业经济高质量赶超发展实施意见（2020—2022年）的通知》《湖州市南浔区人民政府办公室关于印发湖州市南浔区国有资本产业投资基金管理办法（试行）的通知》《湖州市南浔区人民政府办公室关于印发南浔区科技创新发展十五条意见的通知》《湖州市南浔区人民政府办公室关于印发湖州市南浔区国有资本产业投资基金绩效评价办法（试行）的通知》《湖州市南浔区人民政府办公室关于印发南浔区农房集聚工程建设质量安全指导意见的通知》《湖州市南浔区人民政府办公室关于开展跨部门、跨领域“综合查一次”联合执法检查工作实施方案（试行）》《湖州市南浔区人民政府办公室关于进一步做好稳就业工作的实施意见》《湖州市南浔区人民政府办公室关于印发南浔区劳动模范模范集体评选和管理办法（试行）的通知》《湖州市南浔区人民政府关于调整有关副区长工作分工的通知》。

12月，区政府主要发出的文件有《湖州市南浔区人民政府办公室关于印发南浔区防汛防台抗旱应急预案的通知》《湖州市南浔区人民政府办公室关于印发南浔区人才购房房票奖励实施办法（试行）的通知》《湖州市南浔区人民政府办公室关于印发南浔区国有投资项目造价管理“十个一律”规定和南浔区国有投资项目变更分级审批规定的通知》《湖州市南浔区人民政府办公室关于印发南浔区老旧工业园区企业改造提升实施意见的通知》《湖州市南浔区人民政府办公室关于印发健康南浔行动实施方案的通知》《湖州市南浔区人民政府办公室关于公布2020年度南浔区政府质量奖评审结果的通知》。

（钱方伟）

·政协湖州市南浔区委员会·

【概况】 2020 年，区政协在中共南浔区委的坚强领导和上级政协的精心指导下，高举习近平新时代中国特色社会主义思想伟大旗帜，深入学习贯彻中共十九大和十九届四中、五中全会以及习近平总书记考察浙江、湖州重要讲话精神，全面贯彻落实中央和省、市、区委政协工作会议精神，紧紧围绕区委“一一二八”工作部署，深化完善“13456+”协商议政新格局，充分发挥专门协商机构作用，为加快重塑“水晶晶南浔”，建设美丽繁华新江南，高质量打造湖州“开放东大门、创业新高地”做出积极贡献。

【区政协三届四次会议】 政协第三届湖州市南浔区委员会第四次会议于 2020 年 5 月 7—9 日在南浔召开。

会议的主要议程是：听取和审议政协第三届湖州市南浔区委员会常务委员会工作报告；听取和审议政协第三届湖州市南浔区委员会常务委员会关于三届三次会议以来提案工作情况的报告；列席湖州市南浔区第四届人民代表大会第四次会议，听取并讨论政府工作报告及其他有关报告；大会选举；审议通过政协第三届湖州市南浔区委员会第四次会议提案审查委员会关于提案收集初审情况的报告；审议通过政协第三届湖州市南浔区委员会第四次会议决议；中共南浔区委书记杨卫东讲话；其他有关事项。

5月6日，召开大会提案审查委员会第一次会议、各组召集人会议暨会风会纪监督会议，并开展分组活动。

5月7日上午，召开区政协三届四次会议第一次全体会议。会议审议通过政协第三届湖州市南浔区委员会第四次会议议程；孙根祥主席代表政协第三届湖州市南浔区委员会常务委员会作工作报告；潘宇文副主席代表政协第三届湖州市南浔区委员会常务委员会作提案工作情况报告；会议表扬了 2019 年度履职最佳政协委员，优秀提案和提案办理工作先进集体、先进个人，反映社情民意信息先进集体和先进个人；政协委员做大会发言。随后召开区政协三届十六次常委会议。同日下午，召开大会提案审查委员会第二次会议，然后分组讨论。

5 月 8 日上午，列席区四届人大四次会议第一次全体会议和第二次全体会议。随后召开区政协三届三十七次主席会议。下午，分组讨论。晚上，召开区政协三届十七次常委会议。

5 月 9 日，召开区政协三届四次会议第二次全体会议。会议审议通过大会选举办法和总监票人名单。会议以无记名投票的方式，选举郑勇为政协第三届湖州市南浔区委员会副主席，选举孙伟强、吴桢、沈新华、顾建平、屠赞宏为政协第三届湖州市南浔区委员会常务委员。

随后召开区政协三届四次会议第三次全体会议。会议通过政协第三届湖州市南浔区委员会提案委员会关于三届四次会议大会提案收集审查情况的报告；通过政协第三届湖州市南浔区委员会第四次会议决议。中共南浔区委书记杨卫东讲话。区政协主席孙根祥致闭幕词。

区政协三届四次会议期间，共收到以提案形式提出的意见建议 148 件。经审查，110 件立为提案，其中各民主党派、工商联、各人民团体和各界别的集体提案 30 件，委员个人提案 80 件。另有 38 件转为社情民意。大会闭幕后，分别交由有关部门研究办理。

【三届区政协常委会会议】 2020 年，政协第三届湖州市南浔区委员会常务委员会共召开 7 次会议。

1 月 21 日，召开政协第三届湖州市南浔委员会常务委员会第十五次会议。区政协党组书记、主席孙根祥出席并讲话。区政协副主席陈文龙、潘宇文、王湘起、孙水根，区政协秘书长谢建伟参加会议。主要议题是：听取区纪委监委关于 2019 年全区纪检监察工作情况及 2020 年工作思路的通报；审议通过区政协常委会工作报告、提案工作情况报告、召开区政协三届四次会议有关事宜和有关人事事项。会议决定，政协第三届湖州市南浔区委员会第四次会议于 2 月 18 日在南浔召开。

5 月 7 日，召开政协第三届湖州市南浔委员会常务委员会第十六次会议。区政协主席孙根祥主持会议。区委常委、区委组织部部长范海鸣作有关选举人事事项的说明。区政协副主席陈文龙、潘宇文、区政协副主席候选人郑勇、区政协副主席王湘起、孙水根，区政协秘书长谢建伟出席会议。区委常委、区委统战部部长金荷新应邀参加会议。会议主要议程是：审议通过关于任免政协第三届湖州市南浔区委员会有关专门委员会主任的决定（草案），酝酿政协第三届湖州市南浔区委员会副主席、常务委员候选人名单（草案）。

5月8日，召开政协第三届湖州市南浔委员会常务委员会第十七次会议。区政协主席孙根祥主持会议，区政协副主席陈文龙、潘宇文、王湘起、孙水根，区政协副主席候选人郑勇，区政协秘书长谢建伟出席会议。主要议题是：听取各召集小组讨论情况汇报；审议通过大会选举办法（草案）；审议通过候选人名单；审议通过大会选举监票人名单、总监票人名单（草案）；审议通过大会提案收集审查情况报告（草案）和政协第三届湖州市南浔区委员会第四次会议决议（草案）。

5月14日，召开政协第三届湖州市南浔委员会常务委员会第十八次会议。区政协主席孙根祥主持会议。区政协副主席陈文龙、潘宇文、郑勇、孙水根，区政协秘书长谢建伟参加会议。副区长费学梅应邀出席。主要议题是：听取区民政局关于南浔区部分镇行政区划调整方案的汇报，协商审议通过《南浔区部分镇行政区划调整方案》。

7月24日，召开政协第三届湖州市南浔委员会常务委员会第十九次会议。区政协主席孙根祥主持会议并讲话。副区长沈培明，区政协副主席陈文龙、潘宇文、郑勇、王湘起、孙水根，区政协秘书长谢建伟出席会议。主要议题是：传达学习贯彻习近平总书记在浙江和湖州考察时的重要讲话精神、全国“两会”以及省委十四届七次全体（扩大）会议精神，围绕“长三角一体化背景下，推进南浔特色产业集群高质量发展”重点调研课题开展专题协商。

8月26日，召开政协第三届湖州市南浔委员会常务委员会第二十次会议。区政协党组书记、主席孙根祥主持并讲话，区委常委、常务副区长方科，区政协副主席陈文龙、潘宇文、郑勇、王湘起、孙水根，区政协秘书长谢建伟参加会议。主要议题是：传达学习贯彻市委八届九次全会、区委四届十次全会精神。区委副书记、区长温建飞通报2020年工作完成情况和下一步工作安排。

11月10日，召开政协第三届湖州市南浔委员会常务委员会第二十一次会议。区政协党组书记、主席孙根祥主持会议并讲话。副区长凯沙尔江，区政协副主席潘宇文、郑勇、王湘起、孙水根，区政协秘书长谢建伟参加。主要议题是：传达学习中共十九届五中全会、全国地方政协工作经验交流会、全省政协主席读书会暨市县（市、区）政协工作经验交流会和全市政协主席读书会暨政协工作经验交流会精神。听取区政府关于区政协三届四次会议提案办理情况的通报，并对《关于“建设最优营商环境，深化接苏融沪，高质量打造湖州‘开发东大门、创业新高地’”的建议案》办理情况开展民主评议。

【三届区政协主席会议】 2020年，政协第三届湖州市南浔区委员会主席会议共召开15次。

1月9日，召开区政协三届三十一次主席会议。区政协党组书记、主席孙根祥主持会议并讲话，区政协副主席陈文龙、潘宇文、王湘起、孙水根，区政协秘书长谢建伟参加。主要议题是：审议区政协三届十五次常委会议建议方案；听取关于召开政协第三届湖州市南浔区委员会第四次会议有关情况汇报；审议区政协三届四次会议建议议程和日程安排（草案）；审议2019年度反映社情民意信息先进集体和个人（草案）；审议2019年度区政协委员履职情况考评结果及“十佳”政协委员建议名单（草案）；审议2019年度政协优秀提案和提案办理工作先进单位、先进个人建议名单（草案）；审议2019年度区级部门（单位）提案办理考核情况；审议2019年度区对镇（开发区）政协工作考核情况。

1月16日，召开区政协三届三十二次主席会议。区政协党组书记、主席孙根祥主持会议并讲话。区政协副主席陈文龙、潘宇文，区政协副主席王湘起、孙水根，区政协秘书长谢建伟参加。主要议题是：讨论区政协2020年工作要点；审议区政协三届四次会议旁听人员建议名单（草案）；审议政协第三届湖州市南浔区委员会常务委员会工作报告、提案工作情况报告报告人名单（草案）；讨论关于授权主席会议审议政协第三届湖州市南浔区委员会常务委员会第十五次会议未尽事宜的决定（草案）；审议区政协三届四次会议大会发言人名单和发言题目（草案）；听取关于履职“最佳”委员有关情况的汇报。

2月4日，召开区政协三届三十三次主席会议。区政协党组书记、主席孙根祥主持会议并讲话。区政协副主席陈文龙、潘宇文，区政协副主席候选人郑勇，区政协副主席王湘起、孙水根，区政协秘书长谢建伟参加。主要议题是：听取关于推迟召开政协第三届湖州市南浔区委员会第四次会议的有关情况汇报。

3月17日，召开区政协三届三十四次主席会议。区政协党组书记、主席孙根祥主持会议并讲话。区政协副主席陈文龙、潘宇文，区政协副主席候选人郑勇，区政协副主席王湘起、孙水根，区政协秘书长谢建伟参加。主要议题是：传达学习贯彻全区工业经济高质量发展大会暨深化“三服务”奋战“五个年”动员部署会和区纪委四届五次全会精神；听取关于政协湖州市南浔区委员会2020年工作要点的有关情况汇报。

3月31日，召开区政协三届三十五次主席会议。区政协党组书记、主席孙根祥主持会议并讲话。区政协副主席陈文龙、潘宇文，区政协副主席候选人郑勇，区政协副主席王湘起、孙水根，区政协秘书长谢建伟参加。主要议题是：传达学习贯彻习近平总书记在中央政治局常委会上重要讲话精神和省、市、区委常委会有关会议精神；传达学习贯彻关于快复产保增长的政策意见和支持规下样本企业加快发展的若干政策。

4月20日，召开区政协三届三十六次主席会议。区政协党组书记、主席孙根祥主持会议并讲话。区政协副主席陈文龙，区政协副主席候选人郑勇，区政协副主席王湘起、孙水根，区政协秘书长谢建伟参加。主要议题是：传达学习贯彻全省政协“请你来协商”平台建设工作经验交流会精神；听取和审议关于区政协三届四次会议有关安排调整情况的汇报。

5月8日，召开区政协三届三十七次主席会议。区政协党组书记、主席孙根祥主持会议并讲话。区政协副主席陈文龙、潘宇文，区政协副主席候选人郑勇，区政协副主席王湘起、孙水根，区政协秘书长谢建伟参加。主要议题是：审议大会选举办法（草案）；审议候选人名单（草案）；审议大会选举监票人名单（草案）、总监票人建议名单；审议大会提案收集审查情况报告（草案）；审议政协第三届湖州市南浔区委员会第四次会议决议（草案）。

5月14日，召开区政协三届三十八次主席会议。区政协党组书记、主席孙根祥主持会议并讲话。区政协副主席陈文龙、潘宇文，区政协副主席候选人郑勇，区政协副主席王湘起、孙水根，区政协秘书长谢建伟参加。主要议题是：审议南浔区部分镇行政区划调整方案；审议通过区政协领导班子及党组成员分工调整等方案；审议通过区政协2020年协商工作计划；审议通过区政协常委会重点协商课题调研建议方案；审议通过区委书记、区长与政协委员“面对面”活动建议方案；审议通过2020年区政协委派民主监督小组工作方案；听取各委室工作交流。

7月7日，召开区政协三届三十九次主席会议。区政协党组书记、主席孙根祥主持会议并讲话。区政协副主席陈文龙、潘宇文、郑勇、王湘起、孙水根，区政协秘书长谢建伟参加。主要议题是：听取区政协三届十九次常委会议建设方案和重点协商课题调研报告（讨论稿）有关情况汇报；审议《区政协2020年度反映社情民意信息考核办法》（讨论稿）、区政协委员活动中心设计方案、4场重点“请你来协商”活动建议方案（讨论稿）、区政协2020年度重点提案、区政协委员活动中心活动运行实施方案（讨论稿）和关于配合市政协开展市委书记面对面活动方案（讨论稿）；听取各委室工作交流；书面审议关于配合市政协开展第二期请你来协商·“两山”农情故事会（稻鱼共生篇）实施方案（讨论稿）。

8月7日，召开区政协三届四十次主席会议。区政协党组书记、主席孙根祥主持会议并讲话。区政协副主席陈文龙、潘宇文、郑勇、王湘起、孙水根，区政协秘书长谢建伟参加。主要议题是：听取区政协三届二十次常委会议建议方案有关情况汇报；听取政协湖州市南浔区委员会关于“请你来协商”平台建设实施办法（草案）有关情况汇报；听取2020年度镇（开发区）政协工作考核办法（讨论稿）有关情况汇报；听取2020年委员履职能力提升培训方案（讨论稿）有关情况汇报；听取各委室工作交流。

9月3日，召开区政协三届四十一次主席会议。区政协党组书记、主席孙根祥主持会议并讲话。区政协副主席陈文龙、潘宇文、郑勇、王湘起、孙水根，区政协秘书长谢建伟参加。主要议题是：听取各委室工作交流。

9月25日，召开区政协三届四十二次主席会议。区政协党组书记、主席孙根祥主持会议并讲话。区政协副主席陈文龙、郑勇、王湘起、孙水根，区政协秘书长谢建伟参加。主要议题是：听取区政协三届二十一次常委会议建议方案有关情况汇报；听取南浔区政协2020年“六送下乡”暨委员走进基层、走进群众集中服务活动方案有关情况汇报；听取2020年区政协主席读书会方案有关情况汇报；听取委员培训情况总结有关情况汇报；听取各委室工作交流。

11 月 2 日，召开区政协三届四十三次主席会议。区政协党组书记、主席孙根祥主持会议并讲话。区政协副主席陈文龙，区政协副主席候选人徐国华，副主席郑勇、王湘起、孙水根，区政协秘书长谢建伟参加。主要议题是：听取区政协三届五次会议大会发言任务分解的汇报；听取区政协 2021 年工作思路调研建议方案的汇报；听取相关费用情况的汇报；听取南浔区智慧政协网上办理系统有关情况汇报；听取区政协领导三届五次全会前走访区政协委员（常委）面对面交流活动建议方案的汇报；听取各委室工作交流。

11 月 6 日，召开区政协三届四十四次主席会议。区政协党组书记、主席孙根祥主持会议并讲话。区政协副主席陈文龙，区政协副主席候选人徐国华，副主席潘宇文、郑勇、王湘起、孙水根，区政协秘书长谢建伟参加。主要议题是：听取区委组织部、区委统战部有关人事事项情况汇报。

12 月 3 日，召开区政协三届四十五次主席会议。区政协党组书记、主席孙根祥主持会议并讲话。区政协副主席候选人徐国华，副主席潘宇文、郑勇、王湘起、孙水根，区政协秘书长谢建伟参加。主要议题是：听取区政协三届五次会议大会发言主题安排有关情况汇报；听取区政协 2021 年“请你来协商”重点协商议题、调研课题、视察主题（建议）有关情况汇报；听取各小组走访区政协委员（常委）面对面交流活动情况的汇报；听取各委室工作交流。

【重要活动】 2020 年，区政协重要活动主要有：

1 月 2—3 日，省政协副主席陈小平率队到南浔开展“三服务”活动。市政协党组书记、主席杨建新，市政协副主席李红，区委书记杨卫东，区委副书记、代区长温建飞，区政协党组书记、主席孙根祥，区委副书记王剑峰，副区长钟其，区政协副主席陈文龙，区政协秘书长谢建伟参加。

1 月 3 日，区政协组织在南浔的省、市政协委员开展会前视察活动。区政协党组书记、主席孙根祥主持会议并讲话；区委常委、常务副区长方科通报全区经济社会发展情况及 2021 年工作思路。区政协副主席潘宇文，区政协秘书长谢建伟参加。

2 月 27 日，市政协党组书记、主席杨建新带队到南浔区开展“三服务”专项调研，指导督促做好复工复产和疫情防控。区委书记杨卫东，区政协党组书记、主席孙根祥参加。

5 月 20 日，召开 2020 年区政协委派民主监督小组工作会议。区政协主席孙根祥，区委常委、常务副区长方科，区委常委、纪委书记、监委主任徐娟出席会议并讲话，区政协副主席潘宇文主持会议，区政协副主席郑勇、王湘起、孙水根，区政协秘书长谢建伟参加。

6 月 2 日，市政协党组书记、主席杨建新带队，到南浔调研“深化‘三服务’，奋战‘五个年’”活动。市政协党组副书记、副主席叶理中，区委书记杨卫东，区政协党组书记、主席孙根祥，区人大常委会副主任徐天林，副区长沈培明参加。

7 月 8 日，区政协召开“请你来协商·提升住宅小区物业管理”面对面协商议政会。区政协主席孙根祥主持会议并讲话，区委常委黄骆意，区政协副主席郑勇，区政协秘书长谢建伟参加。

7 月 30 日，区政协召开“请你来协商·加快推进全域土地综合整治，打造乡村振兴新引擎”区委书记与政协委员面对面协商议政会。区委书记杨卫东与区政协委员开展“面对面”协商，广泛听取意见建议，共谋高质量发展良策。区政协主席孙根祥主持会议。副区长秦胜，区政协副主席陈文龙、潘宇文、郑勇、王湘起、孙水根，区政协秘书长谢建伟参加。

8 月 6 日，区政协召开“请你来协商·促进中华老字号品牌传承与创新”面对面协商议政会。区政协主席孙根祥主持会议并讲话。副区长费学梅，区政协副主席王湘起，区政协秘书长谢建伟参加。

8 月 17 日，市政协党组副书记、副主席叶理中率市委督查组到南浔，就南浔区贯彻落实中央和省、市委政协工作会议精神情况开展督查。区委书记杨卫东作工作汇报。区政协党组书记、主席孙根祥，区政协副主席陈文龙、潘宇文、郑勇、孙水根，区政协秘书长谢建伟参加。

8 月 31 日，区政协召开“请你来协商·扬优势、补短板，提升城市能级”区长与政协委员面对面协商议政会。区委副书记、区长温建飞与区政协委员开展面对面协商，广泛听取意见建议，共谋城市发展良计。区政协主席孙根祥主持会议。区委常委黄骆意，区政协副主席陈文龙、潘宇文、郑勇、王湘起、孙水根，区政协秘书长谢建伟参加。

9 月 2 日，市政协党组书记、主席杨建新带领市级有关部门负责人，赴南浔区就“五未”项目推进工作开展实地调研。区政协党组书记、主席孙根祥，区委副书记、政法委书记王剑峰，区政协秘书长谢建伟参加。

9月7日，区政协召开“请你来协商·抢抓高铁湖州东站建设机遇，加快南浔西部片区赶超发展”面对面协商议政会。区政协主席孙根祥，副区长沈培明，区政协副主席陈文龙，区政协秘书长谢建伟参加。

9月14—18日，区政协组织部分优秀政协委员赴延安干部学院开展“传承延安精神 牢记初心使命”主题培训活动，进一步提升政协委员履职能力，加强政协委员队伍建设。区政协副主席郑勇参加。

9月15日，区政协召开“请你来协商·加强低收入群众就业帮扶”面对面协商议政会。区政协主席孙根祥，区委常委、常务副区长方科，区政协副主席孙水根参加。

10月21日，省政协党组副书记、副主席孙景淼到南浔调研基层协商与社会治理工作。市政协党组书记、主席杨建新，市政协党组副书记、副主席叶理中，区委书记杨卫东，区政协党组书记、主席孙根祥，区政协副主席孙水根，区政协秘书长谢建伟参加。

11月3日，区政协组织政协委员、农技专家及相关部门，赴菱湖镇开展2020年“六送下乡”暨委员走进基层、走进群众集中服务活动。区政协主席孙根祥，区政协领导徐国华、郑勇、王湘起、孙水根、谢建伟参加。

12月31日，区政协以“法律护航‘无欠薪区’、让劳动者安心回家过年”为主题的湖州法律服务政协委员会客厅首场活动在区矛盾纠纷调处化解中心举行。市政协副主席钟鸣讲话，区政协党组书记、主席孙根祥讲话，区委常委、常务副区长方科，区政协副主席孙水根，区政协秘书长谢建伟参加。

【政治素养】 2020年，区政协高举旗帜、筑牢根基，坚持以党的政治建设为统领，不断提高政治站位、把牢政治方向，切实增强“四个意识”、坚定“四个自信”、做到“两个维护”。

强化政治引领。坚持深学深悟习近平新时代中国特色社会主义思想，深入学习贯彻习近平总书记考察浙江、湖州重要讲话精神，中共十九届五中全会和省、市、区委全会精神，营造“学思用贯通、知信行合一”的浓厚氛围。全年共开展党组会议、主席会议、常委会会议、主席读书会等集中学习38次、开展中共十九届五中全会精神专题宣讲10次。认真学习贯彻中央和省、市、区委政协工作会议精神，落实区委常委、统战部部长兼任区政协党组副书记要求。

把牢政治原则。区委高度重视政协工作，把政协工作纳入区委工作全局。一年来，区委常委会专题听取政协党组工作汇报5次，区委书记参加市委督查贯彻落实中央、省和市委政协工作会议精神情况汇报会并做工作情况汇报。区政协自觉接受区委领导，把政协工作放到全区工作大局中去谋划和推进，重点工作、重大事项、重要问题及时向区委请示报告，做到区委有号召、政协有行动，区委有部署、政协有落实。

广聚政治共识。始终把加强政治引领摆在重要位置，进一步巩固广大委员“跟党走”的共同思想政治基础。深化区政协领导联系走访政协常委、委员制度，举办民主党派、工商联、民营企业家、行业协会、商会、新生代企业家等多层次座谈会，及时向政协委员和各族各界人士传递中共中央、省、市和区委以及上级政协的决策部署，努力凝聚同心同德、共促发展的强大合力。

【同心抗疫】 2020年，区政协积极发挥职能优势、主动担当作为，广泛动员政协各参加单位和广大政协委员坚守岗位一线、踊跃捐款捐物、带头复工复产、积极建言献策，为助力“两手硬、两战赢”汇聚政协智慧和力量。

在大战大考中扛起政治责任。围绕党政所急、群众所盼、政协所能，第一时间向全体政协委员发出“抗击疫情、人人有责”的倡议书。全体政协委员和政协机关干部各展所长、各尽所能，自觉投身一线抗疫和志愿服务，努力争当最美“逆行者”，政协机关17名干部全部下沉村（社区）一线参与值班值守、宣传排查等疫情防控工作。各级政协委员和政协各参加单位累计筹集资金4500多万元，捐赠口罩、防护服、手套等物资40余万件。编发“众志成城抗疫情、南浔政协委员在行动”等系列专题报道，广泛宣传政协委员、政协工作者和政协各参加单位抗击疫情的先进事迹，充分展现政协委员为国履职、为民尽责的时代风采。

在建言献策中展现委员智慧。积极开展微信协商、网络议政，打造委员协力抗疫的特殊风景。各级政协委员先后提出“居家观察人员生活垃圾专人收集、集中处理”“加强高速、干道等一线卡点人员防护工作”等疫情防控建议120多条，起草《隔离不隔爱——致全体医学隔离观察人员及家属的一封信》，编报社情民意信息《关于补好农产品冷链物流设施短板的建议》得到全国政协副主席杨传堂、省政协主席葛慧君批示。

在复工复产中贡献政协力量。广大政协委员和政协机关干部通过主动参与、服务引领等方式，全力助推做好“六稳六保”工作。区政协领导带头深入基层开展“三服务”活动，选派15名机关干部担任驻企服务专员，特别是复工复产初期，聚焦打通省际交通绿色通道，促成南浔、吴江两地联合建立浙苏交界卡点人员及车辆互通互认机制，相关做法被人民政协网报道。同时，召开“稳外贸”企业家委员民情恳谈会等多种形式专题协商会，相关建议被区委、区政府采纳。

【建言资政】 2020年，区政协紧紧围绕中心、服务大局，大力弘扬比学赶超、奋勇争先的精神，在助力南浔高质量赶超发展中体现含金量高、有政协味道的履职成果。

为服务中心大局主动担当。坚持围绕中心、服务大局，区政协领导和机关干部分别参与“喜迎高铁、万亩征迁”攻坚行动、生态治理、金融、頔塘南岸分房、项目专员、农村指导员等重点工作。围绕“十四五”规划制定，组织开展专题调研和政治协商。持续聚焦“长三角一体化”大格局，聚力“特色产业集群高质量发展”主题，开展区政协重点课题调研，提出打造特色产业链、平台链、品牌链、服务链等具体建议。圆满完成省政协领导到南浔开展“三服务”活动的任务。

为助推改革发展协商建言。擦亮“政协365、请你来协商”品牌，认真落实“6+X”协商频次计划，开展以“加快推进全域土地综合整治，打造乡村振兴新引擎”为主题的区委书记与委员“面对面”活动、以“补短板、扬优势，大力提升城市能级”为主题的区长与委员“面对面”活动，以及“抢抓高铁湖州东站建设机遇，加快西部片区赶超发展”“提升住宅小区物业管理”“促进中华老字号品牌传承与创新”“加强低收入群众就业帮扶”等6场重点“请你来协商”活动，提出意见建议180多条，有效助推相关工作。

为深化重点工作加强监督。聚焦“项目双进双产、未来社区建设、社会矛盾纠纷调处化解中心建设及‘最多跑一地’改革、现代农业发展、古镇旅游”等主题，开展“聚焦争先创优、助力赶超跨越”专题视察。聚焦“城乡生活垃圾分类处理”“社会治理领域最多跑一地”等主题，开展省、市、区三级政协委员联动专项集体民主监督。围绕扫黑除恶、义务教育校园基础设施建设、农业转型升级、稳外贸、全域旅游发展、頔塘南岸工程建设等重点工作，向区委政法委等6家单位派驻民主监督小组，积极助推职能部门工作改进。

【履职为民】 2020年，区政协关注社会民生、回应群众关切，坚持把以人民为中心的发展思想贯穿于履职的各个方面，在助力民生改善中体现政协作用。

视察调研更为精准。坚持贴近一线，注重问题导向，围绕“‘十四五’规划编制中三农领域需要重点关注的若干问题”“发挥社区基础作用，提高基层社会治理能力”“推进医共体建设，提升公共卫生应急管理体系”“智慧矫正工作”等主题开展专题调研，围绕“委员活动中心规范提升”“深化城乡生活垃圾精准分类工作”“提升我区产业用地集约利用”“全区产业工人队伍建设”“幼儿园项目建设”“公益诉讼工作”等主题开展专题视察，有力推动民生热点难点问题的解决。

提案办理更加规范。区政协三届四次会议共收到委员提案148件，经提案委员会审查立案110件，所有提案均在规定时间内办复，提案办理满意率达100%。坚持“质量为先、量质并重”原则，确定“农村土地全域整治”“公共卫生应急管理”“基层社会治理”“稳定外贸经济”“稻渔共作生态养殖”等9件年度重点提案，由区委、区政府领导牵头领办、区政协领导联系督办。召开提案办理民主评议会，对区商务局、区人力资源和社会保障局进行“面对面”民主评议；对20件重要提案开展“背靠背”评议，进一步促进提案办理成果的有效转化。

民情反映更有实效。积极探索政协工作向基层延伸的南浔模式，打造集“请你来协商”平台、委员活动中心、民情联络站“三位一体”的委员履职平台，建立民情联络站和“七个一”（一张民情联络图、一块民情公示牌、一张民情联络卡、一个民情二维码、一个民情开放日、一次民情恳谈会、一本民情记录册）机制，全年通过民情联络站共收集基层民情民意300多条，相关做法被《联谊报》《浙江政协信息》专题报道，得到省政协领导批示肯定。认真做好反映社情民意信息工作，全年共编报社情民意信息118篇，其中全国和省、市政协录用46篇。

【凝聚共识】 2020年，区政协不断增强向心力、扩大团结面，为南浔改革发展凝聚共识、智慧和力量，有效发挥人民政协的统战优势。

搭建合作平台。不断密切区政协领导同各民主党派、工商联和无党派人士的联系，全力支持、安排各党派团体参加政协重大活动、重要会议、重点调研。鼓励党派团体与界别、委室联合开展履职活动，不断增进沟通合作和团结共事。一年来，各党派团体在政协协商活动中累计发言66人次，提交集体提案30件。

开展联谊交流。加强与省内外政协的沟通交流。深化"一村一社区一委员"工作机制，组织开展"六送下乡"（送文化、卫生、科技、教育、法律和体育下乡）暨委员走进基层、走进群众集中服务活动。聚焦项目援建、产业帮扶、劳务协作、社会帮助等内容，组织政协委员广泛参与浙江南浔—四川广安东西部扶贫协作产业园、湖羊养殖、"浔栖江南"等项目建设，为广安区打赢脱贫攻坚战献计出力。支持茶文化研究会开展工作。

加强文史宣传。协助省政协完成《浙江传统经典美食文化故事》的征集和编撰，协助市政协做好《湖州文史》第39辑的编选，围绕乡村振兴主题完成南浔镇息塘村、和孚镇荻港村、善琏镇窑里村微视频制作，编纂完成《南浔文史》第8期。加大对外宣传力度，在《人民政协报》《联谊报》《同心苑》等市级以上媒体刊发报道50篇。（栗　智）

·中共湖州市南浔区纪律检查委员会·

【区纪委四届五次全会】 四届区纪委五次全会于3月12日召开，区纪委常委会主持会议。会议的主要任务是以习近平新时代中国特色社会主义思想为指导，全面贯彻落实中共十九大和十九届二中、三中、四中全会精神，按照十九届中央纪委四次全会、省纪委十四届五次全会、市纪委八届四次全会和区委四届九次全会的部署要求，回顾总结2019年工作，研究部署2020年任务。

【加强政治监督】 坚持把习近平总书记重要指示、批示精神贯彻落实情况作为政治监督的首要任务，融入日常监督、政治巡察、专项督查之中，对基本农田非农化、统计领域数据造假、餐饮浪费等问题，加大监督检查和问责追责力度，确保党中央政令畅通。聚焦打赢疫情防控阻击战，向全区党员干部明确纪律要求，组建8个专项督查组，发现并纠正各类问题190个，严肃处理失职失责党员干部32人次，在服务保障疫情防控中展现政治担当。开展重大项目"破慢纠风"、优化营商环境、公共投资项目管理3个专项督查，推动各级做好"六稳"工作、落实"六保"任务。全面推行政治监督"四清单"（任务清单、责任清单、问题清单、落实清单）、"两档案"（《廉政档案》《政治生态建设档案》）、"两报告"（政治生态建设自评自查报告、政治监督情况报告），严格落实政治生态分析评估制度，精准有效研判政治生态。严把选人用人关口，回复党风廉政审核意见6405人次。

【深化清廉建设】 协助区委召开清廉南浔建设第三次联席会议暨2020年现场推进会，组织区级部门完成64个清廉南浔建设年度重点项目，评选优秀项目19个。持续开展"6+10"［"6"是完善一套规范化制度体系，打造一批多元化清廉文化阵地，建设一支网格化监督员队伍，设置一间标准化廉情工作室，构建一个常态化信息公开平台，打出一套一体化监督检查组合拳；"10"是10个镇（开发区）开展"一镇（开发区）一课题"研究］创建活动，村级小额工程监管工作得到省政府领导批示肯定并获评全国"十大优秀案例"，打造"无现金区"、农村集体"三资"监管规范化运行等做法5次得到市领导批示肯定并在全市推广，"五管廉村"（村级工程群众管，集体资金线上管，资产资源留痕管，乡风民俗活动管，干部权力公开管）、"四张清单"（社区组织建设清单，社区事务管理清单，社区为民服务清单，社区权力监督清单）建设清廉社区等有效做法全面推行，换届之年反映农村基层党员干部信访举报量同比下降29.5%。推动各清廉单元建设齐头并进，清廉机关建设做法在全省工作推进会上作典型交流，清廉医院建设"12534"（推行一套清廉医院建设标准；落实主体责任和监督责任两个责任；落实阳光决策、阳光党务院务、阳光用药、阳光采购、阳光用人五个阳光；实行用药、检查、耗材使用“三合理”管理；建设有医德、有医术、有爱心、有底线的“四有”医疗队伍）模式在全区推广，清廉银行建设形成全省首个县级地方标准，清廉学校、清廉企业、清廉文化、清廉工程建设取得新成效。

【推进政治巡察】 协助区委开展3轮巡察，巡察党组织198个，实现行政村（社区）延伸巡察“全覆盖”，发现问题2557个，移交问题线索29条，推动查处违纪违法案件7件，给予党纪政务处分7人，移送司法机关1人。认真做好省委巡视配合保障工作，积极构建巡视巡察上下联动监督网。健全巡察同组织、宣传等部门的协作机制，同步对6家单位开展选人用人和意识形态工作专项检查。制定巡察干部日常管理办法，健全巡察工作年度考核机制，有效提升巡察工作规范化水平。按照“三个绝不放过”（问题整改不彻底不放过、问题线索不查清不放过、制度机制不建立不放过）原则，紧盯被巡察党组织主体责任落实情况，健全纪检监察机关、组织部门、巡察机构三方联督促改机制，督促做好巡察反馈问题整改工作，推动整改问题2491个，建立健全制度机制183项。

【深化体制改革】 推动党委（党组）主体责任报告检查评议、党委（党组）书记“四个亲自”（重要工作亲自部署、重大问题亲自过问、重点环节亲自协调、重要案件亲自督办）、班子成员“一岗双责”、年度述职等制度有效落实，发挥基层纪检监察监督作用，对13名责任落实不力的领导干部予以问责，推动“四个责任”（党委主体责任、纪委监督责任、党委书记第一责任、班子成员“一岗双责”）互相贯通、同向发力。完善派驻机构、国企纪委责任考核，规范办案流程，组织专项监督，推动有效履职。加强乡镇纪检监察工作规范化建设，落实与乡镇党委共同考核办法，制定下发履职清单，各镇纪委查办自办案件40件，同比增长66.7%。部署运用检举举报处置子平台，探索开展问题归集治理，有效整合内部监督资源。探索建立与人大、政协、统计、舆论等监督力量跨部门协同监督机制，“纪审协同”项目化监督直接挽回（避免）经济损失2680万元，极大提升了反腐败工作合力。

【持续正风肃纪】 聚焦党员干部不作为、慢作为问题，查处“一掌柜六先生”等形式主义官僚主义问题57起，给予党纪政务处分35人次。深入开展正风肃纪“清风行动”，严肃整治“烟票”、违规房产交易、违规借贷和“会所歪风”，查处违规发放津补贴、违规公款吃喝、违规使用公车等问题35起，给予党纪政务处分28人次。督促各级党组织开展“党纪教育一刻钟”活动4000余次，协助区委召开全区党员干部纪律作风专题教育大会，通报“四风”典型案例11期，用好清廉南浔门户网站、微信公众号和“小孙说纪”专栏，确保中央八项规定精神高标准常态化落实落细。

【维护群众利益】 聚焦打赢脱贫攻坚战，深入开展扶贫开发“两级联查”（区、镇两级纪检监察机构联合检查）、扶贫协作专项监督、扶贫民生领域不正之风和侵害群众利益问题专项整治“回头看”，查处问题8起，给予党纪政务处分8人，移送司法机关1人。持续推进“打伞破网”专项攻坚，查处党员干部涉黑涉恶及充当“保护伞”问题11起，给予党纪政务处分9人，移送司法机关2人。开展“12345”政府阳光热线常态化督查，针对群众不满意答复件进行重点督办，化解25件，有效提升群众满意度。全员开展“清廉乡村行、接访到家门”活动，高标准完成信访举报“三清三提升”（思想观念“清障”，促进工作能力再提升；初次举报“清零”，促进办理质量再提升；重访信访“清淤”，促进处置实效再提升）工作任务，全年受理信访举报130件次，同比下降43.7%，重复信访大幅下降。开展村（社区）组织换届选风选纪专项监督，村（社区）组织换届“七个一”（打出一套净化生态组合拳，建立一组组织力评价指数，编织一张村社选情研判网，推送一份廉洁履职保健餐，拧紧一条镇村联动监督链，推出一堂干部履新必修课，推行一批清廉正村新机制）做法在全市推广。在全区所有村（社区）建立监察工作联络站，聘任监察信息员1972人，推行“一四六八”[编制一套履职流程图；赋予会议质询、督促整改、提出建议、批评教育四项权限；明确村（社区）党组织成员、村（居）委会成员、村（居）监会成员、村（居）民小组长、参与集体事务管理人员、其他受委托行使基层小微权力人员六类监督对象；建立培训上岗、工作例会、片区协作、廉情直报、抄告整改、履职保障、考核评价、责任追究八项机制]工作机制，推动监察职能向基层延伸。打造“村务通”三务公开平台，引导基层群众有序参与监督。

【保持反腐高压】　加大违纪违法案件查办力度，全年立案130件，同比增长13%，给予党纪政务处分124人，同比增长18.1%。坚持零容忍惩治腐败，查办6起留置案件，移送司法机关4人，查处黑社会性质组织“保护伞”“关系网”11人。精准运用监督执纪“四种形态”处置518人次，实现教育与惩治并重，各级党员干部主动向“581”廉政账户登记上交收受款项58万余元。为5名受到不实举报的党员干部澄清正名，回访教育受处分党员干部94人，发放建议37份，做实做细案件查办“后半篇文章”。

（邹天宇）

民主党派

·综　述·

【概况】 2020 年，聚焦市委统战部“举‘两山’旗、走‘同心’路、助‘赶超’业”和区委“一一二八”工作部署，突出项目、紧抓重点，全力以赴抓好各项工作，在重塑“水晶晶南浔”，建设美丽繁华新江南，高质量打造湖州“开放东大门、创业新高地”进程中提升多党合作制度效能。2020 年，全区多党合作工作获得省领导批示 4 次，获得市领导批示 6 次。

【思想引领】 充分发挥政治理论的核心引领作用。将习近平总书记关于加强和改进统一战线工作的重要思想作为指导和推动全区多党合作工作的根本遵循，通过专题学习、研讨、以会代训等多种方式加强学习并贯彻落实到工作的方方面面，强化旗帜引领，引导全区民主党派、党外知识分子和新阶层人士进一步增强“四个意识”、坚定“四个自信”、做到“两个维护”。

充分发挥主题教育的凝聚向心作用。结合“不忘合作初心，继续携手前进”“弘扬爱国奋斗精神，建功立业新时代”“凝聚新力量、筑梦新时代”等主题教育活动，创新活动形式和内容，引导民主党派成员、党外知识分子、新阶层人士积极参与，经受思想洗礼，增进思想共识，增强听党话、跟党走的政治自觉，全年开展各类活动 18 次。民建南浔区基层委委员、南浔支部主委沈玲女被民建中央评为抗击新冠肺炎疫情先进个人。

充分发挥教育基地的引导教育作用。扎实推进多党合作历史传统记录工程，不断继承和弘扬优良传统，民进、九三学社区基层委分别组织成员赴重庆开展“回望历史、不忘初心、携手共进”现场教学活动。民进会员李惠民被民进中央评为会史工作先进个人。区党外中青年知识分子联谊会赴江苏省太华山抗日根据地纪念馆开展“同心同传承红色基因，携手奋进新征程”主题教育活动。组织党外代表人士近 70 人到上海复旦大学开展异地教学活动，拓视野、学理念、找差距，增强政治能力和履职能力；培训期间专题学习省委书记袁家军在省委党校秋季学期开学典礼上的讲话精神。深化联谊交友，全年各级党政干部与党外代表人士、新阶层人士结对 108 人次，开展“点对点”联谊活动 50 多次。组建党外知识分子宣讲团，费新我艺术馆、红军长征追踪馆被确定为党外知识分子思想教育基地。党外知识分子、区社团联合会副会长、红军长征追踪馆馆长彭莉诺以讲好《半条被子》的故事为己任，在追踪馆专门设置《半条被子》故事陈列室，并把馆藏资料数字化，打造网上追踪馆，宣传红军长征光辉历史。

【建言履职】 健全民主协商机制。出台《2020 年度政党协商计划》，精心组织准备，开展政党协商 8 次，切实提高协商质量和实效。切实深化民主党派基层委（总支部）“两争两比”（争批示、争荣誉，比贡献、比地位）主题活动，进一步鼓励争先进位，累计得到省、市民主党派主委批示 5 次。

提升建言献策质量。围绕区委“一一二八”工作安排，以“建诤言、聚合力、助赶超”活动为平台，用好“同心·金点子”“同心·微点子”等载体，组织统战各界人士积极建言献策，助力重塑“水晶晶南浔”。2020 年，党外代表人士累计提出“金点子”40 个、“微点子”42 个，各类“点子”得到市委、市政府主要领导批示 2 件（次），得到区委、区政府主要领导批示 25 件（次）。其中，石淙镇知联会副会长王琦旻《关于争取将公积金政策用于全域土地综合整治工作的建议》和民进基层委委员俞思琦《关于依托金融和行政手段助推全域土地综合整治的建议》，分别受到区委书记杨卫东批示，区人大就此建议专题召开座谈会，落实各项措施保证工作进度。

规范民主监督程序。建立党外人士报送意见、建议—统战部门汇总收集上报—区领导批示—督促部门落实—向报送人反馈的工作闭环模式，激发民主党派人士建言献策积极性，提高各类意见建议的办理落实力度。2020年，区领导批示的23条“金点子”“微点子”部门按时办理率达100%，反馈满意率达100%。该项工作在全市专项民主监督工作推进会上进行工作交流。

【多党合作】 圆满完成民主党派换届工作。按照《关于加强各民主党派区县基层组织换届工作的座谈会纪要》精神，加强与各民主党派市委会的对接联系，严格组织程序，全面完成民革、民盟、民进、农工党、九三学社5个民主党派区级组织的换届工作，进一步选优配强领导班子。民革区支部、民盟区支部、农工党区支部分别升格为区总支部，九三学社区支社升格为区基层委，民主党派基层组织规范化建设得到进一步加强。

双百结对实现全面覆盖。按照“基层治理提升年”总体部署要求，充分发挥区各民主党派资源功能优势，指导6个民主党派深入开展“双百结对·同心共建”活动，全区12个民主党派基层组织分别与12个村（社区）启动实施结对工作，实现结对工作全覆盖，组织开展活动30余场次，有效助推党派资源优势与基层治理深度融合。

推进党外人士选拔任用。完善党外干部工作沟通合作机制，进一步发挥组织部、统战部联席会议作用，扎实落实党外代表人士在人大、政府及工作部门、政协、司法机关等各领域的配备指标。2020年，3位党外人士被提拔为区国企副职，2位党外人士被提拔为正科级领导干部，1位党外人士被提拔为副处级领导干部。

【新阶层统战】 落实创新举措。组建全区众创空间新联会联盟，建立“思想联引、人才联育、活动联办、信用联授、服务联购、项目联推、产业联培”的“七联”工作机制，形成“1+10+N”组织架构，有效助推新的社会阶层人士健康成长、创新创业。2020年，为众创空间入驻团队举办税收减免政策等专题讲座4场次，举办创业沙龙等系列活动3场次，牵线南浔银行为众创空间联盟授信10亿元，引进大学生创业团队36个，新增就业200余人。

推进基地建设。坚持抓重点、破难点、创特色，持续推进新阶层人士实践创新基地建设，积极培育并争创市级基地3个、区级基地8个。积极探索建立符合新时代党外知识分子特点的同心教育、创新创业、社会服务、交流活动实践基地和活动阵地，打造有特色、有亮点的“党外知识分子之家”4家（南浔、双林、菱湖、石淙）。同时，依托基地建设，织密基层组织网络，新增知联会、新联会（新的社会阶层人士联谊会）基层组织11个，在全市率先实现乡镇（开发区）新联会全覆盖。完善“列名联系制度”，推动区委、乡镇、部门领导联系108名新的社会阶层代表人士。

发挥优势作用。扎实做好资源整合、人心凝聚、人才集萃、作用发挥四篇文章，积极鼓励、引导党外人士和新的社会阶层人士关注民生、贴近群众，在公益事业、促进和谐中主动作为，打造“民盟浔溪教育奖”“周桂珠工作室”、凌波塘摄影文学社等一批有社会影响的公益品牌。凌波塘摄影文学社2020年出版乡土文化丛书《寻梦菱湖》共3册，以乡情乡约乡愁为主题内容，收录近90位作者的450多篇原创文章，反映了古镇菱湖各个历史年代的社会生活场景，体现了故土情深文化之根、追寻古镇复兴之梦的美好愿景；并常年开设公众号，宣传乡音乡情，已成为南浔区重要的一股正能量。聚焦“三服务”，打造“知联智汇”“南浔新力汇”品牌，练市镇新联会副会长施文美获“2020年全国劳动模范”荣誉称号，区知联会副会长周桂珠被省知联会评为“知联之星”，石淙镇知联会副会长王琦旻领衔创建的“淙农”众创空间，积极为农民创业者开展种养殖培训、暑期关爱等“三服务”系列活动，相关信息2次在“湖州365”刊登，“淙农”众创空间被评为省级“青创农场”。

·民革南浔区总支委员会·

【概况】 2020年，民革南浔区总支紧紧围绕中心工作贡献力量，促进民革发扬光大。以建设中国特色社会主义参政党为目标，不断加强自身建设，政治把握能力、参政议政能力、组织领导能力、合作共事能力、解决自身问题能力不断得到提升。为重塑水晶晶南浔，建设美丽繁华新江南，打造“重要窗口”示范样本贡献了智慧和力量。

【参政履职】 区“两会”期间，南浔民革获得区2019年度社情民意工作先进集体，民革区第一支部委员章昊、民革党员王宗伟分别获得社情民意先进个人一等奖和三等奖。民革区总支主委於丽的《倡导多元主体 拓展自治渠道 加快促进我市社会组织全方位参与基层社会治理》做大会书面发言，其他民革政协委员提交的提案如下：於丽的《关于破解我区“人才引进”难的几点建议》《关于疫情后“免疫力低下型”农业企业的相关建议》；民革区总支副主委周杨晨的《关于优化职业教育，规范企业用工 破解用工难问题的建议》，民革区总支委员余溢的《大力提升农产品质量 打响南浔农业产品品牌》，民革区总支委员孟萍萍的《关于推进基层治理数字化转型的建议》，民革区第二支部委员孔见铭的《关于规范电子产品使用 防控中小学生近视的建议》，王宗伟的《关于如何加快提升农村村委会依法行政能力的几点建议》，相关提案都受到有关部门重视并一一给予答复，其中，於丽的一件提案被列为区级重点提案，於丽和孟萍萍获“提案先进个人”荣誉称号。

周杨晨以《加快推进全域土地综合整治 打造乡村振兴新引擎》参加区政协组织的区委书记面对面活动；於丽以《关于推进科技创新加快发展的建议》、孔见铭以《积极推进古镇建设，努力提升南浔文化软实力》参加区长与政协委员的面对面活动。

在市“两会”期间，南浔民革提交的《倡导多元主体 拓展自治渠道 加快促进我市社会组织全方位参与基层社会治理》提案被市委会采纳并作为团体提案。市政协委员李东流的提案《关于嘉湖乡邻乡镇开通公交一体化的建议》受到重点关注并予以落实。

2020年，政协社情民意、统战部金点子、微点子工作确保“量和质”。民革总支全年共上交各类信息55篇，社情民意省委会录用3篇、市委会录用21篇。章昊的1篇“金点子”得到市委书记、副市长分别批示，2篇“微点子”得到市委书记批示、1篇“微点子”得到区委书记批示、2篇社情民意被省委会录用，其中《关于借疫情转型升级，增强我市农业企业免疫力的建议》获区“同心·金点子”优胜一等奖；王宗伟的1篇“微点子”得到区委书记杨卫东批示；民革党员钟秀明的2篇“金点子”、1篇“微点子”得到区委书记批示，其中《关于在南浔古镇景区开设周末夜间文旅集市的建议》获区“同心·金点子”优胜二等奖；民革总支获“同心·金点子”“同心·微点子”组织三等奖。

【社会服务】 坚持做好社会服务工作。疫情期间，民革党员们捐款3万元左右，为各个卡点站岗志愿者送去御寒棉衣、消毒酒精、口罩等稀缺物资；民革心理健康工作站联合区教育局、区妇女联合会成立区级抗疫心理健康援助团，为疫情期间的老百姓特别是志愿者提供心理健康服务。成立心理健康服务站，在全市范围内开通4条心理健康服务热线，为护士、中小学生2398人次提供网络心理测评，同时组织咨询师开放日20多次，心理科普宣传5次；其他社会服务如扶老助残、救孤济困、慈善公益服务等组织或参与20多次；助力疫情期间企业复工复产，安排律师王宗伟、冯彬彬等党员赴菱湖镇鑫富新材料等相关企业提供法律维权方面的服务以及关于企业员工心理调适、招工、遣返、员工培训、金融等方面的服务。章昊、孔见铭、邵钧伟、朱福琴、余溢、姚利明等民革党员争当志愿者，服务在社区、高速路口等关键卡口；赴和孚镇开展“双百结对、同心共治”——促进乡村振兴“3+1”（三个小组提供综合服务，服务一个乡村振兴）综合服务活动；联合堰四幼儿园赴南浔杨帆康健园，开展特殊儿童家长心理成长团体辅导活动。开展“夏日送清凉”活动，走访慰问2户社区居民。与浔南社区开展双百结对活动和同心健康公益讲座“十二经络操与明一养生功法的深度解析”。同时积极服务民工子弟学校师生，公益送教。

积极鼓励民革党员扶贫帮困。支部党员积极参加慈善一日捐活动；孔见铭参加各类慈善捐助活动，共捐款2.7万元；柳秦桥、郑井方参加“小微企业协会广安行送温暖活动”，捐款10万元，支持慈善公益活动6万元；王宗伟结对帮扶因丙肝致贫家庭的孩子，并给予法律援助。

民革法律援助工作站在王宗伟、高红生律师的共同努力下，全年共提供法律援助咨询49次，法律援助案件合计有27件。王宗伟还利用业余时间牵头开展助力社区（村）基层治理工作，积极调研。同时定期探望老党员，做好新老传承接力。

【对台工作】 全面贯彻中共中央对台工作大政方针，促进祖国和平统一工作不断深入。保持与南浔驻台湾联谊会副会长陈大勇先生以及家属的友好联系。协助和孚镇以及统战、侨联相关的涉台接待工作，联合科技力量服务涉台企业。

·民盟南浔区总支委员会·

【概况】 2020年，民盟南浔区总支于7月召开第四次盟员大会，支部升格为民盟南浔区总支，下设一、二、三支部，现有盟员34名，盟员中担任市人大代表1人、市政协委员1人、区政协委员5人，现任主委傅饶。2020年，民盟南浔区总支被民盟浙江省委会评为“抗击新冠肺炎疫情先进集体”，被民盟湖州市委会评为“民盟同心·农村教育烛光行动突出贡献集体”，多名盟员获得省、市、区级授予的荣誉。

【学习活动】 理论学习，加强盟员思想教育，学习贯彻中央、省、市和区委重要会议精神，特别是学习贯彻中共十九大和各级“两会”精神，切实把握和领会上级党委、政府关注及人民群众普遍关心的民生实事，提升盟员参政议政能力。结合总支活动组织专题学习2次，传达学习习近平总书记在浙江、湖州考察时的讲话精神。外出考察学习，组织盟员外出学习考察2次（赴江苏吴江参观费孝通纪念馆，赴嘉兴桐乡“盟员之家”参观学习）。专题培训学习，先后组织33人次参加参政议政培训班、党外代表人士培训班、统战同心大讲堂、盟务培训班等，开展履职能力专题辅导学习，提升盟员的履职能力。盟史教育学习，依托民盟市委会举办的盟务工作培训活动，总支及各支部班子成员赴费孝通江村纪念馆参观学习，强化盟史教育并深入了解中国多党合作和政治协商历史。按照上级部署，扎实开展坚持和发展中国特色社会主义学习实践、“不忘合作初心，继续携手前进”主题教育、“见证·初心”我的心声、“见证·初心”经典颂读等纪念中国民主同盟成立79周年主题系列活动，组织新盟员参加“我与民盟”征文活动。同时，邀请江苏省无锡市滨湖区基层委、浙江省临海市支部等民盟组织到南浔交流学习盟务工作。

【参政议政】 工作布置，围绕全区经济社会发展中心工作召开参政议政工作布置会、专题参政议政工作座谈会，交流布置年度工作。落实市委会“参政议政半月谈”活动，于6月举行研讨会议。开展重点课题调研，围绕年度重点调研课题组织盟员开展调研，分析南浔区农村全域土地整治中村落文化保护等情况，撰写《关于在全域土地综合整治中实施村落文化记忆工程的思考》《基层工会对和谐劳动关系构建的作用研究》《打造非遗生态圈，助推大运河文化旅游融合发展》3篇调研报告。大会发言及提交提案。区“两会”期间，盟员程家兴在区政协大会上作《发展“稻虾共作”，打造南浔“三农”新名片》大会发言，盟员何伟作《培育激发小微企业园发展活力的建议》大会发言；在市、区两级“两会”上担任代表或委员的盟员共提交提案、建议案8件。参加“请你来协商”系列协商议政活动。先后有盟员委员8人次围绕“加快推进全域土地综合整治，打造乡村振兴新引擎”“请你来协商 提升住宅小区物业管理”等议题，分别与区委书记、区长等领导开展协商议政活动，积极建言献策。撰写反映社情民意文章，共上报37篇，其中4篇被民盟浙江省委会录用，市、区“金点子”“微点子”活动专辑录用多篇。开展民主监督，根据市委会和区委统战部的工作要求，组织盟员积极参加各类民主监督活动。先后赴区社会矛盾纠纷调处化解中心，开展“最多跑一地”改革专项民主监督活动，并形成调研报告；赴区垃圾分类办、水晶晶新城学校、丁家桥村、新区农贸市场等，开展南浔区城乡生活垃圾分类处理专项民主监督，分析南浔区垃圾分类过程中存在的问题，并形成调研报告。

【社会服务】 做好社会服务工作是提高和扩大民主党派社会影响力的有效渠道。助力抗疫。2020年新冠肺炎疫情发生后，全体盟员响应省、市委的号召，积极向湖北武汉捐款。全体盟员捐款28000元，盟员甄惠方向集中隔离点捐赠新鲜蔬菜2000斤。支部及早成立企业复工复产助推服务团，盟员积极撰写“金点子”“微点子”。各位盟员积极参与疫情防控工作或参加志愿者活动，特别是医护人员中的盟员始终坚守岗位，有序奋战在疫情防控一线。名医义诊。结合双百结对活动，盟员医生下乡开展义诊、健康检测，为村民提供全面的健康管理咨询。公益助学。9月，“民盟同心·浔溪教育奖”如期举行颁奖活动，这是民盟冠名以来的第三次颁奖活动，2020年扩大受益面，教育奖已覆盖到南浔实验小学。盟员顾坤明募集捐助40余万元，2020年有423名师生获得奖励，奖励金额达21万余元。民盟区总支副主委沈琪勤，盟员邢红伟、张书一结合律师本职工作，又开发子项目——“民盟同心浔溪法律服务站”，为浔溪中学提供公益法律服务。开展同心三服务活动。3月原民盟南浔区支部第一时间成立企业复工助推服务团，副主委沈琪勤等四人走访盟员企业并认真梳理汇总企业复工存在的困难清单，为企业顺利复工复产扫除了障碍。10月，二支部盟员徐新到双林镇箍桶兜村为村民作垃圾分类的公益讲座。

·民建南浔区基层委员会·

【概况】 2020年，民建南浔区基层委深入学习贯彻中共十九届五中全会和中共浙江省委十四届八次全会精神，按照区委“一一二八”工作部署，以思想建设为引领坚决做到“两个维护”，以建言献策为重点切实抓好参政议政，以凝聚力量为抓手有力推进社会服务，以能力提升为关键不断提升组织建设，团结协作，砥砺奋进，认真履行参政议政、民主监督、参加中国共产党领导的政治协商三大基本职能，圆满完成各项目标任务。

【思想建设】 通过召开主委会议、主委扩大会议、专题学习会等多种形式，组织政治理论学习，坚持把学习贯彻习近平新时代中国特色社会主义思想和中共十九届五中全会精神作为首要政治任务，树牢“四个意识”，坚定“四个自信”，坚决做到“两个维护”，把坚持党的领导体现到民建工作的各方面和全过程。坚决维护党委“总揽全局、协调各方”的领导核心作用，做到与党委思想上同心、目标上同向、工作上同力。全年召开学习会6次，撰写学习体会34篇，其中《铭于心 践于行 修于身 用心用情做好民建工作》被《情系浙江》《浙江民建》杂志录用。

【建言献策】 区基层委共有会员81人，其中：省、市人大代表各1人，市政协委员4人，区人大代表6人、区人大常委会委员1人，区政协委员14人、常委2人，镇人大代表2人。区基层委各位代表、委员非常重视参政议政工作，围绕党委、政府中心工作，凝聚智慧建言献策，充分反映社情民意。在2020年市、区“两会”期间，民建菱湖支部委员方黎撰写《关于稳定外贸经济发展的对策建议》和区基层委副主委殷彤、秦玉明撰写的《聚焦长三角一体化谋划南浔发展新定位》《抢抓融合发展新机遇高质量打造湖州东大门交通枢纽门户的建议》做交流发言。基层委成立参政议政工作小组，凝聚23名骨干力量，每月召开例会，立足民建特色优势，选主题议方向，深入调查研究，全面完成市、区调研课题15个，社情民意62篇，“金点子”“微点子”44篇。区基层委及各支部认真参政议政、努力建言献策，荣获南浔区统战系统“金点子”一等奖，南浔区政协反映社情民意先进集体，南浔区政协优秀提案先进集体三项殊荣。

【社会服务】 进一步整合社会服务资源，努力探索新方法、新举措，积极组织开展社会服务活动。区基层委及各支部会员不断提高社会服务责任意识，利用自身优势主动参与各类社会公益事业，在抗击疫情、助力脱贫攻坚、同心结对等方面积极作为。全力以赴抗击新冠疫情，基层委第一时间发出倡议书号召会员利用各类渠道募集疫情防控物资，累计捐赠7万余元防疫物资。会员蔡锋反映的《一条协商建议，打通了省际交通绿色通道》被人民政协网发表，会员沈玲女、吴桢因抗击疫情突出表现，分别获得民建中央及民建省委会授予的“抗疫先进个人”荣誉称号。积极打造“思源浔梦”品牌，全年通过广泛宣传和组织动员，在抗疫、助学、助困、扶贫等方面发挥积极作用，累计捐款金额达124.2万元（南浔、南林、双林、菱湖支部分别捐款20万元、14.5万元、10.5万元、79.2万元）。深入开展“双百结对同心共治”活动，组织开展“送医进社区、惠民暖人心”主题系列义诊活动5场，累计服务群众852人，发放健康宣传资料1800余份，生活用品520余份。科宁动力、永达木业等民建企业与四个村（社区）建立起就业择业平台，带动贫困户就业10余人。

·民进南浔区基层委员会·

【概况】 2020年，民进南浔区基层委不断加强学习教育，加强组织建设，立足双岗建功，积极参政议政，成功召开中国民主促进会南浔区基层委第五次会员大会，选举产生基层委新一届领导班子，各方面工作取得较好的成绩。

【思想共识】 以月度例会形式加强思想建设。区基层委相继在南浔、双林、菱湖组织召开基层委班子扩大会议，深入学习中共十九届历次全会精神、全国和省、市、区中共党代会、“两会”和民进省委、市委会议精神，让会员了解党委政府的中心工作，进而不断强化党派意识，牢固树立政治意识、大局意识、核心意识和看齐意识，做到始终以党为师，与党同心同向同行。

以培训活动形式拓展思维空间。民进区基层委副主委董根荣参加市区政协开展的“传承延安精神牢记初心使命”主题培训；杨杰、陈霞、万姣、李学芳、叶群丽等会员参加民进市委会在安吉举行的民进新会员培训活动。沈岐、吴建光、陈霞、叶群丽、孙琴华等会员赴上海复旦大学参加区委统战部组织的南浔区党外人士培训班学习。组织开展骨干会员“履职能力提升”培训，拓宽会员思路，更好发挥建言献策的能力。11 月，区基层委还组织部分骨干会员赴重庆开展“追寻红色记忆，感悟合作初心”主题教育活动。

【履职能力】 民主监督多形式。区基层委员会中的政协委员参加区政协的各类民主监督活动，进一步提升履职力。同时，基层委组织会员参加以“围绕建立科技创新体制，加强区域治理现代化的科技支撑”为主题的民主监督活动，对南浔区科技创新工作提出自己认识和看法；组织会员参加双林镇“城乡生活垃圾分类处理”专项民主监督活动。

参政议政多途径。区“两会”期间，沈岐、吴建光、戴晶等政协委员提交10篇提案，其中沈岐的《聚焦城市品质　增强城市能级》在区政协三届四次大会上发言。民进菱湖支部委员俞思琦的《关于依托金融和行政手段助推全域土地综合整治的建议》等多篇社情民意信息获市、区主要领导批示。民进菱湖支部委员吴昊撰写的舆情信息《新形势下城市防洪排涝的若干问题亟需重视》，被省委统战部录用并转报省委办信息处。孙琴华与杨杰会员的《关于宏达学校周边沈塘路与向阳路十字路口信号灯调整的建议》等分别被发表在区统战部的《同心·微点子》上。孙琴华的《关于在苏杭、上海等加大南浔形象的宣传的建议》，孙琴华、万姣会员的《关于人户分离产生的社会问题和治安问题》，孙琴华、孙琪会员的《关于居民区附近娱乐场所噪声对小区居民生活带来的困扰》等被区人大《民声传递》录用并得到相关办理部门的办理回复。沈岐、吴建光、戴晶、吴善勇等多位会内政协委员参加与区委书记、区长及其他区领导的“请你来协商”协商议政活动。

双岗建功有突破。民进区基层委主委沈岐被提任正科级领导。会员叶群丽被选为南浔区众创空间新联会联盟副主席、区网联会副会长，同时被聘为创业导师。会员牛军霞获“浙江省巾帼女创客”称号，被提任为区中医院妇科主任，并荣获南浔区中医院第三届医师节“优秀医师”称号。

【社会服务】 做好爱心接力。2020 年新冠肺炎疫情期间，支部会员坚守自己岗位，有的奋战在防疫一线，守卫健康；有的放弃休假时间投入扫楼排摸、隔离蹲点、卡口值守等防疫工作中。会员还自发捐款捐物共计近 12 万元；11 月，又参与民进湖州市委会发动的爱心捐助活动，共筹到爱心助学金 1 万余元。冯建囡会员获区统战工作先进个人。潘燕和孙琴华会员还参加市政协教育界别赴安吉送教活动。

开展双百结对。根据市、区统战部的要求，南林支部与旧馆镇罗汉村、浔溪支部与南浔百间楼社区分别从“发展共商、改革促进、平台共筑、资源共享和组织共建”5 个方面开展结对活动，做好结对工作。浔溪支部为百间楼社区、菱湖支部与西栅社区开展社会服务活动，多次组织会员参与社区的垃圾分类工作、文明城市迎检工作等。百间楼社区也多次派代表参与南林、浔溪支部的每月民主生活会，相互学习，相互提升，促进支部与社区的交流。南林支部联合区基层委各在职医生，到旧馆镇罗汉村“送医下乡”，为当地村民免费义诊。

·农工民主党南浔区总支委员会·

【概况】 2020 年，农工党南浔区总支坚持以习近平新时代中国特色社会主义思想为指导，紧紧围绕加快重塑水晶晶南浔，建设美丽繁华新江南，高质量打造湖州“开放东大门、创业新高地”的中心大局，立足自身优势，关注社会热点，积极建言献策，认真履行参政议政、民主监督、服务社会职能，各项工作均取得明显成效。

【履职尽责】 围绕中心，积极建言献策助发展。聚焦协商议政，深入调查研究，在“两会”期间围绕南浔经济社会发展和“美丽中国，健康中国”主线，以区政协副主席、农工党南浔总支孙水根主委为代表的党员共提交集体提案4篇，个人提案9篇，内容涉及全域旅游、基础教育、医疗卫生、环境保护、人口计生、社会养老、水资源保护、公共交通等。农工党区总支委员王琴撰写的论文《关于初中语文名著阅读教学的开展分析》发表于省级刊物《中学课程辅导》上。区总支委员费红良参与的市级科研《桡动脉掌浅支腕横纹皮瓣游离移植修复手指软组织缺损》结题。综合支部副主委潘杰参与的“老年男男性行为人群（MSM）行为特征及干预方式研究”登记为浙江省科学技术成果。党员聂静雅的市级课题“ERAS对腹腔镜下子宫全切除术后患者免疫功能及自我效能感的影响”立项。

深入基层，摸准社情民意促和谐。充分发挥总支党员的资源优势，引导党员密切联系群众，悉心体察群众的呼声和要求，进一步拓宽信息采集渠道，扩大信息来源，通过5个“主动”（主动从会议中及时收集社情民意信息；主动从活动中收集社情民意信息；主动从提案中提炼出社情民意；主动从交流学习中发现社情民意信息；主动从材料中发现社情民意），积极撰写社情民意信息。全年共撰写社情民意信息和“金点子”“微点子”45篇，涵盖经济社会、医卫民生、教育城建等各领域，其中市政协录用8篇，省委会录用4篇，全国政协录用2篇，获区领导批示12篇，孙水根主委撰写的《政协同新的社会阶层人士统战工作出现“真空”，建议尽快建立直接联络工作机制确保联系畅通》被全国政协录用。

聚焦重点，开展民主监督解难题。积极参加各类政情通报会、会前视察、专项视察、对口协商、意见征求会等，认真开展民主监督。总支成立由区政协副主席、农工党南浔总支主委孙水根任组长，总支班子成员任组员的民主监督小组，分别赴古镇度假区管委会、区卫生健康局开展“生活垃圾分类”“南浔区医共体公共卫生应急体系建设”专项民主监督活动，通过实地考察并座谈交流，形成《2020农工党南浔区总支垃圾分类情况民主监督报告》《南浔区医共体公共卫生应急体系专项民主监督报告》两份报告，充分发挥参政党民主监督作用。

【社会服务】 创新方式，提高社会服务水平。充分发挥党派优势助力健康南浔、美丽南浔建设。围绕民生改善和群众健康，以定点服务、集中服务、长期服务为原则，积极开展义诊宣传等活动，将优质医疗资源深入偏远农村，让更多乡镇老百姓享受更优质的医疗服务。2020年，农工民主党南浔区总支共赴练市、南浔、善琏、菱湖等行政村（社区）和项目建设现场开展义诊、咨询、讲座和“三服务”等主题活动6次，普及卫生预防知识，提高群众健康素养。

统筹联动，拓宽社会服务领域。联动区级相关部门，协调各方社会力量，统筹自身优势资源，进一步增强服务能力，提高服务质量，拓展服务内容，扩大服务覆盖面，做大做强南浔农工的社会服务品牌。共参加区政协组织的“六送下乡”（送科技、送教育、送文化、送卫生、送法律、送体育下乡）及委员走基层，走进群众集中服务等活动8次，进一步将社会服务向基层延伸，不断提升总支的社会服务帮扶水平。

同心结对，提升基层治理水平。立足自身优势、积极主动作为，全力推进“双百结对·同心共治”活动。制定《农工民主党南浔支部与练市镇荃步村“双百结对·同心共治”活动实施方案》，重点谋划开展“同心促健康”“同心助旅游”“同心共提升”“同心促共治”等系列活动，积极助力练市镇荃步村推进乡村振兴战略，全力服务南浔区基层治理现代化。2020年共开展各类主题服务活动5次，参与党员达60余人次。6月，组织党员赴荃步村卫生服务站，开展“双百结对·同心共治”医疗健康咨询服务活动，针对荃步村村民曹真等困难群众的家庭情况，现场开展“一对一健康问诊”服务，并落实练市医院的支部党员定期进行上门问诊和联系帮扶；充分发挥农工党的人才资源优势，针对荃步村美丽乡村规划建设情况，洽谈对接农旅项目信息；坚持以党为师，组织支部班子成员开展“共建 共享 共提升”的农工党南浔支部与荃步村党组织交流联系主题活动3次；深入荃步村走访群众5次30余户，倾听民声，反映民意，撰写各类社情民意信息6篇，进一步畅通群众反映热点问题的渠道。6月市委会在南浔区练市镇荃步村召开“同心共治、双百结对”现场推进会。

·九三学社南浔区基层委员会·

【概况】 2020 年是九三学社湖州市南浔区组织换届年，换届以来，九三学社南浔区基层委紧紧依靠和团结带领全体社员，聚焦新时代高素质参政党目标，积极履行政治协商、参政议政、民主监督职能，全面加强自身建设，各项工作取得显著成效。区基层委荣获 2020 年市委会先进基层组织称号。

【参政议政】 通过召开参政议政培训班、提案撰写交流会等形式，提升社员参政议政能力，激发社员参政议政热情。一是积极参加政治协商。根据发展现状，精心选择重点课题，聚焦城建、三农、医卫等方面开展调查研究，努力撰写高质量的调研报告。九三学社区基层委委员车爱萍撰写的《关于加强 EPC 总承包项目管理的建议》、区基层委委员陈云撰写的《关于药品零售领域监管的相关建议》、区第一支社委员沈小会撰写的《关于落实渔业养殖尾水治理长效管理的几点意见》等 6 篇提案，获区领导批示，为区委、区政府重视和落实相关工作起到积极的参谋与推动作用。积极参加面对面协商议政，区基层委主委冯云参加“健康湖州”双月协商及“老字号发展”面对面协商议政活动；区基层委委员李敏丽参加“加快推进全域土地综合整治，打造乡村振兴新引擎”区委书记面对面议政会并作交流发言；区基层委委员汪建辉参加“补短板　扬优势 提升城市能级”区长与政协委员“面对面”协商议政会，并作大会发言。二是主动反映社情民意。基层委注重建立与基层群众密切的交流互动机制，有效激发社员开展社会调研、撰写社情民意信息的热情，发挥每个社员的潜能。闵陈晨、李敏丽、陈云三位社员被聘为 2020 年度区政协特邀信息员。聚焦社会发展热点，社员们积极向各级九三、政协、统战部门反映社情民意，全年共提交社情民意信息 50 篇、批示 15 篇。陈云荣获 2020 年市委会“信息工作先进个人”称号。三是有效参与民主监督。全力做好民主监督工作，重点围绕“全域土地整治”“垃圾分类”“基层治理现代化”等监督议题，进一步细化方案、落实责任、强化执行，针对发现的问题，提出监督提案 3 篇，确保民主监督取得实效。

【社会服务】 突出“精细化、品牌化、常态化”，打破常规服务模式，全力打造“同心·促发展”社会服务工作品牌。搭建平台、强化队伍。结合“九三科技服务月”，精心策划“医疗、卫生、法律”三服务，以三个支社为基础，进一步细化年度社会服务清单、明确牵头社员职责，精心组织开展社会服务，确保各项活动取得实效。2020 年，区基层委与练市镇朱家兜村多次开展“双百结对·同心共治”活动，全力将“稻虾综合种养基地”打造成全省结对共建品牌。发挥优势、整合资源。发挥基层委智力密集、人才荟萃的优势，加强基层委与政府部门、对口联系单位等紧密联系，争取资源集聚，优势互补。区基层委副主委闵陈晨荣获 2020 年市委会宣传工作先进个人。打造品牌、提升实效。努力赋予党派传统服务项目以新的时代内容，着力实施五大同心工程，即“同心·健康义诊”“同心·科技支农”“同心·帮学救助”“同心·法律援助”“同心·困难群众帮扶”，相关做法得到社省委主委姒健敏、社市委主委高东批示肯定。通过系列社会服务的优势产品，起到以点带面的示范性作用，同时坚持不懈、持之以恒地长久实施，努力打造九三社会服务品牌。李敏丽获 2020 年市委会社会服务先进个人称号。

（朱梦娜）

人民团体

·工　会·

【概况】　2020年，南浔区总工会以习近平新时代中国特色社会主义思想为指导，全面贯彻落实中共十九大和中国工会十七大精神，切实增“三性”（政治性、先进性和群众性）、去“四化”（机关化、行政化、贵族化和娱乐化），夯实基层基础，突出主责主业，致力于精准服务，在加快重塑水晶晶南浔，建设美丽繁华新江南，高质量打造湖州“开放东大门、创业新高地”中展现工会担当。全区各级工会选聘经审会委员981名，特邀经审员28名，基层经审指导员14名，红色监督员547名。建立健全预算管理规章制度，2020年实现基层工会“云财务”系统平台全覆盖。

【思想引领】　政治性是工会组织的灵魂，南浔区总工会深入学习习近平新时代中国特色社会主义思想，突出思想政治引领，强化政治认同，积极引导广大职工听党话、跟党走。一是把牢政治方向。坚持以党的政治建设为统领，全面加强工会系统党的建设，落实从严治党要求，不断增强“四个意识”、坚定“四个自信”，自觉做到“两个维护”。通过“红色星期六”等载体及时学习贯彻习近平总书记在浙江、湖州考察时的重要讲话精神和习近平总书记给郑州圆方集体职工的回信精神，推动全体工会干部全面准确把握习近平总书记重要讲话精神的丰富内涵和精神实质。二是加强职工思想引领。充分发挥工会“大学校”作用，通过开展“中国梦·劳动美”主题教育等活动，深入宣传习近平新时代中国特色社会主义思想。开展“当一周工人，体工会初心”活动，工会干部下企业、进车间、入班组，与基层一线职工同学习、同劳动、同生活，在一线开展形势政策宣讲和专题调研活动，加强思想政治教育，引导职工群众提高思想认识。三是丰富职工文体活动。坚持用先进文化感召职工，宣传好劳模工匠的先进事迹，传播工会好声音。开展“双百引领”活动和群众性文体活动，成功举办南浔区首届职工乒乓球精英挑战赛和第三届机关事业单位篮球联赛。组织做好全市职工足球赛和全市优秀文艺节目巡演等工作。根据疫情形势，创新开展“云上”系列活动，包括复工复产“云上答题”活动、“云上职工风采”展示活动等，进一步激发职工正能量。

【中心工作】　南浔区总工会紧扣全区经济社会发展中的热点难点问题，科学谋划、统筹推进工会工作，不断推动各项事业发展。一是疫情防控精准发力。南浔区总工会发动企业职工和工会志愿者共同参与，形成工会干部、劳模工匠、基层志愿者三级梯队的“工会战队”。下拨疫情防控专项资金，协助企业购置测温仪、口罩、手套、消毒液等防疫物资，针对企业职工受交通和防疫限制而不能正常返岗等问题，积极与区相关部门对接，安排跨省专车，实现复岗职工“一站式、点对点”直达。二是深化“三服务”（服务企业、服务群众、服务基层）工作。开展“深化‘三服务’、助企开复工”活动，南浔区总工会领导班子成员牵头成立4个“服务专组”，组织动员全区各级工会干部赴企业当好“政策宣讲指导员、后勤物资保障员、复工难题协调员”，助力企业安全有序复工复产。以工会干部带头，组织动员工会志愿者进企业、访职工、下基层，不断增强做好基层工作的本领，锤炼忠诚、干净、担当的政治品格，切实满足职工需求，拉近工会干部和一线职工的距离。三是开展“两山”理念为美丽湖州立新功活动。围绕上级工会和区委在生态绿色宣传、环境保护实践等方面的要求，开展“两山”理念“云上有奖答题”活动，组织百名工会干部进千家企业宣传垃圾分类的必要性，拍摄垃圾分类专题片。联合区水利局、区五水共治工作领导小组、湖州中交投资发展有限公司工会组织开展“美丽南浔·百漾千河”摄影大赛。

【创新创业】　南浔区总工会充分发挥党和政府联系职工群众的桥梁纽带作用，完善劳模评选工作，不断提升职工劳动技能和职业素质，激发广大职工创新创业热情。一是深入推进产业工人队伍建设。深化“千名技能人才”培育选树工作，评选出2020年度“南浔工匠”85名、“首席技工”293名、“技术标兵”769名。成功举办“五一”国际劳动节全区劳模工匠座谈会，会上对考核合格的“千名技能人才”兑现考核津贴341.55万元。围绕省、市、区重点项目建设，以“五比五赛”为内容，继续深入开展重点工程立功竞赛活动，浙江泰嘉超薄玻璃基板深加工项目入选“两美”浙江重点工程立功竞赛省级参赛项目。二是大力实施素质提升工程。成功举办南浔区第五届职工技能运动会，分区、镇、企业三级组织100余场比赛，参与职工达5000余人。承办全国首届毛笔制作职业技能竞赛和湖州市木板拼装比赛，积极选派优秀选手参加省、市级大赛，并多次获奖。借助区职工培训中心，以技术“帮扶带培”为手段，培训职工18000人次，实现晋升3000余人次。推出车间职业技能培训课，云平台累计线上培训产业工人10000余人次。扎实开展“安全生产月”活动和“安康杯”竞赛活动，共征集安全生产合理化建议近百条。高温慰问期间，各级工会慰问企业和工地127家（个）、职工16375人，慰问品金额达122.6624万元。三是发挥劳模工匠引领作用。推荐评选全国劳动模范1人，市五一劳动奖章3人，市抗击新冠肺炎疫情专项五一劳动奖章5人，市五一劳动奖状1家，市抗击新冠肺炎疫情专项五一劳动奖状2家，市工人先锋号3家，湖州工匠9名，同时启动第四届区劳模评选工作。将劳模评选和管理作为南浔区政府与区总工会第十六次联席会议议题，出台《南浔区劳动模范模范集体评选和管理办法（试行）》。组织5名全国劳模参加体检、23名区级劳模开展疗休养活动。深化劳模“三进”（进企业、进校园、进社区）活动，累计开展10余次。积极发挥工匠志愿者技术服务队作用，技术服务近百人次，解决技术难题近30项。

【主责主业】　南浔区总工会聚焦主责主业，以构建和谐劳动关系为主线，大力实施关心关爱工程，维护好职工群众的合法权益，切实当好职工的“娘家人”。一是维护职工合法权益。深化预警调处机制建设，全区建立劳动争议调解组织1000余个，实现已建工会组织的企业全覆盖。建立完善工资集体协商制度，553家企业开展工资集体协商，覆盖职工61943名。深化职工队伍情况专项排查，各基层工会结合疫情防控助力复工复产，共走访排查企业1263家次，排查出关停并转企业2家，涉及职工194人，发放经济补偿金845万元；停工停产企业2家，涉及职工197人。常态化开展“尊法守法　携手筑梦”公益法律服务活动，结合“三服务”及疫情防控开展普法宣传58场次；开展进企法律服务147场，提供法律咨询服务1856人次。二是深化普惠服务。“两节”（元旦和春节）送温暖期间慰问困难职工143人次，发放温暖帮扶资金37.1613万元，帮扶低收入职工家庭170户，发放慰问金32.88万元。组织开展网上“云招聘”活动，服务企业335家，实现岗位用工1513人。创新疗休养方式，采取单位工会组织和个人“自由行”相结合的方式进行，共有9316名职工参加疗休养，与其他县区疗休养互动18726人次。职工医疗互助活动扩面提质，参加人数达44588人。关心关爱单身青年，全年开展5场青年交友会，近300名青年职工参加。三是加大精准帮扶力度。认真开展困难职工解困脱困工作，疫情期间，帮扶困难职工64人次，发放困难职工生活补贴7.6559万元。加强与民政、不动产管理、交警管理等部门联动，科学确定帮扶层级和帮扶金额，56户省级以上建档困难职工已全部实现解困脱贫。关心关爱医护人员，南浔区总工会启动“六个一”工作机制，关心关爱援鄂医疗队员及其家属，发放慰问金3.7万元。组织30名抗疫一线医护人员开展“致敬逆行者”疗休养和542名一线职工代表疗休养本地行。

【使命担当】　南浔区总工会全力夯实组织基础，固本强基提质扩面，将广大职工组织起来。一是夯实基层基础。扎实推进工会组建工作，着力加强“两新”组织（新经济组织和新社会组织）、创业平台、商圈楼宇等领域建会工作。全面推进“八大群体”（货车司机、快递员、护工护理员、家政服务员、商场信息员、网约送餐员、房产中介员、保安员）入会工作，成功组建两家快递行业工会，“快递小哥”入会实现“零”突破。新建工会组织28家。积极推进工会会员实名制管理工作，实现全区会员实名制管理动态全覆盖，完成 1055 家企事业单位共 65246 人扫码入会。按照《南浔区企业职工阵地建设与评价规范》要求，评选出“五星级职工阵地”4 家、“四星级职工阵地”3 家、“三星级职工阵地”4 家。二是加强宣传报道。做实做强做精外宣报道，全年外宣发稿 82 篇次，其中国家级媒体 34 篇、省级 30 篇、市级 18 篇，《崇尚劳动　谱写“中国梦·劳动美”的新篇章——习近平总书记在全国劳动模范和先进工作者表彰大会上的重要讲话引发强烈反响》在央视一套《新闻联播》播出，《职工书屋》在《光明日报》头版刊发。三是强化财务经审工作。建好“经审会委员、特邀经审员、基层指导员、红色监督员”四员队伍，发挥好“区级、镇（开发区）、基层”三级工会经审会作用，夯实经审工作基础。

（杨秋艳）

·共青团·

【概况】 2020 年是不平凡的一年，新冠肺炎疫情发生以来，共青团南浔区委深入学习贯彻习近平总书记在浙江和湖州考察时的重要讲话精神，以深化共青团自身改革为核心，以开展“深化青春‘三服务’、助力奋战‘五个年’”活动为抓手，不断创新工作载体，力求服务实效，“两手都要硬、两战都要赢”，展现了青春担当并取得一定成效。

【坚持“高站位”】 青年大学习走深走实。扎实开展政治理论学习座谈会、宣讲会 80 余场次，同时将“青年大学习”网上主题团课学习作为年终区对镇共青团考核的重要依据，进一步推动“青年大学习”走深走实。据通报，南浔区青年大学习平均参与率为 44.59%，位居全市第三。

“真善美”种子工程扎实推进。整合梦回公益、青淙红六宣讲团等相关资源，扎实推进“浔小青”队伍建设，共组建“浔小青”宣讲团队伍 73 人，完成南浔区“真善美”种子工程实践基地挂牌工作，首批 29 个单位。

典型选树高标有效。高标准开展“最美逆行·平安有我”南浔区庆祝“五四”青年节大会暨青春助力“平安南浔”活动，选树“南浔最美青年”10 人，推选湖州最美战疫青年 2 人，联合区教育局选树南浔区“水晶晶南浔好少年”10 人、“两山追梦好少年”16 人。

【坚持“立新功”】 疫情防控全上阵。疫情期间，自大年初二开始，团区委机关全员上阵，投身疫情防控一线，两支青年突击队——旧馆爱心企业帮帮团和练市助企青年突击队，得到团中央官微点赞及《浙江日报》报道。

全域土地整治出成效。坚持把志愿服务送到最需要的地方，坚持为群众送去最需要的服务，建立全域土地整治临时安置点青年服务站，开展义诊、义剪、送平安、送温暖活动，为群众送去安心、暖心，助力全域土地整治工作顺利推进。相关工作被《浙江日报》、《浙江新闻》、“学习强国”、“湖州 365”等媒体平台报道。

水晶晶南浔建设有亮点。聚焦“水晶晶南浔”城市品牌打造，扎实推进“浔小青在一线·红马甲助攻坚”主题活动，累计开展交通文明劝导、手把手垃圾分类课堂进社区、“温暖过双节·情满安置点”、微心愿爱心速递等志愿服务活动 1000 余场次，各类志愿者参与 32000 人次，“手把手垃圾分类课堂”被评为全市 7 家垃圾分类宣教基地之一，团区委机关获评全市生活垃圾分类标杆机关，并承担全市垃圾分类首场示范型宣讲任务。

【坚持“聚青年”】 “四青”（亲青恋、亲青筹、亲青帮、亲青创）平台运用能级有提升。累计开展“天使归来·爱满南浔”“爱不难寻”亲青恋活动 4 场，“同心同行·共抗疫情”“2020 南浔&广安共青团共携手——圆微心愿，助大梦想”亲青筹活动 5 场，推动“亲青帮”平台，创新线上线下维权模式，邀请公检法司相关专家入驻；推动“亲青创”平台功能更加多元，及时更新平台团属众创空间、服务青年创客等信息。

青年创业创新有平台。在原培育蓝博、创客邦、梦立方等 6 家团属众创空间基础上，新培育团属众创空间 2 个——“摩森视界”“水晶晶影视众创”，选送双林郑氏农场主郑奇炜入选浙江省青春助力乡村振兴带头人“青牛奖”30 强候选人，全省“创青春”大赛南浔区“互联网+农场”、莨纱记两个项目入围决赛（全市仅有两家），其中莨纱记荣获农业农村组铜奖。

青年发展规划有推进。建立青年工作联席会议机制并召开共青团南浔区委五届五次全委（扩大）会议暨青年工作联席会议第一次全体会议，成立青年联席工作会议工作小组，并制定《南浔区中长期青年发展规划》试点工作方案，将南浔区中长期青年发展规划纳入区“十四五”发展规划，落实青年发展专项资金30万元。

【坚持“筑铁军”】 深入推进镇、村团组织换届。依托行政村（社区）组织换届，扎实做好村（社区）团支部规范化建设，打通优秀年轻干部进入村（社区）工作渠道，并扎实做好乡镇团委换届工作，选优配强，将优秀青年干部纳入乡镇团委班子中来。

深化基层组织组织力提升。强化第二批示范性团组织培育创建工作，进一步加强与快递小哥、自由职业者等新兴群体青年联系，新增新媒体记者戴佩佩、匠心摄影工作室负责人马琦琦等新兴青年15人，新兴青年群体数据库总人数已达47人。扎实推进第四批“双百双提升”行动，将善琏镇团委、和孚中学团支部列入第四批提升单位。

深入清廉共青团建设。持续加强共青团思想政治建设、纪律建设、作风建设，着力打造南浔共青团政治上的“绿水青山”，2020年共举办“清风微课堂·青廉画初心”暑期班、秋季班二期，授课30课时，受到家长和学生的普遍欢迎。

【打造一个平台】 依托青少年活动中心高质量打造功能完善的青年社会组织共享基地（青年驿家）。项目总投入100多万元，占地面积达300多平方米，实现社会组织办公、会议、培训、学习、休闲于一体，基地于1月投入使用。从现有社会组织发展裂变和培育新兴专业化社会组织两方面入手，引导梦回公益、禾橙公益等一大批团属社会组织入驻平台，并依托项目化培育实现团属社会组织梦回公益向平台枢纽类组织转变，其中孵化的社会组织“梦之源”已经在民政上注册，由团区委管辖；同时在专业化领域培育新兴社会组织，在青少年心理健康教育方面新培育“致心园”社会组织，已经注册在团区委。

【树立一个品牌】 打造基层社会治理的青年品牌。将快递小哥、退役消防官兵、青年社工等新兴青年群体纳入全区基层社会治理统一部署之中，通过成立“浔安一家人”队伍进一步织密群防群治基层网络，打通平安湖州、平安南浔建设“最后一公里”。全区“浔安一家人”队伍共招募成员177人，开展微心愿派送、护航中高考、风险隐患大排查等志愿服务活动300余场次。

【开创一个模式】 探索实行“2+1”结对帮扶工作模式（1名团干部、1名浔安小哥结对1名重点青少年）。持续关注重点青少年学业、生活情况，依托亲青筹、亲青帮等工作平台做好重点青少年群体的生活关爱工作，全年累计为46名重点青少年申请筹集资金物资资助约55000元；组建一支青少年事务社工的“合适成年人”队伍，并入驻“春燕工作室”App，切实维护重点青少年特别是涉罪青少年权益。

【启动一个计划】 高起点落实“青春护航”专项行动暨青少年“心航标”计划。扶持培育一支团属专业化志愿服务团队——致心园，结合“矛盾纠纷排查见底”，为有需要的青少年开展精准帮扶。建立1个公益青春解压驿站（预计2021年1月中旬完成），面向家长和青少年，开展心理放松训练、分享交流沙龙、一对一疏导等解压服务；开设1个亲子联心专项课程，滚动式开展体验式心理教学的同时开设网络微课程，在官方微信、抖音等新媒体平台扩大覆盖面；配置1套心理调节工具，按照小学、中学阶段青少年心理特点，以轻松有趣的手绘、插画形式分层分类开发心理自我适应手册，针对家长需求，开发场景式心理危机和情绪管控指导手册（已完成设计排版）；制作1部巡回心理剧，探索创作一批情景剧、小品、话剧等心理健康文化产品，以艺术化的形式引导青少年。

【发布一个方案】 发布“双传承”（传承清廉基因，传承浔商精神）方案。依托青年企业家协会换届，联合区委统战部（区工商联），在新一届青年企业家会员企业开展“红色传承”教育、政治吸纳、创业转型培训、“创新创业论坛”、“导师帮带”培训等活动，促进“青蓝接力”，着力打造一支“政治上有方向、经营上有本事、责任上有担当、文化上有内涵”的青年企业家队伍，为重塑“水晶晶南浔”，高质量打造湖州“开放东大门、创业新高地”提供有力支撑。

【落实一项机制】 落实全覆盖培训、全额度保障工作机制。开展青年企业家“双传承”系列培训示范班，第一批学员在中山大学顺利结业，助力青年企业家赋能成长、结伴创业，同时由区领导带队赴全区各乡镇开展青年企业家“双传承”座谈会，着力引导南浔青年企业家敢为人先、实干创新。同时进一步发挥好招商引资先锋团作用，建立青年企业家助力招商引资工作柔性考核工作，对招商引资成效明显的先锋团成员企业给予嘉奖和要素保障，努力营造合作共赢、齐抓共进的良好招商引资工作环境，助力南浔经济高质量发展。

【南浔宫设施】 完成创客空间和乒乓球馆的改造工程。添置创客空间、智能空间、“最多跑一次”项目智能机器人设施设备。提升保安、保洁队伍的建设，完成消防系统的维保维护，确保各系统的正常运行和安全性。

【内部管理】 按人定岗，人人有目标，有事做，能自律，守规矩。根据中心实际，修订中心绩效考核制度，实现绩效管理提升教职员工工作积极性。规范完善财务制度。以“作风、学风、教风”三风建设为重点推进作风建设，形成“培训与活动”协调发展的运行机制，建立起一般工作与专人管理职责制、落实绩效考核等“制度管人”的管理模式。

【培训项目】 2020 年参加培训学员共计 5000 余人次，由于受疫情影响，人数比 2019 年同期略有减少，实现自主收入 416 万元。现有项目书画组 9 个，活动组 8 个，音舞组 8 个，综合组 9 个，共计 34 个项目。已筹备好 2021 年度增设新项目儿童国画传统拓印及无人机。

【主题实践活动】 多点的特色主题活动。开展以“书香浸润心灵，阅读点亮人生”和“科技智慧创新”为主题的流动少年宫活动。响应习近平总书记“要克服浮躁之气，静下来多读经典，多知其所以然”的号召，读书主题流动少年宫活动走进湖州师范南浔附属小学、横街小学、南浔实验小学、水晶晶南浔新城学校；科技类的流动少年宫走进南浔实验幼儿园朝阳园区、南浔城之南幼儿园、罗开富小学、善琏小学，参与学生近 6000 人，本次活动受到师生喜爱和好评，并被市电视台新闻报道。南浔区青少年活动中心承办全区机器人大赛，参赛学生近 300 人。

【接待活动】 区青少年活动中心创造各种机会接待全区广大青少年有组织的参观活动，受疫情影响，主要的接待活动都放在下半年，全年共接待全区幼儿园、中小学、高中等青少年约 8000 人次。

【研学活动】 组织开展“探寻自然之美　践行两山理论”活动，引导学生充分体验“绿水青山就是金山银山”的深刻内涵，建立学生良好的生态文明意识，为推动美丽中国建设出力。开展“寻访红色记忆　做新时代好少年”和“星星火炬　红色传承”本土研学活动，感受南浔深厚的历史文化积淀和厚重的人文孑遗，激发他们热爱家乡的情感。参与研学活动的学生近 2000 人。

【网络活动】 区青少年宫为进一步抓好学校的网络安全教育工作，增强广大青少年的网络安全意识，开展网络安全教育系列活动。利用课前 1 分钟进行网络安全教育，倡导全体学员安全上网、文明上网、维护网络安全。各学科老师举行形式多样、内容丰富的网络安全教育活动，召开网络安全主题班会、开展网络知识讲座、知识竞赛等活动，向学生普及和宣传有关网络安全的防范知识，提高青少年儿童的安全防范意识。2020 年开展第 16 届浙江省网聚少年暑期网络夏令营活动，全区参与青少年 8000 人左右。2020 年，浙江省网络安全宣传周“青少年日”活动参与青少年 5000 人左右。（陈　溪）

·妇女联合会·

【概况】 2020 年，南浔区妇女联合会围绕区委、区政府中心工作，积极应对突如其来的新冠肺炎疫情灾害服务企业复工复产。从贴近妇女、贴近家庭、贴近基层出发，引领全区妇女化身“聚力大赶超，实现新跨越”的“参与者”“守护者”，不断努力将各项工作推向深入。

【加强宣传工作】 作为党的群团组织，南浔区妇联致力于当好娘家，服务好小家，凝聚起大家，架起党联系群众的稳固桥梁。

网络联动强根基。依托微信公众号、“浔姐姐”抖音号等新媒体平台，搭建“浔姐姐”直播间 11 个，通过妇联干部网络，覆盖全区 677 个微信群。2020

年共开展线上直播12场，共发布各类学习资料186篇次，覆盖基层妇女13万余人次。

活动联动聚民心。投放“最美三月天、幸福女人节”致敬女性节日书信18万封。组织开展16期纪念妇女节110周年“讴歌时代强音”巾帼之声朗读作品和“镜头里的‘她’风景”女性主题摄影作品征集展播活动，在特殊时期以特别的方式引领妇女强信心、聚民心。区、镇、村妇联开展“最美家风”、垃圾分类、普法维权讲座、宣传活动达300余场。

典型联动正能量。在公众号开辟“战疫”专栏，发布“致敬巾帼力量”“遇见战疫中最美的你”“宅家有爱”系列动态信息共21期，生动讲述21个家庭、32名女性、7个巾帼集体在抗击疫情的战线上坚守岗位、守护人民群众的鲜活故事。同时贴合各个时段舆论焦点，宣传科学防护知识，引导广大妇女家庭不信谣、不传谣，凝聚起众志成城抗疫情的强大巾帼正能量。

【服务抗疫助企】 妇女联合会紧跟上级党委政府要求，谋划落实工作，一方面服务疫情防控持久战，另一方面助力经济社会发展总体战。

服务防疫不放松。全区有8757名巾帼志愿者常态化参与疫情防控。在疫情期间，走村宣传巡查7082次，走访农户、居民39935户。发放宣传资料（含网络、电话提醒）56368份次，张贴送达居家隔离告知书1585张，提供生活服务（包括生活用品配送、体温测量、场所消毒、垃圾清理等各类服务）15193人次，卡点劝导16476人。

结合工作不放松。所有妇联干部借助下沉洗楼排查、卡点值守的契机，在做实做细防控疫情工作的同时，结合“三服务”活动，融合“下沉点+调研”的工作模式，走访“妇字号”基地、“四新”（新领域、新业态、新阶层、新群体）领域，了解不同妇女及家庭的需求，制定精准服务措施。落实点对点服务。全年共解决妇女群众实际困难174人次。

助农助企不放松。制订巾帼民宿推介计划，推出“浔找放松心灵的家”助力复工复产系列栏目，专题拍摄巾帼民宿宣传片4个，开展“浔姐姐盛夏直播季”销售特色产品营业额达2万元，帮助创业女性运用新媒介打开销路、促进生产。及时传达各类扶持政策，引导符合条件的主体用足用好“巾帼贷”“家风贷”等金融产品优惠措施，缓解资金压力，共发放各类贷款1535万元，惠及322名女性生产者。

【传承最美家风】 充分认识家庭家教家风的重要性，动员带领全区妇女及家庭传承最美家风、弘扬诚信文化，进一步推进家庭文明建设。

融合家风助家教。举办“5·15”国际家庭日“最美家风诚信年”健步走活动，组建平安讲师团。举办南浔区第二届家庭文化节，启动“公益小天使”项目，开展新时代文明实践巾帼接力行动10余次。开展“家风故事会”“最美朗读者”“最美家风手工课堂”“最美家风户户展示”等活动共18场，开设朱慧芳老师心理咨询热线，持续开展幸福妈妈圆桌会共9期。

融合家风美庭院。2020年，南浔区近2000户家庭完成“美丽庭院21天打卡”，通过开展寻找“美丽庭院女主人”“美丽庭院变形记”等活动，积极倡导家庭、妇女参与美丽庭院建设。截至年末，全区共创建10438户美丽庭院，2条湖州市美丽庭院示范带已完成初步创建工作，等待验收。

特色创建扩微家。开展各类特色家庭的推荐评选，区妇联共选优推荐24户家庭参与省、市级特色家庭评选；评选出“最美家风诚信好家庭”50户、区级绿色家庭和平安家庭150户；新建“四新”领域妇联组织10个，累计已创建“四新”领域妇联组织19个；新建“妇女微家”100个，累计建成十大类“妇女微家”207个，实现家风建设、微家建设系统化、类别化、特色化。深化“娘家人”服务模式，实现娘家人随时见、娘家事随时议、娘家难随时帮，搭建家庭女性连心桥。

【健全关爱机制】 不忘妇联人的初心，牢记妇联人的使命，南浔区妇联围绕“建坚强阵地，筑温暖之家”的主题，推动全社会关心关爱妇儿群体。

完善机制暖心维权。联合建立婚姻家庭矛盾纠纷调解辅导窗口，健全妇女维权一体化工作机制。2020年共接访妇女维权、咨询等25件次，调处率达92%。与此同时，组建25支特色平安巾帼志愿队伍，招募巾帼平安志愿者2322人，选拔巾帼志愿服务带头人30人，依托“浔姐姐平安行”系列活动，将平安家庭创建与农村文化礼堂、党群服务中心、幸福邻里等阵地有机结合。全年开展线上法治宣传教育4

场，线下平安讲堂 8 场。

专业援助暖心关怀。贯穿全年开展“送法维权进万家”系列活动，开展反家暴、未成年人保护等有针对性的法律讲座和现场宣传 20 余次，受益群众近万人，并为百余名妇女儿童免费提供法律帮助。联合组建成立专业心理援助队伍，由朱惠芳工作室牵头统筹安排心理服务，采用“线上+线下”的模式，开展各类心理疏导 64 人次，电话关怀 217 人次。

社会联动暖心守护。2020 年，区妇联实施“幸福南浔·教有伴”项目，联合“家里嘉”社会组织连接社会资源启动“小书房陪伴行动”，累计投入 8.15 万元。组织 50 余户困难儿童家庭开展亲子阅读、烘焙、手工制作、农场体验等活动共 5 场，为 14 户困难儿童家庭争取到配套书桌。此外，妇联执委、志愿者、专业社工开展学业辅导、心理疏导、生活指导等服务 841 人次。开展“心系广安、童书聚爱”募集活动，为四川省广安市广安区儿童送去图书 3000 余册。

【搭建服务平台】 积极整合资源、集聚要素、优化服务，抓好活动开展、强化服务职能，为南浔高质量赶超发展贡献巾帼力量。

搭建沟通交流平台。召开南浔区女企业家协会年中交流研讨会，组织女企业家参与“指尖上的艺术”传统衍纸艺术体验，组织赴上城区电子机械功能园区考察学习，走访“隐形冠军”企业，拓展女性创业视野，促进能力提升和合作共赢。

促进能力素质提升。成功推荐 6 名优秀女性报名参加“卓越女性创业能力提升项目”培训、6 名女性参与民宿女管家培训、6 名女性参加美丽乡村带头人培训、10 名女性参加湖州市农村妇女“千人计划”家政服务员培训、8 名女性参加“两山”理念转化主题高级研修班培训，提升女性企业家创业创新能力。依托区妇女儿童活动中心、新时代文明实践基地、家庭教育指导服务中心等妇联工作阵地，联合各乡镇（开发区）开展特色种养、农村电商、美妆、插画、烘焙等各类女性素质提升培训 82 期，培训妇女 4578 人。

加强政策对接落实。深化女性创业小额贷款贴息和来料加工项目，通过“微信公众号”、座谈会、分享会等载体，从上到下，积极宣传小额贴息、来料加工等政策办法，对符合妇女小额贴息政策的企业摸底调查，争取享受财政贴息“政策红利”。全年有 14 位女性享受小额贷款贴息，贴息金额约 45 万元。2020 年，区妇联向市妇联申报来料加工先进基层妇女组织、优秀经纪人、优秀农户 10 个。

（徐　帆）

·区工商联·

【概况】 2020 年，南浔区工商联紧紧围绕南浔区“高质量赶超跨越发展”总目标，深入开展“同心·三服务”活动，充分调动广大民营企业家参与疫情防控和复工复产工作，为地方经济社会发展贡献力量。南浔区工商联获评省级抗击新冠肺炎疫情民营企业调查点工作先进单位，区工商联石淙商会获得浙江省 2020 年度“四好商会”荣誉称号。

【大讨论活动】 深入推进“新时代工商联的新样子”大讨论活动，把大讨论活动与谋划工作思路、服务两个健康和助推中心大局有机结合。在机关干部、基层商会、企业家群体中开展大讨论活动。精心选择近几年在高质量发展、履行社会责任、积极履职尽责方面取得突出成绩的 4 名企业家，完成微视频访谈 4 段，完成笔谈文章 4 篇。积极推进“数字工商联”建设，完成数字工商联建设数据录入并持续更新。

【疫情防控战】 自全省疫情防控启动一级响应后，全区工商联系统第一时间迅速行动，认真谋划、加强预判，抢时间、抓效率，全力投入疫情阻击战。动员全区民营企业和在外商会发扬“得诸社会、还诸社会”的优良传统，累计捐赠资金和物资折合人民币 2191.35 万元。其中帮助企业采购口罩等医疗物资 10 万多件(个)。无偿捐助口罩等医疗物资 25000 多件（个）。

【发展总体战】 结合全区“千名干部驻千企，助力开复工、冲刺开门红”专项行动，按照“两手都要硬、两战都要赢”的要求，全面落实专项行动各项任务。区工商联机关全员下沉一线、驻企服务、包片联系，把服务企业举措更加精准高效地落实到企业最需要的地方，努力当好复工助推员、政策宣讲员、防疫体检员、后勤保障员和难题协调员。坚持把各级党委政府助企开复工的政策“大礼包”带下去，梳理汇总一批中央和省、市、区出台的稳企惠企政策文件36件，制定政策汇编，下发至各商会和企业。发出温馨提醒200多条，帮助稳定企业并确保防控措施到位、复工复产有序。积极动员25家工商联主席（会长）企业结对帮扶25家中小微企业，通过结对帮扶、共抗疫情、共克时艰，大力助推长三角一体化，积极参与“天下浙商湖州行”活动，上报项目4个，其中，南浔开发区黄河实业65亿元项目和高智能按摩椅6亿元项目上台签约；积极参与长三角一体化发展，组织民营企业家先后赴上海、昆山、桐乡、海宁等地参观考察。

【服务“两个健康”】 根据上级统一部署，积极发动广大民营企业参与社会统计调查工作，为高层决策提供参考和依据。在前 4 次调查中，全区企业填报数量、填报率均位居全省前列。继续与安邦咨询合作，为广大民营企业提供优质、前沿的信息服务。切实关心企业家身体和心理健康，全年共组织100多名企业家分两批次赴杭州空军疗养院、邵逸夫医院、南太湖医院等医疗机构开展健康体检。围绕党建引领、制度保障、阵地建设、文化助推、激励引导、惩戒警示 6 个方面，继续深入推进清廉企业、清廉基因、政企议事会等项目建设，打造多个示范点，持续扩大清廉企业建设的品牌影响力。

【脱贫攻坚战】 1月，组织企业家赴四川省广安市广安区开展“万企帮万村、助力精准扶贫”东西部扶贫协作考察活动，助力帮扶地区打赢脱贫攻坚战。区小微科技企业联谊会与广安区花桥镇双峰村签订“万企帮万村”结对协议，资助3万元用于双峰村湖羊养殖项目，促进村集体经济发展。资助广安区大安镇第一小学5万元，改善农村教育条件。沃克斯电梯、南洋电机、世友木业分别入驻“南浔·广安东西部扶贫产业园”；支持“浙里汇”消费扶贫购销平台，富钢集团、新利商标等企业通过消费扶贫，购买农副产品，南浔区援建广安东西部扶贫工作组荣获四川省脱贫攻坚奖先进集体称号。

【深化“三服务”】 大力开展“同心·三服务”活动，排摸 106 家融资需求企业，联系 24 家金融机构进行密集走访。企业融资需求累计 77700 万元，受借额度累计 48650 万元，发放贷款总计 14750 万元。2020 年联合区发展改革和经济信息化局、区生态环境分局和区检察院等部门召开四场“亲情直通车·政企恳谈会”，邀请制造业、服务业、科技型企业等代表，与区领导和部门负责人面对面座谈，共收集建议 57 条，所有问题都已得到圆满解决。

【清廉南浔项目】 制定清廉企业、清廉基因等清廉南浔项目，出台《清廉企业建设的实施意见》《清廉企业建设指导规范》《关于开展“新时代新生代的新担当”主题活动暨新生代企业家“双传承”计划的实施方案》等文件，继续开展以“红色之旅”、“清廉之旅”和各种形式的专题培训班，切实坚定民营经济人士理想信念，提升对企业的管理能力。

【青蓝接力工程】 9 月，完成区新生代企业家联谊会换届工作，建立区四套班子领导与新生代企业家导师结对机制，导师深入企业，了解新生代企业家工作学习情况，开展经常性谈心谈话，及时掌握思想状况。新生代企业家队伍中拥有区级以上人大代表 3 人、政协委员 18 人，区级以上工商联执（常）委 13 人，引导他们积极参政议政，回报社会。

（朱梦娜）

外事　台湾事务　侨务

·外　事·

【概况】　2020年共办理因公出国（境）团组1批次、6人次，均为党政人员。自“快捷通道”政策启动后，区政府外事办公室联合区商务局成功申办外国专家邀请函44人次。

【涉外活动】　2020年8月，南浔区成功举办第二届南浔古镇国际桨板公开赛。200余名运动员参加比赛，赛事持续两天，分为场地障碍技巧挑战赛、5000米古镇河道长程赛、龙板冲刺绕标赛，同时特别设置“2020第一届Board Battle冲浪滑板挑战赛”。赛道起点设在南浔古镇青平桥，比赛途经双桥、百间楼等南浔镇古建筑群。

省政府外事办公室和市政府在湖州联合举办“2020外国驻沪总领馆官员走进浙江·湖州”活动，8月21日，40余名驻沪总领馆官员赴南浔考察古镇。

9月25日，“菱湖镇第二届菱美食文化节之划菱桶中外友谊赛”在菱湖镇千亩山村竹漾湾精彩上演。比赛邀请多国友人参与，还组织全镇26个行政村的选手参赛，共同体验原汁原味的中国江南水乡民俗风情。

【友好交往】　2月2日，伊朗友人哈利德夫妇向南浔区中医院捐赠300个N95口罩。3月23日，南浔区中医院投桃报李，通过哈利德夫妇向伊朗捐赠30箱防疫物资，携手伊朗人民共同抗击新冠肺炎疫情。

12月4日，加纳驻华使节Mr. McArios A. Akanbong一行到旧馆镇参观访问浙江德茵菲科生物科技股份有限公司。德茵菲科公司向加纳捐赠价值56万余元（人民币）的德茵菲科消毒液，为非洲朋友抗击疫情助力，双方举行了简单的捐赠接收仪式。

（胡颖颖）

·台湾事务·

【概况】　2020年，南浔区台湾工作办公室坚持以习近平新时代中国特色社会主义思想和习近平总书记关于对台工作的重要论述为指导，严格贯彻落实中央和省、市委对台工作的总体要求，立足职责定位、服务中心大局，着力推动浔台两地经济社会融合发展。

【服务台企发展】　新冠肺炎疫情暴发后，区台办全覆盖走访辖区内台资企业，协助台企尽快实现复工复产，鼓励拓展内需市场和国际市场，积极推动惠台措施贯彻落实，成功帮助两家台资企业的两名骨干协调解决子女转学问题，全年累计帮助台企协调解决问题12个。6月，省台办主任庄跃成一行到南浔调研台资企业，深入台企工厂一线，对疫情防控、复工复产、产业链畅通及市场销售等情况进行调研。10月，组织开展“在浔台商看南浔”活动，组织在浔台商台干走访调研南浔区“三电一板”（电机、电梯、电磁线和木地板）优势主导企业，进一步增强台商台干对南浔区产业发展的信心，促进台商台干与本地企业的互动交流。

【推进经贸合作】　主动对接服务配合“浙江·台湾合作周”活动，推动台资参与“长三角一体化”国家战略，抓好台资“大好高”项目招商和项目落地，总投资10亿元的浙江宏旭智能制造有限公司完成一期项目建设。1月，旧馆镇人民政府与昆山铭益精密机械有限公司正式签约，项目投资1亿元。5月，苏州昆山台商协会与南浔上元产业港举办交流会，6家台资企业负责人在南浔看项目、看企业。8月，台湾致公党主席陈柏光和江苏昆山的台商台青台属一行22人赴南浔参观访问水晶晶文化创意产业园和南浔古镇，了解南浔文旅产业发展形势。

【深化海峡两岸交流】 7月，浙江省台州市台办主任莫峰带领台州市各县（市、区）台办负责人到南浔交流考察，莫峰一行实地考察台资企业浙江宏旭智能制造有限公司和张静江故居，对开展台资企业“三服务”工作的做法进行交流。9月，“台湾湖州同乡联谊会”在台北举办2020年中秋大团圆餐会，2020年轮值南浔同乡会承办，270余名湖州籍老乡和各界嘉宾齐聚一堂、共叙乡情。

【加强在台南浔籍学生管理】 进一步加强与在台南浔籍学生的联系沟通，集中对学生和家长进行联系走访，全面排摸完善学生基本情况信息表，动态掌握学生生活和学习情况。成立学生联谊会，发现和选拔政治素质好、敏感性强、积极向上的学生担任骨干，充分发挥其示范带头作用，进一步加强自我教育和管理。5月，召开赴台学生家长交流座谈会。座谈会上，各学生家长积极介绍子女的生活和学习情况，区台办向家长宣讲赴台学生求学相关情况及有关政策，介绍近期湖台两地交流交往的基本情况和两岸关系形势，表达了对赴台学生的关心。

【指导台联工作】 精心指导区台湾同胞联谊会开展工作，团结好、服务好辖区内的台胞台属，增强凝聚力和向心力。上半年，为在台南浔籍台胞送去一次性医用口罩2400个、额温枪24把、防护手套480双等防疫物资，受到在台乡亲的一致好评。10月，组织区台联赴德清县考察交流台联工作，考察团一行先后实地参观德清县台属之家、高峰村新农村建设、海峡两岸交流展示馆、乡村振兴VR馆和黄郛先生展示馆并针对台联工作开展座谈交流。

（沈立煜）

·侨 务·

【概况】 2020年，南浔区侨联、侨办紧紧围绕市侨联提出的“侨@南太湖”六大领域及工作重点，团结带领全区侨界人士积极主动应对新冠肺炎疫情，关心关爱海外华人华侨及留学生，以“基层基础提升年”和“侨资企业服务年”为重点，创新实干、主动作为，取得了一定的工作成效。南浔区侨联获评全国侨联系统助力脱贫攻坚优秀集体，湖州桑基鱼塘研学文化交流基地获评首批“浙江省侨务工作实践创新基地”，中国湖笔文化馆获评浙江省华侨国际文化交流基地，南浔区侨联助力脱贫攻坚工作入围2020年度全省侨联系统“最具影响力工作”。

【抗击疫情】 响应迅速。在疫情发生的第一时间，迅速组织区、镇侨联开展口罩分发、要道值守等工作，并向海外华侨发出捐款捐物的倡议。海外华侨提供海外医疗物品采购线索9条，捐赠医用口罩33600个，侨资企业及侨界代表人士筹集捐款共计2586万元。其中，双林籍侨贤、阿里巴巴集团董事局执行副主席蔡崇信捐赠2500万元，市委副书记、市长王纲对此致函感谢；南浔旅澳同乡会秘书长周琪捐赠口罩30000个。省委统战部常务副部长王晓峰、省侨联副主席兼秘书长周一松等领导专题对蔡崇信公益基金会运行情况进行调研。蔡崇信荣获浙江省侨界“十杰”称号。

管控有力。根据全省疫情防控统一要求，在市侨联的周密部署下，严格落实境外人员精密智控要求，在第一时间建立工作专班，建立区、镇、村联动的工作机制和实时通报机制，扎实开展细致排摸工作。同时建立常态化工作机制，每日动态更新返浙人员信息，累计核准数据信息2000余条，确保海外人员有序返回南浔。

关爱有度。在全省率先开展“大爱南浔·守望相助——为海外华侨、留学生驰援防疫物资”活动，向海外乡亲邮寄口罩等物资420份、30000余件，获得海外华侨华人及留学生的高度认可，收到感谢信及感谢信息200余条。组建各镇海外联络微信群，及时传递医疗防护等方面知识，克服不安心理，为海外乡亲解决紧急药品邮寄、回程政策解释等困难及问题160余个。区侨联、侨办利用端午节、中秋节等时间节点，开展邮寄粽子、口罩等工作，加强感情联络，圆满完成各项任务。

【助力侨企】 扎实开展“三服务”工作，深入开展“侨资企业服务年”活动，组织侨企贯彻学习习近平总书记考察浙江和湖州重要讲话精神。建立区党政主要领导及侨办干部联系侨资企业和涉侨重点项目制度，指导疫情后企业复工复产工作，通过筹措12000件防疫物资、编发《南浔区疫情期间助企稳企制度汇编》、协调区行政服务中心设立侨资企业办事快捷窗口等形式，为金旋纺织、维多利服装、马可狮派等侨资企业协调解决企业升级等23个问题。开展送医疗、送法律进侨资企业活动，协助美国华侨金瑾积极处理归国留学生购买机票被诈骗一案，其做法得到省侨联主席连小敏，市委常委、统战部部长李上葵批示肯定。

【参与扶贫】　参与脱贫攻坚工作，区侨联主席徐伟在广西柳州鹿寨县累计投资1.2亿元设立地板厂，解决当地539人就业，上缴税收346万元。蔡崇信公益基金会在全国15个省71个贫困县设立职业教育项目，搭建“基金会+企业+职业学校”的校企合作平台。截至2020年，已覆盖全国服务3000多名老师，影响21000多名学生，帮助140名贫困家庭学生实现高质量就业，累计支出2100余万元。刘承桓慈孝教育基金会开展助学活动，资助学生42名。叔苹奖学金资助学生710人次、159万元，累计资助万名学子。

【招引人才】　融入人才招引工作。联合市侨联、区人才办等部门，组织7国华侨代表、13所高校科研人员及4场海外现场连线，举办“南浔高端科技人才产业项目对接会暨海外人才国际会客厅启用仪式”，探索建立常态化线上线下国际人才对接交流机制。该做法被《人民日报》（海外版）刊登。同时与上海军民两用科学技术促进会、上海交大全球文化产业服务平台等建立联系沟通机制。依托新加坡南洋理工大学设立新加坡海外人才联络站，拓展海外引才渠道。联合市侨联、区人才办、区人力资源和社会保障局等职能部门共同组织80名海外留学生开展“2020助燕南飞·筑梦水晶晶南浔”活动，参观“人才产业园”、“森林之星”侨资企业等，为留学归国精英们提供创业就业平台。积极参与推荐南太湖精英计划9个，参与推荐人才工作11人次，排摸海外高校、科研机构工作的博士以上优秀青年人才9名。　（朱梦娜）

法　治

·政法委及综治·

【概况】 2020年，南浔区政法系统按照中央和省、市、区委部署要求，奋发有为，砥砺前行，各项工作取得显著成效。平安南浔高水平推进，2020年，市对区县平安考核位列全市第二，综合安全感位列全省第五，平安指数全年平均位列全省第十五，平安南浔建设以全省第二十八位的考核名次实现十六连冠；维稳安保各项任务圆满完成，社会大局持续和谐稳定；区域社会治理现代化水平显著提高，成功入选“年度中国社会治理百佳示范县市”；扫黑除恶成效明显，收官之战取得全面胜利；执法司法规范化建设有序推进，政法队伍核心战斗力全面提升；平安政法宣传大格局初步构建，平安政法宣传考核位列全市第二。

【护航发展】 紧紧围绕区委工作部署，聚力“三服务”，主动为疫情防控及复工复产、重大项目推进、全域土地整治、三大攻坚战等中心工作提供优质政法服务，履行政法保障职能，展示政法担当。组成攻坚小组，投入“喜迎高铁、万亩征迁”百日攻坚行动，主动高效做好拆迁工作，签约、腾空、拆除均完成100%。由领导带班，全委参与頔塘南岸旧城改造项目分房工作，100%完成任务。在疫情防控期间，投入疫情防控工作。牵头制定《“居家隔离、关爱不离”暖心八条》《隔离医学观察对象法律责任告知书》，出台《关于依法严厉打击新型冠状病毒感染的肺炎疫情防控期间违法犯罪行为的通告》，共办理涉疫情案件203起，刑事拘留5人、行政拘留26人，查处虚假售卖口罩案4件，办理疫情件6012件。深入开展“三服务”活动，发挥法律保障服务专班优势以及本单位平安创建工作优势，全力帮扶企业开复工，走访企业和群众86人次，收集各类问题建议50余个并积极协调解决。

【平安建设】 围绕争创“平安南浔”十六连冠、实现平安乡镇满堂红的总目标，通过举办“平安南浔”建设培训班、开展“四清六化”（网格内人员清、场所清、隐患清、动态清；网格管理精细化、人员参与多元化、职责任务具体化、信息收集数字化、处置协调统一化、保障激励极致化）专项行动、创新推出“浔安码”、加强平安政法宣传工作、开展边界地区社会共治平安联创等方式，持续推进平安南浔建设。全区共排查生产经营场所3.29万家，排查隐患13.76万处，整改率达100%。侦破3起历年命积案，刑事警情、治安警情、黄赌警情、盗窃发案同比分别下降13.73%、4.79%、19.84%、16.84%；全区生产安全事故死亡人数下降23.1%，火灾起数下降36.5%。共发放宣传资料57万余份，悬挂横幅2000余条，利用电子显示屏滚动播出宣传标语46000余条，发送短信800万余条，推送微信朋友圈广告60万条。2020年，平安南浔建设以全省第二十八位的考核名次实现十六连冠。

【社会维稳】 坚持“防为主、防为上”理念，紧紧围绕“五个严防，三个确保”（坚决防止发生危害国家政治安全的重大敏感事件、坚决防止发生暴恐袭击案件、坚决防止发生影响恶劣的个人极端暴力犯罪案件、坚决防止发生重特大公共安全事件；确保一系列重大活动安全顺利进行，确保一系列敏感节点、重要节点平稳度过，确保社会大局持续安全稳定）目标，通过抓好分析研判、做好排查见底、加强风险评估、落实重点稳控等有效手段，全力做好全国“两会”、“七一”、“八一”、国庆和中秋双节、中共十九届五中全会、第三届上海进博会等重要节点维稳安保任务，维护全区社会大局持续和谐稳定。全年共排查各类矛盾纠纷4635件，其中累计通过区基层治理综合信息平台排查上报矛盾纠纷4203件，均已化解；共完成重大项目社会稳定风险评估并录入系统300个。

【基层治理】 以提升区、镇两级社会矛盾纠纷调处化解中心建设、开展“十大行动”专项整治、优化“一中心四平台一网格”（社会治理综治指挥中心；综合治理平台、综合执法平台、便民服务平台、市场监管平台；全科网格）体系为重要抓手，构建区、镇、村三级社会矛盾纠纷调处化解体系，迭代升级基层治理综合信息系统，创新推出“浔安码”，开展专职网格员业务技能培训，不断夯实基层基础，积极推进市域社会治理现代化。全年共受理各类矛盾纠纷4109件，实现“跑一次”“跑一地”96.01%，群众满意率达99.8%；省、市历史积案化解率96.2%，均居全市首位；一审民商事案件收案同比下降16.23%；录入系统户籍人口48万人，流动人口9.1万人，场所核查录入2.6万户；共巡检单位37.6万家次，发现隐患单位数2.1万家，发现隐患问题14.5万个，问题发现率36.4%，转“四平台”处理事件数11.4万件；“浔安码”反映事项1.12万起，办结率达99.3%，实现“群众反映问题随处可报、解决问题一次也不用跑”。

【扫黑除恶】 持续强化公开线索征集，加快线索清仓和案件清结，继续深挖彻查黑恶违法犯罪案件“保护伞”“关系网”。同时，联系开展后进村党组织整转，共整转41个，对在职村干部进行常态化联审。先后12次公开向全社会征集涉黑涉恶违法犯罪线索。紧盯群众反映强烈的黑恶违法犯罪线索，先后12次向社会公开线索征集，共抓获涉黑涉恶犯罪嫌疑人1008人，破获涉黑案件2起，实现打财断血和黑恶势力连根拔。

【规范执法】 全面开展执法司法规范化建设，在开展自查自纠的同时，开展专项治理、专题调研，健全制度机制，进一步提升执法司法规范化水平，切实增强全区政法机关核心战斗力。牵头组织政法各单位开展执法司法规范化水平提升年活动，按照动员部署、全面排查、整改提高、总结验收四个阶段的不同任务，有序推进执法司法规范化建设。全区共受理群众来信来访6件（来信3件，上级交办3件），做到件件有着落，事事有回音。争取财政列入预算并投入司法救助资金50万元。共救助案件47件，救助人数47人，救助总额37.16万元。

（管霞铃）

·公 安·

【概况】 2020年，区公安分局认真落实“对党忠诚、服务人民、执法公正、纪律严明”总要求，面对新冠肺炎疫情的严重冲击和复杂严峻的外部、内部环境，高举伟大旗帜、牢记训词精神，在非常之年立非常之志、尽非常之责、建非常之功，全力以赴战疫情、保平安、促发展，交出大战大考的高分答卷。全年实现现发命案全破，并破获3起年代久远、影响巨大的命积案，在全省社会治安安全感测评中取得全省第3名的好成绩，圆满完成中共十九届五中全会、习近平总书记到安吉考察、世界互联网大会·互联网发展论坛，全国和省、市各级“两会”等重大会议活动安保任务。区公安分局13人次获评市局“防范之星”，9个集体和16名个人获市级及以上表彰，30名个人荣立市级三等功，1名民警荣立省级个人三等功，3名民警荣立省级个人二等功，1名民警被公安部授予个人三等功。

【推进扫黑除恶专项斗争】 坚持以最高政治站位推进扫黑除恶专项斗争，系统推进严打深挖、“打伞破网”、固本强基“三大”行动，集中攻坚娱乐场所、建筑工程、村级组织等重点领域，严格落实“一案三查”（查办黑恶势力，追查黑恶势力背后的“关系网”和“保护伞”，倒查党委、政府的主体责任和有关部门的监管责任）、“三个一律”（对涉黑涉恶犯罪案件，一律深挖其背后腐败问题；对黑恶势力“关系网”“保护伞”，一律一查到底、绝不姑息；对说情和包庇者，一律严肃查处）等制度，实现侦办黑恶案件与“拍蝇”“打伞”同步进行。2020年共打掉涉黑恶团伙4个，抓获犯罪嫌疑人218人，石淙沈某某、郑某某，双林嵇某某两个黑社会性质组织案件均顺利判决。

【护航经济社会发展】 面对突如其来的新冠肺炎疫情和艰巨繁重的治安防控任务，全警闻令而动，冲锋在前，早于全市一天启动卡点查控，成功隔离3名确诊患者及1名无症状感染者，有效阻止疫情在全区扩散。果断查处各类涉疫违法犯罪案件114起

361人，有力保障党委政府各项命令决策落地，特别是办理全省首例涉疫妨害公务案，获评全国首批十个典型案例。聚焦南浔高质量打造湖州“开放东大门、创业新高地”，高水平建设社会主义现代化共同富裕示范样本发展目标，统筹推进疫情防控和复工复产“两手抓、两手硬”，深入实施项目警官制，全力保障万亩大平台和重大项目建设，查处项目推进过程中涉及寻衅滋事、殴打他人、阻碍执行职务、扰乱单位秩序等各类违法犯罪案件14起，采取刑事强制措施2人，行政拘留14人，3个案例入选市公安局和区“三服务”担当破难典型案例。深入开展打击涉众型经济犯罪专项行动，共破获经济犯罪案件18起，抓获犯罪嫌疑人31人。

【护卫生态文明建设】 践行“两山”理念，深入推进“昆仑行动”“守青山、护绿水——湖州公安再行动”等系列专项行动，破获各类环食药犯罪案件15起，抓获犯罪嫌疑人63人，特别是破获一起生产、销售假冒“牛栏山”白酒案，抓获犯罪嫌疑人25人，涉案价值1500余万元；破获一起非法捕捞水产品案，抓获犯罪嫌疑人22人，涉案价值60余万元，获省、市领导批示肯定。聚焦全国文明城市复评，深入开展电动自行车整治，现场查处电动自行车闯红灯、违法载人、占用机动车道行驶、逆向行驶等交通违法行为3.59万起，同比上升72.39%。完善道路交通设施，增设标线7.17万平方米、标志牌1339块，警示桩1140根，护栏4890米。扎实开展“牛皮癣”专项治理，累计查处相关案件4起8人。

【深化“最多跑一次”改革】 以群众实际需要整合网点建设，6个乡镇交警中队全部开设车驾管服务窗口和违法处理窗口，并为9个派出所户籍民警开通交管业务处理权限，实现户籍业务与车驾管服务“一窗通办”。同时，围绕服务事项延伸，机动车灭失、报废注销、补换领驾驶证等16项业务全部下放至乡镇服务窗口。全区所有公安服务窗口开通多个网上办理场景应用，安排工作人员指导群众安装使用“浙里办”“交管12123”等App，2020年，全区窗口交通违法处理网办率从17%上升至58%，车驾管业务窗口网办率从13%上升至46%，群众接受度、满意度持续上升，实现基层减负、群众少跑。

【惩治违法犯罪】 严厉打击重大恶性案件，现发命案4起全部侦破。组织开展打击侵财犯罪民生保卫战，破获各类侵财案件434起，抓获309人，抓获通信网络诈骗犯罪嫌疑人215人。深入开展“云战四号”“净边”等系列缉毒行动，破获毒品犯罪案件9起，其中公安部毒品目标案件1起，省厅目标案件1起，摧毁贩毒团伙6个，查处吸毒人员66人次，作出强制隔离戒毒26人。特别是破获特大跨省贩毒案件1起，抓获犯罪嫌疑人16人，成功斩断一个从云南到江苏苏州、湖州南浔的跨省毒品运输通道。强势推进“黄赌”整治专项行动，累计办理黄赌案件354起，采取刑事强制措施100人，行政处罚1306人，黄赌警情同比下降20.59%。

【防控公共安全风险】 深入开展“一创一治”减量控大专项行动，查处各类交通违法行为48.56万起，同比上升8.65%，其中现场违法行为查处9.8万起，同比上升32.43%。查处货车超载1505起，醉酒驾驶、交通肇事等刑事案件292起，对152处道路交通事故安全隐患落实治理责任，提前完成7处省、市、区级道路交通事故多发点段治理任务。做优精密智控，投入928万元，开发“南浔公安警务大脑”，全警推广使用“浔警通”手机App，全面提升精确指挥、精确处置能力水平。在“雪亮工程”基础上，提出“城市再完善、农村再加密、品质再提升”的建设要求，全面提升精密智控能力。2020年，全区已建成社会治安视频监控2.64万路，接入社会化监控5925路，安装人脸识别系统3470套、车脸识别系统1019套、人体结构化视频781套。

【深化基层社会治理】 按照“一年打基础、两年见成效、三年大提升”的工作思路，全面推进具有南浔特色的“六控一体”立体化信息化社会治安防控体系，维护大局稳定、驾驭治安局势、服务经济发展的能力得到显著提升。做强“以打促控”，用好三种“思维方式”，用政治的思维扫黑恶、用刑侦的思维治黄赌、用法治的思维抓管理，治安秩序持续优化；做优“精密智控”，开发“警务大脑”，推进“雪亮工程”，视频监控安装数列全市首位、人脸识别系统安装数列全市第二位；做大“部门联控”，创新实践“城警联勤”“公安+执法”联勤警务模式；做深“圈层查控”，设置治安检查站、卡点及电子卡口59个，实现“分段封控、联勤联动、平战一体”的查控模式；做强“街面巡控”，做强做大巡特警，组建练市、双林、菱湖三个巡特警中队，盘查人数比 2017 年增加 15 倍，街面侵财案件下降 27.96%；做实“基础管控”，推动全区 432 名综治网格员入驻网格警务室，实现综治全科网格与警务网格全面融合。（王立昂）

·检 察·

【概况】 2020 年，南浔区人民检察院紧扣奋力打造“重要窗口”和加快重塑“水晶晶南浔”，忠实履行法律监督职责，各项检察工作取得新成效。区检察院被中央文明委确定为全国政法系统唯一的“重点工作项目基层联系点”，荣获“2020 年度全省先进基层检察院”称号。

【服务大局】 服务保障抗疫复工。积极参与基层一线防控，先后组织 900 余人次参与一线联防联控，8 名院领导走访结对企业，为企业复工复产进行法律风险提示，提供优质检察服务。坚持涉疫案件提前介入，依法从严从快办理涉疫刑事案件 3 件 3 人。办理的全省首例居家隔离人员违反居家隔离规定的妨害公务案，取得较好法律效果和社会效果，被最高检评为十大妨害新冠肺炎疫情防控犯罪典型案例，该案被央视新闻、最高人民检察院微信公众号、《人民日报》微博等多家媒体、平台报道。疫情期间持续开展野生动物保护、医疗器械治理等公益诉讼专项行动，办理一起非法人工繁育国家重点保护野生动物公益诉讼案，及时开展“问题口罩”公益诉讼诉前磋商，推动“问题口罩”综合治理。对“因疫致困”的 2 名被害人，与市检察院联合开展远程司法救助，努力在战“疫”中传递司法温度。

服务保障“水晶晶南浔”。出台《关于充分发挥检察职能、服务保障“水晶晶南浔”建设的工作意见》，创建水晶晶南浔古镇公益诉讼检察创新实践基地，建立“检察公益守护站”，全力护航“水晶晶南浔”城市品牌的打造。聚焦群众反映强烈的生态环境等领域突出问题，开展一系列湖河保护专项行动。依法办理污染环境和生态资源类批捕案件 5 件 13 人、公诉案件 7 件 8 人，办理环境资源领域民事、行政公益诉讼案件 6 件。贯彻恢复性司法理念，做好生态修复和治理，对炼染纺织和木炭企业违法排污造成的生态破坏，依法提起民事公益诉讼，追偿生态损害赔偿金 240 余万元，并与市生态环境局南浔分局、区法院、区财政局联合出台《生态环境损害赔偿资金管理办法》，为生态损害赔偿金的合理使用提供制度保障。

服务保障法治化营商环境。坚持打击与保护并重，以平等保护市场主体合法权益为重点，批捕合同诈骗、非法经营等破坏社会主义市场经济秩序犯罪 6 人，起诉 19 人。妥善办理一起涉民企的职务侵占案，帮助企业追赃挽损 100 余万元。坚持立足办案提供检察服务，针对办案中发现的风险漏洞，通过检察建议、召开行业座谈会等方式，帮助企业建立合法合规的经营管理机制。坚持服务基层群众，助力无欠薪区创建，在办案的同时帮助 18 名农民工追回被拖欠工资 26 万余元。积极拓展司法救助渠道，办理司法救助案件 24 件，发放救助金 14.7 万元。

【社会治理】 扎实维护社会和谐稳定。受理提请批准逮捕案件 280 件 467 人，批准逮捕 221 件 340 人；受理移送审查起诉案件 657 件 968 人，提起公诉 480 件 719 人。严厉打击故意杀人、抢劫、强奸等严重暴力犯罪 17 件 24 人；突出惩治贩卖毒品、容留吸毒等涉毒犯罪 29 件 67 人；助力打好防范化解重大金融风险攻坚战，起诉非法吸收公众存款、集资诈骗、网络电信诈骗等犯罪 42 件 189 人，成功办理周某某等 38 人诈骗案、黄某等 43 人“套路嫖”诈骗案、陈某某等 50 余人涉跨境网络赌博的帮助信息网络犯罪活动等案。同时把依法办案与化解风险、追赃挽损、维护稳定结合起来，在检察环节为被害人追回赃款 578.72 万元。

决战决胜扫黑除恶专项斗争。立足扫黑除恶专项斗争决战决胜要求，加强办案攻坚，持续开展“线索清仓”“案件清洁”等行动。坚持提前介入，严格依法打击黑恶犯罪，共批捕涉黑恶犯罪 9 件 21 人，受理审查起诉涉黑恶犯罪案件 8 件 42 人，办理了全市影响极大的刘某某等 20 余人黑社会性质组织案件。坚持“打伞破网”“打财断血”一体推进，立案查办保护伞案件 3 件；在涉黑套路贷等案件中，协同公安、法院追回赃款 485 万余元。

深入推进检察环节诉源治理。坚持把诉源治理作为平安创建提升群众幸福感的重要内容。2003 年至 2020 年，检察机关起诉后判处三年以上刑罚的占比从 29.77%降至 21.52%，同时，近几年“醉驾”取代盗窃成为刑事追诉第一犯罪，重刑犯罪率逐渐下降。坚持“少捕慎诉”，批捕、起诉案件同比分别下降15.7%、5.5%，对不构成犯罪或证据不足的或者情节轻微不需要羁押的决定不捕128人、不起诉227人，不诉率同比上升 29.71%。认罪认罚适用率达89.51%。加强释法说理在不捕不诉及行政争议化解等案件中的作用，增强诉源治理司法公信力。

【法律监督】 依法履行刑事检察职能。秉持客观公正立场，坚持把监督贯穿于办案全过程。立案监督34人，纠正漏捕漏诉18人，对侦查活动书面提出纠正意见16件。完善双重审查和员额检察官交叉审查、判后听取律师意见等工作机制，对发现确有错误的刑事判决或适用认罪认罚的被告人提出上诉的，依法提出、提请刑事抗诉3件，法院作出改判2件。审查办理监察委员会审查起诉职务犯罪案件 6件6人。出台《刑事执行监督案件化办理实施办法》，进一步规范化、案件化推进刑事执行监督工作，执行监督纠正25件，发现交付执行、监管活动履职不当46人，纠正脱管漏管12人。

依法履行民事检察职能。以构建多元化民事诉讼监督格局为导向，加强与法院沟通协调，形成打击虚假诉讼的检法合力，常态化开展虚假诉讼专项监督，对套路贷等案件线索摸排、筛查50余条，对1起虚假诉讼案件提出再审检察建议，得到法院改判。进一步加大监督、支持法院依法执行的力度，依法化解执行信访矛盾，助力解决执行难问题。坚持监督与息诉并重，对法院的正确裁判，注重释法说理，引导当事人服判息诉16件。监督中注重发挥外脑作用，开展互联网专家咨询 2 件，提升监督的专业性和精准度。

依法履行行政检察职能。狠抓区委《推进法治建设、加强检察机关法律监督实施办法》落地见效，坚持以办案为中心，以“案结事了政和”为目标，以行政争议实质性化解专项活动为抓手，全面履行行政检察职能。办理生效裁判监督案件 1 件，行政执行类监督案件10件，加大“裁执分离”类案件执行的力度。与区法院、区司法局共同出台《关于进一步推进行政争议实质性化解工作的意见》，对“潜在之诉”“过期之诉”“遗漏之诉”中的行政争议，充分发挥检察机关调查核实和司法审查的专业优势，形成争议化解合力。共办理行政争议化解案件24件，与区司法局、区法院共同化解一起经历一审、二审、当事人一直申诉长达18年的行政争议案件。

依法履行公益诉讼检察职能。坚持公益诉讼聚焦国家利益和社会公共利益、服务保障民生民利。办理行政公益诉讼案件42件，民事公益诉讼案件4件，推动行政机关开展专项整治十余次。在福寿螺专项治理中，清理福寿螺入侵河道191条、农田72块；在自动售货机专项检查中，排摸全区食品自动售货设备53台，关停违规食品自动售货设备2台；在网络外卖平台等行业整治中，对全区入网 700 余家商户就网络外卖平台无信息公示、信息公示不真实、环境卫生脏乱差等情形进行全面检查，督促职能部门查处整改违法商户18家，确保群众在外卖平台“安心选，放心吃”。办理全市首例文物保护公益诉讼案件，有效维护了辖区内古桥文物安全，工作成效获省检察院检察长贾宇批示肯定。

【创新促检】 用心守护未成年人健康成长。突出发挥“春燕工作室”品牌在未成年人检察中的引领示范效应，全面强化未成年人关爱救助和综合保护工作。以“一号检察建议”为牵引，扎实助推校园文明建设，与区司法局、区教育局、区公安分局等共同出台工作规则，实行侵害未成年人案件“强制报告制度”、密切接触未成年人行业从业人员“入职查询制度”，并联合开展专项排查，为孩子撑起司法保护的“制度伞”。挂牌成立全省首个中小学道德与法治教学基地“春燕学堂”，与区教育局合作，以法治教育积分制和发展性目标考核，提升未成年法治教育成效。

深化检校合作。自2018年与上海社科院签订合作协议加强检校合作项目后，姚建龙教授学术团队工作室从理论上推动南浔检察院未成年人检察工作向纵深发展，对罪错分级处遇工作先行先试，从制度上起草《南浔区罪错未成年人分级处遇区域治理实施办法》，以训诫、强制教育、公益服务等不同处遇措施，精准实现临界预防和罪错矫治。在实践中对12名涉未成年人聚众斗殴案，通过分级处遇的运用，为罪错未成年人保护教育和回归社会提供最优方案，该案被评为全省未成年人司法保护精品案例，有关做法获得最高检肯定，“六一”期间连线最高检全国直播，并多次在全国范围进行经验介绍。

智慧赋能助推检察工作转型。牵头做好“政法一体化”提质拓面，推动全区刑事案件和法律监督全面实现单轨制办理，涉案财物处置、看守所换押等一体化协同率达 100%。以疫情期间倡导减少人员流动为契机，通过专线实现检察官远程提审，有效节省诉讼资源；通过“浙江检察”App 全面运用，为律师提供案件绑定、在线阅卷、远程具结等服务，实现律师执业在检察环节“一次不用跑”。深化“智慧未检”App 运用，实现“云上春燕”等功能一键达，全网接受群众咨询举报、定制法治教育服务，实现监督及时高效、社会化帮教更加精准。结合检察办案工作实际，创新提出的《司法规范化智能监控辅助应用设计》方案，以第二名成绩入选全省智慧检察创新应用设计十佳案例。　　（肖　星）

·法　院·

【概况】 2020年，区人民法院高举习近平新时代中国特色社会主义思想伟大旗帜，牢牢把握司法为民、公正司法主线，忠实履行宪法法律赋予的职责，为重塑水晶晶南浔提供有力司法保障。共新收各类案件10030件，同比下降1.41%，办结10207件，同比上升1.7%，结案标的额25.2亿元。区人民法院全年获全国文明单位、全国优秀法院、全省突出贡献法院等市级以上集体荣誉称号15项、个人荣誉称号23项。连续四年获全市法院考核优胜奖。

【服务大局】 服务大局担当有为，积极为经济社会发展保驾护航。区人民法院贯彻落实“两手硬、两战赢”部署，全院干警积极投身联防联控一线，累计下沉防控 1340 余人次，四名干警被授予市级以上“抗击新冠肺炎疫情突出个人”荣誉称号。审结全省首例涉疫情居家隔离人员妨害公务案，最高法院、省高院微信公众号宣传，阅读量均突破 10 万人次，央视《中国新闻》栏目、《人民日报》官方微博等报道。全面保障企业复工复产，发布《疫情防控期间企业法律风险防范指南》，驻企服务专员协调解决困难和问题 103 个，提供法律咨询服务 300 余人次。出台《企业紧急事态司法应对工作指引》，针对 8 方面紧急事态提出有针对性、具有可操作性的司法应对措施，完善企业权益保护机制，被《人民法院报》头版报道，并获评全省十大最佳保障“两手硬”“两战赢”司法成果奖。

积极打造“三员联动+”（审判员、人民调解员、专职网格员在网格矛盾纠纷化解中“联动”+党团工青妇、代表委员、律师等共同参与）微治理品牌，向区委常委会专题汇报，区人大常委会出台“决定”、区委平安领导小组出台“意见”，实施十大专项行动，统筹推进精密智治基层社会治理示范区建设。诉讼服务中心入驻区社会矛盾纠纷调处化解中心，设置“一室两中心六窗口”（“水哥法官工作室”站点，行政争议调解中心、知识产权纠纷调解中心，6 个诉讼服务窗口），助推“信访打头、调解为主、诉讼断后”的“最多跑一地”机制建设，一审民商事案件收案同比下降 16.23%。进一步优化法庭布局，增设和孚法庭。全市率先实现 24 小时自助诉讼服务站点乡镇全覆盖，打通诉讼服务“最后一公里”。获评全国法院一站式多元解纷诉讼服务体系建设先进单位，全省法院仅四家获评。

【执法办案】 执法办案公正高效，坚持把维护公平正义贯穿始终。一审刑事案件新收 493 件，审结 496 件，同比分别下降 14.26%和 12.37%。判处罪犯 774 人，其中判处 5 年以上有期徒刑 26 人。纵深推进扫黑除恶专项斗争，审结涉恶犯罪 3 件 19 人，涉恶案件财产刑执行到位率 95.1%。审结走私、贩卖、运输、制造毒品案件 25 件 58 人。审结原浙江广播电视集团浙江卫视总编室主任陶某受贿案等职务犯罪案件 3 件 3 人。坚持宽严相济，对 235 名被告人依法判处非监禁刑。

一审民商事案件新收 5633 件，同比下降 0.5%，审结 5844 件，同比上升 4.64%。民事案件调撤率 77.17%，居全省第二。审结涉民生案件 371 件，切实保障民生权益。审结合同纠纷案件 1879 件，强化市场主体契约意识和规则意识。审结婚姻家庭案件 577 件，维护家庭和社会伦理秩序。深入推进民间借贷协同治理，民间借贷纠纷案件收案同比下降 17.45%。对 6 名虚假诉讼的当事人共处以罚款 6.9 万元，切实维护司法权威。

一审行政案件新收 134 件，审结 210 件。行政非诉审查案件新收 36 件，均裁定准予执行。行政机关负责人出庭应诉率 100%。行政争议化解率 73.12%，化解争议数居全市首位。会同区政府、区检察院召开法治政府建设推进会暨府院检联席会议，在善琏镇设立全市首个行政争议调解中心联络站。发布交叉管辖县区行政审判白皮书，获德清、长兴、安吉县政府主要领导批示肯定，南浔区人民法院获评湖州市创建全国法治政府建设示范市突出贡献集体。

执行案件新收 3702 件，执结 3589 件。加大拒执犯罪打击力度，审结拒执罪案件 25 件 25 人，其中刑事自诉案件 19 件。强化涉民生集中执行，执行到位金额 687.2 万元。与区税务局共建执行案件税费征缴协作机制，提升民事执行效率。切实推进执行规范化建设，在中国社科院发布的《湖州法院执行规范化指数报告》中居全市首位。

【改革创新】 深化改革守正创新，努力使司法服务效能提挡升级。统筹推进无纸化办案试点工作，落实专项经费，加快信息化改造升级。无纸化办案质效指标居全省法院前列，省高院朱新力副院长到区人民法院调研时对此予以充分肯定。

健全审判监督管理长效机制，加大案件评查力度，不断提升司法规范化水平。在全省法院案件质量监督大检查中，继续保持无重大瑕疵案件，一般瑕疵、一般问题案件数量全市最低。1 篇裁判文书入选全省十篇最佳裁判文书，2 篇案例分别被最高法院《刑事审判参考》和省高院《案例指导》收录。健全“三色”预警（对超 6 个月未满 9 个月、超 9 个月未满 11 个月、超 11 个月未满 12 个月的未结案分别标以黄、橙、红三色进行预警通报，督促加快清理、结案）、院庭长约谈督办等清理长期未结案长效机制，12 个月以上未结案长期保持清零状态。

创新法治宣传教育模式，开设“法官妈妈云课堂”，在“学习强国”等平台和全区中小学展播，主导建设的全省体量最大的未成年人道德法治体验馆已投入运行，入选全市未成年人思想道德建设十件实事。未成年人法治关爱工作经验被省关工委《新星》杂志刊发，省关工委主任徐宏俊等调研时对此予以充分肯定。

【接受监督】 接受监督自觉主动，切实让审判权力运行公开透明。区人民法院向区人大常委会专项报告落实认罪认罚从宽制度工作情况，并根据审议意见抓好整改落实。全力配合开展员额法官评议、专题调研和“四长”（区公安分局局长、区人民法院院长、区人民检察院检察长、区司法局局长）走进人大代表联络站、“宪法日”宣传等工作。座谈、走访在南浔的各级人大代表、政协委员 156 人次，举行“代表委员法院行”活动 3 次，编印寄送法院工作年报，增进对法院工作的了解。支持、配合检察机关依法履行法律监督职责，检察长列席审判委员会会议 5 次，区检察院提请抗诉的 2 件案件依法予以改判。强化审判流程、庭审直播、裁判文书和执行信息“四大公开平台”建设，向当事人推送案件节点信息 3.3 万余条，网络庭审直播 1367 次，累计观看人数 62.69 万人次。召开新闻发布会 2 次，举办公众开放日 11 次，及时回应舆论监督和社会关切。（姚梦玮）

·司法行政·

【概况】 2020 年，区司法局自觉扛起当好践行“两山”理念样板地模范生、争当市域治理现代化先行地排头兵的使命担当，紧紧围绕南浔高质量打造湖州“开放东大门、创业新高地”这一主题，紧扣区委“一一二八”工作部署，不断提升法治能力和水平，为重塑“水晶晶南浔”，建设美丽繁华新江南提供法治保障。

【统筹协调】 统筹协调全面依法治区。区委全面依法治区委员会注重统筹引领和探索创新相结合，区级层面聚焦“关键少数”，以制度的方式进一步明确领导干部会前学法的内容、机制，形成《南浔区领导干部会前学法制度》，组织全区政府系统主要领导到湖州市中级人民法院参加庭审旁听现场学法，打造立体化、全覆盖的领导干部学法体系。全年全区所有乡镇部门均开展会前学法，累计 350 余次。新组建法治监督员队伍，乡镇层面还建立基层法治建设“六大员”，即法治决策参谋员、文件合同审查员、行政执法监督员、基层法治促进员、守法普法服务员、纠纷化解执行员工作机制，进一步推动法治工作机制重心下移、力量下沉。

【统筹推进】 统筹推进行政争议化解。制定《深化行政执法监督规范化建设创新实践工作方案》，出台《南浔区行政执法“五个一律”铁规》，并在全市开出首张行政执法监督通知书，聘请 10 名法治监督员，创新执法监督新模式力促执法行为规范化。行政复议窗口入驻区社会矛盾纠纷调处化解中心，并在全市率先开通行政复议网上申请。2020 年共接待复议咨询 110 余人次，新受理行政复议案件 22 件，办结案件 25 件，调解结案 10 件，调解结案率 40%，复议后持续保持零败诉。凝聚区人大、法院、检察院等多方力量，齐心协力化解行政争议，历时20年的拆迁纠纷得到有效化解，历时18年的行政诉讼案件双方当事人达成和解。开展区人大专项督查，制定“三长”（案件涉事单位的局长、镇长及分管副区长）包案和领导批示督办两项制度，以更为健全的制度体系来促进行政争议实质性化解。全区共有一审行政诉讼案件186件，结案168件，败诉率为8.92%。

【统筹落实】 统筹落实合法性审查“全覆盖”。出台《南浔区镇（开发区、度假区）合法性审查工作实施办法（试行）》，实行合法性审查目录清单、制度清单、效能清单，畅通基层法治“最后一公里”，在基层形成“法治办+司法所+法律顾问”三位一体审查体系，建成一支47人的乡镇合法性审查队伍，意见建议采纳率达99%，纳入目录清单审核的文件、合同和重大执法决定均得到较好执行。通过合法性审查人员列席乡镇班子联席会议制度、专家咨询机制、联合会审机制等机制建设不断推进基层合法性审查工作提挡升级。在第二次全省司法局局长交流会上，区司法局就乡镇合法性审查工作做经验交流。

【“法雨春风”专项行动】 实施“法雨春风”专项行动润企。疫情期间，成立新冠肺炎疫情防控公益法律服务团，推行律所与企业园区进行“一对一”结对，为企业进行“线上+线下”的“法治体检”，助力企业复工复产。2020年累计建立“企业健康档案”658份，提供法律意见1055个，为企业解决困难228个。新建设菱湖置信工业园、旧馆镇小微企业创业创新产业园、大东吴（练市）绿色制造产业园、练市镇南太湖精英计划产业园4个公共法律服务站点，进一步提升市场主体法律顾问服务覆盖率。

【“浔暖农民工”专项行动】 实施“浔暖农民工”专项行动惠民。开展“浔暖农民工”专项行动。线下走访企业305家、工地26家，发放相关法律文书共计15000余份。线上开通南浔区公共法律服务掌上服务大厅，提供24小时智能法律咨询。整合各律所微信公众号形成“云普法”阵地，宣传涉企法律法规和涉企纠纷典型案例，提高企业依法经营、依法维权意识。全年开辟劳动争议窗口提供指引1768人次，共受理援助案件646件，其中涉及劳动争议类案件299件，挽回经济损失共计809.5万元。

【“一三二五”阵地建设专项行动】 实施“一三二五”阵地建设专项行动利民。重点打造“一三二五”法治文化阵地，一即打造区级法治文化基地，融合“三馆一园”（未成年人道德法治体验馆、青少年法治教育馆、禁毒馆和区级宪法主题公园）、法治文化公园、国防教育公园、安全教育公园等，形成法治文化宣传阵地集群，“三”即打造鱼米之乡、丝绸之源、笔墨书香三条法治文化景观示范带；“二五”即省级民主法治村创建率达25%以上。通过法治文化示范带建设，营造崇尚法律、遵守法律的文化氛围。

【专家团队】 依托“专家团队”让法治审核精准把关。贯彻落实省、市、区重大行政决策程序相关规定，履行公众参与、专家论证、风险评估、合法性审查、集体讨论决定等法定程序，强化决策程序的刚性约束。以法制审核为抓手，推进法治参与褚家漾企业收储、古镇北部区域房屋征迁、高铁万亩征迁百日攻坚、全域土地综合整治、頔塘南岸安置房屋分房等中心工作，审核各类法律文书130余份，提出法律意见160余条。将政府法律顾问工作贯穿重大行政决策全过程。2020年，区政府法律顾问参与审核南浔区政府与各类重大项目投资合作协议和重要行政规范性文件，出具法律审核意见100余条，为重大项目落地和依法行政提供有力的法治保障。

【普法团队】 依托“普法团队”让专业服务触手可及。“七五”普法讲师团、普法志愿者队伍，“浔先讲”民法典宣讲团、学法守法示范户等法治宣传队伍协同并进，通过“普法大讲堂”、阵地普法、“地摊”普法等形式，开展《中华人民共和国民法典》《浙江省民营企业发展促进条例》等重点法律法规宣传，引导各级领导干部和广大人民群众牢固确立社会主义法治理念。2020年，开展普法宣传行动609场，“法律顾问大讲堂”42次，钉钉普法网课直播5次，新开设的“南浔普法”抖音号多次被列入浙江政法抖音影响力排行榜。

【调解团队】 依托“调解团队”让纠纷化解快速高效。充分利用镇社会矛盾纠纷调处化解中心建设时机，强化基层司法所建设，南浔经济开发区司法所成功创建省级“枫桥式”司法所，南浔、练市、和孚、善琏镇司法所成功创建市级“文明规范公正”

司法所。乡镇司法所全部实现“四有”目标即“有标识、有阵地、有品牌、有特色”，根据地域特点打造菱湖“渔家人”、开发区“水乡情”、和孚“和事佬”等一批各具特色的调解品牌，并通过人民调解“双十双百双千”（拓展10个行业性专业性调委会，培育10个品牌人民调解工作室；建成100个示范性调解驿站，配备100名左右的专职调解员；建成一支1000人的人民调解员队伍，形成一支1000人的调解志愿者队伍）行动，形成调解品牌集群效应，着力矛盾纠纷一线化解。全区录入大数据平台调解案件3672件，调处成功3667件，调解成功率为99.89%，涉及金额8463.1万元，是浙江省司法厅2020年数据归集情况通报中调解员信息无差错、纠纷占比排名前十的县（区）之一。

【突出干部培养锻炼】 突出干部培养锻炼，打造过硬队伍。稳步开展执法司法规范化水平提升年活动，落实“政治轮训”，在全区司法行政系统开展“一所一品牌”比学赶超、“一科室一亮点”比拼晾晒专项活动，形成比学赶超、争先创优的良好氛围。特别针对年轻干部，开展“七个一”培养工程即通过服务一个项目、解决一个难题、撰写一篇信息报道、开展一次宣讲、投身一次志愿服务、分享一篇心得体会、完成一轮集中培训，促进服务理念的转变和行动力的提升。

【突出律师管理扶持】 突出律师管理扶持，提振行业形象。开展南浔区律师行业“扬帆行动”，出台《南浔区促进律师业发展奖励补贴经费使用管理办法》，为律所壮大和律师培养创造积极条件。出台实施《南浔区规范法律服务市场专项行动方案》，专门成立领导小组，开展为期2个月的法律服务市场专项规范整治行动，取得较好成效。落实案件评查，采取“警示教育+案卷评查”模式，进一步促进法律服务行业规范化。2020年形成村（社区）法律顾问“五大员”（法律事务指导员、法律知识宣传员、调解矛盾协理员、法律援助代办员、社情民意信息员）工作机制，打造“红色律动·浔法治先锋”的党建品牌，律师行业健康发展迈上新台阶。

【突出矫正对象监管】 突出矫正对象监管，防范化解风险。区、镇成立社区矫正委员会，构建起“党委领导、政府负责、部门协作、社会参与”的社区矫正工作新格局，在全市率先实现区、镇、村（社区）矫正委员会第一次会议全覆盖。通过开放日、新闻发布会、公交车车载电视播放、专题法治讲座、社区矫正对象集中教育等形式，开展《中华人民共和国社区矫正法》（以下简称《社区矫正法》）专项法治宣传，制作《漫解〈社区矫正法〉》动漫短片，被省、市、区多家媒体转发。围绕“智慧矫正中心”建设，巡查监管、风险排查精准度得到提高，并创新建设在线教育帮扶应用功能与“电子交心日记”应用功能，拓展“互联网+修心教育”帮扶模式。常抓严抓矫正对象管控，组织开展“六大行动促帮教 精准矫治保平安”预防社区矫正对象再犯罪专项行动（“六大行动”：法律学习、沟通了解、走访谈话、帮扶教育、心理辅导、技能培训）。2020年，全区社区矫正对象在册262人，没有出现再犯罪现象，无脱管漏管情况发生。（俞丹丹）

军　　事

·人民武装·

【概况】 2020年，南浔区人武部深入贯彻习近平新时代中国特色社会主义思想和习近平强军思想，坚决落实军分区党委和区委的决策部署，坚持重心下移，突出问题导向，狠抓工作落实，打好疫情防控仗，始终瞄准“建设全面过硬一流人武部”的发展目标，中心任务圆满完成，部队建设趋稳向好。

【备战打仗】 深入学习贯彻中央军委军事训练会议精神，坚持以战领建、抓建为战，提升国动援战能力。围绕落实省军区、湖州军分区部署要求，修订完善各类方案计划。规范值班秩序，组织值班员资格认证考核，提高值班效能，战备秩序规范被省军区通报表扬。按照年度军事训练计划，坚持按纲规范首长机关训练和民兵军事训练，全面推开军事职业教育，推进“四室一节点”（军综网室、微课制作室、图书室、互联网室，CDN节点）建设，机关业务水平全面提升。完成新入队民兵和民兵参训对象的年度训练任务。参加湖州军分区岗位练兵比武，连续两年取得总成绩第一的好成绩。加快推进基层武装部建设，高标准落实民兵规范化建设，民兵连建设水平得到提高。

【国动工作】 创新民兵编组队伍，着眼“不脱离生产”的特点，将民兵队伍建设和地方社会经济建设有机融合。在精细摸排2000多家规上企业的基础上，高质量编建队伍，新质力量比例达30.8%，居全市首位。新质力量民兵分队编建工作新闻被《人民日报》网络版报道。响应“投身两山实践、促进基层治理”号召，积极组织民兵参建。疫情期间，南浔民兵率先走进企业支持企业复工复产，有关事迹在中央电视台《军事报道》中播出，《中国国防报》和《光明日报》也给予报道。注重营造浓厚征兵氛围，以提高兵员质量为核心，以“五率”量化考评为抓手，协调乡镇主要领导发表联名网络倡议书，发动南浔籍部队领导制作发布10个《来自军营的邀请》微视频，激发广大青年的参军热情。2020年共征集大学生比例达88%，大学毕业生比例达28.3%，大学生和毕业生征集比例实现双增长。

【军地共建】 强化党管武装，抓好双向兼职、党委议军、党管武装述职等制度落实，坚持把武装工作纳入经济社会发展规划，写入年度党委、政府工作报告，纳入工作目标责任考核体系，确保武装工作有序展开。持续巩固深化“八一”光荣榜、军人荣誉墙、军属大走访等大国防教育特色做法。组织第20个全民国防教育日系列宣传活动，深化两项教育成果，结合学生军训等时机，推进国防教育入课堂，宣传国防知识，巩固国防意识。依托“习习轻风”网络宣讲团，以防控期间群众关心的热点、难点问题为切入点，发布防疫宣传视频33个，累计点击量达481.3万次，有效稳定百姓思想。切实做好双拥工作，区四套班子和各镇（开发区）主要领导坚持每年“八一”、春节到军事机关走访慰问，以实实在在的举措暖军心、固国防；各镇（开发区）坚持每年慰问现役军人家庭，拥军工作成效明显。

【规范管理】 狠抓安全管理工作落实，认真学习贯彻上级要求和各级会议精神，牢固树立“讲安全就是讲政治、顾大局，抓安全就是抓工作、尽职责”的思想，主动承担分区兵器室规范化建设试点任务，加快推进重点要害部位建设。针对人员居住分散、车辆动用频繁、办公场所相对开放的实际，坚持把人车枪弹酒、水火电毒密等作为重中之重。突出问题导向，开展排查整治，做好问题整改，初步完成保密室和集中文印室改造，调整交流1名工作不称职人员到其他部门工作，补充2名优秀人员充实到

安全保密队伍，进一步确保“底线”“红线”不被触碰。（吴海聪）

·人民防空·

【概况】 2020 年，南浔区人防办认真贯彻落实中共十九大精神，遵循人民防空建设与经济建设协调发展原则，坚持“长期准备、重点建设、平战结合”方针，围绕年度目标任务，聚焦高质量发展需求，齐心协力，真抓实干，着力提升人防应急应战核心能力、城市综合防护能力和人民群众的防空意识及技能。

【应急指挥】 2020 年修订《南浔区人民防空指挥部编成方案》，明确指挥长、副指挥长及各组组长，明确各个成员单位的工作职责，基本保证战时 24 小时人员全部到位。由区住房和城乡建设局、区交通局、区卫生健康局等部门组建人防专业队。12 月召开指挥部会议并圆满完成演习。全员参加市办组织的各类人防业务培训、军事日常训练等一系列活动，提升业务水平和军事素养。完成警报器的平时检修和维护工作，新增电声警报器 2 台，人防重点镇警报覆盖率 100%，结合“5·12”“9·18”节点开展防空警报试鸣，鸣响率 100%。

【人防工程】 坚持“以建为主，以收促建”的原则，全力开展“结建”工作，认真开展全区人防工程安全管理工作，坚持日常检查与重点抽查相结合，定期对全区人防工程进行全面检查。

【人防教育】 增强领导干部的国防观念和人防意识，有力地争取各级领导的支持。在社区发放“市民告知卡”500 余份，结合华数“电影下乡”活动在行政村轮流播放防空防灾知识短片，播映近 200 场，观影群众达 5000 多人。为 44 所中小学征订防空防灾知识教材近 7000 本，在“5·12”“9·18”节点，全区 85 所学校（幼儿园）、53000 名学生全部参与疏散演习，并且在 10 月 30 日新中国人民防空创立 70 周年之际，组织相关学校开展主题周书画比赛。

（张思婷）

人力资源　社会保障

·综　述·

【概况】　2020年，南浔区人力资源和社会保障局坚持以中共十九大、十九届五中全会，省委十四届八次全会，市委八届十次全会和区委四届十一次全会精神为指导，深入贯彻落实省、市人力资源和社会保障工作会议精神，围绕南浔区“两手硬、两战赢”，认真履行保障民生、服务发展职责，深入开展“三服务”，持续巩固“不忘初心、牢记使命”主题教育成果，全面深化“最多跑一次”改革，充分促进社会就业，优化人才发展环境，完善社会保障体系，规范人事管理制度，构建和谐劳动关系，推进人力社保工作再上新台阶，为地方经济社会发展贡献发力。区人力资源和社会保障局获评2020年度全市人力资源和社会保障先进单位和创新工作优秀单位，在省、市人力社保系统年度绩效考核中连续两年荣获优秀等次，并获得南浔区抗击新冠肺炎疫情集体三等功。

·就业服务·

【概况】　全区城镇新增就业26765人，城镇失业人员再就业7314人，困难人员再就业950人，城镇登记失业率1.52%。招引大学生和其他各类人才19811人，其中，大学生15880人，扶持创业人员1362人。审核拨付大学生就业创业补贴2700万元，审核发放创业担保贷款12575万元，发放贷款贴息523.8万元，拨付对口支援地区建档立卡人员扶贫补贴181人次59.34万元；审核中小微企业招用高校毕业生一次性社保补贴315.3万元，审核稳岗补贴170.82万元。复工复产审核拨付1442.45万元；共举办109场人才招引活动，推出岗位36608个。世荣大学生创业园被评为市级高校毕业生（青年）创业示范园，“沈良的良田姓粮”“拉粮配”生态种养结合项目获得“南太湖杯”创新创业大赛暨“奇思妙想浙江行”2020创业大赛三等奖。就业管理服务中心主任张国群获得人力资源社会保障部“全国人社扶贫优秀干部”殊荣。成功举办“2020年中国·南浔首届大学生创新创业大赛”，大赛选出3个一等奖、5个二等奖、8个三等奖。辖区共有11个村（社区）被评为市级高质量就业村（社区），组织辖区40个村（社区）申报区级高质量就业村（社区）。

【企业复工复产】　出台《关于印发南浔区企业复工复产保障用工补助奖励配套实施办法的通知》，针对企业包车、员工自行返浔、专车接送、开展劳务协作、中介人力资源服务机构招引、企业招录新员工等推出了六方面的补助政策，通过微信、网站等广泛发布，扩大政策知晓率，通过数据比对，系统查询，精准确定申报企业名单，通过实地走访、电话宣传等方式第一时间联系企业，实现优惠政策能享尽享，兑现各类补贴资金1442.45万元。保障企业有序开工复工，根据企业开出的复工“困难清单”，实行“一企一策一专人”，成功帮扶返岗用工困难企业29家；充分利用用工监测系统，对全区264家工业企业进行实时监测，根据企业余缺用工情况，做好企业间用工调剂工作；用好“直通车”助力员工返岗，开通返岗人员回南浔直通车，共计492辆（次）车接回员工10398人；开发“南浔企业复工招募线上平台”，及时发布“紧急招募令”。通过线上线下招聘活动，及时解决疫情期间企业用工问题。贯彻落实《浙江省人力资源和社会保障厅 浙江省财政厅关于做好2020年失业保险稳岗返还政策执行有关问题的通知》精神，切实减轻企业负担，帮助企业共渡疫情难关。2020年，全区社会保险费返还企业5154家，涉及补贴金额3121.8万元。积极落实稳岗补贴政策，对符合条件的企业，全部电话通知申报须知，实现能享尽享，共审核 412 家，补贴金额 170.82 万元。根据省、市下发名单，严格落实中小微企业招用高校毕业生社保补贴，共落实该项补贴 315.3 万元。

【大学生就业创业】 全面落实《南浔区进一步扶持大学生就业创业实施意见》《南浔区人民政府关于促进就业工作的八条扶持意见》及配套实施办法，出台《湖州市南浔区人民政府办公室关于进一步做好稳就业工作的实施意见》，紧紧围绕“稳就业”和南浔区“5 年引进 50000 名大学生和其他各类人才到南浔就业创业”的目标，有效落实就业创业扶持政策，招引大学生和其他各类人才 19811 人，发放创业担保贷款 12575 万元，审核拨付大学生就业创业补贴 2700 万元。积极搭建大学生就业创业平台，组织人员赴西安、杭州、共青城、赣州、昆明、大理等城市的高校开展城市推介及大学生招引活动，打响水晶晶南浔城市招引品牌。2020 年新建人才工作站 6 家，累计建立人才工作站 36 家，建立大学生实训基地 13 家，累计建立实训基地 92 家。营造南浔引才聚才、用才育才的良好氛围。开展离校未就业高校毕业生专场招聘会，对离校未就业高校毕业生开展不少于三次的就业帮扶。扎实推进大学生创业示范园建设，已建大学生创业园 8 家，其中省级 1 家，市级 5 家，区级 2 家，为聚引大学生到南浔创业提供平台。

【对口支援地就业扶贫】 创新就业扶贫模式，将扶贫与复工复产成功结合，打造“空中双选”网络平台，共推出 48 家企业就业需求岗位 1651 个，突出重点扶贫岗位 450 个。编制《东西部扶贫劳务协作南浔区网络招聘流程明白纸》，生成“南浔复工招聘码”，通过四川省广安市广安融媒体进行区域全覆盖高频次“复工码”推送，通过专列输送 419 名广安人员到南浔就业。强化部门协作提供保姆式服务，新员工到岗企业，结合区、镇、村三级驻企服务专员，确定就业专员进行为期半年的稳岗联系，解决工作和生活实际困难；对在南浔工作期间不能适应岗位的进行二次选岗指导和帮扶。落实扶贫优惠政策确保无遗漏。定期排摸在南浔就业的广安区建档立卡人员情况，建立人员清单，对在南浔稳定就业的建档立卡人员落实一次性交通、就业补贴和一次性生活补助等，拨付各类扶贫补贴、村（社区）一次性输出补贴合计 68.55 万元。全力以赴实现建档立卡人员在南浔稳定就业，实现从“政策造血”向“自我造血”的转变。精准开展本地城乡居民就业帮扶。

【低收入群众就业帮扶】 项目化管理本地低收入群众就业帮扶。依托乡镇、村（社区）人力社保平台，动态掌握辖区低收入群体就业情况，对在法定年龄内有劳动能力有就业愿望未就业人员开展项目化管理，精准掌握三张清单，建立未就业人员名单清单、求职意向清单、岗位推介帮扶清单，做到每个未就业人员推介就业岗位不少于三次，每个低收入家庭不少于一人就业。积极开发公益岗位，根据南浔区实际，动员国有企业、各基层平台推出公益类岗位，托底安置困难群体就业，并给予困难人员每人每月 500 元的岗位补贴。常态化做好登记失业人员就业帮扶。对辖区登记失业人员开展常态化的就业帮扶，动态性管理，及时掌握失业人员求职意向，有针对性地开展岗位推介。5 月 20 日，以“助残送真情、就业暖民心”为主题，联合区残疾人联合会开展 2020 年南浔区残疾人专场招聘会，8 家企业提供 56 个岗位，现场 12 名残疾人达成就业意向。全年开展各类线上、线下招聘会共计 109 场，推出岗位 36608 个，有效搭建人力资源供需交流平台。

·引才育才·

【概况】 加大人才引进力度，深入推进重大人才工程，打造人才生态最优区。持续引进大学生等各类紧缺急需人才，推进人才与产业深度融合发展。提升人才平台能级，承接人才项目。2019 年入选省级人才工程 5 人（“创新长期”2 人、青年人才 3 人）；新建国家级博士后科研工作站 1 家。强化技能培训及考核工作，提升技能人才专业技能水平。

【高层次人才招引】 推荐 2020 年国务院特殊津贴 1 人进入省级评审；完成高技能领军人才和青年拔尖人才中期绩效考核评估；新建省级博士后工作站 2 家，新引进博士后科研工作站博士 4 人；成功举办“2020 中国·南浔第三届创新创业大赛”，在上海、深圳、成都等城市开展城市赛，开展一场线上赛，在南浔（上海）科创中心完成决赛，300 余个项目报名，12个项目获奖，在市级总决赛中2个项目入选三等奖。

【技能人才培育】 深入实施“幸福南浔·金蓝领”技能人才队伍“个十百千万”（打造1个产业人才培养服务中心；建立十大产教融合联盟；创建100个技能大师工作室，建设100个技能人才培训基地；举办技能比武不少于500场；培训技能人才100000名，技能晋级15000人，实现全区劳动者技能培训全方位、立体式全覆盖）工程，开展职业技能提升培训32505人次，新增高技能人才4270人，其中34家企业2835名职工参加职业技能线上培训，发放职业技能提升补贴（职业技能提升专项资金）1915.3917万元，其中，线上培训补贴175.0957万元，以工代训补贴1238.34万元，职业技能培训补贴501.956万元。开展南浔区——广安区东西部扶贫劳务协作“农村致富带头人”培训，培训带头人79人。开展南浔区“千名技能人才”考核，完成“千名技能人才”考核1610人，“技术标兵”考核合格1054人，发放考核津贴157.425万元；副高职称（高级技师）岗位津贴发放123万元。全年举办手工木工、保安员、茶艺师、维修电工、汽车维修工等技能比武36场，并积极选拔推荐高技能产业工人参加国家级、省级、县级职工职业技能竞赛，工种包含毛笔制作工、精细木工、起重机装配工等。开展高技能人才认定2次，共有278名来自南浔区重点行业企业的高技能人才参加两次认定和面试。

【职称评审】 开展南浔区职称初定，3批申报人数434人，222人通过初审，新晋升高级职称人才数221人；组织开展电梯行业职称自主评价，实现从政府评到业内评的转变，有针对性地对南浔区电梯行业协会特种设备专业参评人员进行职称评定，申报人数104人，通过初审99人，评审通过63人。

·人事管理·

【概况】 按照创新体制机制、服务科学发展、构建和谐社会的总体要求，紧紧围绕“重塑水晶晶南浔 建设‘重要窗口’示范样本”发展目标，不断加强事业单位人才队伍建设，深化事业单位人事制度改革和工资制度改革，严格规范事业单位管理，为全区社会经济又好又快发展提供有力支持。

【人事招聘】 完成高层次人才引进工作。联合区委组织部组织实施一般事业单位高层次人才引进工作，针对全国“双一流”大学建设高校和THE英国泰晤士世界大学排名最新榜单前100名的国（境）外著名高校广泛招引人才，引进一般事业单位25名高层次人才，充实干部队伍力量。协同区卫生健康局、区教育局开展卫技、教师高层次人才引进工作，共引进卫技高层次人才12名、教师高层人才11名。完成一般事业人才招聘工作。组织开展2020年事业单位公开招聘工作，招引一般事业人员63名；联合区委组织部开展2020年机关事业单位公开选调工作，完成1名事业人员的选调；联合区卫生健康局、区教育局开展2020年卫技、教师公开招聘工作，招聘卫技人员70名，教师67名。完成编外工作人员招聘工作。2020年共开展2次机关事业单位编外用工招聘工作，共有37家单位推出44个岗位需求65人，通过公告发布、现场报名、笔试、面试、体检、考察等工作，最终招聘60人。联合区民政局组织公开招聘社区专职工作者人员37名。

【事业单位管理】 依规做好事业单位岗位管理工作。及时审批事业单位新招人员入岗和职称晋升申请，根据深化职称制度改革工作要求和《浙江省人力资源和社会保障厅关于做好2017年度全省职称评审工作的通知》等文件精神，深化事业单位评聘结合改革，推动岗位管理、职称竞聘、聘期考核、绩效管理等重要制度在事业单位内部有机融合、良性运转，继2019年在区交通局实施职称评聘能上能下改革后，2020年在区农业农村局继续深化落实改革措施。结合事业单位机构改革，及时调整审核各单位岗位设置，共完成全区15家事业单位的岗位设置变更和3家事业单位的岗位设置。规范管理事业单位人员调配。与区委组织部联合发文《南浔区关于进一步规范机关事业单位工作人员调配的通知》，进一步规范事业单位工作人员的交流调配，促进人员合理流动和优化配置，增加人事调配工作的透明度，全年共完成296个事业单位人员的调配工作。做好事业单位新聘人员岗前培训工作。联合区委组织部开展事业单位新聘人员岗前培训三期共162人，培训采取理论学习和问题研究相结合，专家讲坛与教师辅导相结合，模块教学、现场教学与学员研讨相结合的方法，综合运用讲授式和案例式、模拟式、体验式等互动式教学方法，提高新聘事业人员的岗位适应能力。

【人事改革】 深入推进事业单位工作人员职业生涯全周期管理“一件事”改革。完善事业单位“一件事”服务平台，“前端”与人事工资管理系统对接，“后端”与出入编、社保、医保、公积金等经办系统联通，推进“一件事”改革，提供“一条龙”服务。全区 200 多个事业单位完成事业单位工作人员职业生涯全周期管理一件事改革，精简申报材料 80%以上、填报项目 90%以上，事业单位工作人员办事从至少跑 6 次变为“跑零次”，办理时限由 10 个工作日以上压缩至 2 个工作日以内，提升服务效能，实现让“数据多跑路、人员少跑腿”，提高广大事业单位工作人员改革获得感、满意度。2020 年，“一件事平台”办理业务 800 多件。人事工资管理系统完成全区 200 多个事业单位的组织机构数据导入及全区 5000 多名事业人员人事及工资相关数据信息采集及导入工作，累计导入数据 70 余万条。迎接省委巡视组检查工作，完成全区 1100 多名一般事业人员的档案审核及整改工作，并顺利通过省委巡视组的检查。开展“七多”问题清理整顿，牵头负责创建评比事项的清理。调整区评比达标表彰工作协调小组，细化具体分工，明确目标任务。2020 年共向上申报并确定 1 个表彰项目，3 个表扬项目，并再次督促全区各部门进一步规范表彰表扬活动，联合区委办、区委组织部等部门联合开展全区“七多”问题清理整顿布置培训会，并组成联合验收组抽检乡镇、村（社区）清理整顿情况。

·劳动保障监察·

【概况】 全区共检查用人单位 1985 家次，涉及劳动者 6.67 万余人次。共受理处理各类投诉举报案件 1293 起，其中各类欠薪事件 1218 起，涉及 9251 人，18372 万元。行政处罚 15 起，拒不支付劳动报酬案件移送公安机关 5 起，移送涉嫌伪造证据影响行政机关依法办案 2 起。检查在建工程项目 300 余家次。

【法制宣传】 按照“谁执法谁普法”“谁主管谁负责”原则，5 月组织全区宣传贯彻《保障农民工工资支付条例》培训大会，利用报刊、广播电视等传统媒体和新闻网站、微信公众号、抖音号等新闻媒体，通过政策解读、发放宣传资料等形式，向广大用人单位和劳动者广泛开展《保障农民工工资支付条例》和疫情期间相关政策制度宣传，发放《保障农民工工资支付条例》宣传册 500 余份，《给农民工的一封信》6000 余份。劳动保障监察大队、劳动人事争议仲裁院、人力资源服务中心、人力资源服务中心等多个科室举办全区企业的法律法规培训，送法上门，以案释法。

【劳动监察执法】 开展“2019 年度根治欠薪冬季攻坚行动”“2019 年度劳动保障书面审查工作”“整治非法用工打击违法犯罪”“2020 年度根治欠薪冬季专项行动”等各类专项行动，通过对企业劳动用工、职业培训、劳动合同、工时制度、劳动工资、社会保险等方面的全面检查掌握企业的用工状态，加强对企业用工的实时监管。联合区人大开展《中华人民共和国劳动合同法》（以下简称《劳动合同法》）法律监督，对辖区内的 5 个工业企业和 2 个在建工程项目进行监督检查，并就《劳动合同法》贯彻实施情况向区人大和区政府汇报。依托“全区根治欠薪管理平台”，创设“工资清欠二维码”，进行第一时间在线处置。开展“无欠薪集体约谈承诺”。协同区信访局、区住房和城乡建设局、区公安分局等部门联合召集在建项目建设单位和施工总包单位，进行欠薪集体约谈，当场签订《无欠薪承诺书》，对有欠薪举报线索的重点项目制定限时化解处置方案，并进行公开公示。实施《欠薪隐患清单式管理》。以属地政府和行业主管部门为责任主体，条块结合进行“网格化”欠薪隐患大排查；落实领导班子成员“一人一案”实施清单式挂号销号管理，压实定时定期化解责任，一包到底、事随人走、不化解不脱包。开展“欠薪违法行为有力打击”行动。共查处企业劳动保障违法行为 15 起，处罚金额 37.42 万元。完善行政执法与刑事司法衔接机制，畅通投诉举报通道，主动对接区公安分局、区检察院，加大对恶意欠薪犯罪行为的打击力度，2020 年移送区公安分局拒不支付劳动报酬罪案件 5 起，立案 4 起，追回工资 122 万元，移送涉嫌伪造证据影响行政机关依法办案 2 起。根据“黑名单”制度，实行欠薪行为“零隐瞒”，将重大欠薪行为或拒不改正欠薪行为的用人单位列入欠薪“黑名单”，记入劳动保障信用档案，向社会公布列入欠薪“黑名单”3起。移送区住房和城乡建设局涉嫌转包、违法分包等线索5条。

【欠薪处置】　出台《加强欠薪处置的五条意见》（以下简称《五条意见》），进一步加强欠薪预防处置，保障劳动者、农民工合法权益，高水平维护和谐民生和社会稳定大局。欠薪信访专窗对来访人员进行询问登记，承诺7天妥善处置，转办化解责任主体对交办的问题进行甄别核实、调处化解，并将化解结果书面回复区专窗，建立闭环兑付程序，严惩违法违规行为。强化共治共管责任，详细明确各镇（开发区）、区委、区政府相关职能部门和区属国资公司的具体工作职责和任务；压实化解责任主体责任，按照“谁主管谁负责”的原则指定属地及部门负责化解；严明考核问责办法，将欠薪化解情况纳入各镇（开发区）的“以实绩论英雄”考核、部门的“低效能”评价，每月对各化解责任主体的自行化解率进行通报排名。自4月实施《五条意见》以来，区欠薪信访专窗共登记派单810件，到期795件，到期化解791件，到期化解率98.4%；镇（开发区）平均化解率99%，部门平均化解率97.5%。共发布根治欠薪周报25期，根治欠薪月报9期，根治欠薪专报7期，约谈单位分管领导7人次。

【六项制度建设】　联合区住房和城乡建设局、区交通局、区水利局行业主管部门，全力推进建筑工程领域六项制度建设，四季度抽调5个部门及国资企业的6人全脱产集中实体化办公，组建“六项制度工作专班”，专职从事农民工实名制管理、委托银行代发工资、按月足额支付等六项制度的巡查指导和考核落实工作，坚决杜绝无序管理，做到“发现一起整改一起、查实一起停工一起”。全区182个在库项目，第一轮巡查已实现全覆盖，共发出整改指令书57份，停工整顿13个项目，进入行政处罚程序4个项目。基于湖州城市大脑平台，强化信息资源深度整合，开发出南浔区根治欠薪管理系统，通过该系统发布银行专户异常预警734条，及时交办部门与属地主动核实处置，督促规范在建工程项目六项制度。多次组织在建工程项目劳资专管员进行集中培训，开展全区工程建设领域劳资专管员专题培训班，合理设置培训内容，着力提升劳资专管员业务能力和管理水平，确保六项制度落地落效，共计培训并发放专项能力证书206人。

·劳动人事争议仲裁·

【概况】　围绕“构建和谐劳动关系”和“鼓励和解、强化调解、加快仲裁、衔接诉讼”两条主线，立足“双维护”，强化“双保障”，以乡镇劳动纠纷多元化解机制建设为契机，以社会治理综合服务为助力，以数字化仲裁建设为目标，坚持源头治理、源头预防、就地化解、云端调处，深入打造南浔劳动人事争议调处新模式，切实提升仲裁效能。2020年，全区共计调处各类劳动人事争议案件971件，涉及劳动者1001人，涉案金额3657.52万元。其中，经区仲裁院立案受理案件228件（法律援助案件18件），涉及劳动者235人，涉案金额1265.02万元，共结案241件（含上期末结转案件21件），结案率96.8%，其中调撤结案193件，裁决结案48件（一裁终局23件），调解率80.1%，终局裁决率47.9%，仲裁终结率90%。各镇（开发区）劳动纠纷多元化解中心调处案件743件，涉及劳动者766人，涉案金额2392.50万元。其中由区仲裁院委托调解案件134件，全区调解成功率95%，76.5%的劳动争议在基层一线得到有效化解。通过网络办理案件57件，网络办案率25%。同时，接待群众来电来访咨询约2000余人次，办理信访热线等211件。

【处置流程】　程序优化，开辟农民工工资和集体劳动争议“绿色通道”，对简单小额工资争议案件实行速裁制，通过先行调解、优先受理、缩短或取消答辩期等方式，将审限缩短至30日内，实现案件快立、快调、快审、快结。制度优化，建立仲裁监察联合办案和信息共享机制，开展仲裁委托调解和仲裁员分片区联系乡镇、重点企业驻点服务，强化源头治理，提升企业预防化解纠纷能力，促进仲裁案件快速妥善处理。平台优化，劳动人事争议调处纳入乡镇综治平台，“以点带面”构建全方位、多元化的基层劳动人事争议调处工作体系，一院三庭十中心的劳动纠纷多元化解“南浔模式”基本成型，实现劳动纠纷发现在第一时间、处置在第一现场、稳控在“第一道防线”。深化数字仲裁建设，实现劳动纠纷云化解。延伸服务平台，率先设立网络仲裁庭、网络调解室，高效实现千里之外纠纷调处“跑零次”。启用互联网庭审直播功能，庭审现场全程对公众直播，提升仲裁庭审的公信力和透明度，实现以案宣法的社会效果，深入打造“互联网+调解仲裁”南浔模式。

【裁审衔接】 3月初，区仲裁院与区法院民一庭率先就新冠肺炎疫情可能引发的劳动争议案件处理召开裁审衔接会。双方从工作机制、业务提升、信息共享等方面探讨实现裁审共建，对可能涉及的疫情期间工资支付标准、劳动合同签订、劳动关系的解除或终止、医疗期及相关待遇等问题进行研讨。双方实现裁审联动常态化，进一步规范自由裁量，统一裁判尺度，加大对特殊时期劳动关系处理的指导服务，有效联合各方力量共同行动，更好地帮助和引导用人单位、劳动者共担责任，共克时艰，确保全区劳动关系的总体和谐稳定，实现沟通协调“零距离”、统一裁判标准“零差别”、协同办案“零缝隙”，获得良好的法律效果。整体进驻矛调中心，社会治理综合服务助推劳动争议化解。将“首问导诉服务”关口前移，开创劳动纠纷信访受理分流、法律援助咨询服务、仲裁高效调处的三位一体的化解模式，实现“一站式受理、一揽子调处、一条龙服务”。借助矛调中心各调解工作室力量，加强案前调解。与区人民法院建立裁审衔接常态化机制，区法院巡回审判庭设立在区仲裁委员会第一仲裁庭，双方建立劳动纠纷仲裁审查、司法确认、财产保全、委托调查、业务研讨机制，从工作机制、业务提升、信息共享等方面有效推进劳动纠纷调处裁审共建。有效实现信访维稳、法律援助、案件调处、裁审衔接的无缝对接。

【区域合作】 积极参与长三角区域四城（浦东—无锡—湖州—宣城）调解仲裁城际合作共同体建设的项目发布起草和认领工作，结合南浔工作实际，主动发力，与长兴、吴兴两仲裁院合作发起两个合作共建项目：一是乡镇（街道）劳动纠纷调解标准编制项目。旨在充分发挥浙江“枫桥经验”发源地的基础优势，结合乡镇劳动纠纷多元化解平台的工作基础和仲裁要素式审理的程序特色，参照劳动仲裁要素式审理模式，整理出乡镇（街道）基层调解过程中的要素表格，制定适用于“浦东—无锡—湖州—宣城”四地乡镇（街道）层级劳动纠纷调解的标准，提升基层调解组织工作效率，并作为调解员资质互认与调解员培训课程标准化建设项目的一个补充，切实提高四地乡镇（街道）劳动纠纷调解规范化水平，打造特色基层调解品牌。二是探索推进劳动人事争议案件调解仲裁全流程互助机制建设项目。随着长三角一体化发展的不断深入，地区经济飞速发展，伴随的跨区域案件不断增多，跨区域送达难、调查取证难成为仲裁案件办理过程中的一个难题。本项目旨在在长三角区域四城间形成资源共享、信息共通的区域间联动大调处格局。以“劳动纠纷多元化解机制”和“案前调解工作室”为基础，组建四城跨区域调解仲裁工作联络组，合作制定仲裁案前调解工作机制标准，打造覆盖“浦东—无锡—湖州—宣城”四地的仲裁案前调解品牌。同时，在合作单位间探索建立跨区域委托送达、协助调查、联合调解、合议审理等劳动人事争议案件全流程的互助机制，进一步丰富劳动人事争议多元化解机制内涵，为长三角区域一体化的高质量发展贡献力量。

·社会保障·

【概况】 2020年，南浔区城乡居民基本养老保险参保人数15.55万人，其中参保缴费人员4.89万人，享受待遇人员10.66万人，人均待遇水平294.74元/月。机关事业参保单位354家，在职参保人员7526人，退休人员3843人。

【服务提升】 推进业务经办，落实居保新政。一是落实城乡居保新政策。年初组织开展基层新政策及相关业务培训，着重对城乡居保新政策文件、一体化经办平台的业务操作进行具体讲解，加强镇、村两级业务经办水平。根据新政策文件精神，通过抖音宣传、人社公众号、手绘政策宣传手册等新方式、多渠道、全方位进行新政策宣传，同时对选择原最低缴费档次的人员进行有针对性的短信通知，确保政策宣传到位。自2020年1月起对65周岁以上人员每人每月增资15元，每月增发养老金120万元。提早从业务系统导出取消档次的参保人员名单，下发乡镇，做好取消档次参保人员的变更业务。二是做好省集中系统上线工作。成立由业务、财务、信息、稽核等相关工作人员组成的工作专班，认真梳理城乡居保业务的差异性清单，仔细核实处理下发的异常数据，指派业务、财务等工作人员多次到省市开展省集中城乡居保模块测试和培训工作，为社保系统省集中上线打下坚实的基础。三是提升城乡居民养老保险保障水平。鼓励参保人员“长缴多得、多缴多得”，多渠道、全方位对参保人员进行政策宣传，同时把重点的参保人员名单下发至乡镇，进行动员提高缴费档次。四是做好市民卡发行应用工作。为确保区内市民卡发行工作平稳有序开展，做好前期医疗机构等单位读卡设备升级，累计发放芯片 413 张，保障用卡环境同步升级。湖州市民卡已于 4 月 27 日正式发行，积极推进市民卡的应用推广工作，区图书馆已经接入市民卡图书馆使用功能。

【社保扶贫】　一是落实贫困人员应保尽保。根据城乡居民基本养老保险最新政策精神，从 2020 年起，低保边缘户将纳入城乡居民基本养老保险政府补助群体。通过与区民政局、区残疾人联合会等部门的沟通协作，及时获取低收入困难群体动态名单，并与业务系统进行比对，对未参保人员下发各乡镇进行动员参保，针对未参保贫困人员实际情况，对症施策，确保符合条件的贫困人员应保尽保。2020 年，全区参加城乡居民基本养老保险困难人员为 3674 人，政府补助 110.22 万元。二是落实贫困人员应享尽享。根据《浙江省人力资源和社会保障厅办公室转发人力资源社会保障部办公厅关于加快实现贫困人员城乡居民基本养老保险应保尽保的通知》精神，全面核查符合条件的 60 周岁以上未参保的贫困人员，主动服务，入户宣传，落实参保优惠，按时兑现待遇。2020 年，全区 60 周岁以上符合条件的贫困人员 3777 人均已享受城乡居民基本养老保险待遇，贫困人员应享尽享 100%。

【基金安全】　开展“三个全面取消”、社会保险基金安全评估和社保基金第三方审计等工作，有效防范基金风险，保障基金安全。加强日常稽核工作，专门配备稽核一名工作人员。2020 年开展内控检查 20 余次，着重对一体化系统经办流程、纸质材料存档情况、业务电话回访一一检查，有效避免业务经办风险。开展退休人员生存认证专项核查、服刑人员违规领取养老金的核查追缴和“假人”疑点数据等核查工作，有效维护基金安全。2020 年，核查疑似重复领取待遇疑点信息 23 人，确定需待遇追回 2 人，已追回 2 人多发待遇 6810 元；核查服刑人员领取待遇疑点信息 21 人，确定需待遇追回 8 人，追回 7 人多发待遇 25622.8 元。

【改革经办】　推进社银联通工程再升级工作。进一步深化“最多跑一次”改革，打造“人社 15 分钟服务圈”，实现人社业务在银行网点“就近办”，主要领导带队到台州路桥考察学习社银联通工作先进做法，主动与南浔银行进行对接并达成战略合作，升级新的服务网络系统，下放更多社保服务事项，推进“社银联通”工程升级。至 2020 年年底，社银联通事项从原来的 9 个增加至 34 个，全部延伸至南浔银行 16 个网点办理。推进政务服务嘉湖一体化合作。探索建立两地城乡居保业务互联互享，通过与桐乡社保机构现场对接交流，梳理出嘉湖一体化城乡居保业务合作事项 5 个。推进机关内部“最多跑一次”事项改革。通过区机关事业单位“最多跑一次”平台，主动获取机关事业单位人员新参保、人员转入、转出等相关材料，通过数据共享优化办事流程，精减办事材料，缩短办理时限，及时办结相关业务，从而使机关事业单位养老保险业务真正从“最多跑一次”变为“零跑腿”。　（罗　燕）

·医疗保障·

【概况】　2020 年，南浔区医疗保障局坚持以人民健康为中心，以增强参保群众获得感、幸福感和安全感为追求，推进全区医疗保障工作高质量发展，为重塑水晶晶南浔、努力建设“重要窗口”的示范样本贡献医保力量。主动上门为菱湖中学 270 名西藏生办理城乡居民医保参保、发放社保卡，此举获 CCTV《公益之声》、中国新闻网、《浙江新闻》客户端等媒体报道。

【医保水平】　2020 年，全区城乡居民基本医疗保险共参保 300696 人，户籍人口参保率达 99.78%，全年享受城乡医保报销累计 243686 人，医保基金补偿金额 3.75 亿元。精准落实医疗救助政策，全年共资助参保 10708 人，资助金额 569.84 万元；医疗救助 123097 人次，救助金额 2237.58 万元，政策范围内困难群众资助参保率及医疗救助政策落实率 100%。实现联网定点医疗机构医疗救助“一站式”刷卡结算全覆盖，医疗救助即时即报。设立“南浔区城乡居民困难人员专项医疗救助”专项资金，对五大类人群分层次进行精准救助，截至2020年年底已实施专项医疗救助21352人次，救助金额达1778.58万元，有效减轻困难群众和尿毒症患者医疗费用负担。

【医保改革】　全面实施医共体支付方式改革，制定出台《南浔区城乡居民基本医疗保险医疗费用结算管理实施办法（试行）》，明确区域医共体在总额预算管理下实施门诊按人头包干、住院按疾病诊断相关分组（简称DRGs）点数法付费、长期慢性病住院按床日付费的多元复合式医保支付方式。扎实推进国家三批次药品集中采购落地实施，全区共涉及77个品种，总约定量2201万片/支。全区层面所有药品均按季完成约定采购量，其中42个品种提前超额完成年度约定量，同时积极预付医保基金215.59万元，为医疗机构及时回款提供资金保障。全面梳理区内二级公立医院历年医疗服务价格，对调价、新增的13832项条目进行整理核对，摸清底数，形成完整的医疗服务价格收费标准6056项。

【医保基金】　成立医保反欺诈中心，建立与纪检监察、卫健、市场监管等部门间信息互通、结果互认、力量叠加的联动机制，完善联合监管。选聘24名医保监督员，在全市率先引入专业审计、商业保险等第三方监管力量，提升基金监管效能。全年累计检查市、区定点医药机构187家，追回医保基金34.76万元，约谈整改医药机构32家，暂停医保服务协议医疗机构5家，解除医保服务协议1家，相关医保医师扣分处理45人，实施部门联合惩戒3家，入选全市失信联合惩戒典型案例1个，在全区形成严厉打击欺诈骗保的高压态势。

【医保服务】　在实现城乡居民医保业务办理“不出村”、职工医保“不出镇”的基础上，出台全市首个《村级医保服务规范》区级地方标准，全面提升基层服务能力，夯实“医保15分钟服务圈”。打通信息化壁垒，实现长三角地区全域异地就医直接刷卡结算。深化嘉湖一体化先行区医保领域合作，实现南浔、桐乡两地城乡居民医保同城同待遇，共计2505人次享受，报销金额46.1万元，切实满足两地群众异地就医需要。（宁季芸）

农　业

·综　述·

【概况】 2020 年，南浔区乡村振兴工作获全市一等奖，在全省实施乡村振兴战略实绩考核中获优秀单位称号并获省政府督查激励；以全省第五佳绩获评全国数字农业农村评价水平先进县，荣获省级美丽乡村示范县、全省农业农村系统突出贡献集体等 10 多项省、市级荣誉称号；市场化运作强村公司、“三位一体”（生产、供销、信用）农合联改革、农村宅基地自愿有偿退出三项工作获省主要领导批示肯定，村级线上线下同频监管获省分管领导批示肯定；全省乡村产业高质量发展推进会在南浔区召开。2020 年，全区实现农业总产值 43.2 亿元，增加值 30.1 亿元，农村居民人均可支配收入 37051 元，省现代农业综合体系排名第 12 位。

【农业产业化】 农业产业化经营快速推进，全区拥有市级以上的农业龙头企业 52 家，包括省级农业龙头企业 6 家，市级农业龙头企业 46 家，比 2019 年增加 4 家。规模化农业企业年销售收入达 68.62 亿元，农产品供沪金额达 26.97 亿元。建立农业产业化基地 21333 公顷。进一步完善贸工农一体化、产加销一条龙的产业化经营体系，优化形成利益联结更加紧密的“公司+合作社+基地+农户”等生产经营模式。实现订单农业 11.5 亿元，其中带动本市农户 22.6 万户。创建省级农业产业化联合体 2 家，拥有 2 个省级现代农业园区，1 个省级产业融合示范区，2 个省级农业特色强镇，49 个市级特色农业园区，新增市级特色农业园区 4 个。全区拥有农产品批发市场 30 家，占地面积 25 公顷，交易额达 12.3 亿元，各类经营户 630 户。全区休闲观光农业园区总面积 628 公顷，全年接待游客 570 万人次，营业收入 6.14 亿元。2020 年创建省级农业数字工厂 7 家，为全省最多。以南浔区农业高新技术产业示范区（农高区）为主平台，全力加快“五万”产业建设。累计推广渔业养殖跑道 397 条、稻虾综合种养 4000 公顷，数量居全省首位；累计发展“红美人”柑橘种植约 279 公顷，启动建设万头湖羊基地 4 家，投产 1 家；建设万亩粮食数字化基地 1 个。

【农业“大好高”项目】 依托“内部培育+外部引进”的双重力量，不断提升项目招引效率。全年引进投资 1000 万元以上农业项目 102 个，其中市级农业“大好高”项目 12 个，数量均居全市首位。

【农业重大活动】 积极组织参加农业重大活动。组织 7 家主体参加“杭州市餐饮旅店行业协会 2020 中秋会员日暨浔杭农商产销对接会”，与 80 多家客商达成订购意向。组织 6 家主体（线下）和 13 家主体（线上）参加“2020 年浙江农业博览会”，2 个产品获金奖，并组织品牌展区集中展示南浔知味区域公用品牌和南浔区“四万产业”，开展品牌宣传推广活动。组织 15 家主体参加南浔首届水晶晶网上年货节，同时组织 3 家主体开展直播间促销活动。举办各类农事节庆活动，2020 年举办“湖州·南浔第十二届鱼文化节”“第八届湖羊文化节”“第三届石淙花海龙虾节”“第二届中国淡水渔都丰收节”“桑果采摘旅游节”等一系列农事节庆活动。

【粮食生产功能区】 粮食生产功能区建设扎实推进，建设和管护齐抓共管。全区累计建成粮食生产功能区 13487 公顷，提标改造 533 公顷；新建高标准农田 69 公顷，累计建成高标准农田 21321 公顷；顺利完成省、市下达的目标任务。

【农产品质量安全】 狠抓绿色优质农产品发展。始终坚持绿色生态发展，以质量兴农为原则，积极推进全区绿色优质农产品发展，不断扩大绿色优质农产品的市场占有率，大力推进绿色食品、无公害农产品、地理标志农产品等申报认定。2020 年，全区新增无公害农产品 26 个，无公害农产品复查换证 6 个，新申报绿色食品 21 个。

狠抓农产品抽检监测工作。安排农业农村部、省、市各级风险、专项、监督、例行抽检等 535 多批次，合格率 99.25%。定量抽检基地蔬菜、水果、畜禽、水产等农产品 602 个批次（325 个监督抽样），合格率 100%，其中“三品一标”（无公害农产品、绿色食品、有机农产品，农产品地理标志）基地农产品 35 个批次，合格率 100%。各镇（开发区）完成 7218 批次定性检测。

狠抓农产品追溯体系建设。对已获县级以上农业龙头企业、家庭农场、合作社资质的农业主体实现农产品二维码全覆盖，全区已安装二维码的各类主体有 276 家。将“三品一标”企业和国家级、省级、市级龙头企业，示范性专业合作社，家庭农场以及农业部门支持建设的各类示范基地全部纳入追溯平台，共有 2010 家主体纳入追溯平台，276 家生产主体依托二维码开展主体追溯，并实现动态维护；且全绿色食品、地理标志授权使用单位已全部纳入国家农产品质量安全追溯管理信息平台。

狠抓农产品质量安全整治。牵头抓好农产品质量安全专项整治工作，共检查食品生产、农业经营主体 1056 个，查处劣质食品案件 4 起，查处劣质食品货值 0.78 万元，罚没金额 5.074 万元，收缴假冒伪劣食品数量 260 千克。同时，在全区范围内开展农产品质量安全专项整治行动，各条线分组进行农药及农药残留专项整治、“瘦肉精”专项整治、兽用抗菌药及兽药残留专项整治、生猪屠宰监管专项整治、产地水产品兽药残留及非法投入品专项整治、农资打假专项治理、农产品质量标志专项整治等。2020 年，共出动执法检查人员 452 人次，检查食用农产品种养殖基地 175 家，其中“三品一标”企业 46 家，未发现违规行为。

狠抓农业信用体系建设。印发《湖州市南浔区农业信用体系建设 2020 年工作要点》，制定《湖州市南浔区农业农村局推行建立信用承诺制实施方案》，全面查询主体和自然人信用记录 185 条。精准开展农村集体经济组织登记赋码及重错码纠错、整改工作，重错码率为零。配合市级部门开展动物诊疗、农产品质量安全等领域信用评价和分级分类监管、推进扶贫脱贫失信问题专项治理等工作，开展专项治理 3 次。

【农村经营管理】 培育和提升家庭农场、农民专业合作社等新型经营主体。一是提升家庭农场。全年新增家庭农场 312 家，累计 795 家，比 2019 年增长 64.6%。积极组织申报省级、市级、区级家庭农场及农民专业合作社，新增省级家庭农场 4 家、市级家庭农场 12 家、区级家庭农场 30 家。二是积极开展乡村治理工作。学习“余村经验”，着力抓好自治、法治、德治“三治结合”，健全完善“八个村”建设，大力推广“乡贤参事会”“六老六大员”（由老党员、老干部、老教师、老村干、老队长、老代表担任扶贫政策宣传员、民主管理监督员、环境卫生督察员、不稳定因素排查信息员、化解纠纷调解员、关心下一代服务员）等做法，2020 年完成省级善治示范村创建 32 个，市级乡村治理示范村创建 26 个。三是继续推进土地流转。累计颁发农村流转土地经营权证 527 本，涉及流转土地面积 5247 公顷。

强化农村“三资”（集体经济中的资金、资产、资源）、减轻农民负担监管。健全三资监管机构。研究出台《关于调整完善各镇（开发区）农村集体“三资”管理监督职责和机构设置的通知》和《关于规范乡镇（开发区）农村集体“三资”监督管理办公室运行的实施办法（试行）》等规定，明确农村集体“三资”监督管理办公室组织设置、工作职责、保障机制等，确保农村集体“三资”管理办公室“有场所、有经费、有能力”开展“三资”监管。南浔 9 个镇 1 个开发区 1 个度假区，设立三资办公室 11 个，落实主任 10 人，副主任 11 人，监管员 15 人，代理会计 40 人。加强“三资”管理。结合区纪委相关要求，开展村级财务“三年一轮审”工作，委托中介对全区 107 个行政村进行审计，并对审计发现的问题进行通报整改，有力促进“三资”规范化管理水平的提高。组织乡镇“三资”办负责人、专职监管员、代理会计、各村报账员等人员开展专项培训，累计培训 800 余人次。主要针对村级非生产性开支、小额工程、村务卡结算、村干部报酬等方面，规范村级财务管理，提高财务人员业务水平。强化减轻农民负担监督管理。继续开展农民负担监管阳光行动，实现涉农收费、惠农政策、村级财务收支、监管制度、监管责任、投诉渠道“六项公开”。继续加强重点领域的监管和农民负担明察暗访工作，组织明察暗访活动 7 次，确保农民负担持续减轻不反弹。

深化农村改革，不断壮大村集体经济。创新金融服务。积极推进农户小额普惠贷款。聚焦农户贷款门槛高、授信难、环节多、程序繁、风险高等痛点难点，精准发力、精准施策，积极推进农户小额普惠贷款，2020 年共完成普惠授信 10.7 万户，授信金额 112.15 亿元，实现农户小额普惠贷款授信全覆盖；完成农户贷款 2.54 万户，贷款金额 33.96 亿元。持续开展农村产权抵押贷款。建立健全农村土地经营流转权抵押贷款机制，根据《南浔区农村流转土地经营权抵押贷款管理实施细则（试行）》和《关于鼓励金融机构开展农村综合产权抵押贷款的指导意见》等文件精神，已通过流转土地经营权证抵押贷款 2515 万元。继续推进农村综合产权交易平台建设。全区农村综合产权交易平台上成功完成交易 708 宗，涉及金额 3.3 亿元，其中 2020 年新增集体经营性资产所有权或使用权交易 23 宗，涉及金额 789.31 万元。全面开展农民宅基地有偿退出工作。以南浔区全域土地综合整治工作的开展为契机，积极探索农村存量宅基地盘活利用改革试点，提高农村宅基地节约集约利用，改善农村人居环境，切实增加农民财产性收入。已制定并出台《关于南浔区全域土地综合整治中农村存量宅基地盘活利用工作的指导意见》等一系列政策意见，截至 2020 年年末，参与农村存量宅基地盘活并签约 13968 户，预计可节约宅基地面积 267 余公顷。

【“两进两回”行动】 出台《南浔区全面推进“两进两回”行动的实施意见（2020—2022 年）》，推动“科技进乡村、资金进乡村，青年回农村、乡贤回农村”。入选市乡村振兴领军人才 2 人，遴选“湖州农民专家”19 人，培育农业领域专业精英 5 人、乡村创客 50 人、农村种养能手 50 人；培育实用人才 1549 人、高素质农民 553 人。新增首席专家工作室 3 个，有效促进农业科技成果转化。

【市校合作】 加大“区校合作”共建力度，努力在健全组织体系、协调机制上实现新突破，确保项目真正发挥作用。完成新增市校合作项目 20 项，完成市下达全年任务 20 项的 100%，其中与浙江大学合作项目 6 个。

【产学研联盟】 特聘 7 位分联盟专家并签下产学研联盟聘任协议书，持续做好“1+1+N”（1 个推广专家组+1 个县区级主导产业协会+本产业若干经营主体和主产区乡镇农技人员）推广体系，共培育“1311”（建设 1 个乡村振兴科技和人才服务平台，实施乡村振兴人才培养工程、百项科技成果富民工程、百名专家驻村工程 3 大工程，在全市范围内联系结对服务 100 个重点乡村，实施 100 项实用性农业科技成果，带动全市 10000 户家庭增收致富）行动结对村 22 个。参加市举办的产学研县区分联盟工作考核评审会，协助湖州市现代农业产学研联盟做好“1311”行动结对村产业基地建设指导等工作。

【农业信息化】 全区累计农民信箱注册用户达 46865 户，其中，涉农企业 34 家，专业合作社 65 家，集团采购单位 140 家，农业专业大户 936 户，农机作业大户 217 户，农家乐 8 家。发送病虫害防治技术、新冠肺炎疫情防控、气象预警等短信累计 239 条。“每日一助”服务信息发布 91 条，“每日一助”服务成效报送 4 条，建立农产品地方馆有效链接 58 条，采编农产品商务信息 18 条。注册用户启用率，从 40772 户的 87.0%提高到 41140 户的 87.8%，用户规范率达 87.8%。公共信息发布 60 条。发送买卖信息 60 余条。集团采购单位和购销专业户总数 138 家。公共政务信息维护 40 条，组建农业咨询专家库 19 名，采编农业知识 19 条。

万村联网网站建设，从 2008 年开始全省推动村级网站建设，到 2020 年年末，全区建设村级网站 211 个，实现全覆盖，其中自主建站 211 个，符合农业现代化评价指标的行政村网站 211 个，规范建站率达 100%。信息进村入户工程，开展发动培训，完成全区 211 个村的益农信息社和 1 个中心站及 4 个农资店简易站的建设，实现益农信息社的全覆盖。

【农业综合行政执法】 突出打假治劣、质量安全和纠纷协调，把保障农业生产安全、推进行业整治提升、维护群众合法利益作为全年工作的立足点和着力点。全年共立案行政处罚案件 56 件，结案 56 件（2019 年案件 1 起），未结案 1 件，共处罚没款 232718.89 元；办理投诉、来访 6 件，调处涉农生产事故纠纷 6 件。

加大对各种农业违法行为的打击力度。多次开展春季、夏季、秋季绿剑集中执法行动和渔政亮剑专项整治检查等各项执法行动，共出动执法人员 354

人次检查各类农资经营主体 727 家次，完成农业投入品抽样 48 个，查处各类违法行为 57 起（农业执法案件 4 起、渔业执法案件 35 起、农产品质量执法案件 3 起、兽药案件 9 起、动物检疫执法案件 6 起），共处罚没金额 23 万余元，其中 1 万元及以上案件 6 起。

继续做好农资经营“两化”建设。2020 年，全区开展农资经营信息化建设主体实现覆盖率达 100%，综合评比排名稳居全省中上游水平，并呈现稳步发展的良好局势。抓住农药经营许可换证和小城镇建设等契机，120 多家农资经营门店完成升级改造，行业形象明显改善。9 家农资经营主体成功完成省级“肥药两制”改革农资店创建。

积极运用“浙政钉·掌上执法”。掌上执法账号开通率和检查应用率均达 100%，对各类农资经营主体已开展双随机抽查 146 户次，日常巡查检查 576 户次，使用率在湖州市农业系统排名首位。

持续推动购买农药实名制工作。按照《关于切实做好农药实名制购买工作的通知》文件精神要求，结合平时执法检查，继续指导各镇（开发区）有计划、有重点、有目标地做好推动全区农药购买实名制工作。2020 年，全区购买农药必须开展农药购买实名制工作覆盖率继续保持 100%。

加大农产品和农业投入品风险监测力度。共出动执法人员 354 人次检查各类农资经营主体 727 家次，完成农业投入品抽样 48 个，全力保障舌尖上的安全。

加大农资产品知识宣传以及培训力度。举办全区农资经营人员培训班，分两批对全区农资经营管理人员进行培训，讲解法律法规和配套管理办法以及农资经营管理知识，发放相关法律法规知识宣传资料 3262 份，接受群众相关答疑咨询 12 次，并发放给部分经济困难的农户农资补助券和农资产品。

加强执法人员培训教育。强化管理，不断提高执法人的素质和执法能力。全年共组织参加市农业执法培训 7 人次，选派执法人员参加农业农村部农业厅组织的培训 3 人次。

【渔政管理】 国有水域长效管理机制平稳运行。开展区级渔政协管员执法培训一次，共培训协管员 40 余人次，强化全区渔政协管执法能力。全区各镇开展各类渔政执法检查，其中日常巡查 1300 余次，出动人员 5300 余人次，出动车艇 1400 余台次，联合市场监管、公安联合执法 104 次，查处违法行为 69 起，清理网具数 23000 余条，收缴电捕工具 89 台（套），发放各类宣传资料 5800 余份，有力保护渔业资源及水域生态环境。

加强渔船安全生产隐患排查。年初与各镇（开发区）农业中心签订渔船安全生产管理工作目标责任书 10 份。累计巡查 94 次，发现问题 20 个，整改问题 20 个，整改到位率保持 100%。一般渔业船舶事故数为零，渔业捕捞万人死亡率为零，全年未发生重大渔船安全事故。平安湖州及平安乡镇渔政条线考核未发生扣分事项。

水生野生动物保护管理。根据省农业厅与省林业局文件精神，区农业农村局与区自然资源和规划局南浔分局完成按照水生野生动物管理物种有关资料的移交工作，并为 5 家林业移交的水生野生动物人工繁育养殖场办理换证事宜。对 8 家水生野生动物人工繁育养殖场及 2 家经营利用企业进行监督检查并核实更新在养数量、经营利用情况等信息。

加强禁渔期宣传工作。通过竖立禁止垂钓公示牌 27 块、张贴公告 500 余张、悬挂横幅 561 条、发农民信箱 32 条等方式，宣传禁渔制度类宣传资料 5200 余份，有力提高群众保护渔业资源和水域生态环境意识。

做好渔业资源增殖放流工作。全年渔业增殖放流资金共 51 万元，在双林、和孚、善琏、千金、旧馆、石淙镇等国有渔业水域共增殖放流 2689 万尾土著性鱼种，其中黄尾密鲴、三角鲂、青鱼等土著仔口鱼种 267 万尾，鲢鱼、鳙鱼、草鱼等夏花鱼种 2422 万尾，超额完成全年任务。

监督管理常态化。共开展日常监督检查 500 余家次，其中水生野生动物人工繁育及经营利用主体 9 家次，水产苗种场 35 家次，兽药（渔药）经营企业 76 家次，规模以上水产养殖主体 380 余家次。

【农机管理】 全区农机化水平稳步提升，2020 年新建成的浔稻育秧中心，初设年供育秧能力 667 公顷；星光农业发展公司打造现代农业基地开展“耕、种、管、收、储、加工”全程机械化作业、提供农业生产“套餐”化服务的模式获得各级领导肯定。全区粮食批次烘干能力 2206 吨，烘干保障水平达 72%；主要农作物耕种收综合机械化率达 87. 3%（其中单季晚稻 90. 1%）。全年未发生农机安全亡人事故，安全生产形势稳定向好。

继续推进农机各项示范创建工作。2020 年共创建省级农业“机器换人”示范乡镇 1 个（善琏镇）、示范基地 1 个（双林镇世荣湖羊场）；省级“平安农机”示范镇 2 个（南浔镇、南浔经济开发区），省级农机合作社示范社 1 个（善琏五沃粮油专业合作社联合社）。全区省级农业“机器换人”示范镇覆盖率已达 50%，“平安农机”示范镇达 90%。

规范实施农机补贴。全区 2020 年享受农机购置补贴机具 333 台（套），使用中央补贴金额 133. 565 万元，地方累加补贴 90. 52 万元，总补贴金额 224. 085 万元。农机报废更新 1 台，报废更新补贴 1. 75 万元。

深化农机安全监管。对农机安全生产主体实行“洗楼式”排查和项目化管理，累计开展农机安全隐患“洗楼”式排查 13 次，检查主体 55 家次，在秋收季节集中开展粮食烘干机安全专项检查，及时督促主体发现和整改隐患；在 2019 年全区上道路变型拖拉机得到全面清理退出的基础上，2020 年继续做好上道路拖拉机“全天全域”限行工作，按照“交警查车、农机查源，违规解体”的机制开展外省籍拖拉机整治，使各种违规行驶变型拖拉机得到及时处置，保障农机安全。另外星光农机股份有限公司吴国平在 2020 年度全省农业职业技能大赛农机修理比赛中获得一等奖，施红杰、姚振平获得二等奖；李晓杰、陈都举在农机驾驶操作比赛中获得二等奖。

【畜禽定点屠宰】 强化监管，落实主体责任。一是进一步强化落实畜禽定点屠宰监管和企业安全生产主体责任；二是继续做好屠宰环节“两项制度”（非洲猪瘟自检制度、官方兽医派驻制度）和非洲猪瘟防控。湖州南浔华统肉制品有限公司成功创建国家级屠宰行业标准化示范厂（场）。

【美丽乡村建设】 持续推进“千村示范、万村整治”工程，全面深入“十线十景十小镇”（将 10 条交通主干线打造成 10 条美丽乡村景观线，将 10 个村建设成美丽乡村小镇）品牌建设，全力谋划打造新时代美丽乡村样板片区，全面提升农村人居环境水平，扎实推进农村生活垃圾分类，累计完成美丽乡村创建 154 个、美丽乡村精品村 16 个、美丽乡村扩面提质村 69 个、美丽乡村小镇 11 个，省级垃圾分类示范村 8 个、市级标杆村 80 个，建成快速机器成肥资源化处理站 38 个，实现美丽乡村创建、美丽乡村扩面提质创建宜创村全覆盖和农村人居环境干净、整洁、清爽、有序，走出一条具有南浔特色的美丽乡村蝶变之路，唱响水晶晶南浔美丽乡村主旋律。石淙镇全力打造美丽乡村、乡村旅游、乡风文明三项升级，成功举办 6 次大型乡村旅游主题活动，全年引进社会资本 1. 1 亿元。新增龙虾馆、民宿等新兴产业主体 6 家，推广藕虾、稻虾生态混养及特色水果种植等现代绿色农业 333 公顷，带动农民就业 120 人，农民人均增收 5000 元。全年乡村旅游人次达 100 万，实现增收 2500 万元。荻港村依托历史文化村落和桑基鱼塘生态资源，吸收社会资本 1. 2 亿元发展生态休闲旅游，把现有的农村住宅、农业遗产、生态资源进行盘活整合，以“企业+村集体+农户”合股经营的模式，推出不同特色店铺 12 家，带动村域内饭店、农家乐餐位数达 3600 多个，村民经营民宿 8 家，回乡创业及就地就业 600 多人，增加村集体和村民收入。2020 年，荻港村集体经营性收入突破 200 万元，农村人居可支配收入达 3. 6 万元，全年乡村旅游人次近 50 万，为美丽经济的转化提供样板。

·蚕桑业·

【概况】 2020 年度蚕桑生产总体表现“一增四减”：即单产增；饲养量、产量、产值、平均茧价减。全区共饲养蚕种 38556 张，同比减 6663 张，减 14. 7%；总产蚕茧 2194. 0 吨，同比减 361. 0 吨，减 14. 1%；平均张产 56. 9 千克，同比增 0. 4 千克；蚕茧产值 6903. 1 万元，同比减 2196. 3 万元，减 24. 1%；平均茧价 1573 元/50 千克，同比减 208 元/50 千克。蚕桑生产继续受蚕茧价格低下的影响，效益滑坡，产业竞争力十分低下，广大蚕农种桑养蚕的积极性普遍低落，已严重影响蚕桑产业的健康发展。总量缩减可能是蚕业的一个常态。

【桑园基础建设】 全区共完成种改桑 162 公顷，同比减 22. 7 公顷，减 12. 3%。蚕农种桑积极性低下，桑园管理不善，功能发挥不足。同时，抛荒明显抬头，造成资源大量浪费，已严重影响产业效益和产业竞争力。蚕业形势十分严峻。

【技术培训】 组织及参与市、区、镇举办的形式各异的培训班 5 次，受众 140 余人次。印发技术资料5000余份。参与市、区农业农村局等单位组织的各类科技下乡、技术咨询活动2次，共发放小蚕省力化饲育及蚕病综合防治技术资料240余份。

【引进、示范和推广新品种新技术】 2020年引进的桑品种有：浙桑杂1号、浙桑杂2号等4个杂交桑新品种。蚕品种有“明·湖×春·江”“农科5号抗”2对抗血液型脓病新品种。2020年度推广新技术有：小蚕工厂化饲育，大蚕条桑育省力化饲养技术，多批次及机械化养蚕新技术，杂交桑草本化栽培技术。

【项目建设】 完成蚕桑科技创新团队项目——“果桑深加工与循环利用示范”，由区农技推广中心组织实施，地点在练市镇朱家兜蚕桑专业合作社，项目得到省、市、区各级的关心支持，在市蚕桑产业联盟、国家蚕桑产业体系湖州试验站专家的指导下，项目取得良好成效及预期目标，得到领导、专家、业者的充分肯定。

协助乡镇开展项目建设。继续指导和孚镇、菱湖镇的“荻港村桑基鱼塘保护”和“射中村桑基鱼塘保护”项目实施，特别是依托院士专家工作站和湖州荻港桑基鱼塘建设管理有限公司就荻港核心保护区长效建设管理机制，真正有效实现农耕文明景观的展示与保护，弘扬桑基鱼塘全球重要农业遗产文化不断完善规划并指导实施，有力提升项目建设质量与水平。依托院士专家工作站，不断完善荻港生态养殖“麦芽鱼”和云豪家庭农场实施循环水养殖的新桑基鱼塘模式，由于秉承传统桑基鱼塘生态、循环无污染等全部优点，同时采用机械等设备设施，功效更高。在水产方面产品质量更优、产量更高。协助与指导云豪家庭农场的“蚕桑集约化生产模式的示范应用”项目，力争在规模养蚕与机械化养蚕模式上提供可复制的新模式，为蚕业的稳定与可持续发展提供新动能。

【蚕业产业化】 蚕业产业化面临难以推进的不利局面，一是生产规模大幅缩减，蚕业收益占比已很小，蚕农对蚕业的期望值普遍低下，对产业化经营积极性不高。二是蚕茧市场的无序和低水平竞争，优质优价难以体现。已开展多年的合作收茧、按质返利服务示范带动力度不强，近年来呈萎缩态势。2020年，全区各蚕桑专业合作社共收购蚕茧223吨，平均茧价高于全区平均32元/50千克。

【农作制度创新与蚕业规模经营】 2020年，蚕桑产业积极顺应蚕业提质增效，转型升级新形势的客观要求，积极谋求农作制度创新与蚕业规模经营的示范与实践。重点在小蚕工厂化饲育、杂交桑草本化栽培、大蚕条桑省力化饲养、多批次机械化养蚕、桑园立体种养、规模大户培育方面进行探索示范与实践。

小蚕工厂化饲育。2020年，全区拥有以善琏高爱芬蚕桑家庭农场、云豪家庭农场等为主的小蚕工厂化饲育技术推广应用点3个，年饲育蚕种1013张，其中，桑叶育1001张，人工饲料育12张。小蚕工厂化饲育，由于设施相对完善，管理易到位，节工省本，劳动生产率高，可有效提升经济效益和生态效益。全区1001张桑叶育蚕种平均张产55.6千克，比人工饲料育每张高0.5千克。据调查及系统测算，张种比常规饲育增效每张65元。

杂交桑草本化栽培。2020年新发展面积10公顷，至今全区拥有12.7公顷。据调查，杂交桑亩桑饲养蚕种是嫁接桑的108%，同时，由于收获方便，省工节本成效良好。

大蚕条桑省力化饲养。2020年，全区大蚕条桑省力化饲养技术推广应用蚕种5510张，平均单产每张55.3千克，比全区平均每张高0.2千克，同时劳动力节约及张种增效明显：张收增效，大蚕条桑省力化饲养平均单产提高每张0.2千克，增效6元；省工节本，据调查及测算，张种比常规饲育省工0.8工（仅大蚕5龄阶段），以每工80元计，节约工本每张64元。全区平均张种增效每张70元。

多批次机械化养蚕。南浔区自2017开始尝试机械化养蚕，至2020年已拥有云豪家庭农场、高爱芬家庭农场等机械化养蚕基地4个。2020年全年饲养蚕种606张，年饲养蚕种7～10批次，平均单产每张53.3千克。机械化养蚕由于用工少劳力成本低，平均张种增效每张250元，效益显著。多批次机械化养蚕已总结提炼出一套成熟的技术模式。

桑园立体种养。桑园立体种养主要包括桑—菜、桑—菌、桑—禽等模式。2020年，南浔区在桑园立体种养上得到进一步推进，取得良好成效。全区仅桑园间作套种（榨菜、青菜、油菜等）面积就达550公顷，实现产值1210万元，间作物亩产值1420元。桑园间作对提升产业竞争力注入新内容，开辟新途径。

规模大户培育。随着社会、经济的发展，农业经营体制也逐渐向规模化经营转变，家庭农场作为现代蚕业中的一个重要经营主体正在逐渐成型，开始越来越发挥着积极的作用，在上级主管部门的重视与指导下，南浔区尝试蚕业新型经营主体——蚕桑规模大户（家庭农场）培育。希望通过家庭农场培育，形成适度规模经营的生产主体，提升蚕业竞争力，为南浔区蚕业转型发展提供示范与样板。维持南浔区一定的规模总量，确保蚕桑应有地位与作用。南浔区示范基地——云豪家庭农场，基地拥有桑园4公顷，2020年，小蚕工厂化饲育550张，其中小蚕出售370张，产值6.29万元，净收益3.35万元，亩增净收益558元；规模化集约化饲养蚕种（1～5龄）180张，生产经营多批次机械化养蚕，平均张产53.8千克，总产9685千克，产值31.22万元。据调查及系统测算：全龄张种比常规饲育增效（节工省本省料）每张275元，亩增效825元。如果加上小蚕售卖收益（扣除成本）3.35万元，亩增效558元。两者合计，亩增效1383元。

【桑基鱼塘文化建设】 2018年4月，浙江湖州桑基鱼塘被联合国粮农组织授予全球重要农业文化遗产，成功入选全球重要农业文化遗产以来，湖州南浔桑基鱼塘系统以农耕文化为魂，以美丽田园为韵，以生态农业为基，以创新创造为径，以古朴村落为形，在保护中利用、发展中传承，走出一条依托千年渔桑文化强镇富民的乡村振兴之路。

项目建设方面。2020年4月，南浔区全域旅游项目——桑基鱼塘观光线项目正式启动，观光塔、景观大道、游船码头等基础设施建设开工。荻港村规模化蚕桑基地项目建设主体基本完工。

宣传活动方面。2020年4月，举办“湖州桑基塘鱼”品牌推介会，11月举办“第十二届湖州鱼文化节”，桑基鱼塘宣传围绕“文化传承、乐活鱼桑”主题，把鱼桑文化与美食文化、蚕桑文化、耕读文化相融合，汇聚成原汁原味、独具水乡特色的丰收盛宴、文化盛会，各项丰富多彩的活动吸引广大游客，也让更多的人了解湖州桑基鱼塘系统。湖州桑基鱼塘研学文化交流基地入选第一批“浙江省华侨国际文化交流基地”。

·畜牧业·

【概况】 2020年，全区全年生猪饲养量15.59万头，同比增长10.25%；湖羊饲养量31.17万只，与2019年度持平；家禽饲养量1902.07万羽，同比增长1.84%；兔饲养量324.2万只，同比减少23.15%。实现肉类总产量32631吨，禽蛋产量8300吨。畜禽养殖规模化率逐步提升，主导产业中生猪、家禽规模化率均超过95%，湖羊规模化率70%。生猪养殖“六化”（标准化、绿色化、规模化、循环化、数字化、基地化）理念加快贯彻落实。南浔区认真学习省、市领导重要批示精神，坚决以“六化”为引领，坚决走规模化科学养殖道路，不走散养污染环境的老路。2个新建万头猪场加大基础设施投入，湖羊、家禽新建场区基本实现机械化，为下一步向数字化、精细化、智能化发展打下坚实基础。畜牧业龙头企业和示范性专业合作社，通过龙头引领推进优势品种区域化布局。

【重大动物疫病防控】 2020年，全区免疫2043.97万羽家禽，免疫生猪口蹄疫14.25万头，免疫牛羊口蹄疫23.56万头（只），免疫生猪高致病性猪蓝耳病14.2万头。全年共检测重大动物疫病免疫抗体9369份，其中：口蹄疫样品507份，合格446份，合格率87.87%；猪瘟样品196份，合格156份，合格率79.59%；禽流感（H5亚型）样品70份，合格70份，合格率100%；H7N9流感样品4155份，合格4097份，合格率98.60%；新城疫样本635份，合格629份，合格率99.06%；小反刍兽疫样品1405份，合格1344份，合格率95.66%；高致病性猪蓝耳病检测数159份，合格157份，合格率98.74%。共检测羊布病2242份血清样本，全部阴性。除常规检测外，区畜牧部门还开展飞行监测3次，开展免疫效果评估3次。

非洲猪瘟防控。全面落实非洲猪瘟防控各项措施，严格执行“十查一落实”[查工作责任落实情况、查疫情隐患排查情况、查养殖场（户）禁喂泔水情况、查生猪贩销户规范经营情况、查屠宰场（点）防疫责任落实情况、查生猪及其产品流通监管情况、查无害化处理情况、查私屠滥宰整治情况、查疫情报告制度落实情况、查动物防疫检疫人员履职能力；

落实省际边界道路检查责任，严格活猪调入监管]、“两项制度”等要求。指导生猪养殖场户在引种调入隔离、消毒、人员进出防护、免疫质量等方面全面落实非洲猪瘟防控各项措施。指导1家生猪屠宰场和年存栏生猪5000头以上的3家养殖场建立兽医实验室，开展非洲猪瘟自检工作。落实点对点调运。全年生猪跨省调运备案核查438起，调入生猪55046头，调入种猪3批260头。规范处置病害猪。养殖环节收集并处置19229头。

人畜共患病防控。开展畜间布病基线调查，本次布病基线共抽查10个乡镇26个村，共调查31户1630只，结果全部阴性。

【畜产品质量安全】 实行源头管理，开展投入品整治。加强畜产品质量安全的监督管理，根据区农业农村局的统一部署，配合农业综合行政执法队认真开展畜产品质量安全专项整治，上下联动，全程监管，成效显著。全区共出动执法检查人员500余人次，重点检查饲料、兽药等投入品以及规模养殖场、屠宰场、农贸市场等主体。通过专项检查，提高养殖场户和饲料、兽药生产企业自觉意识，进一步保障畜产品质量安全。

全面开展动物产地检疫和屠宰检疫工作。南浔区设置生猪屠宰检疫申报点一处，家禽屠宰检疫申报点2处，湖羊屠宰检疫申报点1处，产地检疫申报点1处。2020年，全区产地检疫环节累计检疫生猪9.48万头，湖羊5.43万头，家禽1812.71万羽，检出病死家禽2.88万羽。屠宰检疫环节累计检疫生猪13.16万头，检出病害猪0.02万头，家禽1659.72万羽，检出病死家禽4.41万羽，湖羊3.76万只。检出病害畜禽全部实施无害化处理。

加强“瘦肉精”等违禁药物的监测。全年累计开展屠宰环节“瘦肉精”监督检测0.76万头（只），2.28万份样品，无阳性样品。

实行动物及动物产品落地报告制度。规范报验点建设，落实专人负责，进一步规范操作。

动物卫生监督体系逐步推进。进一步健全规章制度和工作机制，着力开展动物卫生安全法律法规宣传和技术培训工作；进一步优化官方兽医队伍建设，实行岗位轮岗制度。成功创建省级基层动物卫生监督规范化所站2个，进一步提升基层动物卫生监督所站综合监管能力，健全动物防疫体系。

【畜牧产业建设】 加快畜牧业转型发展。一是超额完成生猪增产保供任务。二是15家生猪规模养殖场通过“百场引领、千场提升”验收，全区规模猪场“百千”创建率100%。三是完成市级湖羊保种场年度审验工作1家，加大羊场输送带清粪技术推广力度，试验推广羊场减臭技术1项，羊场机械化试点1家。四是继续做好畜禽养殖废弃物高水平资源化利用工作，全年资源化利用率99%。五是开展技术服务。全年累计对乡镇畜牧兽医人员、养殖场主等开展各类技术培训11次，培训300余人次。完成首部湖羊养殖技术视频拍摄，捐赠湖羊养殖书籍300本，为新疆柯坪、四川广安等对口扶贫地区提供技术支持。

【畜牧行政执法与监管】 加强畜禽养殖病死动物无害化处理。根据《湖州市病死动物无害化处理工作实施细则》的文件要求，全面压实属地管理责任、部门监管责任、主体责任。8个无害化收集点收集病死生猪24553头，其他病死动物755.6吨。

加强动物防疫条件审查。认真组织实施贯彻《动物防疫条件审查办法》，严格畜禽规模养殖场动物防疫条件审查，一是要严格动物防疫条件的审核工作。二是要完善规模化养殖场的养殖档案工作。三是要注重养殖场的制度建设和畜产品质量安全责任管理。全区有“动物防疫条件合格证”的61家规模养殖场年末向区动物检疫中心提交动物防疫条件情况和防疫制度执行情况的报告。

强化动物诊疗行政许可及监督检查。按照《中华人民共和国动物防疫法》《动物诊疗机构管理办法》，严格动物诊疗许可的审核工作，做好辖区内6家诊疗许可“回头看”工作，规范诊疗过程中兽用处方药贮藏及使用、病例填写及处方笺开具；督促诊疗机构做好医疗废水、医疗废弃物处理；指导做好诊疗场所及诊疗器械的消毒工作；加强执业兽医注册管理；建立辖区动物诊疗机构的巡查常态化机制。

强化执法监督。针对重点环节、重点领域的突出问题，共发放责令整改通知书3份；立结案9起，主要涉及调入动物产品未附检疫证明、动物诊疗领域。继续加大对生猪屠宰环节的监督执法力度，全年共开展60余次监督执法工作，出动执法人员200余人次。

·水产业·

【概况】 南浔区处于杭嘉湖平原水乡，辖区内水网交错，池塘星罗棋布，水产资源丰厚，养鱼历史悠久，养鱼技术精湛，以盛产鱼虾而著称。2020年，全区水产养殖面积12636公顷。水产养殖产量18.56万吨，比2019年的17.64万吨增加0.92万吨，增幅5.22%;渔业总产值36.61亿元,比2019年的33.67亿元增加2.94亿元,增幅8.73%。现有渔业村13个，渔业人口36753人，渔业产值超全区农业总产值的50%，是南浔区农业的主导产业之一，也是全省水产养殖产业大县（区）。菱湖镇、和孚镇是全省水产养殖产业强镇。

【名特优水产养殖】 名特优水产养殖业是南浔区的一大优势产业。2020年特种水产养殖面积11333公顷以上。养殖结构受市场价格影响有所调整，主要以加州鲈鱼、青虾等养殖品种为主。全区黄颡鱼养殖面积2132公顷，总产量达48714吨；加州鲈鱼养殖面积3268公顷，总产量达49983吨；青虾养殖面积2352公顷，总产量达3422吨；青鱼养殖面积855公顷，总产量达17607吨；翘嘴红鲌养殖面积399公顷，总产量达5218吨；鳜鱼养殖面积431公顷，总产量达5292吨；甲鱼养殖面积320公顷，总产量达2090吨。

【水产种业发展】 2020年，全区共有水产苗种场32家，主要以罗氏沼虾育苗场为主。有19家全年生产、销售虾苗110亿尾。全年各类淡水鱼苗总产量为36.24亿尾，水产苗种总产值为19606万元。2020年，水产种苗产量持续增长，鱼类和罗氏沼虾苗种产量均有所增加，但受产量供应过多及江苏高邮罗氏沼虾苗种市场冲击，罗氏沼虾苗种价格有所回落。其他品种如加州鲈鱼、黄颡鱼、翘嘴红鲌等鱼类苗种价格也因市场需求有一定变化。

【生态循环养殖】 大力推广跑道养殖、稻渔综合种养、配合饲料替代冰鲜鱼等生态养殖模式，在改善养殖生态环境的同时提升产品质量，助力渔业可持续发展。在跑道养殖方面，全区已建成养殖跑道397条，已建成勤劳鲈鱼跑道园区和漾东鳜鱼跑道园区两个千亩规模化跑道鱼示范区，新建石淙星光及菱湖许联两个规模化跑道鱼示范区；在稻渔综合种养方面，大力推广以稻－虾为主的稻渔综合种养模式，实现“一田两用、一水双收、鱼粮共赢”新目标，全区已累计推广稻渔综合种养3467公顷，创建万亩镇2个，千亩村10个，百亩示范主体53个，省级新型稻渔综合种养示范基地8家，核心示范面积233公顷，培育工厂化设施育秧基地1家（浔稻水稻育秧中心）及稻渔相关苗种繁育基地2家。全区累计推广配合饲料替代冰鲜鱼养殖面积3733公顷，推广面积全省领先。

【绿色渔业发展】 全区全面实施“11158”渔业绿色发展工程。截至2020年年末，已建成1个集聚型现代渔业综合服务平台（菱湖渔都渔业综合体），并完成8个现代渔业示范园区,52家美丽渔场和645户健康养殖示范户的创建工作。全面推行标准化生产、规范化管理和品牌化经营，并积极做好“省字号”和“国字号”示范创建，全年共创建省部级健康养殖示范场13家；南浔区成功创建省级稻渔综合种养重点示范县。

【数字渔业工程】 全面加强渔业数字赋能，大力推广自动化、智能化的养殖模式，重点实施渔业“八个一”（建设一个淡水鱼加工园区、打造一个数字化淡水鱼交易中心、培育一批水产良种场、创建一批现代渔业核心试验区、建设一个智慧渔业大脑、打造一个渔旅综合体、建设一个科技金融服务中心、组建一个渔业产业联盟）工程，全力建设“水产原良种数字化繁育科研中心”“渔业科创孵化园”“数字化水产品交易中心”“渔业智慧大脑”“水产品智能化加工”“数字化现代渔业园区”等16个数字渔业项目，加快渔业新型数字化、机械化设备的推广应用，促进全区渔业提档升级，向生产自动化、管理信息化、决策智能化转型。 （钱嘉文）

·供 销·

【概况】 2020年，南浔区供销合作社联合社按照区委高质量打造湖州“开放东大门，创业新高地”的建设目标，紧紧围绕省、市乡村振兴和农合联改革文件精神、区委“一一二八”工作部署，坚持稳中求进的工作总基调，以深化生产、供销、信用“三位一体”改革为主线，统筹抓好组织建设、为农服务、经济发展和队伍建设，切实加强党建工作，争创“三位一体”改革先行示范区。

【农业产业转型升级】 红美人柑橘示范基地建设。进一步加快红美人产业示范引领作用，带动农户致富增收。练市镇“练溪”红美人示范基地基础设施进一步升级，建成500平方米的红美人柑橘研究院、近1500米园区主要道路及1600米大棚内生产操作道，整理、开沟0.53公顷空地，种植约1135枝红美人小苗。“西堡”红美人可持续发展示范园区，持续强化园区建设管理，新建4600米道路以及排涝泵站维修新建合计共11座，喷滴灌首部设备在原有3座的基础上新增5座，园区土地平整与翻耕全部完成，基本建设完成与浙江大学合作的物联网与水肥一体化智能管理系统。

稻虾共生示范基地建设。2020年80公顷核心示范基地共产清水小龙虾180余吨，产值突破150万元，利润基本覆盖公司经营成本。粮食产量全面丰收，平均单产543千克，比2019年增产12%。，实现产值900余万元。积极开展农业社会化服务，示范带动农户每亩增收3000元以上，“浔稻香”系列大米已申报绿色食品认证。同时农旅融合全面推进，公司建成“浔稻稻虾生态体验中心”一个，同步开展周边农旅项目建设，并联合双林镇启动开展第一届农民丰收节，经济社会效益日渐凸显。

跑道鱼基地建设。联合当地知名饲料公司新成立浙江东裕生物科技有限公司，31条跑道养殖25万尾鲈鱼、鳜鱼，长势良好。同时成立专业化项目实施平台公司：湖州南浔星光渔业发展有限公司，共规划169.6公顷，跑道417条。已完成鱼塘改造36公顷，安装养鱼跑道74条，基础设施正在抓紧建设中。

渔都渔业市场建设。打造集技术培训、产品交易、文化展示、产地检测、矛盾调解、金融服务等功能于一体的渔都渔业综合体，包括南浔渔业数字大脑展厅、范蠡大讲堂、水产品综合交易区、活鱼分拣线、创客中心、菱湖渔业协会、菱湖渔校、市场准入可追溯检测中心、网络带货直播间等。通过与杭州新农都合作交易，日交易量1万千克以上，日销售额超25万元。

【“南浔知味”品牌营销】 强化“南浔知味”连锁门店经营体系。在已有7家自营店的基础上，新增8家，总数15家。同时，对77家加盟店进行全面筛选、提升，选取50家具备一定规模和经营实力的加盟店完成专柜配货陈列及形象布置，并宣传推广“南浔知味线上商城”小程序，进一步拓展南浔农产品销售渠道，加大对外推广南浔农产品的力度，提升“南浔知味”品牌影响力。

聚焦“网红经济”打造线上销售平台。开设线上门店12家，其中4家自有线上平台（南浔知味商城小程序、抖音小店、拼多多专营店、淘宝企业店铺）已完成店铺装修和商品上架，逐步实现线上线下联动发展。同时，主动与区委宣传部、区旅投集团公司、区商务局等多方线上活动合作，推动“南浔知味”网红直播经济发展。

全力打通线下农产品销售渠道。将展示、展销活动纳入日常工作并制定长效机制，定人、定期、定点进行推广。截至12月，共计完成宣传活动11次，推广南浔本地优质农产品和粮、油等农产品，以品牌为引领，展现南浔农业产业特色、农业优势和品牌价值。

大力发展农产品品牌效应。在原有农特产品基础上，加强与各大农合联会员合作联合，针对特性定制包装，提升农产品品牌化、市场化。研究开发南浔浔稻虾锁鲜产品，作为直播带货主力产品，实现产供销产业链一体化发展。

深入推进东西部扶贫协作。依托四川广安地区自然禀赋，深挖资源，重点对接当地果蔬脆、皮蛋、茶叶、米粉、腊肠、牛肉等可供销售的农副产品。2020年，全区52个区级部门、各乡镇（开发区）、25家市属单位国有企业、教育系统（44所学校）、医疗系统（10家医院）合计订购四川省广安市广安区特色农产品组合装8169份，金额达251.1万元，同比增长43.5%。

【信用服务体系建设】 多举措开展为农服务。积极推广“两美”[“红美人”柑橘种植、“美人鱼”（跑道鱼）养殖]农合贷。与南浔银行合作推出“两美”农合贷，实施零担保费用，享受基准利率的条件。新增“两美”农合贷发放10笔，共1710万元，累计发放147笔，贷款1.15亿元。有序开展涉农担保服务。依托农信担保公司，为全区涉农经营主体提供担保服务，到10月末完成全区涉农担保297笔，发放贷款8033万元。纵深推进“农情绿意惠农贷”。与中国农业银行南浔支行、湖州市农信担保有限公司合作，为会员提供月利率3.625%～4.25%的优惠贷款利率，已发放贷款2600万元。农合联会员新增427人，累计973人，评级授信100%覆盖，授信额度达2.69亿元。

饲料销售新招为农减负。与本区饲料公司进行合作，帮助农户以更低的价格向饲料企业统一购买饲料，同时给予信用贷款支持。企业让利部分，按照4∶4∶2的比例分别返利至养殖户、村集体和下一年的风险基金池中，通过“442”模式共销售饲料181吨，销售额达133万元。累计销售505吨，销售额398万元。

发展区政策性农业信贷担保服务创新试点。试点工作由区供销合作社（农合联）牵头组织实施。开展政策宣传和项目推荐，协助开展催收、追偿化解风险等。金融及担保机构主动让利于农，尽可能降低相关费率，简化手续，提高服务质量和效率。6月底与省农担公司签约实施，截至10月末，已发放贷款16笔，共1694万元，还有420万元正在审核中。

【为农服务工作推进】 做好疫情农资储备确保稳供应。认真组织做好农资供应，积极发挥农资经营主渠道作用，共储备各类化肥3500吨左右，农药230吨左右，农膜100吨左右，种子50吨左右，保障供应，稳定价格。疫情期间，配送各类化肥280吨左右，农药23吨左右，农膜20吨左右，同时，为全区低收入农户发送千元“农资大礼包”，保障供应，不误春耕生产。

做好农民培训工作。联合南浔区九大乡镇成校切实做好农民培训工作，2020年开设各类涉农专业培训班29个，培训农村实用人才约1400人次。

做好农业投入品废弃包装物回收和处置工作。2020年，农业投入品废弃包装物回收和处置工作得以顺利完成。11月末，累计回收90吨，处置86.32吨。此外，确定益农农资公司为农膜归集单位，累计回收农膜10吨。（张浩旻）

·林　业·

【概况】 根据森林资源“一张图”年度监测：南浔区林地面积0.7万公顷，其中森林面积0.7万公顷；活立木蓄积19.91万立方米，其中森林蓄积8.53万立方米；毛竹总株数3.71万株。全区乔木林单位面积蓄积量每公顷51.75立方米，其中：天然乔木林每公顷43.65立方米，人工乔木林每公顷51.9立方米。乔木林平均郁闭度为0.61，毛竹林每公顷立竹量6625株。全区森林覆盖率为9.77%，一般灌木林覆盖率为0.17%；按南浔区以往同比口径，则森林覆盖率为9.95%。

【平原绿化建设】 有序推进创建行动，开发区英雄村等8个村积极创建2020年“一村万树”示范村，启动和孚、千金、石淙3个镇省级森林城镇规划编制工作。全区各镇精心谋划植树活动，掀起全民参与国土绿化美化工作高潮，全年完成新增国土绿化133.3公顷，完成率200%。

【自然保护地建设】 稳步推进自然保护地整合优化工作，拟调出、调入地块面积分别为25公顷、29.4公顷，有效补充湿地生态系统完整性，按时上交保护地勘界立标成果。扎实开展森林资源年度更新工作，森林覆盖率由9.94%提升至9.95%，乔木林单位面积蓄积量由每公顷48.45立方米增长为每公顷51.75立方米。

【森林资源保护】 认真扎实做好森林督查，南浔区下发国家督查图斑53个（分割后为60个），经自查，违法图斑为0个。严格实行检疫证现场核查制度，共办理检疫证书16599张。向社会发布第一批招募认养的古树名木目录，积极推动全社会参与古树名木保护。同时常抓森林消防安全，新配备4个防火宣传卡通机器人和一批固定宣传牌，强化重点时期应急值守和巡查力度，排查火灾隐患，全年未发生重大森林火情。（钱　翔）

·水　利·

【概况】 南浔为典型的江南水乡平原，境内河流纵横，湖漾密布，河道2248条、总长2110千米，湖泊和池塘615处、面积13.6平方千米，全区总水域面积93.28平方千米，水域水面率13.2%。2020年，南浔区在全省率先发布幸福河湖地方标准规范，农村饮用水达标提标行动获全省通报表扬，3条河湖获省“美丽河湖”荣誉称号。

【水旱灾害防御】 防汛防台风实现安全度汛。全面落实防汛责任，实行网格化管理，落实水利工程技术负责人239人，33项重点工程、11名责任人公示，接受监督。强化隐患整改，出动人员891人次，检查防汛重点部位1440处，整改隐患13处，提前完成水毁工程修复，顺利通过水利部、省、市检查组暗访、督导。预案、控运计划及时修订，培训、演练等常规工作按照计划举行。面对太湖超标准洪水，南浔区服从调度，勇担分洪责任，水利系统干部奋勇当先，成功战胜超长梅雨和太湖超标准洪水，平稳度过汛期，实现“不死人、少伤人、少损失”总体目标。

气象防灾减灾扎实推进。不断健全气象防灾减灾组织领导体系，落实712名镇、村气象协理员、信息员，及时开展气象信息发送、预警发布、灾情上报等各项工作，建立健全考核、长效管理等机制，创建9个气象防灾减灾标准化村，开展空气燃气炮人工降雨作业1162炮次，有效提升区域防灾减灾能力。

【水利工程建设】 项目前期工作有序推进，杭嘉湖北排通道后续工程（南浔段）获得项目建设及相关前置要件批复。水利“十四五”规划报告初稿形成，第二次水域调查完成区级验收，水域保护规划初稿完成，银马圩区整治工程完成前期开工建设。

“百漾千河”工程全面复工复产。全年完成81个美丽乡村河道建设、3条骨干河道和8个湖漾综合整治，完成建筑安装工程投资11.5亿元。完工项目抓紧验收，完成南林圩区、联谊圩区、金家圩圩区竣工验收，9条、37.57千米无违建河道全部完成。

市“治太工程”（国家重点水利工程）无障碍施工。南浔区主要负责涉及菱湖、石淙、双林、善琏四镇红线内政策处理工作。南浔区水利局强化指导，抓好征迁重点，严格督查落实，保障辖区内项目无障碍正常施工。

【幸福河湖建设】 全年完成水利投资6.07亿元，完成省、市任务的121%。八殿漾、排塘港、童心小镇水系3条河湖成功创建省级美丽河湖，完成5个乐水小镇、20个水美乡村建设，完成河道清淤50万立方米，“百漾千河”项目加速推进，制定南浔地方标准1.0版《平原区幸福河湖建设规范》《平原区幸福河湖评价规范》，全省幸福河建设思路（平原河网片）座谈会在南浔召开。

【水利改革管理】 落实最严格水资源管理和节水型社会建设，深入落实水资源消耗总量和强度双控要求，强化区域涉水企业取水实时监控管理，强力推进河湖清“四乱”（乱占、乱采、乱堆、乱建）行动，维护水事秩序，加快推进节水型社会建设，完成省级县域节水型社会达标建设创建，通过国家级县域节水型社会达标建设评估。

深入推进“最多跑一次”改革，推进“一窗受理、集成服务”，涉企审批时间缩短50%以上，办结行政审批63件。

抓好农业水价综合改革，按照村级“八个一”（落实一个“实体化”用水组织，一本“资产化”产权证书，一笔“常态化”管护经费，一套“标准化”规章制度，一册“电子化”管护台账，一条“指标化”节水杠子，一种“经济化”计量方法，一把“民主化”锄头放水）要求，全省率先制定验收办法，并于5月作为全省第一个农业水价综合改革验收县区，顺利通过水利部等有关专家验收，成为全国首个完成验收的县市区，农业水价综合改革工作走在全国前列。

强化专项检查及常态化巡查执法，出动执法人员120余人次、车辆60余辆次，发现未经批准取水、超许可取水、侵占水域岸线、非法倾倒渣土等行为15起，立案查处2起，责令整改违法行为7起，移交综合行政执法局6起，有效维护南浔区水事秩序。

抓好水利工程质量安全管理，强化“六老六大员”监督力量，充分发挥“飞检”、现场质量监督等手段，加强工程质量监管，开展质监活动2次，下发质监会议纪要2份，提出并整改问题15个；巡查、抽查12次，下发质量监督记录3份，发现并整改问题10个。安全生产三项指标零增长。

（黎朋红）

工　业

·综　述·

【概况】 2020 年是“十三五”的收官之年，面对疫情冲击、经济下行等诸多挑战，全区上下高举习近平新时代中国特色社会主义思想伟大旗帜，全面落实中央和省、市决策部署，统筹推进疫情防控和经济社会发展，扎实做好“六稳”工作、落实“六保”任务，全力推动高质量赶超发展，经济社会发展呈现稳中有进、进中向好的态势。2020 年，全区实现地区生产总值 467.83 亿元，增长 3.3%。其中第一产业增加值 26.74 亿元，增长 4.1%；第二产业增加值 270.72 亿元，增长 1.7%；第三产业增加值 170.37 亿元，增长 5.9%；三次产业增加值占比结构由 2019 年的 5.2∶59.7∶35.1 调整为 5.7∶57.9∶36.4。实现财政总收入 67.22 亿元、一般公共预算收入 40.46 亿元，分别增长 5.5%、6.7%。完成固定资产投资增长 7.6%，其中工业性投入增长 28.6%。实现规上工业增加值增长 4.1%，社会消费品零售总额增长-6.1%，进出口总额增长 24.3%，城镇居民、农村居民人均可支配收入分别增长 4.2%、7.4%。

（许惠芳）

·节能降耗·

【概况】 2020 年，全区节能降耗和淘汰落后产能工作强势推进，成效明显。单位 GDP 能耗下降 4.6%，全区规上单位工业增加值能耗下降率 5.5%，规上工业企业能源消费量增长-1.6%，完成目标任务。强化落后产能淘汰，实施重点节能技改项目 20 项；淘汰落后设备 914 台（套），腾出用能空间约 5.6 万吨标煤，为全区经济社会平稳发展和转型升级提供保障。加快“低散乱”企业专项整治行动，淘汰整治 544 家。全区 5 台 10～35 蒸吨/小时燃煤锅炉列入市高污染燃料锅炉淘汰计划，全部完成淘汰。大力发展绿色经济，实施清洁生产改造企业 9 家，成功创建国家级绿色工厂 1 家、国家级绿色供应链管理示范企业 1 家、国家级绿色产品 4 个。

【能源“双控”】 单位 GDP 能耗下降 4.6%，全区规上工业单位增加值能耗下降率 5.5%。一是积极向上争取。抢抓国家窗口期，做深做实项目前期和能耗审查。泰嘉光电项目列入省发展和改革委员会第一批用能保障重点项目，争取到省级用能指标 41.8 万吨标煤。二是严格项目审批。按照“十三五”及年度能源“双控”目标，从严把控新增用能，严格把控新增用能，对单耗高于 0.6 吨标煤/万元的高耗能项目严格开展用能替代。三是开展节能监察。对全区纺织、热电、钢铁等行业的 12 家重点用能单位开展节能监察工作，委托中介单位编制节能监察报告，核算企业总能耗和产品单耗，开展能源监察执法活动。

【淘汰落后】 一是深入开展锅炉淘汰。督促浙江尤夫高新纤维股份有限公司完成 5 台燃煤锅炉上大压小项目，倒排时间计划，列出节点清单，确保实现 35 蒸吨/小时以下燃煤锅炉清零。对已淘汰锅炉，督促拆除注销，联合质监开展执法检查，防止反弹。二是深化高耗低效产能淘汰。严格落实《关于利用综合标准依法依规推动落后产能退出的指导意见》，结合五水共治、大气污染防治，强化部门联动和执法，统筹推进落后产能淘汰。完成 18 家企业落后产能淘汰，腾出用能空间 5.6 万吨标准煤，超额完成市下达的年度目标任务。三是深化治理低效企业。深入推进“低散乱”企业淘汰，持续推进“园区外无企业”行动，结合安全生产“洗楼”式排查和工业企业分类管理，对于资源利用效率低、综合绩效差、群众反映强烈的企业（作坊），加快推进淘汰整治，全年完成“低散乱”企业淘汰整治544家。

【绿色制造】 一是加快节能技改。加大节能技改和节能新技术、新产品的推广应用力度，全区共完成节能技改项目20个，年可节约用能3千吨标准煤以上。鼓励“两高”行业开展清洁生产审核，全年已完成清洁生产审核企业9家。二是加快构建绿色制造体系。全面推进绿色工厂星级评价管理三年全覆盖工作，引导企业绿色发展。开展新一轮国家级绿色制造示范申报，成功创建国家级绿色工厂1家、绿色供应链1个、绿色产品4个；全年创建四星级绿色工厂10家，三星级绿色工厂162家，绿色工厂星级管理实现全覆盖。三是抓好循环经济建设。按照“减量化、再利用、资源化”要求，加强规划引领、政策扶持、项目支撑和试点示范。抢抓国家项目申报窗口期，上报2021年生态文明建设中央预算内投资储备项目10个。 （刘文韬）

·经济运行·

【概况】 2020年，全区实现地区生产总值467.83亿元，按可比价格计算，同比增长3.3%，分产业看，第一产业实现增加值26.74亿元，增长4.1%；第二产业实现增加值270.72亿元，增长1.7%；第三产业实现增加值170.37亿元，增长5.9%。三次产业比重由2017年的5.4∶54.9∶39.7调整为5.7∶57.9∶36.4。全区1130家规模以上工业企业实现规上工业营业收入982.61亿元，增长4.9%；规上工业增加值155.66亿元，增长4.1%；电梯、纺织等主要行业平稳发展，规模以上工业利润总额增长3.1%。固定资产投资增长7.6%。进出口贸易发展提速，进出口总额123.11亿元，增长24.3%，其中出口108.6亿元，增长26.9%。

【转型升级】 一是产业升级有力推进。为有效应对疫情稳定经济运行，制定出台《关于快复产保增长的政策意见》《关于促进“三电一板”产业高质量发展五条意见》《南浔区支持规下样本企业加快发展若干政策（试行）》《南浔区加快推动工业经济高质量赶超发展实施意见（2020—2022年）》等系列政策。扎实做好“六稳”工作，出台应对疫情支持企业健康发展一揽子扶持政策，兑现扶持资金1.69亿元。规上工业增加值增长4.1%，电梯产业入选全省十大质量提升示范特色产业和长三角质量提升示范点。推动企业转型升级，淘汰整治“低散乱”企业544家，完成“个转企”309家、“企升规”139家，新增省级“隐形冠军”培育企业5家、“新三板”挂牌企业2家、专精特新“小巨人”2家，善琏湖笔厂入选国家工业遗产。二是谋划产业集聚平台。制定印发《南浔区绿色高端智造家居谷实施方案（试行）》，加快推进木业行业向绿色化、高端化、智能化方向发展。以旧馆镇绿色家居产业园和产业园以东规划区块为产业核心承载平台，围绕全产业链集聚，着力打造以整屋定制、实木地板、配套产业等为主导产业的绿色高端智造家居谷。排摸出符合产业导向和行业标准并有意向入驻的企业19家，5家企业提交入驻申请材料，其中3家为整屋定制类企业、2家为实木家具类企业，总租用面积约5.9万平方米。根据省、市《关于开展化工园区评价认定工作的通知》要求，组织完成菱湖镇、和孚镇化工园区的上报，其中菱湖工业园区被认定为省化工园区（集聚区）合格园区，和孚镇化工集中区被认定为省化工园区（集聚区）培育园区。三是深入开展“亩均论英雄”改革。制定出台新一轮的《关于深化“亩均论英雄”改革促进高质量发展的实施意见》，进一步优化评价体系，把深化“亩均论英雄”改革作为转变发展方式、优化经济结构、转换增长动力的有力抓手。实施新一轮的工业企业大普查，摸清全区近5000家企业“工业家底”，完成企业基本信息、电力户号、用地面积等数据的采集，形成精度达20厘米的全新工业企业一张图，完成全区4763家工业企业（含个体户）2020年度的综合评价分类工作。2020年累计对综合评价D类企业执行差别化水价30.5万元，执行差别化电价714.67万元。

【技术创新】 挖掘新材料项目，完成浙江省重点新材料首批次应用示范指导目录（2020年版）征集申报工作，6项新材料成功入选省级新材料目录。新增省级企业技术中心2家、市级企业技术中心8家，完成企业经营管理人才培训3000人，新增“南太湖精英计划”创新领军人才项目8个，完成新产品产值率37.8%。制定《南浔区“企业码”推广应用实施方案》，明确责任清单，加强部门联动，通过召开企业码线上视频培训会，讲解企业码安装教程，大力宣传推广应用“企业码”。2020年，全区16812

家企业完成领码，覆盖率达 132.0%，积极部署专区版块建设，已上线 7 个专区板块，实现企业码上申请贷款，码上查询信用等一系列功能，为企业提供实实在在的便利。

【数字经济】　围绕打造数字经济“一号工程”，积极实施南浔区加快数字经济发展实施方案，全力发展壮大数字经济，培育经济高质量发展新动能。2020 年，全区 55 家数字经济规上核心产业制造业，2020 年完成工业增加值 11.6 亿元，同比增长 12.2%。全年数字经济领域制造业实现新升规 2 家，分别为浙江美尚光伏有限公司和广能智能装备（浙江）有限公司，其中广能智能装备系自苏州招引项目，主要从事机场塔台信息系统制造。全区 25 家数字经济核心服务业，全年完成营业收入 3.7 亿元，同比增长 136.55%。全区数字核心服务业产业强势增长，全年新增入库数字核心服务业企业 14 家，其中软件和信息服务业 1 家。以电梯、电机、电磁线、木业等行业为重点，推进两化融合重点项目、贯标试点企业与工业互联网平台建设。全年完成国家级两化融合管理体系贯标认定企业 3 家，省数字经济“飞地”示范基地 2 个、省级制造业与互联网融合发展示范企业 7 家，市级数字化车间及智能工厂 7 家、市级上云标杆企业 6 家、市级两化融合重点项目企业 9 家、市级两化融合示范企业 3 家。　（许惠芳）

·平台建设·

【概况】　2020 年，狠抓平台建设，不断提升项目承载能力。开展“喜迎高铁、万亩征迁”攻坚行动，重点推进开发区万亩大平台和嘉湖一体化示范区建设，协调推进双林、菱湖、和孚老工业平台及頔塘北岸老工业园改造升级，加大投入，狠抓落实，全年共完成基础设施投入 5.74 亿元，拆迁 889 户，土地拓展 311 公顷。

【平台拓展】　围绕“一区三片区两园”（开发区；开发区练市片区、开发区双林片区、开发区旧馆片区；菱湖工业园、和孚工业园）布局，结合全域土地整治，启动建设万亩大平台，承载产业发展，打造区域经济增长引擎。一是推进开发区万亩大平台和高新区（马腰区块）建设。以“喜迎高铁、万亩征迁”攻坚行动为牵引，精心谋划万亩大平台推进工作，集中力量打好平台拓展攻坚战，加快泰嘉光电、华尚光电、海顺新材等重大项目落地建设。白米塘区块完成拆迁 150 户，拓展面积 100 公顷；旧馆区块完成拆迁 97 户，拓展面积 4.3 公顷；高新区（马腰区块）完成企业拆迁 72 家。二是推进嘉湖一体化发展先行区（练市镇）建设。完成拆迁 105 户，面积拓展 92.9 公顷，成为全省大都市区建设 5 个一体化合作先行区之一。三是推进双林、菱湖、和孚三镇老工业平台改造提升。双林工业区完成拆迁 105 户，拓展面积 28.7 公顷；菱湖工业区完成拆迁 184 户，拓展面积 47.4 公顷；和孚工业区完成拆迁 248 户，拓展面积 37.3 公顷。四是狠抓小微企业园建设。进一步探索出小微企业培育、“低散乱”企业整治和小微企业园建设有机结合的发展模式。全区规划生产制造类小微园 21 个，完成主体建设 17 个，投入运营生产制造类小微园 10 个，投产企业 86 家。

【基础设施】　一是配套设施加大投入。科学规划平台基础设施配套，完善工业平台内路网体系，统筹推进水、电、气、通信等基础建设。全年共完成基础设施投入 5.74 亿元，其中，开发区完成投入 4 亿元、嘉湖一体化发展先行区（练市镇）完成投入 4000 万元、旧馆工业区完成投入 2000 万元、双林工业区完成投入 3000 万元、菱湖工业区完成投入 4500 万元、和孚工业区完成投入 3956 万元。二是道路框架加快拉开。南浔经济开发区向阳西路及向阳大桥开工建设；嘉湖一体化发展先行区（练市镇）亭子桥路、茹家甸路、练溪大道通车；双林镇工业区倪家滩路及配套管网启动建设、强园路延伸段道路建设完成路基的 40%；菱湖镇工业区丰泰路 1 千米建成通车；和孚镇工业区临港路延伸段工程完成 90%。

（王剑良）

·项目建设·

【概况】　2020 年，全区牢固树立“项目为王、实绩论英雄”导向，抓大项目、大抓项目，扎实开展“推百个项目快建设”行动，抢抓政策机遇，积极向上争取，压茬推进泰嘉光电等一批重大项目落地，大力支持企业技术改造工作，着力提升项目“三率”（开工入库率、竣工投产率、上规升级率），全力克服新冠肺炎疫情冲击，进一步扩大有效投资。在项目审批、项目推进、项目服务、项目督查上创新破难，全力以赴推进重大项目建设，有效投入不断扩大。全区固定资产投资、工业性投入分别增长 7.6%和 28.6%，增幅均居全市首位。

【项目推进】 项目“双进”（引进、推进）全面提速，全力打造高质量发展新优势。一是打造千亿光电产业。在构建新发展格局中积极拼抢、主动作为，深度谋划招引光电产业项目。紧盯武汉、深圳等重点区域，梳理全链条大企业清单，围绕光电产业全链条，做好补链强链文章，引进光电产业百亿级项目 2 个，泰嘉光电项目 390000 平方米主体厂房顺利结顶，华尚光电项目顺利落户。二是推进重大项目建设。积极打造“开放东大门、创业新高地”，深化区重点项目落地推进机制，制定《关于建立南浔区重点项目土地要素供给闭环管理机制的实施意见》。全年开工建设亿元以上项目 118 个、竣工投产 81 个，分别增长 57%和 102%。三是抢抓政策窗口机遇。全力向上争取，新增省重点建设项目 6 个，新增省重大产业项目 6 个，其中特别重大产业项目 1 个；新增省“4+1”［交通建设、生态环境和公共设施、高新技术产业、民间资本参与政府和社会资本合作（PPP）项目推介四大工程包+省市县长项目工程］重大项目 13 个、省“六个千亿”产业投资工程（千亿数字经济工程、千亿生命健康工程、千亿高端装备工程、千亿文化旅游工程、千亿能源环保工程、千亿技术改造工程）项目 13 个，列入省级计划项目数创近年新高；省重大产业项目成功争取新增建设用地计划指标 94 公顷；成功争取到保障性安居工程 2020 年第三批中央预算内投资计划资金 2.16 亿元，頔塘南岸未来社区东区建成交付；全年认定市工业“大好高”项目 57 个。四是加大技术改造支撑。出台《南浔区工业经济高质量赶超发展实施意见（2020—2022 年）》，鼓励企业加大设备投资，加快打造智能制造生产体系，不断提升工业企业生产效率。全区列入省 2020 年千亿技术改造投资工程重点类技改项目 84 个；列入省生产制造方式转型示范项目计划 2 个，争取省级补助资金 510 万元；列入市工业发展专项资金工业投资及技术改造项目 36 个，争取设备投资补助资金 4572.64 万元。

（李　哲）

·综合改革·

【概况】 2020 年，全区社会经济领域深化改革工作纵深推进，全力推动重点领域和关键环节改革落地见效。“最多跑一次”改革不断深化，编制全省首个工程建设领域交易管理规范市级标准，在全市率先推出工程建设项目“开工前办一次”，在全市首创“一线办”政务服务审批模式。推进嘉湖一体化，打造全省首个跨区域政务通办圈。高质量做好省定多部门联办“一件事”工作，一窗受理率达 100%。练市镇“一支队伍管执法”改革经验做法获选全省“竞跑”典型案例，全域土地综合整治绩效评价列全省第二、全市第一。城乡区域协调发展、信用体系建设等民生领域改革事项不断深化。

【经济体制】 一是深化工程建设项目审批制度改革。在企业投资项目承诺报备制的基础上，进一步探索优化项目施工前审批流程，会同相关部门联合出台《南浔区工程建设项目“开工前办一次”审批制度改革实施方案》，整合审批事项，精简申请材料，压缩审批时间，优化工程建设项目审批环节，实施工程建设项目跨阶段一次性审批，材料由原来的 20 份压缩至 6 份、环节由原来的 10 个简化为 1 个、办理时间减少 30%。二是大力推进全域土地综合整治。成功创建省级国土资源节约集约模范县，南浔镇与旧馆镇成功列入国家试点，2019 年度绩效评价全省排名第二并获得省政府督查激励，省政府全域土地综合整治与生态修复现场会在南浔区成功召开。三是加快传统产业转型升级。南浔“电梯产业质量提升”项目成功入选首批长三角质量提升试点，发布全国首个《既有多层住宅加装电梯实施指南》。制定印发《南浔区 2020 年度木业行业绿色发展提升行动方案》，以综合治理倒逼木业产业转型升级。四是高效推进老工业园区改造提升。通过对頔塘北岸工业园区进行全面细致摸底调研，科学精准制定改造提升方案，并于 6 月启动“百日攻坚”行动，59 天内完成全部 214 家企业、687 户住宅的签约腾空。拆出近 266.7 公顷土地平台，有效盘活低效用地 53.3 公顷。

【民生领域】 一是深入推进“最多跑一次”改革。

紧紧围绕“最多50天”改革要求，根据《关于建立南浔区重点项目土地要素供给闭环管理机制的实施意见》，实行项目审批服务关口前移，服务向项目供地备案前延伸，夯实项目供地前期工作基础，力争实现“拿地即备案，备案即开工”。项目开工前“最多50天”审批平均时间为1.88天，“最多30天”审批平均时间为3.96天；企业投资简易低风险工程项目（“小型项目”）审批平均时间为0.94天。2020年需发放施工许可证项目75个，已发证56个，从备案到发放施工许可证平均用时33日（自然日）。在全市首创“一线办”政务服务审批模式，已推出25个“一线办”事项，总体压缩办事时间近60%。全面推广无证明化改革，在政务服务、水电气网等公用事业和银行等金融领域“无证明化”改革，实现“清单之外无证明”。推进嘉湖一体化，打造全省首个跨区域政务通办圈，提供嘉湖一体化跨城通办服务。二是协调推进城乡改革。頔塘南岸未来社区东区块住宅及沿街商业已竣工，西区块城市阳台已完成主体结构；全区21个生产制造类小微园已完成主体建设17个，其中投入运营11个，入驻并投产工业企业74家；湖笔小镇和丝绸小镇在2019年省级特色小镇年度考核中获得优秀，其中湖笔小镇取得全省第一名的好成绩，两个小镇顺利通过省级验收命名；练市小城市考核良好，组织编制《第三轮省级小城市培育试点镇三年行动计划（2020—2022）》并通过专家评审。三是信用体系建设不断完善。进一步健全“信用南浔”建设工作领导小组，制定《南浔区2020年社会信用体系建设考核评价办法》《南浔区2020年社会信用体系建设工作考核评价指标》等文件。加强公共信用信息平台和“信用南浔”网站建设，发布动态信息、联合奖惩案例等155篇，在信用湖州平台累计归集公共信用信息965条。推广开展信用承诺制，各成员单位累计上传信用承诺书2414份。推进信用查询应用，在区行政服务中心设立省公共信用信息服务平台现场查询窗口，配备电脑并安装“信用浙江”客户端。实施“信易贷”“信易游”等项目，200余家企业获得信用贷款超2亿元。出台南浔电梯行业信用评价办法，已对全区47家规上电梯企业完成第一次试评价。推进“信用景区”创建，制定实施古镇景区信用评价指标体系和诚信景区实施方案。　（阮文康）

·服务业·

【概况】　2020年，全区服务业实现增加值170.37亿元，增长5.9%，超过全区生产总值增幅2.6个百分点。服务业增加值占生产总值比重达36.4%，2020年度服务业对全区经济增长贡献率为60.8%，拉动经济增长2个百分点。

【体制机制】　2020年紧紧围绕服务业“高质量发展”总目标，从体制机制上着力完善。一是加强统筹机制。针对服务业面广量大且涉及多个行业主管部门情况，完善服务业工作例会机制，明确部门职责，形成定期会商交流，部门齐抓共管、合力推进的良好工作机制。二是精准出台政策。出台《南浔区关于应对疫情支持服务业企业健康发展的八条意见》，扶持受疫情影响较大的住宿餐饮业、旅游业、物流业、物管业等行业发展；出台《南浔区关于进一步加快服务业发展的若干意见（试行）》，扶持企业做大做强和项目加快引推，助推服务业扩容提质；在《南浔区2020年实施“争先创优”行动推进高质量发展若干意见》中，增加针对规上服务业企业的奖励条款。2020年分三批兑现服务业专项资金1320.78万元。三是强化考核督查。结合“实绩论英雄”、MEI考核等，重点突出服务业产业项目开工入库、竣工投产以及规上服务业企业营收指标等考核内容，形成“日监测、周研判、抓行业、包乡镇”工作闭环，探索季度通报机制，加大各镇（开发区）和行业主管部门对各自领域存在问题的关注度，实现服务业“全年红”。

【项目引推】　一是加大项目招引力度。南浔区紧紧抓住长三角一体化国家战略机遇，以重大签约活动倒逼项目招引，3月5日，成功举办2020年一季度重大项目集中签约仪式，5个服务业产业项目完成现场签约。坚持“以实绩论英雄”，加快亿元以上产业项目招引，每月实地核查项目情况，做到签约项目见协议、见资金、见进度，加快项目落地见效；坚持招商引资季度例会制度，进行指标亮晒比拼，营造良好氛围。2020年，全区开工入库服务业产业项目33个。二是扎实推进项目建设。以省服务业重大项目、市服务业“大好高”项目等为抓手，进一步助推服务业项目提速增效。南浔古镇旅游服务配套提升项目（太阳酒店·水晶晶广场）等11个项目被认定为市级服务业“大好高”项目，在库服务业“大好高”项目完成投资15.2亿元，完成年度计划的101.4%；7个省服务业重大项目完成投资22.58亿元，完成年度计划的104%。三是积极向上争取。2020年抢抓政策窗口期，积极争取有更多项目入选国家和省清单，其中，南浔新城吾悦广场、湖州南浔水晶晶颐养中心等7个项目入选省服务业重大项目计划；浙北大厦会员商业中心及智慧物流中心、安博练市智能物流园等4个项目入选省促进消费十件实事重点项目。

【重点培育】 一是全力做好“下转上”。加强与市场监管、税务、统计等部门联动，通过数据共享，了解全区服务业企业新注册、“个转企”、纳税等情况，重点关注新注册企业，做好月度新增工作。2020年，全区共新增规上（限上）服务业企业93家（服务业30家，商贸业63家）。二是加快培育领跑者。根据省、市工作要求，区发展改革和经济信息化局牵头交通、商务、科技等行业主管部门开展服务业重点行业“亩产效益”领跑者遴选工作，通过对各自行业领域内规上服务业企业进行摸排和核实，共上报企业32家，全区共有6家企业入选市级各行业前二十强，其中，湖州南浔浙北大厦购物中心有限公司入选省现代服务业重点行业“亩产效益”领跑者名单。同时，积极组织龙头企业向上争取，鑫达物流成功入选省物流新业态新模式发展试点企业。三是积极开展“三服务”。为更好地推进疫情后企业复工复产，结合疫情补助资金发放的契机，区发展改革和经济信息化局、区财政局、区商务局、区统计局、区文化广电旅游体育局、区交通局等多个部门领导对受疫情影响严重的企业开展上门服务，实实在在将政策和补助送到企业手中。

【平台集聚】 一是加快推进建材城集聚区创新业态。防疫期间，建材城集聚区利用网络直播等途径，组织线上集客、线上下单活动2次，成功落地“南浔建博会、直播抢工厂”“区长网红来带货直播”两场。鼓励指导市场商户充分利用淘宝、京东等销售平台，抖音、微信、微博等自媒体开展单店活动，近100户商户开始正式向新零售模式转型。加快推进国际建材城星荟家居广场项目建设，主要建设智能家居区、绿色节能家居体验区、个性化定制服务区、产品发布区4个核心区块。二是继续丰富古镇集聚区内涵。加速推进项目建设，丝绸码头、青平桥立面装饰、东市河两岸古建修缮等项目已完工。加快智慧景区建设，完成南北景区主干光缆敷设，为景区智慧管控奠定基础；安装调试人脸识别设备，破解二次入园难题，为游客提供便捷。加大文创业态招引，湖州南浔水晶晶文化创意产业园新入驻企业8家，其中知名实体运作公司1家。携手本地万亩“稻虾”养殖基地、国内知名餐饮机构和演艺娱乐策划公司，以“美食+文旅+节庆”的形式，举行集龙虾风味大赏、“云”吃虾、明星大咖秀、舞团乐队趴等活动于一体的“浪游南浔·虾客大会”。

【特色亮点】 一是项目入选数量多。南浔新城吾悦广场、湖州南浔水晶晶颐养中心等7个项目入选省服务业重大项目计划，项目个数居全市第二；浙北大厦会员商业中心及智慧物流中心、安博练市智能物流园等4个项目入选省促进消费十件实事重点项目，项目个数居全市首位；南浔康复医院、石淙花海文化休闲体验项目等11个项目被认定为市级服务业“大好高”项目，完成市定目标的220%，个数全市领先。二是工作获省级部门肯定。《南浔：深化“亩均论英雄”改革 开启服务业高质量发展新征程》于1月7日在省发改委公众号上发布。三是向上争取有成效。湖州市南浔区双林镇示范性托育服务中心项目和南浔蒙特梭利儿童俱乐部示范性托育服务中心项目入选普惠托育服务专项行动浙江省2020年第二批中央预算内投资项目计划，共获得资金120万元。（刘春燕）

旅游　商务

·旅　游·

【概况】　2020年，南浔区旅游工作以“补短板、强基础、快提升”为思路，围绕全域旅游创建、文旅项目推进、公共服务提升、文旅产品创新等工作主线，在文旅项目及产业规模上实现新突破，开通“水晶晶南浔”水上游线，成功创建湖州首个浙江省AAAA级旅游景区城。

【资源开发】　一是坚持规划引领。完成《湖州市南浔区“十四五”文化、旅游和体育发展规划》编制初稿。制定出台《南浔区创建浙江省全域旅游示范区实施方案》《南浔区创建浙江省AAAA级景区城实施方案》，启动《南浔区全域旅游发展规划》修编，全面推进全域旅游示范区创建。二是突出创建提挡。启动菱湖古镇国家AAA级旅游景区创建、石淙旅游风情小镇创建及千金旅游风情小镇培育工作，南浔古镇景区作为湖州市全国旅游标准化示范城市试点完成国家级实地验收，创建1个AAAA级旅游景区城、1个全国旅游重点村、3个省AAA级以上旅游景区镇、70个A级以上旅游景区村庄（其中13个AAA级旅游景区村）、2家省级精品民宿、11家市级休闲农场、2家区级二星级农场，完成荻港渔庄、丽菁大酒店等6家美食企业“百县千碗·湖州味道”第一批消费体验场所认定，荻港渔庄入选“诗画浙江·百县千碗”首批特色美食体验店。三是做特主题活动。举办“会诗南浔 走运湖州”京杭大运河（浙江）诗路走运之旅暨“水晶晶南浔”水上游线开通仪式、南浔古镇“虾客大会”等重大文旅活动。举办善琏湖笔文化节、石淙花海龙虾节等特色文旅节庆活动10场次。推出线上虚拟体验旅游、“南浔人游南浔”等活动，吸引游客50000余人次。推出“全国医护人员免费游南浔”“夜宿南浔”等活动，致敬逆行者。四是挖掘文化基因。制定南浔区“文化基因解码工程”实施方案，完成20个重点文化元素清单梳理和5个重点文化元素解码，形成一表一文一库，编撰《浔迹丛书》第二辑5册，出版《浔根丛书》第七辑2册，实现文化基因解码的转化利用。

【文旅产业】　一是加快重点项目建设。全区38个建设类文旅项目全年完成总投资33.8亿元，完成年度计划投资总额的112.7%，大象酒店、太阳酒店·渔人码头、“漫南浔”走运之旅、和孚桑基鱼塘、善琏湖笔小镇（运河含山）保护开发等重点文旅项目稳步推进。全年招引文旅项目3个。出台《南浔区旅游发展专项资金奖励补助办法》，加大文旅项目奖补力度。二是加强基础配套建设。建成南浔古镇北部主出入口游客中心，建立“一图一码一程序”智慧导览系统，集成“吃住行游购娱”一站式智能化旅游服务总入口，提供智慧讲解、码上查询便捷服务。完成新改建旅游厕所27座，新增标识标牌8个。三是加力特色业态开发。开通“水晶晶南浔”水上游线，建成荻港美食街区、湖笔创意街区等2个特色街区，完成“百县千碗·四象八牛”之“刘氏嘉宴”开发和南浔美食手绘地图。四是加大宣传推广力度。加大区域合作力度，制定《南浔区与青浦区旅游合作方案》，发布“风雅桐乡—水晶晶南浔”精品旅游线路。参加各类文旅推介会10场，新增5家市级职工疗休养基地，成立京杭大运河古镇联盟，首发《大运河诗路》专题片。加大市场营销力度，打造全新南浔文旅品牌宣传口号，南浔古镇与小红书签订入驻战略合作协议，南浔区190余家旅游企业在全市率先携程平台上线，南浔区和南浔古镇荣获全域旅游优质目的地；开展“水晶晶南浔”文旅消费季活动和“水晶晶南浔”夜集市活动，派发优惠券2万张，累计带动消费4000万元。

（金秋丽）

·商　务·

【概况】　招商引资：项目签约：2020 年新增固定资产投资亿元以上项目 163 个，上报市例会 97 个，完成全年目标任务。按实绩论英雄口径，全年新增签约项目 265 个，总投资 686 亿元，其中，工业项目 137 个，服务业项目 26 个，农业项目 102 个。利用外资：2020 年新批外资项目 14 个，完成市级外资“大好高”项目 4 个。全年完成合同外资 44077 万美元，完成市定目标的 88.15%；完成实到外资 5184 万美元。

外经外贸服贸：对外贸易：2020 年完成进出口额 123.10 亿元，同比增长 24.3%。其中出口额完成 108.59 亿元，同比增长 26.9%；进口额 14.51 亿元，同比增长 7.85%。境外中方投资额：2020 年完成境外投资项目 8 个，实现境外中方投资额 3280 万美元，全市排名第三。服务贸易：2020 年完成服务贸易出口额 4.11 亿元，同比增长 3.3%。

商贸流通：2020 年社会消费品零售总额同比下降 6.1%。

全年限额以上批零贸易业实现销售额 166.37 亿元，同比增长 13.2%。

电子商务：2020 年实现网络零售额 62.25 亿元，同比增长 24.7%；全年实现跨境电商交易额 5.58 亿元，同比增长 110.04%。

【复工复产】　疫情期间，全体商务干部职工冲在前、干在先。夜以继日、千方百计筹措防疫物资，累计调运、采购、发放一次性口罩、测温仪、手套、消毒水、帐篷等防疫物资累计 800 余万件（物资金额 1618 万元），有效保障全区防疫工作开展。区商务局深入一线组织全区 30 余家大型超市、5 家重点粮食加工企业不歇业。下沉一线指导，协助商店超市开展消毒、测温、人员排查。开启“绿色服务通道”，为保供应企业办理紧急通行证 200 余张，投放冻猪肉 300 余吨。全力以赴保障群众基本生活物资需求，未发生因断供引起的物价暴涨或群体性抢购事件。坚持“两手抓、两不误、两手硬”，专班专员指导商务条线企业复工复产，积极组织企业申请“省十七条”“湖八条”“区六政十五条”等各级政策，全区外资、外贸、商贸、电商企业快速全面复工复产。抗击疫情工作赢得企业群众口碑，分别收到开心人大药房送来的“优化服务情系企业 抗击疫情不畏艰险”锦旗和沃克斯迅达电梯有限公司送来的“高效抗疫 助企为民”锦旗。

【招商引资】　工作机制不断优化。全区选优配强五大片区招商布局，全面完善招商体系，共派出 77 名驻外招商员专职驻点招商，形成更强招商合力。以《2020 年度南浔区招商引资工作实施意见》和《2020 年度南浔区“以实绩论英雄促赶超出成效”考核办法》为抓手，加快亿元以上产业项目招引，坚持并优化招商引资季度例会制度、绩效考核机制，联动区发展改革和经济信息化局、区自然资源和规划分局等部门研讨绩效指标，谋划招商引才及项目推进等工作。

项目招引成效显著。通过发挥“浔九条”政策激励作用、开展产业链精准招商、全过程跟踪服务保障等，全年项目招引数量和质量实现新突破，2020 年，全区完成 5 亿元以上签约项目 30 个，数量居全市第二；引进总投资 55 亿元的年产 80 万台（套）5G 基站天线总部基地项目、总投资 100 亿元的华尚光电高导通透明硅基电路板项目、总投资 128 亿元的绿地南浔中心 CBD 项目。全年在南浔举办集中签约活动 3 场，累计签约项目 108 个。

融入长三角协同发展步伐加快。立足南浔区位优势，以沪苏湖铁路开工建设为契机，深入实施融沪接苏行动，积极融入长三角协同发展。全年引进长三角地区项目 153 个，固定资产投资 510.8 亿元，项目个数同比增长 19.53%，项目固投同比增长 103.96%。2020 年 6 月，南浔区在上海成功举办“水晶晶南浔——2020 南浔城市品牌推介活动”，会上 25 个重大项目集中签约，总投资达 616.86 亿元。

【对外开放】　全力拓市场。积极鼓励外贸企业“云参展”，累计组织 110 家次企业参加省、市主办的 40 余场网上专场交易会。针对电梯、电机、电磁线、木地板、纺织等南浔重点产业，累计举办 4 场南浔区出口网上交易会，160 余家外贸企业与国外客商进行网上洽谈，促成南浔电梯企业与乌克兰客商成功签订区域全权代理协议，有效拓展国际市场。组织 55 家企业、340 余人参加第三届进博会，在进博会子活动上，南浔区作为全市唯一获评浙江省进口贸易促进创新示范区的县区，获正式授牌。

全力稳信心。制定《南浔区出口专班工作方案》《南浔区加强中美经贸摩擦应对工作总体方案》，合力解决外贸企业问题与困难。为解决外贸企业融资难、融资贵问题，全市首创“浔信贷”机制，即“政府+信保+担保+银行”合作机制，依托“订单+清单”系统，加强金融支持协同，各合作银行放贷企业8家，放贷金额2620万元。

全力增动能。加强政策扶持，出台“稳外贸十条”等政策，累计为500余家次企业争取各级专项政策资金3000余万元。1—11月新增进出口实绩企业114家，实现进出口额21.87亿元。加大“三转”力度，实现“三转”30家，累计回转出口数据2.80亿元。

全力育平台。推动进口平台主体培育，2020年，南浔区成功获评省级进口贸易促进创新示范区，区内的湖州产投进口供应链平台同步成功获评省级重点进口平台。引进外贸综合服务等贸易平台，省国贸集团“国贸云商”项目落户南浔。

【促进消费】 强化主体培育。发挥政策引导内循环，落实疫情期间商贸扶持政策，累计给予全区29家限上住宿、餐饮企业一次性补助463.91万元。组织浙江愚公生态农业发展有限公司、浙江中田农业科技有限公司、南浔浙北大厦购物中心等企业申报市级菜篮子项目资金，共计兑现补助58.08万元。建立“清单化”工作外循环。围绕“新增入库”“工贸分离”等工作重点，梳理建立重点工作分解、重点企业联系、重点难点化解清单，激发潜在企业入库纳统、工贸分离的意愿，全年新增工贸分离企业28家。

激活消费潜力。发挥消费工作专班统筹协调作用，提振全区经济活力和消费信心。结合数字生活新范式，发放电子消费券2000万元。全年组织商贸、老字号企业开展或参加“湖交会”“金秋购物节”等各类线上线下促消费活动20余场。

夯实商贸基础。紧盯吾悦广场、君欣豪悦大酒店等6个超亿元重点在建商贸项目推进。加快谋划、推进全区“夜经济”及“智慧商圈”工作，全年举办各类夜间经济活动15场，提升古镇景区商圈智慧化设施。做好楼宇纳统工作，全年新增纳统楼宇18幢，现有税收超千万元以上楼宇6幢，其中亿元税收楼宇2幢。

【电子商务】 营造良好发展环境。政策扶持力度加大，全年组织发动162家次电商企业申报各级电商专项资金，兑现区级资金470.38万元。举办跨境电商业务巡回培训等各类培训、资源活动30余场次。电商发展氛围浓厚，累计招引超千万元市外电子商务项目24个。示范引领成效显著，7个镇入选“中国淘宝镇”，11个村（居）入选“中国淘宝村”，3家企业入选2020年度省“新零售示范企业”名单。

打造数字生活新范式。南浔区获评浙江省2020年数字生活新服务样板区。积极培育直播电商新业态，成功举办首届南浔地板直播专场活动、“2020年湖笔文化节之云上笔会直播助企活动”等直播活动30余场。深入推进网上菜场、餐厅、超市、市场等“六个网上”建设，探索“线上下单、线下送货”无接触购物模式，愚公生态农业2020年实现线上销售额372.8万元，同比增长242%。

推进跨境电商发展。与浙江国贸数字科技有限公司合作建成南浔区跨境电商产业（孵化）园，已正式运营，设立南浔区跨境电商公共服务中心，实现全球开店、数字营销等综合跨境服务。建设木业产业省级跨境电商试点及机电产业市级跨境电商试点，成功争取省市专项激励资金330万元。推进海关监管模式创新运用，完成国际贸易单一窗口跨境电商资质备案企业10家。

【粮食物资】 牵头粮食增产保供，保障粮食安全。专班化推进全区粮食安全责任制工作，紧盯“粮食种植面积和总产量、耕地保有量和永久基本农田保护面积”等核心指标，与区农业农村局等部门定期研判指标落实情况。2020年，市对区粮食安全责任制考核名列全市第一位。专员式服务破解要素制约，帮助民合粮油、建丰米业等6家企业获得信用贷款、低息贷款合计5990万元。

引导行业特色发展，保障市场供应。大力实施国家“优质粮食工程”，帮助6家粮食加工企业获得中央奖励资金2112.9万元，占全省34.3%，争取资金总量列全省首位。深入开展“五优联动”（优粮优产、优粮优购、优粮优储、优粮优加、优粮优销）试点，全区参与企业占全区粮食加工企业的66.7%，“湖州好大米”“浔稻香”等区域公用品牌知名度日益提升。修订粮食应急预案，调整后全区应急供应网点18个，应急加工企业4家，应急运输企业1家，日应急加工能力400吨，实现应急保供能力全覆盖。

落实应急物资储备，保障民生稳定。建成投用区级首个应急物资储备中心库，中心库是全市物资储备职责转隶后首个投用的应急物资储备库，库内现存储五大类、50 小类、合计 97000 余件物资。落实应急保供企业，与南浔浙北大厦购物中心等 4 家企业签订《南浔区应急救灾保障协议》，应急状态下，可保障 1800 人 3 天的食品、饮用水生活需求及 300 吨应急运输能力。猪肉实现常态化动态化储备，确保区级冻猪肉 215 吨规模不缩减，支持区内生猪养殖企业参与市本级活猪储备招投标，共 5 家企业入选、储备规模 13795 头，同比分别增长 66.7%、182.6%。（任　琴）

城建　环保

·住房和城乡建设·

【概况】 2020年，区住房和城乡建设局根据省、市、区“争先创优”行动安排，围绕高质量打造“开放东大门 创业新高地”要求，坚决贯彻落实区委、区政府的决策部署，以群众感受和企业需求为第一标准，把“最多跑一次”改革、美丽城镇、房地产市场稳控等一批中心工作作为全年工作的重中之重，打出组合拳，创出新业绩，各项工作取得良好进展。

【防疫管控】 面对突如其来的疫情，区住房和城乡建设局深刻认识疫情防控的重要性和紧迫性，牵头对建筑工地实行“洗楼”式安全隐患排查见底行动，累计检查在建项目253个，消除安全隐患860余处。严格落实14天疑似人员居家隔离制度，要求44个物业管理小区落实“四个一”（一个口子进出，一支队伍值勤，一套流程管控，一项常态督察）闭环管理工作机制。围绕全区供气、污水处理、垃圾废品处置等市政公用设施安全稳定运行，有力保障城镇居民正常生活需求。同时，落实“一对一”专班指导，8名班子成员以乡镇为片区，帮扶12家企业、31家房地产公司、35家区属建筑企业、181个项目工地建立完善防疫体系，一企一册，做好防疫管控、政策落地、运营服务等记录，根据实际及时化解企业抗疫物资、上下游产业链不通等问题，打通复工难点。

【行政审批】 全面梳理立项用地规划许可、工程建设许可和施工许可三个阶段合并审批，实施工程建设项目备案到开工“一次申请、一证流通”，办理项目开工前手续由原来20项资料、10个环节、8个工作日，缩短为6项资料、1个环节、1天办结，为企业打造“进一门、跑一次、找一人”最优营商环境。同时，在确保工程质量安全的基础上，按照特殊建设工程施工许可前审查、低风险工程免予审查、一般工程施工许可后审查的方式，对施工图审查实行分类管理，采取政府购买服务模式，全年为企业节省图审时间约200天、减免图审费用530余万元。此外，建立“联合竣工验收”一站式服务窗口，按照“一窗受理、容缺承诺、限时完成”的原则推进工程建设项目竣工、消防、人防、档案等验收，不断“化繁为简”，验收环节平均提速75%。

【房地产】 以迎接沪苏湖高铁新时代为抓手，结合疫情对房地产业负面影响，推出线上“云卖房”，聚力探索县域房产行业数字化变革新模式，打造更具竞争力的创业发展高地。全年商品房销售约155万平方米，办理房产预售49个、许可面积164.5万平方米，新增开发企业11家，办理配套确认验收项目18个，办理存量房交易2703套、交易面积29万平方米。同时，认真贯彻执行商品房价格备案制度和商品房买卖合同网签规定，及时查处严重扰乱房地产市场秩序的非正当竞争行为。

【中心城区城市建设】 2020年重点建设项目84个，完工28个，累计完成投资130.1亿元。江蒋漾公园、直港路（中心街至联谊段）、中心城区绿道（一期）等项目相继完成，新增直港路、西城路等道路建设10.5千米，新改建道路4.6千米，打通万顺路断头路，新增停车位2271个，缓解交通拥堵及加大中心城区车辆承载力。此外，全力推进老旧小区改造，大象酒店、太阳酒店、浙江水利水电学院建设等项目，出台《南浔区中心城区老旧小区改造实施方案（2020—2022）》，计划完成老旧小区改造53个，改造面积约140万平方米，华龙花苑、高龙小区、铁马小区、江南电缆厂宿舍等小区已完成改造任务。

【建筑业】 开展建筑领域安全生产、“南浔无欠薪”、建筑工地扬尘三大专项行动，助推建筑领域平稳发展。2020年共计开展专项检查34次，出动人员300余人次，检查在建工地188个，下发限期整改意见书43份，停工整改通知书35份，行政处罚立案2起，受理消防审批项目171个；查出扬尘治理落实不到位220余处，预警约谈企业12家；处理信访投诉件256件，为470余名农民工讨要工资2500余万元。此外，出台全省首个《南浔区农房集聚工程建设质量安全指导意见》，制定下发《南浔区建筑施工标准化管理办法》《南浔区建筑工程施工发包与承包违法行为认定查处管理办法》，积极营造优质工程评创氛围。

【村镇建设】 围绕“十个一”建设，构筑“2道2网2场所4体系”（一条快速便捷的对外交通通道、一条串珠成链的美丽生态绿道；一张健全的雨污分流收集处理网、一张完善的垃圾分类收集处置网；一个功能复合的商贸场所、一个开放共享的文体场所；一个优质均衡的学前教育和义务教育体系、一个覆盖城乡的基本医疗卫生和养老服务体系、一个现代化的基层社会治理体系和一个高品质的镇村生活圈体系）的美丽城镇支撑体系，启动投资项目151个，总投资58.48亿元，2020年菱湖镇荣获省级样板称号，练市镇、善琏镇均通过基本达标验收。同时紧密结合村庄环境和农民群众需求，打造和孚镇漾东村、双林镇华桥村等一批“田园美、村庄美、生活美”的美丽宜居示范村。此外，按照“人解危、房解危”的要求，结合美丽乡村建设、农村土地全域整治等工作，根据《农村困难家庭危房治理改造完成口径》，因户施策，全面完成183户农村困难家庭住房救助，并将相关材料同步上传至浙江省农村房屋信息管理系统，实现全区农房治理改造工作的精密智控。

【拆违改造】 围绕“新增违建坚决管控，存量违建应拆尽拆，旧厂旧宅应改尽改”的工作原则，狠抓治危拆违。2020年坚决整治一批久拖未改的违法建筑，完成拆违217.79万平方米，完成率145.2%，完成旧住宅、旧厂区改造138.9万平方米，完成率163.4%，完成城中村改造签约589户，完成率131.8%。全年处置生活垃圾23.5万吨，无害化处理率达100%、城镇生活垃圾资源化利用率达100%。制定出台《南浔中心城区生活垃圾分类“减桶提质”工作实施方案》，2020年城镇居民小区生活垃圾精准分类覆盖率为100%，投放准确率排名全市第一。

（张思婷）

·环境保护·

【概况】 2020年，区生态环境分局以习近平生态文明思想为引领，以“改善环境质量、服务科学发展、保障环境安全”为主线，打好打赢污染防治攻坚战。据市环境保护监测中心站监测结果显示，全区全年$PM_{2.5}$浓度均值为29微克/米^3，同比下降14.7%；空气质量优良率89.5%，同比上升8.6个百分点；全区4个出境断面和7个区控以上地表水断面水质均达到Ⅲ类以上，达标率100%，南浔区连续两年荣获浙江省“五水共治”（河长制）工作优秀县（市、区）“大禹鼎”荣誉称号。

【污染防治】 建立“预警”“巡查”“研判”工作机制，利用无人机、无人船等手段对国控断面开展常态化巡查，确保水岸同治；在全国率先制定幸福河湖地方标准规范，全省河（湖）长制工作部署会及研讨会在南浔召开；以南浔经济开发区北部区域水系作为试点，探索“水乡综合体”治理模式，实施水生态功能提升示范工程，获得中央资金5380万元支持。

全面开展木质家具、地板、电梯、电机等特色行业低挥发性有机物源头替代工作，共计完成121家木质家具企业、34家电梯企业、30家电机企业源头替代。地板行业已全部使用高固含量UV漆、水性漆，全省家具和地板行业使用低VOCs（挥发性有机物）含量原料现场交流推进会在南浔区召开，有关经验成效被央视《焦点访谈》栏目专题报道。出台《南浔区“无废城市”建设实施方案》，全面启动“无废城市”创建；建成固废（危废）处置项目4个，加快补齐处置能力短板；完成88家企业固废（危废）仓库规范化建设整治提升，有效保障涉废领域环境安全；建成危废、固废收储运一体化中心，解决中小企业危废处置难问题；建成全市首个活性炭集中脱附再生中心，解决中小企业活性炭装填数量不足、质量不高及处置难、处置贵的问题。

【改革创新】　深化开展“三服务”活动，搭建行业交流平台，主动走进企业，开展点对点、面对面帮扶和服务，解决企业在环评、验收、污染治理、排污许可等方面的困难和问题，着力提升企业环境管理水平，全力打造环保标杆企业。疫情期间，通过环评审批“不见面”、防疫指导“走上门”等举措，切实保障疫情防控期间复工复产企业各项生态环境工作落实到位，为企业平稳健康发展保驾护航。

深化“放管服”改革，落实“一网通办”“一窗受理”等要求，实现“零上门”和“最多跑一次”事项覆盖率 100%、审批事项网上申报率和网上审批率 100%、业主办事满意率 100%。2020 年，共完成建设项目审批项 49 个，“区域环评+环境标准”备案项目 14 个，环境影响登记表网上备案 278 件。

在全市创新开展印染行业排污权二级市场交易，完成印染企业间化学需氧量排污权转让 63.6 吨/年、氨氮排污权转让 6.36 吨/年，转让总金额达 5750 万元，运用市场机制优化环境资源配置，促使有限资源集约利用。同时进一步规范一级市场排污权交易，全年共有 16 家企业参与排污权竞价，完成化学需氧量排污权出让 5.672 吨、氨氮排污权出让 3.242 吨，氮氧化物排污权出让 94.9918 吨，二氧化硫排污权出让 55.105 吨，出让总金额达 57.8461 万元。全面完成 5422 家企业排污许可证登记发放工作，印发《南浔区“三线一单”生态环境分区管控方案》，强化空间、总量和准入环境管理，协同推进经济高质量发展和生态环境高水平保护。

【执法监管】　开展两轮环境安全隐患“大排查大整治”专项行动，设立有奖举报电话，解决一批环境安全隐患。在中央生态环境保护督察期间，共收到督察信访交办件 44 件，均全部按时办结，实现“零重点件、零突发环境事件、零人问责”。督察之后，制定督察信访交办件责任清单，逐项明确整改要求、整改时限、整改责任人和区分管领导。2020 年共受理环保类信访件 543 件，同比下降 16.7%。出台《南浔区进一步强化生态环境执法监管工作七条意见》，通过 VOCs 走航监测、在线监控、用电过程监管等技术手段，坚决从严从快从重打击环境违法行为。联合区检察院、区公安分局、区市场监督管理局、区应急管理局、区消防救援大队等部门开展专项行动 19 次，形成齐抓共管良好局面。2020 年，区生态环境分局共立案查处环境违法行为 86 起，处罚金额 972.4 万元，同比上升 11.8%，其中实施查封扣押 36 起，涉及刑事案件移送公安部门 3 起，涉及行政案件 1 起。

聚焦长三角一体化，与江苏省吴江区建立江浙边界首个跨界生态环境联防联控“四联”（信息联通、执法联动、纠纷联处、会议联席）机制，提升跨界生态环境问题联合处置能力。引进第三方环境检测机构 3 家、环保管家服务单位 2 家，弥补全区环保专业力量的不足，有效降低企业违法风险。在全市率先实施“生态环境监督员”制度，全区设立 20 位生态环境监督员，完善区域生态环境的群众监督。

【宣传教育】　围绕污染防治攻坚战、生态文明建设、环保督察、“最多跑一次”改革等重点工作开展常态化宣传，相关工作被中央电视台、《中国环境报》、湖州电视台、《湖州日报》等媒体聚焦报道。在“南浔生态环境”微信公众号上开设“生态环境执法每周一案”专栏，曝光生态环境领域典型违法案例，倒逼企业提高环保守法自觉性。以“6·5”世界环境日和“8·15”湖州生态文明日等节日为契机，组织开展“生态环保亲子活动”“环保设施云开放进课堂”“生态文明与环境保护公益巡演”等系列宣教活动，普及生态环保理念，营造良好宣传氛围。　（蔡国栋）

·综合行政执法·

【概况】　2020 年，南浔区综合行政执法局围绕“重塑水晶晶南浔，建设美丽繁华新江南，打造开放东大门、创业新高地”的总体目标，认真贯彻落实区委、区政府各项决策部署，以纵深推进综合执法体制改革为主线，以城市精细化管理为抓手，扎实开展深化“三服务”（服务企业、服务群众、服务基层）、奋战“五个年”（“两山”转化提升年、重大项目攻坚年、开放合作突破年、基层治理深化年、全面小康决胜年）活动，全力服务南浔赶超发展中心大局。区综合行政执法局荣获南浔区 2020 年度“开放东大门、创业新高地”重点工作先进集体等多项荣誉称号。

【聚力防控】　严格按照疫情防控“外防输入，内防反弹”的工作要求，落实防疫各项措施，织密疫情防控网。全局动员协助卡口管控、小区巡查、洗楼排查等工作，对重点单位、建筑工地开展隐患排查整治；在沿街商户开展地毯式走访、排摸，逐户上门告知疫情防控相关注意事项；对营业商户做好“一户一档”登记和防疫服务工作，累计登记排摸商户3407家。做到责任范围底数清、人员清、轨迹清，确保防疫工作万无一失。

【助推复工】 实行“专班+专员”驻企服务制度，编发《企业复工复产工作指导手册》，优先保障“三必需”（疫情防控必需、城市运行必需、群众生活必需）企业进行复工复产，落实人员管控、物资储备、疫情防护等措施。12名驻企专员帮助10余家企业解决隔离点改造、食堂分散就餐、防疫物资短缺等各类问题40余个；制定“一企一方案”，对具备复工条件的配套企业“同步调查摸底、同步帮扶指导、同步落实防控”，指导企业逐步达到复工标准，全力协助企业打通上下游供应链。

【深化“三服务”】 疫情防控期间实行审批服务“零次跑”，出台广告店招审批、境内外渣土运输审批、公共交通出行审批等5个方面8条措施；开辟绿色通道，为复工企业提供网上办、邮寄办、预约办等行政许可服务，实行容缺受理、特事特办。落实机关干部“包挂驻企”制度，推出“二对一”“两员制”（每家复工企业明确1名服务专员、1名防疫专员）保姆式服务，解决人员返工、防疫物资配备问题，对企业返岗员工实行“点对点”运送服务；派专车至高速公路南浔入口处接回返岗技术骨干290人。

【餐饮油烟治理】 提高餐饮店“准入门槛”，加强餐饮油烟执法监管，坚决取缔露天烧烤，严格查处未安装或未正常使用油烟净化设施，责令问题商户限期整改，对未整改到位的予以处罚。2020年，出动6534人次检查餐饮单位5285家，立案处罚64家，处理群众油烟投诉118件，满意率100%。

【“污水零直排”】 强化各业态排污治理，完成全区涉排单位及商户的建档工作。2020年检查涉水商户2300家，建造污水预处理设施1298家，办理排水许可证926家。完成同心路龙飞小区商贸区、浔南新村二期商贸区等9个“污水零直排区”示范点的创建工作，同时继续巩固前期6个示范点工作基础，实行长效监管，做好后期的清洗情况检查和记录，对拒不整改的单位立案查处13起，罚款6.33万元。

【小区环境整治】 开展小区管理整治行动。以自查整改和集中整治相结合，调动属地社区和小区物业配合积极性，对区域内毁绿种菜行为持续开展专项清理行动11次，涉及绿地面积8490平方米。加大对中心城区开放式小区、封闭式小区、建筑工地等易形成环境卫生顽症、死角区域的整治力度，做到清扫保洁不停歇、垃圾清运不间断，开展背街小巷专项整治20余次，清理“牛皮癣”、小广告约15000余张。

【扬尘治理】 全力推进中心城区在建工地“7个100%”（施工现场围挡设置100%、施工现场砂土及材料遮盖100%、主要道路硬化100%、拆除工程洒水100%、运输车辆冲洗且密闭加盖100%、暂不开发场地绿化100%和外架密目式安全网设置100%）标准化建设工作，累计建立“一工地一档案”35家，进一步厘清工地建设单位、施工单位和监理单位三方监管职责。2020年累计检查工地2540个，立案75起。严格实行工程车“三化”管理，制定并出台工程运输车辆“三化”管理工作实施方案；会同交警等部门建立联动联审工作机制，审批办理《建筑垃圾处置许可证（运输）》1342件。按照市、区两级治气工作的考核细则要求，有效遏制秸秆焚烧214起，实现全市火点“零通报”。

【环卫保洁】 提档升级环卫保洁。全面推进城乡环卫一体化项目，扎实开展日常保洁、抑尘保湿、垃圾收运各项工作，严格落实主次干道“日扫夜洗”机制，不断提高中心城区城市环卫标准，为文明城市“满堂红”的复评目标保驾护航。开展水域河道整治行动，全面清除河道内福寿螺、水葫芦、杂草等，保证中心城区河面干净、水质良好。改造升级公共厕所，加强公厕智能化建设，完善第三卫生间、残疾人通道，满足特殊对象的用厕需求，对中心城区所有一类公厕进行全天开放。

【“四非”专项整治】 严格按照“整治取缔一批、限时保留一批、规范提升一批”的方针，做好“四非”（非法制砖厂、非法码头、非法无矿山矿石〔建筑废料〕加工点、非法搅拌站）清理专项整治工作，彻底整治影响全区生态环境污染源，按照清查和处置相结合的原则，对辖区内涉及生产经营制砖、码头、加工建筑废料、搅拌站等企业拉网式排查，联合各部门拆除“四非”企业105家，拆除率达100%。

【“美丽小区”建设】 聚焦美丽城镇长效管理和美丽小区示范创建工作，严格按照《南浔区“美丽城镇”长效管理实施方案》实施周督查检查、月考核公示，倒逼各镇健全管理机制，重点突出市容市貌、环境卫生、城镇秩序等方面，强化监管、立查立整，打造南浔特色的美丽城镇。针对居民小区开展违规搭建专项整治工作，全年开展违建整治行动31次，拆除面积共计1289平方米；对于居民小区汽车库非正常使用的情况进行分类分步疏导，依法关停270余家非正常使用车库。结合市委、市政府推进新时代“三美”（美丽城市、美丽城镇、美丽乡村）建设总体要求，高质量完成20个“美丽小区”示范建设任务，实现“千居美丽、百居示范”的目标。

【规范文明养犬】 在便民服务中心设立固定窗口，确认专职负责人员走村入户排摸数据，并派遣多个流动免疫组，下村进行集中免疫登记发牌，实现“一站式”服务，全流程简化办证，打通犬证办理梗阻；对确实存在困难、无法到定点宠物医院和各服务现场进行犬类免疫登记的群体，提供“一对一”上门服务。2020年，全区共设置接种免疫点25个，设置犬只信息登记点162个，完成犬只免疫1047只，完成犬只信息登记742只，收容流浪犬数3570只，依照《湖州市文明行为促进条例》对“不文明养犬”行为进行执法办案372起。

【停车秩序管理】 通过“电子监控+人工贴单”全面加强机动车违停查处，2020年违章停车系统录入15597辆，处罚金额170.24万元；规范人力三轮车车容车貌，取缔非法改装营运三轮车126辆；清理人行道不符合设置要求的停车泊位，并根据实际需求开展增容扩面工程，实现应划尽划、服务于民，促成开放机关事业单位错时停车位300个，增设公共停车泊位1300个，形成道路资源持续优化、停车秩序规范提升的良好局面。

【管控占道经营】 引导商家规范经营，限定放开“夜摊经济”，加强对沿街商户的跨门窗经营行为的巡查力度和农贸市场周边市容秩序管理力度，有效遏制了流动摊贩擅自占道设摊影响市容秩序、妨碍交通的现象，设定定点定时夜摊区域2处，完成备案审批摊位64处，引导250余个流动摊贩进入自产自销点，清理店外占道4000余起。

【户外广告清理】 严格落实户外广告规范审批管理，按照“控制现量、逐步减量、提档升级”原则，针对占道广告、未批广告、破损广告、安全隐患广告、内容低俗广告，在全区域内开展大规模清理行动，开展专项整治行动30次，拆除并规范大中路、泰安路、人瑞路等路段门头广告39个，清除破损灯箱广告322个，清理乱张贴及乱悬挂横幅300余处。

【实施市政管养】 全面养护城市形象，扫除“盲点”，既抓“面子”又保“里子”，修复市政道路730平方米、人行道铺装2140平方米，精细养护绿地面积690000平方米，推进绿化“死角”补植3400平方米，精细布置及修剪植物1140000株，并做好施肥、浇水、除草、防虫害等工作。全面摸排并疏通地下管网40千米，清理疏通检查雨水口2130座、井103座，更换各类市政窨井盖313套，厘清城市“毛细血管”，拧紧平稳度汛“安全阀”。做好城市亮化工程，维修路灯1055盏，更换路灯电缆1174米，维修破损路灯接线井472套。

【便民利民服务】 完成10座港湾式公交站台建设，提升改造公共自行车系统，在中心城区上线使用无桩单车电子围栏，全市首创将共享电单车引入无桩单车电子围栏，投放印有“水晶晶南浔”LOGO新式公共自行车1000辆，共享电单车2000辆，解决城市出行“最后五公里”。打造“城市蓝”服务驿站，开辟“百姓城管”新阵地，6月30日起，为户外执勤者、环卫工人、外卖小哥等室外工作者持续开展3个月的送清凉活动，最大程度上满足室外工作者日常休息、喝水、热饭、学习等的需求。2020年，支部主题党日志愿服务驿站多种活动被多家媒体报道10余次。组建城市管理工作微信群，采取“城管+商户”共建共管新模式，利用群众的视角对城管工作“找茬”，实现城管、商户的“微互动”，帮助商户解决问题500余件，投诉举报量同比下降近22%。

【管控噪声扰民】 采取重点路段定人查、重点区域巡回查、调配力量错时查、整治难点集中查等措施，落实日间宣传全覆盖，严查夜间施工零容忍，巡查工地夜间违规施工情况，检测中心城区KTV噪声，严格落实信访举报“快接、快查、快反馈”机制，2020年开展联合执法行动12次，检查工地286次，制发责令改正违法行为通知书11张，处理投诉举报27起，办理夜间施工立案7起，罚款15.5万元。

【完善垃圾分类】 启动生活垃圾分类智慧管理平台建设，统一整合垃圾分类投放、运输、处置各环节数据，实现智慧管理、精准管控；以“宣教+体验”为设计理念，推出全市首个镇级垃圾分类展览馆、首个区级水晶晶垃圾分类科技馆和首个以垃圾分类为主题的公园；创新设立垃圾分类精准治理中心，统一调度，完善一键连接中心、全闭环办理的机制，智能监管覆盖率达100%，高效率处理垃圾分类的问题。2020年，全区城镇居民小区、公共机构、企业单位生活垃圾分类覆盖率、城乡生活垃圾无害化处理率、资源化利用率实现三个100%；主次干道实现全面撤桶定时定线投放，177个小区撤桶率达70%以上，创建标杆小区60个，省级高标准分类示范小区9个，城镇生活垃圾分类指标全市排名第三。

【依法行政】 坚持依法行政、严格执法，建立健全办案考评、全员办案等执法办案机制，全面启用省综合行政执法平台，继续加强操作指导，确保网上办案操作的流畅性和常态性。2020年，全区共查处各类行政处罚案件16911件，办理一般程序行政处罚案件2613件，罚金约653万元，结案率99.35%。完善基层法制员、重大案件审核等各项措施，实现案件数量、质效双提升，全年开展片区互审互评案件30余起，组织局案审委员会讨论重大案件11起。

【职权事项划转】 专题研究划转事项工作，明确除练市镇“一支队伍管执法”试点外，严格按照省、市公布确定的《统一目录》范围开展综合行政执法工作，对新划转的300项职权事项分领域、分类别逐一梳理，协同落实事项调整工作，完善执法衔接机制，于9月一次性划转到位，共涉及14个条线20个方面300项事项（不包括地方性法规赋权事项27项）。

【“掌上执法”】 推进“掌上执法”平台工作。认真落实行政执法“三项制度”（行政执法公示制度、执法全过程记录制度、重大执法决定法制审核制度），动态调整公开权力事项清单、行政执法主体和执法人员信息，统筹推进行政执法事前公开与政府信息公开、权责清单公布、“双随机、一公开”监管等工作，根据“执法一张网，网外无监管”的目标，立足行政执法监管平台，应用“浙政钉·掌上执法系统”开展执法检查，推行标准化、规范化执法监管，2020年运用“掌上执法”系统即时检查沿街商铺7124家，发现问题并责令改正40家。

【“一支队伍管执法”】 坚持顶层设计与试点推进相结合，指导练市镇探索推进基层机构行政执法体制改革，改革工作获省、市领导多次批示，被国家级、省级、市级多家媒体报道20余次。“一支队伍管执法”改革试点，通过整合资源，下沉权限，合力构建智慧网格管理，打造基层综合治理平台，签订湖嘉综合行政执法一体化协议，完善跨部门跨领域协同运转机制，推行“四个一”（一张清单管权责，一整套机制管运行，一张网格管治理，一个中心管指挥）综合执法管理模式，探索出一条“一支队伍管执法，矛盾解决在基层”的新思路，为乡镇综合行政执法体系提供经验。

【智能化城市管理】 依托智能传感器、物联网等信息化技术，改造中心城区路灯杆1041座，提升公共照明管理水平，节省路灯维护成本，提高城市感知能力。综合利用视频一体化技术，建设80路违停分析和50路占道、垃圾满溢等市容问题分析点位，探索快速处置、非现场执法等新型执法模式，解决对现场执法力量不足和易受干扰影响的难题。进一步整合监管数据，完善城市管理各类问题“发现、派单、处置、反馈”闭环运行机制，接入渣土车辆933辆，餐饮油烟传感器37个，环卫车辆72辆，智慧公厕19座，派发有效案卷23158件，结案数23100件，结案率99.79%，为实时掌握城区市容市貌、环卫作业等状况，充分发挥监管作用，进一步提升城市精细化管理水平。

【“城警联勤”机制】 推进公安保障行政执法机制，近2年保障执法12次，治安处罚10人；延伸执法的“维度”，城管执法更有力，推行“城警+环保”“城警+市场监管”等部门联动执法机制，保障城警联勤联动常态长效；建立“基层治理联络驿站”“城警联勤特派员”，通过“1+1+1+1”（综合执法+片区警务+网格员+社会志愿者）定向派驻重点村（社区）模式，由城警特派员负责对所在村（社区）进行精细化管理工作指导，将执法触角延伸到城市管理服务和综合执法每个角落，精细管理、精准治理，实现网格化全覆盖，切实解决政务服务群众“最后一公里”的问题。

【转变执法方式】 贯彻落实省、市、区委“三服务”工作要求，减少企业干扰，助力优化营商环境，采用“1+N”的执法模式，在全市率先出台《湖州市南浔区人民政府办公室关于开展跨部门、跨领域“综合查一次”联合执法检查工作实施方案（试行）》，牵头统筹各执法部门推进“综合查一次”联合执法检查工作。以执法检查对象为基础，分类确定事项清单、任务清单，以“双随机”抽查监管系统为基础，统筹建立检查对象名录库、执法检查人员名录库，提高对违法行为的精准监管力度，全面形成运转高效、规范有序的常态化跨部门跨领域联合执法机制。2020 年，开展涉及市容市貌和环境卫生、工业企业（涉及“两重点一重大”生产经营单位）、医保定点医疗机构、物流汽修和码头企业、邮政寄递行业、建设领域农民工工资等方面的“综合查一次”检查工作共七次，检查发现各类隐患 41 条，发放责令整改通知书 11 份。坚持“以人为本、突出民生、疏堵结合”的工作思路，将“首错不罚、社会服务折抵罚款”的柔性执法工作执法方式运用到日常执法监管工作中。2020 年，成功办结社会服务折抵罚款 1 起，首错不罚 31 起，其中首例“首违不罚”案件获得人民网、《浙江交通之声》等国家级和省、市级媒体报道。（朱　晨）

交通　通信

·交通建设与管理·

【概况】 2020年，南浔区交通局紧紧围绕“全面融入长三角一体化，加快迈入高铁新时代”的工作主题，深入贯彻落实高水平建设交通强国的决策部署，坚持大干交通、干大交通，坚持目标不变、任务不减，坚持化危为机、乘势而上，扎实开展交通大会战，为“重塑水晶晶南浔，建设美丽繁华新江南”的战略目标做出积极贡献。全年项目建设224项，完成投资31.2亿元。2020年，区交通局先后获得“湖州市抗击新冠肺炎疫情先进集体”“南浔区2020年度重点工作突出贡献集体”“‘喜迎高铁 万亩征迁’百日攻坚行动及頔塘两岸改造提升工程突出贡献集体”等称号和“湖州市全国文明城市复评工作集体嘉奖”。

【在建项目】 沪苏湖铁路南浔段于10月30日打下首桩，工程进入实质性施工阶段。2020年完成勘测定界报告、分户测量及房籍调查、安置地风评审查会、永农补划、标准农田占补及粮功区补划方案等前期工作，发布主线、安置地征地安置补偿方案。湖山大道（南浔段）完成交工验收；平湖至安吉公路南浔区练市至和孚段（S302）完成投资3.23亿元，累计完成投资4.15亿元；三新线（湖浔大道至环城南路段）完成投资1.3亿元，累计完成投资1.61亿元；南浔至临安公路南浔区南浔至练市段（S213）完成投资5.24亿元，累计完成投资8.41亿元。

【重点项目】 高铁枢纽工程于11月11日正式开工建设，枢纽配套工程完成项目核准批复；吴兴至余杭公路南浔潘家湾至硬长桥段公路工程（S213北延及隧道段）取得立项批复，隧道段作为先行段开工建设；苏台高速公路南浔至桐乡段及桐乡至德清联络线（一期）取得初步设计批复，桃源连接线作为先行段10月进场施工。湖杭高速公路吴兴织里至德清新安高速公路（“四高”连接线）12月底前开工建设。

【农村路网】 2020年，共实施农村路网项目115个，完成投资约9.56亿元。全年共实施48个，完成投资7亿元；农村公路大、中修完成36个，总投资2.03亿元；危桥改造工程完成14座，总投资0.3亿元；无隐患美丽公路创建县道完成17项，总投资0.23亿元。

【安全建设】 排摸交通行业相关企业810家，实施闭环整改；制定出台《湖州市南浔区交通局关于开展扫黑除恶专项斗争行动的通知》；开展道路危货“雷霆整治”行动成效显著，在全市范围内率先完成三项工作内容清零；积极落实“三防”应急管理工作，健全应急抢险救援队伍，更新完善应急预案，落实应急物资储备，开展应急演练2次。

【质量监管】 2020年，受理监督申请44份，开展路基路面、桥梁结构中间交验110余次，开展监理行业、检测行业、合同履约、施工扬尘治理等专项检查5次，完成质量评定备案37份。牵头开展综合大检查2次，联合市交通运输综合执法队检查在建交通项目54个，下发检查意见书46份，约谈施工监理企业3家。

【公路管养】 制定出台《南浔区创建“四好农村路”全国示范县实施意见》，完成和孚、善琏、旧馆、练市4个乡镇“四好农村路”示范镇高标准农村公路管理站房建设工作，出台多项激励政策，购置公路保洁车辆20台（套），开发智慧农路系统App和全民路长二维码软件，实现全区农村公路养护管理水平提档升级。规范整合执法权力，联合交警等部门加大治超力度，共查获违法超限车辆 100 辆，卸载货物 2188.1 吨，收缴罚没款 98.4 万元；启用三高连接线非现场治超点，推进 2020 年和菱线、菱新线、三新线非现场治超点的建设。

【交通治堵】 完成新建城市绿道 10.9 千米，完成率 109%；新增停车位 2271 个（公共停车位 325 个），完成率 151.4%，新建南林公园停车场 1 个；完成新建万顺路南延联网路 1 条；通过设置货车专用车道，靠右通行、红绿灯配时调整、重新设置车道导向、高峰时间加强人员执法等措施完成对“民选民评”堵点乱点（南浔大道和适园路岔口）的治理。新增城市道路 10.5 千米，完成率 105%；新改建道路 5.03 千米，完成率 100%；完成 10 个城市港湾式公交停靠站建设，完成 3 个乡镇运输服务站和 100 个农村公路港湾式停靠站建设，开通湖州至嘉兴毗邻 145 路公交线，优化城乡公交线路 6 条，恢复公交线路 5 条，全面实现村村通公交。为进一步解决公交出行“最后一公里”难题，新增改造电子围栏点位共计 160 个，更新公共自行车 1000 辆，引进投放共享助力车 2000 辆。全年完成标志标牌更新 489 处，在公交车、重要路段落实志愿者服务 1200 余人次。

【码头整治】 牵头组织 5 部门联合印发《南浔区码头综合整治实施方案》，明确工作目标和整治要求，有序推进码头整治和“四非”集中清理整治专项行动，57 家取缔拆除类码头全部完成拆除；27 家码头全部完成环评批复工作，10 家码头完成关停取缔工作，环评批复、关停取缔两个环节完成率均达 100%。

【疫情防控】 成立服务专班及领导领办项目制度，深化交通“三服务”，全面落实“一对一”专班指导。实地走访区内客、货运企业及在建项目企业、码头等 80 余个，发放防疫物资近万件，帮助 27 个交通在建工地全面复工，成为全市第一个全面复工的县（区）；成立交通保障服务领导小组，给予区内 5 家规上物流企业疫情补贴共计 226.34 万元，快速复工物流企业 127 家。推出“通行证”优先发、“专用道”优先过等服务举措，精准施策，保障企业物资运输畅通，指导服务企业在“浙里办”App 办理应急物资及人员运输车辆通行证 484 张，帮助 53 家企业解决运输困难 53 个，协助区人力资源和社会保障局共组织包车 533 辆，接回企业员工 11547 人。

【美丽交通建设】 完成湖浔大道、浔练公路、青菱公路、“三高”连接线、墙莫公路、菱新公路等 10 条区级景观线的打造；完成严家圩、观音塘、卜家宴、三桥村 4 处公路驿站建设，并顺利完成和孚、善琏、旧馆、练市 4 个镇高标准农村公路管理站房建设工作，截至 2020 年年底已建成高标准农村公路管理站 6 个，农村公路驿站 18 个，公路管理站房及附属配套设施进一步提升；以“三横、五纵、五连”总体交通路网体系为出发点，重点创建历史人文、自然风景、生态富民、科创产业四大主题美丽经济交通走廊，共完成 26 条 132.3 千米。在获得“省级达标县”荣誉的基础上，2020 年申报美丽经济交通走廊省级示范县，并顺利通过省级考核；完成全区 17 条县道共 169.7 千米无隐患美丽公路创建，总投资约 2300 万元，实现全区县道公路无隐患美丽公路创建全覆盖。（汤志亚）

·通　信·

邮　政

【概况】 2020 年 1 月，南浔区正式成立邮政管理局。南浔邮政管理局为湖州市邮政管理局派出机构，接受南浔区委、区政府和湖州市邮政管理局双重领导。南浔区有邮政、顺丰、申通、圆通、中通、韵达、百世、京东、丹鸟、德邦、极兔 11 个邮政快递品牌企业，湖州达诚快递有限公司和湖州南浔骏达快递有限公司 2 家主体企业，55 个分支机构，10 个末端，从业人员共有 891 人。2020 年，全区快递业务量 1297.2 万件，同比增长 0.4%；业务收入 15140.3 万元，同比增长 19.8%。

【疫情防控】 疫情最严重时期，有力保障全区物资和邮路畅通。南浔邮政管理局配合区委、区政府在全省率先为首批 295 名海外侨胞寄递防疫物资，相关做法在《中国邮政快递报》头版刊登；协调百世、韵达 2 家南浔的主体公司义务为区防控办运输抢运救援物资百余吨，相关做法在国家邮政局官方网站刊登；与区农合联合作，协调邮政南浔分公司为部分乡镇滞销农产品提供运输渠道及寻找销路，累计运输20余吨蔬菜进入南浔浙北大厦购物中心等超市售卖，按照“企业申报、人员审核、现场核验”的方式，率先实现行业复工复产。同时，结合寄递业实际，拟定南浔区邮政快递业疫情防控的十条操作规范（以下简称南浔“邮十条”），为寄递企业防疫定规矩，同时实施市外员工上岗前备案制度、健康监测和场所消杀台账日报制度等相关制度，国家邮政局“战疫速递”健康打卡率全市领先。南浔邮政管理局荣获区“抗击新冠肺炎疫情工作”集体嘉奖，两人荣获个人嘉奖。

【寄递安全】 高质量、高标准推进安全隐患排查见底暨安全生产领域“洗楼”行动，制定出台《全区寄递业安全生产专项整治三年行动实施方案》，在历次省、市平安暗访检查中实现问题数量大幅减少，未发现严重问题。全省首创寄递业无隐患管理模式，向区财政申请资金支持，在邮政行业全面推行使用人证核验一体机，有效解决实名寄递问题，并在全行业推广电动三轮车上牌持证行驶、安装使用室外智能充电桩等做法，配合警方破获一起通过寄递渠道买卖毒品案，缴获冰毒70.67克，斩断了一条从缅甸到云南再到浙江的跨境买卖毒品通道，相关新闻在《浙江卫视》播出。建立以企业为主体的一月一消防演习的常态化演练机制，实施寄递业安全智控指数发布和三色预警机制，倒逼企业网点规范经营。南浔邮政管理局荣获“南浔区2020年度平安建设和社会治理突出贡献集体”称号。

【快递进村】 构建以乡镇快递集中处理中心为核心、邮快合作和快快合作为主要方式的快递进村模式。双林镇快递园区作为全省首个乡镇快递园区正式启用，相关做法在《浙江卫视》等省级官方主流媒体播出，并上报“浙江省2020年度基层治理创新案例”。启动“邮快合作”项目千金站的试点，按照“七个一”（一套制度、一组货架、一个绿色回收箱、一名专管员、一个监控探头、一套标识、一组智能快递柜）标准，建设169个村级快递便民服务点，在全市率先实现建制村快递进村全覆盖，相关做法在省邮政管理局“普遍服务重点工作专报”刊出。开展智能快递柜进农村试点，菱湖镇在全省率先实现整镇智能快递柜进村，相关做法在人民网、中国新闻网、《浙江之声》等主流媒体报道。

【邮政文化活动】 成功申请湖州市历史上也是江南水乡南浔古镇首枚邮资图，举办“水晶晶南浔，美丽繁华新江南——‘南浔古镇·百间楼’专用邮资图明信片首发式”活动，举办2020年疫情期间唯一一次全国性邮展——善琏农民邮展，发行南浔区首套市民手册15万册。

【服务中心工作】 南浔邮政管理局参加“喜迎高铁万亩征迁”、全国文明城市复评等中心工作，率先完成城南片征迁第一户签约和全部清零任务。全局获“2020年度湖州市文明城市建设突出贡献集体”、南浔区“开放东大门、创业新高地”重点工作先进集体称号，1人获南浔区“开放东大门、创业新高地”重点工作先进个人称号。2020年，南浔邮政管理局获全市邮政管理系统先进集体称号，1人获先进个人称号，顾伟民被市邮政局推荐为全省邮政系统“担当作为好干部”人选。（周　道）

电　信

【概况】 2020年，中国电信湖州南浔区分公司（以下简称“南浔分公司”）以习近平新时代中国特色社会主义思想为指导，深入贯彻中共十九大和十九届二中、三中、四中、五中全会精神，全面接应落实省、市公司各项工作部署，以客户为中心，坚持党建统领，深化价值经营，加快能力提升，推进改革创新，加强队伍建设，强化责任担当，在困难中奋进，努力实现基本面V形反转。

【责任担当】 自新冠肺炎疫情发生以来，南浔分公司坚守初心使命，积极履行央企责任，全力保障通信畅通，用心做好客户服务，有序推进复工复产，以走在前列的担当作为确保“两手硬、两战赢”。一是实施精密智控。通过数据（定位）支撑“健康码”平稳运作，为老百姓出行和企业复工复产提供有力支撑；通过“天翼看家”视频监控，协助各医疗机构、乡镇街道做好“居家观察期”人员的远程监控安装，建设完成430户。二是畅通应急通信。组建通信保障应急突击队，实行“7×24”（每周7天，每天24小时）值守待命，累计出动500多人次。紧急开通卡口裸光纤8条。三是支撑“停课不停学”。全面开放中国电信“云课堂”，全力支撑教育系统“停课不停学”。四是保障复工复产。开展“暖春行动”，推出“96666”复工复产热线，为中小企业免费提供“云会议”“云办公”等远程指导服务，优先为制造类企业提供 5G+云网协同的网络能力。公司员工冯列中被评为湖州“最美防疫志愿者”。

【网络建设】 持续做好光网质量“双提升”工作，围绕各项专业指标开展光网质量提升工作，指标项均完成上级公司下达的任务。实现宽带网络的光纤化升级，改善宽带网络质量，提升宽带网络带宽。通过 OLT 下移、主光路整治和装维条线 E 改 G 等零星光衰整治方式，使活跃用户和新增用户均大于98%，存量用户光衰达标率 97.32%，提升 0.7%。按照市政府和省、市电信关于5G 网络发展规划，通过和中国联合网络通信有限公司南浔区分公司共建共享，累计开通 118 个 5G 基站，完成南浔主城区及重要商圈、景区和工业园区等热点区域的 5G 信号覆盖，实现南浔区域更广覆盖，部分重点区域深度覆盖。

【数字化转型】 助推政府数字化转型。聚焦“整体智治”，全力支撑以“最多跑一次”改革牵引的政府治理现代化，助力政府提升基于数字化的智慧化治理能力。一是助力“最多跑一次”改革。打造安全、稳定的政务网络平台，为全区政府部门、企事业单位提供安全、稳定、高速的网络接入服务；整合升级“12345”平台，方便老百姓“一号接入，最多拨一次”；以“中国蓝电信电视”为载体，打造家庭电视智能终端办事服务平台，助推“最多跑一次”改革再深化。二是助力基层治理。完成“平安通”“警务通”“流管通”等信息采集终端超 200 部。三是助力智慧城市重点项目。完成“雪亮工程”“天翼看家”监控点 1 万个。四是助力应急通信保障。成立应急通信保障小分队，承接避灾监控点位 100 余个，完成国务院、省政府等重点电视电话会议的保障畅通，顺利完成南浔古镇国际桨板公开赛、全市护航连线行动、龙虾节等重要活动的支撑和应急通信保障工作。

发挥云网融合、安全可信、专享定制三大独特优势，持续推动企业业务上云、设备上云、数据上云及核心系统应用上云，助力企业上云超 180 家。助推教育信息化，承建全区教育万兆骨干网，为全区近 80 所学校（幼儿园）提供数字校园服务。

【信息安全】 全面打造“智云护航”体系，深入开展防范打击通信网络诈骗专项行动。根据“断卡”行动要求，建立“不良信用通信网用户”处理流程。完善数据安全和用户个人信息管理制度，明确数据分类分级标准。持续抓好实名制和“一证五卡”整治、垃圾短信治理等工作，加强保密工作“五个规范”（规范的组织机构、规范的制度落实、规范的教育培训、规范的设施设备、规范的检查监督），层层签订保密责任书。坚持“谁主管、谁负责”和“一岗双责”原则，明确责任。开展门卫管理、消防安全、网络与信息安全、保密和施工安全的隐患排查，及时整改存在的问题和隐患。落实消防措施，建立微型消防站，强化消防安全管理工作，提高防范能力，确保通信枢纽和干线安全。

【服务品质】 南浔分公司坚持“人民邮电为人民”的初心使命，把“让人民满意”作为衡量工作的标准，接应落实区委、区政府“三服务”活动，持续开展提速降费、骚扰电话整治、行风纠风等工作，不断增强人民群众的获得感、幸福感和安全感。

全面推进服务领先计划。公司实施客户领先三年计划，并将 2020 年确定为“服务能力提升年”，通过建立“客户说了算”服务评价体系、出台全员服务积分制度、开展服务核心价值观教育传播、组织全区行风监督员会议、开展优秀服务事迹评比等活动，进一步形成“以客户为中心”的价值认知和行为规范。推出“卓越服务”五项承诺（全面上线，即办即用；商企需求，上门办理；宽带装维，准时透明；客户网络，专业优化；省内移机，宽带随行），进一步打造服务差异化优势。

积极落实提速降费。深入开展移动、宽带网络质量“双提升”行动，打造“三千兆”精品网络。针对低速率家庭宽带免费提速至百兆，中小企业宽带平均单价下降 41.8%，超额完成提速降费任务。

聚焦骚扰电话、垃圾短信、新老用户不同权等群众关心的热点、难点问题，健全“发现—核查—处置”的快速响应机制，优化 AI 大数据模型，推广用户自主拦截定制化产品“天翼防骚扰”服务，全力提升骚扰电话识别和拦截能力。同时，落实责任，细化措施，有效整改，加强事前、事中、事后全过程管控，全年推进和解决源头问题，解决率达 100%。

（李 慧）

移　动

【概况】　2020 年，中国移动通信集团浙江有限公司南浔分公司（以下简称“南浔分公司”）深入贯彻落实习近平总书记重要指示批示和党中央决策部署，落实创世界一流“力量大厦”要求，践行“三个者”（入局者、攀登者、创造者）、围绕“八大工程”开拓进取，攻坚克难，扎实推进各项经营和管理工作。

【抗疫担当】　弘扬抗疫精神，彰显央企担当。面对突如其来的新冠肺炎疫情，南浔分公司高度重视、全力响应，党员带头，成立抗疫行动组，投入网络保障和客户服务人员 200 余人。营业厅坚持服务一线客户，为全市唯一不间断营业县区。协同南浔区防控办累计发送 1000 余万条疫情防控信息，成功开通 10 个医院的视联网上线调试。配合区教育局落实停课不停学，及时配合开展空中课堂上线，宽带电视累计上线 608 节课，单课点击 1000+人次。

【市政协同】　稳固个人和家庭大势。个人市场细分目标，挖掘新增来源，针对垂直行业、外来务工市场开展“三扫”活动。围绕用户价值运营和黏性提升，强化和规范线上运营；以 5G 领先网络为依托，丰富行商摆摊内容、加强 5G 推广，做优服务进驻等改善线下运营。家庭市场定位三大场景分类施策，提高家庭宽带新增质量；清单式管理维系存量用户，有效减少流失。政企市场坚持产品项目两手抓，凭借 5G 领先优势深挖商机。市政网协同走访，做好集团维系和成员保拓。新兴市场紧抓“水晶晶南浔”宣传契机，加强行业联动，重点发展运营商优势产品。

【口碑工程】　全员关注，做实触点，重塑服务口碑。参与口碑工程，强化服务意识，提升客户满意度。有效提升全渠道服务技能和水平；压实责任，重拳整治不规范外呼和不知情定制，严格落实“投诉首问责任制”，提升投诉处理效率，通过原因分析和归类，减少重复投诉。不知情、外呼均控制在管控值范围内，外呼投诉量为全市最低。

【网业融合】　打造 5G 领先优势。制订精准倒排计划，一站一策、创新模式，攻坚疑难站点；开展质量行动，推进网络结构调整与优化，打造 5G 精品网络。5G 二期规划达成率 108.02%，全市首位；针对“同位替换场景”提出“前置开通、锁站上塔、快速替换、调测到位”的方法，4G 断站时长站均小于 3.85 分钟，全市最低。与政府 5G 宣讲 16 场，与 4 个乡镇、8 家企业签订 5G 战略合作协议，整体合作单位达 18 个，获取合作意向签约金额 2150 万元。以 5G 行业应用白皮书为基础，介绍同行业 5G 工业互联网应用案例，完成练市 5G+智慧校园项目和南浔人民医院 5G 远程诊疗项目 2 个样板房。

（李小华）

联合网络通信

【概况】　2020 年是极不平凡的一年。中国联合网络通信有限公司南浔区分公司（以下简称“联通南浔区分公司”）战大疫、迎大考、聚大智、蓄大势。面对新冠肺炎疫情严重冲击和艰巨繁重的改革发展任务，公司上下坚守初心、砥砺前行、奋发有为、化危为机。联通南浔区分公司经营业绩良好，共建共享成果丰硕，行业生态持续向好，数字化转型全面开展，抗疫防洪重保硬核保障，员工获得感、幸福指数进一步提升。

【转型发展】　联通南浔区分公司抓重点谋创新，奋勇争先抢占转型发展新高地。抢抓政府数字化转型新机遇，聚焦重点局办顶层客情攻坚。基于对新居民管理难点的分析，针对新居民群体的特殊性，结合科技化、信息化的管理管控手段，总体规划建设“新居民数字化综合管理平台”，为管理部门提供全方位，多维度的新居民立体防控管理模式，结合 5G、物联网、大数据、移动互联网等信息化科技手段，解决新居民管理中的痛点难点，促进新居民管理便捷有效。聚焦 5G 和数字化转型，以高质量的价值经营为根本出发点，基础业务稳盘提效，加快推进线上线下一体、增存一体、服务营销一体的运营创新，实现有效发展、规模发展、高质量发展。

坚持“一切为了客户、一切为了一线、一切为了市场”，持续提升企业价值创造和服务支撑能力，以信息消费新服务助力经济、社会、环境和谐发展。2020 年，在网络建设上精益求精，建成 5G 基站 122 个，重点乡镇光改项目全面完成。

【提速降费】　让客户享受“速度更快、覆盖更广、感知更好”的精品网络体验。助推中小企业发展，支撑经济高质量发展，2019 年度对南浔老旧小区全部完成 100M 光纤接入改造，资费下降幅度达 25%，中小企业宽带平均资费单价同比降幅超过 15%。推广“云+网+应用”的企业信息化综合解决方案、有针对性地开展精准提速降费、提高中小企业信息化水平。

【综合提升】　持续、深入开展防范打击通信信息诈骗专项行动，严治、严防垃圾短信、骚扰电话和诈骗信息，加强转售号码管理，有效保护客户的信息和财产安全。在提升服务感知上精益求精，实现客户满意度持续提升，努力让客户体验更舒心、消费更放心、服务更贴心。通过每月开展客户日活动，有效提升高价值老用户对联通品牌使用感知。

开展助力返城外拓、驻店营销、校园市场营销活动，做好创新业务培训指导支撑，助力划小承包综合网格快速运营。通过开现场会、履行倒三角支撑服务义务、提升网格的政企营销能力培训、赴划小综合网格进行现场支撑和帮扶等多种方式，综合提升网格经营发展能力。　（吴海燕）

财政　税务　统计

·财　政·

【概况】　2020 年，南浔区地区生产总值（GDP）为 467.83 亿元，增长 3.3%。其中，第一产业增加值 26.74 亿元，增长 4.1%；第二产业增加值 270.72 亿元，增长 1.7%；第三产业增加值 170.37 亿元，增长 5.9%。三次产业增加值结构比为 5.7∶57.9∶36.4。全区财政总收入 67.22 亿元，增长 5.45%，其中，一般公共预算收入完成 40.46 亿元，增长 6.68%。全区一般公共预算支出执行数为 55.22 亿元，增长 12.66%。全区财政收支平衡。

【财政运行】　抢抓机遇助力"六稳""六保"（稳就业、稳金融、稳外贸、稳外资、稳投资、稳预期；保居民就业、保基本民生、保市场主体、保粮食能源安全、保产业链供应链稳定、保基层运转）。全年财政总收入、一般公共预算收入从一季度下降 2.1%和 1.8%回升到增长 5.5%和 6.7%，税收占一般公共预算收入比重达 92.42%，收入质量稳步提升。全力抢抓国家政策窗口期的有利时机，全年获批各类债券 12.5 亿元，其中资金额度居全市第二。

厉行节约减轻财政负担。严格要求各部门压减非刚性、非重点项目支出、日常公用经费支出及"三公"经费，超额完成年度压减任务，全年共压减 2.53 亿元，超过年度压减计划 5.42%。

统筹财力护航"两战""两直"（疫情防控战、经济社会发展总体战；新增财政资金直达市县基层、直接惠企利民）。认真落实"湖九条""湖八条""浔九条"等政策，多措并举助力企业复工复产。全年安排疫情防控资金 6528 万元，兑现财政政策资金 1.69 亿元，减免经营性用房租金 1943.25 万元，共 1964 户。争取中央"两直"资金 1.12 亿元。对符合补助条件的小微企业和个体工商户按标准进行纾困补助，全年已为 2.39 万户小微企业和个体工商户发放补助 4518.7 万元。

【助力发展】　落实减税降费政策。严格执行中央、省各项减税降费政策要求，推动减税降费政策落地见效，切实减轻企业负担。

争取上级支持。积极争取转移支付、债券、乡村振兴、美丽乡村建设等各类上级资金，及时按要求投向相关领域，助力南浔经济高质量发展。全力促进消费回暖。通过发放电子消费券形式，撬动消费潜能持续释放，缓解商户现金压力。全区财政共投入资金 565.74 万元，直接撬动市场消费 2887.33 万元。

发挥产业基金杠杆作用。积极推动政府产业基金运作，引入弗兰德 5G 基站项目落户南浔区。全年共设立 3 支子基金，规模达 7.5 亿元，到位资金 1.41 亿元。制定出台相关管理办法，设立南浔区国有资本产业投资基金，助推南浔战略性新兴产业项目引进。

【重点支出】　推进集中财力办大事。紧扣区委、区政府重大决策部署，全力支持三大攻坚战、新南浔高中等重大项目建设，为重塑水晶晶南浔提供财力保障。

加大生态环境治理投入。落实资金 4.17 亿元，支持治水治气治土治废和蓝天、碧水、净土、清废"四大行动"。

强化支农惠民政策落实。建设村级公益事业一事一议财政奖补项目 36 个，计划总投资 2875.70 万元。采取"一卡通"方式兑现各项农业补贴 2648.49 万元，惠及农户 50674 户次。扶持农民创新创业，解决农民创业贷款难、贷款贵问题，全年发放 487 笔，共计 2.16 亿元。

支持乡村振兴战略。成功争取省级乡村振兴产业发展示范建设资金 8000 万元和一事一议财政奖补助推美丽乡村建设项目2000万元，助力南浔区数字渔业发展和美丽乡村样板村创建。通过资金投入和设立帮扶基金等方式，全力支持欠发达村振兴发展。全年落实资金4140万元，设立帮扶基金1个，惠及行政村51个；落实物业“造血”项目13个，惠及行政村32个，村均增收15万元以上。

加大政府软投入。全年落实教育、文化、卫生健康、社会保障事业等资金保障，全年教育支出10.09亿元，增长11.84%；文化事业支出1.52亿元，增长93.20%；卫生健康事业支出6.70亿元，增长13.50%；城乡居民医保人均财政补助标准每人1108元，城乡医疗救助专项投入2010万元；社会保障和就业支出7.45亿元，增长3.26%。

【财政改革】 深化预算绩效管理。全年制定预算绩效管理相关文件7个，组织开展乡镇、区级部门和局内部3个层面专题培训，有效指导部门做好绩效目标申报、绩效运行监控、绩效评价、结果应用等工作，在全市率先实现乡镇政府财政运行综合绩效评价全覆盖。全年对区级部门458个项目23.29亿元预算资金实行绩效运行监控，完成评价项目443个，涉及资金15.79亿元。

深化国资国企改革。指导国有企业探索发展混合所有制经济，鼓励集团与民营企业组建合作公司，拓展集团业务范围，提高国有资本的配置和运营效率。建立健全国有资产管理制度，先后制定完善南浔区企业国有资产监督管理等6项制度文件，为国有企业的高效运营提供制度保障。牵头制定《南浔区做大做强国有企业三年（2021—2023年）行动方案》，持续推进国有资本做大做强。

深化数字财政建设。不断推进政府采购数字化建设，全年实现采购计划9954个，采购交易金额3.82亿元。拓展统一公共支付平台应用，全力推进非税收线上线下一体化收缴。全年共发生电子支付业务54.45万笔，涉及资金4.07亿元。首次推行财政电子票据改革，实现票据数字化转型，全区217家单位实施电子票据改革，累计开票36.34万张，金额达25亿元。依托公共资产网络竞价平台，实现全区行政事业单位和国有企业的资产线上处置全覆盖，有效促进国有资产保值增值。全面推进“乡镇公共财政服务平台+一卡通”建设，实现到人到户的涉农补助和民生补贴资金全部平台化管理；实施平台与社保卡信息对接项目，有效避免到人到户补助补贴资金“多头管理”“一人多卡”等问题，受益人数达105863人次。

【财政监管】 加强债务管理。全面落实化债责任，全力推进融资平台转型，全年化解政府隐性债务27.29亿元，完成化解任务115.68%，2020年，政府债务率控制在绿色安全区内。

加强政府投资项目审核。加强源头管控，严格执行500万元以上政府投资项目联审制度，全年共完成财政审核项目161个，送审投资额219.59亿元，审定投资额186.57亿元，节约财政资金33.02亿元，核减率18.07%。加强国库支付动态监管。对财政国库资金支付活动进行全过程动态监控，全年直接支付审核4874笔，同比减少1.38%；直接支付审核退回业务83笔，比2019年减少3.49%。

加强财政监督工作。积极开展以差旅费为主的区级部门会计信息质量自查及财政重点抽查，完成2019年度财政扶贫资金等4个项目专项资金检查，涉及检查资金共计2.17亿元；对疫情防控和复工复产各项政策落实情况开展常态化监督；加强财政内控制度建设，进一步修改完善和深化“1+9+X”（1个内控基本制度+9个内控风险专项办法+X个科室及下属单位的内控操作规程）的内控制度体系，风险防控能力进一步增强。

加强PPP项目规范化管理。在全省率先出台《南浔区PPP项目财政支出管理操作细则（试行）》，并由省国有金融资本运营评价中心转发各市县财政局，为全省规范推进PPP项目起到良好的示范作用。

（许高峰）

·税　务·

【概况】 2020年，南浔区税务局坚持依法征收，完成各项税费收入76.73亿元，为促进经济社会事业发展提供有力的财力保障。2020年，南浔区生产总值467.83亿元，比2019年增长3.3%。全区规模以上工业增加值155.66亿元，同比增长4.1%。固定资产投资增长7.6%。财政总收入67.22亿元，同比增长5.5%；其中一般公共预算收入40.46亿元，同比增长6.7%。南浔区税务局在2020年全国纳税人满意度调查中代表湖州市获得地市级单位第一名。

【精准服务】 2020 年，南浔区税务局落实疫情防控下税收工作“四力”（优惠政策落实要给力、“非接触式”办税要添力、数据服务大局要尽力、疫情防控工作要加力）要求，全力落实疫情期间各项优惠政策，主动对接符合享受税费优惠条件的企业，及时提供精准服务，共印制发放宣传册 5000 余册。大力推广“非接触式”办税，搭建“云上办税服务厅”，网上综合办税率达 96.88%。组建“疫情防控先锋队”，共参与抗击疫情志愿服务 1060 人次。

【简化流程】 上线“云呼叫中心”咨询+办税系统，简化企业开办、注销流程，精简办税缴费资料，实现 119 项涉税费事项办理全流程“最多跑一次”、202 项业务办理“一次不用跑”；建立社会化协作体系，在各镇（开发区）街道、银行网点和党群服务中心设置“浔小青”帮帮团服务点，立体化扩围“15 分钟办税圈”；配强党员工作室“小李工作室”团队力量，针对大企业大项目综合涉税业务，提供“一对一”解难服务；畅通税企对话“三级绿色通道”，提供重大项目全生命周期专项涉税辅导；2020 年，南浔区税务局实体办税服务厅窗口业务量减少近三分之二。

【税费收入】 全年累计完成各项税费收入 76.73 亿元。其中税收收入 60.28 亿元，同比增收 0.17 亿元，增长 0.28%；社保非税收入 16.45 亿元，同比减少 3.34 亿元，下降 16.89%。

【税收法治】 全面推行行政执法公示制度、执法全过程记录制度、重大执法决定法制审核制度；建立风险防控体系，构筑事前事中事后全方位风险防控网络；与区法院合作建立执行案件税费征缴协作机制，利用互联网对接法院和破产管理人，积极申报破产案件税收债权，入库税费及滞纳金 1077.9 万元；严厉打击涉税违法犯罪行为，推进扫黑除恶专项斗争工作常态化开展，不断提高税法遵从度。

【税收政策】 2020 年，落实省“五减”（减税、减费、减租、减息、减支）政策共减免税费 1.46 亿元，其他降本减负政策共减免税费 14.46 亿元。为 515 家次企业办理延期缴纳税费，为 39 家次疫情防控重点物资生产企业办理支持疫情防控增值税增量留抵退税，为 35 家重点物资生产企业办理减免企业所得税优惠。

【税种管理】 顺利完成个税首次年度汇算，成立工作领导小组及专项工作组、专家团队，落实 45 名网格员网格化管理责任，平稳有序完成年度申报工作；建立税种审核人才库，探索各税种集中清算和交叉审核制度，确保核查对象覆盖全部税费种；成立四项非税收入划转工作专班，扎实做好做细摸底工作，制定划转工作方案，加强重点事项和重要环节风险控制，顺利完成各项交接工作。

【征收管理】 依托智慧税务平台持续完善和推进市级数据清理工作，及时固化原有清理成果，防止错误反弹；强化税收大数据分析运用，积极探索“大数据+一户式”的大企业税收管理模式；立足南浔区实际，加大对木业、建筑业、物流业三大行业税收征管力度，健全长效管理机制；研究制定专票电子化试点工作实施方案，严格落实“首票责任制”，保障试点工作有序推进；全面推进城乡居民两费集中征缴工作，实现缴费率和入库率 100%。

【电子税务】 落实网络安全自查和税务内网年度巡检工作；改进安全防范策略，进一步规范 IP 地址，屏蔽非法端口；完成税务、电力基础信息比对，实现新能源基金全面征收；多维度筛选、梳理和分析相关数据，为经济趋势预测提供保障。

【国际税收】 强化非居民股权转让监控，辅导纳税人办理非居民股权转让 6 笔，入库税款 119.95 万元；通过日常监管、对外支付核查、非居民股权转让辅导、同期资料审核等方式，入库非居民税款 2921.04 万元；严格落实享受税收协定待遇资料留存备查制度，为纳税人减免企业所得税 1108.99 万元。建立辖区内“走出去”企业基础信息台账、在“一带一路”地区发展情况台账，深入掌握辖区内“走出去”体量与发展趋势；严格落实境内再投资递延纳税政策，服务“引进来”资本，为辖区内 1 家企业境外股东办理股息红利递延纳税手续。

【经济分析】 实时掌握重点行业、重点企业动态税源信息，围绕重点行业复工复产情况，结合关键环节和重点环节，监测企业申报情况动态，运用税收大数据研判经济发展趋势，2020 年报送经济分析类专报3篇，切实发挥以税资政作用。

【风险管理】 按照三色预警机制要求，完成个人所得税自然人异议申诉风险应对；通过任务闭环管理，实现风险“快发现、快核查、快处理”，提升风险任务应对效率；按时办结智慧税务平台推送的税收风险任务，督促企业补缴税款及滞纳金。

【纪检监察】 深化运用“税务+纪委”协作机制，将走访、沟通各镇（开发区）纪委作为常态化监督形式；与南浔区纪委监委开展疫情期间减税降费政策落实情况联合监督，走访4个镇（开发区）纪委，掌握税务干部落实税收政策及廉洁从税情况；发掘特约监察员“监督员”“宣传员”“参谋员”“信息员”“辅导员”的“五员”作用，充分提高税务监督整体效能；严格落实重大事项报告，向干部家属发放清廉家风倡议信，建立干部廉政档案；扎实开展税务人员系列专项整治学习，严防“四风”反弹回潮。

【政务管理】 分类整合各类工作规章制度，针对会风会纪、安全管理、外出报告、政务公开和网站管理等工作印发相关制度，编制工作规范手册；严格遵守各项保密规章制度，做好各类涉密文件的登记、传阅，开展保密工作宣传，不断提升干部职工保密意识。

【督察内审】 对照湖州市税务局2020年执法督察和内部审计工作要求，区税务局成立 4 个专业组，围绕 5 个方面开展内部监督，以查促改，提升执法水平；建立内控管理体系，制定网格化内控机制建设方案，配备内控网格长及相关岗位，做到责任到人、信息共享、联防联控。

【绩效管理】 更新制定2020年版绩效管理办法，调整考核指标；多次召开绩效管理工作推进会，加强同市局科室沟通对接，掌握考评标准及进度；区税务局获得 2020 年度“全市绩效考评优秀等次单位”，实现年初确定的“创优争先”目标。

【教育培训】 2020 年，南浔区税务局推荐 2 名干部到政府部门交流学习，派驻 4 名干部参与地方征迁工作，实现干部轮岗交流 40 人次。1 名干部代表湖州市税务局参加浙江省税务局信息安全岗比武获团体第一名、个人第六名；1 名干部代表湖州市税务局参加浙江省税务局比武获团体第二名；4 名干部被评为“浙江省税务系统专业骨干”，8 名干部被评为“湖州市税务系统岗位能手”。

【税收宣传】 积极参与宪法宣传日、诚信宣传周、税收宣传月活动，大力宣传税收法律法规，弘扬法治精神，提高纳税人税法遵从度；编发 21 期《南浔税务简讯》，建设工作成效亮晒平台；深抓税收服务实践优秀案例，在省级以上媒体刊发宣传稿件 35 篇。（余丽华）

·统　计·

【概况】 2020 年，南浔区统计局按照国家、省、市统计工作总体要求，坚决贯彻落实区委四届九次全会精神，以高质量数据生产为核心，以“全力聚焦‘一一二八’工作部署、全面提升统计服务水平”为工作目标，聚焦经济运行监测分析、源头数据质量管控、统计基层基础建设和第七次全国人口普查工作，积极谋划、主动作为、强化担当，为重塑“水晶晶南浔”，建设美丽繁华新江南，高质量打造湖州“开放东大门、创业新高地”提供更加精准的统计服务。

【基层基础建设】 一是形成领导重视统计的氛围。2020 年区委书记办公室会议、区政府常务会议、区委常委会议专题研究统计基层基础工作并出台《关于进一步加强统计基层基础建设的通知》，明确加强统计基层基础工作的 5 个方面、18 条意见。组织人事部门重视统计相关专业人员选拔和培养，计划每年新录用人员中优先安排一定比例的统计等相关经济专业名额。二是强化统计人员力量配备。区局层面，在区委、区政府主要领导关心协调下，新增加编外用工控制数 2 名。乡镇层面，按照“六有八化”（有分管领导、有专门的统计机构、有精干的统计队伍、有统计专用的办公设备、有真实的统计原始记录、有健全的统计台账；统计管理制度化、统计流程规范化、统计调查法治化、统计人员专业化、统计手段现代化、统计报表标准化、统计资料档案化、统计服务优质化）要求，全面加强乡镇一级统计机构建设，各镇（开发区）共有专兼职统计人员41名。三是持续推进统计基础规范化建设。2020年按照全市统计规范化建设的工作目标，创建“四星级”以上乡镇2个，“统计诚信示范企业”创建49家，其中“湖州市统计诚信示范企业”创建成功15家。四是初次实行统计员绩效考评机制。出台对辖区“四上”企业（规模以上工业企业、资质等级以上建筑业企业、限额以上批零住餐企业、限额以上服务业企业）、固定资产项目、规下样本企业以及住户调查统计（调查）人员年度绩效考评办法。对考评合格者给予每年2400元的工作奖励，对考评优秀者给予每年3600元的工作奖励，全区每年将专门提供近350万元奖励资金。

【加强沟通对接】 一是积极主动强化沟通。区统计局积极向上对接，了解统计方法制度改革进展，及时传达落实，各科室、各专业每周对接，主要领导、分管领导定期对接，快速适应各专业制度变化，及时高效完成各项统计任务。二是凝聚合力促进联动。建立完善部门联席会议制度，加强与发改、商务、科技、税务等部门联动，重点指标月度会商，问题研判协商达成共识，统一思想，共同行动，在关键时点合力高效推动防范和惩治统计造假工作。三是借势借力提升效能。根据区委书记办公会议，由区纪委牵头专题召开全区统计领域专项监督部署暨统计数据规范填报业务培训会。事后已赴各镇（开发区）开展督导调研3次，通过与镇（开发区）统计分管领导、科室负责人等进行座谈，走访45家企业了解统计工作推进情况，存在问题困难及意见建议等，深入剖析问题根源，进一步提升思想认识和业务能力。

【坚持依法统计】 一是认清形势提高政治站位。第一时间认真传达贯彻落实国家、省、市局防惩有关精神和要求，在各镇（开发区）召开防范和惩治统计造假弄虚作假工作专题宣讲布置会议，层层传导数据质量监管责任，强化各级主体防惩责任。二是强化问题整改和自查自纠。聚焦南浔区在统计工作中存在的短板和省局核查反馈问题，举一反三、逐一对照检查，落实到点、深抓到线。全年116家规上工业、54家规上服务业、176家限上批零住餐、352个固投项目、48个房地产开发项目和40家建筑业企业已经全部完成自查并平稳有序整改到位。三是建立完善数据管控机制。各专业分别出台具体可操作性强的10个管控办法，收集整理核查、检查中发现的典型问题，编制具体业务操作答疑，着力加强数据管控力度。四是开展数据质量查询、核查和执法检查。紧盯数据异常波动的企业、项目加强审核，各专业开展各类预审查询记录5866条。每月抽取2个乡镇现场核查，累计实地走访459家企业和实地核查178个投资项目。全年开展执法检查45家次，共立案8件，在数据的采集、审核、查询、评估和检查等各个环节强化统计监督检查责任。

【监测预警分析】 一是加强监测预警。围绕区委、区政府年度经济工作目标任务，针对指标波动、领导关注点、考核评价等情况节点，加强主要经济指标月度、季度的预警监测分析工作，切实做到事前预警分析、事中指导管控、事后研判分析，切实提升统计服务实效。二是强化统计分析。每月第一时间将指标情况制作成月卡、月讯，并及时在政务公开网公布。同时，做好统计分析，结合“开门红”“半年红”等主要节点，撰写工作信息，从“问题、原因、建议”三方面入手加强统计分析，精准研判，并及时报送区主要领导和分管领导，充分发挥基础数据优势，做数据的“有心人”，为区委区政府决策提供重要依据。全年共撰写报送统计分析52篇，被两办录用9篇，获区委、区政府领导批示12人次，其中有5篇获区委书记杨卫东批示。

【人口普查工作】 一是建立健全普查组织机构。根据省、市会议精神和文件要求，印发《湖州市南浔区人民政府关于开展第七次人口普查的通知》，成立以分管副区长为组长，以区委宣传部、区财政局、区公安分局等20个部门为成员单位的人口普查领导小组。5月，全区10个乡镇（开发区）及度假区全部完成普查机构和办公室的组建。6月，全区239个行政村（社区）完成第七次人口普查机构组建。二是积极落实普查经费。根据市人普办关于普查经费落实情况的要求，区人普办经过认真研究和精心测算，编报了南浔区第七次全国人口普查经费预算报告，并多次与区财政局对接协调，积极争取支持，全区共落实普查经费1074万元，其中区级落实普查经费657万元（包括“两员”补贴300万元），乡镇落实普查经费417万元。三是精心组织“两员”（普查指导员、普查员）选聘。为保证“两员”的数量、素质和水平，多次与各镇（开发区）及度假区召开座谈会，与区委政法委、区公安分局等部门多次对接，全区累计选聘“两员”2351 人，其中普查指导员 460 人，普查员 1891 人。“两员”队伍中除村（社区）工作人员、退休教师、有经验的普查工作人员以外，还吸纳 200 余名协警、400 余名网格员参与人普工作，大大充实人普队伍。四是注重培训提升技能。9 月 14—29 日，对全区近 2000 名“两员”分 8 期开展“七人普”综合业务培训，其中培训两天的 5 期，培训 1 天的 3 期。为达到更好的培训效果，南浔区结合国家的普查员手册，自编培训材料，力求在培训上更贴近实际，内容上更通俗易懂“接地气”，更加注重实际业务操作能力的培训，真正做到“有的放矢”，提升“两员”业务能力。五是狠抓登记数据质量。数据质量是人口普查工作的生命线。按照国家普查数据质量管控办法的要求，建立健全普查数据质量追溯和问责机制，确保普查数据可核查、可追溯、可问责。在短表登记查遗补漏阶段，为确保人口普查数据真实、准确、全面，分别下发《关于做好南浔区第七次全国人口普查查遗补漏工作的通知》和《关于进一步做好我区人口普查查遗补漏工作的通知》。两个通知分别从区级部门、乡镇（开发区）及度假区两条线展开，针对可能遗漏的情况进行全面、多次、地毯式摸排，做到“区不漏房，房不漏户，户不漏人”。

（张佩芳）

金　融

·金融管理·

【概况】　2020 年，南浔区紧紧围绕金融服务实体经济的目标，真抓实干、攻坚克难，大力推进各项金融工作。截至 12 月底，全区银行机构各项存款余额 725.16 亿元，同比增长 20.17%；贷款余额 598.13 亿元，同比增长 31.49%；小微企业贷款余额 274.93 亿元，同比增长 26.39%；绿色信贷余额 210.68 亿元，同比增长 51.92%。全区银行机构不良贷款余额 1.42 亿元，不良贷款率 0.24%，低于全市不良率 0.27 个百分点，全市排名第一。全区资本市场基础不断夯实。截至 12 月底，森赫电梯申报 IPO 材料获受理；彩蝶实业、洪波科技在省证监局辅导；新增“新三板”挂牌 2 家，浙股交成长板 12 家，股份制公司 41 家。

【金融保障】　扎实做好“六稳”工作，全面落实“六保”任务，为“两战”（疫情防控战和经济社会发展总体战）提供强有力的金融保障。针对受疫情影响企业面临的资金回笼难、资金中断加剧等问题，引导金融机构精准滴灌、推陈出新，陆续推出“浔信贷”“复工贷”“红心暖企贷”等专项产品，全力助企复工复产。深化金融“三服务”，由区内各家银行班子成员组成金融“智囊团”，对企业实行“点对点”深入对接，切实缓解企业融资难融资贵问题。2020 年，全区金融机构累计发放央行再贷款 21.97 亿元，无还本续贷 21.27 亿元；降息减费 1.28 亿元；服务企业超 1.53 万家次，解决实际问题 1430 个。

【政策扶持】　积极争取“湖九条”（《湖州市重大项目攻坚及招商引才新政》中规定的 9 条扶持新政策）等上级政策，研究制定“浔九条”（《南浔区稳企业增动能项目“双进双产”新政》提出 9 条扶持新政策）等区级政策，抓对接，抓兑现，确保各项惠企新政策落地落实，充分释放政策杠杆效应。加大重点项目、重点产业政策支持力度，对符合条件的企业、项目，由政府按照一定比例给予贴息，以实打实的政策支持，帮助企业坚定信心、轻装上阵。2020 年，累计 74 个南浔项目获得贷款 112.04 亿元，累计争取或兑现各类金融贴息补助超 1350 万元。积极协调政策性担保公司及银行机构，为有需求的企业提供担保融资服务，2020 年累计完成政策性融资担保 2.99 亿元。

【挂牌上市】　首次将企业股改挂牌上市工作纳入“以实绩论英雄”考核，充分发挥考核激励作用，提高各镇（开发区）工作积极性。对森赫电梯、彩蝶实业、洪波科技等重点企业，做到“一对一”精准服务，确保每周走访对接一次，并邀请市金融办及上交所专家现场指导，帮助企业协调解决问题困难，加快企业挂牌上市进程。及时更新充实“一库三清单”（企业挂牌上市后备库、“重点拟上市培育”清单、“重点拟科创板上市培育”清单、“重点拟创业板上市培育”清单），对入库、清单的企业，实行动态管理、梯度培育、包干联系。及时兑现区级挂牌上市奖励资金 1582.7 万元，争取兑现市级挂牌奖励 640 万元。

【绿色金改】　推动银行机构积极向上争取绿色金融试点和资源支持，做大绿色信贷规模。指导南浔银行探索开展“碳中和”银行试点前期工作，初步完成试点方案，进一步丰富南浔绿色金改的内容及实践。成立“绿色金融纠纷调解南浔分中心”，探索“金融调解+司法确认”多元金融纠纷化解机制建设。积极推动金融机构创新绿色产品，新增绿色金融创新产品 18 个，全省首单物联网淡水养鱼浮头死亡保险在南浔发放。通过在南浔高速口投放广告，组织开展 7 次培训等方式大力宣传绿色金融综合服务平台，2020 年，新增“绿贷通”注册企业 2336 家，“绿融通”注册企业 16 家，召开资本项目对接会（南浔专场）1 次，实现全区 16 个已运营的特色小镇、重点园区绿色金融综合服务平台实体服务点全覆盖。

【风险防范】 加强企业“两链”（资金链、担保链）风险防控，实行金融风险月报表制度，妥善协调处置广通新材料风险问题，已进入破产程序。加强上市公司风险防控，深入纾困帮扶尤夫股份，持续动态监控风险隐患发展态势，尤夫股份实现“摘星”；协调星光农机股权转让事宜，助推完成股权转让，借助新控股股东的运营管理和资源整合能力，做大做强上市公司。严格按要求完成小贷公司、典当公司及民融中心的年审评级初审及日常监管工作，未发生地方金融组织涉众型金融风险事件、涉黑恶事件。联合公安、市场监管等相关单位积极开展地方金融风险联合检查 6 次，发现风险 2 个并及时介入化解。

【地方税收】 主动协调区内各家银行及税务部门，通过正面引导，要求新入驻南浔区的金融机构在开业前主动对接上级行，将税收申报在当地。对已开行未实现当地缴纳的，查实原缴纳部门，银行方面做好税务变更申报工作，税务方面协调原缴纳机关，一家一家引导，一个一个变更。到目前为止除了几大国有银行，已实现在浔银行机构税收全部缴在当地的目标。同时加强考核激励，通过修订南浔区金融机构考核办法提高原税收得分占比，同时增设南浔区金融机构税收特殊贡献奖，鼓励国有银行将部分税在当地缴纳，要求其他银行实现全税种当地实缴。（陆芳芳）

·金融机构·

中国工商银行南浔支行

【概况】 2020 年，中国工商银行南浔支行（以下简称“南浔工行”）认真贯彻落实党和国家的各项金融政策，围绕省行工作会议精神，在坚持规范经营、防范风险的前提下，以发展为主线，以高品质、专业化的服务，积极开拓市场、发展客户，实现业务经营稳健向上。截至 2020 年 12 月末，南浔工行实现两项存款余额 93.84 亿元，较年初新增 5.21 亿元；贷款 71.78 亿元，较年初新增 21.12 亿元；贷款不良率为 0.29%，全年安全无事故。

【服务地方经济】 南浔工行积极响应党中央及各政府倡导的金融支持实体经济发展战略，充分发扬和履行国有大行责任担当，主动对接融合地方经济社会发展部署规划，全力支持地方经济发展，同时始终将支持实体经济发展与金融服务民营经济及中小微企业紧密结合。重点支持苏湖铁路、石淙全域土地整治、练市美丽城镇、长三角绿色制造产业园、頔塘北岸绿色制造产业园等项目，积极与开发区、各乡镇对接当地招商引资项目，落实专人对接项目申报，全程跟踪服务，对“浙江海顺新材料、湖州上元产业园”等民营招商引资企业完成项目审批及贷款投放，已审批通过及申报中项目 13 个，申请项目贷款资金 54 亿元，2020 年已投放到位 20 亿元。同时积极响应政府进一步减费让利，做好“网上小额贷”“经营快贷”“智慧贷”等产品的推广工作，通过网上银行或手机银行实现提款、贷款资金实时到账，真正解决企业家热议的“融资难、融资贵”问题。至 12 月末，南浔工行普惠贷款余额 9.62 亿元，较年初新增 3.20 亿元。2020 年，南浔工行荣获南浔区服务业企业规模二十强、金融支持南浔经济社会发展先进单位二等奖和金融支持南浔经济社会发展先进单位争先创优奖。

【提升服务质量】 南浔工行始终坚持“以客户为中心”的服务理念，将服务考核列为经营管理评价重要指标。南浔工行有省四星级服务型网点两家（银河支行、支行营业部）、三星级服务型网点一家（练市支行）。一是加强全辖网点员工对服务规范化标准等内容的学习，组织员工开展服务演练，抓好员工服务意识与能力提升，不断完善网点综合服务能力。二是关注超时等候率、客服投诉率、服务满意率等指标，从不同角度了解客户对于工行服务及业务的满意度，不断完善服务提升考核体系。三是落实首问负责制，倡导“热心、耐心、暖心”三心服务理念，通过每周服务检查、每月服务通报，不断提升支行服务质量。四是积极开展网点沙龙和金融知识宣传活动，通过走进社区、乡镇、农贸市场等围绕个人信息安全、账户资金安全等方面普及金融知识。

【强化合规意识】 南浔工行始终坚持严谨合规的经营理念，紧紧围绕“从严治党”“从严治行”总体目标，落实“一岗两责”，抓实源头治理，夯实管理根基，将廉洁合规文化建设融入业务经营与队伍建设之中。支行重点做好日常管理，落实各项制度。一是准确把握深入学习贯彻新时代中国特色社会主义思想，锤炼忠诚干净担当的政治品格，力戒形式主义，提高党员干部思想、政治、作风、能力、廉政等方面素质水平。二是开好内控案防主题教育会、案防分析会、内控例会、反洗钱小组会议，达到解决问题、规范操作、防范风险的目的。开展各层面员工代表年度内控述职活动，提高员工思考问题、解决问题的能力，增强内控案防意识。三是开展内控专员、内控专管员、运行主管帮扶工作，把“风险案防课”搬到网点，以典型案例，开展分析解剖、谈心谈话，及时了解员工的思想、行为动态以及网点管理中存在的薄弱环节，促使员工齐心协力抓好网点建设。（徐 婷）

中国农业银行南浔支行

【概况】 2020 年，中国农业银行南浔支行（以下简称“南浔农行”）认真贯彻落实党和国家各项金融方针政策，严格执行省、市分行党委决策部署，坚持以党建统领全局，紧紧围绕区委、区政府中心工作，保持定力勇拼抢，危中抢机创新绩。全年各项存款 84.36 亿元，比年初增加 21.79 亿元；各项贷款 81.37 亿元，比年初增加 35.26 亿元；贷款不良率 0.07%，全年平安经营无事故。2020 年南浔农行获全省农行先进单位、对公业务先进集体、城市攻坚战先进单位、运营基础管理先进单位和南浔区 2020 年度服务业企业规模二十强等称号。

【社会责任】 南浔农行深入贯彻新时代党的建设总要求，充分发挥党组织的政治核心作用，深化党建业务融合发展，落实金融服务“六稳”“六保”，带领全行员工主动投身抗疫复产、全国文明城市复评攻坚等关键战役，全力做好疫情防控、走访慰问、志愿服务等工作，一线冲锋、勇于担当，以实际行动展现党员先锋模范作用，在非常之年奏响党建强音。在此基础上，全力支持纪委工作，严格落实集中整治形式主义、官僚主义等要求，积极开展清廉银行创建，抓落实、重实效，凝聚全行发展合力，为推动“重要窗口”建设提供有力保障。

【信贷支持】 南浔农行始终以服务地方经济建设为己任，紧跟城市能级提升步伐，紧贴需求，全方位挖掘合作空间，着力为区内各项战略部署落地提供全方位金融支持。深度参与环境整治、民生保障、基建投资等多领域重点工作，信贷投放总额超 55 亿元，有力支持保障美丽乡村建设、双林镇全域土地整治、南浔古镇旅游建设、水晶晶颐养中心项目、申苏浙皖至练杭高速公路连接线工程 PPP 项目、政府产业园项目稳健有序推进，特别是南浔頔塘社区安置房项目成功落地全省农行首笔“未来社区贷”，高效助推全区赶超发展，获评 2020 年度南浔区金融支持地方经济社会发展考评一等奖和争先创优奖。

【绿色金改】 南浔农行抢抓区委、区政府大力打造水晶晶南浔的政策契机，早谋划、早对接，持续推广“绿企贷”系列拳头产品，做大绿色贷款规模，年末绿色贷款总量列四行首位。聚焦区域内绿色重大项目、绿色制造、绿色生态、绿色农业、绿色消费，加大信贷资金投放力度，全年新增普惠小微扩面 57 户，发放贷款 1.14 亿元，有力促进域内实体企业的“扶优、提质、增绿”。2020 年新发放的 1000 万元以下普惠型小微企业贷款利率同比下降 47 个 BP，有效降息减费，精准助力纾困，为企业发展强心赋能。

【“三农”服务】 南浔农行立足“三农”主业，持续深化与农合联、农业局、省担保公司等合作，根据区域特色创新推出“农情绿意农合贷”，大力对接区域农业产业项目、农业龙头供应链融资等事项，合计发放农合贷 126 笔、4500 余万元。积极参与市工业、服务业和农业“大好高”项目，成功对接落地南浔区练市镇红美人柑橘可持续发展示范园区及湖州天宝珍生物科技有限公司年产优质蜂产品 10000 吨项目，授信 1.17 亿元。同时，加大对村集体的流动资金贷款支持，发挥乡镇挂职干部桥梁作用，对南浔开发区管委会所辖丁家港村、浔北村等 21 个村发放委托贷款 6000 万元，全年农

户贷款新增超亿元，惠及农户 226 个，为乡村振兴凝聚力量。（沈培芳）

中国建设银行湖州南浔支行

【概况】 2020 年，中国建设银行湖州南浔支行（以下简称“南浔建行”）以“新起点、新服务、新高度、增市场份额、创双百业绩”为发展目标，结合总行“三大战略”（普惠金融战略、住房租赁战略、金融科技战略），聚焦“三个能力”（服务国家建设能力、防范金融风险能力、参与国际竞争能力）建设，全面推动支行各项业务发展。2020 年年末，南浔建行一般性存款（央行口径，下同）时点余额 48.27 亿元，一般性存款日均余额 42.59 亿元，各项贷款余额 52.65 亿元，不良贷款余额 1219 万元（包括信用卡），不良率比年初下降 0.23%。2020 年，南浔建行全年安全运营无事故。

【疫情防控】 2020 年年初面对突如其来的疫情的严峻形势，南浔建行党委认真贯彻省、市分行决策和工作部署，第一时间响应，成立疫情防控应急工作领导小组，紧急制定并启动专项应急预案，提出《同心抗“疫”党员先行》倡议书，号召党员干部发挥党员先锋模范作用，争当抗疫先锋，构筑特殊时期金融服务的“硬保障”。推出“抗疫”专属融资产品“云义贷”“守护 e 贷”和专项再贷款；发放 5600 万元专项贷款驰援防疫生产企业，为客户提供资金保障；对疫情影响较大的 328 家信贷客户减免 2 月部分利息；对 2 月 3 日至 3 月 3 日到期的 6 家小微企业延长贷款宽限期 28 天。

【绿色信贷】 2020 年，南浔建行抢抓湖州市作为“绿色建筑与绿色金融协同发展”全国试点城市机遇，积极探索以绿色金融支持绿色建筑领域，成功实现 5 亿元绿色建筑贷款投放，落地全市首笔“绿色民工惠”贷款，创新解决绿色建筑领域相关农民工工资支付痛点需求，扩大南浔建行在区域内优质建筑企业的影响力。加强与母子公司联动，拓宽绿色融资渠道，成功落地南浔区交通投资集团有限公司全市首笔 1.5 亿元、湖州南浔经济建设开发有限公司 3 亿元绿色债券投资。同时深化优质民营制造业客户绿色信贷合作，成功为 2 家全国地板行业龙头企业新增授信，并成功落地全市首笔绿色外汇贷款，充分践行南浔建行支持民营实体经济发展的社会责任。

【支持乡村振兴】 2020 年，南浔建行加大乡村振兴信贷支持力度，发放 2.5 亿元乡村振兴贷款支持乡村田园旅游；投放 3.5 亿元支持乡村全域土地综合治理与生态修复；投放 9800 万元支持乡村水环境综合整治；借助集团子公司建信资本、建信信托协同合作，作为基石投资者发行二笔共 4.5 亿元债券投资用于南浔水利整治和頔塘北岸环境治理提升。2020 年，南浔建行先后开立村级合作社账户 4 个，联动乡镇网点落户招商引资客户 12 户。通过乡村振兴领域信贷的投放，助力地方经济发展。

（阮倩倩）

中国银行南浔区支行

【概况】 2020 年，中国银行南浔区支行（以下简称“南浔区支行”）加快结构调整和业务转型，做到疫情防控和业务发展“两手抓、两战赢”。2020 年，南浔区支行成立系统内首个普惠金融专业支行，为南浔区经济高质量发展做出积极贡献。2020 年，南浔区支行绩效考评居全辖第二，荣获南浔区金融支持地方经济社会发展考评“二等奖”和“安全保卫工作优秀集体”等荣誉称号。

【主动服务中心大局】 南浔区支行紧紧把握“‘重要窗口’示范样本”深刻内涵，融入长三角一体化发展战略，抓紧布局新兴战略产业和未来产业，全力参与和支持地方重大基建项目、新建产业园区等建设。全年清单化梳理项目 113 个，其中获批复项目 5 个，合计金额 28.95 亿元，实现投放近 7 亿元，支持君怡电机、区科创园、和通房地产、古镇旅游等一批重点项目建设，取得良好的经济效益和社会效应。

【绿色金融】 2020 年积极响应长三角区域绿色一体化发展的国家战略，南浔区支行针对性创新开发“工业园区有机更新贷”绿色信贷产品，重点支持工业园区改造提升及低效企业整治提升项目，已累计授信 4.9 亿元，预计将腾挪低效资源 13.3 公顷、带动重点制造业招商引资项目落地 5 亿元，亩均效益提升率达 60%。与此同时，南浔区支行强化信贷工厂情景分析的指引作用，积极探索绿色金融与普惠金融的融合发展：针对湖州地区出口信用证项下押汇业务推出“信远贷”特色服务方案，助力一批绿色外贸型企业成长；联合湖州市环保局大气处共同开发“VOCs减排贷”，专门为涉VOCs排放重点行业和企业引进先进工艺、研发绿色技术、升级绿色设备提供授信支持。

南浔区支行紧抓湖州成为全国唯一开展绿色金融与绿色建筑协同发展改革试点城市的契机，通过制定差别化授信和利率政策，积极支持绿色建筑企业发展，大力拓展绿色建筑项目。2020年，南浔区支行为湖州南浔和通房地产开发有限公司的星级绿色建筑项目投放3.37亿元。

截至2020年年末，南浔区支行对公绿色贷款余额82264.6万元，绿色贷款余额占全行全部贷款余额的52%，绿贷通平台关注企业47家，受理47家。

【应对疫情】 南浔区支行坚持“守土有责、守土尽责”，视重大突发事件处置化解工作为队伍组织能力、管理能力和应变能力的重大考验。面对突发的疫情，坚定信心，凝聚力量，积极应对“疫情”大考。春节期间支行领导班子主动放弃休假，年初一就开始带领全体党员干部奋战在疫情防控、客户服务、后勤保障的第一线，为湖州南浔创立生物质燃料有限公司发放300万元湖州市分行首笔“战疫贷”信用贷款，南浔区支行累计发放“战疫贷”1540万元。

【金融“三服务”】 2020年年初，受疫情影响，市场上大米供应呈现紧张态势。湖州白兔粮油股份有限公司系第一批浙江省重点防疫物资清单客户，主营大米的加工销售，为应对疫情，满足市场需要企业却存在一定的资金缺口。省政府和市政府领导多次对其表示关心关注，市委书记马晓晖专门赴企业考察拟订措施。得此信息，南浔区支行领导班子高度重视，合理调配人力资源，安排客户经理及时上门对接，开展业务交流。针对企业的资金需求，量身定制“战疫贷”融资方案，配套500万元信用贷款。同时开通绿色审批通道，审批条线线上办公，在省、市、区三级紧密配合下，仅用2天时间即完成审批手续，成功投放贷款500万元。

【合规运营】 开展“讲合规 守底线”案件警示教育宣讲会活动，切实抓好风险防控、合规经营等工作，实现“零发案、不出事”。做好后疫情时期的风险防控，高频开展全行授信风险大排查工作，切实做好贷后全流程管理和监控预警。2020年，累计清收不良贷款198.65万元，不良贷款余额为零，授信资产质量管控较好。（施惠琴）

浙江南浔农村商业银行

【概况】 2020年，面对严峻复杂的宏观形势，尤其是新冠肺炎疫情的严重冲击，浙江南浔农村商业银行（以下简称“南浔银行”）贯彻“以小为美、以农唯美”的发展战略，坚守使命、勇于担当，为地方经济社会恢复发展强化金融服务保障，也实现自身业务稳健高质量发展。到2020年年末，南浔银行各项存款达345.41亿元，比年初增加31.79亿元，增长10.14%；各项贷款余额257.91亿元，比年初增加40.24亿元，增长18.49%；按五级分类，年末不良贷款率为0.64%，比年初下降0.04个百分点；实现各项收入19.11亿元，同比增加1.09亿元。年末资本充足率为14.5%。

【党建工作】 2020年，南浔银行对内组织开展“党建领航·红色赋能”行动，实施领航、强基、聚力、塑品、融合五大计划，在全行评选85个“先锋示范岗”，形成“1+2”（1名党员带动2个员工）党员帮扶机制，以党建赋能发展；对外与区委“两新”（新经济组织和新社会组织）工委联合实施“红色互动”提升农村金融服务水平助推企业发展专项行动，发放红心暖企贷12.6亿元。同时出台《全面推进清廉银行建设实施意见》，落实聘任浔廉监督官、规范银企交往、开展家属助廉等18项具体举措，创立“水晶晶·浔廉”清廉金融文化品牌。

【帮扶企业】 面对疫情影响，南浔银行通过“云走访、优服务、显担当”等活动持续排摸，建立健全企业复工复产台账，一户一策实施帮扶，不断强化金融服务助力经济复苏。到年末累计实施优惠让利达4864家，让利金额达10122万元；发放中长期流动资金贷款达125.77亿元，比年初增加68.16亿元；予以展期或延期还本付息的普惠型小微企业贷款达19.57亿元；发放符合扶持政策的普惠小微信用贷款10.91亿元。到年末小微企业贷款余额达

202.06 亿元，比年初增加 31.6 亿元，增长 18.54%。

【助力乡村】 2020 年，南浔银行持续助力集体经济“消薄提档”行动，到年末共向 183 个村级集体经济组织发放贷款 5.55 亿元。为更好缓解涉农贷款担保难问题，与省农业融资担保有限公司、区农民合作经济组织联合会合作，加快政策性农担服务创新体系建设，设立政策性农业信贷担保风险池，发放“政银担”4038 万元，获省级“基层农信担保服务先进金融机构”。到年末全行涉农贷款总额达 163.05 亿元，比年初新增 25.63 亿元，增长 18.65%。

【两大转型】 2020 年，南浔银行推动大零售转型，实施“以人为核心全方位普惠金融三年行动计划”，明确聚焦“本土南浔人”“在外南浔人”“新南浔人”和小微企业主四大群体金融需求，加快推广小额普惠贷款，到年末，共发放农户小额普惠贷款 33.96 亿元，比年初增加 7.15 亿元；个贷覆盖率达 27.93%，比年初提高 4.1 个百分点。同时成为全省农信系统第二批数字化转型试点行，成功上线应用“O2O 体验银行”等 31 个省版项目和 2 个自研项目，加快数字赋能经营管理。

【便捷服务】 2020 年，南浔银行积极推进网点智能化转型，实现智能柜员机网点全覆盖，柜面业务流程进一步优化。在电子渠道方面，新拓展智能 POS、一码通等特约商户 1.64 万户，支持“云闪付”的商户拓展总量达 3.89 万户。同时全市范围网点均实现第三代社保卡一站式制卡，累计完成首批制卡服务近 5 万张。

【风控合规】 南浔银行坚持底线思维，修订完善贷款管理责任制实施细则，持续夯实资产质量；坚持合规展业，根据资管新规要求，比监管要求提前两年完成委外投资和保本理财业务退出计划；坚持源头治理，全面落实全员从业行为承诺制，上线启用员工行为网格化管理系统，试行分色预警机制，有效强化员工风险行为管控。

【选人育人】 2020 年，南浔银行进一步明确用人导向，对 30 个网点负责人岗位进行竞标竞聘，对 14 个营业部主任及总行部室多岗位开展公开竞聘，突出实干担当要求。同时进一步优化育人机制，出台《青年人才库管理办法》，对 147 名入库青年进行专项培养与跟踪管理，进一步增厚人才层级，为高质量发展加强队伍保障。 （张 毅）

湖州银行南浔支行

【概况】 2020 年，湖州银行南浔支行紧紧围绕南浔区“聚力大赶超、实现新跨越”的奋斗目标，紧密结合“金融+绿色+科技+合作+风控”的发展战略，坚持创新发展和风险控制并举，负债业务与资产业务并重，大力推进绿色金融、深化转型，强化管理，优质服务，广泛开展“走企、助企、帮企”“百地千名行长助企业复工复产”等专项活动，稳健经营，防范风险。

【绿色金融】 2020 年，湖州银行南浔支行着力打造“守水晶晶初心 担‘绿色+’ 使命”党建品牌，深化转型发展，大力支持中小企业和绿色经济发展，发挥金融业在经济发展中的保障作用。一是湖州银行南浔支行坚持践行绿色金融发展战略，促进绿色金融服务创新，大力推进绿色金融发展，加快信贷业务转型，优化信贷投向。在总行“绿色金融发展”理念的引领下，积极推进绿色金融，大力向南浔周边乡镇宣传推广，支持当地绿色行业发展和中小企业发展。二是持续推进“绿色园区贷”。2020 年，新增发放园区内法人按揭贷款 15 家，新增发放金额 5908 万元；累计贷款户数 32 家，累计发放金额 13910.3 万元。三是紧抓服务乡村振兴政策窗口期，以美丽乡村建设为抓手，2020 年总共授信美丽乡村建设融资 2 亿元。四是充分挖掘区域实体企业绿色元素，建立以绿色工厂、绿色项目、绿色产品等维度的储备库，加大对绿色储备库融资方案制定与落地，全年投放实体企业绿色央标贷款 5.67 亿元。

【合规管理】 2020 年，湖州银行南浔支行高度重视合规管理，紧抓制度建设，提升员工素质，严防内控风险。1. 重视合规管理。（1）开展合规测试。湖州银行南浔支行继续以湖州大银家为平台，组织全体员工开展线上金融法律法规测试，以考促学。（2）开展合规培训。坚持运管条线、信贷条线每月二次定期学习制度，同时邀请总行审计部、风险管理部等部门的培训师，对信贷人员开展信贷法律风险防控及案例分析等培训，并形成专题报道，报总行办公室，提升全行合规经营和风险防范意识。（3）加强员工管理。将员工行为动态管理作为案件防控的基础性工作来抓，通过谈心谈话、社会调查、家庭走访、查阅征信报告等方式，深入了解员工“八小时”以外的情况。做好岗位轮换，严格执行干部交流、员工岗位轮换、强制休假、重要岗位人员准入等制度。2. 紧抓制度建设。湖州银行南浔支行制定《2020年绩效考核办法》《电子银行专项考核办法》《营业经理、大堂经理、临柜员工岗位绩效考核管理办法》《湖银大学南浔支行分校2020年教学培训实施方案》等，并与各网点、部门、员工签订2020年《南浔支行党风廉政建设工作责任书》《安全生产与合规经营工作责任书》等，用制度规范员工的经营活动和操作行为。

【优质服务】 2020年，湖州银行南浔支行坚持以“最多跑一次”改革为引领，围绕“主动作为，有效供给小微企业融资”“优化机制，快速办理小微企业融资”“科技赋能，深入推动小微企业融资”“减费降息，直接减负小微企业融资”4个方面，以优质的服务质量和服务态度，为南浔支行树立良好的社会形象。（周吉卿）

·保险机构·

中国人寿保险股份有限公司湖州市南浔区支公司

【概况】 2020年，中国人寿保险股份有限公司湖州市南浔区支公司（以下简称“南浔区支公司”）贯彻落实省、市公司工作会议精神，团结一心、锐意进取、顽强拼搏，取得显著成绩。南浔区支公司实现总保费收入2.67亿元，同比增长12.36%，寿险市场份额位居全区第一，呈现稳中有进，不断发展的良好局面。

【践行“双成”文化】 南浔区支公司以“成己为人，成人达己”为企业核心文化理念，以“特别能吃苦、特别能战斗、特别能协作、特别能奉献、特别守纪律”为企业精神，以“依法合规、创新驱动”为经营理念，以“诚实守信、客户至上”为服务理念，连续四届获湖州市消费者信得过单位称号；坚持贯彻“以人为本、德才兼备”的人才理念，努力加强企业文化建设，扩大品牌影响力，全力打造南浔“精品公司”。2020年，南浔区支公司被南浔区人民政府评为“金融支持南浔经济社会发展先进单位”（三等奖）。

【履行社会责任】 南浔区支公司积极履行社会责任，大力推进大病保险、农村小额保险、计划生育家庭系列保险、女（男）性安康系列保险、学生平安保险、公务人员公共交通意外保险、食品安全保险、车辆乘意险等险种，与社保共同构建起完善的社会保障体系，有效服务民生。2020年给付满期及年金4263.95万元，理赔金5650.15万元。南浔区支公司与区卫生健康局共同开展“微心愿”活动，全年送出“微心愿”60个。2020年，南浔区支公司面向社会组织开展以“牵手国寿，共绘华彩”为主题的第十届浙江省少年儿童书画艺术大赛；开展第八届保险公众宣传日活动和一系列客户联谊活动，保险理念深入人心。（茅莉珩）

中国人民财产保险股份有限公司湖州市南浔支公司

【概况】 2020年，中国人民财产保险股份有限公司湖州市南浔支公司（以下简称“南浔支公司”）紧紧围绕监管部门和上级公司的各项工作要求，发挥国有央企的政治优势和党建引领作用，发扬“紧、快、细”的工作作风，强党建、抓业务、优管理、促发展，在实现自身高质量发展的同时，有力地保障全区经济发展、社会治理和民生改善。2020年，累计为1888家企事业单位、49358户（次）居民提供1406亿元的风险保障。南浔支公司全年保费收入1.57亿元，同比增长4.51%；市场份额41.33%；全年累计直接赔款7923万元。累计缴纳各类税金（含代征车船税）1042万元，并荣获南浔区“2020年度金融支持南浔经济社会发展先进单位（二等奖）、最美金融窗口奖”。

【服务政府治理】 南浔支公司聚焦政府难点、群众痛点，继续深化“警保合作”，深化电动车安全整治、强化安全劝导员管理，坚持“防为主、防为上”的工作理念，提高思想认识，稳步提升各项整治措施，整治工作取得成效，事故率明显降低。疫情期间南浔区采取严格的管控措施以减少人员的流动，其间老百姓二轮电动车的使用时间也相应大幅下降。基于以上情况并经和南浔区交巡警大队沟通，顺延2019年承保的二轮电瓶车综合保险的保险期限一个月。此项政策共惠及南浔区70000余辆二轮电动车的使用者。2020年，南浔支公司与交警部门强强联合，共同出击，严格规范执法力度，协同配合打击欺诈案件。为应对新冠肺炎疫情的严峻形势，主动与南浔区公安分局对接，为全区奋战在抗疫一线的1497名公安民警和辅警免费提供4.5亿元风险保障，为他们全情投入疫情攻坚战保驾护航。

【服务乡村振兴】　2020年3月，南浔支公司与南浔区农合联签署全面战略合作协议，承保设施大棚保险49.5公顷、各类水稻险233公顷，以及温氏畜牧鸡养殖保险项目。并通过推进水稻种植保险附加收获期间损失补充保险、物联网淡水养鱼浮头死亡保险和淡水鱼价格保险等商业农险，进一步保障农户收益。为确保疫情期间和疫情过后蔬菜（青菜和小白菜）正常生产供应，保障种植户生产信心和利益，在区农业农村局的支持下推出政策性叶菜价格指数保险，共承保8户35.3公顷，由于保险期间市场价格低于预期，共给付菜农赔款18.8万元。

【服务实体经济】　响应李克强总理“商业保险公司开展短期出口信用保险并降低费率”号召，疫情期间走访企业9家，积极参与出口信用险推广。企业投保时可以预付不低于50%的保费，并为企业提供一定次数免费的资信调查而不占用政府资金；积极提供保单融资服务，同时运用小额贷款保证保险与出口信用险联动，解决中小外贸企业融资难、融资贵问题；与信用险进行全产品线联动，为南浔走出去企业提供除政治风险外的其他商业风险保障。继续推动全区绿色金改政策的落地，停工不停贷，疫情期间“绿贷险”项目共为全区26家企业提供4372万元的风险（担保）保障；复工复产逐步启动后，南浔支公司利用相关政策，积极承接企业需求，共为14家企业提供280万元的复工复产风险保障。结合南浔本地特色，为26家电梯企业提供超过28.9亿元电梯产品责任保障。

【服务民生工程】　南浔支公司紧抓全区基础建设高速发展有利契机，积极沟通对接，推进大项目层层落实，责任到人，持续跟进，成功为南林大桥的改进工程、南浔水底隧道工程和南浔到临安的公路工程提供保险保障，充分发挥保险“金融减震器”、“经济助推器”和“社会稳定器”作用。

（沈　莉）

经济管理与监督

·国有资产管理·

【概况】 2020年，紧紧围绕全区中心工作，立足于南浔经济发展实际，牢牢把握稳中求进的工作总基调，推进国资国企改革发展，推动国有资产运营管理，落实完善国资监管各项制度，积极推进国资投融资工作，国资运营监管各项工作有序开展，全区国资国企运行良好。截至2020年年末，企业资产总额1125.04亿元，增长49.79%；净资产465.1亿元，增长121.69%；营业收入53.43亿元，增长352.80%；全区行政事业单位资产总额26.72亿元，其中固定资产总额13.41亿元。

【落实国企绩考核】 按照《关于深化区管企业负责人薪酬制度改革的实施意见》《南浔区区管企业负责人年度考核办法（试行）》文件要求，成立考核小组，通过查阅会计年报、专项审计报告，听取企业年度总结及自评报告、财务总监审核报告、董监事年度报告等方式对区属国有企业“年度计划任务完成、企业业绩指标、综合性指标”三方面进行业绩考核，考核结果报区委组织部审核作为国有企业高级管理人员年度考核依据。通过年度考核，使得国有企业更加清晰地认识到企业管理过程中的不足和问题，为后期“抓重点、补短板、强弱项”奠定基础。

【推进国企改革发展】 初步拟定南浔区做大做强国有企业三年行动方案，为国有企业在“做大规模、做强资本、做优资产”方面树立清晰目标、明确改革路径，方案也是全区国有企业近三年发展改革的行动章程。方案明确，至2023年区属国有四大集团总资产达2060亿元、营业收入达100亿元、利润达15.3亿元；区国资公司主体信用评级争取达AAA级，区四大集团主体信用评级争取达AA+级，各乡镇所属一级公司信用等级争取达AA级。

践行国企混改发展战略。南浔区国有企业混合所有制改革试点中，湖州市南浔区城市投资发展集团有限公司下属子公司南浔金象地产控股有限公司与湖州南浔和通房地产开发有限公司、浙江诚通房地产集团有限公司、湖州市南浔圣船水泥有限公司共同组建成立湖州南浔和通房地产开发有限公司，合资公司实行董事会领导下的总经理负责制，公司的经营管理由总经理负责，日常管理制度、审批权限及审批流程参照诚通地产统一的管理模式进行项目管理。湖州市南浔区旅游投资发展集团有限公司也开展混合所有制改革试点工作，与浙江美伦映画传媒有限公司以合资的形式投资影视剧作《待到春来化蝶时》，进而带动古镇影视剧发展。

【强化国企日常监管】 持续完善各项规章制度，全面推进从严监管。积极完善国企管理相关制度，将中央、省、市、区国有企业监管有关文件整理汇编形成《南浔区国有资产监督管理文件资料选编》，为国有企业高质量发展提供制度保障。制定出台《南浔区企业国有资产监督管理办法》，为国有企业规范化运行和高质量发展提供制度支撑。出台《关于进一步规范区属国有集团公司人力资源管理工作的意见》，规范和加强区属国有集团公司机构编制和人力资源管理工作，提高国有企业运行效率，促进国有企业持续稳定健康发展。出台《南浔区国有企业投资监督管理暂行办法》，进一步规范区属国有企业股权投资、固定资产投资、金融投资等多种投资行为。出台《南浔区国有企业采购实施办法》，实现国资国企“政采云”线上“一键式”采购，并通过数据实时审查监管，有力规范区属国有企业采购行为。

落实房租减免工作，全力助推复工复产。按照《湖州市人民政府关于应对疫情支持企业健康发展的八条意见》（“湖八条”）、《湖州市重大项目攻坚及招商引才新政》（“湖九条”）、《湖州市南浔区人民政府关于应对疫情支持企业健康发展的政策意见》等文件要求，高度重视新冠肺炎疫情防控期间减免房租工作，扎实做好房租核实和减免工作，全力推进企业降本减负，支持企业健康发展。2020年，南浔区共减免租金数为1964家，减免金额为1943.25万元，其中国有企业（包括城投集团、交投集团、旅投集团、开发区国有企业、科技企业孵化器及众创空间）共减免租金数为1661家，减免金额为1607.58万元。

持续推进系统搭建维护，稳步提升监管效率。阿里拍卖系统常态化运行。阿里拍卖上线以来，平台运行更加连贯流畅、资产种类更加丰富多样、受众群体更加广泛多元，有力推动国有资本提质增效。2019年11月首拍开始至2021年4月30日，总上拍标的数218件（涉及房产租赁、房产处置、广告租赁、报废物资、二手车辆），共成交标的159件，成交率75.71%，平均溢价率14.24%，单品最高溢价：1166.67%，起拍价及评估价为1496.70万元，总成交款为1709.95万元，总溢价为213.25万元。正式上线运行南浔国资跨银行资金管理系统——CBS系统，做好已开通直联功能银行系统的接入工作。截至年末，已开通该系统业务银行7家，已成功挂靠可查询账户51户。更新完善省国资委产权登记管理信息系统，做好数据统计和汇总工作，及时、准确、动态、全面地反映全区国有出资企业产权状况。

持续发挥监管职能作用，各项工作有序开展。垃圾分类工作。着力做好指导国企系统生活垃圾分类工作，督促各大集团加快完善生活垃圾分类相关的规章制度，抓好生活垃圾分类责任落实，建立健全工作机制，使生活垃圾分类有章可循。国企评级工作。主动对接长三办、重点办、科技新城等部门，认真撰写南浔区经济发展及产业规划报告，积极推进国资公司AA+评级工作。同时积极完成“19南浔债01”“19南浔债03”跟踪评级。退休人员社会化管理工作。制定《南浔区国有企业退休人员社会化管理实施方案》，做好各国有企业和乡镇、街道的联络工作。年末，南浔区移交和接收、省属企业和在浙中央企业退休人员移交和接收工作已完成，共与24家单位签约，涉及社会化退休人员1147人，其中中共党员42人。

【推进国有资产处置】 建立国有资产管理专职队伍，管理责任落实到人。为进一步加强全区行政事业单位国资工作，规范管理行为，提高管理水平，重新梳理和收集各单位信息情况。对各行政事业单位基础信息，对照资产年报编报范围系统梳理全区应纳入填报范围的单位，并将资产年报单位、资产管理人员基本信息表进行收集整理。

夯实基础抓好日常管理工作，提高资产管理水平。要求各单位严格按照财务管理、资产管理相关工作要求，完善资产卡片，规范会计核算，做好资产盘点，夯实资产管理的基础工作。要求各单位各部门积极核对和查看单位资产情况，及时按照行政事业单位国有资产管理的有关规定和行政事业单位会计制度，办理具体事宜和做好资产、财务调整等工作。同时要求各单位加强日常管理工作，提高国有资产使用效率，确保国有资产的安全与完整。

建立健全固定资产管理制度，确保管理有序高效。根据中共十九大对国资国企改革发展作出的重大部署要求，进一步规范全区资产管理，实现国有资产管理有法可依，有章可循。2020年在已有的《南浔区区级行政事业单位国有资产交易管理实施办法》《南浔区国有房产统一管理实施办法》《南浔区国有房产出租管理实施细则》《南浔区国有资产处置交易网络公开竞拍实施细则》等文件的基础上，不断完善和细化工作，使区级部门、开发区、各镇（街道）资产管理做到科学有序。

提高资产管理业务水平，加强专业学习培训。积极营造“固定资产管理人人有责”的良好氛围，进一步提高固定资产管理意识。在实际工作中严格执行相关规章制度，积极宣传和指导。在每次的月报和年报时，积极解答资产管理人员在操作过程中存在的问题。

落实完善资产处置审批工作，规范审批处置要求。为进一步规范和加强行政事业单位国有资产管理，推进行政事业单位资产管理信息化工作，实现资产动态化、网络化管理，维护国有资产安全完整和有效利用，根据《南浔区区级行政事业单位国有资产处置管理暂行办法》等有关规定，严格按照程序和权限审批资产处置事项，加强对资产处置的监管，并对资产处置实施全过程监督管理，未经批准不得自行处置，从严审核单位提供的材料，材料不齐全的不予批复。（许高峰）

·物价管理·

【概况】 2020年，南浔区发展改革和经济信息化局根据全省发展和改革工作会议精神，着力落实降本惠民政策、强化价格监测预警、夯实成本调查监审。

【价格政策】 一是推进降本政策克时艰。落实新冠疫情期间阶段性降低企业用水用电用气成本价格政策，并会同区住房和城乡建设局、区市场监督管理局强化政策落地，其间市区（含吴兴区、南浔区）电价指标累计兑现3亿余元，南浔区天然气价格和水价指标累计兑现1亿余元。二是落实价格补贴保民生。首次负责价格补贴机制落实工作，督促落实困难群众基本生活价格补贴发放，尤其是阶段性扩大价格补贴保障范围、阶段性提高价格补贴标准政策的落实，其间重点优抚对象价格补贴累计发放90余万元，城乡最低生活保障对象等价格补贴累计发放700余万元。三是转供电价格政策再落实。会同区市场监督管理局、国网湖州南浔供电分公司通过培训会形式联合推广“转供电费码”，并详细解读转供电价格政策，以进一步规范转供电环节价格行为，确保降价红利真正惠及终端用户。

【价费政策】 一是落实管道燃气价格政策。贯彻落实管道燃气设施预埋费、改造费标准调整政策。南浔区多层、高层（小高层）住宅管道燃气设施改造费由2000元/户下调为1200元/户，下调幅度达40%。二是配合市发展和改革委员会完成省人大学前教育审议意见落实情况跟踪检查。三是参加景区门票价格座谈。参加省发展和改革委员会在湖州市组织召开的景区门票价格工作座谈会，分析南浔区景区门票价格管理现状及思考建议，促进全省景区门票价格管理办法制定进程。四是提出成本分担机制意见。结合南浔区及周边县区公办幼儿园保教费成本监审和收费标准调整情况，从实际可操作性角度对健全公办幼儿园成本分担机制、合理确定成本分担比例提出意见建议。五是完善生活垃圾处理收费制度。经前期调研、成本监审、座谈会等程序，会同区住房和城乡建设局、区综合行政执法局、区市场监督管理局和区分类办出台完善制度，主要从明确内涵范围、调整收费项目、实现闭环收费、增设计重标准、实行差别化收费、落实减免优惠和强调监督检查7个方面进行完善。

【价格监测】 在日常按旬、按月价格监测基础上，提高政治站位，充分认识应急价格监测对打好疫情防控阻击战的重要性。一是扩大监测层面。根据省发展和改革委员会应急价格监测细化、量化监测防控疫情相关商品要求，新增人寿永药店价格监测点，重点关注普通一次性医用口罩、N95口罩、医用酒精、84消毒液、体温计及连花清瘟胶囊等22种商品的供应和价格情况。二是增加监测频次。部分商品实行市场价格监测日报制，药店价格监测点疫情防控商品和农贸市场居民生活消费品于1月31日至2月29日期间实行每日价格监测。三是深化市场巡视。疫情防控期间多次集中开展农贸市场、商超、药店市场价格巡视，积极对接商务、卫生、市监等部门强化疫情防控措施，会同市监部门开展市场价格巡视、稳定市场价格秩序。四是加强信息服务。及时发布市场价格监测和巡视信息，合理引导市场预期。通过“南浔发改经信”微信公众号、“今日南浔”App发布巡视结果信息，合理引导市民理性消费。

【成本监审】 全年累计开展成本调查监审项目7个，合计核减不应计入定价成本费用3708.25万元。一是开展城乡供水成本监审。根据市成本调查监审局对市本级城乡供水开展成本跟踪评估要求，开展城乡供水一体化范围内练市、双林、菱湖3家供水企业2019年度供水成本监审，共核减不应计入定价成本费用592.74万元。二是开展污水处理成本监审。根据省发展和改革委员成本调查监审局关于扩大污水处理成本定期监审范围要求，开展振浔污水处理企业2019年度污水处理成本定期监审，共核减不应计入定价成本费用114.40万元。三是开展南浔锦绣实验学校住宿成本监审。根据年初价格调整申请，开展成本监审程序，共核减不应计入定价成本费用134.16万元。四是开展景区门票价格成本监审。根据浙江省开展景区门票定价成本监审具体工作要求，委托第三方开展湖州南浔湖笔文化发展有限公司2017—2019年度景区门票定价成本监审，共核减不应计入定价成本费用50.29万元。五是开展生活垃圾收集运输成本监审。根据南浔区无废城市建设以及省、市健全生活垃圾处理收费机制等工作要求，委托第三方开展南浔环卫所2019年度生活垃圾收集运输成本监审，共核减不应计入定价成本费用2816.66万元。 （郑敏杰）

·自然资源管理·

【概况】 2020年，全区自然资源和规划系统认真贯彻落实市局和区委、区政府关于疫情防控和自然资源管理工作的要求部署，围绕深化“三服务”、奋战“五个年”活动，坚持“两手抓”“两手硬”，主动作为、敢于担当，抢抓机遇、争先创优，各项工作稳步有序推进。区自然资源和规划分局获评2020年度区县自然资源和规划工作综合目标考核优秀单位、全市重大工作扩大有效投资突出贡献集体、南浔区2020年度行政奖励集体嘉奖等荣誉称号。

【规划编制与管理】 开展中心城区和乡镇级规划“双评价”“双评估”和基础调研，摸清区域内国土空间利用现状、水平和趋势。深入分析“三线”（生态红线、城市开发边界线、基本农田保护红线）冲突，初步明确了“三线”划定方案，在可能下达的空间规模范围内形成“高”“中”“低”三套规划方案。

【综合测绘改革】 制定建设工程项目综合测绘流程图，对竣工项目引入三维建模，从严加强测绘行业监督管，常态化开展跨部门联合“双随机”抽查等三项检查，强化测绘成果质量检验。2020年已完成三维实景建模项目10项，综合测绘项目29个，服务效率提升50%以上，服务收费降低30%以上，时间节省约550个工作日，费用节省约850万元。

【农村土地全域整治】 2020年，全区向上申报并新获批6个全域整治工程计划，累计获批15个全域整治工程，实现10个镇（开发区）全覆盖。项目实施以来，乡村耕地分布碎片化、空间布局无序化、土地利用低效化等问题得到有效改善。旧馆与南浔两镇成功列入省级试点并上报国家试点；南浔区全域整治工作获得省政府督查激励奖励6.7公顷的新增建设用地计划指标；11月，全省乡村全域土地综合整治与生态修复现场会在南浔成功召开。

【自然资源保护】 完成10个建设用地复垦项目报备，可产生增减挂钩指标154.7公顷；实施完成72个建设用地复垦项目，新增耕地353.3公顷，获2020年度区县政府耕地保护责任目标考核优秀单位。开展储备补充耕地项目核查整改、涉林垦造项目清查等工作，历年增减挂钩项目核查数据、高标准农田整理数据已通过省级质检。保质保量完成三调工作，三调统一时点更新最终成果通过国家三调办核查验收，完成并上报南浔区三调成果分析报告，建立完善三调数据库平台。

【土地要素保障】 消化批而未供2019年以前批次148公顷，完成率为185%；完成2009—2017年批次消化任务63.8公顷，完成率132%；盘活存量295.3公顷，完成率为341%；低效用地再开发48.6公顷，完成率为122%，各项任务均处全市前列，成功创建省级国土资源节约集约模范县（市、区）。

【自然资源执法监察】 扎实开展自然资源行政执法体制改革和全区10个自然资源所挂牌更名。认真开展扫黑除恶、违建别墅和农村乱占耕地建房问题等专项整治工作，制订《2020年扫黑除恶专项斗争行动实施方案》《南浔区农村乱占耕地建房问题专项整治三年行动方案》等文件。认真开展土地卫片执法监督检查，强化日常执法，全年全区共组织动态巡查4484次，矿产巡查84次，立案查处土地违法案件24件，面积31.3公顷，累计移送法院强制执行42件。建议当地政府列入“三改一拆”（旧住宅区、旧厂房、城中村改造和拆除违法建筑）129宗，面积8.6公顷已全部拆除到位。做好国土历史积案“滚动排查更新”工作。

【疫情防控】 切实加强野生动物保护和疫情防控工作，全力做好保障人民群众生命健康安全和企业复工复产服务工作。省启动疫情防控一级响应后，分局多次召开党委专题会议，第一时间制定实施方案，布置南浔区野生动物疫源疫病监测防控、疫情防控和要素保障等工作，共下沉123人配合做好卡点、洗楼、蹲点等工作，出台支持用地企业稳定发展政策，并制作疫情布控图，为疫情防控提供技术支撑和服务保障，助力企业复工复产。

【自然资源数字化管理】 对于项目立项备案、工程规划许可和建筑工程施工许可三个阶段合并纳入一个审批阶段，将原来的20份材料压缩至7份，10个环节简化为1个，办理时间从7天减少为1天，让企业真正体验到快捷方便，全年共办理3个项目。深化延伸服务机制，设立练市镇、双林镇、菱湖镇3个不动产延伸窗口，全年服务群众3120人次，受理办件1185件，实现办证不出镇。深入推进便利化行动，实现不动产一般登记3个工作日内、抵押登记和一般商品房交易登记60分钟办结，全年办理不动产登记业务67484件。（钱　翔）

·市场监督管理·

【概况】 2020年，南浔区市场监管局树立“以实绩论英雄”鲜明导向，深入推进系统“六大行动”，挂图作战“2020工程”，各项工作都取得显著成绩。在2020年度省局综合绩效考评中荣获优秀等第，连续4年在全市市场监管系统考核获一等奖，2020年，全系统共获得各类集体荣誉60项、个人荣誉81人次，收获领导批示肯定48次。

【慎始如终抓防控】 创新制定农贸市场、药店“六个一律”（所有人员一律佩戴口罩，测量体温方可进入市场；一律严禁活禽、野生动物交易；市场内经营户一律做到明码标价，索证索票齐全；对市场一律进行清洗消杀，每日2次及以上；一律开展从业人员排查，发现异常情况做好信息登记，第一时间上报；一律签订防控工作责任状，开展防控宣传）防控标准，充分发挥其“哨点”作用，严格落实发热、咳嗽类药品人员信息采集，采集上报信息96349条、登记人员38931人；强化疫情期间防疫用品质量及价格监管，立案查处67件，有效稳定市场秩序；成立疫情防控高风险冷链食品“物防”专班，全面加强对进口冷链食品、相关从业人员和环境的“全受控、无遗漏”闭环管理，通过“浙冷链”激活进口冷链食品经营主体107家，发放溯源码6000余张，闭环处置问题食品208.25吨。涌现一批抗疫先进典型，其中南浔分局获评全国市场监管系统抗击新冠肺炎疫情先进集体。

【暖心帮扶稳主体】 出台支持企业开复工十条服务举措，指导企业动产抵押登记164份，知识产权质押融资超1亿元；落实经营户租金减免1922.83万元，清退转供电违规收费77.27万元，受益市场主体1245家。全面落实系统小微企业和个体户“两直”纾困工作，共补助小微企业和个体户24726户，发放补助金额4637.19万元，补助覆盖面居全市首位、全省前列。

【优化企业开办】 深化企业开办“一日办结”改革，明确将企业开办“印章免费套餐”内容进行升级，新增合同章和发票章，由原来的三枚印章升级至五枚印章达到全省最优评价标准。全年共为2544家企业节省开办费用64.9万元，实现开办企业“时间减半”、企业注销“材料减半”。

【便利市场准入】 大力推进网办助力“零次跑”，启用“网办网报”+“远程认证”人工核验方式，通过浙江省政务服务网，全程在线申报，实现企业开办网办率100%。疫情期间完成全省首家外资企业“不见面”注册。全面推行“经营范围规范化”“住所自主申报承诺制”等改革，持续便捷化市场准入。

【激活市场活力】 不断激发市场主体活力，截至12月末，新增各类型市场主体13082户，同比（10687户）新增22.4%；其中，新增企业3109家，同比（2960家）增长5.1%；新增个体户9971户，同比（7716户）增长29.2%。持续推进“小微企业三年成长计划”，全年新增小微企业2352家，新增个转企309家，转公司率100%，1100余家企业进入小微企业培育库。

【标准化战略】 标准化建设成效明显，发布全国首个地方标准规范既有多层住宅加装电梯《实施指南》和团体标准《技术规范》，《技术规范》现已上升为G60科创走廊联盟标准；《跑道养鱼省级标准化试点》《老旧小区加装电梯服务省级标准化试点》获批省级标准化试点项目，全区国际标准实现“零”突破，参与制定国际标准2项、国家及行业标准38项。

【质量提升】 持续推进质量强区建设，承办2020年长三角G60科创走廊质量标准暨电梯产业发展论坛、首届南浔电梯网上博览会等一系列有影响力的活动；持续推进“品字标”品牌建设，新增发布“品字标浙江制造标准”7项，19家企业23个产品通过“品字标”认证；新增市政府质量奖2家，区政府质量奖11家。

【知识产权】 新增中国专利奖优秀奖1项，每万人发明专利拥有量达38.91件，增幅18.96%，居全市首位；PCT国际专利申请23件，创历史新高。新增品牌服务指导站4家，南浔建材市场入选省级知识产权保护规范化市场培育名单。联合区法院、区司法局等六部门打造南浔区知识产权司法保护一体化协同平台。

【食品安全】 全面落实党政同责，将区食品安全委员会调整为区食品药品安全委员会，成员单位总数扩充至34个；完成食品安全监督抽检2616批次，不合格处置率100%。创新监管模式，发出全市首张餐饮服务信息公示“二维码”，采取“亮码”形式，透明化餐饮单位食品安全信息；以区政府名义出台湖州市及周边地区首个《南浔区食品生产经营单位“红黑榜”制度》，全年累计发布“红榜”“黑榜”企业名单4期。提升基层监管能力，完成南浔开发区、南浔镇等8个三星级基层食安办创建任务，和孚镇成功创建四星级基层食安办，基层网格员在全省基层协管人员食品安全培训中学习覆盖率、考试覆盖率、考核合格率、考核优秀率均达100%。推进“食安+”系列提质扩面。厨房革命在线率稳居全市首位；建成农村家宴放心厨房40家、学校智能阳光厨房30家，餐饮单位食堂通过A级评定15家；成立全市首个乡厨协会，初步形成集第三方监管公司、备案中心、厨师库、家宴服务公司于一体的家宴服务链。

【药品药械监管】 强化药品药械监管队伍建设，加强药品医疗器械化妆品专业检查员建设，加强理论培训名额和现场实训，新增省级医疗器械生产检查员1人，药品经营检查员2人，新增市级医疗器械生产检查员2人，药品生产检查员2人，药品经营检查员12人，检查员队伍达到“15%、5%”两个比例建设要求。探索药品新型监管，以湖州市“可视化药房”试点建设为契机，精选10家药店，上线处方药流通智慧监管一体化平台，导入全市1056家药店基础信息和试点药店的12名药师的信息，通过平台实行销售处方药执业药师人脸识别，手机扫码上传药品处方单，购药人员人脸与身份证比对，留存电子化记录，加强重点药品销售与执业药师在岗履职的“非接触式”监管。

【特种设备安全】 持续推进特种设备“安全顾问”制度，高质量扩面特种设备“安全顾问”至800家，累计开展上门指导3700余次，《特种设备“安全顾问”服务规范》升级为市级地方标准。开展叉车专项治理、电梯安全隐患排查等各类特种设备安全行动，全年未发生一起特种设备安全事故。

【产品质量安全】 加大对非医用口罩、木业产品、成品油等产品抽查力度，全年完成重点产品质量抽检316批次，未发生区域性产品质量安全事件。开展木地板产品质量分级分类监管工作，根据木地板生产企业主体责任落实评价情况，将生产企业履行产品质量义务状况分为A、B、C、D四级，2020年分级分类监管系统数据库入库木地板企业143家，入库率达95%以上，初步完成评定工作。

【净化市场环境】 围绕食品药品、知识产权、产品质量等重点领域开展专项整治，共查处各类违法案件518件，罚没款951.4万元，其中大要案146件、药械化案件41件，移送公安案件9件，其中跨省销售劣质熔喷布案、长管拖车案入选省典型案例，另有3起案件入选湖州市疫情防控典型案例。

【放心消费】 打造“放心消费在南浔”品牌。新建成各类放心消费单位3524家，无理由退货承诺单位752家，放心消费商圈2个，放心消费乡镇3个，放心消费村（社区）30个，建立全区首家居家养老消费教育基地；打造一批有影响力的放心消费特色产业，结合南浔古镇“AAAAA级旅游景区”区位优势，以“放心景区+智慧旅游”为“双引擎驱动”，打造长三角放心旅游“首选地”，成立南浔古镇放心景区“红色引擎”工作专班。建立南浔古镇“数字化旅游数据库”，创新放心消费元素植入，开发上线“放心消费指引码”。建立完成南浔古镇放心消费“星级店铺”公示制度，2020年完成45家放心消费商店景区现场公示。全年共受理各类举报投诉4123件，办结率100%。

【护航民生】 指导2家农贸市场（新区农贸市场、

和孚中心农贸市场）和1家专业市场（浙江南浔建材市场）完成“五化”（便利化、智慧化、人性化、特色化、规范化）提升改造。创建省放心农贸市场2家，累计创建放心市场12家。新建成“送药上山便民服务点”3个，24小时“网订店送”药房4家；在全市率先启动“明码标价示范点”创建工作，建成示范点5个。（莫宇超）

·安全生产与应急管理·

【概况】 2020年，区应急管理局根据省、市、区安全生产和应急管理工作会议的有关精神，紧紧围绕“两手都要硬、两战都要赢”的要求，一手抓疫情防控，一手抓应急管控，深化安全生产和应急管理体系建设，全力防范化解重大安全风险，有效应对各类灾害事故，全区安全生产和自然灾害形势持续稳定向好。

【安全生产整治行动】 全面推动“洗楼式”隐患排查见底行动。建立干部联系覆盖见底、基础数据排摸见底、职责任务落实见底、隐患交办处置见底“四项见底”机制。采用“4+X”联系机制，发动所有网格员、村干部、联村镇、区干部和行业主管部门人员，科学划分网格区域，全面开展排摸。制定重点检查任务清单，多部门联合开展30余场理论与实践相结合的形式多样的网格巡查人员专题业务培训班。将综治4个平台数据与“智慧安监”数据进行联通，实现各网格区域对应四级责任人履职情况亮灯提示功能，每月联合区委政法委组织开展两个见底工作督查与通报并专刊发放。2020年，“洗楼式”隐患排查，共排查隐患54211项，整改53623项，整改率98.9%，责任牌上墙5032个。

充分发挥安委办作用，有效推进综合治理行动。以第二轮安全生产综合治理三年行动计划为主线，在制定专项方案、成立专班、每月研判会商、定期实地督查的基础上，强化重点任务的统筹联动。在危化品领域专项治理中，结合南浔实际细化40项具体任务；在城镇石油燃气整治、加油站整治、危化运输码头整治等工作推进中，对阶段性问题实行联合会审，加大联动执法力度，确保第一时间有效打击煤气瓶跨区域非法经营、非法储存、违规使用等问题。同步制作危化品打非治违宣传海报和视频，推动全民监管。

强化事故举一反三，深入推进各类专项整治活动。根据上级的统一部署，在有序推进金属熔融、涉燃爆粉尘等专项整治工作的基础上，坚持事故导向，充分吸取他人及本辖区的事故经验教训。牵头开展危险化学品运输“铁拳行动”、涉及有限空间作业场所“一式五化”（导入“户口簿式”管理，推行“定置化”告知、实行“专业化”作业、配全“实战化”装备、强化“一体化”执法、创新“数字化”监管）行动以及简易升降机、导热油、预防高处坠落等专项整治。组织开展专题部署及培训会9次，整治现场推进会7次，部门联合执法行动23次，强化事故暴露问题的针对性治理。

【创新安全监管模式】 优化无隐患管理模式。进一步完善无隐患管理体系，试点将无隐患管理融入企业安全生产标准化，结合风险管控体系建设等工作，通过分批专项培训、现场会、专家辅导等形式，无隐患管理企业模式已经在辖区内的1206家企业中开展。同步推动建筑工地、商场、学校、公路等重点领域的无隐患管理项目创建活动。联合区发展改革和经济信息化局，制定《南浔区小微企业园安全生产规范化建设指南》，召开现场会，对小微园的整体安全管理、企业内部管理等提出明确要求，做到“凡入园必规范”。

推动“十百千”工程实施。为进一步强化示范企业作用，在打造单个企业整体安全形象的同时实现同区域、同行业企业的互帮互助，突出“基础保障、日常管理、现场氛围”3个层面，明确安全生产十大重点方面内容，指导打造百家示范企业，推动千家企业共同提升安全生产管理水平。一对多建立帮扶机制，同步配套监管人员和专家作为联系服务支撑。

深化执法规范化建设。强化执法人员培训，优化执法装备，建设智能问询室、装备室好档案室，提高执法程序审查。实施“综合查一次”执法工作，与区消防救援大队、区生态环境分局等部门实行执法一体化，加大企业事前执法力度，倒逼主体责任落实。以练市镇为试点，开展综合执法改革，将有关安全监管发现的问题移交执法局统一实施立案查处。制定出台《南浔区安全生产委托执法规范化建设实施方案》，定期组织开展委托执法案件交叉评比活动。

应急管理数字化试点建设。作为省厅应急管理数字化试点县区之一，区委、区政府专题听取南浔区应急管理数字化建设实施方案。分类推进企业安全风险普查；以有限空间、危险化学品仓储等为重点，安装智能化监测预警设施设备；开发建设企业安全码模块，将124家重点企业纳入每日风险承诺日报告名单内，通过固有风险和动态管理情况的评估形成“一企一码”；围绕落实各级监管人员、企业管理人员责任，优化升级“智慧监管”平台流程模块，绘制责任落实一张图。

【助推企业安全发展】 出台服务企业九条意见。出台《加强安全生产服务供给 助推企业高质量安全发展九条措施》，个性制定安全告知书，为企业安全复工复产保驾护航；宽严并济，在要求企业落实整改的基础上，实行“首查免罚”；与区生态环境分局制定安环联动工作机制，实现整治信息联通、标准联定、工作联动、结果联验；开通全省首个安全生产咨询24小时服务专线，提供分类专业咨询服务。

提升本地社会化服务水平。在前期制定的中介机构管理五项机制的基础上，重点突出本地专家的能力提升与培养，在各类国家和省级培训会上邀请中介机构有关负责人和专家共同参与，及时将上级有关文件要求同步传达到中介机构。定期组织开展服务情况和服务对象交叉互评，做到相互取长补短，共同提升。在三场所三企业（限空间作业场所、涉及可燃爆粉尘作业场所、喷涂作业场所，金属冶炼企业、涉氨制冷企业和船舶修造企业）、危化品使用等重点企业的隐患排查整改中，充分发挥本地中介及专家作用，共服务企业2185家次，排查并整改隐患3224条，协调解决问题123个。

加大各类宣传与警示教育。充分利用企业微信矩阵、“智慧安监”平台短信功能等，开展宣传教育；定期发布监管过程中发现的典型共性隐患解决方案，供企业学习参考；拍摄制作暗访视频和事故警示教育视频，分批组织企业开展集中警示教育，提高教育针对性和效果；全面发动建设各类警示教育馆和教育室，优化体验式教育形式。

【引育安全人才】 深化区院合作。深化与省应急科学研究院的合作，签订战略合作协议，建立全省首个基层应急管理科技服务站，充分利用专业机构的人才资源优势，实行专员驻点服务，强化专业力量和专业人才支撑作用。

强化安全人才培育。根据《南浔区注册安全工程师培育三年行动计划》的任务目标，专题召开2020年注册安全工程师引育工作动员大会暨全区注册安全工程师奖励兑现会，对200余名报考人员进行动员，对2019年通过考试的人员进行奖励。组织开展模拟冲刺等专题培训，帮助考生备考，力争2020年在通过率上有新突破。

提升企业员工安全素养。按照全省百万员工大培训方案部署，充分用好本土安全人才，将一批既有实际安全管理经验，又有一定安全理论知识的企业一线安全管理人员、近年来取得中级注册安全工程师资质的安全人才等纳入本次大培训师资队伍。出台相关配套制度，进一步压实培训责任、保障培训质量。高危行业领域安全技能提升培训完成3331人，完成计划数138.8%；万名员工安全大培训完成18000人，已完成年度任务。

【提升应急与减灾能力】 加强乡镇应急体系建设。针对镇级应急管理工作多头分散，区、镇应急管理工作衔接不畅的问题，区委编办、区应急管理局在共同探索出台《湖州市南浔区关于进一步完善乡镇应急管理体系建设的实施方案》的基础上，2020年重点对乡镇统一明确的应急管理组织领导与职责分工、建立应急管理委员会等情况开展跟踪指导与督查，为形成“统筹有力、运转协调、处置高效”的乡镇应急管理工作体系提供组织保障。

大力提升应急响应能力。积极开展“六个一”（识别一张图、研判一张单、管控一张表、指挥一平台、应急一指南、案例一个库）防汛防台工作体系建设，及时修编专项性预案和案例库，强化应急指挥数字化装备运用，投入500多万元建设全区数字化综合指挥中心。强化应急队伍建设，组织开展防汛防台、危化道路运输等各类综合应急演练，从人员、装备、能力等方面进一步扶持本地社会救援队伍的提升。做细做实灾前准备，尤其是在2019年防汛工作经验的基础上，对不同水位下可能受淹的区域进行全面摸底汇总，对所有内涝点明确了预排等措施，并根据气象情况早一步将抽排水等设备点对点布置到位。

强化减灾救灾能力建设。加强物资保障，及时补充、优化物资储备结构，确保应急时各类物资拿得出、用得上。实施人员转移精准管控，出台《南浔区避灾安置场所启用和管理机制（试行）》和《南浔区中心城区建筑工地人员集中转移安置方案（试行）》，根据中心城区建筑工地人员情况，明确各建筑工地转移分配方案及各有关部门职责，做到灾害来临时的“点对点”转移。（王　喜）

·行政审批服务·

【概况】 2020年，南浔区政务办深入贯彻落实省、市、区“放管服”改革会议精神，紧紧围绕区委、区政府工作部署，以“最多跑一次”改革为统领，突出统筹协调、改革创新、精准施策，持续优化营商环境，不断提升群众办事的满意度和获得感。2020年，全区政务服务2.0收件率达84%以上（省定目标为80%）。首创“零材料”申报、现场勘查审批“一线办”、工程建设项目“开工前办一次”、全景式“云税一体”服务模式等一批工作品牌获得媒体报道、领导批示和群众点赞；政务服务“嘉湖一体化”跨城通办、“三下三办”（政务下延，一站式服务“一门办”；网络下移，24小时服务“自助办”；服务下沉，个性服务“帮代办”）政务服务体系、深化基层行政执法改革得到省《竞跑者》点赞并在全省推广，嘉湖一体化跨城通办服务入选省“三服务”好典型。

【做好政务精简】 在全市率先推出工程建设项目“开工前办一次”。通过一窗受理、协同办理、并联审批，将涉及3个部门立项规划许可和施工许可合并纳入一个审批阶段，实现由并联审批向一次性合并审批过渡，材料由20份压缩至6份，环节由10个简化为1个，时间缩减30%。

在全市首创“一线办”政务服务审批模式。结合告知承诺制改革，优化现场勘查事项办理流程，通过电话或网络预审申报材料，预约现场勘查时间，符合条件的当场办结发证，存在问题的通过签订告知承诺书、限期整改方式先予发证，实现“勘查即办结”，推出25个“一线办”事项，总体压缩办事时间近60%。

全面推广无证明化改革。动态调整南浔区取消证明清单331项和保留证明清单8项。在政务服务、水电气网等公用事业和银行等金融领域深化“无证明化”改革，全域推广审批领域告知承诺制改革。个人和企业办事证明材料除负面清单外100%清理取消，实现“清单之外无证明”。

【做优个性服务】 推进嘉湖一体化，打造全省首个跨区域政务通办圈。从嘉湖两地交叉就业、定居群体的现实需求入手，与桐乡市建立协同服务机制，全省率先打造集审批服务、咨询帮办、自助服务等功能于一体的跨区域政务通办专窗，提供医保、社保、公安、“一件事”联办等95项政务服务嘉湖一体化跨城通办服务。

设立企业服务专区，政策兑现开辟“快车道”。在复工复产关键时期，专门设立专窗、派驻专人受理企业政策兑现事宜，有效破解政策兑现难题。建设集咨询、辅导、预约、办理、投诉于一体，覆盖从企业开办到注销的一整套事项的企业服务专区，全面升级智能办公、商务休憩等专区软硬件设施，让企业体验亲商、重商氛围。

积极探索“一件事”集成服务。高质量做好省定多部门联办“一件事”工作，一窗受理率达100%，浙江政务服务网可办理占比82.8%；“浙里办”App可办理占比89.7%。此外，部分“一件事”也可在微信小程序、医院及乡镇银行网点办理。在完成规定动作的同时，创新推出既有多层住宅加装电梯、新建商品房“交房即发证”、机动车违章处理“一窗通办”等十多项具有南浔特色的“一件事”。

【做实数字政务】 推进政务服务2.0建设。按照省、市政务服务2.0建设目标，完成862项政务服务事项的配置及PAD、高拍仪等硬件适配工作，并多次组织开展政务服务2.0线下收件培训会。全面开展“网上办、自助办”事项梳理和推广工作，打造“浔小优”服务咨询品牌，以通俗易懂的形式引导群众“网上办事”，全区网办率达95%。

探索“帮代办”服务模式。通过“1个项目+1名代办”工作机制，建立项目审批和要素供给闭环管理机制。推进大厅智能引导系统建设，通过组建“浔小青”帮帮团，大力推行不见面审批，疫情期间有效满足在线政务服务办事和减免政策兑现需求。同时依托浙江政务服务网和“南浔政务服务”微信公众号，开发南浔政务服务帮代办系统，首批梳理老年人优待证办理等群众关系密切的服务事项26个并提供帮办服务，实现区内帮办代办服务全覆盖、群众办事“零跑腿”。

数据共享申报材料“零提交”。在区政务服务中心推出“零材料”申报服务，办事人出示“浙里办”网证或“刷脸”身份认证后，通过电子证照、公安共享平台即可自动获取身份信息，无需提交任何材料，陆续推出三批31项“零材料”申报事项，其中医保备案手续由原先的10分钟压缩至2分钟，效率提高80%。

【做精政务延伸】 实施“一站式”改革，提升基层政务服务能力。整合基层行政审批和公共服务事项，通过设立公安服务、市场准入、综合业务、公共服务“4+X”受理窗口，实行标准化设施配套和现场管理，并依托不见面视频审批系统，群众和企业到镇办事“只进一扇门”。镇级便民服务中心可办事项平均达289项，村级便民服务站代办、代理、代缴事项达114项，可实现“大事不出镇、小事不出村”。

推进公共场所服务大提升工作。围绕“便利化、智慧化、人性化、特色化、规范化”要求，重点做好交通设施、旅游景区、医院等9类场所服务大提升工作。推出“医点通”在线点评服务开展患者就诊满意度测评服务，倒逼医疗机构、医务人员提升医疗卫生服务质效。打造南浔古镇智慧化建设，实现景区智慧管理、智慧服务、智慧营销。

开展政银合作，提供“政银联通”全时服务。与浙江南浔农村商业银行建立合作机制，实现双向双进驻。一方面，在8个银行网点分别投放综合性自助终端，银行网点开设“最多跑一次”政银合作专窗，方便群众在银行直接自助办理可办政务事项；另一方面，在10个镇级便民服务中心进驻浙江南浔农村商业银行人员办理水电气公共服务事项，打造镇级“15分钟便民服务圈”，实现“政银联通”全时服务。

推进机关内跑走深走实。坚持刀刃向内推动机关内部“最多跑一次”改革，联合区督查办开展机关内跑“清零行动”，打通内跑梗阻，确保协同推进、事项规范、流程合理、制度健全。梳理出内跑事项313项，事项完备率、跑一次率均为100%。

【公共资源交易】 2020年编制全省首个工程建设交易管理领域市级地方标准；工程建设项目交易321个，全流程电子交易项目数304个，占比94.7%。

标准引领，打造标准样本。加快建设公共资源标准化体系，牵头制定《工程建设领域交易管理规范》，并作为省级首个工程建设交易管理领域的地方标准予以发布，有效推进“一套制度”“一个平台”工程招标，形成工程建设领域交易规范管理与服务的南浔样本。

科技创新，推动智治管理。全面升级设施设备，完善平台场地，实现项目进场受理登记、公告发布、网上报名、结果公示、资料归档等全流程线上操作，变“面对面”为“不见面”。建设开发公共资源微信小程序，在手机端实现开标投标、政策咨询、网上服务等功能，运用互联网技术实现公共资源交易领域投标人“最多跑一次”，提升交易平台服务效率近30%。

强化监管，筑牢制度防线。创新推出代理机构“四色”考核（考核结果通过四种不同着色标注相应考核得分区间的代理机构，其中红、橙、黄、蓝分别代表差、中、良、优四档，按照不同的评定档级采取四种不同的奖惩举措）、限下“商务报价”随机选和公共资源智慧监管等多项监管机制，为建设公平公正的市场环境提供制度保障，对10家招标代理机构进行信用扣分公示，5家投标单位和6位当事人因存在串通投标行为已被立案调查并予以行政处罚。

（潘文文）

·审　计·

【概况】 2020年面对疫情防控的严峻形势，南浔区审计局克服人员少、任务重的困难，扎实做好项目审计、国企审计、内部审计等工作，取得2003年建区以来最好成绩：区审计局被省审计厅评为“2020年度优秀县级审计机关”，在年度综合考核、市对区自然资源资产审计考核中均被市审计局评为优秀级，审计信息宣传工作被市审计局评为县（区）第一名。

【项目审计】 2020年，区审计局共完成审计项目9个（结转项目4个），查出主要问题金额95613.18万元，挽回（避免）经济损失13940.29万元；出具审计报告和专项审计调查报告29篇，其中区领导批示41篇次；上报审计专报13篇，区领导批示21篇次。积极参加审计项目评优工作，获评省优秀项目1个、市优秀项目2个，实施的财政同级审项目被省审计厅评为优秀项目一等奖。

【国企审计】 改变以往经济责任审计过于关注“三公经费”审计的做法，在区城投集团经责审计中创新思路，聚焦对外合作项目、自营房产项目、施工承建项目、重大建设项目四大重点，围绕项目看资金、看决策、看管理，发现一批有质量的问题并及时纠正。

【内部审计】 一是明职责，协调区委编办联合下发《关于进一步明确内部审计工作职责机构的通知》，明确乡镇和区级部门的内部审计工作职责机构。二是勤指导，制定出台《南浔区内部审计重点单位指导员制度》，将全区行政事业单位、国有企业等划分为3个片区进行对口指导。三是育典型，发掘一批内审特色做法和典型人物，提供可学习可借鉴的先进个人、先进单位、优秀论文和优秀案例。区审计局推荐上报的南浔银行审计部总经理韩勇被中国内部审计协会评为“全国内部审计先进工作者”；南浔银行等4个单位6篇次典型经验做法被《中国审计报》、“浙江审计”微信公众号等省级以上媒体宣传报道。四是强国企，针对国有企业是国有资金运用的主渠道、国有投资的主战场的实际，研究制定加强区管国企内部审计意见，经区委常委会会议和区政府常务会议专题研究、讨论后，区委、区政府出台《南浔区加强区管国企内部审计工作十六条意见》，第一次全面系统地对加强区管国企内审工作作出部署，也是全市首个国企内审意见。《意见》对区管国企内审工作的组织领导、机构设置和人员配备、业务管理、协同建设4个方面16项内容作了明确规定，精准服务推动国企治理体系和治理能力现代化。2020年，四大区管国企内部审计委员会全部成立，审计法务部单独设立，内审人员招聘工作全面铺开，赴区审计局挂职人员全部到位。

【纪审协同】 区审计局联合区纪委、区巡察办共同开展南浔区2003年建区以来第一个纪审协同实体化运作项目——“全区公共投资项目造价管理情况专项审计调查暨专项巡察项目”。该项目坚持“十个创新、十个改变”（创新领导机制，改变常规审计项目重视程度不够高的局面；创新组织方式，改变以往审计监督与纪检监督结合不够紧密的状况；创新审计内容，改变以往投资审计只重价款不问原因的问题；创新研制自查报告，改变以往审前调查不充分的问题；创新工作方式，改变以往常规审计按部就班的一般做法；创新整改过关，改变以往审计整改力度不够大的问题；创新编写案例，改变以往警示教育覆盖面不够宽的问题；创新制度建设，改变以往长效建设不系统的问题；创新专项整治，改变以往举一反三不重视的问题；创新培训部署，改变以往审计成果转化不够好的问题），相关做法在《中国审计》杂志、“审计观察”微信公众号、省纪委监委《浙江纪检监察信息》及官网宣传报道。

【科技强审】 通过加强人员配备、运用先进方法、强化中介合作等多种办法切实加强大数据审计，不断提升审计效率、效能。区审计局的“数据挖掘结合可视化技术在公车使用审计中的运用”案例被省审计厅评为“优秀大数据审计案例”并作为全省7个先进市、县(区)代表之一在省审计厅举办的“2020年浙江省大数据审计案例经验交流视频会议”上进行交流。

【巩固审计基础】 一是深入推进审计整改。上半年开展2015年以来各级审计机关南浔审计事项整改回头看，为省委巡视组巡视南浔打下基础；下半年在抓好审计工作报告整改的同时，总结近年来审计整改经验教训，推动区委、区政府出台《审计整改六重工作制》，第一次在南浔建立从研究、部署、落实、协同、审议、考核和问责的审计整改闭环管理机制。在全市县（区）范围内率先建立由区分管领导向区人大常委会报告审计整改的制度。抓好制度施行，年内首次由区领导向区人大常委会报告审计整改工作。二是深入推进信息宣传工作。深入实施信息工作“125工程”（区审计局全体干部及在编职工在考核年度内完成发表省级1篇或市级2篇或区级5篇工作信息），全年在国家、省、市、区相关媒体刊物录用信息126篇次，同比增长30%，其中在人民网、《浙江新闻》、《浙江在线》、《中国审计报》、《中国审计》杂志、《审计观察》杂志、浙江省审计厅网站和官方微信、《浙江审计》杂志、《浙江审计简报》等省级以上媒体上发表信息80篇，同比增长60%。审计信息宣传工作在全省91个县(市、区）中排第十三名（全市第二名）。三是深入推进质量检查中发现问题的整改。严格按照市审计局部署开展质量检查工作，做好自查自纠、上报抽查、整改落实等工作，进一步增强审计质量意识和规范意识。

【服务中心工作】 一是参与疫情防控相关工作，打好疫情防控攻坚战，助力复工复产攻坚战、全省争先创优行动攻坚战。二是认真做好区委、区政府交办的重大中心工作，为南浔审计赢得荣誉和尊严。上半年，南浔审计局在“‘喜迎高铁 万亩征迁’百日攻坚行动”南浔城南片区征迁工作19个攻坚小组中第一个完成征迁任务；下半年，在“頔塘南岸旧城改造分房行动”攻坚克难中，圆满完成26户、32套房分房任务。三是配合上级审计机关到南浔开展审计工作。上半年，为市审计局到南浔开展科技创新审计等审计项目做好服务工作；下半年配合省审计厅对湖州市市委书记、市长经责审计延伸南浔工作，做好协调、沟通和对接工作，发挥好省审计厅审计组和区委、区政府之间的桥梁纽带作用。

（戴圣辉）

教　育

·综　述·

2020学年，全区共有各级各类学校97所，其中市属高中4所，区属学校93所。区属学校在校学生51983人，在编教职工2578人。其中，初中16所（含九年一贯制学校7所），在编教职工905人，在校学生10542人；小学23所，在编教职工1411人，在校学生27532人；幼儿园45所（含分园），在园幼儿13909人，在编幼儿教师204人；成人（社区）学校9所，在编在职教职工58人；直属事业单位4个。2020学年，南浔区教育局全面学习贯彻全国和全省教育大会精神，积极落实区委、区政府决策部署，紧紧围绕“开放东大门 创业新高地”总目标，牢牢把握建设“全国义务教育优质均衡区”和“省教育现代化区”主线，全力推进教育事业高质量发展。1月，区教育局获浙江省教育工作业绩考核优秀单位；5月，学前教育补短提升工程获省政府督查激励；在浙江省县（市、区）教育现代化发展水平年度监测中，南浔区位居全省第一梯队。

·基础教育·

【概况】 2020年，南浔区基础教育以党的十九大精神为指导，根据《2020年南浔区教育工作要点》的要求，紧扣建设教育现代化主线，紧紧围绕立德树人根本任务，全面开展社会主义核心价值观教育，加强和改进中小学德育工作，以深化义务教育课程改革为抓手，不断加强学校常规管理，规范办学行为，提高教育教学质量。继续深化“学生成长导师制”，扎实推进文化校园建设，着力提升学生综合素养，促进学生德智体美劳全面发展和健康成长。

【学前教育】 2020年，南浔学前教育如期完成第三轮行动计划，“学前教育补短提升工程”成为湖州市首个获得省政府督查激励的县区。

一是政策托举助力破难。根据《中共中央国务院关于学前教育深化改革规范发展的若干意见》等文件精神，拟定并出台《中共南浔区委南浔区人民政府关于学前教育深化改革规范发展的实施意见》，努力破解南浔学前教育发展中的难点，变“短板”为“样板”。会同区自然资源和规划分局、区住房和城乡建设局等部门补充修订《南浔区关于进一步明确居民住宅配套幼儿园部分建设及承接标准的意见》《南浔区学前教育设施布局专项规划（2021—2025）》等文件，不断完善学前教育公共服务体系，保障幼儿享受优质普惠的学前教育。

二是财政投入不断加码。2020年，区本级学前教育公共财政预算投入10500万元，占预算内总量的10.6%；投入6.8亿元，新建开发区实验幼儿园等16所农村公办幼儿园，8所完成并投入使用，有效缓解“全面二孩”政策实施后的首个入园高峰；投入1200万元，用于25个维修项目，幼儿园办园条件持续优化。

三是小区配套园管理全面优化。根据《南浔区城镇小区配套幼儿园治理工作方案》，通过加强宣传教育、落实补助政策、适度放宽收费标准等措施，诺亚舟幼儿园等4所小区配套幼儿园完成转普工作，整治率达100%；对2020年新移交的3所小区配套幼儿园，全部交由公办幼儿园举办分园，有效拓展中心城区公办普惠学前教育资源。

四是队伍培育加速推进。持续加大非编教师奖补力度，非编教师人均财政补助从2019年的2万元提升到2020年的2.5万元，非在编卫生保健教师和厨房工作人员给予同等补助。有效推进队伍培训工程，投入160万元实施全员分层培训，培训7960人次，共90738学时，非编教师培训经费补助率达100%。深入推进名师培优工程，2020年新增区级教学新苗

46人、教学能手14人、教学明星7人。创办学历班，为农村新园投入使用做好教师储备，第一批学员即将毕业。举办卫生保健、营养师、厨师和保育员等培训班，为保育教育齐头并进做好充分准备。

五是办园质量提档升级。扎实推进幼儿园等级建设，全区等级幼儿园覆盖率达100%，二级以上幼儿园在园幼儿覆盖面达79.1%，比2019年提升15.7个百分点，城乡学前教育资源相对均衡。2020年持续投入课改经费100万元，全面推进幼儿园课改。成功启动由高校专家团队引领的“南浔区幼儿园品牌课程建设”横向研究项目。成立5个品牌课程建设联盟片区，整体推进幼儿园课程建设。2020年，南浔实验幼儿园大班教研组被评为省先进教研组；全区165篇论文在区级以上获奖或发表，其中全国教学成果一等奖1篇、省优秀教育教学论文一等奖2篇；62个课题参与市、区评比，其中省规划课题成果一等奖1个。

六是民生服务入细入微。坚持“公民并举、协同发展”理念，深入推进“同一管理”“同一考核”“同等待遇”等举措，助力普惠性民办幼儿园优质发展。2020年，19所普惠性民办幼儿园财政补助达1506万元。坚持做好招生工作，2020年将区域内所有幼儿园（教学点）纳入“浙里办”网上招生平台，严格实行网上报名流程，确保入园“一件事”做到网办、掌办、无纸化、“跑零次”。尽心做好托管服务工作，9月重启托管服务工作，整体推进、全面落实幼儿园学后托管，托管幼儿数达8934人，占比达63.5%。

【义务教育】 2020年，全区中小学入学率、巩固率均达100%，小学毕业升初中率为100%，初中毕业生升高中段比率达99.38%。全面深化义务教育课程改革，树立科学教育质量观，大力推进义务教育优质均衡发展。

一是办学行为更加规范。严格执行课程计划。进一步完善课程实施及“减负”领导责任制和责任追究制度，局领导及各校校长为第一责任人。严格执行课程计划、开齐开足各类课程，“三表”（课程表、作息时间表、课外活动表）上墙上网公示，扎实推进减负工作。督导室开展减负专项督查和经常性检查，不断完善减负举报、情况通报、责任追究等制度，切实做到违规必究、查处必严、不走过场，把考核结果纳入学校年度发展性评估。

二是进一步规范学籍管理。每学期举行一次学籍管理培训工作会议，对全区中小幼的学籍管理员进行专题培训，进一步优化中小学学籍业务办理流程，区外户籍学生转学全部实现网上申请、审批、迁移工作，区内户籍学生缓学、休学、转学全部实现“最多跑一次”。进一步加强考核力度，将学籍管理纳入学校发展性目标考核。

三是进一步完善招生制度。按省、市文件精神结合全区实际，制定进城务工人员随迁子女入学办法，按照“两个为主”（以流入地政府为主、以全日制公办学校为主）的原则，使其享受与南浔区居民子女同等待遇。全区共接纳外来务工人员随迁子女14729人（小学11123人，初中3606人）。出台《2020年南浔区义务教育阶段学校招生工作实施方案》，投入50余万元，建设完成全区层面的招生平台并接入“浙里办”，2020年95%以上的新生通过网络报名、审核、录取。全区公办、民办学校实行同步开始报名、同步开展录取、同步注册学籍。2020年招生工作平稳有序，得到家长和社会的好评。

四是课程改革推进有新成果。1.积极推进课程改革。2019学年继续落实好省、市课改文件精神，全面提升育人质量。评选出“南方有嘉木”等21项区第四届义务教育精品课程，选送南浔开发区实验学校“丝丝念念”等9项课程参评市第三届义务教育精品课程。继续推进STEAM课程实验，组织中小学（幼儿园）STEAM教育案例征集评选及实践样态展评、“抗疫”STEAM项目案例评选等活动。2.线上教学成效凸显。根据省、市教育部门要求，全区学校通过“团队组建、科学规划、实践研究”分部实施，保障学生“停课不停学”。其间积极组织教师参与市、区“停课不停学”在线教学优质课评比，近千节视频课参与区级评比，推荐的37节视频课分获市一、二等奖。3.综合素养全面发展。2019学年学生体质健康优良率高达64.22%。2020年，新增3所全国青少年校园篮球特色学校、2所全国青少年校园足球特色学校、1所全国青少年校园排球特色学校、2所省级校园足球特色学校。4所学校参加蔡崇信基金会组织的体教融合项目。2020年，南浔实验小学等5所学校被评为第二批“湖州市科技创新教育特色示范学校”。省青少年科技创新大赛有八个项目获奖；湖州市中小学生艺术节活动47件作品获市一等奖。

五是教学质量高位运转。2020届初三毕业生中考平均分、后 20%控制率继续保持各县区首位，368 人被湖州中学、湖州二中及以上学校录取，四所省一级重点中学上线 1297 人。小学毕业班质量监测 4 科合格率均在 93%以上，新居民学校学生学业水平与公办学校差距也在逐步缩小，小学教学质量稳中有升。

六是特殊教育进一步优化。构建“轻中度残疾儿童安排随班就读，中重度残疾儿童安排特殊教育专业学校或卫星班就读，重度残疾儿童安排送教上门、康复训练”的多元融合教育机制，摸清 3～15 周岁适龄残疾儿童的就学基本情况，相关中小幼学校为随班就读、送教上门建立网络 IEP 平台，各中小学就读个案基本资料全部完成。继续加大特殊教育经费投入和卫星班建设，大力推进以“融合”为目标的卫星班建设，区教育局在省卫星班工作论坛上作《融心共育 静待花开》的经验介绍，进一步提升全区在浙江省卫星班融合教育上的知名度。通过探索“特校+卫星班”的形式，推进特教与普教的融合，特殊儿童和普通儿童学习成长的融合。长超小学已有 4 位特殊学生转为普小随班就读学生。

七是放学托管提升教育服务能力。全区义务教育阶段 612 个班级 19386 名学生参加放学后校内托管，占公办小学学生数的 79.75%，参与教职工 1563 人，做到“应托尽托”，进一步增强教育服务能力。区教育局还积极探索在课后托管中增加户外锻炼时间，加强近视综合防控，与素质教育和学生全面发展结合，提供形式多样、内容丰富的课后托管服务，促进学生个性化的发展。

【德育工作】 2020 年，南浔区以立德树人为根本任务，以四园联创、最美家风扬校风活动等开展为依托，全面推进全区中小学文化校园建设，积极营造健康和谐的育人氛围。

一是四园联创巩固文明创建成果。2020 年继续推动美丽校园、文明校园、文化校园、人文校园的建设，实现“一校一品”，完善“四园联创”考核标准与考核办法。将四园联创与全国文明城市复评、全国未成年人思想道德建设先进城市创建等工作紧密结合起来。2020 年新创文明校园国家级 1 所、省级 2 所、市级 2 所。

二是学生成长导师全覆盖。全区各校继续抓好特殊群体儿童关爱工作外，重点开展学科类导师的辅导工作。2020 年，全区 2000 多名中小学教师担任 5000 多名学生的成长导师，做到“教师人人是导师，学生个个受关爱”；全面推行“社区导师工作站”建设，全区 43 个社区“导师工作站”常年开展活动，40 所家长学校，开展家庭教育讲座 100 余次；努力构建“学校、社会、家庭”三位一体的德育教育网络，做到学生思想道德教育全覆盖。

三是“最美家风”建设富有成效。开展“最美家风扬校风”诚信主题年活动，围绕“最美家风扬校风”开展诚信家风教育，推动学校和家庭的诚信建设，营造讲诚信、守诚信、护诚信的良好育人氛围。2020 年培育 10 所“最美家风诚信好学校”示范校，评选 10 名“最美家风诚信教师”，10 名“最美家风诚信学生”。

四是心理健康教育不断提升。各校开展好心理咨询活动，每名学生建立电子心理档案，开展心理高危学生排查，对高危学生给予必要的危机干预和转介，开好每月二节心理健康课。配齐专兼职心理健康教育教师，开展教师心理健康教育专业化培训，各中小学心理健康教育 C 证持证率达 80%以上，建设省级心理健康教育示范点 2 个，1 个省一级心理健康辅导站。

五是主题教育活动彰显特色。各校开展“网上祭英烈”“学习雷锋做美德少年”“童心向党”“向国旗敬礼”等主题教育实践活动。开展国防、法制、禁毒、防艾等主题教育活动，提高学生国防意识，提高青少年防毒意识及自我保护意识和能力。

六是综合实践教育稳步推进。学校每学年组织安排 1～2 次研学旅行活动，小学 3～4 天、初中 4～6 天，推进学校开展自然类、历史类、地理类、科技类、人文类、体验类等多种类型的研学实践教育活动。重视学生研学旅行成果展评活动，纳入学生综合素质评价体系。2020 年评选 6 所研学旅行活动示范学校。抓实劳动实践教育，落实劳动和技术等相关课程，教育指导学生参加家务劳动，鼓励学校通过“微农场”“生态园”等方式吸引学生参与校内劳动。大力开展志愿服务活动，每学期组织学生参加一次校内外志愿服务。2020 年创建劳动实践教育示范学校 10 所。

七是生态文明教育成常态。2020 年，继续全面优化学校生态环境，着力加强中小学生生态文明教育。通过开设生态课堂、开展主题活动、建设美丽校园等举措，使生态文明理念深入校园、人心。全区中小学开展垃圾分类手抄报比赛，区级获奖 140

份作品；小学阶段全面启动“垃圾分类”特色课程，通过“三进”（进学校、进家庭、进社区）模式，覆盖全区 27000 名小学生；开展省、市级绿色学校申报工作，2020 年创建省、市级绿色学校各 2 所。

八是科技创新教育出成果。以特色示范校创建为契机，促进学校科技创新活动的发展。南浔实验小学等 5 所学校被评为第二批“湖州市科技创新教育特色示范学校”。积极搭建科技创新比赛平台，展示学生动手实践能力。第 34 届湖州市青少年科技创新大赛中，全区获一等奖 7 项、二等奖 19 项、三等奖 16 项；其中 8 项作品被选送参加省青少年科技创新大赛，获省一等奖 2 项、二等奖 3 项、三等奖 3 项。

九是育人队伍培养展风采。以 2 个省级名班主任工作室和 4 个区级名班主任工作室为机制，全面提升中小学班主任工作室质量。全区各校都建立校级班主任工作室，做到班主任培训校本化。开展班主任、德育导师教育水平综合能力培训，全面提升全区班主任综合能力，双林二中曹佳轩、泉生小学马月晗等教师获市班主任能力大赛一等奖、省三等奖；定期在班主任公众号上推出优秀班主任优秀事迹和班级管理经验；组织优秀班主任及骨干教师参加市中小学家庭教育指导教师培训班，提升全区中小学教师开展家庭教育指导能力。

十是少先队活动添活力。1. 强化少先队思想引领。开展“小水晶寻访‘两山’路”“从小学先锋，长大做先锋”主题教育实践活动、“新时代好少年”学习宣传活动，选树 10 名区“水晶晶南浔好少年”、16 名区“两山追梦好少年”；疫情期间组织“同心抗‘疫’ 关爱接力”主题云学习，全区共收到 1000 多件绘画、手抄报、微视频作品。2. 创新少先队工作机制。深化红领巾学院建设，为全区少先队员和少先队辅导员搭建互动交流的平台；推广红领巾公益基金，发出“捐出一元压岁钱 快乐公益我助力”的活动倡议，号召全区少先队员行动起来，助力红领巾公益基金。3. 提升少先队服务能力。强化少先队志愿服务，鼓励少先队员积极争当垃圾分类的小宣传员、小劝导员；深化少先队关爱行动，继续开展第十六届“五好五一”（结对伙伴交得好，结对一个进城务工人员随迁子女或留守儿童；第八次全国少代会精神学得好，开展一次手拉手交流分享会；礼仪规范做得好，开展一次“规范队礼仪、队标志”主题活动；红色基因传得好，举行一次“从小学先锋、长大做先锋”演讲比赛；喜迎建党 100 周年活动开展得好，组织一次喜迎建党 100 周年活动）活动，与新疆柯坪、西藏那曲、四川广安等地少年儿童进行书信交友活动。4. 夯实少先队基础工作。加强辅导员队伍建设，对全区中小学的大队辅导员进行换届聘任；落实每周 1 课时的少先队活动课，开展区、片区、学校“224”三级教研和观摩展示；构建成长激励机制，坚持“全童入队”，规范入队程序，有组织、分批次地吸收适龄儿童加入少先队组织；鼓励少先队员积极参加校内外“红领巾奖章”争章活动，收获成长进步。

【体育工作】 2020 年根据中共中央办公厅、国务院办公厅《关于全面加强和改进新时代学校体育工作的意见》精神，以服务学生全面发展、增强综合素质为目标，坚持健康第一的教育理念，全面提高学生体育综合素养。

一是开足开好体育课程。各中小学开齐开足体育与健康课程，小学每天增加 1 节户外活动课，列入校本课程计划。每学期开设健康教育课不少于 6 课时，内容包括青春健康、公共卫生、安全应急与避险等。

二是加强课外体育锻炼。切实保证学生每天一小时校园体育活动。全区中小学校施行全员跑操制，每天不少于 1 次的跑操活动。每周参加中等强度体育活动 3 次以上。组织开展全区学校体育项目特色学校创建活动，广泛开展“体育艺术 2+1 项目”等工程，以课程形式开展丰富多彩的体育活动。

三是健全体育竞赛体系。构建区、校、班级三级学校体育竞赛制度和选拔性竞赛制度。全区组织运动会、乒乓球等八项竞技类比赛，积极开展校园足球活动，通过组织联赛为全国、省级校园足球特色学校搭建交流、成长平台。2020 年，全区已有 13 所全国校园足球特色学校，11 所省级校园足球特色学校。

四是配齐配强体育教师。全区各校现有体育专职教师 162 名，兼职 118 名，积极推荐体育教师外出参加各种培训、教研活动，174 名体育教师参加区级以上培训，28 人受到区级以上表彰。

五是完善学校体育评价。构建课内外相结合、各学段相衔接的学校体育考核评价体系。全区中小学把学生参加体育活动情况、学生体质健康状况和运动技能等级纳入学生综合素质评价体系和评优评先标准。

【艺术工作】　一是开足课程，抓实教学。各中小学学校严格执行国家课程标准，开齐开足艺术教育课程。加强艺术师资队伍建设，定期开展艺术教学常规工作的检查与指导，提高教师的课堂教学水平，保证艺术课堂教学的质量。

二是搭建舞台，展示成果。2020 年举办区中小学生艺术节和区中小学生文艺会演活动。遴选出优秀作品送省、市参赛。2020 年在浙江省中小学生艺术节上，获一等奖 1 人，二等奖 3 个，三等奖 3 个；艺术作品类获省一等奖 10 个，二等奖 12 个，三等奖 7 个。在“民族魂·中国梦——阳光下成长”2020 年湖州市中小学生文艺会演中，4 个节目获市一等奖。

三是公开积分，纳入评估。继续推行《南浔区中小学体育、艺术积分榜实施办法》，优化考核评价机制，进一步助推学校艺术项目的发展。加强对学校艺术工作的考核力度，成绩纳入学校年度发展性评估考核，与教育质量考核挂钩。各学校加强对艺术教师的考核，把学校艺术工作与教师绩效相结合，有效保障各项艺术活动顺利开展。

【民生工程】　坚持以人为本，贯彻落实科学发展观，以教育公平、和谐发展为目标，进一步加强“互联网+义务教育”和“望远心远，预防近视”，促进南浔区教育全面发展。

一是推进“互联网+义务教育”工程，共享优质资源。根据《浙江省教育厅办公室关于做好“互联网+义务教育”实验区建设和城乡学校结对帮扶扩面提质工作的通知》要求，结合南浔区实际，确定 2020 年“互联网+义务教育”城乡学校结对帮扶扩面提质名单。2020 年，全区中小学结对帮扶学校共 34 所，占 97.14%，基本实现全区中小学学校结对帮扶全覆盖。共完成同步课堂授课 400 余节，网络研修 192 次，名师网络课堂 181 节。进一步加强过程管理和绩效评价，“互联网＋义务教育”结对帮扶工作纳入学校发展性目标考核。

二是“望远心远，预防近视”全民推进。实施综合防控系列“组合拳”，形成“政府主导、学校主体、医教协同、部门协作、家校联动”的近视防控模式。深入实施“2221”工程，深入推进“一歌二操三望四育”（每个学生会传唱预防近视歌曲；每天做 2 次眼保健操；每天确保 3 个课间进行望远锻炼；培育有“人文底蕴”“健康生活”“责任担当”“科学精神”的青少年儿童）的“望远心远”防控模式，开展教室、课桌、坐姿“三达标”活动，各乡镇（开发区）全区公办学校实现可调节课桌椅全覆盖；12 月委托各乡镇有资质的 6 家眼镜店组织全区中小学（幼儿园）学生视力健康普查工作，对全区幼儿（5.5～6 周岁）、小学、初中、高中学生的裸眼视力、矫正视力进行全面检测，区检测结果为 56.32%，并上报湖州市教育局。

·成职教育·

【概况】　全区有省标准化成人文化技术学校（以下简称“成校”）9 所，其中省示范性成校 4 所，省一级成校 4 所，省二级成校 1 所；市级现代化示范成校 4 所；省社区教育示范校 2 所；省新型农民素质教育示范校 2 所；省现代化成人（社区）学校 5 所，省成教品牌项目 5 个，省现代化社区学校 1 所。2020 年成校在编教师 62 人（含 1 名职工）；千金成校成功创建省现代化成人学校，双林成校“杜鹃盆景制作”项目获评省成教品牌项目；练市成校顺利创建“省现代化社区学校”；“百场老年健康教育培训活动进社区”培训品牌获评 2020 年全国终身学习品牌项目。

【成人（社区）教育】　按照区教育局总体要求和成职教育工作计划，积极组织开展成人（社区）教育，圆满完成全年任务。

一是成人“双证制”教育“需培就培”。完善成人“双证制”教育培训的有关规章制度，按照成人文化学习的特点，从方便成人学习要求出发，合理安排文化课面授时间，帮助学员克服工学矛盾，确保文化课面授时间；严肃考试纪律，接受社会监督，杜绝违规行为，继续保持全年零投诉零举报。2020 年双证制毕业 534 名，提高民众文化需求和受教育年限。

二是成人学历教育获得稳步发展。全区成校为满足群众学历提升需求，积极与大专院校合作开展成人学历教育，农民大学生和其他高学历毕业 413 人。

三是家政服务人才培训圆满完成。全区所有乡镇成校积极开展“家政服务员”“育婴师”“西式面点”等专业培训，9所成校完成2373人，超额完成目标（2000人）。

四是社区教育发展呈现新亮点。按照《湖州市南浔区人民政府办公室关于推进社区教育工作的实施意见》文件精神，各镇积极开展社区教育活动和全民终身学习活动周开幕式。练市镇承办2020年全区全民终身学习活动周开幕式，刊印南浔区成人（社区）教育办学成果汇编《家门口的老年大学》，为进一步推动全民终身学习、营造“人人皆学、处处可学”氛围打下扎实基础。

继续推进“开展百场社区教育，推进健康中国行”第五轮活动，共开展活动153场，受益民众10000余人。该培训项目申报省终身学习品牌，顺利获评，并被推荐成为“全国终身学习品牌项目”。

2020年，南浔区各社区教育中心以农村文化礼堂为载体，以红色教育、新型职业农民教育、青少年校外教育、老年人健康教育、垃圾精准分类培训等课程为主要内容，积极推进社区教育进文化礼堂，宣传社会主义核心价值观，发扬和传承中华优秀传统文化，提升农村广大居民综合素养，服务乡村振兴，建设水晶晶南浔。全年共开展607场，达5.76万人次，超额完成场次计划的24.4%，文化礼堂进驻覆盖率100%。

继续推进老年教育。依托南浔区社区教育学院成立南浔区老年大学，已完成申报工作，全区实现老年教育教学点全覆盖。各社区教育中心启动和探索在疫情防控形势下的老年学制类教学培训方式，超额完成全区老年教育6300个学位的任务（实际已完成9656个学位）；全区开展老年人教育培训，全年共培训8.4万余人次，占老年常驻认可的62.9%。

五是其他各类培训工作再创新高。高质量完成农民素质提升工程全年培训任务。劳动力培训总量达11.4万余人次，占全区常住人口的21.27%。成校注重市场开拓，组织举办规模特色文化艺术活动256场。

六是成校宣传、品牌创建进一步加强。加大社区教育的宣传力度，9所社区教育中心（成校）在《浙江日报》上四次整版报道社区教育特色亮点工作，在全省范围产生较大影响。在“十三五”浙江省“中职教育质量提升计划”建设项目中，千金成校获评浙江省现代化成人（社区）学校，双林成校的“杜鹃盆景制作”项目获评省成教品牌项目。

七是指导社区教育学院开展工作。1.组织开展全民终身学习。开展全民终身学习、推进学习型社会建设。组织南浔区暨练市镇第四届全民终身学习活动周启动仪式，指导各镇开展全民终身学习活动周活动，组织各镇学习型组织、学习型个人和学习型社团的评比工作。2.开展社区教育培训活动。指导社区教育中心开展文艺进村、民俗庆典、蚕花节、湖羊美食节等地方特色活动及其他一系列特色社区教育培训，指导各镇社区教育中心开展“一镇一品”特色培训品牌创建。自主开展“运动损伤与紧急救护”培训、“瑜伽养身”培训、“会计技能”培训和其他教育培训活动。积极挖掘社会资源，成立南浔“浔舞”社团。3.学分银行管理工作。规划全区学分银行管理工作，制定成果录入目标数。指导各镇学分银行受理点开展社区教育培训成果存入省学分银行工作，审核各镇受理点项目、课程和学员成果的导入，对不符合要求的予以退回。全年社会培训成果存入省学分银行占全区常住人口的22.31%，已突破占比20%的标准。4.大力开展老年教育。10月试开学招收3个学制班102位学员。依托第三年龄学堂大力开展老年在线教育，通过登录平台免费学习养生保健、休闲生活、投资理财、科技数码、市民教育、生活环境和文化素养的线上教学课程，已注册2.3万多人。

【职业技能培训】 根据《湖州市教育局关于做好2020年湖州市职业院校（含乡镇成校）开展职业培训有关工作的通知》全年计划培训任务7500人次，通过与区人力资源和社会保障局合作，完成技能培训8000余人次，其中高技能培训3912人次，超额完成年度任务。重点面向“两后生”即预备劳动力培训，通过与湖州交通技师学院、湖州现代农业学校合作培训，完成310人。家政服务人才培训，9所成校完成2373人。

·民办教育·

【概况】 新批准正式设立教育类民办培训机构9家。全区2020年有民办中小学7所，其中2所为九年一贯制学校；民办幼儿园23所，民办业余培训机构61家。

【民办机构管理】 对民办教育机构实施有效监管，

继续做好一年一度的年检工作，除 1 所小学不合格外，其他学校（机构）都通过年检。

高度重视校外培训机构清查整治工作。制定《南浔区校外教育培训机构清查整治方案》，召开专题会议进行工作部署，全民落实清查整治工作。在校外培训机构自查、主管部门巡查和整改后，区委教育工作领导小组组织相关部门人员对校外培训机构开展重点抽查。抽查组共抽取确定 53 家校外培训机构，抽查授课内容总件数 732 件，均无问题；场所安全方面，极少部分场所有防火门闭门器损坏、疏散指示标志不规范等细节问题（当场进行反馈，并要求尽快完成整改）；任课教师，个别机构仍存在助教（无教师资格证）进行个别作业辅导的情况。最后有问题的机构都完成整改。

·跑改工作·

【概况】 根据省、市、区关于深化“最多跑一次”改革工作要求，南浔区教育局全面完成 2020 年度各项改革目标任务，进一步做好改革重点任务落实，确保“最多跑一次”改革落到实处。

2020 年，全区中小学、幼儿园已全部实现网上报名招生，所有缴费均实现网上办理，便民服务推向更智能、更便捷。

·办学条件·

【概况】 深入实施美丽校园“校舍标准化”工程，2020 年完成投资 5.46 亿元，完成庆同小学（凤凰校区）、南浔开发区水晶晶新城学校等项目建设并投入使用，加快推进双林二中整体改造、镇西小学新建食堂、善琏学校教学楼等项目，计划投入 19 亿元启动南浔实验小学（高铁新城校区）、南浔镇褚家漾小学、浙江水利水电学院附属学校、马腰小学异地迁建、菱湖实验小学异地迁建、和孚中学迁建、旧馆小学迁建等项目。大力实施“校园和美化”工程，2020 年全区 26 所中小学投入 4087 万元，对学校校舍、食堂、道路、校园环境进行维修改造，城乡学校差距逐步缩小，义务教育城乡一体化发展得到有力推进。投入 2028 万元，推进全区“空调进教室”工程，完成 2000 台空调安装调试、配变设备及电缆安装调试、低压线路改造安装。全面实施“装备现代化”工程，2020 年投入 1161.89 万元，对 33 所中小学的教学与办公计算机、教学多媒体、教学录播教室及学生课桌椅等教育装备进行提升。全市率先完成中小学心理健康省级示范点、标准化点建设项目，创省心理健康教育示范点 6 个，全区中小学校心理健康教育设备标准化达 100%。义务教育城乡结对同步课堂全覆盖，完成所有中小学（公办）同步课堂技术环境建设。

【阶段推进布局调整工程】 一是政策保障。依据《南浔区城乡教育一体化布局规划（2013—2020）》《南浔区义务教育资源布局拟调整规划（2018—2020）》等指导性政策，整合盘活现有教学资源，统筹优化教育资源布局。为合理控制学校数量、适度扩大办学规模、充分提高办学标准，按照小学就近入学、初中相对集中的原则，启动对全区 12 所中小学的撤并工作。二是阶段撤并。2020 年第二阶段完成撤洪塘中学、花林中学并入练市一中；完成南浔开发区水晶晶新城学校建设，撤马腰中学至水晶晶新城学校。启动第三阶段撤横街小学并入横街中学成立横街学校、撤菱湖五小并入新建完成的菱湖实验小学（分两步实施，菱湖实验小学建成前先合并学校管理层，建成后两校区合并）、菱湖三中与菱湖一中合并（合并学校管理层，两校区集团管理）。三是成效明显。通过第一、二阶段撤并，有效整合学校教育资源，经过改建、新建教学楼，改善学校基础条件，优化学校办学条件。学校内部形成学生间相互竞争的积极氛围，优秀生源流失减少，学校大型活动、文艺演出、拓展辅导等活动顺利开展得到保障，学校教育质量得到整体提升。

【教育经费】 2020 年度，全区教育经费总收入 142265.5 万元，比 2019 年 117128.85 万元，增长 21.46%，公共财政预算教育经费 100885 万元，比 2019 年 90202 万元，增长 11.84%，其中，预算内教育事业经费 93448 万元，比 2019 年 83001 万元，增长 12.59%；教育费附加 7437 万元，比 2019 年 7201 万元，增长 3.27%；事业收入 15382 万元，比 2019 年 16353 万元，减少 5.94%，主要原因是上半年幼儿园因疫情教学时间减少，保育费收入大幅减少；其他教育经费收入 25999 万元，比 2019 年 10558 万元，增长 46.25%，主要乡镇配套和国企学校建设教育经费大幅减少。

【财务管理】 认真贯彻省、市、区教育经费管理的政策性规定，提高教育经费使用效益。加强学校资产管理，全面实施“政采云”平台政府采购制度，规范采购行为。严格“三公”（公务接待、公车采购运营，因公出国）经费管理，认真贯彻落实省、市、区出台的差旅费、会议费、招待费等财务报销新规定；加强财务审计，对发现的问题及时落实整改，切实提高学校财务管理水平。认真贯彻落实省、市关于中小学学校食堂管理的文件精神，进一步规范学校食堂财务行为，规范食堂管理。

【条件装备】 2020 年，区教育信息中心大力推进智慧校园建设，15 所学校达市 1.0 版智慧校园标准，12 所学校达市 2.0 版智慧校园标准。教育信息化省级评估达到优秀级，区教育信息中心被评为湖州市教育技术装备工作先进集体。一是提升教育条件装备。投入 1000 多万元，用于教育装备基础设施建设。完成主要项目有：更新和添置交互式多媒体 144 套、计算机设备 360 套、广播系统 2 套、新增创新实验室设备 7 套、更新课桌椅 4000 多套、新建和升级同步课堂教室 22 个。二是完善信息化服务体系。建成南浔区学前及义务教育阶段招生管理平台和中小学“钉钉教育平台”。完成教育内网升万兆项目和虚拟机器人项目。三是拓展教育信息化应用。中小学“互联网+义务教育”城乡结对帮扶做到全覆盖；依托“之江汇”教育广场建成数字家长学校 4 所、省级名师网络工作室 4 个、学科基地校 1 所。四是提高师生信息化素养。全区教育信息化省级立项课题 1 个，市级立项课题 4 个；8 位教师信息化论文省级获奖；“基于技术的教与学方式变革”案例省级入围 10 个；省精品数字资源开发录用 7 个，省校园影视资源征集活动录用 1 个；参加多媒体教育作品评比市级获奖 6 人、移动终端课例评比市级获奖 6 人、幼儿园玩教具评比市级获奖 9 个。组织开展全区中小学生机器人比赛和组队参加市中小学机器人比赛。获得市一等奖 10 项，二等奖 15 项，三等奖 23 项。

·队伍建设·

【概况】 2020 年，南浔区初中、小学、成校、幼儿园等各类学校在编公办教职工共 2578 人，其中：初中教师 905 人，小学教师 1411 人，成校教师 58 人，幼儿教师 204 人；全区共有离退休教职工 1668 名。根据学校师资需求情况，2020 年新入编教职工 82 名，其中招聘 78 名，区外调入 4 名；出编教职工 77 名，其中调出 33 名，解聘 5 名，退休 37 名，在职死亡 2 名。

【师德建设】 积极落实中小学教师师德建设长效机制，开展“担育人使命 筑师德匠心”师德主题教育活动。本年度区教育系统获评市师德师风辩论赛三等奖；浔溪中学冯月忠、含山小学刘英获评省春蚕奖；南浔锦绣实验学校刘光丽获评省“三育人”（教书育人、管理育人、服务育人）先进个人；双林二中沈越群获评省第四届“最美教师”提名奖；锦绣实验学校沈思倩、庆同小学王芳获评市第四届“我最喜爱的老师”称号。

【教师管理】 积极招聘优秀专业人才，本着公开、公平、公正原则，面向省内高校提前招聘 21 名应届优秀师范类毕业生；采取异地出卷阅卷、外聘评委、当场宣布成绩、全程监督、阳光选岗的方式招聘应届毕业生 22 人、社会人员 35 人。

2020 年选派省第十批援疆支教人才 2 名（锦绣实验学校蒋香明、双林庆同小学吴泉辉）和省第二批“援藏援疆万名教师支教计划”人才 3 名（南浔开发区实验学校倪建新、南浔镇幼儿园谈丽芳、和孚中学章振海）；选派赴四川广安市广安区“东西部扶贫”对口支援人才 4 名（石淙学校丁洪英、湖师院南浔附小蒋敏、重兆小学王建良、含山小学沈秋意），为当地的教育和经济社会发展贡献南浔教育力量。

以“三名工作室”（名师工作室、名班主任工作室、名校长工作室）为载体，通过“五级培训”（主题项目、联片研训、研训一体、合作办学、混合研修），实施新一轮教师专业发展全员培训，组织各类培训项目 77 个，完成 5069 人次培训，有效提升全区教师的素养和能力，不断提升教育发展内涵。教育教学研究和培训中心张建权、褚水林、倪丹英和南浔锦绣实验学校沈跃群、张国良被聘为市级名师工作室导师，南浔锦绣实验学校张国良晋升正高级教师，菱湖三中鲍明国被评为 2020 年市高层次人才培养计划教育领军人才，练市一中杨祖艳等

10 人被推荐为市六届教学明星人选，浔溪中学胡斌等 58 人被评为区第五届教学能手、和孚中学沈伟峰等 37 人被评为区第四届教学明星。

第三期“三名”工作室共 23 个工作室、23 名导师、外聘顾问 5 名，178 位学员遍布全区所有学校。2020 年开展学习培训 330 余次，培训学员 3100 余人次，加快骨干培养和成长。组织相关科室对工作室 2020 学年度工作进行考核，评出一等奖 12 个、二等奖 11 个。

2020 年，全区 35 所公办中小学（含九年一贯制）的 2307 名教师参与“县管校聘”适岗竞聘工作，跨校成功竞聘 126 人、辞职 5 人、待岗教师重新上岗 1 人、由教辅回归教学一线 1 人。2020 年办理浙江省任教 30 年教师荣誉证书 60 人。

【教师专技评审】 加强教师专业技术年度考核，对 2587 名专业技术人员进行年度考核，其中：优秀称职 366 名，占专业技术人员总数的 14.15%，2214 人为称职，4 人由于长病假未参加考核，3 人未定等次。

根据《浙江省教育厅办公室关于进一步做好中小学教师职称评审相关工作的通知》、《浙江省教育厅办公室 浙江省人力资源和社会保障厅办公室关于做好 2020 年中小学教师职称自主评聘改革试点工作的通知》和《湖州市教育局关于做好 2020 年中小学学校教师专业技术资格评审工作的通知》精神，结合全区教师交流和县管校聘的实际，全面开展深化中小学教师职称制度改革。

【教师资格认定】 完成 2020 年教师资格认定：网上申报对象 194 人，严格按照网上申报、现场确认、体检及评委会评定等程序，最终 186 人取得相应教师资格证书，其中取得初中教师资格 30 人、小学教师资格 119 人、幼儿园教师资格 37 人。

【教师工资福利】 2020 年，继续实行农村特岗教师津贴及乡镇工作补贴，在原绩效工资的基础上，教育教学质量奖人均 2292 元，年终考核奖人均 84200 元。退休教师年终福利人均 20250 元。

【民办教师基保】 根据浙江省人力资源和社会保障厅、浙江省财政厅《关于调整城乡居民社会养老保险部分参保人员待遇政策的通知》精神，2020 年继续做好扫尾工作，截至 12 月末，有 7 人经审核并上报区城乡居民社会养老保险服务中心。

·教育督导·

【概况】 2020 年，教育督导室深入贯彻落实《教育督导条例》，有效履行督政、督学、评估的职责，有力落实依法治教、依法治校工作，着力加快义务教育优质均衡发展，稳步推进省现代化学校创建，全面提升区域现代化水平。

【督政工作】 一是督促完成区政府 2018 年度履行教育职责情况存在问题的整改。根据《浙江省人民政府教育督导委员会办公室关于印发对市县级人民政府 2018 年度履行教育职责评价督导报告的通知》要求及《湖州市南浔区人民政府履行教育职责情况的督导报告》所列举的主要问题，制定整改方案，逐条整改，按时完成整改报告报送省政府督导办。

二是推进义务教育优质均衡发展。4 月，完成区《小学、初中资源配置基本情况表》数据汇总填报及义务教育优质均衡区县指标设置意见交流材料，参加创建工作座谈会。8 月，向省教育厅申报参加县域义务教育优质均衡发展监测和培育工作，指导学校填报相关数据，逐一审核。9 月，再次组织各校开展对标自查，做好突出问题排查和情况的梳理，落实整改措施，稳步推进创建工作。

三是做好省“教育工作群众满意度调查”前期准备工作。按要求采集上报人大代表、政协委员名单有关信息，组织好对学校微信企业号的开通、家长信息的录入工作的培训、指导，并持续做好关注、督促工作，力争教育工作群众满意度调查工作圆满完成。省教育现代化研究与评价中心公布的 2019 年南浔区教育工作总满意度为 8.784 分，高出省均水平 0.394 分。

四是强化教育现代化发展水平监测数据应用。加强对教育现代化指标体系的研究，充分运用省教育厅教育现代化发展水平监测数据结果，指导各条线针对性开展工作，提高区域内教育现代化发展水平。

五是做好省现代化学校初评、推荐及迎接实地评估等工作。5 月，组织省现代化学校的申报，经初审，推荐练市成校、双林成校、锦绣学校等 8 所学校至市教育局，指导上述学校申报材料的上报。最终，练市成校、锦绣学校、南浔实验幼儿园成功创建为首批省现代化学校。

【督学工作】 一是强化责任督学培训。根据省、市督学培训安排，积极组织全区的部分责任督学参加省、市责任督学培训班，以提高责任督学的业务素质和督导水平。

二是开展各类督查工作。根据上级督导要求，组织开展春季开学专项督导、防疫督查等工作，完成对全区20所幼儿园规范办园行为专项督导。各责任督学开展每月不少于一次的经常性督导，对学校管理和教育教学工作、安全工作进行监督与指导，对督导中发现的问题，督促学校加以整改。

三是加强学校新三年发展规划的实施指导。督促、指导学校根据新一轮三年发展规划（2018.9—2021.8）制定好学年度工作计划，并建立自我评估与完善机制，对规划（或学年度计划）有较好的评估及完善举措，学年末做好总结，并将三年规划的实施情况纳入年度发展性评估。

【发展性评估】 一是完善评估办法。在广泛征求意见、科室协同修订基础上，统筹梳理前一学年度各类考评办法，出台以“导向性、科学性、可操作性”为目标，体现南浔特色、涵盖各级各类学校的评估方案。6月底下发《关于印发〈2019—2020学年度南浔区各级各类学校发展性评估办法〉的通知》。

二是组织开展评估。9月对全区41所幼儿园开展2019—2020学年发展性现场评估工作。10—11月开展中小学校发展性评价考核，组成中学、小学两个评估组对18所中学（含九年一贯制）、20所小学分别进行评估。12月对4所外来务工人员子女学校、9所成校进行年度目标管理考评。及时完成全区92所学校（园）的发展性评估数据统计、材料汇总工作，将考核结果发文公布。

三是强化结果运用。及时将考核明细得分下发给学校，以便学校查漏补缺，考核结果与奖励性绩效工资、教育质量奖等发放挂钩。牵头完成2020年度省对区教育工作业绩考核、2020年度市对区教育工作考核自查自评工作。

【依法治校】 一是全面实施法律顾问和法治副校长制度。全区所有中小学、公办幼儿园聘请有资质的律师担任学校（幼儿园）兼职法律顾问，聘请公安、检察院、司法系统专业人员担任各学校法治副校长，覆盖面达100%。

二是深入开展法治宣传教育。依托“红色星期六党日活动”、暑期读书培训会、专题讲座等多种形式，深入学习《中华人民共和国宪法》《中华人民共和国教师法》《中华人民共和国义务教育法》等教育法律法规，提升依法治校能力；全面落实“法治五有”各项任务，做到有教材、有师资、有课时、有活动、有评价，确保在校学生都能得到基本法治知识教育；邀请法律顾问、法治副校长等专业人士，配合学校周队日、安全教育月等时间节点开展安全知识、交通法规、消防、禁毒、民法典等法律宣传教育活动。

三是积极开展法治实践活动。开展全省第五届学生“学宪法讲宪法”活动，积极参与“宪法小卫士”活动，结合第七个国家宪法日暨教育系统宪法学习周活动，各校及时连线、积极参与教育部组织开展的全国中小学生“宪法晨读”活动。各校因校制宜，与法院、检察院、公安、司法等部门合作，开展“法治进校园”“检察官进校园”等系列“进校园”活动以及参观“南浔区未成年人道德法治体验馆”等法治研学活动，让学生在寓教于乐中学习法律知识、培养法治理念，法治教育初具特色。

·监察审计·

【概况】 督导监察室（监察审计）深化落实中央八项规定精神和省委“36条办法”，省教育厅“24项要求”等规定，严格落实区教育局党委制定的《2020年党风廉政建设和反腐败工作要点》，不断完善监察审计工作机制，积极协助局党委落实全面从严治党和“清廉学校”建设工作。

【党风廉政建设】 加强警示教育。结合春节、五一、教师节等重要时间节点，通过下发文件、案例通报、廉政自查等形式强化警示教育。全区2600多位党员干部和教职员工开展《中华人民共和国公职人员政务处分法》学习。在暑期校（园）长书记学习培训会上，邀请区纪委监委党风政风监督室主任开展廉政教育讲座。下发《关于2020年教师节中秋节国庆节期间廉洁过节的通知》等文件通知，防止节日期间出现收受礼品礼金等违规行为。

强化正风肃纪。抓住“重点领域、重点人员、重要节点”三个关键环节，不断加大正风肃纪工作力度，对发现的问题督促学校及时整改。开展下属学校（单位）公车使用情况排查，重点督查规范停车、定点加油等情况；开展公共资源场所和国有产权物业使用情况排查，重点检查学校资产出租是否规范；开展扶贫领域项目及资金落实情况排摸，对爱心营养餐补助、幼儿保育费补助、非寄宿生生活补助情况进行检查。6—8 月，开展幼儿园招生、中小学招生专项督查；暑期，开展在职中小学教师有偿补课集中整治；教师节、中秋节前夕，开展严禁收受学生、家长礼品礼金专项督查。

完善内控制度。修订《南浔区教育系统教师培训管理办法》，对规范培训费支出作出明确规定和纪律要求；下发《南浔区教育局关于进一步规范全区教职工因私出国（境）管理工作的通知》，进一步明确证照管理和审批制度；完善《南浔区教育局机关事业单位财务管理制度》，进一步严肃财经纪律，规范财务管理。

开展廉政风险自查。根据中共湖州市南浔区委办公室印发《开展岗位廉政风险大排查大防控工作实施方案》的通知，区教育局班子成员和各科室工作人员人人开展岗位廉政风险排查，填写防控清单，一一对应提出防范措施。

加强清廉学校建设。深度融合“清廉学校”建设与党建品牌创建、家风家训传承、学校特色提升，大力推进依法治校工程、阳光放心工程、师德师风工程建设。召开全区“清廉学校”建设工作推进会，深入开展“一校一品”建设，精心培育“清廉学校”建设示范学校，发挥其示范引领作用。选树 5 所市清廉学校建设示范校和 13 所区清廉学校建设示范校。

落实巡察整改。2019 年 12 月 13 日，区委第二巡察组向区教育局党委反馈巡察意见。局党委高度重视，第一时间召开局党委会，全力推动整改工作落实，成立由党委书记、局长任组长的巡察整改落实工作领导小组。召开专题民主生活会，班子成员深刻剖析问题存在的原因，实事求是开展批评与自我批评，研讨整改措施和努力方向。针对巡察组反馈的七方面的 23 个问题，制定整改方案和落实工作责任分解表，明确整改内容、整改措施、牵头领导、责任科室和完成时限，整改工作取得阶段性成效。

【信访工作】 积极关注民生热点，按照分层分类处理、规范简化流程的原则及时办结信访举报件，建立健全督促检查和通报制度。“12345”政府阳光热线、来信来访等各类信访举报，做到及时受理、及时调查、及时回复，做到按期反馈 100%，按时办结 100%，满意率 98%以上。

【审计工作】 认真落实三年轮审制度和审计工作联席会议制度，全面发挥财务审计监督功能。6 月，对思进小学等 4 所民工子弟学校开展财务审计；8—9 月，派出审计组对洪塘中学等 8 所学校校园长进行离任经济责任审计；9 月，开展区教育局及直属事业单位财务检查；10 月，配合教育厅审计组对 6 个单位进行内部审计。对审计发现的问题严格按《南浔区教育系统审计整改工作实施办法》进行整改，整改率 100%。

·平安校园·

【概况】 以建设“平安南浔”、冲刺“二星平安金鼎”为契机，以确保区教育系统安全稳定为总目标，以“安全第一、预防为主、综合治理”为方针，坚持“属地管理、分级负责”“管行业必须管安全、管业务必须管安全、管生产经营必须管安全”原则，全面贯彻落实习近平总书记关于坚决打赢疫情防控阻击战的系列重要指示精神和省、市、区关于做好开学复课工作的各项决策部署，着力防范各类安全事故发生。2020 年，全区教育系统安全形势总体良好，未发生一起重大安全事故、安全责任事故和群体性事件。

【安全责任落实】 区教育局成立以局长为组长、副局长为副组长、各科室负责人为成员的安全工作领导小组，切实加强对学校安全工作的领导。各学校成立安全工作领导小组，由学校安全办（或综治办）具体负责学校安全工作。局党委会议、局长办公会议和局务会议等多次研究学校安全工作，多次召开全区安全综治会议、每季度安全例会等会议，及时布置相关安全生产工作要求和精神。年内召开全区范围安全工作会议 8 次，印发和转发文件通知

90 多个，及时部署全区学校平安综治工作。明确局领导班子成员、各科室、直属单位、各学校安全工作职责。年初，区教育局与学校和局机关科室、直属单位签订学校（科室）安全综治管理、校车管理、食品安全、消防安全等各类责任书 300 余份，将安全工作纳入对学校年度发展性目标考核的重要指标。

严格落实校（园）长是校园安全第一责任人、书记是校园安全的共同责任人制度。全区学校与在职教师、员工签订安全责任书 5000 余份，切实把每项安全责任落实到岗、到点、到人、到位。坚持安全法治化管理，认真贯彻落实安全法律法规及规章，积极运用法治思维和法治方式解决安全问题。进一步完善学校安全综治目标管理考核评价指标体系，区教育局对学校安全综治工作实行过程和结果双重考核，将考核结果作为评价学校、学校领导实绩的重要内容。各学校根据“一岗双责”要求，将安全工作与教职工年终考核和各类评比挂钩。教育系统实行“谁主管、谁负责，谁在岗、谁负责”的安全综治管理体制，形成“安全防范无空岗、安全责任无空档”的无缝管理工作格局。

【扫黑除恶和维稳应急】 按照中央、省、市、区有关扫黑除恶专项斗争活动的决策部署，强化宣传教育，落实线索排摸，印发《南浔区教育系统 2020 年度校园及周边扫黑除恶专项斗争整治行动方案》。进一步加大校园及周边治安环境整治力度，切实消除校园及周边各类安全隐患，为学校营造良好的教育教学环境。扎实做好重大活动维稳工作和应急工作。做好新中国成立 71 周年国庆、全国和市“两会”、区运动会等重大活动期间学校安保维稳工作。及时做好单位自查工作，做好重点人员、重点位置的隐患排查和整改落实情况，重大问题及时上报。

【安全教育培训】 扎实开展安全主题教育活动。印发《2020 年全区学校安全宣传教育工作计划》，分月确定教育内容，集中开展安全宣传教育活动。2020 年，全区中小学幼儿园在活动中共召开专题理论学习 199 场，参与 7.5 万人次；安全讲座 135 场，受教育 6.9 万人次；发放宣传资料 20.5 万份；安全宣传报道全国级 1 篇，省级 7 篇，市级 77 篇，区级 484 篇；扎实开展安全应急演练活动。共制定、修订各类安全应急预案 617 个，组织参加应急疏散演练 404 场，参与学生共约 21.7 万人次。做到各类安全演练全覆盖。扎实开展安全岗位培训活动。建立健全安全教育培训制度。会同相关部门，重点加强学校分管领导、安全管理员、保安、食堂从业人员等安全培训，做到“应培尽培”，确保专业岗位从业人员持证上岗率达 100%，严禁无证上岗。2020 年，共组织各类安全培训（包括安全会议）11 次，参加培训 14000 余人次。组织开展“安全教育案例”评比，共评出一等奖 14 名、二等奖 22 名、三等奖 37 名。

【日常安全管理】 扎实做好疫情防控工作。第一时间成立防控工作领导小组，及时制定《南浔区中小学（幼儿园）新型冠状病毒肺炎疫情应急处置预案》，设立晨、午检上报平台，落实专人负责排摸每天上报师生相关数据。投入 280 余万元为辖区所有中小学、幼儿园门口设置红外线测温仪；积极开展疫情防控培训，联合区卫生健康局、区疾病预防控制中心组织开展新冠肺炎疫情防控应急演练。建立以局长为组长、分管局长为副组长、全体机关工作人员为组员的学校疫情管理网络。结合区卫生健康局学校健康指导员工作机制，分 5 个区域，实现“一组一区域”“一人一学校”的疫情监控架构。横向到边，纵向到底，逐校确认开学事宜，为全区学校开、复学工作保驾护航。

扎实做好学校安全防范管理。实施校园安防提升工程，投入安防专用资金，为学校安防提升提供有力保障。全面推行校园“四联三防”（联建、联保、联防、联控；防车辆冲撞、防刀斧砍杀、防爆炸）设施、设备建设及周边联建活动，湖师院南浔附小被评为首批省级反恐怖“四联三防”建设示范点。联合区公安分局，进一步完善校园门口防冲撞硬隔离设施，投入 900 万余元，在每一个校园门口设立防冲撞升降柱，得到市主要领导的批示表扬。加大校园内大功率电器使用、电动车充电使用规范充电桩等用电安全管理的监督力度。制定校园保安准入制度，对不符合在校任职条件的校园保安实施调整。2020 年，总投入 178.4 余万元对全区学校进行安防提升，落实保安经费 1387.5 万元，切实推进校园安保保障。

狠抓学校交通安全管理。实施电动车综合治理，以区电动自行车百日整治行动为契机，积极配合交通、公安等相关部门对接送家长不戴头盔、违规带人等行为加强监督和劝阻。开展校车线路安全专项检查，排查整治校车行驶道路、桥梁和学生候车点等安全隐患。全年召开两次校车运行管理专项工作会议。全面掌握全区所有校车接送学校运行与管理状况，梳理存在问题，研究分析对策，压紧压实责任。2020年20所中小学开通校车线路148条，每天早晚各开出151个班次、接送3500余名学生上下学，未发生学生安全事故。

狠抓学校食品安全管理。继续推进A级食堂创建工作，2020年，全区共有39家食堂被评为A级食堂。严格执行食品原材料统一配送规定加强对配送原材料的索证索票管理。继续实施“厨房革命”App监督机制，针对联网监控探头进行全面排查，联合区市场监管局落实整改工作。大力推进“智能阳光厨房”建设，2020年37所学校完成物联感应技术试点工作，极大提升校园厨房监管的智能化水平。狠抓学校消防安全管理。全面加强学校消防安全“四个能力”（检查消除火灾隐患能力、扑救初起火灾能力、组织人员疏散逃生能力、消防宣传教育培训能力）建设，进一步完善校园消防安全标准化建设制度。强化每月检查和每日巡查制度。联合区消防救援大队开展“关注消防 生命至上”儿童消防绘画比赛，努力提升师生消防安全意识。

狠抓学校传染病防控工作。健全卫生安全制度，完善校园传染病防控机制。加强卫生安全教育，认真落实学生晨检制度。及时做好雾霾天气、禽流感、手足口病、诺如病毒、流感等特殊气候、突发疫情的应对工作。配合卫生部门做好新生接种查验工作。2020年全区共有31所学校取得“健康促进学校”称号。

狠抓学生防溺水工作。召开防溺水安全专题会议；加大宣传教育，强化家长监管责任，通过发放《给家长的信》《学生和家长承诺书》和“学生安全千万家”教师家访等，真正把防溺水宣传落到实处，突出学校教育责任、社会管理责任和家长监管责任。2020年发放告家长书51400余份，走访学生52000余人次，参与家访教师3000余名，确保家访覆盖率100%。学校成立防溺水志愿者小分队，主动与所在镇、村（社区）对接，摸清河道，竖立警示牌或警示标志，加强与落实巡河工作；教育局加强督查力度，2020年开展2次防溺水专项检查。防溺水安全工作真正做到事无巨细，不留死角。区教育局防溺水专项检查、练市镇组建四校联盟开展暑期防溺水巡河、练市国强小学防溺水举措等均受市教育局通报表扬。

狠抓防范校园欺凌和暴力教育。结合扫黑除恶专项斗争活动，强化校园防欺凌线索排摸。加强预警机制建设和事后处理机制，推动家庭、社会、学校的资源整合，形成合力，预防和减少校园欺凌及暴力事件的发生。

【校园及周边综合治理】 建立常态化安全隐患排查整治机制。大力推进校园周边治安综合治理工作和校园周边综合治理信息化建设工作；深入实施校园上下学高峰期间实行“5+3”（每日签到监督机制、每周检查机制、每月会商机制、每学期总结机制、每年度等级评定机制；责任民警公示、巡查时段公示、社会监督公示）工作机制；联合公安等部门开展校门口“三见”（见警车、见警灯、见警力）工程。南浔经济开发区相关学校与公安部门联合开展警校共建活动，执勤期间对校门口的交通违规行为拍照曝光，效果明显。深入开展校园安全隐患排查整治工作，全面落实安全隐患排查机制，通过学校自查和教育局督查等开展校园安全隐患排查整治。结合市教育局“洗楼”式安全隐患排查见底行动，全区学校和校车公司均按要求在明显部位张贴“洗楼”责任人公示牌，学校每2周进行自查一次，上报自查结果。区教育局组织全方位、覆盖式的学校安全专项工作检查，以“自查”+“督查”+“抽查”的方式开展隐患排查整治工作，对发现的安全隐患逐一登记备案，落实责任人，及时整改到位。2020年，全区各校共排查出安全隐患508处，整改到位499处。

深入推进“平安校园”创建活动。结合“平安县区”建设，冲刺“二星平安金鼎”行动，以创建“等级平安校园”活动为抓手，进一步加大“平安南浔”“平安校园”建设的宣传力度，努力营造广大师生、家长人人参与的良好氛围，提高平安建设的知晓率、参与率和满意率，不断巩固、提升平安建设成果。2020年，全区共打造AAAAA级平安校园65所、AAAA级11所、AAA级5所。继续保持全区“平安校园”满堂红。

· 教育工会 ·

【概况】 2020年，全区教育系统有基层工会62家

（初中12家、小学20家、九年一贯制6家、成校5家、外来务工子女学校4家、幼儿园15家），教育工会会员数3374人（女性2391人）。

【助推师德建设】 助力打好“复学复课”保卫战。一是严密开展网格防控。各校成立以工会主席为组长的教职工防控小组，坚持每天早上6点到学校，把好“校门关”。错时错峰上学、就餐、放学。安排教职工志愿岗，定点包干，责任到人，确保减少楼层间人员流动，保持合适的社交距离。二是密切关注学生身心健康。教师人人上好开学第一课，进行生命安全教育，确保学生身体和心理上“双复课”。《南浔：“红韵联动”全力打好学校复学复课保卫战》相关内容被新华社《内部选编》第24期录用。

助力开展“陪孩子读书·伴父母养老”主题活动。结合市“光明书香节”开展党员带领子女、带领学生、带领学科组或年级组开展相关活动。党组织推荐教师阅读书目和家长阅读书目、工会为教师购买指定书目。结合“书香润家风”活动开展教职工带头孝顺父母，开展陪伴父母、尊老孝老等活动。把“主题党日+读书活动”打造成为全面提升南浔教师党员和师生道德素养的重要抓手，通过“亲子齐诵读”“大手小手展未来”等活动，形成教育系统党员多读书、读好书，尊老爱幼的浓厚氛围。

融合党建，倾心打造“教职工之家”。一是开展相亲联谊活动。教育系统党群服务中心，专设“幸福启航”功能区，收集学校未婚教师的个人信息与寻偶意向，定期联合区妇女联合会、区总工会等组织青年交友联谊活动。2020年10月8日，联合区机关工会、久立集团股份有限公司工会在南太湖绿州农庄举行“美味情缘——秋天的第一场野炊”交友联谊活动，38名青年教师参加。二是开展“星级妈咪暖心小屋”评选。2020年新创11家“星级妈咪暖心小屋”。党建示范点创建同时，同步建有“妈咪小屋”，为处于特殊期的女教职工提供更加人性化的温馨服务。南浔实验幼儿园等3个妈咪小屋被区总工会评定为五星级妈咪小屋，罗开富小学等3个妈咪小屋被评定为四星级妈咪小屋。

优秀教师风采引领。开展“事业家庭兼顾型”先进个人评选活动。经过学校工会评选推荐，学校党组织确认，区教育工会综合评定，区级先进个人79人，市级先进个人3人。4—5月，在全区各校开展南浔区师德先进个人评选活动，82名教师荣获“南浔区师德先进个人”荣誉称号，选出市师德先进个人3人，练市一中副校长庞国强被评为浙江省师德先进个人。

【助力创业成才】 幼儿教师职业能力大赛。10月，先后在宏达南浔幼儿园、南浔教育学院举行区第七届幼儿教师职业能力大赛。比赛内容有活动设计和说课，键盘弹唱与讲故事等特长技能展示、自主游戏案例现场解读等，参赛人员72人次，评选出一二三等奖53人次。

教师信息技术应用技能比赛。11月在教育学院举行教师信息技术应用能力竞赛。70名中小学教师报名参加，涵盖各学科。经专家评选，评比出区一等奖14名、二等奖20名、三等奖27名，其中12人获市级奖项。

社会工作者职业水平考试。在区教育系统第二年大规模开展社会工作者职业水平考试，从报名发动、报名统计到正式报名，再到辅导用书购买、辅导培训报名等大量繁杂的考前工作，各校工会做了大量工作。确保全区教育系统858位报名者的顺利参考，通过率与人数位居全区各系统之首。

【丰富文体生活】 一是开展“有一种幸福叫开学”的摄影比赛。“五一”劳动节前夕，面向全区各校广大教职工征集疫情防控和复工复学中普通一线教师照片。活动共收到摄影作品80余件，评出一等奖9件、二等奖16件、三等奖20件。二是开展全区气排球、篮球联赛。比赛采用甲乙队联赛制，全年组织比赛100余场次。充分体现广覆盖、悦身心、强合力的工会活动特色。三是积极组队参加上级工会组织的文体活动。组织男女青年队、男子中年队等三支队伍，24名队员参加湖州市“体彩杯”气排球邀请赛，男子青年队获第六名、女子青年队获第二名。教育工会单独组队代表南浔区总工会参加湖州市职工足球五人制比赛，获第六名。

【情系教师职工】 有序完成疗休养和体检工作。一是上半年人均2000元的“自由行”“组织行”。受疫情影响，2020年疗休养工作变化较大。经教育局党委研究决定，“自由行”“组织行”两种方式由学校或老师择一而行。大部分老师选择“自由行”，5月10日前将当年额度使用完毕。16个单位暑期安排“组织行”，疗休养时间都在暑假期间安排并按文件要求提前做好备案工作。二是下半年人均1000元的“自由行”，11月25日前全部完成，所有报销手续符合《关于加强2020年职工疗休养工作的补充通知》之规定。三是教师健康体检。2020年的教师体检全面完成，体检经费比往年略有提升。教职工体检活动的全面开展，可筛查出早期疾病，做到早发现、早治疗。

规范做好医疗互助工作。完成2019年7月至2020年6月的前一轮职工住院医疗互助中267人次住院教师的互助补助申领工作，重大疾病补助11人。做好2020年9月至2021年8月的新一轮职工住院医疗互助活动的申报工作，组织学习《关于印发〈南浔区第十期在职职工医疗互助活动实施办法〉的通知》。全区教育系统3516名教职工参加互助活动，圆满完成区总工会下达的任务。

细心开展困难教职工慰问。2020年进行困难教职工慰问12人次，合计慰问费36000元。其中区总工会慰问5人15000元，区教育工会慰问6人18000元，市教育工会慰问1人3000元。

·教育科研·

【概况】 2020年，区教育教学研究和培训中心紧紧围绕教育局、上级业务部门工作思路，明确目标，务实工作，完成年度各项预定工作，全区教科研成绩稳中有进。5项课题被列为2020年省教育科学规划立项课题，42项课题被列为2020年市教育科学规划立项课题，3项课题被列为2020年度省教研立项课题，20项课题被列为2020年市教研立项课题，120项课题被列为2020年度南浔区级规划立项课题。6项课题获市一等奖，12项课题获市二等奖，19项课题获市三等奖。研训中心褚水林主持的课题“初中数学生长型复习课的建构与实践”获省第九届教研课题成果评比二等奖。市第十六届教研系统课题研究成果评比，4项课题获市一等奖，4项课题获市二等奖，10项课题获市三等奖。2020年省教育科学规划“疫情与教育”专项课题优秀成果奖评审，市一、二等奖各1个。2020年，省教育科学规划“防疫与复学认定性”专项课题优秀成果奖评审，市一等奖1个，市二等奖2个。

【教学研究与课改推进】 统筹做好线上教学。疫情期间，组建好“名师引领空中课堂”线上导师团，由各学科研训员领衔组建学科团队（共召集500多名优秀教师），规划学科“线上教学”实施方案，完成九个阶段的录播工作，共计1972课时，保证学生“停课不停学”“停课不停教”。根据学科特点及学情，采用自主研发与网络优质资源相结合，以微课、录像课、专题讲座等形式，借助华数、电信、移动和钉钉四大平台对一至九年级学生开展线上授课。全体教师“离生不离岗”，课后进行作业批改、反馈答疑、个性化辅导等工作。据统计，全区37863名中小学生有99.6%参与各阶段在线学习，效果良好。积极组织教师参与市、区“停课不停学”在线教学优质课评比，近千节视频课参与区级评比，推荐的37节视频课分获市一、二等奖。菱湖三中等16所学校被评为区中小学“线上教学”先进集体。

扎实推进课程改革。继续落实好省、市课改文件精神，全面提升育人质量。10月，在省教研室主办的第三届中小学STEAM教育大会暨项目学习博览会上，区研训中心的项目案例“喂鸟器”作为入选本次博览会的16个项目之一，通过视频展播、展板宣传、汇报交流以及实践体验等形式现场展示，开展STEAM学习项目展示和体验活动。

【质量提升与评价改革】 多举并进抓实质量。做实针对性、指导性调研指导。除常规调研外，先后集体调研和孚中学、菱湖三中、菱湖一中等学校，2020年，全体研训员共下校340余次，听课1000余节。继续做好中小学相关学科复习研讨、期末命题、检测及分析工作，以关注基础、关注全面、关注能力为监测导向，注重命题质量。中心副主任徐勤芳在省小学数学学科关键问题解决专题研训活动中作经验分享。做强九年级毕业班工作，分学科组织九年级任课教师在线教研活动，详细了解各校九年级教学进度、教学方式等情况，由各学科研训员做好相关教学指导；学科研训员联系学校制度，分片区下校调研，了解各校毕业班教学工作开展，进行针对性指导；5—6月继续做好九年级质量监测、分析及考前专项指导工作。2020年，初中学业考试总体成绩稳步提升，总平均分、各学科平均分、后20%控制率继续高位运行。

切实落实监测反馈。8月按区域反馈和学科反馈，先后召开由全区初中校长、分管校长、科任教师及学科研训员参加的省2019年初中教育质量监测结果反馈培训会，落实好省质量监测“一年监测两年改进”要求。10月，省教研室到千金中学专题调研“抗逆”学校。在浙江省2019年中小学教育质量综合评价初中质量监测中南浔区绝大多数指标均高于全省平均水平。

完善专项考核机制。完善学校、区域教学常规执行情况考核办法，5—6月进行区域作业改进专项常规考核，9月，组织中小学校长、书记教学常规专项考核。推进优秀教研组建设，练市镇中心幼儿园“真美”教研组等4个教研组获评市全日制幼儿园“先进教研组”，南浔实验幼儿园教科室主任顾晓霞等4人被评为“优秀教研组长”，南浔实验幼儿园教研组获评“浙江省先进教研组”。

【教师业务学习与发展】 有序落实各项评比。2020年先后组织各学科在线教学优质课评比、初中学科教师命题比赛、小学语文优秀教学设计评比等区级教学评比29项，参与市线上教学初中数学优质课评比、市首届初中学生阅读随笔成果集评比、“在抗击疫情的日子里”主题征文比赛等市级评比26项。据不完全统计，教师区级及以上获奖1769人次，一等奖360人次，二等奖601人次，三等奖808人次。市组织各项教学评比中，获一等奖89人次，二等奖145人次，三等奖140人次。

教师培训共发展。认真做好2020年培训项目平台申报，科学研发区域教师发展培训项目90项。7门学科，7个教学班，近400名各学科教师参加暑期90学分培训。有计划有目的地选送骨干教师参加国培、省培，推荐名师重点培养对象、骨干教师外派名校学习。推荐参加浙派名师培养对象4人，推荐参加国培项目6人，推荐参加省培项目21人，组织中小学骨干教师培训两期。认真做好省中心“十百千工程”各项推荐工作，中心《疫情防控常态下的“3+X”浸润式师德培训》入选2020年省教师培训典型案例。

【教师科研探索与发展】 教育科研基地建设。加强教育科研基地建设，各级各类教科研基地分布全区。现有长三角优秀科研团队1个，省“教科研200强单位”4个，市教育科研示范性实验基地4个，市教育科研实验基地16个。

教育科研管理。一是重视开端，做好课题申报与立项。围绕教育热点难点重点问题，层层上报筛选，做好省、市规划课题、省、市教研课题的申报与立项工作，以科研助推学校（幼儿园）教育教学质量的全面提高。二是注重过程，抓好课题过程跟进。把好“开题论证关”。年初有选择性地对市级以上相关课题的方案和计划进行可行性论证，引导各课题组少走弯路，达到事半功倍效果。把好“阶段检查关”。对所有省市区规划、教研课题进行中期定期检查，以达到查漏补缺，把握研究的进度。把好“资料汇总关”。要求必须安排专人负责收集、整理和归档汇总，课题的《申请•评审书》、立项通知、有关事项批复、课题研究的工作计划及活动记录等各项资料，确保课题研究有据可查，增强课题研究的准确性和可信度。三是着重结果，抓好课题结题评审。针对市规划办对县区课题进行“推磨式”结题鉴定契机，邀请专家对需要的重点课题进行现场结题鉴定。课题结题前期，要求各课题组通过课例观测，挖掘典型案例，静心商议结题报告撰写等活动，促使课题组成员以反思者、研究者的心态对待所实践的课题。获“湖州市（2018—2019年度）教科研先进集体”3家、“湖州市（2018—2019年度）教科研先进个人”5人。

教育科研交流学习。一是与上级、兄弟县区教科研中心进行合作与探讨。密切加强与上级规划办的联系与交流。通过参与不同形式的例会、课题汇报会、成果展示会等，开拓科研交流新局面。积极主动与周边县区进行课题交流活动，及时了解各个区域科研工作的优势与不同，做到“扬长处补短板”。二是开展校际合作与交流。利用区“课改联盟”活动机制，实施课题跨校研究，实现优势互补，实现学校间科研工作的均衡发展。三是组织现场展评。省市级课题实施到中期时，定时组织以现场汇报加PPT的形式进行展评，邀请专家现场诊断发现问题。四是实施“科研面对面”指导。利用课题开题、中期论证、结题推进现场会、论文现场指导等时机，对学校教科室主任、骨干教师进行课题、论文面对面指导，促进业务水平快速提升。

【语言文字工作】 2020年10月顺利通过浙江省区域推进语言文字规范化区验收。一是强宣传、促整改。通过张贴宣传标语、设立示范街、示范村（社区）等，深入推进创建工作。各乡镇（开发区）在小城镇环镇综合整治行动和文明城市建设过程中，更新沿街商铺的店招店牌，整改一大批广告招贴，优化街头用字。

二是强活动、促提升。开展“推普周”、规范汉字书写大赛、演讲比赛、经典诵读大赛等活动，促进语言文字工作提升。全区建设经典诵读社团 30 余个。2020 年的经典诵读大赛南浔获 2 个省、市一等奖，并送教育部参评。各校红领巾“啄木鸟行动”小组进行校外用字大检查，助力“语言文字示范街”建设。

三是强督查、促落实。联合中小学开展“红领巾小分队”“啄木鸟行动”等活动，对社会用字开展专项督查。将经过筛选的不规范社会用字图片向相关单位反馈，提出后续整改建议；联合区综合行政执法局、区市场监督管理局等部门齐抓共管，定期、不定期地开展实地检查和现场指导。

· 教师培训 ·

【概况】 2020 年，全区 3214 名教师参加省中小学教师培训管理平台注册，全年完成 226928.1 学分，年人均学分 70.6 学分；教师通过自主选课完成的总学分数为 141292.1 学分，自主选课率达 62.26%；90 学分及以上集中培训完成 569 人，完成率 17.7%，匹配率为 95.61%；教师自主选课后实际参训率为 99.46%，教师教评学完成率 100%，满意率为 99.53%。

【项目调整】 一是调整培训形式。变线下集中培训为线上线下混合式。如，心理健康 C 证资格培训原 7 天线下培训，调整为 4 天线下+3 天钉钉直播。二是调整培训地点。严格按防疫要求落实好各项工作，谨慎安排省外、市外专家授课，不组织非必需进中小学校园活动，不举办学员需住宿的培训项目，培训场所固定在南浔区教育学院。三是调整培训时间。“卓越领导者修炼高研班”等 7 个项目，开班时间顺延至 2020 年下半年或 2021 年上半年，具体时间视疫情及项目具体情况而定。

【课程培训】 利用优质网络资源和专家团队，通过钉钉直播等在线培训服务平台，以“主题统领+模块支撑”思路，改进课程架构，提升培训质效。一是异步在线课程。90 学分培训，共设计 200 多个在线课程资源供各学科、各层次教师自主选择。二是同步在线课程。各学科研训员，确定培训内容，邀请市外、省外的名优专家，通过钉钉直播等专业同步在线直播平台开展培训。三是线下集中课程。线下集中培训师资以本地名师为主，以实践指导为主，结合适当的专家点评，引领学员成长。四是灵活调整课程比重。根据培训所在地区的疫情，征询疫情防控指挥部的意见，适时调整模块比重。例如 90 学分培训，根据当时疫情确定 26:24:40 的课程比重，异步在线课程 26 学分，同步在线课程 24 学分，线下集中课程 40 学分，既满足教师培训需求，又符合疫情防控要求。

【区域特色】 围绕“主题领航”“多维助力”关键词，借助教研、科研、培训三位一体的自身优势，指导学校开展“主题式”校本研修。一是精准研判，靶向施训。组织“南浔区 2020 年校本研修培训者专题培训班”，提升校本研修管理者的项目设计与实施能力，以及校本研修项目的可持续生长力，全区 150 位分管校长和负责人参加培训。二是主题领航，多维助力。指导学校基于需求调研，申报研训主题项目。在此基础上，举行第六届“主题式校本研修优秀项目”评比和第五届优秀教研组和示范学科评比，借助评比活动进行项目评估。三是成果显现，打造品牌。主题式校本研修，树立南浔样本，提高校本研修的针对性、有效性，研修质量和师资队伍得到提升。2020 年 11 月，湖师院南浔附属小学在省师干训中心组织的浙江省中小学校本研修管理者能力提升培训班上做案例分享。

【培训效果】 不断创新培训方式，强化质量监控，化危机为转机，持续提升教师教育质量。2020 年对照省、市绩效考核的指标，南浔区全部达到优秀。7 月，全省地市中心师干训主任会议在南浔区教育学院召开。10 月，省师干训中心“百人千场”送教南浔区，四门学科受益教师 600 余人。“主题领航，多维助力区域推进校本研修的策略研究”荣获市规划课题一等奖，省教师教育规划课题一等奖。《区域推进教师发展学校建设的“三本策略”》入选浙江省教师发展学校典型案例。《疫情防控常态下的“3+X”浸润式师德培训》入选省教师培训典型案例。通讯报道《千里结对 情谊深厚》在《浙江日报》刊登。（龙　萍）

文化　科技

·文化建设·

【概况】 南浔区不断完善基层公共文化服务体系建设，区图书新馆、镇级文化站、城市书房、文化驿站等一批文体设施建设有序推进。文化活动不断丰富、文艺作品创作不断提升，善琏镇入选全国文旅公共服务机构功能融合试点建设。

【文化阵地】 区图书馆新馆进行装修设计，菱湖镇文体中心推进有序，练市文化站完成搬迁，和孚镇文化站完成改造。新建城市书房1家、城镇书房1家，乡镇文化驿站实现全覆盖。善琏镇入选全国文旅公共服务机构功能融合试点建设。

【文化创作】 提升《永不褪色的红军被》大型歌舞剧等5个作品，完成3个省、市重点文艺项目申报。入选浙江省群星行草书法大展作品1件、第二届群星书法小品展作品1件，《抱金猪》荣获浙江省新农村建设题材小戏会演金奖。在湖州市第九届南太湖艺术节上获得5金、8银、15铜的佳绩，奖牌数量居全市第一。

【文化活动】 承办2020年浙江省新农村题材小戏会演及第九届南太湖艺术节音乐专场暨开幕式等大型文艺活动3场次，举办“水晶晶南浔”品牌文艺活动和“文化走亲”“文化下乡”等系列基层文化活动480余场次，配送图书2万册。

【文化遗产】 完成小莲庄东升阁等7处不可移动文物修缮工程，审核报批22处各级不可移动文物修缮方案。启动45座古桥“一图一库一清单”个性化保护和修缮方案制定。出台非遗代表性项目管理和代表性传承人管理办法。举办“水晶晶南浔”非遗系列活动30余次，拍摄抢救性保护纪录片2部，开发非遗文创产品10余种，其中2种入选省优秀非遗旅游商品推荐名单。（金秋丽）

·档案管理·

【概况】 2020年，南浔区档案系统坚持以习近平总书记提出的“档案工作走向依法管理、走向开放、走向现代化”的“三个走向”为根本遵循，深化“五档共建”（建设法治档案、智慧档案、民生档案、平安档案、活力档案），开展档案工作“五大行动”（主动服务中心行动、拓展资源利用行动、完善档案管理行动、夯实基础工作行动、深化主题教育行动），档案工作成效显著。南浔区档案馆荣获全市档案工作先进集体、全市文明城市建设突出贡献集体、全区“喜迎高铁 万亩征迁”百日攻坚行动及頔塘两岸改造提升工程突出贡献集体等荣誉称号，相关人员获得全市档案工作先进个人、南浔区抗击新冠肺炎疫情工作个人嘉奖、南浔区“三服务”工作先进个人、南浔区全域土地整治和生态修复工程先进个人、南浔区全国文明城市复评个人嘉奖等荣誉。

【档案服务】 积极贯彻落实新冠肺炎疫情防控工作要求，通过省、市、区三级查档平台，采取线上+现场等多项有力措施有序推进查档服务。全年面向社会累计接待查档群众、单位约1500人次，查阅档案974卷（件）次，出证档案1873页，对120多名查档群众做电话回访。派遣人员下沉至各镇下辖社区、超市、高速卡口和湖州高铁站开展一线防控工作，累计排查社区居住人员400多户次，登记居住人员600多户，累计排摸登记高速卡口车辆15000余辆、22000余人。积极筹集疫情防控物资，联系相关企业向双林镇政府捐赠250千克医用84消毒液。对标建设“重要窗口”新目标、新定位，全力推动档案助企工作，在企业复工复产、防疫抗疫、异地查档、跨馆服务等方面提供解决方案和协同帮助。助推南浔富钢集团、南浔银行等企业建立档案工作机制，完善档案工作制度，为企业提档升级提供有效支撑。积极参与頔塘北岸改造提升“百日攻坚行动”，全面完成住户的签约腾房任务。以和孚镇为省级档案工作服务农村基层社会治理试点，探索档案服务农村基层社会治理的有效政策措施，推进基层档案规范化建设。

【档案业务】 首次将档案工作责任纳入区委巡察监督清单，全面梳理11项档案工作巡察的具体内容。同步“线上+线下”的方式，将“档案行政监管系统平台”科学运用到巡察中，第一时间动态掌握巡察单位档案工作运行情况，推动巡察工作高效开展。完成区残疾人联合会、区财政局等4家单位档案巡察。积极做好档案工作监督指导及各镇（开发区）档案工作年度考核和区级部门档案年检工作。开展新《中华人民共和国档案法》（以下简称《档案法》）宣传暨档案工作考核专题培训。对照省档案事业“十三五”规划要求，全面完成数字档案室创建任务，其中20%的单位已通过省级示范数字档案室验收。加强局馆联动，认真做好档案行政执法机关证件清理和信息补录工作，切实明确行政执法主体资格，规范档案“双随机”执法人员库建设。涉及“互联网+监管”事项5个，认领率、覆盖率、实施清单编制数均达100%；涉及双随机执法检查事项4个，完成抽查事项覆盖率100%，完成掌上执法73次，人均检查36.5次，应用信用规则率71.42%。在全区镇级查档全覆盖的基础上，认真做好全省政务2.0平台接入工作。做好“政务服务事项”电子文件归档的指导督促，梳理4200多个“最多跑一次”事项，有效帮助各部门各单位及时完成电子文件归档实际操作，全力推进浙江政务服务网湖州市一窗受理平台归档工作。

【档案建设】 进一步丰富馆藏婚姻、出生医学证明、优抚等档案专题库建设。完成上一年度8个新进馆部门全宗资料建立。完善区民政局、区商务局等单位指南内容修编扩充。全面完成“南浔通讯”、“菱湖通讯”及部分资料类扫描项目。指导区市场监管局等8家单位2020年移交工作，共接收移交单位档案1266卷、30198件。系统开展馆藏1990年到期档案开放鉴定工作，并收集区委办、区政府办新进档案的解密审批意见，最终开放目录及全文4083件。制定印发《十四五期间全区档案接收计划》。面向社会各界开展档案资料征集活动，共征集到防疫照片和防疫微作品1200余件，2.07G，南浔区小城镇综合整治、河道水体整治等各类重点工作照片11.3G，反映南浔历史文化的老照片62000余张，其他征集到资料、实物、声像等档案63卷、226件。合理规划库房布局，完成南浔区档案馆三号库房改造，增加库容量7万卷以上。加强档案数字化加工场地及涉密档案录入设施设备更新及规范化管理，完成档案数字化加工用房整体搬迁整改工作，新增基本操作设施和专业数字化加工设备，更好地服务全区档案数字化工作。

【档案信息化】 共挂接区级部门、乡镇文书22个全宗，目录数据共30735条，全文数据约102GB到馆室一体化系统。做好档案实体和数字化成果同时进馆，共完成8个全宗的档案数字化进馆，56478条目，约330GB。为全区52家单位做好各类重要档案的电子备份工作，备份容量达67.94GB，并为2家单位提供档案数据恢复服务。在湖州市档案馆备份馆藏重要档案数据，备份容量达1.216TB。全面完成就近查档系统的搭建，以各镇（开发区）便民服务中心为落脚点，实现老百姓就近查询民生档案。以和孚镇为试点，探索前移查档服务窗口至行政村，实现“档案馆协查、村级代办”模式。对南浔区数字档案馆系统进行二级等保测评，消除局域网存在的安全隐患。定期检查磁带库备份软件运行情况，保证重要数据信息能够及时备份。

【档案工作宣传】 区委理论学习中心组学习新修订《档案法》并研究有关档案工作，对新《档案法》的贯彻落实和南浔区档案工作开展作出指示。为进一步提升档案工作服务农村基层社会治理水平及做好村级组织换届中有关档案工作，在全区村（社区）党组织书记培训班上开展档案业务培训。以国际档案日“档案见证小康路，聚焦扶贫决胜期”为主题，在区档案馆开展“档案见证小康路——南浔发展变迁图片展”、在“南浔档案”微信公众号开设“6·9”国际档案日专栏，并在南浔广电、《南浔时报》等当地主流媒体进行宣传报道。相关信息阅读量超6000人次，线上答题参与人数近1000人次，南浔微信公众号订阅量达1500人次，展厅、展馆参观人数达200余人次。《他是一座山——新中国档案教育开拓者吴宝康》专题纪录片在“学习强国”浙江学习平台展播、相关案例被浙江省档案局录用。完成两部微视频制作，其中“‘在湖州看见美丽中国’——我在南浔区档案馆等你”微视频在湖州市微视频演讲比赛中，荣获教育基地微视频宣传作品优秀奖。在全省档案征集编研及宣传工作业务交流会上作经验交流汇报。与中国人民大学信息资源管理学院在吴宝康文化研究方面开展项目合作。深入开展“不忘初心、牢记使命”主题教育，巩固教育成果。《他是一座山——新中国档案教育开拓者吴宝康》和《岁月留痕》分获“十三五”期间全市优秀档案编研成果特等奖和二等奖。

（张宇锋）

·广播电视·

【概况】　2020年，湖州市新闻传媒中心南浔分中心（以下简称“南浔分中心”）围绕区委、区政府各项中心工作，服务大局，精心策划，齐心协力，较好地完成市中心下达的各项目标任务和区委、区政府布置的宣传报道任务。主要体现在：主题报道成效明显，新闻合作不断创新，外宣工作增量提质，短视频制作能力提高，绩效改革机制完善。

【节目】　2020年，《南浔新闻》从原来的在湖州电视台辅频道移至湖州电视台新闻综合频道（1频道）播出。从1月1—10日节目播出期间的收视统计情况看，《南浔新闻》收视率稳步提升，市场份额顺利破十。《南浔新闻》每期10分钟，周一至周五18点20播出。同时在“爱南浔”微信公众号手机客户端推送。新闻热线电话：3015663，广播电视自办节目全部实现数字化播出，通过广播电视网络共缆传送。

电视专题栏目《魅力南浔——奉献》每月一期，每月15日19点40首播，次日中午重播，节目时长10分钟。电视专题栏目《南浔安监》每月一期，每月26日19点40首播，次日中午重播，节目时长10分钟。电视专题栏目《魅力南浔　文明之窗》每月一期，每月28日19点40首播，次日中午重播，节目时长10分钟。

南浔区农村广播节目（频率为有线调频106.5兆赫），覆盖南浔区221个行政村（包括4086个自然村）。节目版块设置有《南浔新闻》《专家说农事》《和谐乡村》《音乐星期天》《资讯气象服务》等八档，每天播出3次，播出时间为第一次播音6:55—9:25、第二次播音11:05—12:35、第三次播音17:05—19:35，全天共播出6小时30分。

【新闻报道】　电视：《南浔新闻》共播出266期，播出稿件1506篇。开设各专栏和系列报道15个；二档专题栏目《奉献》《南浔应急管理》共播出24期节目，稿件120余篇；向市中心广播、电视新闻平台供稿504篇（次），其中《湖州新闻联播》用稿211条（含头条24条）。

广播：《专家说农事》栏目共播出50期，稿件112篇。《和谐乡村》栏目共播出50期，稿件117篇。滚动播出每日疫情防控通报、重要疫情信息、科学防疫小知识、各地防疫新动态等1400余次。

【主题宣传】　以“贯彻总书记来浙来湖讲话精神系列报道”等五大主题专栏和系列报道引领全年新闻宣传工作，自主策划主题宣传活动2个，一是以《打赢防控阻击战　打好发展总体战》为重点报道并贯穿全年，从一线防控、武汉驰援、助力复工复产、企业危中寻机、主播说防控等多方位多角度播出稿件300余篇。二是以《制止餐饮浪费，培养节约习惯》专栏为重点，并积极推出子栏目“制止餐饮浪费　培养节约习惯——今天我承诺”，共播出相关稿件26篇。

2020年是脱贫攻坚决胜年，南浔分中心抓住“东西部扶贫协作”契机，加强、深化、创新《南浔　广安——双城记》两地合作公益新闻行动，得到两地主要领导的肯定。

【对外宣传】　南浔分中心在省级以上电视新闻发稿118篇（次）（国家级21篇次，省级97篇次），比2019年增长28%。其中央视《新闻联播》2篇，浙江卫视《浙江新闻联播》35篇；省级广播新闻录用24+155篇次；省级以上新媒体网站录用90篇次。

清明节古镇旅游复苏，景区业态提振信心的报道分别于4月6日东方卫视《看东方》单条播出，4月5日浙江之声《浙江新闻联播》综合播出，4月6日浙江之声《浙广早新闻》综合播出。“五一”旅游消费复苏的稿件《浙江湖州：“五一”假期　民宿旅游与非遗文化相融合》5月5日分别在央视《朝闻天下》《新闻直播间》《天下财经》播出。9月19日晚，央视《焦点访谈》节目聚焦全国臭氧治理问题，节目大篇幅报道湖州南浔治气经验。

【精品创作】　与广播事业部合作的青少年专题《请允许我慢慢长大》获2019年度浙江省广播电视少儿节目二等奖。短视频《足下功夫》获得市新闻传媒中心2020年度短视频大赛二等奖。短视频《穿越40年　湖州姑娘最美》在“美丽湖州”短视频大赛中荣获创意奖。　（谈谷青）

·广电网络·

【概况】　2020年，南浔区广电网络传输中心坚持把社会效益放在首位，以突出公益性为原则，坚持正确的舆论导向，履行职责，传播优秀文化；作为广电惠民工程建设的具体实施者和主力军，紧紧围绕基本公共服务覆盖城乡、区域均衡、全民共享的目标，健全完善城乡广播电视公共服务体系；服务大众，惠及民生，巩固有线电视“村村通”，有线广播“村村响”和“广电低保”三项广电惠民工程成果。

【广播电视网络传输】　数字电视普及城乡，有线网络连接千家万户，通过几年的网络升级改造，网络质量全面提高，技术支撑全面提升，双向网络覆盖全区。全区拥有数字电视用户13万户，数字电视入户率达95%以上；拥有农村公共音频广播4133个，广播覆盖率达90%以上，广大群众切身享受到广播电视均等化公共服务。

为确保网络安全传输和安全播出，加快网络基础设施建设，着力完善农村有线广播电视网络的双向化改造及IP城域网建设，2020年结合农村小城镇整治和道路拓宽，加快行政村有线网络光纤化改造，并开展用户接入网整治，全面提升网络传输质量，确保网络传输安全。

【抗击疫情工作】　抗击疫情期间，南浔广电网络创新广电惠民举措，5000多个应急广播共同发声守护健康年，为全区有线电视用户免费开通付费频道开展全方位防疫公益宣传，上线空中课堂，安装视频监控筑起城市应急智慧之网，多举措助力复工复产，彰显担当助力防疫控疫。

【广电低保工程】　南浔广电网络从增强党的喉舌功能、建设和谐社会的高度，贯彻落实浙广发〔2008〕173号文件精神和《关于“广电低保”工程的实施建议》，为全区的低保户、特困户、低保边缘户、残疾人实行收视费、安装费减免或优惠的措施。截至2020年12月末，已为5600户低保用户减免安装和收视维护费用。

【客服体系标准化】　南浔广电网络不断加快全网数字电视客服体系标准化建设，以“最多跑一次”和“好服务在华数”为工作理念，实行装、维、营一体化和“4+1”服务新规范，实现从经验型管理向规范型管理转变，全方位打造客服中心的规范管理体系。为进一步提供精准化的服务，更好地满足广大用户文化生活的需求，以乡镇、街道、村等行政区域为基础，按照分区分片、点面结合原则，把业务经营单元分成25个网格，全面启动网格化管理、装维营服务，开展由装维员和营业员组队而成的“亲民行动”。网格化管理改变了以往单一依托营业厅“服务”的模式，形成“营业厅+”的运营模式，实现“装、维、营”一体化，做到故障报修及时应答，上门维修限时完成，服务质量和响应速度不断提高。

【多功能全业务拓展】　南浔广电网络着力打造以视频业务为主导，宽带、信息、通信等多业务融合为支撑，适应“三网融合”发展需求的全业务提供商和广电网络优质运营商。一是致力于为融媒体建设做好综合信息与应用服务。在区融媒体中心建设工作领导小组的引领和指导下，基于自身平台内容资源、网络覆盖、基础设施等优势，充分支撑区融媒体中心建成、南浔网络电视台上线，实现电视平台和网络平台双平台共生，完成新形势下广电承担主阵地建设新模式的一次跨越。二是与区委宣传部合作开发“浔礼e家”项目，完成南浔区170个行政村文化礼堂浔礼e家终端机覆盖，助力农村文化礼堂建设。三是推进新时代美丽城镇建设，在网络方面进行4K超高清网络的全面升级，实现承载15套4K超高清节目，建成区、乡镇4K超高清信号覆盖率达50%，4K超高清入户率达10%的目标。四是与三个学校签订校园电视台合作协议，为教育系统搭建“校园电视台”，整合校园资源，通过“校园电视台”，推进学校形成智慧校园系统。

（朱敏杰）

·科学技术·

【概况】 2020 年，全区科技工作按照区委、区政府“12233”（实施“一个项目、二条城轨、二所高校、三大地标、三大平台”重点工程）工作部署，全力聚焦主体培育、平台打造、合作融入和人才引育，拉高标杆、奋力赶超，各项工作取得一定成效。全区全社会 R&D（科学研究与试验发展）经费投入占 GDP 比重达 3.24%，提升幅度为历年最大，全省排名第 12 位。南浔区与浙江大学合作共建智能驱动研究院，与中国计量大学共建标准化研究院，与国家技术转移东部中心、中国标准化研究院均建立合作关系。

【科技型企业培育】 大力开展科技“三服务”活动，建立完善高新技术企业培育库，指导帮助企业开展高企认定、产学研合作、科技项目申报等工作，新增高新技术企业 33 家，重新认定 46 家。不断健全科技企业“微成长、小升高、高壮大”梯度培育机制，强化精准对接，加大对企业的支持力度，推动小微企业提档升级。2020 年新增 120 家省级科技型中小企业。加快引进培育领军型创业创新团队和科技创业创新人才，新增省创新创业领军人才 3 人。

【产学研合作】 深入实施产学研合作，引导并支持本地企业与知名高校院所开展协同创新、技术攻关、项目合作等。2020 年组织带领浙江大学、东华大学、同济大学、杭州电子科技大学、上海第二工业大学、南京大学等的专家走访对接企业 50 多家，为企业提供高校科研成果 100 余项，促成合作意向 20 余项，新增地校合作项目 28 个。

【科技平台建设】 统筹推进智能电梯、绿色家居 2 个省级产业创新服务综合体的建设进度，联合大院名校，开展行业关键技术攻关和技术储备，聚焦产业需求，集聚创新要素、优化创新服务，精准引导电梯产业、绿色家居产业高质量发展。加强对现有众创空间的有效管理，巩固众创孵化平台建设成果，着力提质增效，强化创业项目的入驻率、优质项目的孵化率和项目税收的贡献率，不断提升运营管理水平和自我造血能力。同时，大力建设新的众创空间，新建 8 家众创空间，其中市级认定 3 家，新增市级众创田园 2 家。开展企业研发机构培育提升行动，鼓励企业联合科研院所、高等院校建立创新联合体，开展产业链关键技术联合攻关，促进企业转型升级，新产品开发。2020 年成功创建 12 家市级企业研发中心，新增 7 家省级企业研究院和 8 家省级高新技术企业研发中心。

【科技创新环境】 出台《南浔区科技创新发展十五条意见》，加大对企业创新的扶持力度，确保企业在科技创新过程中享受到实实在在的红利。“南浔人才新政 4.0”进一步提高了科技人才项目的补助力度，完善人才服务体系，提高企业引进人才、培育人才的积极性。同时，出台《南浔区浔英计划实施办法》，针对南浔特色产业，力争 5 年内累计引进区级创新团队 20 项以上，以人才带动项目、以项目集聚人才，助推全区产业结构优化升级。

（陈莉莉）

·科普工作·

【概况】 2020 年，区科协围绕区委、区政府工作部署，狠抓工作落实，团结带领广大科技工作者，发挥优势，主动作为，各项工作有序推进并取得一定的成绩：森赫电梯股份有限公司获国家级“发明创业成果奖”、省科协“百佳企业科协”“百佳企业科协工作者”“百佳企业科技工作者”“省级院士工作站考核优秀”等荣誉；星光农机股份有限公司获“中国专利优秀奖”；菱湖渔业协会会长沈学能获省“十佳科技追梦人”荣誉称号。

【院地院企合作】 不断加大院士专家工作站建设相关政策的宣传，“跟踪式”指导企业申报市级院士工作站，全年新增 3 家市级院士工作站。深化院地合作，助推科技成果转化，走访对接中国科学院、东华大学、同济大学、上海第二工业大学、浙江大学、南京大学、中国科学院大学、中国林业科学院、浙江农林大学、南京林业大学、东北林业大学等高校院所，洽谈对接院士等高端人才项目活动，促进校地（企）合作项目深入开展。组织企业参加“浙企中科行”“湖企中科行”等活动，赴中国科学院北京电工所、中国科学院长春应用化学所、同济大学等科研院进行具体技术方面的项目对接。成功举办“十七届长三角科技论坛分会场活动暨绿色家居创新发展论坛”，新增国家级学会服务站1家。承办“高端装备及智能驱动技术”峰会活动。成功承办“全省淡水养殖产业转型升级”院士专家行活动。

【凝聚科技人才】 扎实推进南浔“院士之家”建设。按照“浙江院士之家”创建要求，坚持需求导向，在区委人才办牵头下，谋划探索南浔“院士之家”布局。建立健全院士拜访机制，推进以南浔籍、建站、进站院士为重点的院士联系服务工作。积极为企业牵线搭桥，带领企业拜访陈学庚、李文华、金永灿等院士，努力为企业引入院士等高端人才提供帮助。参与完善“南浔人才新政4.0”，加大科技人才项目的补助力度，完善人才服务体系，提高企业引进高端人才、培育人才的积极性。

【科普宣传教育】 联合区委宣传部、区教育局、区农业农村局、区卫生健康局等相关部门合力助推科普宣传工作。全国科普日期间，携手区新时代文明实践中心、区疾控中心、菱湖镇科协等单位，围绕“决胜全面小康践行科技为民”活动主题，结合科学文化进菱湖镇杨介巷村文化礼堂开展多元化、公众参与度高的科普活动。用好科技微信公众号、农民信箱等阵地，营造全民科普氛围。全年新增市级科普教育基地3家、专业科普场馆3家，部门共建全区首家水晶晶生活垃圾分类科技馆。围绕垃圾分类这件“关键小事”，由区科协、区社区教育学院等科技工作者代表组成的科技志愿宣讲队，深入农村礼堂开展“垃圾分类知识宣讲”服务行动。

（陈莉莉）

体育　卫生

·体　育·

【概况】　南浔区紧紧围绕“体育健民”宗旨，主动作为，真抓实干，基层体育阵地不断完善，新增各类体育场地25万平方米，为历年年均增量的2.3倍；大力推动全民健身活动、品牌赛事打造、体育产业发展，奋力开创南浔体育事业发展新篇章。

【体育设施】　浙江水利水电学院体育中心进入施工阶段，出台《南浔区扶持体育发展专项资金补助办法》，加大对基层体育场地设施建设的补助力度，建成中心城区8千米环城健身步道、双林镇蔡崇信体育馆、练市镇练溪公园，西江月小区体育馆项目结顶进行内装，建成百姓健身房10家，完成省级小康体育村升级工程20个，新增各类体育场地25万平方米，为历年年均增量的2.3倍。

【赛事培训】　举办南浔夏日次元电竞嘉年华、第二届南浔古镇桨板公开赛等品牌赛事，石淙趣味定向寻宝大赛、练市篮球联赛、千金自行车赛等“一镇一赛”、文化礼堂运动会等群体赛事活动50余场次，区级单项协会比赛27场。开展6期公益体育大培训和社会体育指导员培训，培育200名“精英社会体育指导员”入驻20个“运动加油站”提供科学的健身指导。

【体育产业】　开发莫奈庄园越野、双林花城路亚垂钓等4个优质特色体育产业资源，成功申报省、市体育产业项目2个，创建省级运动休闲示范项目1个，重点培育莫奈户外运动、三笠健身、帕丁顿健身等7家体育产业企业。

【竞技体育】　推进新周期少体校业余训练网点布局工作及体校改革进程，新增网点5个。完善体教融合、学训一体、以赛代练、以老带新的竞技体育人才培养模式，建设重点项目领衔的年龄梯次衔接良好、专业能力素质扎实的竞技体育人才队伍，全年省级注册运动员180人。　　　　（金秋丽）

·卫　生·

【概况】　2020年，全区有各类医疗卫生机构258家，其中综合医院5家、中医医院1家、专科医院2家，乡镇卫生院14家（含转制卫生院）、社区卫生服务站144家、门诊部（诊所）89家，专业公共卫生机构3家。

全区医疗卫生机构共有卫生人员3154人、卫技人员2795人，其中执业（助理）医师1031人、注册护士1009人、药师（士）200人、检验师（士）82人，其他技术人员、管理人员、工勤技能人员198人；共有高级职称244人、中级职称529人，分别占卫技人员总数的8.73%、18.93%。

2020年，南浔区卫生健康局以新时代卫生与健康工作方针为指引，聚焦健康南浔建设工作主线，坚持疫情防控和改革发展“两手抓”，盯难点、抓重点、补短板、强弱项，较好地完成了年度各项目标任务，为全区卫生健康事业实现高质量发展打下坚实的基础。区卫生健康局获市对区综合考评一等奖和区级部门综合考评优胜单位。

【疫情防控工作】　主动当好党委政府的参谋助手，织牢织密疫情防控网。累计报告确诊病例3例、无症状感染者1例。开展流行病学调查129人次，管理密切接触者40人。派出21人赴外省抗疫。规范发热门诊布局和工作流程，所有发热门诊均启用方舱CT。启用PCR实验室5家，培养基层核酸采样人员554人，核酸采样和检测能力实现大幅提升。实地指导企业复工2310家、学校复课84家，培训卫生专员3635人次。

【医共体改革】 发挥“医联体+医共体”组合优势，浙江省人民医院专家常态下沉乡镇院区，“省区镇村”四级卫生健康服务体系融会贯通。医共体牵头医院共下沉专家1488人次，乡镇卫生院急救、全科医疗、儿科、康复、中医药和家庭医生签约服务水平提升明显。医共体共提供双向转诊服务5.16万人次，门诊转诊、住院转诊分别提升311.22%和77.39%。区域内就诊率达92.16%，基层就诊率达76.3%。区卫生健康局被省委、省政府授予“2019年度县域医共体工作成绩突出的集体”称号，获省政府督查激励。

【公立医院改革】 坚持“三医联动”（医疗、医保和医药联动改革）、“六医统筹”（医疗、医保、医药、医院、医生和中医统筹发展），调整区深化医药卫生体制改革领导小组，成员单位由16个增至18个，入选省“三医联动”“六医统筹”集成改革试点县区。动态调整医疗服务收费标准6056项。组织实施两批次43个品种的药品带量采购工作，协议总量995.17万片（支），已执行89.59%。推行总额预算下“住院按DRGs点数法付费、门诊按人头付费、康复类住院按床日付费”的多元复合式支付方式，全面强化公立医院激励约束。

【“最多跑一次”改革】 深化卫生健康领域“最多跑一次”改革，疫苗预约接种、智慧停车、院内点餐、健康档案在线查询等15项措施得到高效落实，全区健康医保卡发放9万余张，名列全市区县前茅。探索行政审批服务告知承诺制，推进医疗机构放射诊疗、辐射安全许可联审联办，实现从业人员健康证明掌上办，政务跑改工作位居区级部门前列。以“嘉湖一体化”为契机，与桐乡市签订“浔桐卫生健康领域一体化发展合作框架”协议，切实破除医疗服务、公共卫生、卫生应急、政务服务、行政执法等领域的服务堵点、监管盲点。

【医学高峰建设】 依托省人民医院优质资源，加快推进医学重点学科、专科建设，新增名医工作室2个，引进新技术新项目38项，13名学科带头人赴省级医院进修、培训，冠脉支架植入术、急性冠脉综合征急诊手术等在临床开展。与蔡崇信基金会合作实施区级学科带头人培育计划，遴选区级重点培养学科11个。申报市科技计划项目6项，获科学技术成果登记证书2个，3项科研项目通过市级验收。

【中医药工作】 举办基层常见病、多发病中医药适宜技术培训班2期。新晋省、市级基层名中医各2名，11位中医师师承8位知名中医。全区基层中医类别执业（助理）医师占比为24.35%、中医全科医师占比为21.4%。65岁及以上老年人中医药健康管理率达92.72%，3岁以下儿童中医药健康管理率达80.4%。疫情防控期间，共使用中药预防方8565人次、中药防感香囊500个。

【基层卫生工作】 出台《南浔区社区卫生服务站分类建设标准（2020版）》，探索社区卫生服务站分级分类管理，改扩建服务站5家、迁建5家，新建1家，兼并1家，其中建成A类服务站3家。出台《慢性病社区智慧健康管理规范》市级地标（DB3305），发挥智能穿戴设备补位作用，打造高精准、全天候的社区慢性病健康管理2.0模式。累计培养健康管理师131人。全年完成家庭医生签约21.37万人，签约率43.52%，建设家庭病床793张。获全省高血压糖尿病全周期健康推进分级诊疗改革试点。

【公共卫生工作】 共报告乙类传染病612例，无甲类传染病发生，甲、乙类法定传染病报告发病率同比下降15.45%。基本公共卫生服务项目经费提高至每人65元，居民电子健康档案建档率达94.28%。高血压、糖尿病规范管理率分别为71.63%和71.8%。严重精神障碍患者在册管理2839人。开展结直肠癌免费筛项目，共筛查3.3万人，发现结直肠癌26人、癌前病变181人。

【家庭发展工作】 2020年，全区出生人口2970人，其中二孩及以上出生率42.32%，出生总人口同比下降19.95%，连续三年出生人口负增长。新增奖特扶对象2166人，发放奖特扶资金3507.478万元。新增托育机构1家、办托班幼儿园2家，设置托位80个，成为湖州市首个实现婴幼儿照护服务指导中心区镇全覆盖的区县。新建母婴室3个。筛查妇女两癌1.97万人、0～3岁儿童发育监测筛查7162人次，发育监测筛查率为89.67%。5岁以下儿童、婴儿死亡率分别为2.47‰和3.18‰，孕产妇保健系统管理率、7 岁以下儿童保健覆盖率保持在高水平。无孕产妇死亡。

【智慧健康建设】 依托"浙里办"App，推动并实现所有公立医院检验检查报告、电子健康档案向公众个人开放。"智慧结算"服务延伸至 144 家社区卫生服务站，实现区、镇、村三级覆盖。启用健康管理微门户（"健康南浔"微信公众号），群众（需在南浔建档或有就诊记录的人群）可自主在线查询个人健康档案、健康管理和健康信息，亦可与签约医生进行音视频互动。

【人才队伍建设】 与湖州师范学院签订校地合作协议，开设本、专定制班，共建本土医学人才队伍，全力破解基层卫生人才引育难题。成功举办首届健康管理师培训班，29 人通过全国考试获得资质。加强医学人才在职培养，15 人通过高级职称区级评审，提交市高评委复审。招录医学人才 101 人。对卫技人才引育政策提出修改意见，加强生活补助、购房补助、租房补助、安家补助和科研经费等政策激励。

【重点项目建设】 菱湖人民医院新院区全面启用，南浔区中医院项目完成投资 2.3 亿元，练市人民医院迁建项目、双林人民医院住院部装修工程有序推进。梳理确定公共服务补强提升三年行动计划项目 7 个，总投资 8.01 亿元。积极争取中央预算内投资、政府专项债、抗疫特别国债等国家及省、市资金补助，收到南浔区中医院项目专项债 2.3 亿元、"南浔区公共卫生及医疗能力综合提升项目"1 亿元、抗疫特别国债 620 万元。

【健康南浔建设】 丰富健康知识普及载体，设计创作"小浔一家话健康"第二季、健康南浔行动系列漫画和特色宣传海报。建成湖州市首个区县级市民健康体验馆和中医健康主题公园，启用全省首个乡镇无偿献血主题公园。深化爱国卫生运动，加强卫生创建攻坚，申报建设国家卫生镇 5 个、省级卫生村 30 个、市级卫生村 23 个；新增健康镇 2 个、健康村 36 个。启动全国健康促进区建设。2020 年 8 月，省委、省政府健康浙江建设领导小组办公室公布 2019 年度健康浙江建设考核结果，南浔区被评为优秀等次。（周新日）

社会生活

·民政事务·

【概况】 2020 年，南浔区民政系统紧紧围绕民政事业高质量发展目标，抓住机遇，奋发作为，稳步提高民生服务水平和保障水平，各项工作取得扎实的进展，成果显著。根据全国、全省、全市民政会议部署，按照省“民政 30 条”、市“民政 28 条”精神，结合南浔实际，制定出台南浔区《关于推进民政事业高质量发展的实施意见》（“民政 25 条”）。高规格、大规模召开全区民政工作暨 2020 年“慈善一日捐”活动动员大会，制定重点工作分解清单，梳理重点项目 10 项，重点指标 11 项，分别明确 3 年具体目标和工作举措，以项目化形式分步骤、分阶段、分类别全面推进。

【“六无六有”人群帮扶】 建立党政负责、部门协同、社会参与的帮扶工作格局，围绕困难群众基本生活需求和幸福保障两个方面，健全“学无忧、业无忧、居无忧、行无忧、水电无忧、用无忧，险有免、产有扶、病有助、梦有圆、教有伴、残有助”的“六无六有”综合帮扶救助体系。共计帮扶项目 12 个，子项帮扶 19 个，涉及单位 14 个，惠及困难群众 16.69 万人次，补助资金 1.56 亿元。

【低收入群众救助】 制定出台《南浔区低收入群众救助帮扶 加快建设“幸福南浔”实施方案》，召开全区“低收入群众三年奔小康”工作会议暨全区社会救助联席会议。启动“学无忧”就学救助，排摸低收入家庭学生 706 人，救助资金 117 元。开展南浔区城乡居民困难人员专项医疗救助，全年救助 99 户 302 人，支出 87.71 万元。低收入群众投保商业补充保险开通“一站式”理赔结算，全年赔付 2022 人次、138.55 万元。完善“一户一策一干部”结对帮扶机制，全区 1509 名机关干部与 547 户城镇低收入家庭、3616 户低收入农户开展结对帮扶。开发低收入群众“云守护”平台，启动“幸福码”，推出“幸福清单”，实现低收入群众服务智慧化。全区 4103 户 7401 名低收入群众人均年收入从 2019 年年底的 1.7 万元增长至 2020 年年底的 2.08 万元，增长 22%。

【养老服务设施建设】 将原南浔镇居家养老服务中心升级为集居家养老、机构养老、健康养老、智慧养老于一体的养老服务综合体，养老服务场所已完成装修并投入运行，让老年人享受更高品质的养老服务。建成 3 家居家养老服务中心，升级 3 家示范型老年食堂。南浔镇、双林镇社会福利中心完成升级工程，旧馆镇、练市镇启动护理院改造工程。推动水晶晶颐养中心建设，已完成主体建设和运营招标。开展养老服务设施布局专项规划（2020—2035 年）调研工作。

【养老服务品质提升】 成功举办长三角农村养老服务研讨会，加强农村养老服务问题研究，推动农村养老服务事业发展。实施养老服务机构“洗楼”排查行动，累计排查 65 家次，排查隐患 59 处，全部完成整改。老年人意外伤害险和养老服务机构综合责任险实现全覆盖。完善政府购买居家养老服务监管机制，采取线上线下双重监管方式，完成服务质量评估和资金拨付，并对监管平台进行功能优化。开展老年人能力评估，由第三方按照统一标准为机构及适老化改造家庭老年人进行身体能力评估。提升养老服务机构运行质量，引进大型、连锁养老企业 2 家，新增 4 家社会福利中心实施公建民营。提升养老服务人员技能水平，新增 2 家区级养老护理人员培训基地，完成养老护理员及家庭照护人员培训 900 人次。

【养老服务智慧化】 开发综合性智慧管理服务平台，启动平台试运营，在南浔区养老服务综合体及南浔镇城南居家养老服务中心设置展示厅。有序推进南浔镇智慧健康养老示范镇创建，南浔镇社会福利中心已试用机构智慧管理平台，部分居家养老服务中心引入智慧管理系统，所有照料中心、老年食堂安装智慧监控，并接入智慧管理平台，部分养老机构配置智能床垫、手环等设施设备。《南浔区筑牢筑实"三张网"高质量推进养老服务体系建设》获省民政厅肯定。《南浔区构建"智慧网"提升养老服务效能》工作获得市领导批示肯定。

【行政区划调整】 根据区委、区政府的决策部署，经省、市同意，2020 年 5 月中旬严格按照行政区划调整相关法律法规规定，启动实施南浔区部分行政区划调整工作。经过 10 多次的对上汇报对接，12 月得到省、市政府的批复同意，完成行政区划调整工作。新成立的东迁街道、旧馆街道，填补了南浔区没有街道的空白，翻开了南浔城市发展的新篇章。同时做好开发区、南浔镇、度假区管辖范围的调整工作，提升中心城区城市能级。

【城乡社区治理】 完成 10 个村（社区）规模优化调整，全区由原来的 221 个行政村、30 个社区，调整为 211 个行政村、34 个社区。平稳有序推进村（居）民委员会换届选举工作，及时赴各镇组织开展培训，参训人数 1300 余人，应换届完成率 100%。新建 8 家幸福邻里中心，实现乡镇服务全覆盖，同时注重幸福邻里中心运营管理，委托第三方专业机构开展运营绩效评估、资金审计、星级评定，其中获评四星 2 家、三星 2 家。统筹推进乡镇社会工作站建设，完成镇级 6 家、村级 211 家。成功创建省级农村引领型社区 12 家，完成新建改建农村社区服务中心 20 家。以南浔镇增山社区和横街村为"无证明"村（社区）试点，进一步巩固无证明村（社区）工作。严格执行情况进展"周报制"，持续深化"扫黑除恶"专项斗争。

【社会组织管理】 完成区社会组织综合党委换届，坚持党建引领，充分发挥"1+3+N"（社会组织综合党委+志愿服务类党支部、社会工作类党支部、公益慈善类党支部+民政兜底的所有社会组织暂不符合组建党组织条件的要全部选派党建工作指导员）组织体系效能，成立社会组织党建联盟，创新组织联学、资源联享、活动联办、服务联动的"四联"工作机制，深化社会组织党建工作"双覆盖"。按照省级示范点的标准，建成区社会组织党群服务中心，并与杭州市西湖区社会组织党群服务中心开展合作共建。加大社会组织扶持培育力度，新增农村社区社会组织 211 家，社会组织实现城乡全覆盖。投入资金 46 万元，启动实施区第三届"水晶晶"公益创投项目。培育省级社会组织领军人物 1 名，市级社会组织领军人物 3 名、品牌组织 3 家、品牌项目 3 个，入选 5A 级、4A 级社会组织各 1 家。进一步开展社团清理规范工作，共注销 12 家、变更法人 7 家。开展"1+5+X"（加强党的领导+年度检查、绩效评估、资金审计、等级评估、诚信建设+动员社会力量和社会组织自身开展综合监督）社会组织服务管理专项行动，对政府购买社会组织服务项目进行绩效评估、资金专项审计，涉及社会组织 15 家、项目 41 个、资金 752 万元。

【社工人才队伍建设】 首次开展全区专职社区工作者统一公开面向社会招聘工作，共招录专职社区工作者 37 名，落实疫情防控一线城乡社区工作者关心关爱措施。加大社工人才培养力度，全区社工考试通过人数 681 人，创历史新高。组织开展第六届社工行业发展论坛、社工聚能计划、区第二届"十大"最美社工评选等活动，入选南太湖社会工作领军人才 14 人，培育社会工作督导国家级 1 名、市级 3 名、区级 16 名。充分发挥党员先锋模范作用，积极引导"社工+志愿者"参与疫情防控、复工复产工作，相关做法被民政部《社区》杂志刊登。联合区文明办、团区委开展志愿服务项目大赛暨志愿服务先进典型颁奖活动，通过典型引领，在全区上下形成志愿服务的良好社会氛围。

【困境儿童救助】 加强信息比对、动态调整，确保资金精准发放，截至 2020 年年底，全区共有在册困境儿童 719 名，发放资金 624.92 万元。集中开展留困儿童专项资金检查，检查困境儿童档案 720 份，走访困境儿童 26 户，发现并整改问题 5 个。

【留困儿童探视工程】 实施"护航·金色童年"留困儿童关爱探视工程，举办"护航·金色童年"留困儿童关爱项目平台使用培训会。2020 年，全区所有探访人员与探访对象完成绑定，关爱走访留困儿童1871人次。推进儿童之家规范化阵地建设，完成22家儿童之家建设任务。配足配好儿童督导员和儿童主任，全区共有儿童督导员11名、儿童主任245名，培训覆盖率100%。9名儿童享受“添翼计划”康复项目。启用福彩公益金组织实施“福彩暖万家·点亮梦想”“福彩牵手·助圆大学梦”等活动。

【区划地名服务】 做好开发区、南浔镇、度假区管辖范围的调整工作，促进中心城区能级提升。联合江苏省苏州市吴江区开展平安边界巡查，区、镇、村三级按要求签订界桩管理协议，落实界桩管理员经费。投入资金357万元，启动实施地名地址数据库项目建设。持续深化地名日常管理，完成地名普查档案整理移交工作。

【殡葬管理】 按照省、市有关要求，落实责任，强化引导，抓好现场祭扫疫情防控工作，清明祭扫安全有序。大力推进乡镇骨灰堂建设，完成南浔镇骨灰堂建设，和孚镇、善琏镇新建骨灰堂完成项目选址和方案设计。练市镇骨灰堂创建省节地生态安葬示范点，并与市殡仪馆合作，推进市级殡仪公共服务向乡镇延伸。联合市场监管部门开展殡葬服务收费专项整治行动，发现问题当场反馈并督促整改。市、区联动开展全区殡葬设施联合执法检查。持续推进“身后一件事”联办工作，办理联办事项3950件，减免殡葬基本服务项目资金182万元。通过各类媒体，强化丧葬礼俗改革宣传引导。

【婚姻管理】 严格依法办事程序，开展行风建设抓服务优化，全年共办理结婚登记2269件，其中省内异地通办2件；离婚登记1043件，其中省内异地通办6件；补发结婚证991件，其中省内异地通办4件；补发离婚证69件；办理“婚育户一件事联办”事项1163件，成功化解以非真实身份进行婚姻登记案件3起。以《中华人民共和国民法典》实施为契机，对婚姻登记处场地进行调整布置，新增登记员1名，并通过政府购买服务、委托专业社会组织开展婚姻家庭辅导服务。加强婚俗改革宣传，大力倡导推广优秀婚姻家庭文化。

【移民服务】 及时发放直补资金共计254.16万元。统筹安排移民后扶项目26个、资金1055万元。加强移民后扶项目实地检查，加强移民资金监管，通过购买第三方服务，与浙江新华会计师事务所有限公司签署三年内审协议，对所有水库移民后扶项目进行审计监管，已对6个项目开展审计。

【“三服务”】 深化“三服务”（服务企业、服务群众、服务基层）活动，5名驻企专员开展驻企服务，入选区“三服务”担当破难典型案例3个，入选“湖州365”三服务案例1个，媒体宣传报道50余篇，其中省级以上媒体宣传报道32篇。深化“最多跑一次”改革工作，加快新时代救助体系建设，构建智慧养老服务平台，全面实现民政服务“码上办”“逝者身后一件事”“结婚生育户口一件事”联办服务累计办件4963件。（姚晓杰）

·退役军人事务·

【概况】 区退役军人事务局树立以“退役军人为中心”的思想，坚持以退役军人的需求为第一信号，坚持问题导向，推动全区退役军人事务工作正常开展。2020年在全区有序推进退役军人服务保障体系建设，稳妥推进拥军优抚工作，规范落实安置政策，做好全国双拥模范城创建迎检工作。

【服务体系】 2020年，区退役军人事务局整体迁入区社会矛盾纠纷调处化解中心，并有序推进镇、村（社区）服务保障体系建设，不断完善横向到边、纵向到底、覆盖全员的服务网络。积极创建“新时代枫桥式退役军人服务站”，2020年成功创建“枫桥式”服务站1个（善琏镇退役军人服务站）、省首批“全国示范型退役军人服务中心（站）”4个（南浔经济开发区退役军人服务站、双林镇退役军人服务站、善琏镇退役军人服务站、南浔旅游度假区退役军人服务站）。全区村级以上退役军人服务中心（站）建设实现全覆盖。

齐心协力落实疫情防控，区退役军人事务局积极主动参与，全力宣传动员广大退役军人争当先锋表率、主动担当作为，全区退役军人参与疫情防控、捐款捐物，构筑起群防群治抵御疫情的严密防线。

加强典型宣传，挖掘一批在基层组织建设、就业创业等方面的典型代表，扩大典型辐射作用，推选兵书记陶新中参加“模范‘兵支书’”微视频大赛，推选退役军人创业团队参加省首届“建行杯”退役军人创业创新大赛并获行业三等奖（全市唯一的获奖项目）。退役军人代表浙江彩蝶实业有限公司董事长施建明获浙江省模范退役军人称号。

【拥军优抚】 双拥工作稳妥推进，做好全国双拥模范城创建迎检准备，逐项对照，整理台账资料 10 项 78 条内容。春节和“八一”期间，走访慰问湖州军分区和区人武部，分别送上慰问品；全年走访慰问重点优抚对象并发放慰问费（含慰问品）。慰问边海防军人家属及现役立功受奖军人家属；开展“慈善暖军心”慰问现役军人活动。落实关于新冠肺炎疫情防控期间烈士祭扫工作要求，组织开展网上祭扫、“9·30”国家烈士纪念日公祭活动，缅怀先烈。

优抚工作务实丰富，为优抚对象按时足额发放优抚金及物价补贴；为 2018 年和 2019 年入伍新兵发放家庭优待金；为重点优抚对象发放医疗补助金；为 60 周岁以上农村籍退役士兵发放生活补助金。部分优抚对象身份认定严肃，办理 60 周岁农村籍退役士兵认定、1～6 级精神残疾退役士兵认定、优抚关系转移、带病回乡退役士兵和评定残疾等级材料审核上报。为符合条件且自愿参保的退役士兵进行社保接续缴费。

【移交安置】 坚持指令性计划分配，落实双考政策，规范推进“阳光安置”，协调推出行政岗位和参公岗位，供军转干部选择；协调推出事业编制岗位、国企正式岗位，用于安置符合政府安排工作退役士兵，协调做好随迁家属、子女入学入托、办理落户等工作。军人退役“一件事”工作优化落实，在区政务服务中心设置一窗受理，通过集中档案审核，线上 App“浙里办”申请、线下代办、内部流转的方式，办理开具落户介绍信、预备役登记和党（团）员组织关系转接等工作。广泛宣传安置政策和自主就业优惠政策，积极开展退役士兵职业技能教育培训，完成以“学历+技能”的形式开展的退役士兵教育培训，培训人次比 2019 年增长 50%。关爱军转干部，积极联系有关镇和部门做好军转企干部帮扶解困和救助工作，落实统一的军转企干部生活补贴、春节慰问金等补助政策，做好相应资金发放。

（朱国华）

·消防救援·

【概况】 2020 年，南浔区消防救援大队（以下简称“大队”）深入落实“以案促改，整风肃纪”专项整顿活动，团结一心，知责奋进，在严管中规范，在创新中提速，真抓实干，砥砺前行。进一步加强和创新社会消防管理，全面深化队伍建设，着力提升队伍思想作风、履职能力和全社会抗御火灾能力，圆满完成疫情防控、全国两会、重大节日等系列消防安保任务以及各种抢险救援和防、灭火中心工作任务。

【应急救援】 大队积极聚焦履行“全灾种、大应急”职能使命，主动对标应急救援主力军和国家队定位，牢固树立战斗力标准，全面提升攻坚打赢能力，推动队伍转型升级，深化全员岗位大练兵活动，积极参加支队“火焰蓝”比武，强化“六熟悉”（熟悉消防队责任区的交通道路、水源情况；熟悉责任区内重点单位的分类、数量及分布情况；熟悉责任区内主要灾害事故处置的对策及基本程序；熟悉责任区内重点单位建筑物使用及重点部位情况；熟悉重点单位内部的消防设施情况；熟悉重点单位的消防组织及其灭火救援任务分工情况）和实战演练，加强大跨度空间、抗洪抢险、地震救援专业队建设，推动练市镇、菱湖镇、和孚镇、旧馆镇及南浔古镇等几个政府专职消防队伍建设，完善联勤联动工作机制，强化协同作战。全年共新征召政府专职消防员 15 人。2020 年，大队共接处警 495 起，疏散抢救被困人员 33 人，抢救财产 2000 余万元。在处置台风“黑格比”、马腰计家兜振兴家具厂火灾等重大行动中冲锋在前，英勇顽强，赢得广泛赞誉。

【火灾防控】 重点推进全区消防重点工作，推动各乡镇（街道）、区级有关部门层层签订消防安全责任书，同时协调协同重点行业部门强化行业主管责任，以“最高标准、最严要求”，对危化品场所、高层建筑、养老院、商（市）场等不放心区域、行业和单位开展安全管控。疫情防控期间，大队专门组织人员对全区所有涉疫物资企业、隔离观察点、商场、超市、农贸市场开展消防安全专项检查和服务指导，累计指导服务企业 2074 家，累计指导检查发现问题 2971 个，累积整改完成 2752 个。加强宣传教育培训，举办形式多样的消防宣传教育活动，发挥微信公众号、微博、抖音短视频等新平台推广作用，进一步提高民众消防安全素质和社会抵御灾害能力。

【监督执法】 大队坚持依法从严，在重点抓好辖区内重点单位的监管的同时，积极推动派出所（《中华人民共和国消防法》修正后）日常检查。2020 年，大队共检查社会单位 1071 家（次），发现火灾隐患 858 处，整改火灾隐患 861 处，下发责令改正通知书 603 份，下发行政处罚决定书 60 份，责令“三停”（停产停业、停止施工、停止使用）8 家，罚款 244550 元，拘留 12 人。大队先后联合区民政局、区市场监督管理局、区文化广电旅游体育局、区住房和城乡建设局等行业主管部门对全区 17 家养老服务机构、53 家民宿、16 家宗教活动场所、37 家危险化学品企业、6 个小微园、27 个社区进行联合检查，督改隐患 425 处。大队不断推进完善接警指挥调度，把政府专职队、微型消防站、民间救援队并入调派体系，形成联勤联战、遂行保障的工作机制，确保救援工作顺利开展。

【宣传教育】 大队坚持围绕“提升全民消防安全素养”目标，不断强化消防安全体验建设，加快全区教育体验场馆提档升级步伐，建设区级消防宣传教育馆 1 个，乡镇宣传体验室 3 个，农村宣传体验点 12 个。组织辖区内消防安全重点单位开展疏散逃生和灭火实战演练，组织消防志愿者、网格员在人员密集场所、消防安全重点单位、居民社区、城乡接合部及农村地区发动宣传，共发放张贴各类海报 3000 余份，发放宣传读本 5000 余册。利用辖区各类建筑 LED 显示屏、户外视频等载体，多频次、高密度播放消防公益短片、提示字幕，全方位多角度向市民宣传消防安全常识。还聘请消防安全宣传大使开展消防安全宣传活动，促进消防文化在社会面的延伸，不断提升消防安全影响力和市民对消防安全的关注度。（周 滟）

·红十字会·

【概况】 2020 年，南浔区红十字会围绕区委、区政府的中心工作，以“保护生命、维护人的尊严”为工作主线，聚焦主责主业，凝聚人道力量，真心关爱群众。

【理事会议】 召开南浔区红十字会二届二次理事会议，调整部分理事、常务理事、副会长和会长并审议通过工作报告及捐赠款物接受和使用情况的报告。审议通过理事单位工作职责和理事会会长例会制度。

【联防联控】 新冠肺炎疫情发生后第一时间组织会员和志愿者广泛宣传疫情防控知识，协助开展重点人群信息排摸、居家隔离人员关怀服务和环境消杀、重点人群疫情防控监测等工作。

【人道服务】 区红十字会全年接收款物 301.46 万元，其中新冠肺炎疫情防控专项捐赠款物 250.45 万元。开展“情暖南浔·博爱送万家”“南浔区红十字瑞通科技教育奖”等多个人道项目，共计支出 41 万元，受益群众 983 人次。

【扶贫协作】 向四川省广安市广安区捐赠 2 台AED 并同步开展业务培训，捐赠家庭急救包 300 个，以物资、技术、管理理念的方式对口支援广安区红十字会工作。

【“三献”工作】 全年参与无偿献血活动 50 余场，普及无偿献血知识 5379 人次；完成造血干细胞捐献入库 57 例，千金镇朝阳村建成全区首家造血干细胞捐献宣传公园；开展人体器官捐献志愿登记 329 例。

【救护培训】 通过线上线下相结合的方式，推进应急救护培训“进机关、进社区、进学校、进企业、进农村”活动，全年开展红十字救护员培训 1070 人；开展普及培训 16691 人次。

【急救设施设备】 全年在公共场所新增设 AED 28 台，配套培训 4380 人次。开展“急救箱进农村”活动，在全区各镇（开发区）党群服务中心、各村（社区）便民服务中心和公共场所放置 300 个急救箱，发放家庭急救包 1500 余个。

【“4 分钟急救圈”】 通过建成南浔古镇景区红十

字救护站并配备专业医务人员、在古镇景区公共区域设置35个急救小屋（箱）、每300～500米设置1台AED（景区共设置8台）、建立红十字古镇应急救援队、对景区工作人员进行急救培训、制作急救地图等全方位立体举措，初步完成南浔古镇景区“4分钟急救圈”建设。

【青少年应急救护体系】 以浔溪中学为试点学校，通过开展师生应急救护培训、在校园公共区域设置AED、每个班级放置急救包等措施，完善红十字青少年应急救护体系。

【志愿服务体系】 发展注册红十字志愿者1044名，占全区常住人口的0.19%。全年开展各类志愿服务活动280余场，惠及群众26000余人次。初步建立按专业、分领域的红十字志愿服务体系。

（钱建芳）

·老干部工作·

【概况】 南浔区现有离退休干部（含教育、卫健系统）3831人，其中中共党员1428人，设有建制性离退休干部党组织23个。2020年，区老干部工作部门贯彻落实全国及省、市老干部局局长会议精神，系统实施“银领四个力提升行动”（“银领先锋”组织力提升行动、“银领人才”素质力提升行动、“银领乐活”保障力提升行动、“银领品牌”价值力提升行动），扎实推动老干部工作创新发展，离退休干部党建工作实现有形有效，离退休干部作用发挥实现常态长效，离退休干部服务管理实现提质增效，连续第三年获得全市老干部工作综合考核第一等次，“银雁返乡”相关做法被评为2020年度全省“优秀创新案例”、全市“创新引领项目”，并被写入全省老干部工作要点予以推广，持续唱响“水晶晶南浔”的银领好声音。

【创新老干部党建工作】 紧扣新时代党的组织路线，按照有利于教育管理、有利于参加活动、有利于发挥作用的原则，探索实施“放、管、扶”实践，不断加强和创新离退休干部党建工作。

放开组织设置。参与制定《湖州市“银领先锋”品牌建设工作标准》，组织开展“银领先锋‘三报到’、垃圾分类我先行”主题党日活动，引导75周岁以下退休干部党员到所在的村或社区开展学习教育、组织生活、作用发挥“三报到”，通过联建或编入等形式，组建“银领驿支部”，累计150余名退休干部党员完成报到，推动离退休干部党组织走向“家门口”。

管好支部建设。制订实施全区离退休干部党支部规范化建设三年创建计划，从班子建设、党员管理、组织生活、制度落实和作用发挥等方面开展百分制评定，完成第一批9个省标准化离退休干部党支部建设，选树区市场监督管理局“红盾银领”党支部、菱湖镇机关退休党支部2个示范型党支部。

扶持组织生活。精准匹配老干部所能所愿与党委、政府所需所盼，鼓励和支持广大离退休干部党组织开展“以老护小，共筑复课安全墙”助力复课、推广使用“公筷公勺”“厉行节约、反对浪费”等系列主题党日活动，以独特优势和作用为组织生活赋能，带头发挥先锋作用，为助力疫情防控与复工复产凝聚起强大的正能量。

【发挥老干部优势作用】 深化实施“银雁返乡”2.0计划，以制度输出精准推动离退休干部发挥优势作用，全面凝聚起打造“重要窗口”示范样本的智慧力量。

制定实施标准。结合南浔实践经验，研究制定《南浔区“银雁返乡”志愿服务实施标准（试行）》，从参与对象、参与形式、服务内容、工作机制及保障措施5个方面，明确提出实施“银雁返乡”计划的具体标准，推行临退招募一批、组织选派一批、离任吸纳一批、学员实践一批、乡贤加盟一批“五个一批”机制，全链条完善离退休干部返乡服务闭环。

打造先锋团队。从区、镇两级机关及国有企事业单位，选派43名退休（临退）干部担任“驻村书记”，集中派往列入后进整转计划、集体经济增收乏力、班子战斗力不强的村和社区，充分发挥老同志原籍、资历和能力优势，高质量打造南浔区“银雁返乡”先锋队。以菱湖镇为试点，率先打造“驻村书记”联盟，推行“四融”（融入强村增收、融入队伍管理、融入基层治理、融入党的建设）工作法，有效激发退休干部参与热情，营造互学互比的“雁阵”效应。

开展“银雁行动”。贯彻实施省志愿服务“十百千万”（十个“助力社会治理银耀好团队”、百个“助力微故事”和千名“最美助力之星”）工程，聚焦区委中心工作和重点领域，组织引导广大老干部返回村、社区及企业，开展“强基、善治、赋能、护绿、传承”五大行动，团结带领党员群众，抓好基层组织建设，参与城乡社会治理，推动乡村全面振兴，累计开展疫情防控宣传、城乡人居环境提升、文明城市创建等志愿服务活动20余次，受益群众超3000人次。集中打造练市镇红美人柑橘基地等一批特色示范点，推选省“助力社会治理银耀好团队”1个，培育“最美助力之星”10人。

【提升老干部服务管理水平】 坚持服务为先，探索实施“银领乐活”保障力提升行动，健全完善离退休干部服务管理长效机制。

办好惠老实事。发挥区老干部工作领导小组统筹协调、部门联动的优势，研究提出“十大惠老实事”（完善离退休老干部情况通报制度、加强离退休干部教育培训、加强离退休干部党建工作、探索实行荣誉退休制度、方便离退休干部就医、深化离退休干部社区医疗服务、举办区老干部党建教育基地医疗讲座、推进离退休干部社区“四就近”服务、推进“家门口老年大学”示范校建设、健全医疗保障服务），不断提升老干部归属感、获得感与幸福感。

规范退休管理。探索规范干部退休制度，通过谈心谈话、报名推荐、发放聘书等形式，动员工作经验丰富、有一技之长且热心志愿服务的退休干部，加入区“水晶晶”银领志愿服务团队，实现干部退休管理与返乡服务的无缝衔接，累计吸纳退休干部120余人。

完善服务举措。围绕“1+N”[1所区级老年大学，N个镇、村（社区）教学点]总体布局，积极发挥资源整合、党建融合、学为结合的“合”力效应，大力推进“家门口老年大学”建设，新增练市镇水口村、菱湖镇西栅社区2个“家门口老年学堂”。贯彻离退休干部社区“四就近”（就近学习、就近活动、就近得到关心照顾、就近发挥作用）服务要求，开展与居家离休干部结对、关爱异地居住退休干部等服务活动。举办全区离退休干部“展风采、颂小康”纪念抗战胜利75周年书画、摄影线上联展，开展“弘扬传统、关爱重阳”系列活动，传递来自党委、政府的关心与关怀。（饶俊峰）

·关心下一代工作·

【概况】 2020年，南浔区关心下一代工作委员会（以下简称“区关工委”）下辖乡镇关工委10个、村（社区）关工委249个、机关事业单位关工委27个、企业关工委46个、学校关工委33个（中学12个，小学21个）、医院关工委5个。区关工委以“五老”（老干部、老战士、老专家、老教师、老劳模）队伍建设为重点，以“七彩阳光”青少年公益创投项目为抓手，扎实推进强基层、打基础、树品牌各项工作，有效推动关心下一代事业持续创新发展。南浔区未成年人道德法治体验馆于11月正式开馆。区“五老”关爱团成员虞林妹获评“全国关心下一代工作先进工作者”。

【青少年思想道德建设】 围绕立德树人根本任务，将加强青少年思想道德教育作为贯穿全年的基础工程，引导青少年争做红色基因的传承者和时代精神的践行者。

开展主题教育。以高水平全面建成小康社会为契机，持续开展“传承红色基因、争当时代新人”等主题教育活动，组织五老讲述伟大祖国从站起来，到富起来，再到强起来的亲身经历和奋斗故事，引导青少年听党话跟党走。把疫情常态化防控融入主题教育，联合浙江大学及市关工委，邀请原浙医大副校长章锁江教授，赴善琏学校开设“健康向未来·专家进校园”专题讲座，讲述抗“疫”故事，弘扬“最美”精神，普及防疫知识，引导青少年充分认识中国特色社会主义制度的优越性。

创新“第二课堂”。整合教育、司法等部门资源优势，依托区检察院探索建立“南浔区中小学道德和法治教育第二课堂”，借助现场沉浸式体验教学，先后开设走进民法典讲座、“浔讲团”进校园、“跟着检察官看电影”法治微课等系列特色课程，通过“请进来”“走出去”“云课堂”等多种形式，将道德法治教育有机融入课堂教学，帮助区内近5万名中小学生启迪思想、收获知识、规范行为。

组织文明实践。联合区民政局、区社会工作协会及各镇（开发区）等单位，依托幸福邻里中心、新时代文明实践中心及关爱儿童之家等阵地，组织青少年广泛参与社会主义核心价值观、传统文化、生态环保等方面的实践。南浔古镇旅游度假区关工委组织开展“暑期小志愿者”活动，组织中小学生穿上志愿者小马甲，走上古镇景区街头，沿路发放宣传资料，深入居民小区监督垃圾分类投放情况。

【服务未成年人】 以“万名五老结对关爱未成年人行动”为抓手，整合全区关工委系统成员单位资源优势，充分发挥五老的独特优势，持续推动青少年全方面发展。

建好特色体验“大本营”。以区法院为主导，凝聚全区关工委系统力量，完成南浔区未成年人道德法治体验馆项目建设。以“互动、体验”为核心理念，综合运用互联网、移动通信、3D虚拟现实、人工智能等技术，真实模拟未成年人日常生活所接触到的情景及法律案例，创新探索学用结合的道德法治教育新模式，切实提高全区青少年道德法治教育的针对性和实效性，得到出席开馆仪式省、市关工委及法院系统领导高度赞赏。

奏好普法宣教“合奏曲”。区关工委联合区教育局、区法院、区妇联及各镇（开发区）等关工委组织开展“未成年人保护法治宣传教育进校园”“遵纪守法”亲子普法等活动，组织在校青少年集体参观区法院诉讼服务中心，旁听案件庭审，感受审判氛围，并通过赠送发放《预防性侵害》《珍惜青春、拒绝毒品》《抵制校园暴力、共筑美好校园》等专题读本，普及法律知识，播撒法治种子，覆盖青少年3000余人次。

打好关爱帮扶“组合拳”。健全农村留守儿童和困境儿童关爱服务体系，联合区福彩中心、区慈善总会、星光农机股份有限公司等单位，组织开展“福彩牵手·助圆大学梦”“关爱大学生奖学助学”等系列活动，帮扶困难青少年70人，累计资助44万元，让他们更多地享有改革发展的获得感和美好生活的幸福感。如善琏镇关工委，邀请30余个新居民家庭参与“‘小候鸟’趣学垃圾分类 共筑绿色环保家园”活动，在丰富“小候鸟”暑期生活的同时，引导孩子们带动身边的家人参与支持生态保护。

【培育“两山少年”】 合力探索“绿水青山就是金山银山”理念青少年教育实践，打通教育引导的绿色转化通道，积极培育生态文明的笃信者、践行者和传播者。

广泛组织发动。联合区文明办、区教育局、区民政局、区社会工作协会等多个部门，组织开展“践行两山理念 争做两山少年”学习实践活动。发挥中小学校教育主阵地作用，重点开展“四个一”活动，即开展一次主题队日活动、举办一次环保书画赛、参加一次志愿服务活动、做一次“绿水青山”小调查。

开展特色活动。联合团区委组织开展寻访“两山”路特色研学活动，将和孚镇荻港渔庄、湖州南太湖环保能源有限公司、南浔古镇等研学点纳入南浔区青少年“两山”研学地图。利用暑假时间，积极发动广大中小学生注册使用微信小程序，领取研学护照，打卡研学地点，引导青少年通过生动活泼的研学活动，零距离感受习近平总书记对少年儿童的希望和要求，体会和感悟家乡之美、生态之美、和谐之美。

选树身边榜样。引导广大少先队员自觉践行“两山”理念，积极寻找、发现和学习身边的“两山少年”，让“值得学习的榜样就在身边”的思想观念深入少年儿童心中。从热心公益、勤学创新、自强自立、尊师孝亲、诚信守礼五个不同的方面，在全区青少年中培育选树不同类型的“两山少年”。累计选树“水晶晶南浔好少年”“两山追梦好少年”等各类区级青少年先进典型30余人，借助网络、报刊等媒体平台集中进行宣传展示，并通过故事分享会等形式，发挥典型引领作用，以此带动更多的青少年投身实践。

（饶俊峰）

·民族 宗教·

【概况】 2020年，区民宗局深入学习贯彻习近平总书记考察浙江重要讲话精神，严格落实中央和省、市关于做好新时期民族宗教工作的各项决策部署，为湖州建设“重要窗口”示范样本凝聚广泛力量，彰显民宗担当，突出项目、紧抓重点，推进民族团结进步“石榴籽”工程和宗教工作“同心圆”工程，维护民族和睦、宗教和顺的良好局面，有力地助推重塑水晶晶南浔，建设美丽繁华新江南。区委统战部机关获评市民族团结进步模范单位，菱湖中学被确定为第三批省级民族团结进步重点培育单位，区少数民族联谊会会长杨秀智获评浙江省第六届民族团结进步模范个人。

【疫情防控阻击战】　迅速落实宗教领域疫情防控举措。第一时间制定下发《关于做好全区宗教领域新型冠状病毒感染肺炎疫情防控工作的紧急通知》，要求全区68处宗教活动场所（含基督教聚会点）和225处民间信仰场所严格落实防护措施，暂停一切宗教活动，宗教场所暂停对外开放。

凝心聚力勇担社会责任。面对防控物资短缺的困境，倡议民族宗教界人士捐款捐物，区各民族宗教团体积极响应号召，立即发布募捐倡议书，纷纷发动信众捐款捐物，奉献无私爱心，据不完全统计捐赠钱款累计50多万元，捐赠口罩3.6万余个，帮助购买口罩近15万个，区佛教协会副秘书长演法法师代表宗教界人士在全市统战系统读书会上作典型发言。

提供暖心的靠前服务。及时、耐心向信教群众做好暂停迎新春祈福活动的劝导工作，逐一了解各宗教场所教职人员生活和医疗物资等情况，密切关注教职人员的动态和需求，守望相助、共克时艰，用心、用情扎实做好各项保障工作。

做好常态化疫情防控工作。按照“属地管理、受控有序、责任到点”的原则，逐一落实精准评估及有效防控等措施，稳步做好宗教活动场所（民间信仰场所）有序恢复开放工作。积极稳妥劝阻好天主教朝圣工作，指导伊斯兰教界做好斋月期间的疫情防控工作，并耐心做好不聚集活动的说服工作，确保全区宗教领域平安稳定，不组织集体聚会活动。

【共同体意识】　拓展阵地建设。在长辉电镀有限公司创建民族团结进步“进企业”示范点，结合“职工之家”做好企业民族团结进步相关布展工作，组织开展“民族团结一家亲·清明包粽子”等活动。在太君庙创建民族团结进步创建“进宗教活动场所”示范点，组织少数民族群众开展“话民俗、展技能、广普法、创平安”普法活动及垃圾分类知识宣传活动。在太君庙门前开辟一处民族团结进步宣传长廊，完成民族工作宣传布展。以区民族宗教管理服务中心为主体，创建民族团结进步工作室，设民族团结进步展厅、办公室、会议室等，使其成为服务少数民族群众的综合性平台。石淙镇设立“世敏民族团结”工作室，成立镇少数民族妇女联合会，在妇女维权、巾帼建设等方面积极作为。

开展民族团结联谊活动。组织区、镇少数民族群众开展民族团结联谊活动10余次，促进各民族之间的交流交往，丰富少数民族群众的精神文化生活。菱湖中学西藏班民族工作得到《湖州日报》多次宣传报道，《菱湖中学学生给车俊书记的一封信》得到时任省委书记车俊的批示肯定。《湖州市菱湖中学深耕19载办好内地西藏班促进民族团结结硕果》得到中央统战部《统战信息》刊载和省委常委、统战部部长熊建平的批示肯定。

加强城市民族管理服务工作。结合“同心·三服务”活动深入开展，优化城市民族“四微”服务平台，发挥“3010637”热线作用，以社区为着力点，对涉及民族政策咨询、困难帮扶、异地创业求学等方面问题及时做好有温度的服务工作。宣传民族政策方针，不断创新服务机制，优化服务内容，提升社区民族工作精准服务水平。扎实做好少数民族中高考考生加分（优待）审核工作。

做好少数民族乡村振兴结对帮扶工作。按照全省“双百村结对行动”目标要求，主动加强与丽水市遂昌县妙高街道后江村工作对接，认真制定切实可行的帮扶建议方案，明确帮扶措施，落实帮扶资金10万元，助推少数民族乡村振兴发展。

完成区少数民族代表人士联谊会换届工作。在健全镇级少数民族联谊组织的基础上，选取有代表性的民族人士加入区少数民族代表人士联谊会，进一步充实民族人才队伍，激发班子成员活力，高质量完成区少数民族联谊会的换届工作。

【宗教领域治理】　加强教育引导，共绘宗教工作同心圆。以《南浔区宗教活动场所中国化 法治化建设指南》为抓手，充分发挥考核“指挥棒”作用，进一步加大“导”的力度，深入推进“六进六导”系列活动，打好“六进六导”系列活动收官战，实现全区宗教活动场所“两化”建设全覆盖，确保“三进三立”（社会主义核心价值观、法律法规、中华优秀传统文化进宗教活动场所；在宗教活动场所立国旗、立标准、立典型）100%。抢抓村级组织换届契机，切实提升村党组织书记的宗教意识，利用党校平台，由区民宗局局长给全体村党组织书记讲授“党的宗教知识”的专题党课。按照《生态寺院建设规范》，将善琏永欣寺、菱湖龙山寺确定为全区生态寺院建设示范场所。在宗教场所推行垃圾分类、文明敬香、科学放生、生态宣传、食品安全等规范管理，打造绿色、低碳、可持续发展的宗教寺院。举办宗教系统垃圾分类培训班，切实做好宗教场所垃圾分类工作。

加强制度管理，夯实宗教工作基层基础。扎实开展宗教领域“安全生产月”和“安全生产万里行”活动，进一步提升宗教界人士的安全素养，消除事故隐患，筑牢安全防线。

加强依法治理，提升宗教事务管理水平。开展政策法规宣传月，举办宗教政策法规专题培训班，开展宗教领域“十百千万”普法工程，制定切实可行的实施方案，向各宗教活动场所发放《中华人民共和国宪法》《宗教事务条例》《垃圾分类指导手册》等宣传资料1500余份，开展《中华人民共和国民法典》等普法讲座7次。明确双林东岳庙创建省级普法教育基地，场所专门设置普法讲堂，不断增强宗教界人士和信教群众的法治意识。

加强能力提升，促进宗教团体自身建设。大力支持宗教团体加强自身建设，组织其认真学习《浙江省宗教团体管理办法》。积极帮助各宗教团体解决办公经费、办公场所和办公人员问题，投入近80万元启用全省首个县区一级民族宗教管理服务中心，落实办公场地和办公人员，给予每个宗教团体2万元经费补助。重视加强对宗教界代表人士的教育培训，组织开展垃圾分类、《浙江省宗教团体管理办法》学习等培训活动。组织区佛协围绕助推长三角一体化外出江苏开展为期3天的学习考察。完成对宗教团体班子成员的述职及民主测评。

【信仰场所管理】 实行淘汰机制。制定《南浔区关于深化“六有六无”创建活动进一步强化民间信仰场所动态管理的实施方案》，对民间信仰活动场所开展综合考评，对考评“不合格”场所，实行合并、取缔、另作他用等措施，以综合治理倒逼规范管理。

打造示范场所。在全区范围内选定30处民间信仰场所示范点，健全管理制度。邀请专家学者开展民间信仰领域研究，将全区30处文化底蕴深厚的民间信仰故事编纂、提炼，汇编成册，拓展场所的文化功能，充分传递民间信仰蕴含的正能量。

开展各类活动。将民间信仰传统文化活动纳入区级公共文化服务体系，使民间信仰场所成为宣传、教育和引导群众的新平台，进一步丰富群众的精神文化生活。积极举办“民间民俗·多彩浙江”优秀传统文化系列活动，在善琏镇蒙公祠举办“华夏笔工祭笔祖——蒙恬会”，依托民间信仰场所弘扬湖笔文化，助力非遗传承。 （朱梦娜）

开发（园）区

·南浔经济开发区·

【概况】 2020年，南浔经济开发区大力实施招商引资“一号工程”，坚持把重大项目建设作为实现疫情防控与经济发展“两手硬、两战赢”的主抓手，经济社会发展取得良好态势。2020年累计完成财政收入21.02亿元，同比增长14.1%；完成规上工业总产值281.5亿元，同比增长5%；工业性投资22.2亿元，同比增长85%；签约亿元以上项目52个，总投资545亿元，同比增长51.3%，其中，百亿元级项目1个，五十亿元级项目3个；累计拓展平台面积超533公顷。

【产业发展】 谋划发展光电通信产业。以投资290亿元的泰嘉光电超薄玻璃基板深加工项目为龙头，引进投资105亿元的华尚光电高导通透明硅基电路板及光通讯芯片项目和投资55亿元的弗兰德5G基站天线项目，设立100亿元光电通信产业专项基金，规划933.3公顷工业平台。

“链长制”推进高端装备智能制造。牵头开展电梯、电机产业强链、补链工程，出台产业扶持政策，鼓励支持企业技术升级改造，打造现代化特种装备制造基地。带动157家配套企业扩量投产，两大行业完成工业产值114.56亿元，同比增长9.9%。

改造提升发展绿色家居产业。建设千亩省级绿色家居制造产业园，持续开展“低小散弱”木业企业专项整治提升行动，实行“亩产划档、改造入园”模式。共关闭“低小散弱”木业企业57家、提升入园31家，完成税收2.4亿元，高于前期8个百分点。

【项目双进】 主动出击争项目。武汉解封后第一时间，主要领导即带队到武汉、深圳等地招商引资，引进华尚光电百亿元级重大项目1个、弗兰德5G等五十亿元级项目3个。全年，南浔经济开发区招商员共外出招商82批次。全年签约亿元以上项目52个，总投资545亿元，同比增长51.3%。紧盯“大好高”项目，及时落实专人问访，全天候掌握投资动态，用真情和诚意招引中兴通讯、正威国际等重大项目。

开放合作招项目。抢抓新冠肺炎疫情期跨国公司产业转移机遇，引进芬兰通力二期、以色列南泊湾等外资项目4个，瑞士迅达、联大电机又与本地企业达成新合资，百亿产值的中欧产业园已初步建立。引进投资45亿元的晶达半导体、投资10亿元的宏旭智造台资项目2个，主动开展上下游光电企业招商，引进中国台湾、韩国光电通讯人才团队200人。

全力以赴推项目。抢抓项目招引、审核、发展三进度，实现落地项目签约即开票、拿地即开工、投产即上规。组织20个专班156名机关干部联企专员，推行项目代办“店小二”式服务，全力保障60个在建项目快速推进。2020年竣工15个、提前推进计划33个、即将开工12个。泰嘉光电主厂房已封顶，华尚光电完成一期建设并设备入场，亨通光电已投产，弗兰德5G已全面开工，“南浔·长三角光电湾”正逐步成型。

【平台建设】 大力建平台。强势推进頔塘北岸改造提升行动，59天时间拆除361家“低小散”企业及农户旧房，盘活土地166.7公顷。创新启动“退二优二”[退出低效工业（二产）企业，引进优势的制造业和科技含量高的工业（二产）企业，即腾笼换鸟]、“退二进三”（从第二产业中退出来，从事第三产业，即原工业厂房用地重新规划为住宅、商业等用地）等模式，引进2.5代生产性服务业，配套建设国际学校、港中旅新城等设施。

聚力美园区。投资100亿元建设万亩现代绿色园区，变电站、污水处理厂等配套正在加速推进；迁西路等“三纵三横”交通路网已开工建设，富华路、强园路等 4 条断头路全部打通，西泰路等 8 条主要道路完成改造升级。建成 20 万平方米南太湖精英创业园，华尚创客吧、北京海创院等 5 个人才项目已进驻运营。

全力优环境。全面深入推进城市精细化管理，完成旧厂区、旧住宅区改造 13 万平方米，城中村改造 322 户，拆除违法建筑 61 万平方米，$PM_{2.5}$连续多月全区最低，占道经营、违法停车等同比下降 70%以上。实现美丽乡村创建全覆盖，完成重点村历史债务遗留问题整改工作。

【社会治理】 不遗余力化解矛盾。创新实施“三理三心”[依法行政聚民心（法理）、以情动人解纠纷（情理）、以理服人调矛盾（事理）；用心走访排隐患、耐心答疑解困惑、暖心帮扶促矫治]工作法，成功创建南浔区首家省级“枫桥式”司法所，实现社会管理“小司法、大治理”。建立“三级管理”矛盾化解机制，挑选 39 名专职调解员及时处理日常矛盾纠纷，做到“微事不出格、小事不出片、大事不出区”。全年共调解成功矛盾纠纷 632 起，其中积案 2 件，调解成功率 99%，涉及金额达 900 余万元。

竭尽全力真诚服务。推进“四平台一中心一网格”（综治工作平台、综合执法平台、市场监管平台、便民服务平台；基层治理综治指挥中心；网格化管理）建设，融合传统文化邻里情，让有威望、知民情的乡贤，有经验、精业务的老干部用“土言土语”调解“乡里乡情”，挖掘打造“水乡情工作室”品牌亮点，成功调解 18 起邻里纠纷。疫情期间在全区率先实施“隔离不隔离爱”8 条措施，发动企业爱心捐款 560 万元。

全心全意改善民生。投入 2.1 亿元建设水晶晶新城学校，办学规模为 48 个班级，可容纳 2280 名学生；投资 1.5 亿元建成水晶晶公园，长三角地区较大的水秀项目已运营亮相；引进华纺、新黄浦等一批高品质楼盘，投入 10 亿元高标准建设马嘶社区。

（刘盼盼）

2020 年南浔经济开发区行政村（社区）基本情况表

表 1

村（社区）名	书记	主任	村民小组数（个）	总户数（户）	总人口（人）
直港巷村	周卫东		12	456	2218
江蒋漾村	毛新超		23	674	2696
洋南村	钟会江		11	398	1607
庠上村	吴元方		23	554	2511
马嘶村	戴仁珠（女）		25	627	2642
戴家桥村	谭惠新		19	552	2553
宝山村	冯德明		16	323	1513
西阳村	丁新江		22	757	3115
坞仁村	曹利锋		23	659	2819
三田洋村	张国强		27	922	3720
圣驾桥村	姚卫泉		22	561	2298
方丈港村	朱永根		12	452	1568
东迁村	马志刚		34	912	3836
祜村村	张建明		25	541	2184

续表1

村（社区）名	书记	主任	村民小组数（个）	总户数（户）	总人口（人）
东上林村		王慧明	25	523	2164
同心村		沈海林	20	471	1858
丁家港村		方金法	21	550	2142
李家河村		吴训锋	11	377	1503
浔北村		莫国祥	6	387	1520
富强村		叶振林	29	645	2290
英雄村		陆永根	10	289	1062
南林社区		程建辉	8	360	1001

·南浔古镇旅游度假区·

【概况】 2020年是南浔古镇保护利用工作新一轮三年行动计划实施的关键之年，是南浔古镇高质量赶超发展的加速之年。南浔古镇旅游度假区（以下简称“度假区”）以擦亮“世界文化遗产地、水晶晶南浔”金名片为抓手，顺势而为、乘胜前进，全面完成了年度各项工作任务。提前谋划第二届虾客大会、古镇夜游、水乡婚礼、灯光秀等热点活动和旅游产品，成功举办第二届虾客大会、第二届“国际桨板公开赛”、“水晶晶女孩”等主题宣传活动。截至10月，南浔古镇接待游客67.58万人，经营总收入5519.18万元，其中门票收入3093.56万元。

【规划编制】 以南浔历史文化名镇保护规划为引领，统筹各类区块规划、项目方案，着力实现古镇规划与南浔城市建设、国土利用、生态文明、产业布局等相关规划相融合。《南浔古镇片区规划提升暨实施方案》《南浔古镇南部区块总体设计》完成区级评审，根据评审意见修改完善；《大运河江南运河南浔段保护规划》根据省文物局意见修改完善。结合世界文化遗产保护的新要求，绘制核心项目布局、边界划定管理、交通组织优化、风貌引导管控、服务设施完善、市政设施完善六个“一张图”，全方位、整体性保护发展南浔古镇，传承文化活态、创新产业发展，打造古镇版美丽繁华新江南图景。

【空间腾挪】 围绕湖苏沪高铁、水利水电学院、太阳酒店及渔人码头、S213北延及隧道工程，启动南浔古镇度假区“百日攻坚”行动，制定工作方案，抽调度假区、区文广旅体局、区旅投集团工作人员组成攻坚团队，完成国有土地重点户327户、企业10家（收储、腾退），完成集体土地拆迁农村重点户15户、预征土地100公顷，为项目建设、基础设施、产业招引、旅游产品植入等提供空间支撑。度假区发挥政策引领、南浔窗口、自主奋斗、落实保障、古镇底蕴“五大优势”，落实领航员、宣传员、服务员、安全员和守门员的“五员责任”，建立长效管理模式，获评南浔区古镇北部区域征迁集中攻坚工作先进集体。

【项目建设】 充分利用古镇历史文化遗存，按照“修旧如旧、整修如故”原则从水、陆两个方面恢复水乡肌理。列入区委、区政府重大建设项目清单的古镇北部景区33个项目中已完工10个，其中2020年新完工宜园、丝绸码头等项目6个。水路串线成网，以清末古镇风貌图为蓝本，修复宝善河（北市河）、栲栳湾河、永安河、凤凰河等7条河道，重构南浔古镇自西向东的运河与自南向北的市河相交形成的十字港水网，宝善河挖掘工程已完成总体工程量80%。陆路聚点为片，着眼古镇区范围内古建筑、名人故居等重点文保单位开展保护性修缮。已完成北小圩张宅、蒋氏密韵楼等28处重点文保单位和历史建筑的修缮。

【产业振兴】 深入挖掘传统业态文化内涵，厚植优秀传统商业文化根基，精准做到“一品一策一案”。针对南浔古镇野荸荠、庞滋德等8家老字号和天云楼、状元楼等10家百年老店实行“一对一”帮扶机制，倾力支持传统业态改造提升；针对“云品”“合罗”等优质辑里湖丝销售品牌开展提升计划，重现辑里湖丝新时代“金”彩，已获外观设计专利2项；针对部分本土产业销售方式单一的问题，建立消费群体链接。立足历史文化底蕴，定期活态展示湖笔、湖丝等南浔本地非遗业态，深入挖掘历史人文故事，充分将文化资源转化为旅游特色。“非遗传承+青年创业”模式促进非遗文化传播获得市领导批示肯定。

【疫情防控】 贯彻落实区委、区政府决策部署，全面做好疫情防控、服务推动复工复产工作。第一时间落实“网格制”，班子带领6大网格17个子网格的100余名网格员分工明确、协同作战。全方位落实“一级响应”举措要求，通过全面“洗楼”排查辖区实有居民3788户，空置户684户，“洗楼”户籍人口排查总量4507人（涉湖7人），暂住人口排查总量2702人（涉湖70人），每家每户张贴“温馨提示”和防控通知总计5000余张。3个社区100余名工作人员，连夜发放通行证3788张。对进出卡点车辆人员开展细致排查，做到“一查身份证件、二测人员体温，三问来往信息”，适园社区应晓岚等获评湖州市“千名城乡社区抗疫英雄”。

【环境提质】 提升市容市貌环境卫生，合力攻坚，做好全国文明城市指数测评迎检工作。度假区广泛宣传有力发动，出动检查作业人员900余人次，破旧立面改造6100平方米，拆除历史遗留违建8处，修复破损设备表箱520处，划设汽车停车位700余处，划设自行车位线1000余米。对下辖6个社区的无物管小区楼道杂物、乱张贴小广告、飞线等进行全面清理整治。积极推进生活垃圾精准分类工作，规划建设投放驿站97座，其中智能驿站13座、四分类非智能驿站77座、四分类六箱体非智能驿站7座。根据“四边三化”工作要求，共清理拆除问题点位100余处，主要干线两侧专项整治中，度假区点位6处，率先完成整改强拆，属地排名首位。“四非”[非法制砖厂、非法码头、非法无矿山矿石（建筑废料）加工点、非法搅拌站]整治取缔非法码头1处。共检查出涉水、涉气问题107处，完成整改107处。有序推进老旧小区改造，华龙花苑（朝北埭），适园一村、二村、三村、四村，高龙小区（铁马小区）6个片区都已进场施工。排摸清理景区路面、里弄杂物垃圾424处；完成沿街店铺商户破旧店招店牌整改10处。景区外围商铺小广告完成清理整治52户，清理城市小广告760处。市政维护物业维修点位238处，一致得到居民赞许。受理相关热线400余件，处理率100%，满意率93%，极大地提升了度假区的整体环境品质，获评南浔区城乡人居环境“百日攻坚行动”工作先进集体。在湖州市全国文明城市复评及未成年人城市创建工作中，度假区获湖州市集体三等功。

【社会事务】 努力让人民群众的获得感成色更足、幸福感更可持续、安全感更有保障。度假区共有低保户80户114人，低保边缘户12户27人，特困人员6人。为缓解群众困难，全年临时救助5户13人41002元，专项医疗救助2人16392元。通过定期开展“金色护航”探访活动，新建古镇儿童之家1所。落实省为民办实事项目，为辖区内2位困难老人的住处申请适老化改造并顺利完成验收。南浔第一家养老服务综合体“南浔为老服务中心”于10月正式投入运营，重阳节之际对辖区内90周岁以上老人开展慰问，共计51500元，并为3位百岁老人申领百岁老人补贴，营造尊老、敬老、爱老的良好风尚。全年新招聘社区专职工作者11人，补充社区新鲜血液，强化社区工作人员队伍。发动参与社工考试40人，2名社区干部入选南太湖社会工作领军人才。2020年，度假区镇级“幸福邻里中心”开展大小主题活动25场，参与人数7000余人次，社区工作人员的专业工作能力不断提升。

（梅银巍）

2020年南浔古镇旅游度假区行政村（社区）基本情况表

表2

村（社区）名	书记	主任	村民小组数（个）	总户数（户）	总人口（人）
辽里村	李根福		15	437	1758
硬长桥村	曹振伟		13	281	1050
沈庄漾村	杨建华		14	365	1668
浔东村	顾建华		17	550	2165
泰安路社区	沈洪梅（女）		30	2655	7288
辽里社区	朱晓华（女）		27	2666	6643
镇东社区	周月萍（女）		24	4100	9600
百间楼社区	陈明海		20	2189	5233
夏家桥社区	沈利英（女）		20	2018	4950
适园社区	应晓岚（女）		25	1122	2492

·南浔科技新城·

【概况】 2020年，科技新城管委会深入贯彻落实区委、区政府“一一二八”工作部署，围绕“三年成势、五年成型、八年成城”的工作目标，以招商引才和项目建设为主抓手，全力加快推进科技新城建设。为“重塑水晶晶南浔，建设美丽繁华新江南”、高质量打造湖州“开放东大门、创业新高地”贡献力量。全年共实施项目22个，完成投资76.01亿元，其中包括基础设施建设2.42亿元，房地产投资36.6亿元，产业投资36.99亿元；实现纳税3.8亿元；全年出让土地108.4公顷。

【规划设计】 整体城市设计坚持高起点、高标准要求，重点谋划高铁核心区，结合新江南水乡特色要求、新城周边发展，科学划定城市、商业、产业板块，打造新南浔城市印象。

完成科技新城10平方千米城市设计和阳安塘以北水系调整规划，以高铁产业发展轴和高铁空间发展轴、科创云谷和科创智谷、绿地南浔中心和南浔智慧文创中心构建“两轴两谷两座超高层”的新格局。

推进绿地南浔中心、南浔智慧文创中心方案设计。绿地南浔中心与南浔高铁站融为一体，采用“礼乐重门”的设计方案，两侧为超高层双子塔，中间是新江南空中花园，通过空中云廊连接高铁站，恭迎八方宾客。

启动12公顷科创云谷一期概念方案，高铁站周边站前大道和站后大道、沈塘路二期等配套道路方案设计，完成初稿，同时启动阳安塘以南区块空间和水系规划调整。

【项目建设】 基础设施建设逐步完善。完成新安路一期、新安路二期、直港路、陆梁桥闸站工程、城市功能区水系调整一期等项目建设，南林公园、城市规划展示中心实现对外开放。南林公园被评为省优质综合公园，给周边居民提供休闲好去处，给南浔新立城市坐标；南浔城市规划展示中心（城展馆）立体地展示南浔的昨天、今天和明天，自8月开馆后已接待人员400余批次。

产业项目建设稳步推进。总投资1.5亿美元的鼎旭智能制造（一期）项目已完成建设并开始投产；总投资各超1亿元的天泽机电、和泽设备、正实辐照3个项目，建筑工程已完成主体结构结顶，设备开始进场安装；总投资超10亿元的海顺新材、嘉亨两个项目正式开工，其主体厂房已结顶。总投资达

160 亿元的浙江泰嘉一期项目主体厂房已结顶，584 箱设备已装入湖州保税物流中心仓库。总投资达 128 亿元的绿地南浔中心城市空间站项目正式签约，12 月启动进场。

【要素保障】 加快征迁安置。拟定科技新城拆迁工作方案、细化推进计划和资金测算方案，积极协调属地政府加快推进征迁工作。启动高铁核心片区征迁和水系调整，核心片区除马腰村李家埭自然村外征拆迁工作已全面启动，水系占补方案已完成并报有关部门审批。

完善公司架构。组建平台公司，搭建新城开发架构。成立科创公司作为新城的开发建设主体，下设三家子公司，组织架构初步建立，现设总经理、副总经理各一名，下设综合部、财务部、投资部、工程部，现有员工 16 人。

保障项目资金。拓展融资渠道，优选融资方案，优化融资结构。一是高效对接银行融资，全力争取低成本、长期限项目贷款。二是灵活运用发行企业债券等融资渠道，创新直接融资方式，扩大直接融资规模。全年获得融资授信达 24.9 亿元。

完成出地计划。提前谋划，抓实重点环节，提前完成项目包装、地块评估、招商及出让准备。截至 12 月，科技新城区域内已完成 65.3 公顷商业住宅用地和 43.1 公顷工业用地土地出让工作。

（顾晓佳）

乡　镇

·南浔镇·

【概况】　2020 年，南浔镇坚持在常态化疫情防控中狠抓“六稳六保”，攻坚克难，争先创优，全力推动全镇各项事业迈向高质量发展。坚持“以实绩论英雄”的工作导向，统筹推进疫情防控和经济社会发展，做到“两手抓、两手硬”，完成了全年各项目标任务。全年实现地区生产总值 99.83 亿元，增长 4.3%；财政总收入 17.89 亿元，增长 5.26%；城镇和农村居民人均可支配收入分别达 6.13 万元和 4.12 万元，分别增长 4.5%和 7.8%。

【项目“双进双产”】　成功举办 2020 年重大项目集中开工仪式和集中签约仪式，全年完成签约引进亿元以上工业项目 18 个、服务业项目 6 个，其中工业“大好高”项目 6 个、服务业“大好高”项目 3 个。完成全社会固定资产投资 90.82 亿元，增长 2.1%，其中工业性投资 8.32 亿元，服务业投资 82.5 亿元。全年在建产业类项目 27 个，其中亿元以上开工项目 18 个、亿元以上竣工投产项目 9 个。

【经济质量】　实现规上工业总产值 63.97 亿元，规上工业增加值 9.36 亿元，横街、杨华 2 个小微园已申报省级数字化示范小微企业园，入驻企业达 24 家，应税销售收入 6.21 亿元，纳税总额 2002.7 万元，居全区首位。久盛地板入选省“隐形冠军”培育企业，新增“新三板”上市企业 1 家、“个转企”60 家、“企升规”24 家、限上服务业企业 34 家。

【科技人才】　全年新增国家高新技术企业 4 家，省科技型中小企业 19 家，市级众创空间（众创田园）2 家，市级以上研发机构 2 个，产学研合作 4 家。引进创业顶尖、领军人才 4 名。久盛地板有限公司、湖州柳荫生物科技有限公司 2 家企业获得全省科学技术进步三等奖，入选数占全区 67%。

【深化改革】　深入推进“最多跑一次”改革，启用 586 平方米便民中心新大楼，整合 138 项行政审批和公共服务事项进驻。加快“一窗受理”平台延伸入村全覆盖，打通半小时办事服务圈，实现 89%的民生事项在基层可办结。积极开展“亩均论英雄”改革，处置“五未”项目 10 个。稳步推进农业水价综合改革工作，全面完成 11 个村 1767 公顷农业综合水价改革。

【服务效能】　开展“深化‘三服务’、奋战‘五个年’”活动，落实“三长”领办机制，排摸并解决实际问题 17000 个。落实减税减费减租减息减支措施，为企业减负 1000 余万元。820 万元中央“两直”资金惠及小微企业和个体户 5580 家。

【体制机制】　探索实行“专班推进、专人服务”工作机制，建立深化出口、消费、工业、投资四大专班。率先开展全区物流业税收即征即奖工作，完成物流业税收 1025 万元，增长 15%。积极发展跨境电商，完成外贸出口 9.5 亿元，增长 51.95%，增幅居全市首位。

【城市管理】　高标准打赢全国文明城市复评攻坚战，在国测和省测考核中实现“双零扣分”。全市首个“美丽镇域”智慧治理中心投入使用，打造生活垃圾精准分类“六化六分”（党建化分领、网格化分域、智慧化分拣、站点化分布、循环化分类、区链化分兑）智慧治理云仓，推出全市首条垃圾分类民生热线。开展电瓶车管理、车库车棚治理等专项行动，安装共享充电桩 1000 余台、关停车库改造房 250 余家。完成美丽小区创建 2 个，出台《美丽小区“十大场景”建设标准》，浔溪秀城、金凯地等被列为全市美丽小区建设试点。

【乡村面貌】 全镇引进千万元以上农业项目11个，建成区级家庭农场2家，新增稻渔生态种养11.7公顷。实施农村公路续建项目5个，新建项目8个，危桥改造1座，完成投资约1.5亿元。成功创建市级新时代美丽乡村6个，实现美丽乡村创建全覆盖，省AA级以上旅游景区村庄达2个。开展农村人居环境大整治大提升行动，累计清理垃圾8691吨、拆违拆旧5.29万平方米、补种绿化1.36万平方米。

【环境治理】 扎实做好第二轮中央环保督察相关工作，持续打好蓝天碧水净土保卫战，累计关停“散乱污”企业145家，取缔“小印花”作坊8家，完成皮革企业清零。开展木质家具、电机、电梯等行业挥发性有机物源头治理，完成75家重点企业源头替代工作。开展“四非”集中清理整治，关停非法搅拌站等16家。投入2000万元高标准完成14个农民新村“污水零直排”项目。全镇$PM_{2.5}$平均浓度保持在30微克/米^3，空气优良率达89.9%，两项指标均居全区前列。

【社会保障】 新增城镇就业6207人，困难人员再就业151人。完善社会救助体系建设，累计发放使用慈善救助资金75万元，受益困难群众400人次。提升强村公司运行水平，全镇村均年经营性收入突破100万元。深化养老服务改革，全面启动智慧健康养老服务平台。建成示范型居家养老服务中心3家、幸福邻里中心3家。

【公共服务】 投入资金1500万元，全面完成全镇18所中小学及幼儿园“美丽校园”工程。建成中心社区卫生服务站。浔南社区城市书房和百姓健身房示范点投入使用。越剧小戏《抱金猪》荣获“2020浙江省新农村建设题材小戏会演”金奖，累计建成文化礼堂10家。

【社会治理】 深化“最多跑一地”改革，探索试行社会治理联动工作站，构建镇、村两级社会矛盾纠纷调处化解体系，全年受理调处各类社会矛盾纠纷826起，矛盾化解率99%，群众满意率99.8%。全镇网格员全部实现专岗专职，上报各类事件6174件，办结满意率达100%。深入开展“两排查两见底”（矛盾纠纷排查见底和安全隐患排查见底）、“四清六化”（网格内人口清、场所清、隐患清、动态清；网格管理精细化、人员参与多元化、职责任务具体化、信息收集数字化、处置协调统一化、保障激励机制化）、“四个秩序”（信访秩序、场所秩序、道路交通秩序、网络秩序）等专项整治工作，累计整改重点领域、行业安全隐患问题2691个。

（黄海英）

2020年南浔镇行政村（社区）基本情况表

表3

村（社区）名	书记	主任	村民小组数（个）	总户数（户）	总人口（人）
朱坞村	杨红军		12	325	1410
浔南村	张鹤林		14	586	2304
联谊村	陆桂林		18	534	2151
丁家桥村	潘荣林	张卫国	21	480	1859
新安村	吴玉明		22	535	2300
辽西村	虞金狗		8	320	1331
辑里村	吴晓泉	屠永明	22	504	1967
横街村	吴益祥		16	466	1683

续表 3

村（社区）名	书记	主任	村民小组数（个）	总户数（户）	总人口（人）
永联村	钱明波		17	379	1050
迎春村	沈发根		12	570	2180
马腰村	沈浩东		30	1105	4155
适溪村	张雪东		22	648	2663
施家浜村	姚志良		22	386	1390
计家兜村	施建华		11	300	1200
潘港桥村	沈美祥		17	472	2043
前洪村	孙建民		19	571	2206
和睦兜村	虞亚根		18	446	1631
南林村	龚玉成		10	500	1900
神墩村	张荣华		24	618	2318
泗州村	姚林海		15	503	1802
杨华村	唐忠明		13	380	1559
伍林村	施惠民		14	501	2250
屯圩村	胡荣明		21	464	1796
柏树村	沈荣华		20	567	2205
息塘村	杨建兴		20	640	2340
兴隆村	冯丽萍（女）		15	455	1754
三长村	何士海		17	521	2071
灯塔村	沈雪标		17	650	2600
浔南社区	杨丽花（女）		31	791	1893
江南社区	姚利群（女）		36	1897	5449
增山社区	钱国英（女）		39	904	2298
辽西社区	费红英（女）		30	2830	8870
朱坞社区	杨永明		10	2794	4769
新渔社区	方海浔		1	153	604
堰四社区	陆　勇		11	191	900

·练市镇·

【概况】 2020 年，练市全镇上下坚决扛起统筹推进疫情防控和经济社会发展工作的责任使命，全力克服疫情影响，经济社会发展稳中有进、稳中向好，连续四年获得区对镇综合考核一等奖。全年全镇完成财政总收入 7.63 亿元，同比增长 7.92%；完成规上工业总产值 184.8 亿元，同比增长 12.6%；完成固定资产投资 16.95 亿元，其中工业性投资 8.63 亿元，同比增长 24.5%。练市镇紧紧抓住嘉湖一体化发展的历史机遇，在全省 5 个省域一体化中率先完成规划编制工作，成功对上争取规划空间调整 200 公顷，空间瓶颈制约取得实质性突破，为练市镇“十四五”时期的发展奠定坚实基础。2020 年成功创建省级园林城镇、省级美丽城镇、全国文明镇。

【项目双进】 不断优化营商环境，创新“练溪专员”服务机制，协调解决企业融资、上市等各类问题 318 个，新招引长城智造总部、高裕二期等亿元以上工业项目 18 个，同比增长 20%，特别是在招引 30 亿元以上重大项目上取得“零突破”；完成市认定“大好高”项目 10 个，同比增长 66.67%。狠抓项目开工竣工，唯赛勃环保、匀和搅拌站等 10 个项目开工入库，同比增长 16.67%；太平微特、贝高家居等 7 个项目竣工投产，同比增长 40%。完成实到外资 1858 万美元，为全区最多。

【腾笼引凤】 积极开展“五未”项目处置，引进浙江兆弟混凝土方桩项目，成功盘活闲置近 10 年的京杭重工 9.3 公顷土地，闲置近 6 年的原恒基光伏 15.5 公顷土地已由嘉亨化妆品项目盘活并开工建设。深入开展“科技招商”“零地招商”，成功招引强龙科技、彩蝶募投等 5 个项目盘活凌志电梯、达力科技等闲置厂房 3.4 万平方米，实现“僵尸企业”基本出清，“围墙项目”彻底消失。

【转型升级】 成功创建省级绿色低碳园区、省级数字化示范小微园，新增省级绿色工厂 3 家。加大企业培育力度，新增规上工业企业 20 家，同比增长 10.8%。强化科技支撑，成功获批国家级博士后科研工作站 1 家；新增国家高新技术企业 7 家，累计达 28 家，新增省科技型中小企业 19 家。加快推进企业上市，洪波、彩蝶已完成企业辅导备案，森赫电梯已过会，即将上市。

【平台拓展】 扎实开展平台能级提升工程，启动老工业园区内庄家村区块拆迁，拆除农户 81 户，累计拓展利用面积超 46.7 公顷。抢抓嘉湖一体化先行启动区历史机遇，拆除农户 108 户，拓展利用土地超 100 公顷。高标准完成园区内茹家甸路、亭子桥路等道路基础设施建设，园区框架进一步完善，为练市工业长远发展打下坚实基础。

【人才招引】 落实落细各项人才政策，共引入各类高层次人才 28 人，其中顶尖人才 1 人、领军人才 9 人；入选省以上重点人才工程 5 人，市重点人才工程 13 人，聚引大学生就业创业 4830 人，人才工作名列全区首位。针对企业招工难问题，组织企业参加线上、线下等招聘会 26 场，满足企业不同用工需求超 900 人。工业园区、水口村共 66000 平方米人才公寓项目完成前期工作。

【资金保障】 “三大行业”税收快速增长，全年完成建筑业税收 8688 万元，同比增长 43%；木业税收 3324 万元，同比增长 14%；物流业税收 1029 万元，同比增长 108%，相关工作均排名全区前列。积极争取各类资金，全年获得地方政府专项债券、中长期项目贷款等各类融资超 20 亿元。

【城镇建设】 练市镇 2020—2022 年小城市培育试点三年行动计划通过省级评审。城镇南部区块顺利完成久拖 10 年的城中村花圣堂区块 150 户农户的民房拆除及练南村 50 户农户的民房拆除工作，一次性征用平整城镇建设用地近 100 公顷；城镇北部区块人民医院、市民中心项目顺利推进，城镇南拓北引格局初步形成。全面打响城镇项目建设攻坚战，完成投资 2.9 亿元，练溪公园新建项目、振兴广场改造工程、练市镇社会矛盾纠纷调处化解中心等全面完工；二环南路等 7 条道路启动改造。

【城镇管理】 建立“夜巡日改”工作机制，成功创建全国文明镇。紧紧围绕“一支队伍管执法”全省试点工作，有力有效承接 23 个方面 378 项职权事项，全面深化精细管理，累计劝导流动摊位 5000 余次，清理小广告2000余处，查处违法停车1000余次；办理处罚各类市容案件597件，同比增长342.82%。加快“智慧城镇”建设，集成建立跨部门、跨条线、跨系统的练市镇数字化城市管理指挥调度中心，试运行练市镇5G智慧停车项目。

【城镇业态】 成功招引总投资超3亿元的乡伴文旅项目，打造练市古镇特色商业综合体。稳步启动练市古镇修复工作。加快发展现代服务业，全年净增规上服务业、限上批零住餐企业共12家，完成全年任务的171.43%。积极培育各类市场主体，全年新增八大万亿产业小微企业66家，办理各类主体设立登记2432户，为全镇3000余户个体工商户落实“两直”（新增财政资金“直达市县基层、直接惠企利民”）补助，兑付资金超300万元。

【农业生产】 以创建国家农业高新技术产业园为目标，招引农业项目11个，总投资超3.2亿元，其中，市级农业“大好高”项目1个；完成项目开工入库3个，竣工投产3个，均实现“全年任务半年完成”。把稳定粮食生产放在更加重要的地位，挖掘存量、恢复耕地面积超153.3公顷。全面促进农业产业化发展，新增市级农业龙头企业、市级现代农业园区3家。“红美人”柑橘基地、森赫樱花园基本完成建设。

【农民生活】 全面启动全域土地综合整治这项重构农村生活的重大工程，涉及全镇18个行政村136个自然村，已完成签约3006户，完成腾空2120户，完成拆除2006户，完成土地复垦超86.7公顷，土地复垦数居全区首位。强村公司实现实体化运营，全年营业收入超3000万元，助推村级集体经济收入全部达50万元以上。成功举办“第八届湖州湖羊文化节”。

【农村生态】 深入推进农村生活垃圾分类，建成垃圾分类处理中心5个，成功创建11个市级垃圾分类标杆村。积极推进“美丽乡村路”建设，完成7条农村公路大中修及5座危桥改造。完成河湖清淤253000立方米，“百漾千河”治理11.3千米，关停“散乱污”企业80家；$PM_{2.5}$下降至30微克/米^3。

【社会保障】 全力以赴稳就业，城镇登记失业率控制在2.32%以下。基本养老和医疗保险参保精准扩面，城乡居民社会养老保险、城乡居民基本医疗保险的参保率达98%以上。全面开展低保专项治理，全年发放低保金960余万元。进一步强化困境儿童救助，练市镇散居孤儿、困境家庭儿童基本生活费标准提高至每月1630元。

【社会事业】 练市镇38个村实现农村文化礼堂全覆盖。积极发展教育事业，顺利完成洪塘、建新2所幼儿园异地新建工程，完成练市一中教学楼及宿舍楼改造，成功举办练市小学百年校庆。大力推动卫生事业，成功创建省级卫生村5个、市级卫生村9个，建成全市首个示范类健康体验馆，练市新人民医院项目全面推进。积极提升社会服务，深化“最多跑一次”改革，初步实现嘉湖一体化政务通办，全年共办理事项82000项，其中网上办件量达26000项，群众满意率达99.8%。

【社会治理】 深化“与镇长面对面”等服务活动，主动接访群众诉求，化解各类问题56件，化解信访积案15件，案件办结率达100%。持续开展“平安大检查”“两排查两见底”和“四清六化”等专项行动，统筹抓好各类矛盾纠纷化解和风险隐患排查整治工作，矛盾纠纷化解率达100%，社会大局保持和谐稳定。 （朱 洁）

2020年练市镇行政村（社区）基本情况表

表4

村（社区）名	书记	主任	村民小组数（个）	总户数（户）	总人口（人）
新华村	沈玉明		14	462	1683
莲墩村	张法祥		8	341	1326
新丰村	庄荣明		26	832	3189

续表 4

村（社区）名	书记	主任	村民小组数（个）	总户数（户）	总人口（人）
新联村	孔金海		19	553	1930
练南村	丁建法		14	505	2017
朱家埭村	沈悦明		21	602	2284
建新村	童新夫		28	643	3149
中心村	陆雄泉		24	602	2290
金塔村	金建祥		13	308	1182
悦新村	陆子良		22	508	1964
严家圩村	钟达威		23	641	2308
李家兜村	沈徐奇		11	335	1240
蔡家桥村	姚新根		15	410	1516
白水河村	赵斌斌		18	452	1722
庄家村村	沈金香		16	862	3274
朱家兜村	陶新中		18	488	1765
钟家墩村	胡建兵		21	508	1902
大虹桥村	茹金根		14	362	1494
慈姑桥村	徐俊杰		20	384	1410
荃步村	徐建方		21	505	1910
凌家堰村	沈国强		26	586	2254
杨树河村	章会杰		17	499	1947
松亭村	沈宏飞		18	578	2036
民安村	张金泉		14	424	1697
车塔村	沈新花（女）		11	423	1631
召林村	吴兴祥		14	343	1335
洪福村	钱新泉		24	768	3113
姚庄村	孙建斌		38	868	3376
施浩村	王小妹（女）		27	615	2264
丰登村	曹华伟		17	474	1747
横塘村	朱富根		26	845	1849

续表 4

村（社区）名	书记	主任	村民小组数（个）	总户数（户）	总人口（人）
达井村	姚明强		23	564	2320
农兴村	黄国兴		23	466	1848
水口村	张玉林		54	1233	4803
新会村	冯慧明		15	441	1635
花林村	费新良		16	440	2094
西堡村	俞　伟		12	491	1838
北堡村	沈国通		17	514	1852
再兴社区	汤菊英（女）		76	1409	3220
万兴社区	唐莉萍（女）		47	1231	2837
练溪社区	施子林		2	131	506

·双林镇·

【概况】 2020 年，双林镇坚持“以实绩论英雄”的工作导向，统筹推进疫情防控和经济社会发展，较好地完成了镇十八届人大七次会议确定的目标任务。全年实现财政总收入 7.03 亿元，同比增长 6.85%；全社会固定资产投资 12.59 亿元，同比增长 16.5%，其中，工业性投资 7.04 亿元，同比增长 15.7%，服务业投资 5.55 亿元，同比增长 17.3%。综合实力得到进一步增强，在区对镇综合考核中获一等奖，并荣立集体三等功和集体嘉奖各一次。

【工业经济】 工业经济持续壮大。扎实做好“六稳”工作，全面落实“六保”任务。积极开展招商引资，推动“湖九条”“浔九条”等强企惠企政策落实，全年新增亿元以上签约项目 23 个，其中 5 亿元以上项目 3 个，新认定市工业“大好高”项目 5 个。全力推进项目“双进”工作，举办 2020 年重大项目集中开工仪式，全年在建工业项目 11 个，新增开工项目 6 个，总投资 53.35 亿元。合欣包装、建臣建材、博立科技、宏韵纺织 4 个项目实现竣工投产。完成规上工业总产值 122.5 亿元，同比增长 4.51%，规上工业产值和规上工业增加值增速在全区率先实现增幅转正。

【现代服务业】 现代服务业扎实推进。聚焦产业升级和消费升级，全年净增限上服务业企业 2 家、限上批零住餐企业 8 家，限上服务业总收入达 43.9 亿元。完成服务业项目签约 2 个，服务业“大好高”项目认定 1 个，总投资 5.4 亿元。大力发展新业态，成功举办“双林镇首届绫绢文化艺术节”、“活力双林”夜集市、“双林农民丰收节”等活动。深入探索乡村休闲旅游，成功创建省 A 级旅游景区村庄 5 个、AA 级旅游景区村庄 7 个、AAA 级旅游景区村庄 1 个，全镇景区村庄实现全覆盖。全镇创建 2 个省级电商村、1 个省级电商示范点，并获评 2020 年省级电商镇。

【特色农业】 特色农业提质增效。聚焦农业项目“双进双产”（引进、推进；投产、达产），完成项目签约 11 个、开工入库 3 个、竣工投产 4 个，“大好高”项目认定 3 个。全力推进农业产业集聚发展，完成东部现代农业园区项目建设 3 个，创建区级以上示范性家庭农场 6 家，新认定市级农业龙头企业 1 家。全面完成 254 公顷高标准农田建设和 67 公顷粮食功能区提标改造项目，完成抛荒地复垦 87 公顷。成功创建省级农业绿色发展示范区。全市农业专班工作例会暨“两山”样板村建设推进会和市政协“两山”农情故事会在双林召开。

【服务效能】　服务效能不断提升。全面开展“深化三服务、奋战五个年”活动，落实“三长”[每个问题由一名分管副区长领办、由牵头的单位主要负责人（局长或镇长）主办、由其他涉及的单位主要负责人（局长或镇长）协办]领办机制，排摸并解决实际问题2400余个。落实减税减费减租减息减支措施，为企业减负5400余万元。推进镇级政务服务“一站式”改革，便民服务中心办结事项22000余件，群众满意率达99.9%。提高土地集约节约利用水平，规范发展厂房租赁业，处置市级“五未”项目4个。全年盘活存量用地6.8公顷。镇“三服务”工作考核排全区首位。

【产业升级】　产业升级蹄疾步稳。进一步优化小微企业发展空间，双林众创小微创业园完成竣工验收。全力开展平台征迁，拓展工业平台面积超67公顷。深入开展“四无五违”企业拆除，拆除违建企业110家，腾出发展空间23公顷。强化企业培育，全年新增规上工业企业17家。聚焦转型升级，绿色工厂认定累计达170家，其中规上企业实现绿色工厂全覆盖。加快推动企业股改挂牌上市工作，股改企业4家、浙股交成长板挂牌1家。

【科技人才】　科技人才双轮驱动。加快推动高新技术企业发展，新增高新技术企业3家、省科技型中小企业11家，新增发明专利70个，全年完成高新技术产业投资2.45亿元。完成企业技改项目20个。培育市级众创田园1家。加大人才引育力度，全年入选省级引才项目2个，引进大学生和其他各类人才3910人，新增企业高技能人才458人。

【小城市建设】　小城市建设正式启动。巩固小城镇综合整治成果，实施新时代美丽城镇建设，双林镇美丽城镇方案获评省级优秀方案。完成双林市民广场（文体中心）及古镇文化街区立项工作。加快推进做地出地工作，完成商住用地土地出让12公顷。投入1200万元，完成虹凤路、建德路亮化和老旧居民小区污水管网改造工程，创建污水零直排小区6个，成功创建省级污水零直排镇。推进城镇居民小区垃圾精准分类，创建省级高标准示范小区2个。启动“三新线”镇区段专项整治，涉及90户农户、65家企业签约搬迁。

【乡村振兴】　乡村振兴扩面提质。深入推进美丽乡村建设，获评省级美丽乡村示范乡镇。创建新时代美丽乡村10个、市级美丽乡村精品村1个，华桥村入选省级美丽乡村特色精品村。新增民宿1家，申报AA级农家乐3家。全力推进“百漾千河”整治，总投资1.65亿元，基本完成十个美丽乡村河网水系整治及“一塘一园三漾”（丁泾塘，盆景园，白潭漾、翁家漾、金家漾）综合治理工程。总投资4500万元，启动华桥村俞家漾等“百漾千河”新增项目。深入推进“美丽乡村路”建设，23条农村公路提升工程59千米道路实现全部贯通。完成三新线、湖盐线、沪苏湖高铁、湖杭高速政策处理。强势推进全域土地综合整治，累计拆除一户多宅1580户，完成全年任务的154.9%，完成土地复垦34公顷。村集体经济大幅增收，28个行政村全部实现年经营性收入超50万元。组建强村公司开展市场化运作，承接相关公共资源，实现收入750万元。

【环境治理】　环境治理不断深化。扎实做好第二轮中央环保督察相关工作，空气、水环境质量得到进一步改善。完成镇西工业园区涉水企业清污分流8家。统筹推进专项治理，完成“三改一拆”258300平方米。开展“四非”集中清理整治，关停非法制砖厂、非法搅拌站等21家。积极开展木业行业、电机行业废气深化治理和建材等行业清洁化改造等工作。完成锅炉改造32家，企业VOCs源头替代8家，关停取缔“散乱污”企业60家。全镇$PM_{2.5}$平均浓度29微克/米^3，全区排名首位并获评南浔区污染防治工作先进集体。

【社会保障】　社会保障更加健全。持续开展低收入群众“六无六有”（学无忧、业无忧、居无忧、行无忧、水电无忧、用无忧；险有免、产有扶、病有助、梦有圆、教有伴、残有助）工作。新增城镇就业5721人，帮扶失业人员再就业150人，城镇登记失业率控制在5.5%以下。深入完善社会养老服务体系，镇居家养老服务照料中心社会化运营达100%。深化养老服务改革，全面启动智慧健康养老服务平台。建成“幸福邻里中心”3个、“儿童之家”2个。积极开展危房排查整治工作，获评湖州市农村困难群众危房治理工作突出贡献集体。加强食品药品安全监管，建成2020年南浔区首个“食品药品安全主题公园”，累计培育放心消费单位 536 家，培育率全区领先。积极打造新时代枫桥式退役军人服务站。

【公共服务】 公共服务持续优化。始终坚持优先发展教育，庆同小学新校区、蔡崇信体育馆、中心幼儿园镇西分园投入使用。持续推进“健康双林”行动，完成双林人民医院住院楼改建项目工程。城乡居民基本医疗保障精准扩面，基本医疗保险参保率达 99.9%。双林镇中老年健康促进项目纳入全国试点。成功创建省级文明村 1 个、省级文明单位 1 个，新建文化礼堂 8 家，实现全镇文化礼堂建设全覆盖，举办各类文体活动 100 余场。成功举办湖州市农村文化礼堂“我们的村晚”活动。深化新时代文明实践活动，承办全省未成年人思想道德建设现场会，获评“湖州市关心下一代工作”先进集体。扎实开展全国第七次人口普查。

【社会治理】 社会治理精准高效。深入开展“两排查两见底”（矛盾纠纷排查见底和安全隐患排查见底）、“四个秩序”（信访秩序、场所秩序、道路交通秩序、网络秩序）等专项整治工作。构建镇、村两级社会矛盾纠纷调处化解体系，成立镇社会矛盾纠纷调处化解中心，着力调处各类矛盾纠纷 751 起，矛盾纠纷化解率和不稳定因素化解率均达 98% 以上。深化全科网格建设，配齐网格员队伍，全年信访案件办结率达 100%。积极探索基层快递网点园区化集中管理新举措，建成全省首个快递集中处理园区。扎实开展扫黑除恶攻坚年活动，有效防范管控社会风险，社会大局和谐稳定。分别获评湖州市庆祝新中国成立 70 周年维稳安保工作突出贡献集体、2020 年度南浔区平安建设和社会治理突出贡献集体。“平安双林”建设取得十六连冠。

（徐珊珊）

2020 年双林镇行政村（社区）基本情况表

表 5

村（社区）名	书记	主任	村民小组数（个）	总户数（户）	总人口（人）
显洪村	沈根海		23	615	2092
跳家山村	杨国强		16	362	1530
东双林村	陈　敏		18	455	1520
后坝村	王香林		13	465	1771
黄泥兜村	徐根荣		13	408	1530
邢窑村	李阿三		26	916	3267
岂山圩村	陆丽娟（女）		11	413	1520
洋滩村	胡建明		11	343	1342
赵家兜村	鲍建利		24	587	2174
新丰兜村	周志财		12	351	1291
曹桥村	徐建平		17	432	1726
周家兜村	邱国良		13	293	1073
土山村	施旭明		16	408	1492
千亩山村	陈国强		13	437	1646

续表 5

村（社区）名	书记	主任	村民小组数（个）	总户数（户）	总人口（人）
勤裕村	吕建忠		20	357	1320
黄龙兜村	褚健康		18	396	1445
倪家滩村	费惠明		16	426	1710
雉头村村	朱建民		24	609	2399
吴家庄村	韩立祥	张赢峰	18	510	2025
箍桶兜村	王　玮	谢明杰	18	391	1415
七星桥村	沈银龙		12	379	1403
花盘兜村	凌旭明		12	321	1181
儒林村	孙金泉		21	621	2108
花城村	谈建平		23	745	2648
向阳村	徐铭华		21	454	1602
俞家埭村	沈顺荣		12	298	1108
华桥村	吴林土		11	383	1376
莲花兜村	姚建利		13	287	1019
虹桥社区	陈忠伟		16	866	2086
板桥社区	俞　斌		5	944	1926
和睦社区	林　虹（女）		50	1125	2687
爱国路社区	薛正红（女）		64	1329	2928
龙古兜社区	乔建荣		5	367	669
三桥社区	杨发林		3	212	860

· 菱湖镇 ·

【概况】 菱湖镇位于南浔区西南部，古名“秀溪”，又名“凌波塘”，为浙江省省级中心镇，镇域面积108 平方千米，下辖 26 个行政村、6 个社区，户籍人口 7.6 万人，常住人口 6.85 万人。渔业产业是菱湖镇的支柱产业，现有水产养殖面积 5000 公顷，渔民 2.4 万人，渔业年产量 8.9 万吨，总产值 20.54 亿元，打造了一条“苗种+养殖+加工+休闲”的渔业全产业链。菱湖享有“中国历史文化名镇”“中国淡水渔都”“中国生态养鱼第一镇”“中国淡水渔文化第一镇”的美誉，又有“百桥之乡、百弄之镇”之称，为全国综合实力千强镇。2020 年实现财政收入 4.15 亿元，同比增长 6.6%；规上工业产值 66.57 亿元，同比下降 0.4%；固定资产完成投资 17.04 亿元，同比增长 50.9%。

【疫情防控】 在新冠肺炎疫情面前，全镇从严从快从紧落实上级党委、政府防控部署，构建“1+9+N”（1 个领导小组+9 个工作专班+基层党员、群团组织、爱心企业、热心群众共同参与）防控体系，夯实联防联控措施，筑牢群防群控防线。全面贯彻“外防输入、内防扩散”要求，投入区、镇、村干部，志愿者1184人，设置大小卡点254个。深入开展“洗楼”行动，进行拉网式大排查，累计排查各类人员61911人。建立重点区域返菱湖人员及密切接触者台账，严格落实集中隔离、居家隔离管理要求，强化隔离人员人文关怀，累计隔离3502人。

常态化落实疫情防控，千方百计助推企业复工复产，全面落实“六稳”“六保”任务。深入开展“三服务”，落实企业复工复产补助资金96.88万元，落实项目专员制度，配备驻企联络员75人、驻企领导53人，主动上门指导企业返岗复工防疫、宣讲“湖36条”等暖心政策，为企业解决防疫物资短缺、能源供给、物流运输、产能恢复等问题267件，为全镇经济社会快速回稳、回升奠定扎实基础。

【经济发展】 项目引进成效显著，全年引进上元集团等项目33个，实到外资166.99万美元，友诺户外休闲用品、“两山好大米”等9个项目被认定为市级“大好高”项目。项目推进有序有量，新望化学二期、浙达码头等6个项目竣工投产，幸星装备、美树商贸综合体等15个项目开工入库。新增高新技术企业4家、省级科技型中小企业15家，申报科技计划项目6项。

企业创新能力稳步提升，睿高新材料荣获工信部“小巨人”企业奖以及新三板最佳成长奖，瑞通水性紫外光固化底漆获得“首批中国绿色产品认证”，新望化学入选省级“隐形冠军”培育企业名单，新利商标被认定为市四星级绿色工厂，园区发展平台蓄力赶超，菱湖化工园区通过省级化工园区认定。

强化做地出地，全年盘活存量建设用地31余公顷，完成供地6宗（工业5宗），总面积17.8公顷，同比增长115.3%。加快平台拓展，启动下昂村暗火其和竹墩村前丘片区7个自然村农房拆迁，完成签约219户、签约率98.2%，完成房屋拆除197户；启动东河村王家塘、费家田，南浜村赵家湾3个自然村旧村改造，完成签约161户、签约率91.5%，完成房屋拆除35户，为工业、城镇平台发展拓展空间。

加大人才引推力度，累计向重点骨干企业推荐海外高层次人才150余人，申报省、市重点人才项目14个（入选海外工程师1人、南太湖精英计划1人），招引大学及以上学历人才4128人。

【城乡面貌】 加快路网工程建设。启动省重点工程湖杭高速（菱湖段）征迁，完成农房签约79户，签约率99%；完成河滨路西段、南浜路东延段、工业园区丰泰路与华祥路改造；全面加强农村公路养护，完成9条农村公路16.5千米大中修、1个无隐患工程，改造危桥1座。

全力推进“污水零直排”建设工作。完成锦瑞府等11个小区“污水零直排”建设；建成46.8千米污水管网；完成污水处理厂扩容工程建设并投入运营，扩容后日处理能力达4万吨。加快垃圾处理系统建设。建成菱湖环卫后方基地，实现垃圾日处理能力200吨。

开启美丽城镇建设新篇章，总投资18.2亿元的33个项目全部开工建设，光泩公园改造工程一期已经完工，秀溪商业中心、美树商贸综合体等一批城镇配套项目正在有序推进。建设美丽城镇智慧展馆，建成以治安监控、智慧停车、智慧城管、防汛预警、垃圾分类等16项管理内容为核心的美丽城镇信息治理体系。通过多平台联动、多数据整合、多设备集成，形成覆盖全面、运转高效的“大集团”智慧城镇管理系统，构建“小镇大脑”。引进松果单车项目，让群众出行更便捷。市、区两级美丽城镇现场会在菱湖成功召开，获评全区唯一新时代美丽城镇建设省级样板。

全面启动全域土地综合整治与生态修复工程，累计签约1392户、房屋腾空1335户、房屋拆除1200户，完成复垦竣工30.8公顷。加快落实安置房建设，秀美永丰稳步推进，永福、思溪新村完成项目选址及方案设计。大力推进土地开发，完成射中村、达民村2个土地开发项目，新增耕地面积19.3公顷。

全力助推村集体经济发展，全面消除村集体年经营性收入50万元以下的欠发达村。积极推进“农业+旅游”产业发展，星光科技跑道养鱼项目获省级标准化试点，菱湖农村产业融合发展示范园入选省级农村产业示范园，竹墩村获评省美丽乡村特色精品村。

【民生福祉】 不断提升教育硬件设施，深入推进“美丽校园”建设，菱湖实验小学建设项目全面完工并投入使用，菱湖镇锦绣幼儿园（新建项目）已完成主体结构施工，菱湖镇下昂幼儿园基建项目完成施工前准备工作。不断完善医疗卫生服务体系，总建筑面积4.6万立方米、280个床位的新菱湖人民医院建成并投入使用，镇市民健康体验馆完成建设，康养中心项目开工建设，健康村镇创建扎实推进。

不断健全社会保障体系，依托“六无六有”综合救助体系，建立长效帮扶机制，全年共帮扶困难群众1077户，补助资金135.4万元。全力抓好稳就业促创业帮扶，全年发放失业金338.83万元，补助2353人。

全力抓好“最多跑一次”改革，扎实推进政务服务2.0建设和便民服务“一站式”改革，便民服务中心二期投入使用，新增公安、交警、公共资源交易等事项进驻，梳理可受理事项208项，方便群众就近办、一站办、一次办。

全力抓好文旅事业融合，菱湖古镇成功创建国家AAA级旅游景区。成功举办“菱湖中国淡水渔都第二届丰收节暨全国首届渔业品牌高峰论坛”，中国渔业协会品牌峰会永久会址落户菱湖。成立菱湖历史文化研究会，深入挖掘地方历史，传承文化精髓。

进一步深化“两山”理念，扎实推进生态建设。全力做好第二轮中央环保督察交办问题整改工作，确保全部整改到位。全面淘汰落后产能，关停浦洛西圣龙等各类企业60余家。全面开展“四非”专项整治，拆除取缔11家水泥制砖厂和3处码头。全覆盖推进垃圾精准分类，全面完成镇区16条主次干道“撤桶”和14个居民小区“二定四分”（定时、定点；把生活垃圾分为厨余垃圾、可回收物、有害垃圾、其他垃圾4类）驿站建设，杨港、新庙里、山塘等12个垃圾分类标杆村通过市级验收。全方位开展扬尘综合治理，落实建筑工地7个100%，全年 $PM_{2.5}$平均浓度32微克/米^3，同比下降15.8%，空气优良率88.8%，与2019年相比提升15.4%。全速推进“百漾千河”综合治理，八殿漾整治工程、省级湿地公园建设项目初具雏形，25.5千米绿道完成建设，水体常态化保洁落实落细，菱湖再现“天蓝、水清、岸绿”的乡村新美景。

加快构建平安菱湖新格局，全力开展“四清六化”（人员清、场所清、隐患清、动态清；网格精细化、人员多元化、问题数据化、处置一体化、管理属地化、考核制度化）、“两排查两见底”（矛盾纠纷排查见底，风险隐患排查见底）工作，排查化解各类矛盾纠纷642件，完成全镇智安小区建设。加大对辖区内各类违法犯罪行为的惩治力度，全镇治安秩序持续向好，2020年接处警数量同比下降7.7%。受理化解群众来信来访108件、政府阳光热线2253件。扫黑除恶专项斗争深入开展，全年抓获涉黑恶犯罪嫌疑人23人。不断探索社会治理新路径，整合多方资源，建成菱湖镇社会矛盾纠纷调处化解中心，实现社会矛盾纠纷调处“最多跑一地”。

（胡　浪）

2020年菱湖镇行政村（社区）基本情况表

表6

村（社区）名	书记	主任	村民小组数（个）	总户数（户）	总人口（人）
永福村	吴国杰		17	542	1970
菱东村	吴剑芳		19	578	2024
建丰村	章建宇		17	529	1905
永丰村	沈金强		16	502	1790
达民村	吴淦荣		24	695	2511
思溪村	沈新良		27	891	3220

续表 6

村（社区）名	书记	主任	村民小组数（个）	总户数（户）	总人口（人）
陈邑村	金　辉		16	754	2690
东河村	沈思全		14	603	2437
南浜村	马瑞良		14	731	2742
王介墩村	朱月平		22	591	2311
勤劳村	章小军		14	465	1665
勤俭村	沈裕康		18	675	2323
卢介庄村	费建荣		33	838	2912
费介埭村	赵建荣		21	688	2518
杨介巷村	孙建方		25	784	2764
南双林村	项建强		36	885	3005
竹墩村	童义林		22	628	2112
六堡里村	费建强		23	650	2191
下昂村	王松乔	邱建平	23	719	2488
射中村	谈继良		38	869	3208
新庙里村	沈文江	朱海新	33	879	3100
千丰村	俞　辉		28	550	2046
三溪村	沈培芳		20	515	1930
山塘村	沈根林		14	471	1774
许联村	周海庆		16	542	1975
杨港村	方勤松		12	295	1092
东栅社区	徐杰萍（女）		36	1029	2121
南栅社区	费月莉（女）		33	970	1987
西栅社区	宋铮铮（女）		51	1270	2623
北栅社区	杨　英（女）		54	1485	3096
下昂社区	杨逸敏		4	403	693
菱水社区	褚水龙		6	124	479

·和孚镇·

【概况】 和孚镇位于南浔区西南，面积 97 平方千米，总人口 66103 人，其中常住人口 51786 人。下辖 22 个行政村和 3 个社区居委会。2020 年，全镇实现财政总收入 54163 万元，同比增长 24.29%；全社会固定资产投入 16.11 亿元，同比增长 44.61%，其中工业性投入完成 12.35 亿元，同比增长 53.23%，服务业投入完成 3.76 亿元，同比增长 22.48%。

【疫情防控】 疫情防控慎终如始。坚持人民至上、生命至上，慎终如始筑牢“外防输入、内防反弹”疫情防线，300 余名镇、村干部第一时间奔赴一线开展卡点和“洗楼”等常态化疫情防控工作，进一步织紧织密防护网，筑牢筑实防控墙。采购 40 余万元的口罩等各类重要防疫物资配送至各行政村（社区）和卡点。接受社会捐赠口罩、消毒液等各类紧缺物资合计 20.35 万元。认真做好高危地区来浙返浙人员的健康管理服务等工作，辖区内未出现新冠肺炎疫情病例。

“六稳六保”高效落实。全面贯彻落实省、市、区关于“稳企业、稳增长”工作部署和“三服务”工作要求，助力企业复工复产，共计开展志愿服务 1600 余次，为基层企业群众解决实际问题 1052 个。共派驻 20 名规上企业助企专员，136 名规下企业助企服务员，106 名联村干部，对全镇范围内的企业、村（社区）、困难群众全覆盖服务。联系走访企业万余次，上门走访困难群众 2500 余次，共计为企业、群众、基层解决问题 1052 个，满意率 100%。认真落实“暖心八条”“降低企业成本减轻企业负担 36 条”“浔九条”，高频率对接企业，帮助企业化解就业、资金、税收等问题。

【转型升级】 企业转型升级蹄疾步稳。全年工业项目签约任务数 16 个，完成 17 个，完成时序进度比例 106%。总投资 56 亿元的 14 个区重点产业类项目均已开工建设，全年竣工项目任务数 5 个，服务业“大好高”项目全年任务数 1 个，完成率 100%。三大行业税收推进情况（物流业）任务数 450 个，累计入库数 809 个，累计完成进度 179.78%。培育“小升规”企业 6 家、“新升规”企业 6 家，退出规上企业 6 家，净增规上企业 6 家，全镇规上工业企业达 99 家。

【城乡建设】 乡村建设亮点纷呈。总投资约 5843 万元的新荻村和荻港村 2 个美丽乡村小镇已全部完工并顺利通过验收。总投资约 1.56 亿元的新时代美丽乡村样板片区建设项目已启动。总计投入约 1212 万元的新荻村精品村项目工程已全部完工并顺利通过验收；总投资约 1170 万元的美丽乡村精品村陈塔村已完成总工程量的 40%。创建美丽渔场和省级水产健康养殖示范场各 2 家，市级水产健康养殖示范户 45 户均已完成认定和验收工作。云东村数字渔业园区一期项目基础设施建设已完成。传感器推广累计 800 套。省级农业龙头企业认定通过 2 家。新荻村获批全国“一村一品”示范村。桑基鱼塘保护利用项目已完成鱼塘、桑地及塘埂的保护修复，开始游步道规划建设工作。二季度提前完成全年农业项目签约任务数 11 个。农业“大好高”项目申报任务数 1 个，已完成 3 个。

产业发展可圈可点。持续深入开展村集体经济“开源”攻坚战，高效有序运作强村公司，村集体经济经营性收入 50 万元以下的行政村实现全面清零。不断加强“文化+旅游”提升力度，2020 年，全镇共接待游客 56.7 万人次。成功创建省 AAA 级旅游景区村庄 1 个，省 AA 级旅游景区村庄 3 个。截至 2020 年，全镇共创建省 A 级以上旅游景区村庄 19 个，其中 AAA 级 4 个、AA 级 4 个、A 级 11 个。荻港村正式入围全国旅游乡村重点村（第二批）名单，完成水乡乡村旅游集聚区全国旅游标准化城市创建，和孚镇成功创建省级 AAAA 级旅游景区镇，“苕溪渔隐，美食小镇”入选省级“诗画浙江，百县千碗”培育名单。成功举办“第四届端午民俗文化艺术节”、“庆丰收，迎小康——南浔·和孚第四届采菱文化旅游节”和“第十二届鱼文化节”；打造荻港景区“苕溪渔隐”美食街，精心举办美食夜市活动，持续打响美丽乡村旅游品牌。

城乡品质提档升级。开展总投资约 3800 万元的和孚镇污水零直排管网改建项目。总投资约 3500 万元的湖盐公路拓宽项目污水管网改建二期工程已全部完成。和孚集镇各小区污水零直排项目全面完成。全面启动三个集镇居民小区的垃圾分类工作，创建成功省级高标准小区 2 个，完成 4 个易腐垃圾接驳站正常运转，全部实现分类收集、分类运输、分类处置。持续推进城乡人居环境提升战，倾力打造干净整洁、环境优美的绿色家园。

【综合治理】 全力狠抓生态治理。认真整改各类环保督察反馈问题，扎实做好第二轮中央环保督察工作，全镇 12.83 件中央环保督察件整改工作已取得阶段性成效。开展蓝天保卫战，对 210 家商铺实施餐饮油烟动态管理，关停“散乱污”企业 50 家。$PM_{2.5}$ 均值 29 微克/米^3，空气优良率 88.8%。深入推进美丽河湖建设，确保河长 App“四率”（巡查率、签到率、日记记录率、问题处理率）100%；全面加强水污染防治、水安全体系建设、水资源保护等工作。完成“四非”码头整治工作，清理 6 个码头堆场。

全力狠抓乡风文明。继续推进“最美家风+”建设工作，共完成 17955 户家风亮晒工作，实现最美家风亮晒全覆盖。积极打造新荻鱼目汇自然村、民当村广陵桥自然村诚信家风示范点。全力做好全国文明城市复评工作。完成 1 个所、5 个站的新时代文明实践示范带建设。全力配合好全国文明城市复评工作，在二季度城市文明程度指数测评中排全市首位。民当村成功创建省级文明村。完成省级文明镇、6 个省级文明村、3 个省级文明单位复评工作。共推荐新冠肺炎防控先进典型、“浙江好人”“诚信浙江人”“湖州好人”“南浔好人”以及道德模范各类典型 25 人，其中新思潞农场总经理高秋辉被评为“湖州好人”，自主创业者王兰、个体工商户李建良被评为“南浔好人”。

全力狠抓平安创建。完善应急管理体制机制，以高压态势持续深化安全生产和消防安全工作，切实提升突发事件处置能力和水平。进一步加强征兵和人民武装工作，推进民兵基层规范化建设。加强食品安全检查，确保食品安全事故“零发生”，全区首个省级乡镇“四星级”食安办顺利通过验收。持续推进平安和孚建设，2020 年调处各类矛盾纠纷 178 起，调处成功率达 99.4%。自 7 月镇社会矛盾纠纷调处化解中心建立后，共接待、受理群众来访 129 次 481 人。受理、流转、处置平安建设信息 5260 条，受理及办理“12345”阳光热线 2240 条，处理信访问题 146 件，全力确保社会大局和谐稳定。

【民生福祉】 民生关切响应更好。全域土地综合整治有序高效推进，共完成房屋拆除 802 户、土地复垦 18 公顷。垃圾焚烧厂拆迁安置项目已开始进行初步设计审批。和孚污水处理厂改扩建项目已完成项目前期的规划和实施方案。统筹抓好工业废水、生活污水、农业面源污染等综合治理和长效管理，持续改善水环境质量，出境断面水质基本稳定在Ⅲ类水以上。大力发展文化体育事业，不断丰富群众文化体育生活。全面落实 2020 年各中小学美丽校园工程建设。

民生工程推进更快。完成 3 条续建、4 条大中修农村公路工程及东风大桥危桥改造工程。完成荻溪大桥前期工作、湖盐公路拓宽工程及湖杭线高速工程的政策处理和所有三级公路的交工验收，顺利完成市级“四好农村路”示范镇创建工作。建成运营镇居家养老服务中心，社会化运营社区居家养老服务照料中心。初步构建养老连锁分支机构和居家上门业务组成的“1+N”服务网。完成和孚社区和横港村两家儿童之家建设。长超、重兆幼儿园已进入内部装修阶段，和孚中学迁建项目已完成立项。和孚镇全域土地整治安置房建设一期项目已完成项目前期工作，现进入项目招投标阶段。

民生保障力度更大。全面完成城乡居民基本医疗保险、无偿献血、急救培训和农民健康体检等工作；健全社区卫生服务网络，做好爱国卫生和预防保健工作，确保不发生重大传染病疫情。认真做好第七次人口普查摸底工作，共摸底户数 22769 户，初步完成人口普查登记工作。在全面建成小康社会的关键节点上，把脱贫攻坚工作放在心上、扛在肩上、抓在手上，不断完善新型社会救助体系，全面推进医疗救助即时结报工作，继续加大临时救助、法律援助等工作力度，支持慈善、老龄、残疾人等事业，切实维护困难群众基本生活权益。累计发放各类低收入补助 435 万元，临时救助 29 户，发放临时救助金近 23.6056 万元；慈善救助 234 户，发放救助金 67.92 万元，残疾人各项补贴 375 万元。扎实开展农民工工资支付和企业欠薪专项检查，口头和书面调解共涉及人数 159 人次，涉及金额 541.627 万元。继续推进城乡居民养老保险工作，加快城乡养老服务设施建设，大力发展养老服务业。

（朱 莹）

2020年和孚镇行政村（社区）基本情况表

表7

村（社区）名	书记	主任	村民小组数（个）	总户数（户）	总人口（人）
横港村	张逸英（女）		23	525	1756
张村村	沈小强		13	416	1346
佛堂兜村	孙建成		11	408	1408
吴兴塘村	孙顺兴		12	299	945
重兆村	张新华		43	926	3225
云北村	陈德元		38	818	2796
四联村	杨怀武		13	446	1411
漾东村	徐　伟		24	794	2627
民当村	汤海明		18	602	1906
双福桥村	褚前锋		32	1046	3542
复乐村	徐伟强		19	619	2112
长超村	曹建伟		21	729	2453
河东村	陈　海		8	499	1642
新荻村	吴建龙		17	892	2958
荻港村	杨升辉		20	1131	3202
李市村	柴振凯		24	579	1941
群益村	李占如		15	555	1708
陈塔村	王根明		23	594	2054
和孚村	孙乾鑫		15	641	1773
新胜村	陈汉成		15	427	1634
陶家墩村	邱树荣		11	368	1191
云东村	汤泉涌		16	518	1788
和孚社区	汤国强		不分小组	480	3500
长超社区	唐璟耀		不分小组	270	1200
重兆社区	陈建中		不分小组	312	1200

·善琏镇·

【概况】 善琏镇地处湖州市南浔区南部，距湖州45千米、杭州70千米，东与练市毗邻，南与德清县新市镇和桐乡市河山镇接壤，西与石淙、千金两镇相连，北与双林镇莫蓉交界，素有“湖笔之都”“蚕花圣地”之美誉。镇辖15个行政村和1个社区，区域面积55平方千米，总人口2.8万人。2020年，善琏镇紧紧围绕区委区政府“一一二八”工作部署，全面落实“六稳”“六保”任务，坚持“以实绩论英雄”，进一步解放思想、改革创新、凝聚力量、攻坚克难，全镇经济社会各项事业呈现出良好发展态势。

【疫情防控】 2020年年初，面对突如其来的新冠肺炎疫情，全镇各级党组织和广大党员、干部、公安干警、民兵和志愿者闻令而动、冲锋在前、不惧风雨、坚守一线，2.8万名善琏儿女齐心协力、踊跃参与，形成全民抗疫合力。精细精密加强管控，坚持“人防、物防、技防”三管齐下，以“外防输入、内控流动”为指导思想，锁定主要通道设置卡点44处。深入推进“洗楼”工作，实行每日动态两次复核制度。深化服务成效显著，巩固“驻企专员”制度，深入开展“三服务”活动，及时解决企业物资不足、工人返岗难、物流不通畅等问题100余个。全镇企业在最短时间内实现安全稳定复产，为经济社会快速回稳回暖奠定了坚实基础。

【经济实力】 全年财政收入首次突破2亿元，同比增长29.9%。实现规上工业企业产值34.7亿元，同比增长4.02%。实现规上工业增加值6.21亿元，同比增长8.95%，规上工业增加值率为18.1%。全年完成固定资产投资4.17亿元，同比增长86.89%。始终把招商引资作为第一基础，以“大、好、高”项目为切入点，继续坚持“以企引企”和“走出去”战略。全年完成工业项目签约12个、服务业项目3个。项目建设稳步推进，推动工业平台拓展及安置房地块征地拆迁，累计完成征地95公顷，拆除房屋、苗圃、葡萄棚、甲鱼棚等共计250处。2020年，全镇在建亿元以上工业项目有7个，总投资9亿元，均能按时序进度顺利推进。重点工业项目中，江潮高效节能电机项目、天宝珍蜂产品项目均完成基础建设，开始内部装饰；九弘节能幕布项目完成主体钢结构建设。企业培育成绩突出，完成企业升规7家，培育税收超千万企业3家，获区政府质量奖2家。完成“个转企”企业18家，股份制企业改革3家，成长板挂牌企业1家。新增浙江认证制造1家，完成八大万亿重点产业小微企业创建32家，新增小微企业70家，新认定国家级绿色产品3个，完成规上企业绿色工厂星级评价全覆盖。

【农业农村】 扎实推进全域土地综合整治，自6月启动签约后，已完成农房测绘评估3500余户，签约2500余户；已拆除农房1700余户，复垦土地53余公顷，超额完成全年任务。安置房建设有序推进，一期工程农房主体已结顶，即将验收交付；二期工程完成规划设计，正全力推进土地征用和政策处理。积极探索村级集体经济增收新模式，各村通过入股强村公司享受分红收益，全年实现收益600万元以上，首期分红330万元助力全镇15个村集体经营性收入达50万元以上，个别村突破100万元以上，率先完成消薄任务和全年村集体经济经营性收入目标。生态农业蓬勃发展，制定农业产业发展规划，着力打造“休闲农业体验区”“稻鱼共生示范区”“农光互补示范区”“生态种养示范区”。完成重点农业项目招引12个，申报农业大好高项目4个，开工项目4个、竣工项目2个；成功创建省级农业龙头企业1家、省级示范性家庭农场1家；获评市级农业“机器换人”示范镇，完成新建规模猪场和存栏2万头生猪保供任务，观音堂村美丽乡村精品村建设完成总工程量的60%。

【特色小镇】 湖笔小镇累计完成固定资产投资34.3亿元，特色产业投资24.4亿元。优质项目持续增多，善琏湖笔小镇（运河含山）保护开发项目启动建设，预计总投资2.02亿元。湖笔小镇研学营地项目已开工建设，并成功列入省服务业重大产业项目。湖笔小镇景区沿河景观提升工程完成建设，善琏书画院、少求书屋、中国汉字艺术研究院、陈国麟美术馆四大文化场馆相继完工并对外开放，并引进湖笔文化主题民宿1家。湖笔小镇智慧化建设已启动，正在进行规划设计；湖笔文化产业园众创空间和人才公寓项目设计基本完成，即将进入施工阶段。旅游人气不断攀升，切实丰富第十届中国湖笔文化节内容，通过全国制笔大赛、“王者荣耀”城市海选赛——善琏湖笔小镇站等系列活动，针对夜经济文化打造善琏新浪潮，2天时间吸引线下1.3万人，线上点击互动量达616万人次，推动善琏旅游人气不断攀升。

【城乡环境】 提升城镇综合承载能力，强化交通建设，启动千金至善琏等5条道路项目施工，完成善琏至新市等3个项目大中修。含山大桥改建工程前期工作、三新线至含山景区公路项目加快推进。推动民生项目建设，完成农村困难家庭危房改造8户。湖笔人家聚落二期完成建设，湖笔人家聚落三期、四期（西区）均完成结顶。大力推进生态文明建设，获评新时代美丽城镇建设基本达标单位。完成拆违拆旧13.98万平方米，旧住宅区改造4.02万平方米，整治“四边三化”遥感点位110处。推动生活垃圾精准分类，7个行政村创建市级垃圾分类标杆村，镇区全面完成“撤桶并点”工作。重点攻坚水气污染，整治提升电机等行业企业5家，打造环保标杆企业4家，完成三大行业清洁化改造10家。检查督察规上及重点区域企业92家，发现隐患211处并全部完成整改。强化扬尘管控力度，狠抓建筑工地“7个100%”要求。加强餐饮业油烟检查力度，开具整改通知书24份。全年$PM_{2.5}$浓度均值32微克/米^3，同比下降17.9%；空气优良率88.3%，同比增长25%。

【社会事业】 民生事业成效显著，善琏镇中心幼儿园完成建设，善琏学校教学楼建设有序推进。勇夺“国家级卫生镇”奖牌，获评“健康南浔建设优胜单位”，省级卫生村实现全覆盖，善琏卫生院改造项目成功列入国家专项债支持，城乡居民基本医疗参保缴费率达99.89%，居全区首位。深化放管服改革，获评区“最多跑一次”改革先进集体和“五星级”便民服务中心。做好困难群体精准救助，发放低保金、困境儿童补助金等313万元。建成镇级居家养老服务中心1家、村级儿童之家2家。完成5家适老化改造，106位老人享受政府购买服务。扎实推进退役军人管理，获评南浔区首家省级“新时代枫桥式退役军人服务站”。文化事业繁荣发展，大力开展新时代文明实践活动，入选“中国好人榜”1名，评出善琏镇“向善之家”50户。开展文化体育活动60余场，完成3个村体育设施提升工程。创建湖州市文旅融合公共服务生态圈，出版《记忆中的善琏——湖笔小镇的故事》，全国首届农民邮展花落善琏。成功通过省级以上非遗项目保护单位及非遗传承人考核。社会大局保持稳定，依托“四个平台”建设，进一步创新基层社会治理模式，启用善琏镇社会矛盾纠纷调处化解中心。大力开展矛盾纠纷排查见底行动，累计排查矛盾纠纷56起，均得到有效化解。大力推动安全生产领域的“洗楼”行动，同步深化重点行业领域专项整治，确保各类安全生产、火灾、交通等事故持续减少，社会大局平安稳定。

（张琪炜）

2020年善琏镇行政村（社区）基本情况表

表8

村（社区）名	书记	主任	村民小组数（个）	总户数（户）	总人口（人）
皇坟村	肖顺荣		16	484	1587
平乐村	顾小平		17	492	1710
港南村	沈春权		18	508	1660
善琏村	张林勇		7	250	796
施家桥村	徐美根		18	378	1291
姚家桥村	胡小龙		19	562	1915
车家兜村	郁根荣		14	376	1423
夹塘村	吴宏泉		27	571	2002

续表 8

村（社区）名	书记	主任	村民小组数（个）	总户数（户）	总人口（人）
观音堂村	杨国琴（女）		14	402	1403
窑里村	何明发		14	361	1270
含山村	唐国琴（女）		21	964	3271
砖溪村	姚发祥		8	417	1450
宏建村	沈建新		15	288	986
和平村	陈有德		9	324	1133
卜家堰村	宋新根		30	736	2473
蒙溪社区	沈林昌		未分组	925	2081

·旧馆镇·

【概况】 2020 年，旧馆镇以“重塑水晶晶南浔，建设美丽繁华新江南，高质量打造湖州‘开放东大门、创业新高地’，高水平建设社会主义现代化共同富裕示范样本”为目标，全力推进“木·艺品质、江南韵味”特色小镇建设，坚决打赢疫情防控、复工复产两场攻坚战，抓“六稳”促“六保”，决战决胜全面小康，各项经济指标保持平稳增长。全年完成规上工业总产值 67.96 亿元，同比增长 2.69%；固定资产投资 13.1 亿元，同比增长 27.4%；工业性投资 9.72 亿元，同比增长 23.2%；服务业投资 3.38 亿元，同比增长 41.4%；财政收入 3.32 亿元。

【示范建设】 全域整治高歌猛进。全域土地综合整治与生态修复工作被列为国家试点，全省乡村产业高质量发展推进会和乡村全域土地综合整治与生态修复现场会先后走进旧馆，得到省领导充分肯定，累计搬迁农户 2877 户，85 个自然村实现整村搬迁，复垦土地 138 公顷，镇域西片打造第 1 个千亩粮田示范方，4 个集中安置社区共计 1285 套联建房结顶。

“园区外无企业”试点先行。“园区外无企业”试点工作取得阶段性成效，108 家拟退出园区外的规上企业全部签订退出协议，并于 2 月全部停产到位，其中 7 家已拆除，预计可腾出建设用地空间 67 公顷。同步完成 87 家园区外规下企业的退出签约工作，43 家企业拟入园提升，预计可实现建设用地复垦 57 公顷。

“两高”征迁有序推进。圆满完成高铁征迁任务，涉及 53 家农户、1 家企业全部拆除到位，42 个鱼塘及 76 个种植养殖棚、苗木场全部处理完毕，全区最早顺利交地。高速征迁工作有序推进，涉及 50 家农户已全部完成评估，其中已签约 34 家，签约率 68%。

【经济运行】 “双进双产”提速增效。完善全员招商和定期例会制，全年共签约项目 28 个，总投资 37.5 亿元，获评“大好高”项目 9 个，其中农业项目 3 个。实施项目推进“三率”（开工入库率，竣工投产率，上规升级率）行动，立潮工贸、思为可、邦浦等 14 个项目有序开工，金晨纺织、网承科技等 6 个项目顺利竣工，PC 构件、富钢研发中心等 9 个续建项目有序推进。

助企发展切实加快。深入推进“三服务”，4 月 132 家规上企业全面复工复产，落实减税减租等措施为企业减负 1700 余万元，“两直”（新增财政资金直达市县基层、直接惠企利民）补助惠及小微企业与个体工商户 858 家 160 余万元。坚持“抓大育小”，新增 11 家规上企业、6 家有资质建筑企业、1 家省级成长型文化企业，完成股份制改造 4 家。全力招才引智，引进顶尖、领军人才 8 人，申报省级以上重点人才工程 9 个，入选市人才计划项目 2 个。

平台能级显著提升。加快三大园区建设，创业创新产业园已入驻企业和团队 50 余家，获评省级数字化示范小微企业园、省 AAAA 级数字化小微企业园。智汇数字产业园、绿色家居智能制造产业园一期完成竣工验收，项目招引有序推进。加快光明、三桥两村征地拆迁工作，完成签约 180 户、拆除 167 户，拓展平台面积 40.7 公顷。全面启动横一路、横二路 2 条道路及热电、供水、污水等管网建设，加快推动 2 条 10kV 高压电线建设，配套设施逐步完善。

【城乡面貌】 生态环境治理持续向好。强化企业环保治理，34 家涉 VOCs 企业“环保用电智能监管系统”安装完毕，其中 26 家木业企业全部整治完成。治水治气全面推进，低氮改造、源头替代等 7 个项目完成整改，实现 $PM_{2.5}$ 浓度均值 32 微克/米 ^{3}，空气优良率 88%，“污水零直排镇”通过省级验收，发放六小行业排水证 198 张，全镇 11 家涉水企业实现四个“全覆盖”。获评湖州市践行“绿水青山就是金山银山”理念 15 周年先进集体。

美丽镇、村建设持续加码。启动“美丽城镇”建设三年行动，完成目标任务 40%。作为乡镇主战场和测评必检点，健全“三色路长制”（红色路长，由党员等组成；蓝色路长，由派出所、城管、市场监管所成员组成；绿色路长，由民兵及青年志愿者组成）、店长制、网格长制，助力全国文明城市“二连冠”，荣立湖州市集体二等功。新增省级文明村 1 个、省级传统村落风貌保护提升验收优秀村庄 2 个、省 AAA 级旅游景区 2 个。

垃圾精准分类持续深入。推行生活垃圾智慧分类和积分兑换奖励模式，建成启用定时定点驿站 23 座，11 个村 2665 户农户纳入智能化收集运维平台终端，12 个居民小区精准分类全覆盖，成功创建省高标准生活垃圾分类示范小区 1 个、市农村生活垃圾分类标杆村 2 个。

【民生保障】 疫情防控成效显著。织密网络牢筑防线，创新举措加强管控，全市率先推广企业“智能门锁”，累计安装 200 余套，建立“人来登记、人走注销”防控机制， 700 余人纳入管理；全区首创“敲门无人、即贴封条”洗楼工作法和封闭小区“一证一单一测”审核机制。加强重点场所防控监管，严格做到“六个一律”（所有人员一律佩戴口罩，测量体温方可进入市场；一律严禁活禽、野生动物交易；市场内经营户一律做到明码标价，索证索票齐全；对市场一律进行清洗消杀，每日 2 次及以上；一律开展从业人员排查，发现异常情况做好信息登记，第一时间上报；一律签订防控工作责任状，开展防控宣传），抓好冷链食品等关键领域监管，全镇实现“零确诊”。

民生福祉不断提升。新增特困户 6 户、低保户 9 户、低保边缘户 3 户、支出型贫困户 5 户，全镇 216 户困难户享受助学助医助困救助 94 万元，60 周岁以上老年人意外保险参保率达 100%。矛盾调解中心、便民服务中心装修有序进行，社会福利中心完成方案设计，卫生院、中心小学迁建项目提上议程，成功创建省级农村文化礼堂示范乡镇，获评市级“三年强村计划”突出贡献集体，新增全国综合减灾示范社区 1 个。

综合治理日益完善。深化“基层治理四平台”（综治工作平台、综合执法平台、市场监管平台、便民服务平台）和“全科网格”建设，月均上报隐患事件 329 条，累计处理 3956 条，37 名矫正对象、98 名涉毒人员管控到位。引领推动“三治”（自治、德治、法治）融合，新增省级民主法治村 2 个。扎实推进矛盾纠纷和安全隐患“两个排查见底”专项行动，成功调解各类矛盾纠纷 121 起，涉及资金 268.35 万元，调解成功率达 100%。加强食品药品安全监管，办理食品案件 11 起，罚没款 11.96 万元。接待群众 24 批 38 人次，调处信访、政府“12345”阳光热线共计 1277 件，信访回复率 100%。

（杭 云）

2020 年旧馆镇行政村（社区）基本情况表

表 9

村（社区）名	书记	主任	村民小组数（个）	总户数（户）	总人口（人）
祝良村	薛利强		22	566	2213
罗汉村	沈建林		15	448	1800
麒麟村	计建华		9	439	1798

续表 9

村（社区）名	书记	主任	村民小组数（个）	总户数（户）	总人口（人）
塘南村		冯国防	7	269	1035
寺桥村		费丽三	13	405	1632
北港村		邱火江	13	518	1918
潘家庄村		曹献忠	13	380	1478
载旺村		陈冠峰	17	433	1681
三桥村		高俊峰	9	393	1509
光明村		郑利平	8	263	1029
港胡村		钱建强	13	399	1563
新兴港村		沈建强	17	443	1533
大洋社区		汤卫华	8	226	825

·千金镇·

【概况】 2020 年，千金镇坚持贯彻习近平新时代中国特色社会主义思想，特别是考察浙江重要讲话精神，以“项目招引”和“全域整治”为全镇经济发展的主抓手、生命线，全面落实“工业经济新亮点、农旅结合新特色、环境面貌新提升、社会治理新样板、党的建设新水平”“五新”工程，经济社会各项事业迈上新台阶，取得新成就。实现财政收入 5306 万元，同比增长 8.46%；完成规上工业产值 23.55 亿元，同比增长 16.3%；固定资产投资 4.98 亿元，同比增长 20.3%，其中工业性投入 3.88 亿元，同比增长 45.8%，服务业投资 1.1 亿元，完成年度任务 110%。千金镇以第三名的优异成绩获南浔区“以实绩论英雄贡献占比大比拼”考核优胜单位奖，并获湖州市乡村振兴示范区建设工作优胜单位、湖州市重大项目攻坚年突出贡献集体、南浔区“开放东大门、创业新高地”项目推进先进集体和南浔区“三服务”工作先进集体等多个荣誉称号。

【招商引资】 树牢全员招商理念，坚持“以商引商”。全年签约项目共 22 个，其中工业项目 10 个，农业项目 10 个，服务业项目 2 个，总投资约 20 亿元，超额完成目标任务，其中亿元以上项目 10 个，总投资近 15 亿元，创历史新高。新认定工业“大好高”项目 13 个，其中欧川格、赛宁、万复 3 个项目成功申报市级“大好高”。积极引进外资，实现外资引进零突破。

【筑巢引凤】 加快拓展工业平台，推进平台内农房搬迁，完成土地平整近 20 公顷，顺利完成工业平台规划区内自然村搬迁工作。精准配置土地资源要素，保障新开工项目 17 公顷的空间及用地指标。吉成小微园全面运营，企业入驻率达 95%以上，万创小微园启动招商。牢固树立“人才是第一资源”理念，坚持基础设施建设与人才引进双管齐下，助推工业经济发展。

【服务企业】 坚持深化“三服务”、奋战“五个年”，实现镇村干部联片联企全覆盖，合计走访企业 342 家，667 人次。做好政策引导和部门协调，新增规上工业企业 5 家，完成股份改造企业 2 家，成长板挂牌企业 1 家。围绕项目清单，加强服务督导，力促项目早落地、早开工、早升规、早达产。在建工业项目共 18 个，任务 7 个，开工率为年度区对镇考核任务的 250%，居全区首位，其中双民轨道等 3 个重点工业项目已竣工投产。

【农民增收】 继续发挥龙头企业带动农户致富的强大动能，探索并推广“农业龙头企业+现代生态养殖小区+农户”的“温氏模式”，带动农民增产增收。全力培育新型农业经营主体，不断拓宽农民增收渠道，新增国家级养殖示范户1家，省级养殖示范户2家，区级“无公害家庭农场”2家，浙江省“健康养殖示范场”2家，区级“美丽渔场”3家，市AA级“生态休闲农场”1家，完成“美丽牧场”创建2家。

【农业升级】 坚持规划引领，完成农业产业和农旅融合发展规划编制工作，农业生产结构和区域布局明显优化。完成1000万元以上农业签约项目10个，总投资达3亿元，开工入库3个，竣工投产2个，新认定农业“大好高”项目4个。湖州南浔温氏畜牧有限公司被认定为全省第二批数字农业工厂试点创建主体，华统肉制品有限公司成功创建全国生猪屠宰标准化示范厂，千金永根合作社相关经验做法入选全国第二批农民合作社典型案例。

【农村产业】 开展消除集体经济薄弱村三年行动，通过承接“菱新线”绿化养护项目等途径，提高强村公司运营能力，累计分红351万元，行政村集体经济全面突破50万元。“强村公司”相关做法入选《湖州南浔区创新理念加快村级集体经济发展》案例，为全区各乡镇（开发区）中唯一入选全省“三服务”经典案例。6个上一轮经济欠发达村获得奖补资金共计420万元，其中120万元注册区帮扶农村集体经济发展基金再次投资，变输血为造血，充分提高财政资金使用效率。农民人均可支配收入达3.75万元，同比增长5.02%，增速继续高于城镇居民。农业供给侧结构性改革深入推进，粮食播种面积保持增长，生猪、湖羊产业平稳发展，农产品质量和食品安全水平进一步提高。

【基础设施】 镇区框架得以拓宽，初步形成“三纵三横”道路体系，完成农村公路大中修6条，完成农村公路提升工程3.175千米，绿化建设提升27.915千米，路灯亮化工程8.7千米，6条镇区及工业平台配套道路规划设计已完成。千金卫生院易地搬迁完成土地征用和政策处理，幼儿园扩建项目启动建设。千金污水处理厂清洁排放项目完成方案设计，完善污水治理基础设施，疏通管网41千米，改造农村生活污水终端12处，投入资金117万元，成功创建“省级污水零直排镇”。在巩固小城镇环境综合整治基础上，积极推进美丽城镇建设。

【全域整治】 高质量推进乡村全域土地综合整治与生态修复工作，夯实“三农”发展基础。聘请专业团队在保障居住空间、商业经营空间和公共服务设施基础上，结合地域特色，落实“生态优化、环境提升、人文再现、产业重构”四大发展策略，突出江南水乡建筑风格，高标准、科学化设计规划千金未来大社区项目。整体拆除自然村23个，完成土地整治复垦17公顷，超额完成年度任务。安置点土地流转、土方回填和场地平整基本完成。

【文旅融合】 坚持打造生态旅游品牌，首届“水晶晶南浔、亮晶晶千金”生态旅游文化节顺利开幕，共举办千金之夜“十一”璀璨夜集市等文旅活动12场。景区村庄建设取得新突破，成功创建省级AAA级旅游景区镇，新增省级AAA级旅游景区村庄1个。依托“福荫童心小镇”景区现有资源，做好商墓村、南窑桥村鱼塘景区规划设计、招商引资和基础设施建设等各项工作。

【扶贫帮困】 加强社会救助与扶贫帮困、慈善等政策融合，慈善救助慰问183人，慰问资金15.12万元。城乡居民医疗保险实现“应保尽保”，困难群众资助参保率和医疗救助政策落实率均达100%。城乡居民养老保险参保缴费人数2529人，缴费率达98%以上。有序推进农村房屋安全隐患排查改造，共排查农村房屋400余宗，完成农村困难群众危旧房改造16户。及时完成3个农转项目失地农民参保工作，为全镇65周岁以上老年人免费提供家庭医生签约，及时发放低保、低边、残疾人等各类补贴，新建示范型儿童之家1家。

【惠民项目】 “美丽校园”建设持续发力，小学、幼儿园等项目工程稳步推进，千金成校获评“浙江省现代化成人学校”，积极推进“健康教育”进文化礼堂，全年举办讲座14场次。慎终如始抓好常态化疫情防控，切实保障人民群众身体健康。“健康千金”建设有序推进，新建千金卫生院完成建筑设计等前期工作，新建全省首个镇级无偿献血主题公园，新成立南窑桥、石桥等村级红十字会组织2个。完成千金镇居家养老服务中心朝阳分中心改建提升，建立集镇区范围内高龄老人配送餐服务，有效提升辖区老年居民幸福感和获得感。

【社会治理】 成功创建省级文明镇，在全国文明城市复评季度考核中获全市第二，并在湖州市全国文明城市复评先进表彰中获集体三等功。完善矛盾纠纷调解功能基础建设，新建千金镇社会矛盾纠纷调处化解中心。成功化解各类矛盾纠纷38起，矛盾纠纷调解率100%。畅通群众诉求渠道，累计办结各类信访、“12345”热线等468件，群众满意率达98%。发挥千金“草根乡贤”“传、帮、带”作用，协助推进基层治理，相关经验获得市委、市政府相关领导批示肯定。安全生产常抓不懈，逐村逐企开展区域性、行业性重大安全生产事故隐患整治6次，发现各类问题隐患260余个，均及时整改排除。

【河湖整治】 完成重点工程“百漾千河”中4个美丽乡村建设任务和镇域两条骨干河道的政策处理任务。持续抓好治水工作，“千金福荫童心小镇水系”成功创建省级“美丽河湖”，完成羊角漾人工沙滩建设。进一步强化渔业养殖尾水运维，持续巩固劣Ⅴ类小微水体整治，其中，南窑桥村葫芦兜和朝阳村陈家埭2个小微水体在区生态整治示范点评优验收中获一等次。

【治气监管】 全力守护蓝天，$PM_{2.5}$浓度持续下降，均值32微克/米^3，空气优良率89.9%，排全区首位。深化城警联勤，加强扬尘管理，严格落实施工现场扬尘治理“7个100%”，开展工程车整治执法53次，立案10起。整治“低散乱污”企业20家，实施节能减排项目1个。

【人居环境】 美丽乡村提档升级，全力打造新时代美丽乡村品牌，创建“新时代美丽乡村”4个。统筹推进城乡垃圾分类工作，创建市级农村生活垃圾分类处理标杆村5个，垃圾智能收集系统覆盖率达100%，向阳小区获“省级垃圾分类高标准小区”荣誉，农村人居环境长效管理考核居全区第三。完成“两路两侧”整改点位22处，“四边三化”整改点位64个，完成“三改”面积26400平方米，“拆违”面积60000平方米。大力开展爱国卫生运动，积极争创卫生镇、卫生村，“国家卫生镇”顺利通过省级初查，在全区率先实现省级卫生村“全覆盖”。

（顾奕超）

2020年千金镇行政村（社区）基本情况表

表10

村（社区）名	书记	主任	村民小组数（个）	总户数（户）	总人口（人）
商墓村	钱永安		18	588	2110
南窑桥村	姚国安		18	478	1670
千金村	沈中伟		28	844	2795
朝阳村	宋建根		13	579	1975
石桥村	宋根荣		21	683	2397
里浩村	宋文鑫		24	729	2505
东驿达村	沈建良		25	704	2400
东马干村	姚鑫良		20	570	2047
西马干村	王浩泉		10	320	1030
金城村	金伟国		11	586	2032
千金社区	张霖轩		6	344	496

·石淙镇·

【概况】　2020年是极不平凡的一年。面对国际国内形势的深刻复杂变化，面对突如其来的新冠肺炎疫情，石淙镇贯彻中央和省、市、区委一系列重大决策部署，主动融入全区发展大局，进一步解放思想、凝聚力量、攻坚克难、争先创优，有力推动全镇各项事业高质量发展。全年全镇财政收入突破1亿元，同比增长58%。规上工业产值14.55亿元，工业增加值2.98亿元，规上工业利税增至1.38亿元，利润增至7819万元。完成固定资产投资2.33亿元，其中，工业投资完成0.54亿元，服务业投资完成1.79亿元。

【经济转型】　产业经济加快转型。整治淘汰“低散乱”企业21家，东方丝绸、重恒轧辊、铭泰纺织3家企业完成升规，石淙花海文化休闲体验项目被认定为服务业市级“大好高”项目。推动企业加快实现出口转内销，华艺盛纺织等企业销量迅速提升。

平台空间扩容提质。高标准打造绿色工业功能区，着力提高功能区承载能力，敬塘路拓宽、污水管网建设等工程启动建设。启动镇西村工业功能区建设，拓展面积13.3公顷。

项目招引成效显著。依托全区招商引资一盘棋工作格局，进一步拓宽项目招引渠道，加大项目招引力度。成功招引润达丝织年产400万米高档真丝面料等工业项目9个，总投资12亿元。

【全域整治】　发展空间更优。强势推进全域土地综合整治，建立工作专班，细分区域、明确职责、挂图作战，累计拆除2595户，完成区定拆除任务185.4%，拆除“一户多宅”650户，复垦土地56.7公顷。有效改变了土地碎片化、无序化、低效化的现状，发展空间进一步优化。

经济活力更强。围绕稻虾轮作、三零农场、红美人精品园区、蓝莓采摘等特色农业，大力发展现代农业。初步建成稻虾轮作市校合作项目，已推广稻虾生态轮作400余公顷，实现亩均增收3000～5000元，7个行政村经营性收入全部达50万元以上。

农业产业更旺。整合土地资源，引进星光农旅融合、雄云生态等农业项目11个，总投资2.3亿元，并成功申报农业“大好高”项目3个。引进花海酒店等服务业项目6个，总投资1.4亿元。结合农业高新区创建，统筹推进千亩水果采摘园、千亩星光农业园和万亩清水小龙虾园建设。

【水乡旅游】　农旅项目全面推进。加强旅游统筹规划，全面启动水上环线、农场驿站、萌宠乐园等项目。花海酒店、杨树兜书画院、淙星营地、安桥港民宿集聚村等项目顺利推进。全力助推乡村农旅消费市场复苏，全年实现旅游收入800万元，相关经验做法获市领导批示肯定。

景区品质改造提升。全面启动总投资2000万元的花海景区提升项目，打造集生态农业、旅游休闲、运动养生、乡村民宿、文化创意、社区治理于一体的全生态景区。完善花海景区运营机制，做到四季常绿、三季有花，全力打造“进镇有花、抬眼见花”的“花漾漾石淙”。

旅游业态丰富多彩。成功引进暇暇农亲子生态农业平台，包含动物园、农场、农家小屋等，推动农旅融合发展。丰富拓展帐篷营地、水上乐园等休闲娱乐项目，打造独具特色的花港度假小镇。成功举办第三届石淙花海龙虾节、首届花漾石淙月光集市等活动，吸引游客60余万人次。

【生态建设】　高质量建设美丽城镇。紧紧围绕美丽城镇建设“十个一”基本要求，深化城乡生活垃圾智慧分类，统筹推进项目建设，城镇能级实现跨越式提升。数字乡村展馆完成基建，“城市菜园”工程已完成招标，花海酒店即将结顶，石淙养老院修建工程完成基础打桩，镇社会矛盾纠纷调处化解中心、石淙陵园已建成并投入使用。

高标准打造美丽乡村。全面落实美丽乡村和景区村庄一体化建设战略，推进省级旅游风情小镇、花园湾村省级休闲旅游示范村创建，石淙村成功创建省级美丽宜居示范村。加快推进花园湾村美丽乡村精品村提升工程，恒春学院培训基地工程已进场施工。

高要求实现美丽宜居。紧密结合四大功能区发展布局提升绿化覆盖率，$PM_{2.5}$浓度降至32微克/米^3、空气优良率达87.2%。拆违拆旧39300平方米，渔业尾水处理面积413.9公顷，鱼塘退养98.5公顷，清理河沟漾塘80000平方米。持续巩固省级“污水零直排”建设考核优秀集体建设成果，全面落实长效管理机制，实现27.1千米城镇雨污水管网专业化运维养护，“五水共治”相关经验做法获市领导批示肯定。

【民生事业】 社会事业同步发展。组织开展汉服先蚕礼、彩虹跑、定向寻宝等独具特色的文体活动，丰富群众文化生活。总投资4500万元的石淙幼儿园已完成建设90%。做好征兵工作，紧抓征兵质量，为部队输送优秀新兵，其中大学毕业生占75%。扎实推进全国文明城市复评等工作，南坝、花园湾、羊河坝3个省级卫生村通过复评，成功创建国家卫生镇，入选浙江省2020年度“放心消费在浙江”成绩突出集体，常态化抓好疫情防控工作，全面做好第七次全国人口普查工作。

保障力度日益加强。引进大学生就业600人，新增城镇就业人数1200人，新增职工养老保险和城镇居民养老保险460人，发放临时救助、低保金、慈善救助共计133万元。创建放心消费单位56家，放心工厂20家，无理由退货店铺15家，新设食安公园1个，镇食品安全委员会办公室成功创建三星级食安办。共出动食品安全执法人员100余人次，检查餐饮单位80余家，辖区内食品事故零发生。

社会治理全面进步。2020年，成功实现平安石淙十六连冠。深入实施“四清六化”（网格内人口清、场所清、隐患清、动态清；网格管理精细化、人员参与多元化、职责任务具体化、信息收集数字化、处置协调统一化、保障激励机制化）专项行动和“四个秩序”（信访秩序、场所秩序、交通秩序、网络秩序）专项整治行动，533件新受理及信访积案全部化解，252件矛盾纠纷得到妥善处理。深入推进扫黑除恶专项斗争，成功化解各类矛盾纠纷件，实现安全生产事故、交通亡人事故零发生。与此同时，人防建设、民族宗教、人民武装、慈善、档案、双拥、计划生育、红十字会、工青妇等工作，都取得新的成绩。（陈　健）

2020年石淙镇行政村（社区）基本情况表

表11

村（社区）名	书记	主任	村民小组数（个）	总户数（户）	总人口（人）
南坝村	徐国荣		11	375	1339
花园湾村	吴建新		17	437	1530
羊河坝村	高海松		21	671	2208
银子桥村	张振华		16	519	1870
姚家坝村	沈建良		12	305	1078
石淙村	沈志平		23	733	2720
镇西村	严沪翔		24	805	2905
石淙镇区	丁荣勇		未分组	196	444

人　物

·新闻人物·

潘镜芙　男，1930年1月出生于南浔，1952年毕业于浙江大学，船舶工程专家，中国工程院院士，中国船舶工业总公司七院第七〇一研究所研究员、原副所长，中国著名导弹驱逐舰设计专家。

潘镜芙长期从事舰船总体设计研究工作，是中国两代四型导弹驱逐舰的总设计师。1965年，潘镜芙主持第一代051型导弹驱逐舰总体设计工作，于1971年年底，第一艘国产导弹驱逐舰济南舰完成试航交船；随后，潘镜芙率领团队攻克远洋航行中油水补给等难题，为中国海军编队成功设计了一艘指挥舰——051Z型“合肥号”导弹驱逐舰。1983年，潘镜芙主持研制第二代新型（052型）导弹驱逐舰，并于1994年和1996年，将新一代导弹驱逐舰哈尔滨舰和青岛舰分别交付人民海军，该型舰性能达到当时世界同类舰的先进水平。在舰船总体设计中，潘镜芙着眼全舰综合战术技术性能优化设计，采用作战指挥自动化、电子对抗、柴燃联合动力装置等新技术并获得成功；在指挥、控制、通信、情报系统和电磁兼容等新技术领域做了开拓性工作，使全舰能实现早期预警、集中指挥、软硬武器综合使用。新型驱逐舰首制舰（哈尔滨号）1995年和1996年两次参加海上演习，取得优异成绩，受到军委领导的高度评价。1997年哈尔滨号横渡太平洋，访问美国、墨西哥、秘鲁、智利；同型2号舰（青岛号）访问泰国、马来西亚、菲律宾，在国外产生重大影响。

潘镜芙为中国海军装备建设做出了重大贡献，曾先后获得全国科学大会奖1项、国家科技进步奖2项，1998年获得国防科工委颁发的“有突出贡献的科技专家”奖，1999年获国家科技进步特等奖，被誉为“中国导弹驱逐舰之父”。潘镜芙虽已退居二线，但仍担任国产军舰设计的顾问，为新型驱逐舰的继续改进做幕后工作。（区档案馆）

沈应珍　女，1921年4月生，中共党员，南浔区善琏镇百岁湖笔技艺传承人。2020年8月入选“中国好人榜”——诚实守信好人。

沈应珍出身于制笔世家，一生信守父辈诺言：“学会做笔，坚持做笔，守住这门手艺，传承下去，发扬光大！”她一辈子都在和湖笔打交道，凭借自己的制笔天赋和刻苦好学的干劲，成为一名为数极少的各道工序（8道大工序128道小工序）都能操作的制笔工，被同仁称为“一朵羊毛成支笔”“千万毛中拣一毫”的制笔能手。在与湖笔相守的这段漫长岁月中，沈应珍从未忘记对父辈的承诺，她将制笔手艺代代相传，四个女儿都子承母业，并先后收徒10余人；女儿们得到她的技能真传后，又开始传授给他人，徒子徒孙共20余人，孙辈中有两人经营着湖笔事业，她家已是五代制笔之家。自1934年学习制笔至今已86年，沈应珍做笔一直坚持讲诚货真，严格把好质量关。她再三叮嘱后辈和徒弟“要选好料，把好每个制作环节，心正笔亦正，一定要做到货真价实”。年岁大了，她还一直当着质量监督员。

沈应珍一生热爱湖笔事业，一颗初心、一颗匠心、一颗党心坚守了近一个世纪。她是湖笔历史发展的见证者，是一门传统技艺的传承者，更是“讲诚货真”的践行者。直至现在，依旧努力践行成为湖笔技能的发扬者、传播者和守护者。沈应珍先后获得“湖州好人”“浙江好人”“湖州市道德模范”等荣誉称号。（区委宣传部）

·先进人物·

施文美　女，1971 年 11 月生，大学学历，高级工程师，湖州太平微特电机有限公司研发中心主任，浙江省第十二届人大代表，全国劳动模范。

施文美从事微特电机设计、高端装备、航空航天电机等研发工作 27 年，获得 20 多项国际、国家和省、市重大科技成果，其中包括 1 项国际合作专项、2 项国家火炬计划重点项目、2 项国家创新基金重点项目、6 个中央军委装备发展部型谱项目、9 项省科技成果转化和省重大专项项目；获得省首台（套）项目 2 项、省优秀工业新产品新技术 3 项，省级创新管理 1 项。她还参与制定 2 项行业标准，主持申请 62 项专利（含 4 项发明）和商标（“太平微特”已成为省著名商标）。在施文美带领下研制的噪声低、振动低、温升低、寿命长、绝缘性高的 110SZ 直流伺服电机，成为电梯行业最先进的开门系统电机；研制的 120 多项军工核心主（配）件项目和航空航天配套产品，受到中央军委装备发展部和航空、航天、兵器等配套单位的高度肯定，其中国产航空发动机三型传感器的批量供货，实现了国产化替代，研制的高冲击电机，得到国家某航天飞行器研究所的高度认可。正是施文美的不懈努力，才研发出日益进步的核心产品，使湖州太平微特电机有限公司的产品年销售额连续 20 多年保持增长，成为行业“隐形冠军”“精品制造”，也成为德国西门子、韩国现代、蒂森克虏伯、海克思康、Zimmer 等众多世界知名品牌的合格供方，更成为国内航空、航天、兵器等 36 家院所的合格供方。

施文美一步一个脚印，完成了人生的一次又一次蜕变，从一名普通的农家女孩、嵌线工，走上了微特电机设计研发的道路，成长为一个自学成才的高级工程师。她曾获得浙江省第五届杰出职工“金锤奖”、浙江省道德模范、第十三届全国职工职业道德建设先进个人、“中国好人”、“全国五一劳动奖章”、全国三八红旗手等荣誉称号。

（区总工会）

章春燕　女，1983 年 3 月生，中共党员，湖州市南浔区人民检察院党组成员、检委会专职委员，全国“守望正义——新时代最美检察官”。

章春燕从检 15 年，办理各类案件 1500 余件，涉案人数 2000 余人，适用法律准确率 100%，用专业、真诚和坚韧，在检察事业这片沃土上辛勤耕耘。她是未检工作的“深耕者”，为破解涉罪未成年人治理难题，她主导“人格甄别前置、分类观护”机制，率先提出“罪错未成年人临界预防、分类治理”体系，主持的项目获评全国未成年人检察创新实践基地，带领的团队被评为全国青少年维权岗。她是司法温度的“传递者”，把“规范化、精细化、专业化”灌输到办案每个环节；她用真诚和耐心，彰显司法的力量和温度。在她办理的案件中，被害人对她敞开心扉向她倾诉，被判刑的黑社会性质组织人员给她写信悔过反省，她如同化雨的春风拯救着案件中每个尚有良知的灵魂。她是疫情防控的“力行者”，积极参与基层抗疫，下沉街道社区，当好政策宣讲员、防疫体检员、难题解决员，助力复工复产。她创新思路，利用智慧检务平台推出智慧“云”帮教、空中“云”课堂、心理“云”救助，在保障高效履职的基础上积极参与涉未综合治理工作，获得良好的政治效果、法律效果和社会效果。

章春燕曾先后获得全国模范检察官、全国三八红旗手、全国六五普法模范个人、全国未检工作表扬个人、CCTV2020 年度法治人物、“法治进校园”全国巡讲活动表现突出个人、“浙江好人”、浙江省政法系统先进个人、浙江省最美公务员、2020 年“最美诚信浙江人”、湖州十大杰出青年、南浔区劳动模范等荣誉称号，荣立个人三等功三次。《法制日报》《检察日报》《浙江日报》《浙江法制报》等国家和省级媒体多次对章春燕工作作专题报道。

（区人民检察院）

张开荣　男，1989 年 2 月生，中共党员，南浔区善琏镇公共事业服务中心副主任，四川省广安市广安区农业农村局龙安柚产业发展办公室副主任（挂职），全国脱贫攻坚先进个人。

2019年2月，张开荣克服家庭的重重困难，毅然舍小家为大家，以农业专业技术人才身份援派到四川省广安市广安区，负责协助东西部协作农业扶贫项目建设和农业技术指导工作。赴广安后，张开荣积极推进“湖羊入川”“湖羊致富”工程，先后指导建设湖羊种养循环生态基地6个，完成湖羊引种6210只；具体负责广安全国首个农旅融合的万头湖羊种羊基地、湖羊屠宰深加工项目建设任务，保障了广安区75个湖羊养殖基地湖羊正常生产，直接带动5000余户贫困户增收。湖羊成了广安区百姓致富增收的领头羊，而张开荣也被当地人称为领头羊中的领头羊。为了养好、育好入川湖羊，助力脱贫攻坚收官，张开荣3次主动延长挂职年限。根据广安当地实际生产情况，他编写了湖羊养殖操作管理手册，同时，通过举办养殖技术培训班、下乡入基地开展技术指导等形式，培养广安湖羊养殖技术人员200余人。

在广安，张开荣始终奔走在扶贫产业发展道路的最前端，经常就近住在养殖基地旁的简易工棚内，为工作忙碌到深夜，把对口帮扶工作当成自己的事业来做，被誉为“奔走在东西部扶贫协作路上的‘拼命三郎’”。2020年，张开荣获“最美浙江人·浙江骄傲”人物提名奖、浙江省东西部扶贫协作个人突出贡献奖。

（善琏镇）

文件选编

中共湖州市南浔区委关于高水平推进区域治理现代化的决定

浔委发〔2020〕7号

2020年3月2日

南浔经济开发区、各镇党委，区级各单位党委（党组）：

中国共产党湖州市南浔区第四届委员会第九次全体（扩大）会议，认真学习贯彻党的十九届四中全会、省委十四届六次全会和市委八届八次全会精神，结合南浔实际，深入研究了高水平推进区域治理现代化问题，作出如下决定。

一、推进区域治理现代化的总体要求、主要原则和工作目标

1. 总体要求。坚持以习近平新时代中国特色社会主义思想为指导，全面贯彻党的十九大和十九届二中、三中、四中全会以及省委十四届六次全会、市委八届八次全会精神，自觉扛起当好践行“两山”理念样板地模范生、争当推进区域治理现代化排头兵的使命担当，全面加强党的领导，聚焦“一一二八”工作部署安排，以“最多跑一次”改革为牵引，着力固根本、扬优势、补短板，建立健全具有时代特征、南浔特色的区域治理制度体系，推动实现更高质量的发展、更高标准的平安，不断提升人民群众的获得感、幸福感、安全感，为高水平推进区域治理现代化作出新贡献。

2. 主要原则。坚持以党的领导为根本，认真贯彻落实中央坚持和完善十三个方面制度的战略部署、省委高水平推进省域治理现代化“五个必须坚持”的原则和市委奋力推动市域治理走在前列“七个坚持”的原则，推动中央和省、市委重大决策部署在南浔落地生根。

——坚定不移落实以人民为中心的发展思想。始终把人民立场作为根本立场，尊重人民主体地位和首创精神，坚持以人民为中心来抓治理，在推进区域治理中充分体现人民意志，保障人民权益，激发人民动力。

——坚定不移以“最多跑一次”改革撬动提升区域治理水平。以“最多跑一次”改革为牵引，深入推动区域治理领域各项改革，强化理念创新、方法创新、技术创新和制度创新，形成系统集成、协同高效的整体效应，使制度优势转化为治理效能、治理效能转化为发展胜势。

——坚定不移以“防为主、防为上”来推进四个治理。坚持问题导向，注重防范重大风险，把“防为主、防为上”工作方针落实到区域治理中，全面夯实区域基础，切实加强、统筹推进系统治理、依法治理、综合治理、源头治理。

3. 工作目标。以区域治理现代化排头兵的使命担当推进区域治理现代化，实现政治稳定有序、经济高质发展、社会公平正义、文化繁荣兴盛、生态绿色优美、群众安全幸福。到我们党成立一百年时，成为全省区域社会治理现代化示范区，在区域治理上积累形成一整套更加完善的制度体系；到二〇三五年，基本实现区域治理现代化，区域治理水平处于全省全市前列；到新中国成立一百年时，高水平实现区域治理现代化，形成全面建设社会主义现代化国家的强有力制度保障。

二、进一步落实和健全党的领导制度体系

1. 完善和落实不忘初心、牢记使命制度机制。把不忘初心、牢记使命作为党的建设的永恒课题和全体党员、干部的终身课题，坚持不懈锤炼党员、干部忠诚干净担当的政治品格，坚决做到“两个维护”。完善党委（党组）理论中心组学习、党员干部自学、基层党组织集中学习、干部教育培训等学习制度，建立重大决策前专题学习机制。完善党中央和省、市委重大决策部署贯彻落实机制，严格执行重大事项请示报告制度。坚持和完善党内政治生活基本制度，认真落实“三会一课”、民主生活会、组织生活会、领导干部双重组织生活会、“党性体检、民主评议”等制度，健全查改问题长效机制。健全完善严格执行党内法规的机制，推动党内法规落细落实。

2. 完善和落实党的全面领导制度。提高政治站位，旗帜鲜明地坚持和加强党的全面领导。严格落实民主集中制，健全党委议事决策等工作制度，加强重大决策的调查研究、科学论证、风险评估，提高把方向、谋大局、定政策、促改革的能力。加强党委对重大工作的领导，充分发挥党委议事协调机构职能作用，完善议事规则，强化党委职能部门统一归口协调管理职能，巩固提升机构改革成果。健全人大对“一府一委两院”监督制度，完善人大依法讨论决定重大事项制度和落实各级政府重大决策出台前向本级人大报告机制，建好用好“五星级”代表联络站等载体，深化人大常委会联系代表、代表联系人民群众机制。构建职责明确、依法行政的政府治理体系，建设人民满意的服务型政府。健全完善人民政协专门协商机构制度，建好用好“请你来协商”平台，精心打造“1+10+11”委员履职协商阵地，构建完善“13456+”协商议政新格局，完善围绕落实党委政府重点工作开展民主监督制度，不断形成建言资政和凝聚共识“双向发”的工作机制。健全政党协商工作机制，完善民主党派意见建议直通车制度，深化开展“金点子”“微点子”活动。坚持大统战工作格局，完善同党外知识分子、非公有制经济人士、新的社会阶层人士的沟通联络机制，加强党对宗教工作的领导，健全民族宗教工作体制机制。完善党管武装工作机制，支持国防、军队和后备力量建设，持续深化双拥共建、军民融合和国防动员工作。完善对镇（开发区）工作统筹领导的工作机制，激发镇（开发区）和部门的执行力、创造力，倡导结合实际创造性开展工作。完善镇（开发区）党委书记工作交流会等机制，健全党委书记述职评议制度。

3. 完善和落实思想文化引领机制。加强党对宣传思想工作的领导，坚持马克思主义在意识形态领域指导地位的根本制度，严格落实意识形态工作责任制，牢牢掌握意识形态工作的领导权、管理权、话语权。坚持把学习贯彻习近平新时代中国特色社会主义思想作为重中之重，推动科学理论入脑入心。巩固壮大主流思想舆论，加强新时代爱国主义教育，强化以社会主义核心价值观引领文化建设制度，持续推进“最美家风+”建设活动，通过优秀家风的示范引领，在全区上下形成以好家风带动好乡风、好企风、好校风、好政风的良好局面，把社会主义核心价值体系贯穿到区域治理实践中。健全新时代思想政治工作机制，强化新闻舆论、网络、学校、农村思想文化等各类阵地管理，推进新时代文明实践中心、融媒体中心建设和“学习强国”学习平台推广运用。把学校思想政治教育工作摆在突出位置，加强师德师风建设，完善青少年理想信念教育齐抓共管机制。保护传承优秀传统文化，筑牢文化自信的根基，完善文化管理体制和生产经营机制，把好思想关、政治关、质量关。构建网络综合治理体系，打好网络意识形态工作主动战，推进网络生态“瞭望哨”建设，培育积极健康、向上向善的网络文化。

4. 完善和落实权力运行制约和监督机制。严格落实全面从严治党制度，完善党委（党组）主体责任、党委（党组）书记第一责任、班子成员“一岗双责”、纪委监督责任“四责协同”机制，持续开展项目化管理，深入推进清廉南浔建设。坚持权责法定、权责透明、权责统一，健全分事行权、分岗设权、分级授权、定期轮岗制度，构建全方位的权力运行制约机制。健全党统一领导、全面覆盖、权威高效的监督体系，推进政治监督具体化、常态化，一体推进纪检监察“三项改革”，深化贯通纪律监督、监察监督、派驻监督、巡察监督“四个全覆盖”，构建有效监督大格局。坚持以党内监督为主导，完善领导班子内部监督制度，推动人大监督、民主监督、行政监督、司法监督、审计监督、统计监督、社会监督等各类监督有机贯通、相互协调。精准把握运用监督执纪“四种形态”，构建一体推进不敢腐、不能腐、不想腐体制机制，推动重点领域监督机制改革和制度建设。坚持“党性党纪教育一刻钟”做法，完善作风建设长效机制，巩固和发展反腐败斗争压倒性胜利。

三、进一步健全法治示范体系

1. 积极构建协同高效的依法行政机制。积极推进重大决策合法性审查，加强政府重大行政决策目录化管理，实施重大行政决策执行情况第三方评估，实施法治政府建设“最佳实践”专项培育工作。深化机关效能建设，加快全面实现个人和企业全生命周期“一件事”全流程“最多跑一次”、机关内部“最多跑一次”。深化综合行政执法体制改革，构建统筹城乡跨部门跨领域的综合执法工作体系，形成区镇（开发区）一致、分工合理、权责明晰的权责清单。落实行政执法目录向检察机关共享工作机制，以检察法律监督促进依法规范行政。建立健全网络行政执法体制机制，强化网民合法权益保护。严格执行部门“三定”规定和镇机构改革方案，推进机构、职能、权限、程序、责任法定化，创新统筹使用编制资源机制，探索建立区委、区政府重点工作任务机构编制专项保障制度。深化事业单位改革，推进事业单位清理规范整合，优化布局结构，提升服务能力和水平。因地制宜推进镇村规模调整，完善强村赋能、强镇扩权体制机制，推进片区组团发展，大力支持练市镇等试点镇加快培育成为小城市。

2. 大力推进政府数字化转型。将数字化变革性力量融入法治政府建设之中，推进职能重塑、流程再造、业务协同、效能提升，促进政务公开，提高依法行政水平，以政府数字化转型带动各领域数字化转型。加大党政机关、公共服务组织、金融机构等信息系统整合力度，进一步加强与全省一体化政务服务平台、长三角“一网通办”平台衔接贯通。全面推广移动办事、移动办公，加快推进涉企便民事项“移动办”“刷脸办”“自动办”，系统性重塑涉企便民服务模式，基于“浙政钉”，建设政务通平台，实现区域一体化部署，推进多部门联办、跨部门协办。积极探索建立运用互联网、大数据、人工智能、区块链等技术手段优化行政管理效能的制度机制。

3. 健全完善法治保障制度。深入推进司法体制综合配套改革和执法司法规范化建设，加强政法机关一体化办案机制建设，完善环境执法与司法协调联动机制，加大公益诉讼力度。深化智慧法院建设，加快推进移动微法院应用，健全网上诉讼规则体系和涉网案件审理机制。全面落实司法责任制，加强对司法活动的监督，完善刑事、民事、行政、公益诉讼等监督体系，切实防止冤假错案。构建社会“大普法”格局，强化领导干部带头尊法学法守法用法，落实领导班子和领导干部述法制度，建设现代公共法律服务体系，引导全社会办事依法、遇事找法、解决问题用法、化解矛盾靠法。

四、进一步健全高质量发展的现代化经济体系

1. 建立健全营商环境最优区争创机制。围绕“最多跑一次”改革理念，对标国内先进水平，健全持续优化营商环境的组织机构、工作机制和评价体系，深入实施优化营商环境专项行动，努力打造营商环境最优区。深化商事登记制度改革，完善常态化企业开办全流程“一日办结”，实现地方设置涉企事项“零许可”。继续深化“无证明区”建设和审批服务告知承诺制改革。加强事中事后监管，全面构建以“双随机、一公开”为基本手段，以重点监管为补充，以信用监管为基础的新型监管机制。推进投资审批制度改革，加快资源要素市场化配置改革，深化“五未土地处置+标准地”组合拳模式，深化“亩均论英雄”改革，打造“标准地”改革升级版。深化项目“双进双产”机制，大力实施“省市县（区）长”项目工程。深化国有企业改革，完善现代企业管理运行体系，深化国资体制改革，释放国有企业活力。构建除本减负长效机制，健全支持企业梯度培育发展制度和服务体系，深入实施“新象新牛”企业培育等计划。大力实施融资畅通工程，继续完善绿色金融综合服务平台功能，提高金融服务实体经济能力。健全支持民营经济、外商投资企业发展的法治环境，完善构建亲清政商关系的政策体系，促进非公有制经济健康发展和非公有制经济人士健康成长。完善企业、企业家权益司法保护机制，建立企业紧急事态应对机制，健全完善市场主体平稳退出机制。继续深化“扫黑除恶”专项斗争，严厉打击盗抢骗、黄赌毒等违法犯罪，维护安全有序的经济社会发展环境。

2. 构建和完善产业链现代化发展机制。坚持绿色发展理念，以供给侧结构性改革为主线，广泛推行“互联网+”“大数据”+“区块链+”，推动一、二、三产业深度融合，推进农业全产业链建设，构建新型制造业体系，加快形成现代服务业产业体系，打造千亿级产业集群。深入实施乡村产业振兴计划，聚焦强村富民，培育发展美丽经济，持续壮大村级集体经济，形成立体式复合型现代农业农村经营体系。围绕现代制造业产业体系，健全具有南浔特色

的绿色智造标准，深化国家级、省级绿色工厂、绿色产品、绿色园区、绿色供应链示范企业建设，推进传统产业高新化、新兴产业集群化。聚焦服务业高质量发展，培育服务业新产业、新业态、新模式。深入开展质量提升行动，加快质量强区建设。全面实施数字经济"一号工程"，建立数字化赋能推进机制，大力推进机器换人，持续深化制造业与互联网融合发展。加速万亩千亿大平台建设，着力构建功能明确、特色鲜明、运行高效的平台体系，打造可支撑、可引领未来产业发展的高能级战略发展平台。

3. 健全完善长三角一体化为核心的开放发展机制和规划引领机制。以打造长三角一体化先行协同区为目标，制定更加开放融合的区域空间发展规划，完善跨区域协同机制，做好上海大都市圈、杭州都市圈、长三角一体化示范协作区等空间协同规划。紧抓湖嘉一体化发展机遇，积极参与杭湖宁生态经济发展带建设，千方百计促进南浔发展。深入推进东西部扶贫协作、对口支援合作和山海协作，创新"飞地经济"合作模式。建立健全以发展规划为统领，以国土空间规划为基础，以专项规划为支撑，市、区规划相互衔接，定位准确、边界清晰、功能互补、统一衔接的规划体系，加强全区国土空间规划体系建设，全面提升国土空间治理体系和治理能力现代化水平，实现一张蓝图绘到底。科学划定生态红线、永久基本农田红线和城市扩展边界。强化中心城区统筹资源配置能力和辐射带动能力，推动建设用地、金融信贷等要素资源向重大战略承载地倾斜。

4. 完善创新驱动发展机制。深度融入G60科创走廊，进一步完善体制机制，强化科技支撑，促进产业升级，确保成功建设湖州南浔智能机电高新技术产业园区。积极引进高校院所，加快浙江水利水电学院和同济科技职业学院落地。继续深化地校合作，创新产学研合作与成果转化机制，培育创新工程师，引进创新载体加速推动技术成果在南浔转化和产业化。完善科技企业梯次培育机制，健全企业研发投入机制，加大对企业研发投入的引导激励，提高规上企业研发活动、研发机构的覆盖率，加快提升企业自主创新能力。在数字经济、高端装备等主导产业领域，深入开展联合技术攻关。加大知识产权保护力度，营造更好的知识产权环境。构建更具竞争力和吸引力的人才制度体系。

5. 深化"服务企业服务群众服务基层"机制。改进调查研究制度，落实深化"大学习大调研大抓落实"工作载体，完善区领导牵头主持重点调研课题、牵头领衔重大改革项目、牵头抓好重要工作落实、协调联系重点产业、牵头联系重大项目制度。聚焦"三张清单"，建立问题分类化解机制，推动问题有效解决。全面落实"三个跑遍"要求，完善党员、干部面对面联系服务群众制度。建立党委、政府重大政策举措发布引导机制，积极运用网络问政等媒体监督载体。完善群众参与机制，听需于民、问计于民。

五、进一步健全生态文明制度体系

1. 完善"三位一体"生态文明体制。把践行"两山"理念融入发展规划、考核评价，健全完善生态文明制度建设。健全完善生态产品价值实现机制，深化生态产品市场化改革，推行用能权、排污权、用水权、碳排放权交易制度。推进自然资源资产产权制度改革，建立统一的确权登记系统和权责明确的自然资源产权体系。运用好自然资源资产负债表编制成果，深化自然资源资产保护与利用绩效评价考核，强化领导干部自然资源资产离任审计。

2. 健全完善污染防治体制机制。强化生态保护修复和污染防治统一监管，继续推行生态环境损害赔偿制度。构建以排污许可制为核心的固定污染源监管制度体系，完善污染防治区域联动机制，健全从严治水治气治土治废长效机制，推进"无废城区"数字化管理。建立健全区域环境网格化监管体系，深入实施河长制，围绕人民日益增长的优美生态环境需求，以筑实、筑牢污染防治攻坚战为目标，全力打造具有江南韵味的"水晶晶"南浔。强化环境监测能力建设，探索建立生态安全监测预警体系。完善生态空间管制制度，健全跨区域生态联动监管和补偿机制。

3. 构建城乡融合发展机制。坚持全域规划、多规融合、城乡一体、富民为本，高品质打造美丽城市，高标准建设新时代美丽城镇，高水平建设新时代美丽乡村，努力建设"大花园"。以省文明城区创建、老旧小区改造为着力点，持续推动城市有机更新，建设未来社区，全面提升城市精细化管理水平。持续推进"美丽城镇"长效管理，深入实施小城镇综合整治，创新小城镇培育发展机制，高标准建设特色小镇，统筹旅游、社区和产业功能，着力打造特色小镇标杆。深化"千村示范、万村整治"

工程，持续提升美丽乡村影响力。深入实施乡村振兴战略，深化农村集体产权制度改革，完善集体资产股权赋能活权机制，加快促进城乡要素自由流动、平等交换和公共资源合理配置，促进城乡融合发展。在省内率先开展无隐患美丽公路建设行动，打造“四好农村路”升级版，为百姓提供美丽安全的出行环境。

4. 完善生态文化培育机制。充分挖掘南浔本土生态文化资源，打造丝绸之源、桑基鱼塘、頔塘故道、大运河等生态文化品牌。推进绿色细胞创建，开展绿色生活实践，推广“生态+电力”等做法，建立健全绿色生活激励机制，动员全民在“衣、食、住、行、游”等方面养成勤俭节约、绿色低碳、文明健康的生活理念。全面推进生活垃圾精准分类工作，普遍实行垃圾分类和减量化、资源化、无害化处理制度。打造生态文明教育示范基地，充分发挥生态文化传播和教育体验功能。深化推进绿色产品认证试点，扩大绿色产品普及率。

六、进一步健全社会治理体系

1. 着力构建社会治理共同体。坚持共建共治共享，完善党委领导、政府负责、民主协商、社会协同、公众参与、法治保障、科技支撑的社会治理体系，努力建设人人有责、人人尽责、人人享有的社会治理共同体。积极构建区级统筹协调、镇（开发区）组织实施、村（社区）强基固本的区域社会治理链条，统筹治理力量。整合资源调配，提升区域社会治理统筹协调能力。健全社会矛盾纠纷排查见底机制，全面融入村、社区基层网格建设，重点建好群防群治队伍、人民调解队伍，及时发现化解不稳定风险隐患。创新发展新时代“枫桥经验”，健全人民调解、行政调解、司法调解有效衔接的“三调联动”多元化解工作机制，深化区社会矛盾纠纷调处化解中心及镇（开发区）分中心建设。深化平安创建机制，巩固扫黑除恶成果。完善社情民意联络制度，探索开展“信访超市”模式。加快推进社会治理标准化建设，着力构建社会治理标准体系。

2. 建立健全为民办实事长效机制。推进“最多跑一次”改革在民生领域延伸扩面，持续完善民生建设体制机制，不断增进人民福祉，促进人的全面发展。完善民生实事项目人大代表票决制，确保全区财政支出增量的三分之二以上用于民生，加大优质公共服务供给力度。实施就业优先政策，完善推进产业转型升级与促进就业的良性互动机制，鼓励扶持创新创业平台，健全公共就业服务和终身职业技能培训制度，提高全社会创业活力和就业能力。深化教育教学改革，强化公办教育高质量发展体系，推进义务教育优质均衡，扩大“互联网+教育”覆盖率，优化学后托管服务机制，完善终身教育体系。落实基本医疗保险统筹机制，持续推进医共体建设，深化医保支付方式改革，加快构建优质、高效的整合型医疗服务新体系。完善社会保障体系，持续提升基本养老保险待遇水平，形成居家社区机构相协调、医养康养相结合的养老服务体系，构建精准高效的社会救助体系，保障残疾人合法权益。完善社会力量兴办社会事业体制机制，促进公共服务多元化供给。深入推进现代公共文化服务体系建设，进一步完善文艺精品创作引导和扶持机制。做好保障房建设、危房治理改造工作。构建退役军人服务管理新模式。深化收入分配制度改革，千方百计增加劳动者劳动报酬和财产性收入，提高中等收入群体比例。建立解决相对贫困的长效机制，形成更加精准有效可持续的政策体系，确保低收入群体收入增长快于经济增长、快于居民收入平均增长。

3. 建立健全防范化解各类风险机制。加强社会治安防控体系建设，夯实区域社会治理现代化根基，巩固提升全区立体化、信息化社会治安防控体系建设。继续织严织密社会面治安、治安卡口、信息网络等风险防控“六张网”，常态化落实风险隐患“ABC”分级分类管控，提高社会治安立体化、法治化、专业化、智能化水平。探索建立区级应急委员会组织架构，完善安委会“1+x”责任体系，进一步提升安全生产和应急管理统筹协调能力建设。完善镇（开发区）综合信息指挥室的调度作用，强化镇（开发区）对安监、公安执法、消防、应急、专兼职网格员队伍等的联勤联动。建立健全突发事件风险管控和应急处置预案，坚持“纵向到底、横向到边”的原则，构建区、镇（开发区）无缝连接、完整统一的应急预案体系，完善科学决策机制和程序，加强和规范重大决策社会风险评估工作，从源头上防范社会风险。健全重大舆情和突发事件舆论引导机制，完善信息发布和政策解读机制，强化主动发声引导和线上线下协同引导，做到依法处理、舆情引导、社会面管控“三同步”。加强食品药品、特种设备、重点消费品等领域监管，加快推进“厨房革命”“食安校园”等行动。

4. 强化社会治理智慧支撑。以打造现代智慧城区为牵引，有效打破“数据壁垒”“数据孤岛”，不断提升公共组件使用效率。加快与区块链、人工智能等新兴技术的融合，促进区域治理科学化、精细化、智能化。加强信用基础建设和功能应用，整合政府和社会机构的信用信息，构建一体、可信、可控的社会信用链系统，实现全方位征信、全数据入信、全社会用信，高水平建设信用南浔。加强和创新网络综合治理，落实和完善网络领域规章制度。积极发展智慧医疗、智慧交通、智慧城管，推广村庄数字化管理模式，打造数字乡村示范区，进一步夯实智慧治理基础。做大做强“智慧信访”的推广应用，用好用活信访大数据，推进信访网上投、事项网上办、结果网上评、问题网上督。

七、进一步健全区域治理体系

1. 深化区域治理根基。加强对全区区域治理的组织领导，各级党委担负区域治理的第一责任，强化抓镇促村。坚持党建引领区域治理，持续深化“双创双全”组织力提升工程。大力推进两新组织“三整一全”建设，深化区域党建工作，做深做实镇（开发区）“大工委”、社区“大党委”制，大力推进“红色联盟”“红色物业”等红色系列建设，健全“双联系双报到”机制，建立动态开放的组织体系。建立健全党组织领导下的群众自治、民主协商、群团带动、社会参与机制，全面推广“幸福邻里”“老兵驿站”“六老六大员”等做法，推进“乡贤参事会”等乡贤组织建设村级全覆盖，更好发挥各类社会组织在区域治理中的作用。坚持民事民议、民事民办、民事民管，完善居民自治制度。推动法治工作重心下移、力量下沉，深入开展“枫桥式”公安派出所、司法所建设，加强基层法庭建设，全面构建综合信息指挥中心+“四个平台”+“全科网格”的区域治理平台。深入推进清廉乡村建设，实现对基层所有公职人员监察全覆盖。深入实施公民道德建设工程，深化群众性精神文明创建活动，运用好农村文化礼堂等阵地。注重发挥乡贤文化、家训家风、生活礼俗的教化作用，加快推进“德文化、孝文化、和文化、礼文化”等道德品牌建设。弘扬“最美”精神、打造“最美”风尚，塑造培育一批新时期道德榜样、家风典范和文明示范。

2. 完善区域治理运行机制。坚持区镇统筹，深化“区镇一体，条抓块统”的体制机制改革。推动镇（开发区）把工作重心转移到加强党的建设和公共管理、公共服务、公共安全上来。调整优化镇（开发区）经济发展职能，逐步取消镇（开发区）招商引资职能及相应考核指标。完善区镇权责清单制度，细化区镇法定职责，分类明确属地责任，厘清区镇共同职责，加快建立权责统一、行为规范、运转协调、简约高效的区镇管理体制和运行机制。强化区级部门职责下沉镇（开发区）准入机制，区级党委、政府严格审核把关，做到权随事转、人随事转、费随事转。建立与镇（开发区）履职职能相适应的财政保障体制，实现重心下移、力量下沉、保障下倾，确保基层事情基层办、基层权力给基层、基层事情有人办。深入推进基层整合审批服务执法力量，加强镇、村（社区）综合便民服务机构和平台建设，实行“一站式服务”“一门式办理”。完善基层档案管理制度，强化档案服务功能。

3. 健全激发基层活力和创造力的机制。尊重基层首创精神，鼓励基层先行先试、探索创新，形成基层治理经验及时总结推广机制。全面落实基层基础“四项保障”，进一步加强基层组织运转经费、社区组织服务群众专项经费、村社干部基本报酬等各项保障。全面落实整治形式主义突出问题、切实减轻基层负担的各项措施。加强镇（开发区）工作人员专题培训，提升基层干部能力素质。加强对基层干部的关心关爱，构建干部心理健康关爱体系，全面落实镇（开发区）干部工作生活待遇政策，在职级晋升、评优评先等方面向基层倾斜。

八、进一步健全治理能力支撑体系

1. 强化区域治理现代化工作组织领导。各级党委要担起推进区域治理现代化的政治责任，担当作为，科学谋划，扎实做好各方面治理工作。充分发挥党委统筹协调作用，推进“最多跑一次”改革实践深化，不断谋划创新推进区域治理现代化的重大举措，并推动成熟经验上升为制度规范。各级人大、政府、政协和监委、法院、检察院要履职尽责，落实好各方面领域制度和治理规定，形成推进区域治理现代化的合力。探索建立区域治理现代化工作评价机制，制定一套高效、实用、操作性强、可复制推广的指标体系。各级领导干部要按照职责分工，落实“一岗双责”，主要负责同志要亲自研究亲自督办，确保上级有关政策得到有效落实。

2. 提升各级领导班子和党员干部治理能力。把制度执行、治理能力作为干部教育培训的重要内容，增强领导干部执政本领、斗争本领。深入推进“领导干部专业化能力提升计划”，重点聚焦社会治理创新、长三角一体化发展、乡村振兴战略等主题，帮助领导干部开拓视野、丰富专业知识、提升专业能力、培育专业精神。完善干部考核评价机制，有序推进“走进领导班子、走进领导干部、走进实践一线”的“三走进”活动，近距离发现优秀干部。持续健全干部队伍选拔交流机制，拓宽年轻干部来源渠道，加强年轻干部培养锻炼，区、镇（开发区）联动组织开展干部跨部门、跨条块、跨领域、跨层级交流，增强干部队伍活力。

3. 弘扬真抓实干、担当作为的优良作风。坚持好干部标准，突出实践实干实效，树优选人用人导向，激励广大党员干部勇于担当、善于克难，以踏石留印、抓铁有痕的劲头抓落实，以钉钉子精神做实做细做好各项工作。制定不担当不作为不诚信公务员整转提升办法，加强干部日常监督管理，探索开展公务员履职能力体检。强化考核结果刚性应用，推进干部能上能下，促进奖优罚劣。进一步健全落实“1+x”容错纠错机制，建立健全正负面“两张清单”，努力构建为担当者担当的干事创业环境。

4. 营造全社会自觉遵守维护制度氛围。充分运用现代传播渠道和方式方法，建立媒体联动机制，开展主题宣传报道，加强制度自信宣传教育，深化全区人民对国家治理体系和治理能力现代化建设意义的认识，引导全区人民以主人翁的姿态参与区域治理现代化实践，进一步增强尊崇制度、执行制度、维护制度的自觉性和坚定性，凝聚起以区域治理现代化推动高质量赶超发展的强大合力。

区委号召，全区各级党组织和广大党员干部群众紧密团结在以习近平同志为核心的党中央周围，高举中国特色社会主义伟大旗帜，在省、市委的坚强领导下，坚定信心、锐意进取、奋发有为，争当推进区域治理现代化排头兵，奋力推动区域治理现代化走在前列，为实现南浔高质量赶超发展提供坚强保障。

中共湖州市南浔区委关于印发《中共南浔区委常委会2020年工作要点》的通知

浔委发〔2020〕8号

2020年4月14日

2020年是高水平全面建成小康社会的决胜之年，是“十三五”规划的收官之年，是南浔加快高质量赶超发展的加速之年。根据《中共湖州市委常委会2020年工作要点》（湖委发〔2020〕7号）和区委四届九次全体（扩大）会议暨经济工作会议精神，今年区委常委会工作的总体要求是：高举习近平新时代中国特色社会主义思想伟大旗帜，全面贯彻党的十九届四中全会，省委十四届六次全会，中央、省委经济工作会议和市委八届八次全会暨经济工作会议精神，按照省委“八八战略”再深化、改革开放再出发的要求，落实市委“一四六十”工作体系，坚持稳中求进工作总基调，坚持新发展理念，坚持以供给侧结构性改革为主线，全方位融入长三角一体化国家战略，持续深化“三服务”活动，高水平推进区域治理现代化，全面推进“一一二八”工作部署，统筹抓好稳增长、促改革、调结构、惠民生、防风险、保稳定各项工作，确保高水平全面建成小康社会，实现“十三五”规划圆满收官，重塑“水晶晶南浔”，高质量打造湖州“开放东大门、创业新高地”。

1. 加强思想政治建设

坚持不懈用习近平新时代中国特色社会主义思想武装头脑、指导实践，经常对标对表，持续推动全区各级党组织和广大党员干部及时学习领会习近平总书记重要讲话精神，做习近平新时代中国特色社会主义思想的坚定信仰者、忠实践行者，把习近平总书记的关心关怀和赋予的重大使命转化为实际行动。认真抓好党的十九届四中全会、省委十四届六次全会及市委八届八次全会各项决策部署和重大改革举措在我区的落地落实。加强统筹协调和督促指导，扎实推动区委四届九次全会《决定》分工任务的落实，全力推动区域治理现代化。认真贯彻习近平总书记关于新冠肺炎疫情防控系列重要指示精神，坚定信心、同舟共济，科学防治、精准施策，紧紧依靠人民群众打赢疫情防控的人民战争、阻击战、总体战。

2. 坚决打赢疫情防控阻击战

坚决贯彻党中央、省、市决策部署，牢牢把握“两手都要硬、两战都要赢”要求，紧紧围绕“两确保、三争取”目标，以对人民群众生命安全和身体健康高度负责的态度，坚决打赢新冠肺炎疫情防控阻击战，奋力交出疫情防控和经济社会发展两张“高分答卷”。认真开展“洗楼”专项行动，严格落实“一图一码一指数”精密智控机制，严格执行“集中硬隔离+居家隔离硬管控”要求，做到严查严控、精密智控、闭环管控，坚决守牢小门，严防境外输入。持续发挥“千名干部驻千企”的助推作用，下沉一线、督促指导、对症下药，把影响企业产能恢复的难题排上来、解决好，推动企业开足马力，高效复工、满负荷复产，最大限度释放产能。深入分析疫情对我区经济社会发展的影响，精准施策、抓重破难，统筹抓好重大平台、重点项目、重要改革和抢人才、抢市场、抢订单等重要事项，努力把疫情防控优势转化为经济发展优势。认真做好疫情防控总结，加强公共卫生应急管理体系建设，完善重大疫情防控体制机制，提高应对突发重大公共卫生事件能力，不断提升区域治理效能。

3. 组织开展深化“三服务”、奋战“五个年”专项行动

把开展深化“三服务”、奋战“五个年”活动作为贯穿全年工作的总抓手，聚力推动高质量赶超发展。持续深化“三服务”活动，坚持“南浔365，天天在服务”主题，健全完善“千名干部驻千企”等常态服务机制，创新服务载体、服务平台，抓好精准服务、攻坚破难，巩固和拓展减税降费成效，加大金融支持实体经济力度，促进民营经济持续健康发展。围绕“两山”转化提升年，精心组织开展“两山”理念提出十五周年系列活动，强化全领域品牌融合，加大“水晶晶南浔”城市品牌在高层次平台推广力度，打响南浔在上海乃至长三角地区的知名度和美誉度。全面决胜污染防治攻坚战，推动产业绿色化转型，开展“绿色金融+”集成改革试点，加快建成绿色金融标准体系。围绕重大项目攻坚年，狠抓项目“双进双产”，强化金融支持保障，推进平台扩容提升，探索产业链选商引资新模式，深度谋划招引一批具有核心竞争力的重大项目特别是先进制造业项目。围绕开放合作突破年，深化区域战略合作，推进长三角绿色智造联动发展南浔青浦合作园、嘉湖一体化先行区建设，狠抓重大交通项目建设，加快构建外联内畅的大交通网络，高标准建设高铁新城，加快推进浙江水利水电学院、頔塘未来社区、吾悦广场等一批重点项目。围绕基层治理深化年，建立健全矛盾纠纷排查见底机制，高质量深化提升新时代“枫桥经验”，力争打造一批在省市有影响的基层治理品牌。坚决打好扫黑除恶专项斗争决胜战，深化“双创双全”组织力提升工程，充分发挥好群团组织、社会组织在基层社会治理中的积极作用。围绕全面小康决胜年，落实城乡低保、临时救助、特困帮扶、抚恤优待等托底政策，确保低收入农户人均收入增长10%以上。大力实施南浔区文化产业发展三年实施方案，推进全国义务教育优质均衡区县创建，配合湖州市争创全国“互联网+医疗健康”示范市，加快提升教育、医疗、养老等水平。

4. 深化融沪接苏

深入实施融沪接苏“1152”工程，提速融入长三角一体化。“1”即加快推进一条城际铁路。积极向国家和省市发改委对接争取，主动与周边县区沟通联系，确保南浔经吴江至上海城际铁路正式纳入《长三角多层次轨道交通体系规划》，力争成为“十四五”期间实施类项目。“1”即全力引进“专精特新”企业一千家。加强与青浦、吴江等地合作，高水平启动建设4个千亩级的沪苏绿色智造产业园，加快长三角绿色智造联动发展南浔青浦合作园实体化运作，力争到2021年引进上海电气设备行业等“专精特新”企业1000家以上。“5”即着力引进高端康养人群五万人，加快打造“田园+康养、旅游+康养、文化+康养”等田园牧歌式康养住区，力争到2021年引进上海高端康养人群5万人。加快“城南南浔上海小镇”项目规划设计，承接上海优质医疗、教育等资源。“2”即大力引进创业科技型人才二万人。推动上海科创中心、杭州科创飞地、“南太湖精英计划”产业园二期和高铁新城科创园建设，力争到2021年引进科创团队300个以上，以社保关系在上海、生产生活在南浔等方式引进科创人才2万人。

5. 提升城市能级

加快实施中心城区建设管理和南浔古镇保护利

用两个三年行动计划，构建大交通体系，全面提升城市能级。

加快中心城区建设。实施城建项目113个，总投资187亿元。高标准推进高铁新城建设，全面启动大象酒店、太阳酒店、会展中心、绿地南浔中心高铁新城CBD等重大项目，大力发展总部经济、楼宇经济、特色街区，打造一批城市新地标、新名片。开工建设浙江水利水电学院，全力推进頔塘未来社区、褚家漾区块等旧城改造项目，加快实施老旧小区改造，启动頔塘北岸整治工程，新增城市公共绿道20千米。加快建设吾悦广场、佳源中心广场、广弘新天地等城市综合体重点项目，不断完善城市功能。通过中央电视台、高铁列车冠名等方式，全面打响“水晶晶南浔”城市品牌。

加强古镇保护利用。坚持因地制宜、规划统领，深入挖掘丰厚的历史文化，合理布局业态，精心谋划项目，完善基础配套，以崭新的思路举措，走出一条保护开发新路子，持续讲好“南浔故事”，擦亮古镇金名片。完成东大街、东市河南岸整治等项目，推进宝善街修缮及河道开挖、丝行埭及南西街综合整治等项目。加快引进精品民宿酒店25家，各类优质业态50家，完成已有业态整改提升25家。

提升城市管理水平。巩固扩大全国文明城市创建成果，勇夺全国文明城市复评“二连冠”。提升城市精细化管理水平，加强“智慧城市”建设，加快解决停车难等突出问题，打造城市管理亮点品牌。推行“城乡环卫一体化”市场化机制。巩固深化“城警联勤”机制，保持常态长效管理，积极探索城市管理新模式。

构建大交通体系。实施交通项目101项，完成投资20亿元。全力保障沪苏湖铁路全线开工，加快推进南浔综合交通枢纽工程、湖盐公路改建、南浔至临安公路新建、三新公路拓宽等工程建设，确保湖山大道建成通车，力争苏台高速、湖杭高速开工建设，南浔至临安公路北延完成前期，构建外联内畅的大交通体系。全力打造全省农村公路样板，积极争创国家级“四好农村路”示范区。加快推进基本无隐患美丽公路建设，有序实施美丽经济交通走廊创建。加快中心城区智能快递柜建设，推进“交邮合作”“快邮合作”和快递进村，支撑服务农村地区“最后一公里”投递，切实保障邮路畅通便捷。

6. 推动项目“双进双产”

坚持“项目为王”理念，持续打赢项目引进推进攻坚战，全力拓展平台空间，为高质量发展提供坚实支撑。

全力以赴引项目。选优配强五大片区驻外招商力量，深化与沪苏杭地区的对接合作，加强政策保障，重点围绕高端装备、数字经济等新兴产业，力争引进产业项目300个，其中工业项目200个，新增市认定“大好高”项目50个以上。以我区列入省小微企业园建设提升工作县区为契机，招引一批优质小微企业入驻。着力打造高质量外资集聚先行区，确保实到外资3亿美元。

不遗余力推项目。落实区领导联系重点项目制度，进一步深化“四率”评估和“三长”领办机制，积极营造上下联动、部门联手推项目的良好氛围。全年开工亿元以上重点产业项目100个以上，竣工60个以上，完成投资200亿元以上，确保泰嘉光电等重大项目早开工、快推进。

持之以恒拓平台。集中力量攻坚开发区万亩大平台，新拓展面积333公顷，完成迁西路、向阳路延伸段基本道路建设，全力形成发展新框架，加快争创国家级开发区。加快南浔智能机电高新技术产业园建设，持续整合提升双林、菱湖、和孚等老工业平台，切实提升承载能力。

7. 助推转型升级

把加快产业转型速度和加大企业培育力度作为高质量发展的主攻方向，全力做大经济总量、提升产业质量。

推动工业经济迈上台阶。大力度推进工业经济扩量，规上工业产值力破1000亿元大关。以传统优势产业高质量转型升级、厂房租赁业规范有序发展专项行动、“亩均论英雄”评价为抓手，推动工业经济提质增效。以泰嘉光电项目落地为契机，全力引进数字化、信息化配套项目，加快打造数字经济万亩千亿产业大平台。

推动“新象新牛”企业培大育强。以更大力度支持重点企业加快发展、加快上市、加快人才引进，以“一月一排行、一季一例会”及“象牛”服务机制为抓手，全面助推“新象新牛”及培育企业不断做大做强。加快推进森赫电梯、彩蝶实业等重点企业上市步伐，全年新增股份制公司20家、挂牌企业10家，完成IPO材料申报2家。坚持调优规上企业结构，加快企业升规工作，确保规上企业保持1000家以上。加大对顶尖人才和领军人才引进支持力度，全年引进顶尖人才和领军人才50名以上。扎实推进各项人才工程，力争全年入选国家和省级人才21名。

推动现代服务业提质增效。充分运用好新服务业政策，推动服务业扩量提质。大力发展全域旅游，加快“漫南浔”水上之旅、湖笔小镇、桑基鱼塘、十线十景十小镇等项目推进，培育创建旅游风情小镇1个、省级产业融合示范基地1个、全域旅游示范乡镇1个，实现景区村庄全覆盖。加快建材市场提档升级，完善业态布局。加快电子商务发展，做大做强跨境电商，实现网络零售额90亿元。着力开发文化产品，加大“古镇浔迹”和“善琏文创”文旅产品开发，打响具有南浔特色的陈家菜、全羊宴、全鱼宴等特色餐饮品牌。

8. 优化营商环境

持续深化供给侧结构性改革，不断加快创新步伐，深入开展“三服务”活动，着力打造营商环境最优区。

持续释放改革动力。全面深化“最多跑一次”改革，推行审批服务告知承诺全域化改革，实施项目投资“一件事”服务改革，打造企业设立联办、项目联批、数据联测、竣工联验一站式服务，加强线下场景应用和线上系统对接，全面建设政务服务2.0版本，打造“互联网+政务服务”新优势。深化绿色金融改革，新接入“绿贷通”平台企业1200家，全区银行机构绿色贷款余额达160亿元以上。以创建国家级农村宅基地使用管理专项改革试点县区为目标，全力推动农村存量宅基地盘活利用工作，确保参与农户1000家。

持续提升创新水平。加快培育创新主体，全年新增高新技术企业22家以上，省科技型中小企业100家以上，市“双高”企业17家以上，高新技术投资增长30%以上。加快打造创新平台，高水平建设智能电梯、绿色家居两个省级产业创新服务综合体。加快集聚创新要素，新增省级企业研究院3家以上、省级企业研发中心8家以上、院士专家工作站2家以上，开展产学研合作30项以上，开发省级新产品150项以上。推进质量强区和知识产权强区建设，参与国际国家标准制订10项，全年发明专利授权150件，新增注册商标1100件、“浙江制造”标准5项。

9. 实施乡村振兴战略

加快农业增效、农村发展、农民增收，全力打造具有江南水乡韵味的乡村振兴样板。

让农业更强。着力规划建设万亩农业大平台，全力实施农业产业规模化发展三年行动计划，深入推进万亩红美人、万亩跑道鱼、万头湖羊、万亩稻虾“四个万”基地建设，提升“南浔知味”品牌知名度，打响南浔农业金名片。加快推进数字渔业发展行动、湖羊振兴行动，实现特色产业政策支持全覆盖。谋划南浔农业高新区建设，创建2个省级现代农业园区、1个国家级农业强镇、1个省级农业强镇。

让农村更美。全面实施全区范围内全域土地综合整治，启动行政村50个以上，到2021年规划复垦建设用地1333公顷、垦造新增耕地1000公顷，全年用地保障达667公顷以上。充分利用古镇、古村、平原水乡等特色资源，持续推进产村融合发展，建设一批千姿百态的具有江南水乡韵味的新农村社区，打造新时代美丽乡村深化版。建设新时代美丽乡村20个，重点打造荻港—竹墩古村片区、田园花海石淙片区等六大片区，推动美丽乡村向美丽经济转化。创建省放心农贸市场2家，实现乡村农贸市场星级创建全覆盖。积极推进农村家宴放心厨房建设和管理，指导全区50%的农村家宴中心申报浙江省农村家宴放心厨房，完成33家省级农村家宴放心厨房建设。以“百漾千河”工程为重点，大力推进水利工程建设，完成投资5亿元以上。

让农民更富。推动实现强村公司全覆盖，在全面巩固消除村级集体经济年经营性收入30万元以下行政村基础上，消除不少于20个年经营性收入50万元以下欠发达村。建设农创客综合服务平台，为各类主体和回乡创业青年提供空间和服务。深入实施“千家主体培育工程”，不断拓宽农民增收渠道，全力培育新型农业经营主体。推进农合联“三位一体”改革，建立公司+农创客+村集体+低收入农户+党员的全领域增效模式。推进清廉乡村“南浔升级版”建设，全面建设“无现金区”，推动基层治理现代化，为乡村振兴战略实施提供坚强保障。

10. 推进生态环境治理

牢固树立“两山”理念，统筹推进生态文明建设，让南浔生态更美丽、环境更宜居、生活更舒适。坚决打赢治水治气持久战。持续做好水的文章，深化河（湖）长制，全力推进污水零直排区建设，确保Ⅲ类及以上水质断面比例、水环境功能区达标率均保持100%，再夺大禹鼎，再现“水晶晶南浔”。坚决打赢蓝天保卫战。加快推进遥感监测平台建设，提升系统化、科学化、精细化管理水平，确保$PM_{2.5}$平均浓度控制在32微克每立方米以内，空气质量优良率达到80%以上。坚决打赢治乱拆违阵地战。以创建省“无违建区”为目标，按照“控新增、去存量、大改造、创精品”的要求，对全区重点区域、重点类型的违法建筑进行全面排查整治，强化防违控违长效机制，加快拆违和旧厂区、旧住宅区改造步伐，拆后土地利用率达80%以上，顺利通过“基本无违建区”复评。坚决打赢垃圾分类攻坚战。实施垃圾分类精准治理，深入推进垃圾分类“拉网式”管理，实现全区人均生活垃圾产生量零增长，城镇和农村生活垃圾回收利用率分别达50%和45%以上，全面提升垃圾减量化、资源化、无害化处置水平。建成区镇互联互通的农村生活垃圾智能化管理系统，建设生活垃圾分类区级示范村30个，实现区级示范小区、示范单位创建率60%以上。

11. 增进民生福祉

坚持把群众对美好生活的向往作为奋斗目标，切实办好民生实事、补齐民生短板、促进社会和谐。

大力发展社会事业。促进教育事业发展，组建南浔实验小学教育集团，开工建设南浔实验小学新校区（华夏小学）、褚家漾小学，完成新南浔高中主体工程，投入使用江蒋漾学校和8所幼儿园，不断优化教育资源配置。加快健康南浔建设，建成首批3个健康示范镇，实施全国健康促进县区建设；加大区中医院项目推进力度，确保菱湖人民医院投入使用；深化完善医共体运行机制，实现基层就诊率达70%、区域就诊率达90%以上。促进文体惠民，组织送戏下乡、全民健身等活动600场以上，新建农村文化礼堂49家，争取在全市率先实现农村文化礼堂全覆盖。谋划新区博物馆建设，与浙江水利水电学院共建图书馆、大剧院、体育中心。加快建设水晶晶颐养中心，实现示范型居家养老服务中心乡镇全覆盖，打响“幸福南浔夕阳红”品牌。

不断强化社会保障。积极推进高质量就业，确保全年新增城镇就业2万人，城镇登记失业率控制在3.5%以内。加快完善社保体系，实现辖区内户籍人口基本医疗保险参保率99.6%以上，精准推进医保扶贫，确保困难人员医疗救助政策落实率100%，着力缓解“因病致贫、因病返贫”问题。推进医共体医保支付方式改革，提升医疗保障水平。实施低收入群众小康生活保障工程，扩大救助对象覆盖面，确保小康路上不落一户、不落一人。

切实做好帮扶协作。深化同广安区扶贫协作，实施“湖羊入川”工程，促进广安柠檬、龙安柚、中药材等帮扶基地增产增效；加快推进南浔·广安扶贫协作产业园建设，着力打造浙川东西部扶贫协作样板园区；以“浔栖江南度假区”农旅结合项目为引领，扩大合作交流。加强同重庆涪陵龙桥街道对口支援、白山市江源区对口合作、缙云县山海协作。

12. 全力深化平安南浔建设

围绕平安南浔十六连冠、平安乡镇创建“满堂红”的总目标，进一步深入推进扫黑除恶专项斗争，开展打深打透大案要案、案件诉讼提质增效、“打伞破网”深挖彻查等“十大专项行动”。以“四清六化”为目标，持续深化“四个秩序”专项整治，完善基层治理“一中心四平台一网格”“三治融合”等体系建设，深化区社会矛盾纠纷调处化解中心及镇（开发区）分中心建设，推进矛盾纠纷化解“最多跑一地”，加快构建新型基层社会治理体系。开展矛盾纠纷排查见底专项行动，全力维护社会大局和谐稳定。加强安全生产监管，完善应急管理体系建设。全面推进《南浔区地方党政领导干部食品安全工作责任制清单》，落实食品安全党政同责，乡镇（开发区）食安办实行分类管理，深入开展“食安校园”三年行动和农村家宴放心厨房建设，不断巩固深化省级食品安全区创建成果。创新社会治理方式，积极引导社会组织参与社会治理，全力构建具有南浔特色的社会治理共同体。

13. 支持国防建设与军队改革

深入贯彻习近平强军思想，毫不动摇坚持党管武装根本原则，严格落实人武部党委第一书记述职和任前谈话等制度，加强对党管武装工作落实情况的督导考评。大力加强国防教育，推进军人荣誉体系培育。健全退役军人组织管理、工作运行和政策制度体系，协助市本级争创全国双拥模范城“八连冠”。建设新时代“枫桥式”退役军人服务站，打造社会化优抚精品工程，推进军民融合深度发展，提升退役军人事务领域治理能力和服务保障水平。

14. 深化全面从严治党

牢牢把握新时代党的建设总要求，坚持党要管党、全面从严治党，不断提高党建质量，为推进南浔高质量发展提供坚强保证。

突出政治建设统领地位。始终坚持正确政治方向，牢固树立“四个意识”，坚定“四个自信”，坚决做到“两个维护”。巩固“不忘初心、牢记使命”主题教育成果，坚持不懈强化理论武装，做强“习习轻风”“红菱”网络宣讲品牌，自觉用党的创新理论武装头脑、指导实践、推动工作。牢牢把握意识形态工作领导权、管理权、话语权，持续做好网络舆情管控。大力弘扬社会主义核心价值观，深化“最美家风+”建设、新时代文明实践中心（站、所、基地）等精神文明创建活动，形成文明社会新风尚。坚持党对一切工作的领导，支持人大依法履行职责，支持政府放手开展工作，发挥政协专门协商机构作用。着力巩固和发展最广泛的爱国统一战线，团结引导全区各界群众与区委同心同德、同向同行。加强和改进党的群团工作，认真做好党管武装、档案、党史、老干部、关心下一代和残疾人等工作。

大力锻造干事创业铁军。坚持政治素质标准，常态化开展领导班子政治建设分析和领导干部政治素质考察，提升领导干部制度执行力和治理能力。着力“破慢、提标、加速”，完善领导班子和领导干部实绩考核评价机制，坚持“以实绩论英雄”的选人用人导向，大力推动干部能上能下，推动快干、巧干、实干。注重在一线锻炼干部，有序开展干部上挂、下派、交流、轮训活动，努力提升干部工作本领。坚持严管和厚爱结合、激励和约束并重，全方位加强干部思想与行动、工作与社交、八小时内外的监督管理，制定出台促进“两个担当”良性互动实施意见和配套举措，进一步健全落实“1+X”容错纠错机制，激励干部担当作为。

持续夯实基层组织基础。深入实施“双创双全”组织力提升工程，推动各领域党建示范点建设，以点带面推进全域提升、全面过硬。稳妥有序推进村社组织换届，深化实施村党组织书记后备人才培育计划，开展选派临退（退休）公职人员回村任职工作，全面推行村书记、主任“一肩挑”，制定“一村一策”，切实加强村级党组织带头人队伍建设。结合党员教育培训工作规划，持续抓好“红色星期六”主题党日、党员轮训等载体，建设高素质党员队伍。做实“党建+”工作载体，不断深化“千名干部联千组”“百名干部破百难”等机制，着力发挥基层党组织战斗堡垒作用和党员先锋模范作用。

纵深推进清廉南浔建设。加快构建“四责协同”机制，推动各级党委（党组）知责明责、履责督责、考责问责形成闭合。开展“破慢纠风护发展”专项行动，严查不作为乱作为慢作为问题，为高质量赶超发展提供过硬作风保障。做深做实清廉乡村、清廉机关、清廉工程等清廉细胞建设，巩固扩大“六清工程”建设成果。坚持巡视、巡察双向联动，稳步推进常规巡察，扎实开展“破慢、提标、加速”、优化营商环境等专项巡察，统筹安排交叉巡察、归口联动巡察和巡察“回头看”，着力发现问题、纠正偏差。持续深化纪检监察“三项改革”，加强“四个监督”统筹衔接，推动人大、司法、审计等各类监督力量贯通协调，增强监督合力。聚焦“微腐败”“保护伞”“四风”等问题，牢牢守住惩治的“后墙”，织密织紧制度的“笼子”，前移前置预防的“关口”，用好用活“四种形态”。全面深化标本兼治，构建一体推进不敢腐、不能腐、不想腐体制机制，持续巩固发展反腐败斗争压倒性胜利，着力优化政治生态上的绿水青山。

15. 加强区委常委会自身建设

坚持发扬民主、维护团结、推行决策科学化民主化，提高选人用人公信度，创先争优加强班子建设。带头把不忘初心、牢记使命作为必修课、常修课，始终与人民群众同呼吸、共命运、心连心。带头读原著学原文悟原理，自觉主动学、及时跟进学、联系实际学、笃信笃行学，争当学懂弄通做实习近平新时代中国特色社会主义思想的排头兵。带头把“两个维护”作为根本政治责任，坚决同危害党中央权威和集中统一领导的言行作斗争，始终在政治立场、政治方向、政治原则、政治道路上同以习近平同志为核心的党中央保持高度一致。始终保持昂扬向上的精神状态和一往无前的奋斗姿态。坚决反对形式主义、官僚主义，管好家属和身边工作人员，履行好所负责领域管党治党主体责任。开好民主生活会，以“钉钉子”的精神抓好存在问题的整改。

16. 筹备和开好区委四届十次、十一次全会

中共湖州市南浔区委　湖州市南浔区人民政府关于打造“水晶晶南浔”城市品牌的实施意见（2020—2022年）

浔委发〔2020〕12号
2020年5月12日

为加快落实区委、区政府部署，整体推进我区“水晶晶南浔”城市品牌打造，根据市委、市政府《关于打造“在湖州看见美丽中国”城市品牌的实施意见（2020—2022年）》，结合南浔区实际和特色，特提出如下意见：

一、指导思想

以习近平新时代中国特色社会主义思想为指导，贯彻落实中央和省市委重大决策部署，把当好践行“两山”理念样板的模范生、争当治理现代化先行的排头兵，努力成为新时代全面展示中国特色社会主义制度优越性“重要窗口”的示范样本作为重大使命，按照“在湖州看见美丽中国”市级城市品牌总品牌要求，着力打造“水晶晶南浔”城市品牌。紧紧围绕市委“一四六十”工作体系和区委“一一二八”工作部署，以城市品牌打造为统领，加快大赶超步伐，重塑“水晶晶南浔”，高质量打造湖州“开放东大门、创业新高地”。

二、工作目标

以“在湖州看见美丽中国”市级总品牌为引领，计划三年时间，分阶段扎实推进“水晶晶南浔”城市品牌打造工作，着力形成南浔生态好、人文美、产业优、社会和谐的良好局面，重塑“水晶晶南浔”。

2020年，“水晶晶南浔”城市品牌VI系统设计完成，并落地融入对外宣传工作、“五水共治”工程、“三美”建设、交通廊道建设、城市地标建设、机关形象提升、文旅项目建设、各类经贸活动、各类文化活动、各类宣传工作等领域。“水晶晶南浔”城市品牌推介活动有序推进，一批具有较大影响力的外宣项目在上海等大城市隆重推出，广大干部群众在思想上形成共识，在行动上形成统一，“水晶晶南浔”城市品牌在区内外知名度明显提升。

2021年，“水晶晶南浔”城市品牌更加凸显，代表南浔城市品牌地标逐步形成。城市品牌价值体系向环境、人文、产业、社会治理等各领域延伸融入。城市品牌推介活动更加活跃，品牌内涵体系更加丰富，“水晶晶南浔”城市品牌美誉度和影响力更加突出。

2022年，“水晶晶南浔”城市品牌形象体系、价值体系、行为体系得到全面深入贯彻，以“水晶晶”为魂的江南水乡风貌全面体现，“水晶晶南浔”高质量产业体系进一步完善，“水晶晶南浔”现代化社会综合治理体系逐步健全，“水晶晶南浔”城市品牌成为区域内最具影响力的品牌，南浔在长三角地区的吸引力和影响力大幅提升。

三、工作任务

（一）聚焦形象，塑造“水晶晶”的城市名片

1. 确立品牌形象。开展“水晶晶南浔”城市品牌标识系统的设计工作，制定标识系统运用标准，挖掘“水晶晶南浔”城市品牌的内涵意义，形成系统的品牌内涵体系。

2. 加大品牌推广。召开“水晶晶南浔”城市品牌推介发布会，制作“水晶晶南浔”城市品牌形象宣传片，在全国重点城市开展“水晶晶南浔”综合宣传推介活动，重点要组织好融沪宣传活动，切实推动浔沪互融互通。在央视、东方卫视、浙江卫视等高层次平台投放城市形象广告，开展新闻宣传。加大投入开展社会宣传，通过冠名高铁，在城市地铁、广场、楼宇、酒店等投放城市形象广告。在全区城镇、农村所有重要空间节点，通过视频、图片、画册、广告等多形式开展宣传，实现城市品牌全区域、全空间、全载体覆盖。

3. 开展品牌研究。城市品牌打造是一项系统工程，邀请区内外知名专家学者开展南浔城市品牌研究，丰富“水晶晶南浔”城市品牌的内涵。通过品牌打造，一方面不断提升南浔的知名度和美誉度，另一方面更好地推动南浔社会经济高质量发展。

（二）聚焦生态，营造“水晶晶”的生活环境

1. 全力打造人居环境。持续开展治水治气治土工作，打好蓝天、碧水、净土、清废“四大战役”，突出五水共治，大力推进“百漾千河”水利建设。加快拆违改造工程，力争建成无违建区。不断巩固城乡人居环境改善工程取得的成果，深入推进垃圾分类工作。打造天蓝、水绿、干净整洁的城乡人居环境。

2. 加强古镇保护利用。加快实施第二轮南浔古镇保护利用三年行动计划，深入挖掘丰厚的历史文化，合理布局业态，精心谋划项目，完善基础配套，以崭新的思路举措，走出一条保护开发新路子，持续讲好“南浔故事”，擦亮古镇金名片，让水乡古镇真正成为“水晶晶南浔”城市形象的窗口。

3. 统筹提升城乡建设。加快实施中心城区建设管理三年行动计划。高标准打造一批城市新地标、新名片，加快实施老旧小区改造，加强“智慧城市”建设，不断完善城市功能。着力实施一批交通重大项目，积极争创国家级“四好农村路”示范区。全面实施全区范围内全域土地综合整治，建设一批千姿百态的具有江南水乡韵味的新农村社区，实施新时代美丽乡村建设。

（三）聚焦人文，展示“水晶晶”的社会风尚

1. 推动文化传承发展。南浔丰厚的文化资源是“水晶晶南浔”城市品牌的文化根基，把城市品牌打造与运河文化、浔商文化、湖笔文化、丝绸文化、桑蚕文化、家风文化等相融合。着力将传统文化融入博物馆、纪念馆、文化礼堂、乡贤场馆等建设规划，高标准建设富有“水晶晶南浔”品牌特色的覆盖城乡的文化阵地。丰富文化活动，大力发展文化产业，促进传统文化创新与发展。

2. 开展系列文艺活动。大力开展“水晶晶南浔”系列文艺精品创作，制定实施《“水晶晶南浔”系列文艺精品创作三年计划》。把“水晶晶南浔”城市形象融入徐迟报告文学奖、湖笔文化节、旅游文化节等各类文化旅游活动之中。开展以“水晶晶南浔”为主题的摄影、征文、演讲、微视频制作等，充分展现城市品牌的文化魅力。

3. 突出核心价值引领。将“水晶晶南浔”城市形象塑造和传播工作与文明城市创建、新时代文明实践工作、南浔“最美家风+”活动结合起来，把做好“水晶晶南浔”的形象推广和落地作为文明创建的重点工作，推动各文明单位、文明实践基层站所抓好落实和应用。加大最美系列选树培育活动力度，健全志愿者服务体系，深入推进群众性精神文明建设。

（四）聚焦产业，激活“水晶晶”的发展业态

1. 优化产业结构。大力宣传改革开放以来，南浔在“三电一板”等产业发展方面取得的成就，展现南浔人开拓创新的创业精神。以绿色发展、智能制造为主线，以品牌引领质量提升，把握发展趋势，完善产业规划，加快优势传统产业改造，唱响南浔“品字标浙江制造”区域公共品牌，提升园区、市场、企业等形象，着力打造一批未来产业集群，形成农业、工业、服务业优质协调发展的格局，为打造“水晶晶南浔”城市品牌打下高质量的产业保障。

2. 做强旅游产业。以南浔古镇旅游为龙头，大力发展具有水乡特色的全域旅游，充分展示“水晶晶南浔”之美。加快“漫南浔”运河水上之旅、湖笔小镇、桑基鱼塘、十线十景十小镇等项目建设，推进南浔上海小镇、旅游风情小镇、全域旅游示范乡镇等建设，实现景区村庄全覆盖。着力开发融入“水晶晶南浔”城市品牌的文化产品，打响具有南浔特色的餐饮品牌。

3. 加快战略融入。充分发挥南浔区位优势，按照湖州“开放东大门 创业新高地”的要求，全面动员，精准发力，接轨上海，谋划实施一批切实推进浔沪相融的标志性区域合作项目，不断增强“水晶晶南浔”城市品牌打造的活力和动力。通过城市品牌打造，让南浔面貌更具有“水晶晶”的韵味，成为上海及长三角地区乃至海内外人士向往宜居和创业的地方。

（五）聚焦和谐，构建“水晶晶”的治理体系

1. 完善综合治理体系。加快构建现代社会治理体系，持续巩固扫黑除恶专项斗争成果，持续开展“四个秩序”专项整治，抓好新型基层治理体系建设，完善应急管理体系建设，加大食品安全监管力度，创新社会治理方式，健全自治、法治、德治相结合的乡村治理体系，全力构建具有南浔特色的社会治理共同体。

2. 加快政府职能转变。始终把人民对美好生活的向往作为奋斗目标，坚持为民勤政，持续深化“最多跑一次”改革，增强政府公信力和执行力，打造人民满意的高效型、服务型政府。不断推动政府数字化转型和“互联网+政务服务”，加快建设南浔城市数字建设，全力打造“掌上办事之城”“掌上办

公之城”。

3. 强化干部作风建设。巩固提升“不忘初心、牢记使命”主题教育成果，强化实绩论英雄的工作机制，健全干部队伍考核考评体系，打造“水晶晶”的南浔干部队伍强军。继续大力开展“三服务”活动，锤炼能力、转变作风。持续深化清廉南浔建设，深入推进党风廉政建设和反腐败斗争，进一步营造风清气正的政治生态。

四、工作保障

1. 加强组织领导。成立由区委、区政府主要领导担任组长，各镇（开发区）及区级相关部门主要负责人为成员的领导小组。成立办公室，设立专项资金，统筹推进城市品牌打造各项任务。各单位要把打造“水晶晶南浔”城市品牌作为“一把手”工程，制定工作方案，建立推进机制，有序推进本地、本部门城市品牌建设工作。

2. 压实工作责任。各相关部门紧紧围绕城市品牌建设目标任务，结合自身职责分工，按照项目化推进要求，制定实施细则，明确时间节点和关键环节，突出重点，注重细节，提升品位，切实有效落实城市品牌建设各项重点任务。完善责任追究和督导检查机制，对工作推进缓慢、工作不到位的部门和单位，通过一定形式进行通报。

3. 加大考核力度。将城市品牌建设工作纳入全区目标责任考核体系，加强督导检查，提高工作标准，强化质量管理，建立长效机制，推进城市品牌建设持续健康发展。

附件：1. 打造“水晶晶南浔”城市品牌工作领导小组（略）

2. 市、区城市品牌名称及 LOGO（略）

中共湖州市南浔区委 湖州市南浔区人民政府关于印发《南浔区稳企业增动能项目“双进双产”新政》的通知

浔委发〔2020〕17号

2020年5月27日

为推进“深化‘三服务’、奋战‘五个年’”活动，全方位融入长三角一体化国家战略，深入贯彻落实区委四届九次全体（扩大）会议暨经济工作会议精神，全面推进“一一二八”工作部署，高质量打造湖州“开放东大门、创业新高地”，重塑水晶晶南浔，区委、区政府决定投入超300亿元资金，以更强大的政策供给，营造更加优越的营商环境，进一步坚定企业信心，增添发展动能，奋力开创南浔高质量赶超发展崭新局面，特制定以下九条政策：

1. 建立总规模100亿元的绿色产业基金支持战略性新兴产业发展。（责任单位：区财政局）

2. 每年新增120亿元以上的项目专项贷款并安排5000万元左右财政绿色专项贴息资金支持项目引进推进、投产达产。（责任单位：区发改经信局、区财政局）

3. 安排40亿元财政资金奖励重大项目落地达产。（责任单位：区发改经信局、区财政局）

4. 安排不少于40亿元用于扶持总部经济和创新载体发展，聚焦世界企业500强、中国企业500强、独角兽企业、国内外一流高校院所等，对在南浔设立全国性总部、区域性总部、功能性总部、分校（院所）、新型研发机构的给予重点扶持。（责任单位：区商务局、区发改经信局、区教育局、区科技局、区财政局）

5. 每年安排3亿元的顶尖人才项目和大学生创新创业专项资金，顶尖人才单个项目最高可达2亿元资助。（责任单位：区委人才办、区人力社保局）

6. 每年确保333公顷建设用地保障项目落地。（责任单位：区自然资源和规划分局）

7. 每年安排1亿元资金奖励招商引才，对引进世界企业500强、中国企业500强、行业领军企业作出突出贡献的行业协会、咨询机构、中介机构、企业家等组织和个人给予奖励。对招商引才年度考核排名前三位的镇（开发区）在区对镇（开发区）年度综合考核中予以加分。全区每年评选出20名项目“双进双产”招商能手和服务能手，优先给予立功嘉奖、职级晋升、选拔使用等激励。（责任单位：区委办公室、区政府办公室、区委组织部、区商务局）

8. 每年安排1亿元稳外贸专项资金，用于外贸企业扶大育强、绿色贷款贴息补助和政策性担保相关补助等。（责任单位：区商务局、区发改经信局、区财政局）

9. 每年安排2亿元用于“新象新牛”及培育企业发展壮大和传统产业转型升级。（责任单位：区发改经信局）

各责任单位根据本政策牵头负责制定实施细则，建立评价制度，强化考核评估，推动工作落实到位，让政策真正惠及企业。

中共湖州市南浔区委 湖州市南浔区人民政府关于印发《南浔区高水平建设新时代美丽乡村三年实施方案（2020—2022）》的通知

浔委发〔2020〕19号
2020年6月24日

为深入贯彻习近平总书记关于“千村示范、万村整治”工程的重要指示精神，按照《中共浙江省委办公厅 浙江省人民政府办公厅关于深化“千村示范、万村整治”工程高水平建设新时代美丽乡村的实施意见》和《中共湖州市委 湖州市人民政府关于高水平建设新时代美丽乡村的实施意见》的部署要求，现结合南浔实际制定如下实施方案。

一、总体要求

（一）指导思想。以习近平新时代中国特色社会主义思想为指导，深入践行“绿水青山就是金山银山”理念，大力实施乡村振兴战略，以“环境美、产业强、人文兴、治理优、生活好”为基本要求，坚持规划、建设、管理、经营、服务并重，结合全域土地综合整治，通过树立美丽乡村新标杆、构筑美丽经济新高地、培育全面发展新农民、构建乡村善治新格局、打造乐居乡村新样板，全力建设“实施乡村振兴战略示范区”，持续打响“十线十景十小镇”品牌，让新时代美丽乡村成为“在湖州看见美丽中国”的亮丽底色、水晶晶南浔的重要窗口。

（二）总体目标。到2022年，实现农村人居环境“三大革命”、新时代美丽乡村、A级景区村庄全覆盖；全力打造生态水韵古村、花开四季乐园、乡村未来社区、农业创新高地、瓜果飘香田园、笔都蚕乡圣地等六大片区，进一步将生态优势转化为发展优势，将建设成果转化为经营成果，为全市全省乡村振兴提供南浔方案、贡献南浔智慧。

——打造美丽乡村引领地。实现新时代美丽乡村全覆盖，美丽乡村示范乡镇比例达80%，历史文化（传统）村落保护率达100%、美丽庭院建成率达40%以上。

——打造兴业富民先行地。做精做特“十线十景十小镇”品牌，进一步拓宽“两山”转化通道，建成“两山”样板村12个，乡村产业总产值突破400亿元。

——打造乡村治理模范地。加快善治乡村与新时代美丽乡村融合发展，省级善治示范村覆盖率30%以上，市级乡村治理示范村覆盖率50%以上。

——打造美好生活幸福地。农村居民人均可支配收入达44000元以上，城乡居民收入比缩小到1.66:1以内，低收入农户最低收入水平人均达20700元以上，结合全域土地综合整治与农村存量宅基地盘活利用工作，建成“自然味、水乡味、田园味、人文味、农韵味”五味齐全的乡村版未来社区。

二、主要任务

（一）围绕环境美，树立美丽乡村新标杆

1. 全面提升农村人居环境。深入推进垃圾、污水、厕所“三大革命”，推动农村环境治理走上制度化、规范化、常态化轨道。到2022年，空气质量优良天数比例达85%以上，国家“水十条”地表水考核断面中Ⅲ类以上水质达到100%，实现市级农村生活垃圾分类处理标杆村覆盖率达100%，农村生活污水处理标准化运维全覆盖、农户受益率达90%，农村无害化卫生厕所普及率99.6%。（责任单位：区住建局、区水利局、区农业农村局、区卫健局、区综合行政执法局、区生态环境分局）

2. 全面深化美丽乡村建设。按照新时代美丽乡村建设规范，到2022年，新时代美丽乡村达标覆盖率达100%，建设新时代美丽乡村精品村60个以上、省级美丽乡村示范镇8个。结合土地全域整治和农村存量宅基地盘活利用工作，强化全域村庄规划，积极推进“浙派民居”示范建设，启动“浙派民居”示范建设项目2个。整治提升农户庭院环境，美丽庭院建成比例40%以上。（责任单位：区住建局、区农业农村局、区妇联、区自然资源和规划分局）

3. 全面打响南浔特色品牌。以“十线十景十小镇”为基础，立足古镇、古村、平原水乡、生态湿地、地域文化等特色资源，从“点上出彩、面上美丽”延伸到“整体联动、串点成线、示范连片”。到2022年，打造6个融美丽产业、美丽乡村、美丽田园为一体的农旅融合美丽乡村示范片区，建设及拓展美丽乡村景观线10条，整体提升美丽乡村建设成效，形成具有南浔特色的新时代美丽乡村品牌。（责任单位：区交通局、区农业农村局）

（二）围绕产业强，构筑美丽经济新高地

1. 打造产村融合发展大平台。以农业“12365”工程为抓手，大力培育现代化乡村产业，统筹推进产村高质量融合发展。到2022年，建设提升省级以上现代农业园区2个，高质量建成农业“四个万”产业平台，争创农业强镇3个以上，累计引导工商资本下乡60亿元。实现A级景区村庄覆盖率100%，建成AAA级景区村庄20个以上。（责任单位：区农业农村局、区文广旅体局）

2. 引育美丽经济发展新业态。充分挖掘古村、农耕文化等特有资源优势，以“数字乡村”为新推力，打造“美丽乡村+”多业态美丽经济发展模式。到2022年，农林牧渔业增加值达到30亿元，休闲农业与乡村旅游业直接营业收入、农产品网络零售额均突破20亿元，农家传统特色小吃销售额突破10亿元，打造产村融合发展示范村10个，引进产村融合项目60个，配套项目用地5.3公顷，吸引社会投资6亿元。（责任单位：区农业农村局、区商务局、区文广旅体局、区农合联）

3. 探索村庄经营管理新路径。以景区村庄和产村融合为依托，通过“国企+村集体+农户”“财政+社会资本”“多村联建联营”等模式引进社会资本，组团联建“强村公司”，经营村庄美丽资源和美丽乡村建设成果。大力实施“两进两回”行动，探索“共享村落”“共享农庄”试点，培育乡村众创空间。到2022年，全区村均集体经营性收入达到150万元以上，全面消除集体经营性收入50万元以下村，打造“两山”样板村12个（6个片区），18个强村公司有效运转。（责任单位：区委组织部、区农业农村局）

（三）围绕人文兴，培育全面发展新农民

1. 提升农民综合素质。以提高农民群众思想道德水平、科学文化素养、创业致富能力、民主法治观念为重点，把信息化、数字化知识技能纳入培训体系，加快现职农村“两委”班子成员、新型职业农民、电商“新农人”、技能带动型和社会服务型实用人才队伍建设，促进农民全面发展，着力培养适应新时代新要求的高素质、强技能新农民。到2022年，乡村人才资源总量达到2万人以上，培育青年“乡村创客”“新农人”各200名以上。（责任单位：区委组织部、区农业农村局、区人社局）

2. 倡导乡村文明新风。推进社会主义核心价值观进村入户，深化文明村建设，推动教育教化、乡风乡愁、礼仪礼节、家德家风、文化文艺等进礼堂。广泛开展道德模范、最美人物、身边好人等选树活动和“最美家风+”系列活动，倡导乡风文明，弘扬正能量。反对封建迷信，遏制陈规陋习，推进移风易俗，引导健全完善村规民约，倡导乡村文明新风尚。建设现代公共文化体系，繁荣农村文化。充分尊重农民在新时代美丽乡村建设主体地位，共建共享美丽乡村成果。到2022年，市级以上文明村达70%以上，市级以上文明乡镇实现全覆盖，500人以上的农村文化礼堂覆盖率100%，每年组织开展2次“最美家风+”系列活动。（责任单位：区委宣传部、区文广旅体局）

3. 厚植本土人才优势。全面推动科技、资金、人才等资源要素向农村集聚，大力实施“万名贤人回乡计划”及百项科技成果富民惠民、百名专家驻村服务“双百”工程，统筹抓好乡村人才回归，优派科技特派员和农村工作指导员，加快形成财政优先保障、金融重点倾斜、社会积极参与的多元投入格局。积极推动建立“乡贤参事会”、选聘“名誉村主任”、选派临退或退休公职人员担任“驻村书记”等做法，吸引支持企业家、党政干部、专家学者、医生教师等各领域优秀人才回馈故里、服务乡村，营造“共建、共有、共享”氛围。到2022年，吸引600名以上能人乡贤返乡回乡。（责任单位：区委组织部、区委统战部）

（四）围绕治理优，构建乡村善治新格局

1. 基层党建引领乡村治理。全面实施“双创双全”组织力提升工程，广泛开展村党组织带头人整体优化提升行动，全面推行村党组织书记、村委会主任和村经济合作组织负责人“一肩挑”，抓实村党组织书记区级党委备案管理，推行“三色管理”和不称职村社干部“歇职教育”，全面建立村干部“基础工资+绩效工资”的薪酬制度。广泛开展美丽乡村建设先锋行动，发动基层党员包片联户服务群众，通过“红黑榜”“笑脸墙”等方式，完善基层治理体系，提升基层治理能力。推动完善村（居）

干部资格条件常态化联审机制，压紧压实基层党组织落实全面从严治党主体责任，推动村（居）务监督委员会制度健全、运行有序、监督有力。到 2022 年，“一肩挑”比例达到 100%，村党组织书记大专以上学历比例不低于 50%，1000 人以上的村都有 1 名以上大学生进村级班子，建成乡村组织振兴示范带 3 条以上，市级先锋示范村党组织比例达到 1/3 以上。（责任单位：区纪委监委、区委组织部、区委政法委）

2. 因地制宜创新乡村治理。打造乡村治理南浔特色品牌，不断深入推广“余村经验”，着力抓好政治、自治、法治、德治、智治“五治结合”，深化推进支部带村、发展强村、民主管村、依法治村、道德润村、生态美村、平安护村、清廉正村“八个村”建设，大力推广“五议两公开”、民主恳谈会、“六老六大员”、“五个所有”、“老娘舅”、“五管”等经验做法，推进以民主议事为形式，集科学决策、合力干事和效果评估于一体的基层民主管理方式，切实防止不良举债和“微腐败”。发挥村规民约效能，善用舆论和道德力量来强化村规民约执行力，提高村民履约度。抓好新时代文明实践中心建设，打造乡贤展示阵地，拓展清廉文化阵地，优化整合便民服务中心、居家养老服务中心、文化礼堂等村级公共资源，强化农村微阵地建设。全面推进清廉乡村“南浔升级版”建设，完善基层监督机制，发挥巡察监督作用，开展“惩治基层腐败、推动基层治理”专项行动，继续开展“打伞破网”专项攻坚，严查群众身边“微腐败”、涉黑涉恶“保护伞”和惠民政策“绊脚石”，提升人民群众获得感、满意度和安全感。到 2022 年，建设省级善治示范村 60 个以上、市级乡村治理示范村 100 个以上、省级民主法治村覆盖率 25%以上。（责任单位：区纪委监委、区委组织部、区委宣传部、区委统战部、区委政法委、区民政局、区司法局、区政务办）

3. 数字技术赋能乡村治理。探索乡村治理智治模式，加快乡村数字治理体系建设，推动“互联网+”向乡村延伸，基本做到“小事不出村、大事不出镇”，大力夯实平安建设“基础桩”。建设“数字网格”，将众多网格整合成一个网络，实现“一岗多员、一员多用”。深化“最多跑一次”改革，实现“一站式”服务，持续推进“减证便民”行动，完善镇、村便民服务体系，推动更多政务服务事项向基层延伸，实现就近办、网上办。“厨房革命”数字监管系统覆盖农村家宴中心，实现“智慧”监管，大幅提升农村餐饮监管的效能。到 2022 年，数字乡村基础设施更加完善，农村互联网普及率 100%。（责任单位：区委政法委、区市场监管局、区政务办、区大数据中心）

（五）围绕生活好，打造乐居乡村新样板

1. 持续促进农民稳定增收。深入实施乡村创新创业工程，打造双创园区，培育家庭工场、手工作坊、乡村车间，拓宽农村创业就业渠道。深化农村集体产权制度改革，保护农户土地承包权各项权能，抓好集体经营性建设用地入市，激活农村闲置宅基地和闲置农房资源，增加农民财产性收入。开展土地经营权入股试点，大力发展合作经济，拓宽农民收入来源。促进小农户与现代农业发展有机衔接，共享发展成果。推进低收入农户全面发展，持续实施创业、产业、就业扶持行动，实现持续增收。到 2022 年，全区农村居民人均可支配收入年均增长 9.5%以上，低收入农户人均可支配收入年均增长 12%以上。（责任单位：区农业农村局、区农合联、区自然资源和规划分局）

2. 巩固提升农村基础设施。构建高水平农村交通网络，推进“四好农村路”建设，优化完善城乡公交线网和乡村旅游客运网布局。进一步完善区、镇、村三级农村物流网络节点，加快农村快递自提点、配送点建设，推进农村共配、快递驿站建设，切实打通农村快递配送“最后一公里”。加大农村老旧管网及供水配套设施改造力度，农村饮用水达标人口覆盖率达 100%。推进河道综合整治及沿线配套设施建设，建设美丽河湖。推进新时代乡村电气化建设和农村线网改造，优化乡村电网网架结构，推进转型升级，率先建成一批乡村电气化示范村。提升农村信息基础设施，深化小康体育村升级工程，探索建设现代农村社区、未来乡村，实现基层设施建设共建共享。（责任单位：区交通局、区水利局、区文广旅体局、南浔邮政管理局、南浔供电分公司）

3. 健全完善农村公共服务。推进城乡基本公共服务标准统一、制度并轨，加快融入长三角政务服务一体化。优先发展农村教育事业，扩大优质学前教育资源，完善城乡学校对口帮扶制度，加快发展面向农村的现代职业教育。落实医疗服务“双下沉、两提升”，推进高水平医共体建设，完善农村社区卫生服务和公共卫生设施配置，优化农村 15 分钟医疗服务圈。到 2022 年，农村等级幼儿园比例达到 95%

以上，规范化村卫生室达到80%以上，每个镇建设1家示范型居家养老服务中心。（责任单位：区教育局、区民政局、区卫健局）

三、保障措施

（一）强化组织领导。深入贯彻落实《中国共产党农村工作条例》，坚持和加强党对农村工作的全面领导，落实党政“一把手”是第一责任人、五级书记抓乡村振兴的工作要求，充分发挥区全面推进乡村振兴战略领导小组的作用，区农业农村局（农办）牵头抓总，相关部门各司其职的新时代美丽乡村建设工作体系，全力推进乡村振兴示范区建设。

（二）强化要素保障。落实资金保障，积极发挥公共财政引导作用，多渠道增加新时代美丽乡村建设投入。鼓励农民和村集体自主筹资筹劳开展美丽乡村建设。加大金融支持美丽乡村建设力度。落实用地政策，积极保障新时代美丽乡村建设用地计划指标，大力推动全域土地综合整治和生态修复，土地综合整治节约的建设用地重点用于建设美丽乡村，发展美丽经济。加大村级留用地政策和农业经营性项目“标准地”用地指标政策落实力度。

（三）强化推进机制。建立健全部门协调、镇村落实的工作推进机制，制定年度计划，落实任务分解、指导服务、督促检查等工作。建立健全实绩考评机制，将新时代美丽乡村建设成效纳入乡村振兴工作考核、党委政府综合考核和有关部门的年度绩效考评内容。贯彻实施《湖州市美丽乡村建设条例》，发挥地方立法的保障和推动作用。

中共湖州市南浔区委
关于深入学习贯彻习近平总书记考察浙江重要讲话精神
努力成为新时代全面展示中国特色社会主义制度优越性
重要窗口示范样本的决定

浔委发〔2020〕31号

2020年8月3日

南浔经济开发区、各镇党委，区级各单位党委（党组）：

中国共产党湖州市南浔区第四届委员会第十次全体会议高举习近平新时代中国特色社会主义思想伟大旗帜，全面贯彻党的十九大和十九届二中、三中、四中全会精神，深入学习贯彻习近平总书记考察浙江、湖州重要讲话精神，全面落实省委十四届七次全会、市委八届九次全会各项部署，系统研究部署努力成为新时代全面展示中国特色社会主义制度优越性重要窗口的示范样本工作。

2020年3月29日至4月1日，在统筹推进疫情防控和经济社会发展的特殊时期，习近平总书记到浙江、到湖州考察并发表重要讲话。习近平总书记在浙江、在湖州考察时的重要讲话，高屋建瓴、立意深远、内涵丰富，与对浙江、对湖州工作的一系列重要指示精神一脉相承，是为湖州在新时代深入实施“八八战略”量身定制的行动纲领，也为南浔工作进一步指明了前进方向、提供了根本遵循，必将引领南浔各方面工作全面提高全面过硬，为南浔高质量赶超发展注入强大动力。

努力成为“重要窗口”示范样本的新目标新定位立意高远、思想深邃、内涵丰富，有鲜明的指向、严密的逻辑、贯通的联系，必须深刻领会“新时代”的现实背景、“全面展示”的内在要求、“中国特色社会主义”的核心要义、“重要窗口”的功能定位和“示范样本”的具体内涵。必须把握时代脉搏、引领时代潮流、彰显时代特色，不仅要展现物质性成就，更要彰显制度性成果，以开放姿态推进区域治理实践，推动实现更高质量的发展，为高水平推进南浔区域治理现代化作出新贡献。

全区上下要坚决落实习近平总书记赋予浙江“重要窗口”的新目标新定位和对湖州提出的“顺势而为、乘胜前进”的新期望新要求，围绕当好践行“绿水青山就是金山银山”理念样板地模范生、争当区域治理现代化排头兵的使命担当，坚持以“八八战略”为统领，全面贯彻市委“一四六十”工作体系，全力落实区委“一一二八”工作部署，奋力抢抓长三角一体化国家战略历史机遇，大力实施融沪接苏“1152”工程，统筹推进疫情防控和经济社会发展，持续谱写新时代南浔高质量赶超发展崭新篇章，重塑水晶晶南浔，建设美丽繁华新江南，努力成为新时代全面展示中国特色社会主义制度优越性重要窗口的示范样本。

一、努力成为践行习近平新时代中国特色社会主义思想，坚决做到“两个维护”的示范样本

1. 把学习宣传贯彻习近平新时代中国特色社会主义思想引向深入。自觉站在增强“四个意识”、坚定“四个自信”、做到“两个维护”的高度，推动学习贯彻习近平新时代中国特色社会主义思想贯穿各项工作始终。持续深化习近平新时代中国特色社会主义思想溯源工程和党的创新理论走心工程，使这一重要思想真正成为全区党员干部的行动指南。抓好文明实践、理论宣讲工作，大力宣传习近平新时代中国特色社会主义思想在南浔的生动实践，全方位、多渠道讲好南浔故事，让党的创新理论融入百姓日常生活。

2. 不断完善贯彻落实和集中力量办大事的制度机制。把坚决落实习近平总书记重要讲话精神作为推进各项工作的思想之源、力量之基、胜利之本，完善习近平总书记重要指示和党中央、省市委重大决策部署贯彻落实机制，确保党中央和省市委的大政方针和各项要求在南浔落地生根、开花结果。完善保障“两个维护”的制度机制，严格执行重大事项请示报告制度，以坚持党中央集中统一领导、主动服从服务全省全市大局的具体实践，生动展现社会主义国家强大的动员和组织领导能力。

3. 奋力谱写“重要窗口”示范样本的南浔实践新篇章。坚定不移全面贯彻落实习近平总书记考察浙江、湖州时的重要指示精神，围绕重塑水晶晶南浔、建设美丽繁华新江南的目标，坚持一张蓝图绘到底、一年接着一年干，努力在实践中丰富、完善和发展好习近平生态文明思想，推动“绿水青山就是金山银山”理念再深化、“绿水青山就是金山银山”实践再出发，助力“八八战略”再深化、改革开放再出发，生动展示习近平新时代中国特色社会主义思想的真理力量和实践力量。

二、努力成为引领高质量赶超发展的示范样本

4. 打造绿色智造创新高地。以数字化、绿色化、品质化、集群化为转型方向，改造提升传统优势产业，积极培育先进制造业集群，积极打造省级绿色智造发展试验区。大力实施数字经济“一号工程”，聚焦数字经济、绿色经济、智能经济等发展趋势，加快培育新型显示、5G 制造、大数据、人工智能、高端装备等未来产业和新兴产业集群，不断提升产业引领力。加快推进 5G、智慧物流、工业互联网等新型基础设施建设。

5. 打造面向长三角的“新经济湾区”。大力发展城市经济，做大做强楼宇经济、创意经济、共享经济、流量经济、网红经济。大力培育发展夜间经济，进一步打响古镇金名片，结合夜游灯光秀等多媒体手段，打造具有南浔历史人文特色的夜经济生活集聚区。抢抓扩大内需战略机遇，把握新消费发展趋势，开展数字生活新服务行动，发展好“浔品会”，筹办大型会展活动，培育夜间经济，打造具有南浔特色和长三角影响力的新消费品牌。依托“浙北新型贸易服务中心”，高标准建设新型跨境电商产业园，全面整合国内外跨境电商服务资源，构建南浔跨境电商服务新生态。

6. 构建项目“双进双产”全生命周期链条推进体系。紧扣项目开工、竣工、投产、达产、上规等重要环节，形成覆盖项目全周期的服务监管体系。以“产业提质、项目提速、服务提升”为着力点，坚持“以实绩论英雄”导向，不断完善工业项目“三率”评估跟踪问效、项目急事难题“三长”领办、工业项目供地“五个一律”、供地要素闭环等重点项目推进机制，全力助推项目早开工、快建设、快达产。

7. 完善以绿色发展引领高质量发展的政策机制。纵深推进“亩均论英雄”改革，坚持“345+1. 5”准入标准，精准开展企业综合评价，完善分类分档、公开排序、动态管理的亩产效益综合评价机制，不断提升资源利用效率和经济发展质量。加快构建绿色制造体系，以绿色化、低碳化为高质量发展重要导向，加快节能环保技术、工艺、材料、装备的研发和推广应用，全面推行清洁生产和资源综合利用。开展重点行业、重点企业节能诊断服务，引导企业实施节能技改和绿色制造项目，助力企业高质量发展。

三、努力成为美丽繁华新江南的示范样本

8. 全面打赢生态环境巩固提升持久战。坚持全链条防控、全形态治理、全地域保护，深入实施蓝天、碧水、净土、清废等行动，同步推进生态保护和生态修复，全力推进“无废城市”建设，加快生态环境系统“互联网+监管”系统建设，建立政府部门间、跨区域间协查、联查和信息共享机制，健全治水治气治土治废长效机制，加快补齐生态环境短板，推进现代环境治理体系示范区建设，协同推动经济高质量发展和生态环境高水平保护。

9. 不断深化平原水乡“绿水青山就是金山银山”转化综合改革。深化生态文明制度建设，全力争创国家生态文明建设示范区。推行用能权、排污权、水权、碳排放权交易制度，推进自然资源资产产权制度改革，建设山水林田湖综合整治的样板并争创全域整治全国试点。深入探索水生态文化，不断拓宽“绿水青山就是金山银山”转化通道，不断提高区域整体实力，奋力打造水乡平原“绿水青山就是金山银山”转化新典范，为湖州加快赶超、实现“两高”作出新的贡献。

10. 协同推进美丽城市、美丽城镇、美丽乡村建设。持续推动城市有机更新，加快建设未来社区，全面提升城市精细化管理水平，提升中心城区能级，开展补短板强弱项行动，重塑水晶晶南浔和建设美丽繁华新江南。围绕高水平推进美丽城镇建设“十个一”建设，构筑“2道2网2场所4体系”的美丽城镇支撑体系，按照以人为本、争创样板、改革统领、创新驱动等原则，做好“美丽城镇+”文章，注重自然资源禀赋和文化特色挖掘，积极培育一批特色显著、城乡协调、功能便民、共享乐民、兴业富民、魅力亲民、善治为民的新时代现代化美丽城镇。深化“千万工程”，深入践行“绿水青山就是金山银山”理念，大力实施乡村振兴战略，以“环境美、产业强、人文兴、治理优、生活好”为基本要求，坚持规划、建设、管理、经营、服务并重，通过树立美丽乡村新标杆、构筑美丽经济新高地、培育全面发展新农民、构建乡村善治新格局、打造乐居乡村新样板，高水平打造美丽乡村升级版，持续打响“十线十景十小镇”品牌，进一步将生态优势转化为发展优势，将建设成果转化为经营成果，为全省全市乡村振兴提供南浔方案、贡献南浔智慧，让新时代美丽乡村成为“在湖州看见美丽中国”的亮丽底色、水晶晶南浔的重要窗口。

四、努力成为基层治理现代化的示范样本

11. 实现社会矛盾纠纷调处化解“最多跑一地”。坚持共建共治共享，努力建设人人有责、人人尽责、人人享有的社会治理共同体，打造社会治理现代化先行示范区。有效整合信访、司法、仲裁、社会力量等各方资源。坚持“信访打头、调解为主、诉讼断后”，高水平建成区社会矛盾纠纷调处化解中心，推动镇（开发区）社会矛盾纠纷调处化解中心全覆盖，努力实现矛盾纠纷一站式接收、一揽子调处、全链条解决，高标准做到“最多跑一地”。

12. 高水平推进“平安南浔”建设。坚持防为主、防为上，完善立体化、法治化、专业化、智能化的社会治安防控体系，高水平建设“平安南浔”。深入推进扫黑除恶专项斗争，深入实施精密智治“十大行动计划”和“四清六化”专项行动，扎实开展矛盾纠纷和安全隐患排查见底行动。创新运用新时代“枫桥经验”、乡村治理“余村经验”，积极打造“老娘舅”“六老六大员”“老兵驿站”等基层治理品牌，推进更高质量、更高水平的平安南浔。

13. 全面深化政府数字化转型。聚焦打造“整体智治、唯实惟先”的现代政府，深化“最多跑一次”改革，全面推广掌上办事、掌上办公、无纸化办会。加快湖州数字大脑南浔分平台建设，高质量推进公共数据开放共享，构建公共数据归集、应用等全流程体系，推动嘉湖电子政务服务数据资源的横向对接和数据共享。充分挖掘场景化多业务协同创新应用，建设2～3个应用专题库，探索社会数据和政务数据融合利用，加快应急中心可视化平台建设，加强现有平台集聚整合。推动数字乡村“一张图”试点建设，打造未来乡村社区。

14. 不断完善应急管理体制机制。建立健全分类管理、分级负责、条块结合的应急管理体制，构建统一指挥、专常兼备、反应灵敏、上下联动的应急管理机制，不断提高发现、研判、处置、驾驭安全生产和自然灾害风险的能力和水平。完善公共卫生应急管理体系，全面提升传染病防控和救治能力。完善自然灾害防治体系和防灾减灾救灾工作机制，完善人防、物防、技防、心防全方位风险防控体系，健全重大舆情和突发事件舆论引导机制。建立完善高效统一的应急指挥平台，建设精干实用的专业应急队伍，健全应急预案体系。加强应急管理宣传教育，提升全民安全素养和自救能力。

五、努力成为深化改革、扩大开放的示范样本

15. 围绕“最多跑一次”推动各领域深化改革。持续推进要素配置市场化、“五未土地处置+标准地”等改革，深化项目审批、商事制度、国资国企、知识产权保护等领域改革，打造最强政策供给、营造最优营商环境。围绕“一件事”集成改革迭代升级、延伸扩面，覆盖政务办事、公共服务、社会治理等各个领域，全面提升办事便利度。积极融入长三角一体化发展战略，打造线上线下相融合的嘉湖一体化政务通办服务，实现两地高频涉企和民生事项互认互办、一网通办。全面推进基层政务服务能力建设，整合行政审批和公共服务事项进驻镇级便民服务中心，实现“进一扇门办多家事”。加快建设“信用南浔”，完善失信联合惩戒机制，健全“事前管标准、事中管检查、事后管处罚、信用管终身”工作体系，建立各领域综合信用档案，开展信用惠民便企工作。

16. 以先行者的姿态全方位融入长三角一体化合作战略。抢抓长三角一体化发展重大机遇，紧跟上海建设“卓越的全球城市”步伐，加速释放沪苏湖铁路开工建设、长三角地区主要领导座谈会效应等叠加红利，深入实施融沪接苏“1152”工程，加快构建全方位、宽领域、多层次的融沪接苏新格局。推进嘉湖一体化合作先行区建设，深化练市、乌镇联动合作。推动沪苏湖铁路南浔枢纽站、水乡旅游线建设，实现南浔至上海全轨道零距离通勤。加快农村全域土地综合整治和生态修复，打造“田园牧歌”式康养住区。深化沪浔旅游联动发展，共建长三角旅游发展联盟，推进长三角教育、卫生等公共服务共享。

17. 围绕大交通建设引领湖州东大门城市建设。全力推进沪苏湖铁路建设，迎接高铁新时代。加速构筑申苏浙皖、申嘉湖、练杭、苏台和湖杭等5条高速形成的交通“大通道”，打造“综合交通枢纽”，为高质量打造湖州“开放东大门、创业新高地”，推动南浔赶超发展提供坚实交通保障。谋划水乡旅游线，串联湖州、南浔、苏州、嘉兴等地区沿线旅游景区及重点城镇的都市圈通勤铁路。谋划湖嘉、苏州至南浔至湖州等城际轨道，构建接轨沪苏嘉杭“半小时轨道圈”。加快构建形成“三横两纵”高速公路网和“五横六纵+N连”普通干线公路网。开展无隐患美丽公路建设，消除交通安全隐患点，打造平安交通。全力争创全国“四好农村路”示范县区，完善交通路网，打通断头路，推进“建管养运”协调可持续发展，实现交通互通互联网络。

六、努力成为人才强区和创新驱动的示范样本

18. 加快打造高素质人才队伍。坚持人才强区工作导向，推动人才新政迭代升级，构建面向全球、具有长三角竞争力的人才制度体系。紧盯省以上重点人才引育工程，深入落实“南太湖精英计划”“南太湖特支计划”，优化提升“浔英计划”，建立健全“揭榜挂帅”制度，加速集聚全球顶尖人才、科技领军人才、青年科技人才和新时代南浔工匠，确保每年引进大学生及各类人才 2 万人以上。大力实施“名校名院名所”引进计划，加强与浙江大学、同济大学、南京大学、华中科技大学、浙江水利水电学院等院校深度合作。着眼长三角一体化进程，持续拓展“人才飞地”布局版图，走好南浔（上海）科创中心市场化运营道路，打造“人才飞地”南浔样板。建好用好南浔人才创业园、高铁新城科创园、南太湖精英计划产业园，为南浔高质量赶超发展集聚更大人才动力。

19. 以创新驱动引领转型升级。深入实施创新驱动发展战略，进一步完善科技新政，推进创新型城区建设。加快推进省级智能机电高新技术产业园区建设。积极打造智能电梯和绿色家居 2 个省级产业创新服务综合体，精准引导南浔电梯产业、家居产业高质量发展。加快与浙江大学联合成立并运行湖州智能驱动研究中心。深度融入长三角，积极参与 G60 科创走廊建设。实施产学研合作，深入开展联合技术攻关。引导并支持南浔企业增加研究开发和技术创新投入，持续提高企业 R&D 投入，不断提升企业创新活力和核心竞争力。

20. 探索人才和创新体制机制改革。深化人才和创新体制机制改革，积极争创省人才管理改革试验区，进一步向人才“放权松绑”，激发人才创新活力。建强用好浔英人才公司，深化人才服务“最多跑一次”改革，更大力度引进优质医疗、教育等公共资源。深化科研管理体制改革，建立财政科技投入稳定增长机制，创新完善科技成果转移转化利益分配机制，深化地校合作，推动技术成果在浔转化和产业化。

七、努力成为依法治区的示范样本

21. 充分发挥人民代表大会制度和政治协商制度优势。坚持和完善人民代表大会制度，支持和保证人大依法行使监督权、决定权、任免权，加强对

法律实施和制度执行情况的监督，助力经济社会发展和改革攻坚任务，切实把制度优势转化为治理效能。充分发挥代表密切联系群众优势，丰富代表参与区域治理内容，拓宽代表建言献策渠道，扩大代表、选民有序政治参与路径、提升代表议案、建议办理实效，凝聚推进区域治理现代化的人大力量。坚持和完善中国共产党领导的多党合作和政治协商制度，推动协商民主广泛、多层、制度化发展，更好释放人民政协的制度效能，把人民政协制度坚持好、完善好、发挥好，进一步发挥人民政协制度的独特优势，不断完善建言资政和凝聚共识“双向发力”的工作机制。进一步发挥统一战线功能作用，不断提升民族、宗教、党外知识分子、新的社会阶层人士、非公有制经济人士、港澳台、海外侨胞等工作的针对性、有效性，找到最大公约数，画出最大同心圆。完善党建带群建工作制度，构建联系广泛、服务群众的群团工作体系。

22. 协同推进司法、普法等各项工作。深入推进司法体制改革，落实司法责任制。建立健全院庭长审判监督管理机制，推进以审判为中心的刑事诉讼制度改革。牢牢把握检察机关作为专门法律监督机关定位，持续推进刑事检察、民事检察、行政检察、公益诉讼检察。做深做强古镇公益诉讼保护、未成年人检察、深化检校合作等创新工作，增强法律监督力度。广泛开展普法宣传，营造全社会大兴学法、守法、用法、拥法浓厚氛围，让民主法治精神蔚然成风。

23. 加快打造法治政府建设示范区。严格落实重大行政决策法定程序，全面实施政府法律顾问和公职律师制度。推动行政机关主要负责人出庭应诉，加强行政复议规范化建设，深化行政执法监督规范化建设，健全完善行政调解与人民调解、司法调解的衔接机制。深化综合行政执法改革，推进练市镇“一支队伍管执法”改革，提升跨部门跨领域综合执法效率。

八、努力成为社会主义先进文化的示范样本

24. 大力推进新时代文明实践。围绕新时代文明实践中心建设省级试点工作目标，以“最美家风+”建设为引领，落实区新时代文明实践“12345”工作体系，擦亮“浔愿家园”品牌，统筹推进六大工程，提升八大家园服务，推动“两中心一平台”融通融合，全力打造新时代文明实践“南浔模式”。夺取全国文明城市复评“二连冠”，开展南浔区第五届道德模范评选及“浔风八礼”最美家风文明习惯养成工程，加强和创新网络综合治理，进一步培育弘扬社会文明新风尚，体现“南浔风范”，为新时代高质量赶超发展提供强大的精神动力。

25. 强化优质公共文化服务供给。坚持以人民为中心，高水平建设“人文南浔”。加快文旅公共服务生态圈建设；持续深化公共文体设施建设，启动区博物馆建设，支持民间力量兴办博物馆；加快区新图书馆、区体育中心、乡镇文化驿站、百姓健身房等建设，形成资源共享、管理规范、服务高效的文体服务网络。深化“文化走亲”“运河情”“悦动生活”等公益文体品牌建设，全面开展“一镇一品”“一镇一赛”等活动，推动群众文体活动的发展。实施文化文艺提升行动，加强“一村一韵”文艺团队的培养及文艺精品生产，不断满足人民群众日益增长的精神文化需要。

26. 打造文旅融合发展新高地。坚持以文促旅、以旅彰文，加快传统文化资源向文化产业转化。实施非遗活化工程，启动全区文化资源普查，深入发掘拓展大运河文化，加快嘉业藏书楼、练市粮仓等文物活化利用，打响湖丝、湖笔、绫绢等文化品牌。实施文化基因解码工程，发展影视动漫、会展文创等特色产业，鼓励和支持《浔商》等文艺精品创作生产。全面打造“一镇一节”，持续扩大和孚渔文化节、善琏湖笔文化节、菱湖淡水渔都丰收节等活动影响力。争创省级全域旅游示范区。

九、努力成为和谐幸福民生的示范样本

27. 全力以赴抓好就业工作。坚持以人民为中心的发展理念，全面落实就业优先战略，做实做细高校毕业生、城镇就业困难人员、退役军人、残疾人、被征地农民等重点人群就业服务工作。升级就业创业扶持政策，打好就业保障“组合拳”；不断加大就业扶贫援助力度，巩固低收入群众增收攻坚战成果。发挥基层平台作用，推进高质量村社区建设，实现全民充分就业。

28. 加快推进教育现代化。牢牢把握立德树人方向，深化教育改革，提高教育质量，积极争创全国义务教育优质均衡区和省教育现代化区。持续优化教育资源布局，加快推进义务教育优质均衡和学前教育快速补短工程，完善特普融合教育机制，打造城市优质学校品牌；有效补位高中教育，快速推进新南浔高中项目建设；大力发展高等教育，启动浙江水利水电学院（南浔校区）建设和浙江同济职业技术学院建设，填补我区高等教育空白。

29. 积极打造健康南浔先行示范区。聚焦疫情

防控常态化，深入开展爱国卫生运动，切实筑牢公共卫生安全防线，不断增强城市防疫能力。通过优化资源配置，解决好基层医疗服务环境、医疗资源供给、医疗质量提升等问题，通过“最多跑一次”改革，解决好群众多头跑、反复跑等问题。发挥医联体、医共体组合优势，深化“三医”联动、“六医”统筹改革，擦亮医疗技术能力和医疗质量水平“双提升”的闪亮名片。大力发展“互联网+医疗服务”“互联网+健康管理”，推动更多便民惠民举措落地生效，不断提升人民群众的健康获得感。深化医保改革，加强医保治理，创新医保服务，加快建成覆盖全民、城乡统筹、权责清晰、保障适度、监管智慧的可持续、多层次、高水平医疗保障体系。

30. 加强社会保障和民生保障工作。着力提高城乡居民社会保障水平，完善广覆盖、保基本、多层次、可持续社会保险体系，打造以业务标准化、服务智能化、信息一体化为核心的系统建设工程，为人民群众提供便捷、高效、优质、满意的社保服务。以人民为中心，全面落实医疗保障政策，加大城乡居民困难人员专项医疗救助力度，不断完善因病致贫返贫防控长效机制，提升医疗保障水平。扎实推进城乡困难群众住房保障，启动中心城区老旧小区改造，切实改善老旧小区居民的生活环境和居住条件，不断增强人民群众的幸福感。围绕“南浔无欠薪”工作要求，抓好欠薪预防、处置、监督三个环节，全力做好建设系统防范和处置欠薪工作。聚焦脱贫攻坚、聚焦特殊群体、聚焦群众关切，进一步完善“1+8+X”新时代社会救助体系，保障低收入群众小康生活可持续。开展国家级智慧健康养老示范镇创建，打造全省智慧健康养老示范标杆区。综合实施养老服务“八大工程”，打响“幸福南浔·夕阳红”品牌。健全留困儿童关爱服务体系，实施“护航·金色童年”留困儿童关爱探视工程，开展“七大关爱护航行动”，实现留困儿童探视关爱全覆盖。加快实现幸福邻里、养老服务、儿童福利等基础平台设施布点，加快发展残疾人、慈善等事业，持续提升群众的获得感、安全感、幸福感。

十、努力成为全面从严治党的示范样本

31. 旗帜鲜明讲政治。坚持和加强党的全面领导，把党领导一切的原则贯穿到建设“重要窗口”示范样本的全方位、全过程。各级党委（党组）做任何决策、任何工作，都要自觉把自己摆进去，通过一人一事一地的示范样本，构建全区整体工作的示范样本。特别是各级党委（党组）主要领导要切实负起第一责任人的责任，带头做“重要窗口”示范样本的建设者、维护者、展示者，牵头挂帅、靠前指挥，切实推动各项工作抓好抓实抓到位。

32. 把握意识形态主动权。把“不忘初心、牢记使命”作为加强党的建设的永恒课题和全体党员、干部的终身课题，构建长效机制，坚持不懈锤炼党员、干部忠诚干净担当的政治品格。坚持党管宣传、党管意识形态、党管媒体，牢牢掌握意识形态工作的领导权管理权主动权。把握正确政治方向，把党的政策和主张传播好，做大做强主流思想舆论，为全区建设“重要窗口”示范样本营造良好氛围。

33. 巩固风清气正政治生态。健全党委主体责任、党委书记“第一责任”、班子成员“一岗双责”和纪委监督责任“四责协同”机制，坚持把纪律和规矩挺在前面，持续强化日常监督，深化运用“四种形态”，健全权力运行监督机制。持续深化纪检监察体制改革，统筹推进“六清工程”及机关、村居、企业、学校、医院等重点工程清廉细胞建设。始终保持严惩腐败高压态势，持之以恒纠治“四风”，严肃整治群众身边腐败和作风问题，一体推进不敢腐、不能腐、不想腐。

34. 锻造干净担当的高素质队伍。牢固树立“以实绩论英雄”的鲜明导向，坚持实践标准、实绩依据，以“干部为事业担当、组织为干部担当”的良性互动为牵引，打造与“重要窗口”示范样本相匹配的高素质干部队伍。深入实施“一把手战略储备工程”“年轻干部培养选拔工程”“专业化干部金领工程”，着力打造维护力强、引领力强、担当力强、服务力强、廉洁力强的领导班子。健全干部队伍选拔交流机制，推进干部制度性交流常态化。深化“双创双全”组织力提升工程，深入实施村党组织书记后备人才培育计划，选派临退休领导干部回村担任“驻村书记”，全面加强基层“领头雁”队伍建设，落实不称职村社干部“歇职教育”和红黄灰“三色管理”，不断增强基层党组织的组织力凝聚力战斗力。

全会号召，全区党员干部要更加紧密地团结在以习近平同志为核心的党中央周围，深入学习贯彻习近平新时代中国特色社会主义思想，顺势而为、乘胜前进，以主动担当争创一流的精神状态，奋力谱写南浔赶超跨越发展新篇章，重塑水晶晶南浔，努力成为新时代全面展示中国特色社会主义制度优越性重要窗口的示范样本，向习近平总书记和党中央、向人民、向历史交出高分答卷！

湖州市南浔区人民政府关于应对疫情支持企业健康发展的政策意见

浔政发〔2020〕4号

2020年2月7日

各镇人民政府，南浔经济开发区管委会，区府各部门，区直各单位：

为深入贯彻落实习近平总书记关于坚决打赢疫情防控阻击战的重要指示精神，全面落实党中央国务院、省委省政府和市委市政府关于疫情防控的决策部署，不断深化“三服务”活动，积极发挥企业在疫情防控中的重要作用，全力支持企业健康发展，特制定以下意见。

一、支持对象

受肺炎疫情影响生产经营遇到困难的企业和参与防疫物资生产的相关企业。

二、支持措施

（一）加强金融支持

1. 增强企业信贷支持力度。各银行机构加大对企业的支持，不盲目抽贷、压贷、断贷，对符合我区产业发展方向的企业、受疫情影响生产经营暂时遇到困难但有前景的企业以及防疫物资生产企业予以新增贷款或对到期的贷款予以无还本续贷或展期。鼓励银行机构在原有贷款利率水平基础上下浮10%以上，推动南浔银行等地方法人银行发放低于市场利率的专项项目贷款，鼓励辖内保险机构提供小额贷款保证保险，确保2020年中小微企业信贷余额不低于2019年同期余额。充分运用好绿色金融综合服务，通过“绿贷通”“绿融通”“担保集市”服务体系，鼓励企业在线便捷办理贷款、股权、担保等金融服务。（责任单位：区发改经信局）

2. 实现金融供需精准匹配。开展金融顾问活动，排摸梳理防疫期间“防疫物资生产保障企业”“受疫情影响的制造业重点骨干企业”“受疫情影响的优质外贸企业”三张清单，制定“一企一策”融资支持方案，实现金融供给与企业需求的精准匹配。在2020年区金融发展专项资金中列支奖励资金用于支持协助企业渡过难关或帮助企业平稳发展的金融机构，并优先考虑年度政银合作事项。（责任单位：区发改经信局、区财政局、区商务局）

（二）减轻企业负担

3. 减免企业房租。对承租国有资产类经营用房的中小企业，房租免收 3 个月。对租用其他经营用房的，鼓励业主（房东）为租户减免租金，免租金2个月以上的企业房产税按免租金月份数给予减免。（责任单位：区财政局、区税务局）

4. 减免企业税费。因疫情原因，导致企业发生重大损失，正常生产经营活动受到重大影响，缴纳房产税、城镇土地使用税确有困难的，可申请房产税、城镇土地使用税困难减免。对确有特殊困难而不能按期缴纳税款的企业，由企业申请依法办理延期缴纳税款，最长可达 3 个月。（责任单位：区税务局、区财政局）

5. 准予所得税税前扣除。企业发生的合理的工资薪金支出和劳动保护支出，准予扣除；企业发生的公益性捐赠支出，在年度利润总额 12%以内的部分，准予在计算应纳税所得额时扣除；超过年度利润总额12%的部分，准予结转以后三年内在计算应纳税所得额时扣除。（责任单位：区税务局、区人力社保局）

（三）保障企业用工

6. 实行包车补助。确因复工需要，经当地政府批准，企业包车接回相对集中的外地职工，包车发生的费用，政府与企业按 2:1 的比例分担。（责任单位：区人力社保局、区发改经信局、区财政局、区税务局）

7. 稳定工作岗位。对参保企业因受疫情影响，外地职工无法及时返回的，支持企业招引湖州籍职工，尽快恢复生产，对2019年度“新象、新牛”及培育企业，每新招引一名湖州籍职工，按 100%补贴3个月企业承担的社会保险费，对 2019 年度“税收百强”和“规模百强”工业企业，每新招引一名湖州籍职工，按60%补贴3个月企业承担的社会保险费。

对不裁员或少裁员的参保企业，可返还其上年度实际缴纳失业保险费的 50%。对面临暂时性生产经营困难且恢复有望、坚持不裁员或少裁员的参保企业，根据省有关政策给予社会保险费返还。确实无力足额缴纳社会保险费的中小企业，按规定经批准后，可缓缴养老保险、失业保险和工伤保险费，缓缴期最长 6 个月。（责任单位：区人力社保局、区财政局、区税务）

8. 鼓励开展线上培训。对受疫情影响的本区各类企业，对在停工期间组织职工（含在企业工作的劳务派遣人员）参加各类线上职业培训并取得国家职业资格证书或相关合格证书的，按规定给予职业技能提升补贴。（责任单位：区人力社保局、区财政局）

（四）加强外贸支持

9. 开具不可抗力事实性证明。发挥贸促会国际商事认证服务职能，协调上级贸促机构，为企业提供出具不可抗力事实性证明等国际商事证明书服务，保障企业应对各类风险和通关结汇顺利进行。（责任单位：区商务局）

10. 减轻企业开拓国际市场损失。因疫情原因，导致企业支付参展费用后不能参加境内外展会（不含延期举办及全额退款）的，经认可的组展机构提供证明，对列入年度区级展会目录内的展会，按展位费 100%补助；对补助目录范围外的展会，经认可的组展机构证明，在市级补助的基础上，再给予展位费 20%补助。支持企业充分利用出口信用保险工具防范外贸风险，对南浔区投保企业，在市补助的基础上，再给予保费 10%补助。（责任单位：区商务局）

（五）扶持“双创”载体

11. 优化众创发展。政府举办的科技创业园、科技企业孵化器为承租的中小企业及团队减免疫情期间的房租。对符合条件的众创空间，提前下达当年度众创空间部分面积补助专项资金。对在疫情期间为承租企业及团队减免租金的其他各类载体，优先予以政策扶持。（责任单位：区科技局、区财政局）

12. 建立科技项目绿色立项机制。根据企业和医疗卫生相关机构实际需求，在应对疫情的公共预防、检验检测、药物研发等领域，优先推荐科技计划项目绿色立项。（责任单位：区科技局、区卫生健康局）

（六）加强财政扶持

13. 加大投资补助。企业为扩大防疫应急物资生产进行的技改投资，设备投资额 500 万元以内的按 90%（市 60%、区 30%）补助，超出 500 万元以上部分按 80%（市 50%、区 30%）补贴。（责任单位：区发改经信局、区财政局）

14. 加快资金兑现。加快区工业发展专项资金的兑现扶持，对符合兑现条件的企业（项目）即时兑现；对建设周期较长的投资项目，可以根据项目的实际投资发生额，提前按比例进行扶持资金兑现。（责任单位：区发改经信局、区财政局）

15. 加强交通保障。切实加强复工企业员工返岗，原材料运输、产成品外销等方面的交通畅通保障。（责任单位：区交通局）

三、其他事项

本意见自 2020 年 1 月 22 日起施行，执行至 2020 年 4 月 30 日。中央、省、市出台相关支持政策，遵照执行。

统计资料

·2020年南浔区国民经济和社会发展统计公报·

2020年，面对国际国内风险挑战明显增多的复杂形势，特别是新冠肺炎疫情带来的各方面挑战。全区上下深入学习贯彻习近平总书记考察浙江、湖州时的重要讲话精神，团结一心，扎实推进改革发展稳定各项工作，全年经济逐步向好。

一、综合

初步核算，2020年，南浔区地区生产总值为467.83亿元，比2019年增长3.3%。分产业看，第一产业增加值26.74亿元，增长4.1%；第二产业增加值270.72亿元，增长1.7%；第三产业增加值170.37亿元，增长5.9%。三次产业增加值结构比为5.7:57.9:36.4，第三产业比重比2019年提高1.3个百分点。

2020年南浔区生产总值各行业增加值情况一览表

表12

	总量（亿元）	可比价增幅（%）
地区生产总值	467.83	3.3
#第一产业	26.74	4.1
第二产业	270.72	1.7
#工业	253.14	2.5
建筑业	17.62	-12.8
第三产业	170.37	5.9
#交通运输、仓储和邮政业	3.70	-3.3
批发和零售业	36.78	2.8
住宿和餐饮业	7.93	-16.1
金融业	42.98	12.6
房地产业	22.88	8.1
营利性服务业	24.40	7.9
非营利性服务业	28.31	6.1

二、农业和农村

全年实现农林牧渔业总产值48.73亿元，比2019年增长4.4%。其中，农业产值10.63亿元，增长4.7%；林业产值0.03亿元，同2019年持平；牧业产值9.52亿元，下降0.3%；渔业产值23.67亿元，增长5.7%。经济作物播种面积10160公顷，其中蔬菜面积6053公顷，果用瓜780公顷；油菜籽产量0.67万吨；生猪出栏7.10万头，下降17.4%；蚕茧产量0.22万吨，下降14.1%；家禽出栏1476.05万羽，增长9.6%；禽蛋产量0.67万吨，下降15.0%；水产品产量15.58万吨，增长5.3%。

全年引进投资1000万元以上农业项目102个，其中市级农业大好高项目12个；累计推广渔业养殖跑道397条、稻虾综合种养4000公顷；累计发展"红美人"柑橘种植约279公顷，启动建设万头湖羊基地4家，投产1家；新增注册家庭农场312家，新增省级示范性家庭农场4家、市级示范性家庭农场12家，认定区级示范性家庭农场30家；新增省级龙头企业4家，市级龙头企业5家，省级农业产业化联合体2家。

三、工业

全区规模以上工业实现增加值155.66亿元，按可比价计算，比2019年增长4.1%，其中轻工业40.18亿元，重工业115.48亿元，分别增长-6.6%和8.5%。31个大类行业中，有18个行业增加值实现增长，6个行业超过10亿元。其中，通用设备制造业28.80亿元，增长12%；电气机械和器材制造业23.63亿元，增长27.5%；金属制品业15.03亿元，增长11.7%；非金属矿物制品业11.59亿元，增长37.7%。从重点产业看，高新技术产业82.20亿元，增长4.3%，占比为52.8%；战略性新兴产业53.54亿元，增长9.0%，占比为34.4%；装备制造业70.89亿元，增长11.9%，占比为45.5%（注：有的企业在3个重点产业中属于其中的2个，甚至3个，在统计时增加值重复计算）。

全年规模以上工业实现营业收入982.61亿元，比2019年增长4.9%；利税71.76亿元，其中利润47.19亿元，分别增长-2.7%和3.1%。电气机械和器材制造业，金属制品业，通用设备制造业，木材加工和木、竹、藤、棕、草制品业"营业收入超100亿元"，共实现营业收入588.99亿元，占全部规模以上工业的59.9%。6个行业利税超过5亿元，其中，金属制品业11.45亿元，增长1.3%，通用设备制造业14.04亿元，增长15.0%；电气机械和器材制造业10.30亿元，增长4.8%；非金属矿物制品业6.77亿元，增长16.5%；纺织业5.65亿元，下降20.9%。

四、固定资产投资和建筑业

全年固定资产投资额比2019年增长7.6%，分产业看，工业投资增长28.6%，服务业投资下降0.8%。从结构性看，民间投资增长16.6%，交通投资增长33.9%；高新技术产业投资增长22.4%，生态环保、城市更新和水利设施投资下降17.1%。

全年完成房地产开发投资80.82亿元，比2019年增长18.3%。全年房屋施工面积491.6万平方米，增长26%，其中新开工面积159.5万平方米，增长18.4%；商品房销售面积129.03万平方米，增长21.1%，其中住宅112.81万平方米，增长14.5%；商品房销售额132.7亿元，增长36.6%，其中住宅121.2亿元，增长33%。

全区年末拥有建筑企业43家，其中在库总承包一级资质企业5家。全年完成建筑业增加值17.62亿元，占GDP比重为3.8%；房屋建筑施工面积373.4万平方米，增长16.8%；竣工面积137.4万平方米，增长24.8%。

五、国内贸易

全年社会消费品零售总额比2019年下降6.1%。限额以上批发业销售额155.81亿元，增长14.4%；限额以上零售业销售额10.56亿元，下降2.2%；限额以上住宿业营业额1.09亿元，下降4.5%；限额以上餐饮业营业额1.83亿元，下降7.0%。限额以上批发零售业销售额166.37亿元，增长13.2%。其中，金属材料类77.36亿元，增长19.8%；食品、饮料、烟酒类9.74亿元，增长2.8%；石油及制品类4.77亿元，下降18.5%；化工材料及制品类7.04亿元，增长39.7%。

六、对外经济

全年实现外贸进出口总额123.11亿元，比2019年增长24.3%。其中，出口108.60亿元，增长26.9%；进口14.51亿元，增长7.9%。按贸易方式分，一般贸易出口98.31亿元，增长20.7%；加工贸易出口9.51亿元，增长130.2%。按企业性质分，内资企业出口67.76亿元，增长8.4%；外资企业出口15.40亿元，下降6.1%；流通企业出口25.43亿元，增长279.7%。按主要产品分，贱金属及其制品出口19.15亿元，增长70.2%；塑料、橡胶及其制品出口10.91亿元，增长32.6%。按主要市场分，非洲出口增长较快，达到67.0%；北美洲、亚洲、欧洲分别增长35.8%、

24.6%、19.1%，拉丁美洲增长1.5%。

全年合同外资4.57亿美元；全年实到外资0.52亿美元。

七、财政和金融

全年实现财政总收入67.22亿元，其中地方财政收入40.46亿元，分别比2019年增长5.5%和6.7%。财政总收入占GDP的比重为14.4%。地方财政收入中，税收收入37.39亿元，增长8.1%，占比为92.4%；从主要税种看，增值税、企业所得税和个人所得税分别为15.41亿元、4.78亿元和2.23亿元，分别增长0.9%、1.1%和36.0%。全年财政支出55.22亿元，比2019年增长12.7%，教育、文化、社会保障和就业、医疗卫生、农林水、节能环保等民生领域共支出32.58亿元，占财政支出的比重为59.0%。

全区金融机构年末本外币存款余额725.16亿元，比2019年增长20.2%，人民币存款余额717.18亿元，其中个人储蓄存款461.89亿元，增长12.1%；本外币贷款余额598.13亿元，增长31.5%；年末金融机构不良贷款余额为1.42亿元，比年初增加0.42亿元；不良贷款率为0.24%。

八、教育和科技

全区年末共有小学24所，在校学生总数2.75万人；全年新招生4915人，毕业3720人，小升初比率保持100%。共有初中16所，在校学生总数1.05万人；全年新招生3534人，毕业3576人，初升高比率为99.4%。

全年专利申请量3959项；专利授权量2249项，其中发明专利113项。全区年末拥有国家重点扶持高新技术企业33家，比2019年增加9家；拥有省级高新技术研发中心8家；省级企业研究院7家，比2019年增加1家。科学技术支出1.54亿元。

九、文化、体育和卫生

全区年末拥有剧场、影剧院11个，文化馆、艺术馆3个，全年举办展览54个，组织文艺活动135次；公共图书馆11个，总藏量64.03万册、件；举办训练班结业人数11320人次；省、市中心村全民健身广场（休闲公园）5个。

文化事业繁荣发展。区图书馆新馆进入装修设计，菱湖镇文体中心推进有序，练市文化站完成搬迁，双林镇文化站完成改造。新建城市书房1家、城镇书房1家，乡镇文化驿站实现全覆盖；完成3个省市重点文艺项目申报；承办2020年浙江省新农村题材小戏会演及第九届南太湖艺术节音乐专场暨开幕式等大型文艺活动3场次，举办“水晶晶南浔”品牌文艺活动和“文化走亲”“文化下乡”等系列基层文化活动480余场次，配送图书2万册。

高标准建设体育场地。水利水电学院体育中心进入施工阶段，出台《南浔区扶持体育发展专项资金补助办法》，加大对基层体育场地设施建设补助力度，建成中心城区8千米环城健身步道、双林镇蔡崇信体育馆、练市镇练溪公园；完成百姓健身房10家、省级小康体育村升级工程20个。举办南浔夏日次元电竞嘉年华、第二届南浔古镇桨板公开赛等品牌赛事，石淙定向寻宝赛、练市篮球联赛、千金自行车赛等“一镇一赛”、文化礼堂运动会等群体赛事活动50余场，区级单项协会比赛27场；成功申报省、市体育产业资金项目3个，创建省级运动休闲示范项目1个。

全区年末拥有医疗卫生机构255个，其中医院8家、卫生院（社区服务中心）14家、门诊部12家、诊所73个、社区卫生服务站144个；拥有医疗床位1531张，其中医院实有床位1364张；卫生技术人员2795人，其中执业医师819人、执业助理医师212人、乡村医生132人、注册护士1009人。

十、人口、就业、人民生活和社会保障

全区年末户籍人口48.90万人，其中男性23.94万人、女性24.96万人；城镇人口18.31万人；60岁以上人口15.49万人，占总人口的31.7%，占比提高0.6个百分点。全年出生人口3302人，出生率为6.74‰；死亡人口4192人，死亡率为8.56‰；人口自然增长率为-1.82‰。全区城镇新增就业26765人，城镇失业人员再就业7314人，困难人员再就业950人，城镇登记失业率1.52%。

据100户城镇居民家庭抽样调查，全年城镇居民人均可支配收入达59847元，比2019年名义上增长4.2%。其中，工资性收入增长4.0%，经营净收入增长3.4%，财产净收入增长3.2%，转移净收入增长10.6%。人均生活消费支出29037元，增长1.2%。据100户农村居民家庭抽样调查，全年农村居民人均可支配收入达37051元，比2019年名义上增长7.4%。其中，工资性收入增长7.1%，经营净收入增长6.9%，财产净收入增长15.0%，转移净收入增长19.2%。人均生活消费支出21946元，增长1.9%。

全面提升社会保障兜底普惠共享，全区城乡居民基本养老保险参保人数15.55万人，人均待遇水平每月293.58元。落实对65周岁以上人员每人每

月增资15元政策，每月增发养老金120万元。社保扶贫应保尽保、待遇应享尽享。

开展“六无六有”救助帮扶。制定出台《南浔区低收入群众救助帮扶　加快建设“幸福南浔”实施方案》，共计帮扶项目12个，子项帮扶19个，涉及单位14个，惠及困难群众16.69万人次，补助资金1.56亿元。全区4103户7401名低收入群众人均年收入从2019年年底的1.7万元增长至2.08万元。建成3家居家养老服务中心，升级3家示范型老年食堂；引进大型、连锁养老企业2家，新增4家社会福利中心实施公建民营；新增2家区级养老护理人员培训基地。

十一、城市建设和环境保护与社会治安

全年重点建设项目共100个，累计完成投资133.1亿元。江蒋漾公园、直港路（中心街至联谊段）、中心城区绿道（一期）等项目相继完成，新增直港路、西城路等道路建设10.5千米，新改建道路5千米，打通万顺路断头路，新增停车位2271个，缓解交通拥堵及加大中心城区车辆承载力。此外，大象酒店、太阳酒店、水利水电学院等项目也在全力推进。全年处置生活垃圾23.5万吨，无害化处理率达100%、城镇生活垃圾资源化利用率达100%。加装电梯，提升居住质量，全年完成加装电梯单元6个，开工建设单元7个，有意向安装电梯单元50余个。专注污水处理，新建改造污水管网32千米，新建雨水管网19千米，提标改造管网17千米，雨污分流改造管网18千米，清淤排水管网420千米。

重点项目稳步实施。“三高连接线”、南浔大桥顺利通车，湖山大道（南浔段）已于12月底完成项目交工。沪苏湖铁路南浔段已施工完成投资额1.5亿元，完成征迁工作1.96亿元。高铁南浔站综合交通枢纽已于11月正式开工建设，枢纽工程已完成临建办公楼、宿舍楼、钢筋加工场建设，完成支护桩70根，完成投资1亿元；全年共实施农村路网项目115个，完成投资9.56亿元。其中农村公路等级提升实施48个；农村公路大中修完成36个；危桥改造工程完成14座；无隐患美丽公路创建县道完成17项。

全年$PM_{2.5}$平均浓度29微克/米^3，同比下降14.7%；空气质量优良率89.4%，同比上升8.5个百分点。全区4个行政交界出境断面和7个区控以上地表水监测断面水质均达Ⅲ类以上，达标率100%。全面开展木质家具、地板、电梯、电机等特色行业低挥发性有机物源头替代工作，共计完成173家木质家具企业、34家电梯企业、30家电机企业源头替代，地板行业已全部使用高固含量UV漆、水性漆；完成88家企业固废（危废）仓库规范化建设整治提升，有效保障涉废领域环境安全。

全年除火灾事故外，全区发生各类生产安全事故12起，死亡10人，较2019年，事故总起数下降25%、死亡总人数下降23.1%。一般以上道路交通事故115次，比2019年下降5.0%，经济损失24.56万元，比2019年下降12.7%；刑事案件立案数2081件。火灾累计发生事故40起，比2019年下降36.5%，直接经济损失173.4万元；2020年度无较大以上伤亡事故发生。

注：1. 本公报部分数据为初步统计数。

2. 生产总值、增加值绝对数按现价计算，增长速度按可比价计算。

3. 地区生产总值数据执行国家统计局2012年制定的《三次产业划分规定》：第一产业是指农、林、牧、渔业（不含农、林、牧、渔服务业）；第二产业是指采矿业（不含开采辅助活动），制造业（不含金属制品、机械和设备修理业），电力、热力、燃气及水生产和供应业，建筑业；第三产业即服务业，是指除第一产业、第二产业以外的其他行业。

4. 按国民经济行业分类（GB/T 4754—2011），农林牧渔业是指农业、林业、畜牧业、渔业以及农林牧渔服务业。

5. 粮食播种面积及产量数据采用粮食生产统计监测调查结果。

6. 主要行业统计范围：①规模以上工业，年主营业务收入2000万元及以上的工业法人单位；②限额以上批发和零售业，年主营业务收入2000万元及以上的批发业、年主营业务收入500万元及以上的零售业法人单位；③限额以上住宿和餐饮业，年主营业务收入200万元及以上住宿和餐饮业法人单位；④固定资产投资，计划总投资500万元及以上项目和全部房地产开发投资；⑤房地产开发经营业包括全部房地产开发经营业法人单位。

·统计图·

单位：亿元

图1　2004—2020年南浔区地区生产总值示意图

单位：元

图2　2003—2020年南浔区农村居民人均可支配收入示意图

单位：元

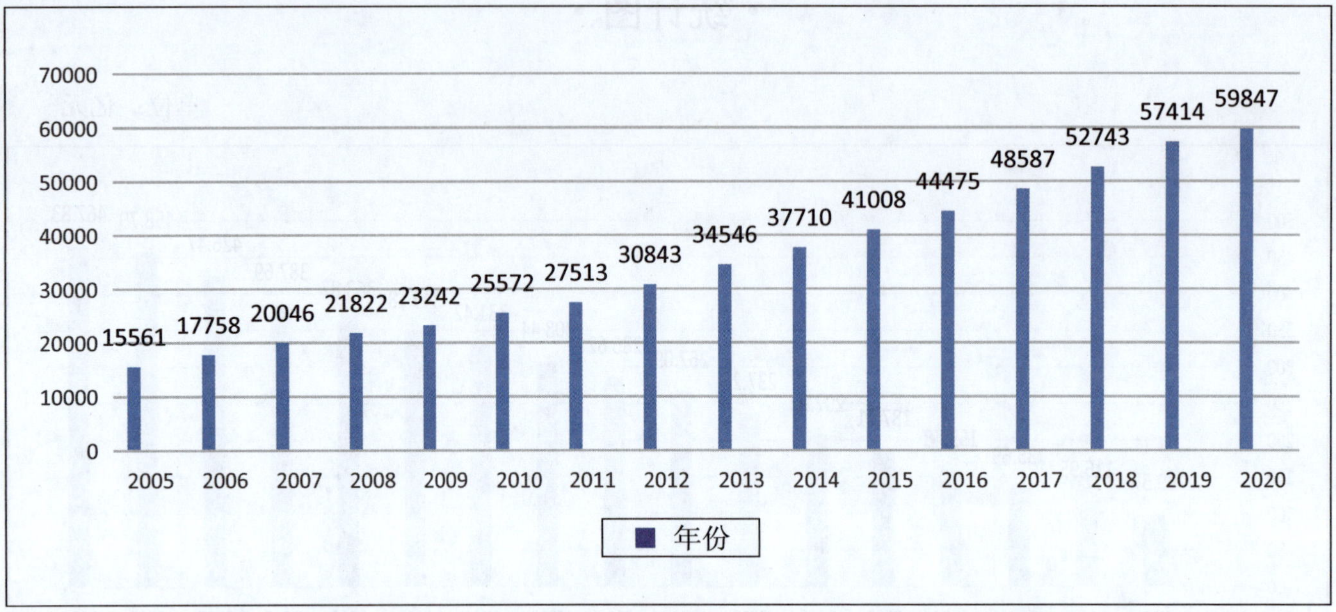

图 3　2005—2020 年南浔区城镇居民人均可支配收入示意图

单位：亿元

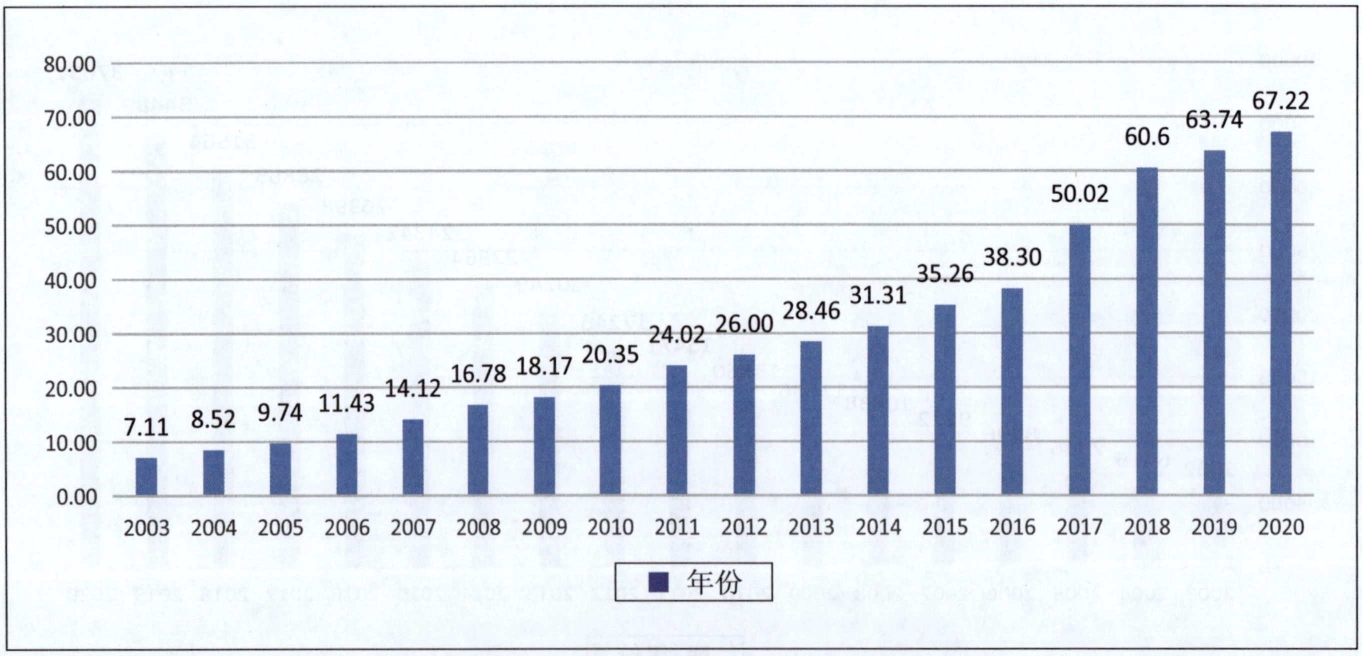

图 4　2003—2020 年南浔区财政总收入示意图

单位：万美元

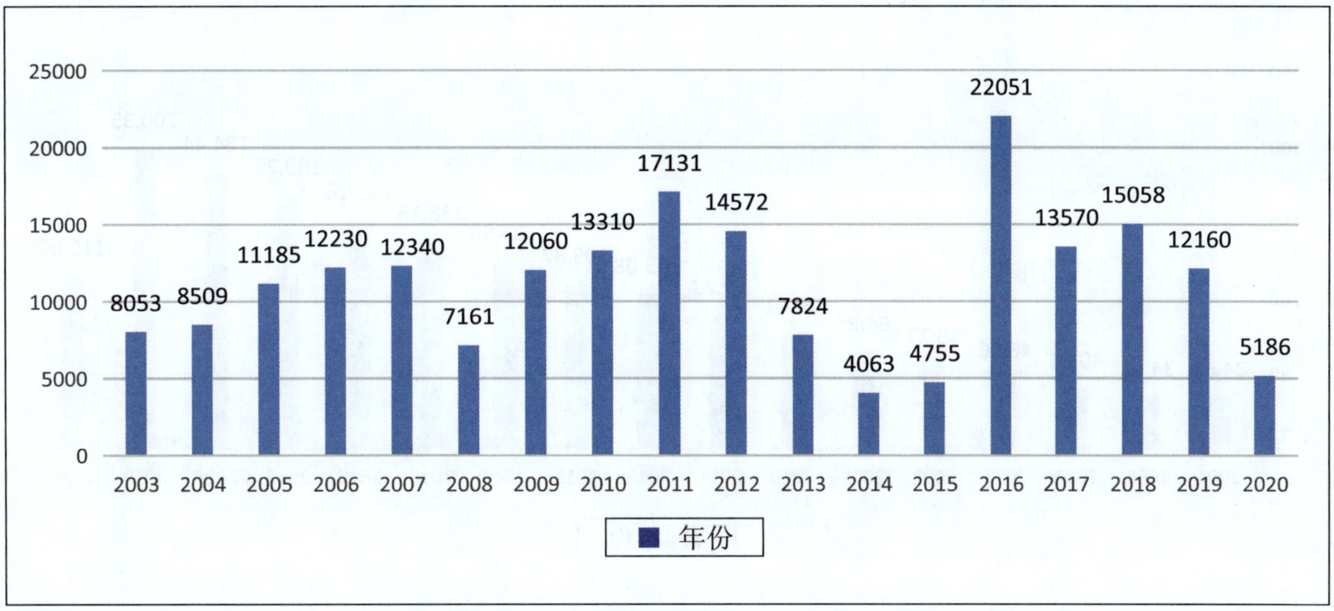

图 5　2003—2020 年南浔区实到外资示意图

单位：万美元、亿元人民币

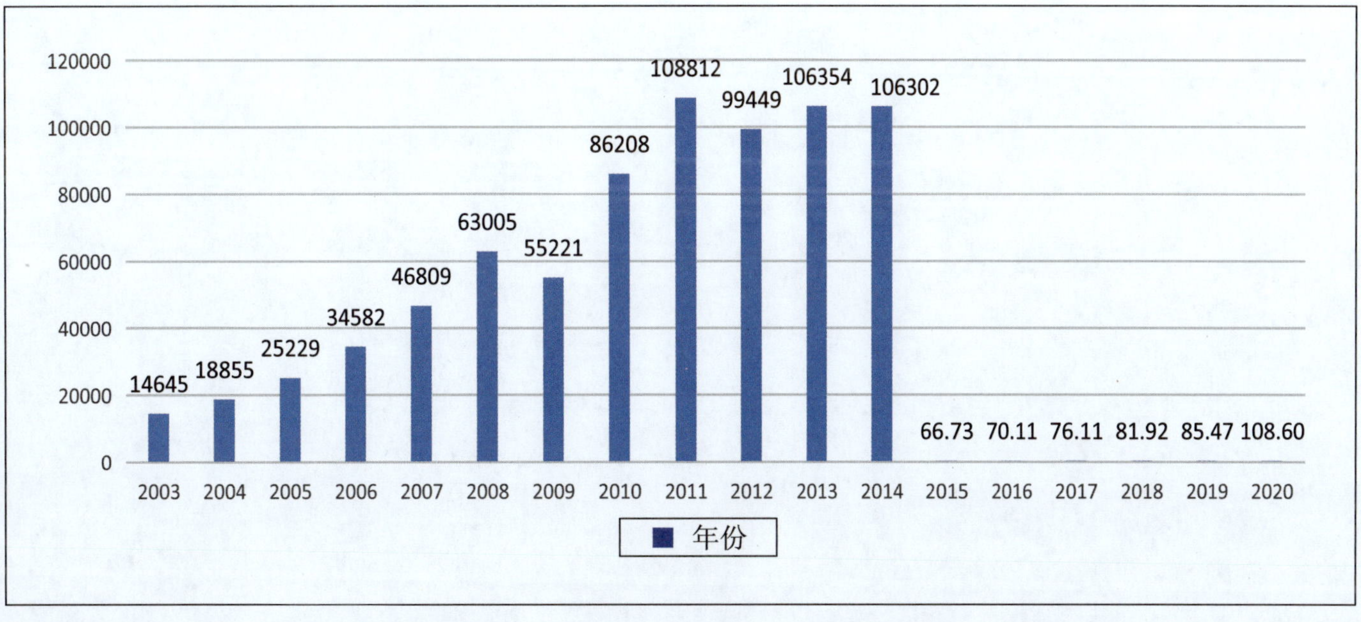

图 6　2003—2020 年南浔区外贸出口额示意图

注：2003—2014 年进出口总额、进口、出口 3 个指标的计量单位为万美元，2015 年开始调整为亿元人民币

单位：亿元

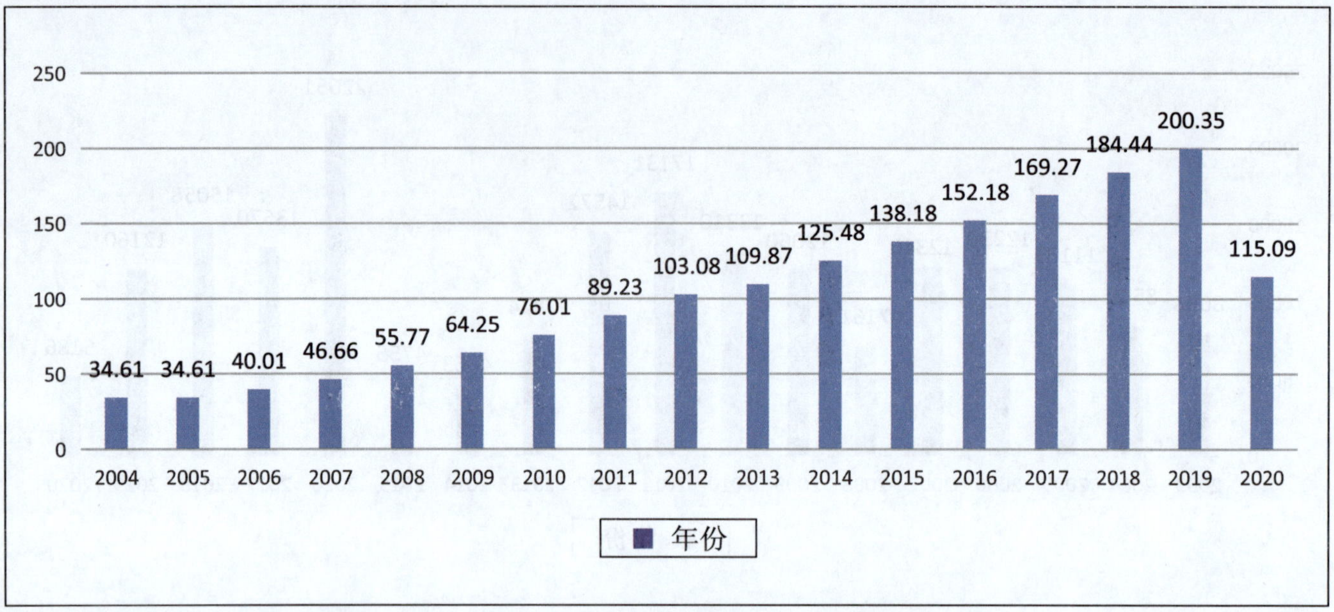

图 7　2004—2020 年南浔区社会消费品零售总额示意图

·统计表·

2020年南浔地理位置和土地面积一览表

表13

一、地理位置	
北纬	30°52″～30°53″
东经	120°25″～120°26″
四邻	东南邻桐乡市
	东北毗苏州市吴江区
	南连德清县
	西北接吴兴区
二、区域面积	
土地总面积	702平方千米
#林地面积	2平方千米
水域面积	159平方千米
园地面积	96平方千米
耕地面积	294平方千米

2020年南浔行政区划一览表

表14

	社　区（个）	村民委员会（个）	村民小组（个）	总户数（户）	户籍人口（人）	土地面积（平方千米）	人口密度（人/平方千米）
全　区	28	221	3920	142723	488971	702	697
南浔镇	12	52	833	36991	130912	141	928
练市镇	2	41	760	23429	84584	123	688
双林镇	5	33	558	19769	66602	99	673
菱湖镇	5	28	574	22730	72767	110	662
和孚镇	3	22	456	15874	51800	86	602
善琏镇	1	15	247	8041	26483	47	563
旧馆镇		13	170	5375	20386	31	658
千金镇		10	198	6397	21405	40	535
石淙镇		7	124	4117	14032	25	561

表 15

2003 年以来南浔国民经济主要指标一览表

	单位	2003 年	2004 年	2005 年	2006 年	2007 年	2008 年	2009 年	2010 年	2011 年	2012 年	2013 年	2014 年	2015 年	2016 年	2017 年	2018 年	2019 年	2020 年
生产总值(GDP)	亿元	82.91	99.57	116.95	135.69	159.48	187.21	207.32	237.26	267.09	286.62	308.44	331.42	349.18	363.87	387.69	426.47	458.79	467.83
	±%	13.5	—	14.8	11.6	13.7	11.4	11.0	8.1	6.6	7.7	8.8	8.0	6.7	3.6	7.5	7.6	7.3	3.3
#第一产业增加值	亿元	10.58	12.09	12.79	13.23	13.70	17.28	18.05	20.95	23.30	24.30	23.06	21.70	22.39	23.04	23.29	23.12	24.67	26.74
	±%	5.0	—	2.2	4.4	-5.6	9.4	-1.5	6.7	1.8	1.9	0.4	-6.3	1.9	1.1	1.9	2.9	2.6	4.1
第二产业增加值	亿元	49.74	61.20	72.24	87.86	105.43	123.53	136.38	153.62	167.87	178.64	187.96	204.60	213.16	216.79	231.02	256.43	275.37	270.72
	±%	15.1	—	16.0	14.9	17.3	12.1	14.7	6.9	5.0	8.4	9.1	10.0	5.6	2.8	8.0	7.8	7.6	1.7
#工业增加值	亿元	45.45	55.92	66.67	81.19	100.06	117.17	128.84	142.93	154.92	163.74	175.08	190.61	198.43	200.14	214.12	238.87	255.81	253.14
	±%	14.3	—	17.0	14.6	20.2	12.6	14.4	5.5	4.7	7.7	10.9	10.1	5.6	3.4	8.6	8.3	8.0	2.5
第三产业增加值	亿元	22.60	26.27	31.91	34.60	40.35	46.39	52.89	62.68	75.92	83.67	97.42	105.11	113.63	124.03	133.38	146.93	158.76	170.37
	±%	14.4	—	17.6	7.0	12.7	10.4	5.5	12.1	12.3	8.1	10.3	6.9	10.2	5.6	7.7	8.2	7.5	5.9
人均生产总值(按户籍人口)	元	16651	19674	23100	26914	31726	37381	41522	47592	53584	57559	62920	67522	71212	74439	79225	86924	93471	95536
人均生产总值增长速度	%	—	—	14.8	12.0	14.0	11.5	11.5	8.2	6.6	7.9	10.5	7.9	6.8	4.1	7.4	7.4	7.2	3.5
财政总收入	亿元	7.11	8.52	9.74	11.43	14.12	16.78	18.17	20.35	24.02	26.00	28.46	31.31	35.26	38.30	50.02	60.6	63.74	67.22
	±%	23.3	23.3	14.3	17.3	23.6	18.8	8.3	12.0	18.0	8.3	9.5	10.0	9.1	8.6	30.5	20.8	5.2	5.5
#一般公共预算收入	亿元	2.90	3.02	4.06	4.81	6.25	7.38	8.48	10.01	12.02	12.88	14.16	15.02	17.90	21.73	28.97	35.16	37.93	40.46
	±%	29.2	22.4	20.3	18.3	29.9	18.1	14.9	18.0	20.1	7.1	9.9	6.1	11.7	11.7	32.6	20.6	7.9	6.7
一般公共预算支出	亿元	2.00	2.43	2.95	3.47	4.50	6.20	7.75	9.62	11.12	12.30	14.58	17.25	23.91	27.01	32.59	40.2	49.01	55.22
	±%	—	21.8	21.2	17.7	29.8	37.7	25.1	24.2	15.5	10.7	18.5	18.3	32.4	13.0	20.7	23.3	21.9	12.7
农林牧渔业总产值	亿元	—	21.48	22.95	24.85	28.16	33.18	31.67	36.58	41.28	42.92	44.35	41.67	41.64	43.43	43.19	41.22	44.64	48.73
	±%	—	—	9.7	8.3	13.3	10.8	4.6	3.1	3.1	2.5	0.5	-1.1	2.4	2.5	0.4	1.8	7.9	4.4
农林牧渔业增加值	亿元	10.58	12.09	12.79	13.23	13.70	17.28	18.05	20.95	23.30	24.30	25.20	24.32	25.13	26.02	26.18	25.98	27.73	30.09
	±%	5.0	8.2	2.2	4.4	-5.6	8.5	4.3	3.6	2.8	2.2	0.8	-3.9	2.1	2.2	2.5	3.1	3.1	4.4
规模以上工业企业数	个	289	329	399	491	534	679	690	735	442	460	477	482	495	546	650	956	1119	1076
规模以上工业总产值	亿元	160.03	205.46	271.66	311.58	412.71	473.80	472.69	555.02	604.89	615.10	653.90	704.05	733.36	734.36	780.58	856.84	923.62	950.01
	±%	26.2	36.9	32.0	29.3	29.5	21.7	2.8	26.1	21.4	6.0	4.7	6.1	3.2	-2.8	23.4	10.9	4.9	1.5

续表 15

	单位	2003 年	2004 年	2005 年	2006 年	2007 年	2008 年	2009 年	2010 年	2011 年	2012 年	2013 年	2014 年	2015 年	2016 年	2017 年	2018 年	2019 年	2020 年
规模以上工业增加值	亿元									71.70	84.66	98.11	112.38	123.45	125.50	128.71	137.85	147.84	142.63
规模以上工业主营业务收入	亿元	155.94	202.03	272.04	311.33	407.31	470.41	466.37	541.04	589.70	609.11	645.46	691.74	711.63	705.36	763.86	857.69	918.98	950.83
	±%	33.2	37.8	32.2	29.8	28.7	20.6	1.0	24.7	19.5	5.4	4.4	5.9	1.5	-3.4	23.4	11.8	3.4	3.5
规模以上工业利税总额	亿元	12.16	15.55	19.55	21.80	29.29	30.61	31.81	39.28	41.82	48.49	58.71	69.59	73.58	74.73	83.1	70.23	77.44	73.15
	±%	35.7	35.5	28.4	28.6	32.7	9.7	6.0	21.7	17.2	3.3	28.0	23.2	4.3	0.0	26.7	-11.5	4	-2.7
#利润总额	亿元	6.46	8.50	10.79	12.44	16.78	17.12	18.55	24.26	26.55	32.00	38.41	45.92	47.42	50.62	59.73	44.47	49.44	48.04
	±%	44.3	40.0	33.7	31.0	33.9	8.5	10.4	25.4	19.8	5.4	27.4	26.5	2.1	5.5	35.5	-18.8	3.5	3.1
研究与试验发展经费内部支出	亿元	0.47	0.73	1.14	1.65	2.60	3.08	4.09	4.71	5.32	6.84	8.01	8.83	8.88	9.92	10.59	12.00	14.85	16.57
R&D 经费支出占 GDP 比重	%	0.6	0.7	1.0	1.2	1.6	1.6	2.0	2.0	2.0	2.4	2.6	2.7	2.5	2.8	2.7	2.81	3.24	3.54
全社会用电量	亿千瓦时	13.81	14.83	17.07	18.96	—	20.82	22.24	25.45	29.33	30.22	33.79	35.78	37.14	40.92	44.41	47.95	50.11	48.65
	±%	17.6	8.4	13.3	11	—	—	6.8	14.4	15.2	3.1	11.8	5.9	3.8	10.2	8.5	8.0	4.5	-2.9
#工业用电量	亿千瓦时	11.45	12.55	14.06	15.48	—	16.89	18.06	20.61	23.88	23.89	26.44	28.75	29.46	31.90	34.65	37.28	38.85	36.87
	±%	20.7	13	10.9	10.1	—	—	6.9	14.1	15.9	0.0	10.7	8.7	2.5	8.3	8.6	7.5	4.2	-5.1
固定资产投资	亿元	32.55	44.68	47.45	57.35	65.60	80.97	91.24	105.49	104.27	121.01	133.88	157.77	182.30	200.9	218.25			
	±%		37.3	6.2	20.9	14.4	23.4	12.7	15.6	-1.2	16.1	10.6	17.8	15.6	10.2	13.5	8.3	13.5	7.6
#工业	亿元		30.76	30.16	35.14	43.25	48.63	54.97	66.11	64.22	72.84	77.25	84.37	90.86	100.28	107.41			
	±%			-2.0	16.5	23.1	12.4	13.0	20.3	-2.9	13.4	5.0	9.2	7.7	10.4	13.1	-36.3	29.5	28.6
服务业	亿元		12.58	16.93	20.52	19.77	24.39	34.97	37.71	39.58	45.26	54.82	73.32	91.44	100.62	110.85			
	±%			34.6	21.2	-3.6	23.4	43.4	7.8	4.9	14.4	21.1	33.7	24.7	10.0	13.9	40.1	8.1	-0.8
#房地产开发投资	亿元		4.39	5.44	5.47	4.90	4.25	9.78	10.01	18.69	14.58	16.37	24.22	30.54	22.36	25.60	78.09	68.30	80.82
	±%			24.0	0.6	-10.5	-13.3	130.4	2.3	86.8	-22.0	12.2	48.0	26.1	-26.8	14.5	205.1	-12.5	18.3
商品房销售面积	万平方米						21.74	31.02	34.67	31.54	19.17	22.24	25.07	39.85	57.32	67.28	118.06	106.56	129.03
	±%							42.7	11.8	-9.0	-39.2	16	12.7	58.9	43.9	17.4	75.5	-9.7	21.1
社会消费品零售总额	亿元	—	34.61	34.61	40.01	46.66	55.77	64.25	76.01	89.23	103.08	109.87	125.48	138.18	152.18	169.27	184.44	200.35	
	±%	—	15.2	15.2	15.6	16.6	19.5	15.2	18.3	17.4	15.5	14.1	14.2	10.1	11.0	11.2	9.7	8.6	-6.1

续表 15

	单位	2003 年	2004 年	2005 年	2006 年	2007 年	2008 年	2009 年	2010 年	2011 年	2012 年	2013 年	2014 年	2015 年	2016 年	2017 年	2018 年	2019 年	2020 年
进出口总额	亿元	20679	23401	32312	45351	66921	87001	75944	116248	149291	141625	141332	128541	81.46	81.01	89.49	94.31	98.78	123.11
	±%	42.7	13.3	38.2	40.1	48.2	24.1	-7.5	62.6	29.0	-5.0	0.2	-9.0	3.1	-0.3	10.5	5.4	4.4	24.3
#进口	亿元	6034	4546	7083	10769	20112	23996	20723	30040	40479	42176	34978	22239	14.73	10.90	13.38	12.39	13.31	14.51
	±%	91.3	-16.9	45.1	49.8	86.8	19.2	17.7	61.3	34.8	4.2	-15.8	-36.6	7.8	-26.0	22.7	-7.4	-0.8	7.9
出口	亿元	14645	18855	25229	34582	46809	63005	55221	86208	108812	99449	106354	106302	66.73	70.11	76.11	81.92	85.47	108.60
	±%	29.2	25.7	40.3	36.8	35.4	26.1	-14.3	63.1	26.9	-8.4	6.9	0.2	2.1	5.4	8.6	7.7	5.3	26.9
合同外资	万美元	18150	27128	27444	28830	32620	18870	25743	33415	31910	11416	9741	3370	11724	25506	26116	44710	78979	45660
	±%	-6.2	50.1	1.2	5.0	13.1	-42.2	36.4	29.8	-4.5	-64.2	-14.7	-65.4	248.0	117.6	2.4	71.2	76.6	-42.2
实到外资	万美元	8053	8509	11185	12230	12340	7161	12060	13310	17131	14572	7824	4063	4755	22051	13570	15058	12160	5186
	±%	37.8	5.2	31.4	9.3	0.9	-42.0	68.5	10.3	28.7	-14.9	-46.3	-48.1	17.0	363.7	-38.5	11.0	-19.2	-57.4
金融机构年末本外币存款余额	亿元	63.11	70.85	75.97	93.37	103.14	132.23	170.26	218.08	245.57	263.04	300.37	341.20	366.89	410.37	468.08	514.75	603.43	725.16
#城乡居民人民币储蓄存款余额	亿元	48.68	55.25	59.48	71.16	77.73	101.43	122.17	143.79	167.49	186.32	219.37	248.69	271.94	301.21	323.05	361.88	411.83	461.90
金融机构年末本外币贷款余额	亿元	42.08	41.60	44.74	57.80	74.31	86.40	122.80	160.11	171.12	187.00	211.68	314.35	257.23	283.96	325.34	399.19	454.89	598.13
年末总户数	户	144890	145984	145789	145952	145249	146115	145449	144742	144150	143378	142828	142833	142385	142190	142088	142091	142377	142723
年末户籍总人口	人	496189	495319	493625	492983	492317	491266	490401	490552	491029	490578	489853	491803	488877	488747	489970	491277	490408	488971
人口自然增长率	‰	-3.95	-1.47	-2.96	-2.13	-1.98	-3.06	-2.55	-2.15	-1.18	-1.50	-0.49	1.90	-2.78	-0.71	0.48	-0.72	-0.93	-1.82
城镇居民人均可支配收入	元			15561	17758	20046	21822	23242	25572	27513	30843	34546	37710	41008	44475	48587	52743	57414	59847
	±%				14.1	12.9	8.9	6.5	10	7.6	12.1	9.7	9.2	8.7	8.5	9.2	8.6	8.9	4.2
农村居民人均可支配收入	元	5652	6416	7346	8396	9612	10838	11836	13360	15471	17246	20249	22364	24342	26398	28865	31564	34489	37051
	±%		13.5	14.5	14.3	14.5	12.8	9.2	12.9	15.8	11.5	10.5	10.4	8.8	8.4	9.3	9.4	9.3	7.4
职工平均工资	元	—	18155	19355	19967	21624	25440	27086	31438	37277	41540	48957	55630	61355	67010	72570	82878	87271	65517
	±%	—	—	6.6	3.2	8.3	17.2	6.5	16.1	18.6	11.4	17.9	13.6	10.3	9.7	8.3	14.2	5.3	3.7
城镇登记失业率	%	4.2	3.8	3.8	3.8	3.1	3.4	3.0	3.1	3.0	3.0	2.7	2.99	2.69	2.46	2.09	2.33	1.79	-0.3

说明：1. 2011 年开始规模以上工业统计口径调整为年主营业务收入 2000 万元及以上，固定资产投资统计口径调整为 500 万元及以上项目；

2. 2003—2014 年进出口总额、进口、出口三个指标的计量单位为万美元，2015 年开始调整为亿元；

3. 按三次产业划分规定（2012 年），第一产业是指农、林、牧、渔业（不含农、林、牧、渔服务业）；按国民经济行业分类（GB/T 4754—2011），农林牧渔业是指农业、林业、畜牧业、渔业以及农林牧渔服务业；

4. 职工平均工资，2003—2019 年为非私营单位口径，2020 年开始为规上单位口径

2019—2020 年南浔人口、婚姻一览表

表 16

	单位	2020 年	2019 年	±%
总户数	户	142723	142377	0.2
总人口数	人	488971	490408	-0.3
乡村人口	人	305898	305980	0.0
城镇人口	人	183073	184428	-0.7
男	人	239364	240395	-0.4
女	人	249607	250013	-0.2
0～17 岁	人	56862	57864	-1.7
18～34 岁	人	95693	96174	-0.5
35～59 岁	人	181486	183746	-1.2
60 岁以上	人	154930	152624	1.5
出生人口	人	3302	3743	-11.8
人口出生率	‰	6.74	7.63	
死亡人口	人	4192	4200	-0.2
人口死亡率	‰	8.56	8.56	
自然增长人口	人	-890	-457	
自然增长率	‰	-1.82	-0.93	
迁入人口	人	4452	3845	15.8
市内迁入	人	2300	1906	20.7
省内迁入	人	519	391	32.7
省外迁入	人	1633	1548	5.5
迁出人口	人	5002	4217	18.6
迁往市内	人	3600	2374	51.6
迁往省内	人	912	946	-3.6
迁往省外	人	490	897	-45.4
结　婚	对	2269	2514	-9.7
离　婚	对	1043	1021	2.2

2020年南浔地区生产总值一览表

表17 单位：亿元

	2020年	±%
生产总值（GDP）	467.83	3.3
第一产业	26.74	4.1
第二产业	270.72	1.7
#工业	253.14	2.5
建筑业	17.62	-12.8
第三产业	170.37	5.9
#农、林、牧、渔服务业	3.35	6.7
交通运输仓储及邮政业	3.70	-3.3
批发和零售业	36.78	2.8
住宿和餐饮业	7.93	-16.1
金融业	42.98	12.6
房地产业	22.88	8.1
营利性服务业	24.40	7.9
非营利性服务业	28.31	6.1

2020年南浔公共财政收入一览表

表18　　　　单位：万元

	全区	±%	开发区	南浔镇	练市镇	双林镇	菱湖镇	和孚镇	善琏镇	旧馆镇	千金镇	石淙镇
财政总收入	672195	5.5	191615	178933	66174	62631	41461	54163	17613	33239	5306	9651
#一般公共预算收入合计	404597	6.7	105159	111140	38617	39229	25141	26906	9621	20786	4157	6194
（一）税收收入小计	373938	8.1	100770	108108	36776	37774	23919	25664	9027	19708	3928	5924
1.增值税	154131	0.9	40810	28044	20054	20800	8581	12122	5906	12027	1938	3343
其中：改征增值税	50904	55.9	15343	18526	4603	5049	3076	1590	810	936	552	419
2.企业所得税（40%）	47832	1.1	16053	14742	3383	5293	2567	3119	901	909	407	419
3.个人所得税（40%）	22264	36.0	2902	3293	2188	2176	6243	4455	526	310	88	83
4.城市维护建设税	17649	4.5	4932	3276	2006	1713	1220	1225	619	1322	234	410
5.其他地方各税	73756	42.9	26102	27741	5014	3355	3208	3539	652	2016	638	388
6.耕地占用税	11155	-69.6	2070	7063	321	426	276	525	163	284	0	27
7.契税	47151	93.5	7901	23949	3810	4011	1824	679	260	2840	623	1254
（二）非税收入小计	30659	-7.6	4389	3032	1841	1455	1222	1242	594	1078	229	270
1.专项收入	15800	-13.8	4389	3032	1841	1455	1222	1242	594	1078	229	270
其中：（1）教育费附加收入	8503	-1.0	2293	1633	1013	837	665	616	326	612	120	156
（2）地方教育附加收入	5658	-0.4	1530	1089	684	558	412	411	219	405	84	105
（3）残疾人就业保障金	1625	-24.7	566	310	144	60	145	215	49	61	25	9
（4）地方水利建设基金												
（5）水资源费收入												
2.行政性收费收入	4270	12.8										
3.罚没收入	9434	-2.2										
4.其他收入	1155	-19.5										

2019—2020年南浔利用外资及港澳台资一览表

表19

	单位	2020年	2019年	±%
外资审批项目数	个	18	24	-25.0
#新批企业	家	14	18	-22.2
增资项目	个	4	2	100.0
减资项目	个	0	1	-100.0
外资项目总投资	万美元	29810	201514	-85.2
外资项目注册资本	万美元	18589	159056	-88.3
实到外资合计	万美元	5186	12160	-57.4
开发区	万美元	1450	5826	-75.1
南浔镇	万美元	33	0	
练市镇	万美元	2622	2677	-2.1
双林镇	万美元	237	1032	-77.0
菱湖镇	万美元	325	602	-46.0
和孚镇	万美元	57	21	171.4
善琏镇	万美元	15	0	
旧馆镇	万美元	434	2003	-78.3
千金镇	万美元	0	0	
石淙镇	万美元	13	0	
合同外资及港澳台资	万美元	45658	78979	-42.2
#第一产业	万美元	292	0	
第二产业	万美元	39272	76756	-48.8
第三产业	万美元	6094	2223	174.1
#中国香港	万美元	37290	64291	-42.0
美　国	万美元	0	94	-100.0
加拿大	万美元	0	6151	-100.0
中国台湾	万美元	1712	27	6240.7
全区累计批准外商投资企业数	家	329	315	4.4
总投资	亿美元	69.7	66.72	4.5
合同外资	亿美元	43.06	38.49	11.9
实到外资	亿美元	17.31	16.79	3.1

2020年南浔进出口总额一览表

表20 单位：万元

	2020年	±%
进出口总额	1231080	24.3
#开发区	361253	14.3
南浔镇	135238	28.9
练市镇	110847	26.8
双林镇	293377	45.8
菱湖镇	113886	27.7
和孚镇	120299	11.7
善琏镇	13333	-2.6
旧馆镇	38985	26.2
千金镇	11454	9.3
石淙镇	32408	12.0
出口	1085978	26.9
#开发区	326454	19.4
南浔镇	107369	55.9
练市镇	107908	26.4
双林镇	232676	38.9
菱湖镇	112543	28.4
和孚镇	117397	10.7
善琏镇	12117	32.9
旧馆镇	25762	38.5
千金镇	11454	10.5
石淙镇	32299	11.6
进口	145102	7.9

2020年南浔对外及对港贸易一览表

表21 单位：万元

	2020年	±%
一、出口按贸易方式分		
＃一般贸易	983134	20.7
加工贸易	95078	130.2
其他贸易	7767	139602.2
二、出口按企业性质分		
＃外资企业	154045	-6.1
内资企业	677591	8.4
流通企业	254342	279.7
三、出口按地区分		
亚洲	538735	24.6
东盟	188700	22.0
印度	57019	-9.1
韩国	42274	8.4
中国香港	22907	272.1
欧洲	196964	19.1
欧盟	142997	22.6
意大利	12693	-29.6
德国	40557	77.1
北美洲	215568	35.8
加拿大	23174	70.5
美国	192394	32.5
拉丁美洲	48390	1.5
非洲	66271	67.0
大洋洲	20051	65.4
四、出口按产品分		
＃食品、饮料	622	-46.0
化学产品	25393	15.3
塑料、橡胶及其制品	109118	32.6
革、毛皮及制品	9333	63.3
木及木制品	55080	10.5
纺织原料及纺织制品	292313	-9.1
贱金属及其制品	191464	70.2
机电产品	351119	44.6

2019—2020年南浔金融机构信贷收支一览表

表22　　单位：亿元、%

	2020年	±%	比年初增减	
			2020年	2019年
一、金融机构年末本外币存款余额	725.16	20.2	121.72	76.09
金融机构人民币存款余额	717.18	20.9	124.13	84.67
1.企业存款	236.78	38.2	67.80	36.57
2.个人存款	461.90	12.1	48.41	50.65
#储蓄存款	461.89	12.1	48.41	50.65
3.财政性存款	16.95	94.3	7.28	-3.10
二、金融机构年末本外币贷款余额	598.13	31.5	143.24	86.55
金融机构人民币贷款余额	580.89	31.9	140.43	80.77
1.企业贷款	307.26	35.3	80.15	34.71
#工业贷款	164.63	21.3	30.21	14.94
商业贷款	8.55	-19.3	-2.05	-0.57
农业贷款	3.33	58.8	1.23	1.26
基本建设贷款	130.74	66.1	50.76	19.09
#政府性项目贷款	129.88	65.7	50.25	18.22
2.个人贷款	273.63	28.2	60.27	46.05
#个人消费贷款	57.24	38.0	15.78	12.17
三、票据融资	17.02	21.0	2.96	6.48
#贴现	17.02	21.0	2.96	6.48
四、不良资产（包括抵债资产）	1.42	42.1	0.42	-0.23
1.不良贷款	1.42	42.1	0.42	-0.23
2.不良贷款率%	0.24	0.02	0.02	-0.11
五、存贷比	82.48	7.10	7.10	5.54

2003—2020 年南浔主要年份规模以上分行业工业总产值一览表

表 23

单位：万元

	2003 年	2004 年	2005 年	2006 年	2007 年	2008 年	2009 年	2010 年	2011 年	2012 年	2013 年	2014 年	2015 年	2016 年	2017 年	2018 年	2019 年	2020 年
总　计	1600275	2054608	2716589	3115790	4127092	4738015	4726944	5550162	6048892	6151021	6449080	7040541	7333618	7343617	7805760	8568350	9236180	9500104
农副食品加工业	11759	17947	29707	44168	42675	32569	49700	64923	67138	62848	67881	75460	78820	201266	225086	186766	211959	248396
食品制造业	3656	4254		1579	2276	2858	4271	4365	3295	3684	3123	3089	2576	2744	5801	4827	5347	4574
酒、饮料和精制茶制造业	993	1018	1047	1040	1236	1305	1417	2006	2017	2025	2018	2033	2400	2264	2216	2207	2199	2173
纺织业	350897	396259	495598	696447	842734	820816	814767	872015	859435	876278	807183	762684	852952	864995	914725	847194	976066	803569
纺织服装、服饰业	190420	215365	310237	70223	85297	118052	128974	122514	106572	125943	211786	152553	165874	144429	109536	75486	81043	68947
皮革、毛皮、羽毛及其制品和制鞋业	61898	95518	109909	120106	128652	103886	89884	79122	64356	76640	84332	60885	52112	50509	41761	37209	30410	18209
木材加工和木、竹、藤、棕、草制品业	77218	179995	282383	400402	625396	889323	903988	1062720	1082945	1085288	1088667	1109860	1113581	1192481	940594	1050320	1202557	1135100
家具制造业	90494	3538	19615	33519	39504	40237	39589	49847	54615	51538	54688	58256	51162	46571	44319	177033	214606	210467
造纸和纸制品业	8254	12391	7424	7454	16117	29970	31234	35448	39512	40423	41168	38277	44633	49123	69136	82356	81915	125596
印刷和记录媒介复制业	871	3207		45354	1073	2036	4430	5147	7159	7890	7086	8822	9769	11002	14963	7885	10073	7066
文教、工美、体育和娱乐用品制造业	4280	4892				1475	3173	2882	19429	20652	21487	116308	147647	115778	137643	108693	138840	149956
石油加工、炼焦和核燃料加工业							2719	5315	6091	5161	6377	7047	8212	14716	71908	49695	23743	15447
化学原料和化学制品制造业	83650	103540	141899	175485	242457	296824	216560	210843	228277	150231	147441	191580	238796	237208	251366	308577	300236	284653
医药制造业	68490	63742	19231	23811	29168	22518	21384	20610	23800	25332	25487	28538	28279	30235	29759	31347	38468	49378
化学纤维制造业	4255	4838	32764	47075	60245	42840	50411	58436	86037	83296	201989	358812	341569	347618	359579	418275	362824	268767
橡胶和塑料制品业	15730	14048	10728	11576	15813	11907	16397	25116	12755	8990	8366	16431	20984	29005	37687	36477	53487	72674
非金属矿物制品业	92107	124765	109851	126849	153833	150654	152921	154382	174294	147349	156245	207231	206574	223502	296776	447529	603120	795487
黑色金属冶炼和压延加工业	130781	233695	336831	218613	425565	483356	510488	590131	773301	789204	747045	723035	647449	620082	530837	672084	323643	279717
有色金属冶炼和压延加工业	24644	24675	86113	116919	142050	286268	65001	83617	92060	93836	124415	113019	568768	157084	72432	63612	76327	80618
金属制品业	39237	54392	10597	18670	32431	64129	51810	60861	64657	61077	73669	64966	63853	286702	736643	873815	1293221	1354985
通用设备制造业	47414	67026	107644	154301	199896	275939	323648	432614	483779	599376	760707	955629	997112	1001243	1042438	1004572	1169938	1342207
专用设备制造业	0	900	6162	9489	10830	12849	17634	47048	48809	81647	58637	62994	62800	53799	61430	58346	72584	42815
汽车制造业	7694	9595	9479	14813	23876	28151	32487	37806	18615	15822	20714	21128	21786	38199	70140	41405	39654	50960
铁路、船舶、航空航天和其他运输设备制造业									14711	16090	17391	18557	9306	15506	35961	15066	3306	6107
电气机械和器材制造业	268669	390420	554271	513964	715791	948691	891571	1163944	1370542	1666766	1652954	1816531	1528664	1528138	1589587	1702533	1575891	1786838
计算机、通信和其他电子设备制造业	13351	24606	21430	247829	265508	42256	262654	311989	319605	23230	24811	30097	28814	15766	24772	32681	49742	57100
仪器仪表及文化、办公用机械制造							4724	6470									0	
其他制造业	2024	2320	1440	1878	3824	6368	13680	18165	3598	3425	4291	3734	3253	4054	4136	3360	8382	8279
废弃资源综合利用业														2349	3969	31004	36233	31062
电力、燃气及水的生产和供应业	1491	1662	12230	14227	20847	22739	21430	21826	21489	26982	29122	32985	35874	57248	61694	129501	171763	129546
燃气生产和供应业															16740	66448	76334	64639
水的生产和供应业															2126	2045	2272	4774

2020 年度南浔规模以上工业企业分镇（开发区）经济指标一览表

表 24

单位：万元、人、家

指 标 名 称	南浔区	开发区	南浔镇	练市镇	双林镇	菱湖镇	和孚镇	善琏镇	千金镇	石淙镇	旧馆镇
企业单位数	1076	213	145	138	154	100	99	51	17	28	131
亏损企业	120	34	5	12	15	20	17	1		2	14
工业总产值（当年价格）	9500104	2826380	660240	1856492	1229443	671102	822628	354119	242127	143585	693988
# 新产品产值	3672854	1379143	122966	1034238	467488	156868	331032	72873	3256	5608	99382
年初存货	944164	242688	84616	183305	171792	68142	70164	22110	8837	10915	81595
# 产成品	415806	114115	23737	80519	67746	29420	32214	10620	5158	3573	48704
资产总计	9378437	2725378	550652	1442670	1360701	660528	1588212	284845	118559	102730	544162
流动资产合计	6326085	1946985	399941	1000496	927576	431044	897490	189452	88001	70805	374295
应收账款	2416741	647552	155400	414778	302426	164369	378315	104571	48752	37779	162299
存货	1113495	274638	92215	225095	212969	76127	82843	27828	9481	12016	100283
# 产成品	481387	112898	32782	94572	81579	34226	33196	14688	7172	5948	64326
长期股权投资	436989	31983	15825	118519	85355	6794	159982	1605	105	67	16754
固定资产原价	3083510	644366	141999	413031	508448	282030	696606	118357	44213	42453	192007
累计折旧	1230112	196470	53924	172531	267295	106318	264707	41702	19685	20762	86718
#本年折旧	194185	35062	9185	25198	33287	17195	43956	7535	4754	3168	14845
固定资产净额	1823107	445568	84877	238822	240880	160304	425582	76333	24528	21677	104536
负债合计	5717379	1741114	349176	808854	635352	401066	1099674	171723	84924	69600	355896
流动负债合计	5074877	1608289	328596	726674	594328	372593	777988	169234	84640	69291	343244
#应付账款	1502039	465958	95911	160614	181205	101634	247750	51116	41207	20239	136405
所有者权益合计	3658179	982868	201476	633656	725228	258260	488538	113122	33635	33130	188266
实收资本	1781280	647419	123719	215167	216634	145980	237641	50475	14924	17523	111798
#国家资本	23443	3784	1065		2030		7614				8950
集体资本	756			556		200					

续表 24

单位：万元、人、家

指 标 名 称	南浔区	开发区	南浔镇	练市镇	双林镇	菱湖镇	和孚镇	善琏镇	千金镇	石淙镇	旧馆镇
法人资本	822567	340396	15061	136230	116474	36619	123352	21070	8145	5769	19451
个人资本	733502	203338	101623	74530	93643	78392	62401	29405	6779	9655	73736
港澳台资本	131634	36797	5731		4486	29062	43797			2100	9661
外商资本	69378	63105	240	3850		1707	476				
营业收入	9931743	2946150	655523	2031272	1322815	695703	861084	360386	249254	140027	669529
#主营业务收入	9508286	2845003	644462	1843018	1236730	676925	857204	359776	246985	138275	659908
营业成本	8584672	2528998	564782	1822367	1082523	593637	742544	311863	218863	121838	597257
税金及附加	39691	14352	4875	4442	4814	2239	3796	1320	522	428	2903
销售费用	277262	103295	17533	41607	47846	20655	17357	7385	3825	4657	13102
管理费用	321213	114507	26704	40221	40900	28884	32570	9454	3594	4361	20018
研发费用	189600	56702	7662	39366	32488	15623	22962	6324	53	1178	7242
财务费用	111448	16401	6206	17662	10726	8614	41953	2038	903	1189	5756
#利息费用	111136	23096	5757	17228	8162	7194	40705	1534	865	887	5708
利息收入	11643	6449	325	1736	2226	204	325	21	8	12	337
资产减值损失	12948	6637	3	515	2848	568	2359	-100	32		86
其他收益	18976	5666		3366	5394	323	3542	62	623		
投资收益	22599	6390	-739	7434	6914	94	1979	133	13	7	374
公允价值变动收益	3326				3326						
资产处置收益（损失以“-”号记）	361	-1		174		-4	181		11		
营业利润	440170	117312	27021	76065	116304	25896	3244	22297	22108	6383	23540
营业外收入	58608	22546	4112	6730	6584	5993	4739	1934	871	1737	3362
营业外支出	18356	6422	569	2162	4943	1902	1277	310	262	131	378
利润总额	480420	133438	30564	80633	117943	29985	6706	23921	22717	7989	26524
所得税费用	63204	15608	3871	11440	15192	4377	7088	3153	520	434	1521
亏损企业亏损总额	58028	5104	359	2820	3728	4246	38325	1		281	3164

续表 24

单位：万元、人、家

指标名称	南浔区	开发区	南浔镇	练市镇	双林镇	菱湖镇	和孚镇	善琏镇	千金镇	石淙镇	旧馆镇
利税总额	731468	203503	49274	112044	159784	48774	40524	35015	27232	14004	41314
应缴税费及附加	314253	85673	22582	42852	57033	23166	40906	14247	5034	6449	16311
应付职工薪酬	557752	171957	40080	65274	88712	40762	57424	27119	8614	11729	46081
本年应缴增值税	211358	55713	13836	26970	37027	16550	30022	9774	3992	5587	11887
本年销项税额	1201709	334903	73457	250769	205867	75390	93936	43034	26826	17238	80289
本年进项税额	1115376	307627	63129	235888	182124	80870	98756	36059	24247	14528	72148
平均用工人数	75621	19896	6988	9250	12208	6374	7121	4657	1310	1837	5980
期末用工人数	76535	20295	6955	9316	12263	6368	7426	4661	1393	1875	5983
银行贷款余额	1484436	354282	104293	172469	97439	114883	478698	31361	14098	12795	104118
资产负债率（%）	61.0	63.9	63.4	56.1	46.7	60.7	69.2	60.3	71.6	67.8	65.4
成本费用利润率（%）	5.1	4.7	4.9	4.1	9.7	4.5	0.8	7.1	10.0	6.0	4.1
营业收入利润率（%）	4.8	4.5	4.7	4.0	8.9	4.3	0.8	6.6	9.1	5.7	4.0
每百元资金实现利税（元）	7.8	7.5	9.0	7.8	11.7	7.4	2.6	12.3	23.0	13.6	7.6
每百元固定资产原值实现利税（元）	23.7	31.6	34.7	27.1	31.4	17.3	5.8	29.6	61.6	33.0	21.5
每百元营业收入实现利税（元）	7.4	6.9	7.5	5.5	12.1	7.0	4.7	9.7	10.9	10.0	6.2
流动资产周转率（次/年）	1.6	1.5	1.6	2.0	1.4	1.6	1.0	1.9	2.8	2.0	1.8
全员劳动生产率（元/人）	188611	196973	137659	204358	219533	162603	195593	150853	302472	149298	168800
总资产贡献率	8.9	8.1	9.9	8.8	12.2	8.4	5.1	12.8	23.7	14.5	8.6
流动比率	1.3	1.2	1.2	1.4	1.6	1.2	1.2	1.1	1.0	1.0	1.1
速动比率	1.0	1.0	0.9	1.1	1.2	1.0	1.1	1.0	0.9	0.9	0.8
企业亏损面（%）	11.2	16.0	3.5	8.7	9.8	20.0	17.2	2.0		7.1	10.7
亏损率（%）	10.8	3.7	1.2	3.4	3.1	12.4	85.1			3.4	10.7
利润总额占利税比重（%）	65.7	65.6	62.0	72.0	73.8	61.5	16.6	68.3	83.4	57.1	64.2
利税总额占增加值比重（%）	51.3	51.9	51.2	59.3	59.6	47.1	29.1	49.8	68.7	51.1	40.9
产成品存货周转天数（天）	20.2	16.1	20.9	18.7	27.1	20.8	16.1	17.0	11.8	17.6	38.8
新产品产值率（%）	38.7	48.8	18.6	55.7	38.0	23.4	40.2	20.6	1.3	3.9	14.3

2020 年南浔乡镇农村基本情况一览表

表 25

	单位	全　区	开发区	南浔镇	练市镇	双林镇	菱湖镇	和孚镇	善琏镇	旧馆镇	千金镇	石淙镇
一、村民委员会个数	个	212	18	30	38	33	26	22	15	13	10	7
二、农村住户数、人口												
1. 农村住户数	户	115732	10133	14354	20875	16485	17303	14169	6946	5454	6081	3932
2. 农村人口数	人	429996	41616	57214	79194	61424	62284	49011	24132	20544	20961	13616
#男	人	212144	20603	27833	39156	30527	31151	24053	11816	10049	10344	6612
女	人	217852	21013	29381	40038	30897	31133	24958	12316	10495	10617	7004
三、农村劳动力资源数		253182	26396	34534	49151	33952	36335	26840	13538	11622	13248	7566
#男	人	129805	12800	17647	25705	17166	18763	13422	7006	5949	7486	3861
女	人	123377	13596	16887	23446	16786	17572	13418	6532	5673	5762	3705
四、农村从业人员	人	210539	20835	18634	41895	31062	31466	25762	11845	10324	11991	6725
1. 男	人	109549	10650	9528	22174	15752	16935	12916	6115	5265	6772	3442
#从事农业人员	人	26347	885	3137	5023	3113	6647	2762	1827	1202	1091	660
2. 女	人	100990	10185	9106	19721	15310	14531	12846	5730	5059	5219	3283
#从事农业人员	人	19957	651	2234	4299	2588	3970	2673	1362	818	937	425
五、农村社会基础设施												
1. 自来水受益村数	个	221	20	32	41	33	28	22	15	13	10	7
2. 通有线电视村数	个	221	20	32	41	33	28	22	15	13	10	7
3. 通宽带村数	个	221	20	32	41	33	28	22	15	13	10	7
六、年末常用耕地面积	公顷	27211	4855		5483	4465	3848	2612	2630	1129	1157	1033
七、乡镇公共财政预算收入	万元	221306	74474		32583	33330	21807	24379	8593	16582	4915	4643

2020 年南浔全部固定资产投资完成情况一览表

表 26

	全区	开发区	南浔镇	练市镇	双林镇	菱湖镇	和孚镇	善琏镇	旧馆镇	千金镇	石淙镇
一、投资额（万元）											
1. 计划总投资	23.1	53.4	13.3	39.8	26.0	-0.7	-17.1	94.2	30.3	53.9	41.8
2. 5000 万元以上项目投资及房地产开发自开始建设累计完成投资	12.4	25.0	3.8	16.7	47.6	16.1	-29.8	55.9	68.9	29.1	18.0
3. 自年初累计完成投资	7.6	38.2	1.9	0.1	-12.7	-20.6	0.2	56.1	-1.2	-17.3	-30.4
#国有投资	-10.1	-34.4	21.0	-7.3	-72.6	-49.8	-73.5	-63.4	-10.7	-93.9	-85.5
#非国有投资	15.8	61.9	-4.6	1.3	74.6	-1.9	10.6	73.1	29.3	15.7	57.9
#民间投资	16.6	70.1	-4.6	-3.3	74.6	10.1	-0.3	73.1	29.3	15.7	57.9
#房地产开发投资	18.3	15.3	16.7	-26.6	16.0	226.0	571.1	***	-100.0	***	***
#投资项目	1.2	64.8	-27.8	5.2	-16.3	-33.9	-14.2	56.1	0.5	-17.3	-30.4
#基础设施投资	-31.2	-59.0	-34.6	-31.8	-74.1	-58.0	-82.9	-25.8	-78.3	-100.0	-90.6
（1）电力、热力、燃气及水的生产和供应业	-40.4	-100.0	-100.0	-100.0	-54.7	-100.0	-98.5	***	-87.9		-97.9
（2）交通运输业	33.9		***	-80.2	-100.0		***				
（3）水利、环境和公共设施管理业（除土地管理）	-32.8	-39.1	-23.6	-0.6	-72.1	-45.1	-83.6	-63.4	***	-100.0	-87.9
#公共服务投资	-33.1	-100.0	-51.9	161.0	-20.8	34.5	-100.0	***			
（1）教育设施	-58.4	-100.0	-100.0	-8.0	-20.3	-100.0	-100.0	***			
（2）文化艺术业	-89.6		-100.0					***			
（3）卫生设施	130.7		***	***	-31.8	40.7					
#工业投资	28.6	137.1	-23.7	24.5	14.5	-27.7	6.9	-8.2	-4.7	14.0	-67.3
#工业技术改造投资	10.7	-4.6	-56.1	0.5	-15.9	-30.9	-5.5	-12.9	48.9	43.5	-47.0
按三次产业分：	***	***	***	***	***	***	***	***	***	***	***
第一产业	60.5					-100.0		***	770.0	-100.0	-88.6
第二产业	28.6	137.1	-23.7	24.5	14.5	-27.7	6.9	-8.2	-4.7	14.0	-67.3
第三产业	-0.8	3.5	4.3	-16.8	-41.3	-14.5	-17.5	127.4	7.2	-68.9	23.7
按登记注册类型分：	***	***	***	***	***	***	***	***	***	***	***
内资企业	3.2	19.0	1.9	-3.9	-12.5	-16.9	-9.9	56.1	-5.7	-17.3	-30.4

续表 26

	全区	开发区	南浔镇	练市镇	双林镇	菱湖镇	和孚镇	善琏镇	旧馆镇	千金镇	石淙镇
国有企业	-32.2	-4.3	-85.6	-77.6	-57.4	-8.1	-80.0	-63.4		-100.0	-87.9
集体企业	122.6			64.5	***		***	149.4	-85.9		***
股份合作企业											
有限责任公司	3.5	-28.7	10.0	12.0	82.6	-11.4	46.0	634.1	-10.7	-100.0	-8.1
股份有限公司	-68.1	-100.0		335.8	-86.3	131.5	-81.1		-79.6	-80.6	
私营企业	18.5	70.2	3.1	-2.1	110.3	-25.2	-17.1	-40.7	51.6	84.6	-44.1
其他企业	-93.9	-100.0				-54.0					-100.0
港、澳、台商投资企业	44.4	96.6	***		-52.1	-45.2	171.3		***		
外商投资企业	152.3	315.2	***	22.3							
按建设性质分	***	***	***	***	***	***	***	***	***	***	***
（1）新建	2.0	97.5	-27.5	131.0	-12.2	-34.3	-20.2	141.9	-3.8	-24.4	-29.0
（2）扩建	-12.5	-46.8	***	9.4	-93.7		***	***		-100.0	
（3）改建和技术改造	1.5	58.2	-49.8	-21.4	-15.9	-30.9	-4.6	-11.3	48.9	1253.8	-47.0
（4）单纯建造生活设施	***								***		
（5）迁建	***		***				***				
（6）恢复											
（7）单纯购置	-45.8			144.5			-100.0				
按构成分	***	***	***	***	***	***	***	***	***	***	***
建筑安装工程	-5.3	27.8	-16.2	9.0	-38.0	-27.7	-13.1	123.4	-30.0	-42.5	-19.5
设备工器具购置	7.1	-3.7	-37.4	-8.1	76.9	63.4	9.8	-49.9	0.5	101.8	-76.8
其他费用	133.8	257.5	209.1	-33.3	647.9	14.2	61.6	83.9	342.5	354.7	4.2
#建设用地费	247.2	528.0	394.1	-77.4	751.6	5.2	127.1	33.6	381.3	579.4	217.2
按国民经济行业分	***	***	***	***	***	***	***	***	***	***	***
农、林、牧、渔业	60.5	***	***	***	***	-100.0	***	***	770.0	-100.0	-88.6
制造业	39.3	188.7	2.7	24.6	15.3	-17.4	43.4	-14.9	2.7	14.0	-53.7
农副食品加工业	26.5	***					54.0	-92.2			

续表 26

	全区	开发区	南浔镇	练市镇	双林镇	菱湖镇	和孚镇	善琏镇	旧馆镇	千金镇	石淙镇
纺织业	62.9	-100.0		433.1	27.6	92.6	292.6	-39.4	-14.7		2.1
纺织服装和服饰业	-47.6	-100.0		-95.9	***					-31.2	-96.1
木材加工及木、竹、藤、棕、草制品业	-4.6	-100.0	-26.7	76.0					-77.7		
家具制造业	9.1		***	-60.5		***	-18.4	-41.9	91.9		
文教体育用品制造业	55.9	-100.0		***					1.5		
化学原料及化学制品制造业	88.5	***		***		2.9	40.2				
医药制造业	116.1	***	***		***	***		***		-91.5	***
化学纤维制造业	2188.3				-100.0		***				
橡胶和塑料制品业	-19.2		24.2	***	-89.5	-48.9	-33.5	***	125.9		
非金属矿制品业	59.8	963.5	-51.9	***	1891.2	-100.0	77.3	***	-19.5	243.2	***
黑色金属冶炼和压延加工业	-20.9								-20.9		
金属制品业	222.3	249.7		***	***	78.1	-66.5	-100.0	-100.0		
通用设备制造业	-39.1	-1.4	11.1	55.2	-82.8	-100.0	-100.0		41.4	***	235.5
专用设备制造业	25.1	893.7	-42.1	-26.9	127066.7	-2.8	26.3		-21.5	***	-80.1
汽车制造业	56.3	4.2	166.7		-1.8				***		
铁路、船舶、航空航天等制造业	272.1	5595.0								-16.0	
电气机械及器材制造业	-11.3	53.2	***	-50.4	11.4	-49.7		27.1			
计算机、通信和其他电子设备制造业	746.1	***	***	-60.1	***						
仪器仪表制造业	-22.9			-42.3		***					
废弃资源综合利用业	-100.0					-100.0					
电力、热力、燃气及水的生产和供应业	-40.4	-100.0	-100.0	-100.0	-54.7	-100.0	-98.5	***	-87.9	***	-97.9
电力、热力的生产和供应业	-3.9	-100.0	-100.0	-100.0			-98.5	***	-69.2		-97.9
燃气生产和供应业	-100.0		-100.0								
水的生产和供应业	-99.1	-100.0			-54.7	-100.0			-100.0		
批发和零售业	718.9	-90.2	***	-87.1	***	***	***	***	***	***	***
批发业	-46.0			-87.1	***						

续表 26

	全区	开发区	南浔镇	练市镇	双林镇	菱湖镇	和孚镇	善琏镇	旧馆镇	千金镇	石淙镇
零售业	2645.7	-90.2	***						***		
交通运输、仓储和邮政业	37.8	***	***	-39.6	-100.0	***	***	***	132.1	***	***
道路运输业	135.5		***	-35.7	-100.0		***				
水上运输业	-100.0			-100.0							
装卸搬运和仓储业	46.2			26.4					132.1		
住宿和餐饮业	0.7	***	-18.8	***	***	-22.4	-100.0	***	***	***	***
住宿业	-11.8		-38.9	***			-100.0				***
餐饮业	81.2		***			-22.4					
房地产业	13.0	20.5	6.9	-26.6	18.1	226.0	571.1	154.3	-69.5	***	***
房地产业	13.0	20.5	6.9	-26.6	18.1	226.0	571.1	154.3	-69.5		***
租赁和商务服务业	-59.4	-75.0	***	86.1	***	***	***	149.4	***	***	***
商务服务业	-59.4	-75.0		86.1				149.4			
科学研究和技术服务业	66.1	***	***	-26.6	-100.0	-100.0	***	***	-29.2	***	***
研究与试验发展	144.5			144.5							
专业技术服务业	140.8										
科技推广和应用服务业	64.3	***		-30.8	-100.0	-100.0		***	-29.2	***	
水利、环境和公共设施管理业	-32.8	-39.1	-23.6	-0.6	-72.1	-45.1	-83.6	-63.4	***	-100.0	-87.9
水利管理业	14.2		***	***		***					
生态保护和环境治理业	-36.9		-28.9							-100.0	
公共设施管理业	-41.7	-39.1	-22.0	-9.4	-72.1	-46.6	-83.6	-63.4	***	-100.0	-87.9
居民服务和其他服务业	202.1	***	***	202.1	***	***	***	***	***	***	***
其他服务业	202.1			202.1							
教育	-58.4	-100.0	-100.0	-8.0	-20.3	-100.0	-100.0	***	***	***	***
教育	-58.4	-100.0	-100.0	-8.0	-20.3	-100.0	-100.0	***			
卫生和社会工作	130.7	***	***	***	-31.8	40.7	***	***	***	***	***
卫生	130.7		***	***	-31.8	40.7					

续表 26

	全区	开发区	南浔镇	练市镇	双林镇	菱湖镇	和孚镇	善琏镇	旧馆镇	千金镇	石淙镇
文化、体育和娱乐业	-89.6	***	-100.0	***	***	***	***	***	***	***	***
文化艺术业	-89.6		-100.0					***			
体育											
公共管理和社会组织	-30.3	***	-83.7	-8.9	***	-22.1	***	***	-70.6	***	***
国家机构	-30.3		-83.7	-8.9		-22.1			-70.6		
二、本年新增固定资产（万元）	-35.6	159.0	-65.4	-92.6	-74.0	48.7	-69.7	-100.0	1046.7	29.6	2395.5
三、项目个数（个）											
1. 施工项目个数	12.5	-29.6	13.5	38.8	7.1	-9.7	11.5	90.9	34.6	37.5	27.3
#本年新开工	-11.9	-48.0	-15.0	-3.6	-50.0	-11.1	71.4	77.8	-38.9	40.0	0.0
2. 本年投产项目个数	4.8	-66.7	-42.9	-33.3	0.0	0.0	-85.7	-75.0	340.0	0.0	***
四、房屋建筑面积（平方米）											
1. 房屋施工面积	-1.7	-5.2	27.2	-71.9	-49.5	-33.4	-48.7	***	***	***	***
#住宅	20.5	12.3	32.0	-18.8	0.8	-5.1	-0.9	***	***	***	***
2. 房屋竣工面积	-70.9	***	-100.0	-100.0	-100.0	-100.0	-100.0	***	***	***	***
#住宅	-64.5	***	-100.0	-100.0	***	-100.0	-100.0	***	***	***	***
3. 房屋竣工价值	-72.1	***	-100.0	-100.0	-100.0	-100.0	-100.0	***	***	***	***
#住宅	-67.8	***	-100.0	-100.0	***	-100.0	-100.0	***	***	***	***
五、本年资金来源合计（万元）	***	***	***	***	***	***	***	***	***	***	***
1. 上年末结余资金	45.5	20.9	122.1	-56.5	-89.0	-86.5	-51.5	***	-100.0	***	-84.2
2. 本年实际到位资金	22.5	34.8	34.6	21.6	-12.5	-40.9	-18.0	5.8	11.3	-12.0	664.0
（1）国家预算内资金	-16.3	***	***	-100.0	***	-100.0	-100.0	***	***	***	***
#中央预算资金	-100.0	***	***	***	***	***	-100.0	***	***	***	***
（2）国内贷款	-12.7	381.9	206.4	-80.6	***	-88.9	-84.2	***	4.8	***	***
（3）自筹资金	6.0	1.1	4.3	36.3	-1.3	21.2	-23.9	-9.4	94.8	-12.0	987.5
（4）其他资金来源	71.7	57.5	83.3	307.0	-88.9	7.8	52.4	***	***	***	-100.0
六、各项应付款合计（万元）	21.8	75.6	11.2	-26.8	37.6	50.1	-0.9	***	-10.0	***	-22.6
其中：工程款	47.9	168.8	19.0	25.9	-44.1	119.7	-3.9	***	***	***	-100.0

2005—2020 年主要年份南浔社会消费品零售总额分类情况一览表

表 27

单位：万元

	2005 年	2006 年	2007 年	2008 年	2009 年	2010 年	2011 年	2012 年	2013 年	2014 年	2015 年	2016 年	2017 年	2018 年	2019 年	2020 年
社会消费品零售总额	346051	400127	466625	557710	642459	760090	892315	1030845	1098689	1254824	1381799	1521841	1692703	1844396	2003542	1150890
比上年增长（%）	15.2	15.6	16.6	19.5	15.2	18.3	17.4	15.5	14.1	14.2	10.1	11.0	11.2	9.7	9	-6.2
按国民经济行业门类分																
批发和零售业	303461	350207	406685	484265	558822	674402	792817	906725	943212	1078864	1165927	1278347	1408221	1534858.07	1668714	
限额以上	13322	18167	28416	23437	40263	51429	86717	141796	95965	129182	142660	175745	148632	141879	143265	
限额以下	290139	332040	378269	460828	518559	622973	706100	764929	847247	949682	1023267	1102602	1259589	1392978.67	1525449	
其中：批发业							40561	45077	59096	79014	100585	140109	167515	188899	211909	
限额以上							5344	5235	12095	38357	47613	65312	5887	682	3810	
限额以下							35217	39842	47001	40657	52972	74797	161628	188217	208099	
零售业							752256	861648	884116	999850	1065342	1138238	1240706	1345959.389	1456804	
限额以上							69037	136560	83870	90825	95047	110433	142745	141198	139455	
限额以下							683219	725088	800246	909025	970295	1027805	1097961	1204761.489	1317350	
住宿和餐饮业	35989	42550	51683	64552	74177	85688	99499	124120	155477.0174	175960	215872	243494	284482	309538	334829	
限额以上	1850	2169	2427	2444	3635	5130	9190	20916	19817	19624	20477	21420	24042	19992	18728	
限额以下	34139	40381	49256	62108	70542	80558	90309	103204	135660	156336	195395	222074	260440	289546	316100	
其中：住宿业							4060	4496	6766	8117	12035	16257	19322	20792	28842	
限额以上							1952	1887	2962	3090	3961	4792	5552	5698	3783	
限额以下							2107	2609	3804	5027	8074	11464	13770	15094	25059	
餐饮业							95439	119624	148711	167843	203837	227237	265160	288746	305987	
限额以上							7237	19029	16855	16534	16517	16627	18490	14294	14946	
限额以下							88202	100595	131856	151309	187320	210610	246670	274452	291041	
其他	6601	7369	8257	8893												

附　　录

·报　　告·

湖州市南浔区2019年国民经济和社会发展计划执行情况及2020年国民经济和社会发展计划草案的报告

——在湖州市南浔区第四届人民代表大会第四次会议上

湖州市南浔区发展改革和经济信息化局

2020年5月8日

一、2019年国民经济和社会发展计划执行情况

2019年，在区委、区政府的坚强领导下，全区上下高举习近平新时代中国特色社会主义思想伟大旗帜，紧紧围绕打造湖州"开放东大门、创业新高地"的发展定位，落实市委"一四六十"工作体系的部署，全力推动高质量赶超发展，经济社会发展呈现稳中有进、进中向好的态势。

（一）主要目标执行情况

1. 主要指标稳健增长。实现地区生产总值458亿元，增长7.3%；实现财政总收入63.74亿元、一般公共预算收入37.93亿元，分别增长5.2%、7.9%；固定资产投资增长13.5%，其中工业性投入增长29.5%；规上工业增加值增长7.9%；社会消费品零售总额增长8.6%；进出口总额增长4.4%；城镇居民和农村居民人均可支配收入分别增长8.9%和9.3%。

2. 试点示范加快推进。省级智能机电高新技术产业园区获批创建。智能电梯、绿色家居两个产业创新服务综合体成功列入省级创建名单。家具及竹木制品制造业列入省第三批传统制造业改造提升试点，木业产业集群入选省第二批集群跨境电子商务发展试点。頔塘南岸旧城改造工程入选全市唯一、全省首批未来社区。成功创建国家知识产权强县工程示范区、全国渔业健康养殖示范区、省级可持续发展创新示范区、省级农业绿色发展先行区。荣获全国县域数字农业农村发展水平评价先进县区、省生态文明建设示范区、省食品安全县区、省文明区等。

3. 要素保障大幅加强。加大土地供给力度，取得各类用地指标593公顷，其中工业用地349公顷，创历史新高。加强金融要素保障，全区存贷款总量余额首超千亿元，其中贷款余额444.48亿元；新增"绿贷通"平台注册企业1955家，发放绿色贷款160亿元。人才引进成效良好，入选"南太湖精英计划"领军项目41个，培育选树各类技能人才1759名，新引进大学生及各类人才16081名。

（二）国民经济运行和社会发展基本情况

1. 工业经济平稳增长。深入开展"服务企业、服务群众、服务基层"活动，规上工业总产值达895亿元，规上工业增加值完成152.5亿元，增长7.9%。加大企业培育力度，出台"新象新牛"大企业培育三年行动计划，支持重点企业做大做强，完成个转企354家，新增规上企业155家。新增股改企业38家，新增"新三板"和成长板挂牌企业20家，直接融资161.66亿元。深入推动两化融合，列入国家两化融合管理体系贯标认证企业4家，获评省级工业设计中心3家，省级上云标杆企业2家。加快绿色制造步伐，创建国家级绿色工厂3家、国家级绿色供应链管理示范企业2家、国家级绿色产品3个，

星级绿色工厂达745家。

2. 三产发展势头良好。实现服务业增加值160.6亿元，增长7.6%，占地区生产总值比重达35.1%，新增限上企业56家。重点项目有力推进，亿元以上服务业项目开工24个，竣工15个，完成投资132.45亿元，增长11.1%。消费市场总体稳定，限上社会消费品零售总额增长8.6%，其中限上批零贸易业销售额128.92亿元，增长16.6%；限上住宿餐饮业营业额2.88亿元，增长7.1%。电子商务快速发展，完成网络零售交易额71.91亿元，增长38%，居全市第一。全域旅游加快发展，接待国内外游客1950万人次，增长15%；实现旅游总收入230亿元，增长16%。南浔古镇获评中国特色古城旅游目的地和省首批诗路旅游目的地，和孚镇入选省级旅游风情小镇，荻港景区创成省级生态旅游区，善琏镇获评省级AAAA级旅游景区镇。房地产市场稳健发展，完成商品房销售面积131.9万平方米，其中住宅销售面积99.6万平方米。

3. 现代农业优化提升。实现农业增加值27亿元，增长3.5%。农业现代化发展水平综合评价升至全省第12位，“桑基塘鱼”认定为国家农产品地理标志。深化农业“两区”建设，建成省级农业强镇1个，西部渔业现代园区列入省级现代农业园区创建名单，省级现代农业园区数量居全省第一。成功创建省级农业绿色发展先行区，通过国家级渔业健康养殖示范场现场验收。累计推广稻虾综合种养3200公顷、“跑道鱼”养殖跑道334条、“红美人”柑橘基地212公顷。新增家庭农场104家（其中市级以上17家）、市级以上农业龙头企业6家；新增市级农业“大好高”项目8个，列全市第一。进一步打造农业区域公用品牌，“南浔知味”门店百店同开。

4. 项目“双进”提质增速。项目招引取得新突破，百亿级项目合丰泰超薄玻璃基板深加工项目落户我区，成为第五届世界浙商大会签约的最大产业项目。全年新增亿元以上产业项目147个，其中工业项目134个。新批外资项目16个，合同外资7.86亿美元。项目建设取得新成绩，建立项目推进“三率”机制，在建亿元以上工业项目106个，竣工40个。中氢等3个项目列入省重大产业项目，鼎旭等5个项目列入省市县长项目，頔塘南岸新建工程等16个项目列入省重点建设项目，市认定“大好高”项目46个。平台拓展取得新进展，小微企业园主体完成15个，投入运营3个，其中，旧馆镇小微企业创业创新产业园获评省级数字化试点园区。开发区万亩大平台完成农户征迁732户、企业29家，新拓展空间200公顷。

5. 改革创新深入推进。深入推进“最多跑一次”改革，发布国内首个企业开办全流程地方标准，在全省率先推行综合测绘、涉企证照通办、企业开办“零成本”、工程建设项目审批“三证合一”等系列改革，推出投资项目精准导航图模式。在全市率先完成“无证明区”建设，实现“清单之外无证明”。扎实开展亩均效益改革，已完成全区4788家工业企业（含个体户）绩效评价，并实施差别化政策，执行企业数量和力度全市第一。启动服务业“亩均论英雄”改革工作，在试点镇率先开展服务业企业普查工作。加快创新平台建设，开发区“南太湖精英计划”产业园开园，沪浔协同科技大市场、同济大学技术转移中心南浔分中心投入运营，新增市级院士专家工作站3家。加快创新主体培育，新增国家高新技术企业28家，省级科技型中小企业111家。加快拓展“双创”空间，新增省级众创空间4家、市级众创空间12家，全社会研究与试验发展经费支出占地区生产总值比重2.92%以上。

6. 城乡面貌不断改善。中心城区加快建设，实施新一轮中心城区建设管理三年行动计划，全年推进项目92个。广弘华美达酒店、南林公园投入使用，城市规划馆基本完工，水晶晶颐养中心、广弘新天地等重点工程加快推进，頔塘南岸旧城改造工程完成总体工程量的50%，褚家漾区块改造全面启动，引进新城吾悦广场城市综合体项目。古镇保护利用有序推进，南浔古镇丝绸码头、非遗展示馆、宜园复建工程等项目竣工。交通路网不断完善，全年实施交通项目167项，完成投资35亿元。实施融沪接苏“1152”工程，沪苏湖铁路通过环评审批。“三高”连接线一期竣工通车，南浔大桥全线通车，风顺路二期、湖盐公路改建等工程有序推进。新增公交线路3条、公共停车位1716个。完成农村公路等级提升440千米，全省首创基本无隐患美丽公路模式，获评省级“四好农村路”示范区。加速推进“十线十景十小镇”建设，新建成美丽乡村小镇5个、美丽乡村精品村4个、美丽乡村景观线2条。小城镇环境综合整治工程圆满收官，省级样板率达52.4%，位居全市第一、全省第二，获评省级优秀县区。

7. 生态环境持续好转。治水工作首夺全省“大禹鼎”，荣获省级生态文明建设示范区。全区 $PM_{2.5}$ 浓度降至34微克/米^3，下降15%；空气优良率80.9%，上升9.1个百分点，两项变化率均为全市第一。完成渔业尾水治理12000公顷，全区县控以上断面水质稳定在Ⅲ类水以上。大力推进锅炉提标改造工作，完成生物质锅炉改造44台，2蒸吨以上天然气锅炉改造98台。深入推进低散乱企业淘汰，整治淘汰685家。加大印染行业整治，提升39家。重拳开展治危拆违整治，整治问题点位近万个，完成“两改”123万平方米，拆违260万平方米，拆后土地利用率达75%。创建省级高标准生活垃圾分类示范小区4个、示范村3个，城乡生活垃圾无害化处理率达到100%、回收利用率40%以上。

8. 民生改善切实加强。教育事业加快发展，与浙江水利水电学院、同济科技职业学院两所高等院校签订战略框架协议。江蒋漾学校、庆同小学等项目建设加快推进，8所幼儿园结顶。健康南浔加快建设，成立南浔区医疗集团，菱湖人民医院竣工，区中医院迁建工程顺利推进，通过国家卫生城市省级复查，善琏镇、石淙镇通过国家卫生镇创建省级评估。文体事业加快发展，区图书馆新馆开工建设，镇级图书分馆实现全覆盖，新建文化礼堂50个、非遗大师工作室5个。社会保障体系不断完善，全区城乡居民医疗保障待遇持续提升，医保扶贫精准推进，实现困难群众医疗救助落实率100%。新增就业2.4万人，城镇登记失业率1.79%。全力推进养老机构建设，建成示范型居家养老服务中心4家，创建示范型老年食堂10家。投入各类帮扶资金1.43亿元，低收入群众三年奔小康工程提前一年完成。社会治理不断深化，深入推进扫黑除恶专项斗争，破获涉黑恶犯罪团伙38个，抓获犯罪嫌疑人787名，成功实现平安南浔“十五连冠”，首夺一星平安金鼎。

2019年，我区经济社会发展呈现总体平稳的发展态势，但在发展过程中也面临着不少困难和不足：比如，战略性新兴产业和高新技术产业增加值增幅不快，产业结构不优、产业层次不高，高质量发展的动力支撑有待进一步增强；中心城区城市形象有待提升，城市功能还不够完善，辐射集聚能力还不强；与群众对美好生活的愿望相比，公共服务、社会保障的供给质量有待进一步提高。

二、2020年国民经济和社会发展主要指标安排建议

根据中央、省、市委经济工作会议和区委四届九次全体（扩大）会议暨经济工作会议精神，结合“十三五”规划既定目标，坚持以习近平新时代中国特色社会主义思想为引领，坚持新发展理念，坚持稳中求进工作总基调，按照“一一二八”工作部署，高质量打造湖州“开放东大门、创业新高地”，综合考虑各方面因素，建议2020年主要经济社会发展指标安排如下：

地区生产总值增长8%左右。一是从可达性看，2020年一产、二产、三产增加值增幅初步安排为2.5%左右、8.5%左右、8.5%左右，根据我区生产总值构成，测算得出生产总值增幅为8%左右。二是从赶超性看，2020年全省生产总值目标是6%～6.5%，市安排7.5%左右，其他县区大部分初步安排在7.5%～8%；要加快实现赶超发展的目标，我区安排8%左右的增长十分必要。

规上工业增加值增长8.5%左右。一是2019年工业企业升规完成155家，规上企业数保持千家以上。同时，2020年将继续推动“新升规”，将有效增大我区规上工业体量。二是原有规上企业自然增长因素。三是2019年有40个重点工业项目竣工，其中约顿气膜等重大项目投产后将有力拉动工业增长。

财政总收入和一般公共预算收入均增长10%左右。一是考虑2019年实际增长情况，财政收入增速放缓，减税降费政策影响较大。二是考虑自然增长8%左右及结转存量等一定因素。三是预计招商引税项目增长及新投产项目带来的一定增长。

固定资产投资增长15%左右，其中工业性投入增长20%左右。一是重点项目投资趋于向好，2020年亿元以上重点项目共137个，年度计划投资158.01亿元，其中重点工业项目113个，当年计划投资105.6亿元。二是政府投资扎实推进，頔塘南岸新建、新南浔高中、水晶晶颐养中心等一批重大项目全面推进。三是项目开竣工支撑有力。排定2020年重点亿元项目新开工超60个，竣工超50个。

社会消费品零售总额增长8%左右。一是国家和地方促消费政策效益不断显现，居民收入保持较快增长，消费环境不断改善，我区稳消费动力不减。二是受区位因素和产业结构影响，消费品向市区集聚效应较为明显，电子商务和网上购物的快速发展也给传统零售业带来巨大的冲击和挑战，预计2020年增速有所放缓。

进出口总额、出口总额均增长5%左右。一是新引进项目出口潜力大，如湖州明朔光电科技有限公司等企业投产后预计将拉动全区外贸增幅 6 个百分点。二是骨干企业、平台公司进出口增长势头强劲，如浙江巨美家科技有限公司等企业预计 2020 年将继续为全区进出口增长做较大贡献。三是新兴市场出口持续增长，“一带一路”沿线国家和地区贸易出口预计将继续保持 10%左右增长。四是重点涉美企业开拓市场缓慢，如浙江正导电缆有限公司等主要出口美国市场企业开拓市场缓慢，预计将拉低全区出口增幅 6 个百分点。

全社会研究与试验发展经费支出占地区生产总值比重达到 3%。一是“十三五”规划明确到 2020 年为 3%。二是 2019 年新增国家高新技术企业 28 家，科技型中小企业 111 家，科技型企业队伍不断壮大，科技研发投入不断加大。三是新增省级众创空间 4 家，市级众创空间 12 家，创新能力不断增强。

新增城镇就业人数 3 万人，城镇登记失业率控制在 3.5%以内。一是围绕“南浔区 5 年引进 5 万大学生和其他各类人才来浔就业创业”的目标，力争引进 13800 名大学生和其他各类人才来浔就业创业。二是根据全区劳动力总数以及企业用工需求排摸，2020 年我区用工需求与往年基本持平。

城镇居民人均可支配收入增长 9%左右，农村居民人均可支配收入增长 9.5%左右。一是从目标导向看，“十三五”规划确定城镇和农村居民人均可支配收入分别增长 8.5%和 9%。二是从收入结构看，城乡居民经营性收入和工资性收益有明显提升。三是从增收面上看，随着收入分配制度改革不断深化、乡村振兴战略深入实施、强农惠民政策力度不断加大，增收户覆盖面达 80%以上，切实体现大多数人的增收。

万元生产总值综合能耗和化学需氧量、二氧化硫、氨氮、氮氧化物排放量、$PM_{2.5}$ 等节能减排指标按市下达任务执行。

三、2020 年重点实施项目投资计划安排

2020 年，全区重点实施项目计划安排 164 个，年度计划投资 169.52 亿元。

（一）重点产业项目。重点产业项目（总投资亿元以上）计划安排 135 个，总投资 734.37 亿元，年度计划投资 153.24 亿元。其中新建项目 62 个，年度计划投资 72.43 亿元；续建项目 73 个，年度计划投资 80.81 亿元。

（二）政府投资项目。政府投资项目（5000 万元以上）计划安排 29 个，总投资 180.51 亿元，年度计划投资 16.28 亿元。其中新建项目 13 个，总投资 66.65 亿元，年度计划投资 7.28 亿元；续建 16 个，总投资 113.86 亿元，年度计划投资 9 亿元。

湖州市南浔区 2019 年预算执行情况及 2020 年预算草案的报告

——在湖州市南浔区第四届人民代表大会第四次会议上

湖州市南浔区财政局

2020 年 5 月 8 日

一、2019 年预算执行情况

2019 年，在区委、区政府的正确领导下，在区人大、区政协的监督支持下，全区财税部门以习近平新时代中国特色社会主义思想为指导，全面贯彻党的十九大和十九届二中、三中、四中全会、区委四届七次全体（扩大）会议暨经济工作会议精神，严格落实预算法和浙江省预算审查监督条例，紧紧围绕“一五一十”工作部署，聚焦聚力高质量发展、三大攻坚战、民生保障项目等重大决策部署，有效实施积极的财政政策，坚持集中财力办大事，全区财政预算执行情况良好，有力地促进全区经济社会平稳健康发展。

（一）一般公共预算执行情况

1. 财政收支总体情况

2019 年全区财政总收入完成 63.74 亿元，增长 5.18%（与上年同口径对比增长 7.64%），一般公共预算收入完成 37.93 亿元，增长 7.86%（与上年同口径对比增长 12.3%）。

全区一般公共预算支出执行数为 49.01 亿元，同比增长 21.94%，完成预算的 108.87%。

当年财政通过争取上级财力补助、调入政府性基金、调入清理财政存量资金等方式，收支相抵，实现区级一般公共预算收支平衡，具体决算情况待市与区体制结算后向人大常委会报告。

2. 财政收支具体执行情况

（1）全区一般公共预算收入情况

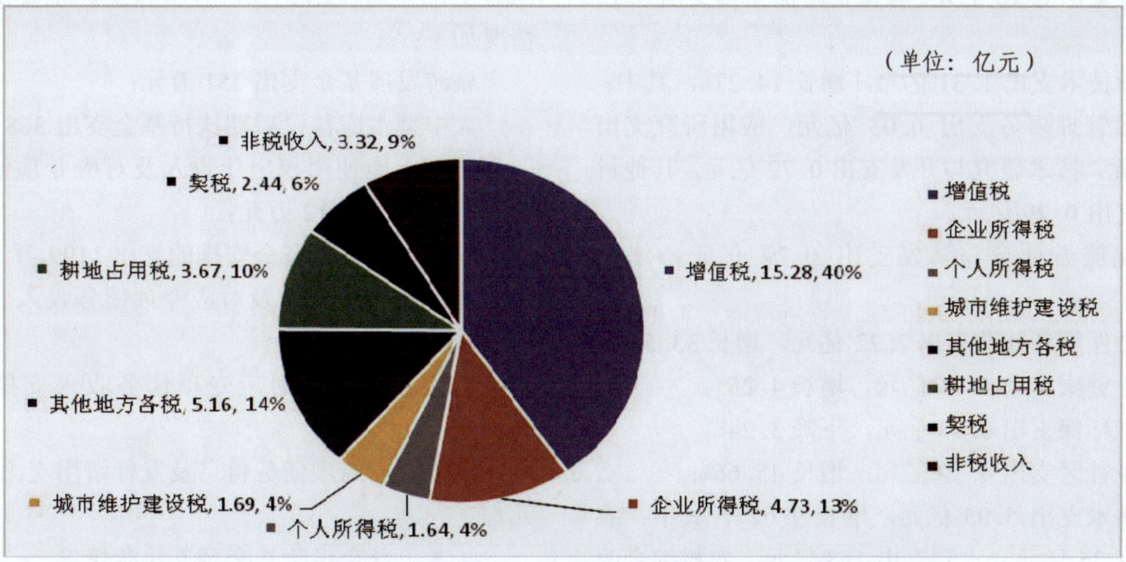

图 8　2019 年南浔区一般公共预算主要收入科目情况示意图

受减税降费政策影响，部分税种收入出现一定幅度的下降。

主要收入科目情况：

增值税 15.28 亿元，下降 0.23%；

企业所得税 4.73 亿元，下降 1.67%；

个人所得税 1.64 亿元，增长 16.08%；

城市维护建设税 1.69 亿元，下降 4.58%；

耕地占用税 3.67 亿元（净增 3.67 亿元）；

契税 2.44 亿元，增长 3.05%；

其他地方各税 5.16 亿元，增长 3.24%。

非税收入完成 3.32 亿元，下降 25.97%（剔除土地出让金计提的教育、农田水利两项收入，同口径增长 7.10%）。

（2）全区一般公共预算支出情况

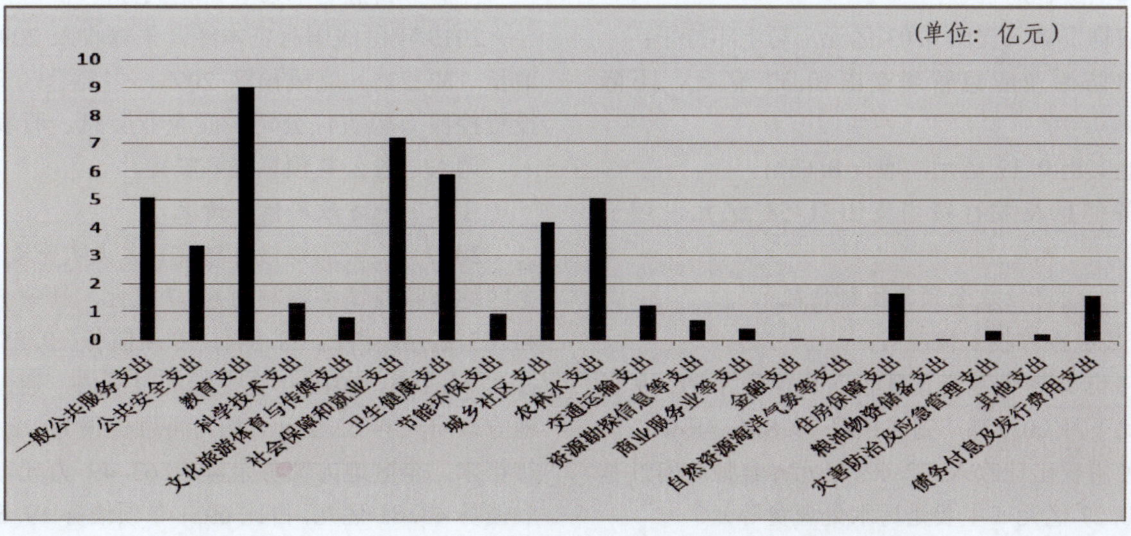

图 9　2019 年南浔区一般公共预算支出主要科目情况示意图

一般公共服务支出 5.1 亿元，增长 36.04%；

公共安全支出 3.37 亿元，增长 18.98%；

教育支出 9.02 亿元，增长 9.71%，其中：教育管理事务支出 0.19 亿元，普通教育支出 7.92 亿元，成人教育支出 0.16 亿元，教育费附加安排支出 0.72 亿元；

科学技术支出 1.31 亿元，增长 14.27%，其中：科学技术管理事务支出 0.03 亿元，应用研究支出 0.27 亿元，技术研究与开发支出 0.72 亿元，其他科学技术支出 0.29 亿元；

文化旅游体育与传媒支出 0.79 亿元，增长 37.13%；

社会保障和就业支出 7.22 亿元，增长 33.56%；

卫生健康支出 5.91 亿元，增长 4.25%；

节能环保支出 0.93 亿元，下降 3.24%；

城乡社区支出 4.19 亿元，增长 45.66%；

农林水支出 5.05 亿元，增长 9.62%，其中：农业支出 0.25 亿元，水利支出 1.3 亿元，农村综合改革支出 0.48 亿元；

交通运输支出 1.2 亿元，增长 50.03%；

资源勘探信息等支出 0.7 亿元，增长 13.6%；

商业服务业等支出 0.39 亿元，下降 3.6%；

金融支出 0.03 亿元，下降 14.02%；

自然资源海洋气象等支出 0.04 亿元，下降 84.3%，主要是高标准农田项目改列农林水支出；

住房保障支出 1.65 亿元，增长 847.87%，主要是增加了頔塘未来社区中央补助 7000 万元及保障性安居工程上级补助资金；

粮油物资储备支出 0.03 亿元，与上年持平；

灾害防治及应急管理支出 0.32 亿元，下降 6.64%；

其他支出 0.19 亿元，增长 8.63%；

债务付息及发行费用支出 1.58 亿元，增长 14.68%。

（二）政府性基金预算执行情况

1. 基金预算收入情况

2019 年政府性基金预算收入执行数为 32.89 亿元，同比下降 20.22%，完成预算 77.81%。其中：国有土地使用权出让收入 32.62 亿元；其他政府性基金收入 0.27 亿元（主要是污水处理费等）。

政府性基金上级补助收入 3.93 亿元（实际执行数待市对区体制结算后确定）。

2. 基金预算支出情况

根据收入情况，2019 年政府性基金预算支出执行数为 18.92 亿元，同比下降 49.27%，主要原因是国有土地使用权出让收入有所减少。主要支出科目情况如下：

旅游发展基金支出 251 万元；

大中型水库移民后期扶持基金支出 368 万元；

国有土地使用权出让收入及对应专项债务收入安排的支出 175712 万元；

农业土地开发资金安排的支出 1199 万元；

其他政府性基金及对应专项债务收入安排的支出 2337 万元；

彩票公益金及对应专项债务收入安排的支出 3023 万元；

地方政府专项债务付息及发行费用支出 6292 万元。

（三）社会保险基金预算执行情况

2019 年全区社会保险基金收入 10.3 亿元，增长 0.69%，完成预算 100.16%，其中：保险缴费收入 3.11 亿元，财政补贴收入 7.12 亿元，利息收入 543 万元。本年社会保险基金预算支出 10.51 亿元，增长 10.05%，完成预算 103.35%，其中：居民基本养老保险基金支出 3.44 亿元，居民基本医疗保险基金支出 4.2 亿元，机关事业基本养老保险基金支出 2.86 亿元。本年社会保险基金收支结余-2155 万元，年末滚存结余 3.58 亿元。

（四）国有资本经营预算执行情况

2019 年区级国有资本经营预算收入 209 万元，增长 132.22%，完成预算 209%，主要是区国有资产投资控股有限责任公司参股企业股息、股利上缴收入，调入一般公共预算统筹安排。

（五）地方政府债务情况

2019 年，经省财政厅核定，区人大常委会批准，全区地方政府债务限额为 63.7 亿元，其中一般债务 43.85 亿元，占比 68.84%；专项债务 19.85 亿元，占比 31.16%。2019 年在批准的限额内，通过省代发地方政府债券 22 亿元，均为再融资债券。截至 2019 年年末，全区地方债务余额为 63.49 万元，其中一般债务 43.81 亿元，占比 69%；专项债务 19.68 亿元，占比 31%。

（六）落实区人大预算决议有关情况

1. 认真落实区四届人大三次会议对预算的决议及区人大财经委对预算的审查意见

按照区四届人大三次会议有关决议，以及区人大财经委审查意见，继续实施积极财政政策并加大力度改革创新，攻坚克难，更好地发挥财政在稳增长、调结构、惠民生、防风险、促改革、保稳定中的积极作用。

聚焦新形势，千方百计谋收入。实行财税联动，强化收入预测、分析、执行的联动机制。及时关注重点行业、重点税源企业，通过定期组织召开财政与税务部门联席会议，分析收入执行动态，把握收入进度。通过“三服务”活动，走访部分重点税源企业，实现建筑企业税收招引，股权转让企业所得税、个人所得税就地征收。全力推进“三大行业”税收征收管理，实现税收 13 亿元，增长 61.1%。按照高质量发展评价指标体系要求，不断优化收入结构，税收收入占一般公共预算收入的比重显著提高，2019 年，占比达 91.25%，同比提高 4 个百分点。

服务新动能，创新驱动促发展。一是落实减税降费政策。严格执行中央、省各项减税降费政策要求，推动减税降费政策落地见效，全年减免税费 8.44 亿元，切实减轻企业负担。二是支持实体经济发展。全年落实支持经济发展专项资金 2.66 亿元，其中：安排“中国制造 2025”专项资金 1 亿元，鼓励引导企业做大做强，促进企业转型升级；安排服务业（含旅游、商贸等）发展专项资金 8000 万元，进一步精准支持服务业发展；安排科技、人才、品牌建设等专项资金 5533 万元，支持科技与人才创新发展，促进企业提质增效；安排绿色金改专项资金 2500 万元，推进南浔区绿色金融改革与创新。三是加快运作产业基金。围绕政府战略部署、重大项目投资，继续做好产业发展引导基金支持工作。目前，已设立南浔区产业投资引导基金母基金 1 个，规模 3 亿元；共参与设立南浔产业整合投资基金和湖州市“中国制造 2025”新兴产业发展基金子基金 2 个，总规模达 12 亿元，涉及智能制造、节能环保等行业。四是扶持农民创新创业。依托农民合作基金、农业“三项补贴”政策综合改革试点资金，撬动银行资金 1.8 亿元解决农民创业贷款难、贷款贵问题。全年已发放贷款 56 笔，累计放贷 133 笔，共计 9012 万元。

顺应新期盼，全力以赴保民生。全年民生支出 39.43 亿元，同比增长 20.86%，确保新增财力三分之二以上用于民生。一是落实支农惠民政策。全年农林水支出 5.05 亿元，重点支持农田水利、美丽乡村、渔业转型升级等重大支农项目建设。建设村级公益事业项目 45 个，投入一事一议财政奖补资金 3577 万元。采取“一折（卡）通”兑现各项农业补贴 3901 万元，惠及农户 50593 户次。二是加大社会事业投入。坚持教育为本，切实提高教师待遇，推进美丽校园建设，保障校园安全等资金需求，全年教育支出 9.02 亿元。落实文化事业资金保障，提升全区文化软实力水平，全年支出 7871 万元，增长 37.13%。着力促进卫生健康事业发展，切实提高财政保障水平，全年支出 5.91 亿元，城乡居民医保人均财政补助标准到 970 元/人，城乡医疗救助专项投入 3480 万元。完善社会保障体系，不断提高群众获得感，全年社会保障和就业支出 7.22 亿元。三是改善城乡人居环境。着力打好污染防治攻坚战，助推生态文明建设迈上新台阶，落实节能环保支出 9264 万元，加大治水治气力度，助力省级文明区创建。积极向上争取棚户区改造、城镇老旧小区改造等各类专项资金，全年住房保障支出 1.65 亿元，重点支持頔塘未来社区、保障性安居工程等项目建设。

秉承新理念，财政改革显成效。一是构建集中财力办大事财政政策体系。围绕“三大攻坚战”和“十大专项行动”工作部署，编好“大事—政策—财力”三张清单，构建以绩效为核心的集中财力办大事财政政策体系。二是推进预算绩效管理。出台《南浔区财政政府性专项资金管理办法》，14 项政府专项资金 3.59 亿元纳入清单管理，实行全过程信息公开。制定《南浔区全面落实预算绩效管理的实施意见》，进一步完善全过程预算绩效管理运行机制，逐步构建“全方位、全过程、全覆盖”的预算绩效管理体系。全年完成全区 47 个部门 418 个项目涉及资金 13.37 亿元预算绩效评价，对所有区级部门 431 个项目实行绩效跟踪监控。三是深化政府购买服务改革。规范政府购买服务预算申报、执行、跟踪、统计全流程，循序建立购买主体和第三方专业机构综合绩效评价体系，着力构建事前、事中、事后监督机制。全年政府购买服务涉及 14 个单位，37 个项目，金额 5711 万元。四是创新 PPP 管理模式。在全省首创性地开发建设“南浔区智慧 PPP 信息管理系统”，实现 PPP 项目全生命周期动态化、规范化管理。2019 年，全区已纳入财政部 PPP 综合信息平台管理库项目 12 个，总投资达 555.39 亿元，入选国家级示范 PPP 项目 2 个，省级推荐 PPP 项目 4 个。五是加快财政数字化转型。推进国库集中支付电子化改革，在全省率先测试并实行收入退付、更正通知书的电子化管理，大幅缩短资金支付周期。不断推进政府采购数字化建设，全年实现采购计划 4330 个，采购交易金额 1.5 亿元。深化应用统一公共支付平台，拓展支付宝、银联及网银等线上支付渠道，实现缴费 48.96 万笔，收缴金额 2.77 亿元。构建"阿里拍卖+"资产管理新模式，实现国有资产处置交易平台化。

锚定新领域，国企改革再深化。一是国企监管现代化。进一步深化国有企业负责人薪酬制度改革，制定《南浔区区管企业负责人考核补充办法》。完善区属国有资产交易出租等 5 项管理制度，规范国有企业资产交易行为。与招商银行共同开发 CBS6 系统，区属国有企业资金监管进一步加强。二是国企党建制度化。强化国有企业党建管理，将党的领导写入章程，融入公司治理各环节，实现党对国有企业政治领导、思想领导和组织领导。按照新时期国企党建要求，督查三大集团党建工作，进一步规范国企党建工作。三是专项检查常态化。紧盯重要节点、重要部门和重点人群，不定期开展贯彻执行中央八项规定精神专项监督检查。建立职工"清廉档案"，将违反廉洁行为记入个人清廉档案，作为企业内部中高层职位晋升的重要依据，做到凡提必查。四是国资管理规范化。成立资产排查工作专班，对全区各类资产资源进行全面排查，及时划转至区级平台，实现国有资产合理配置。全年共排查出资产 5120 宗，面积 420.11 万平方米。

紧扣新要求，规范管理防风险。一是防范政府债务风险。加强源头管控，严格执行 500 万元以上政府投资项目联审制度，核定新建项目 17 个，总投资 34.57 亿元，当年计划投资 3.14 亿元。全面落实化债责任，全年化解政府隐性债务 38.8 亿元，完成化解任务 105.32%。通过做大财力，优化债务结构，全力推进融资平台转型，政府债务风险得到有效防控，2019 年政府债务率控制在绿色安全区内。二是实施政府投资项目审核。全年完成政府投资概算审核项目 73 个，送审金额 50.88 亿元，审定金额 45.93 亿元，净核减金额 4.95 亿元，核减率 9.7%；完成控制价及施工图预算审核项目 16 个，送审金额 13.49 亿元，审定金额 12.34 亿元，净核减金额 1.15 亿元，核减率 8.5%；完成落实资金来源项目审核 64 个。三是强化行政支出监管。执行"厉行节约"规定，严控一般性支出。全区三公经费支出 2296.08 万元，同比下降 6.83%，其中，公务接待费支出 649.16 万元，同比下降 11.42%。利用动态监控软件，实现实时监控。全年动态监控拦截 4395 笔，审核退回金额 3377.6 万元，同比减少 26.6%。四是深化监督检查。进一步加强财政内控制度建设，构建完善"1+8+X"的内控制度体系，风险防控能力进一步增强。全年完成对区发改经信局等 4 家单位会计信息质量和 2018 年度南浔区开放型经济发展专项资金等 3 个项目专项资金检查。

2. 认真办理人大代表建议

一是高度重视，把办理好代表建议纳入重点工作日程，人大代表建议的受理、交办、转办、督办工作切实落实到责任领导、落实到责任科室和责任人，主动加强与人大代表沟通联系，及时解决建议件中所提问题及建议。二是用心办理，把答复好建议件作为干部考核的依据。将办理过程中干部表现好不好、代表满不满意作为年终评优评先的重要参考依据。今年由财政主办、协办的建议件共 1 件，建议的办理过程及结果得到代表的肯定，答复满意率达 100%。三是总结提升，把办理建议件作为自我提升的标尺。收集总结在办理过程中的经验，不断提升建议办理工作质效。对已经解决或列入规划准备解决的建议事项进行梳理、跟踪，确保事项解决不打折，做到事事有回音。

各位代表，过去的财税工作，得到了上级党委政府的充分肯定，取得如此成绩实属不易。这是区委、区政府正确领导和区人大、政协支持指导的结果，是社会各界理解和支持的结果，是全区财税干部职工齐心协力的结果。在看到成绩的同时，我们也清醒地看到当前财政运行中还存在不少困难和问题，主要表现在：一是财政收入增速趋缓，持续增长压力较大，收支矛盾仍较为突出，财政满足经济社会建设需求方面的保障功能还有待增强。二是政府债务还本付息压力逐年增大与财政稳健运行的矛盾更加突出。三是预算执行的规范性和约束性不够，部门项目支出进度较慢，预算管理有待进一步提高。四是财政监管的触角、范围、力度还有待延伸、扩展和加强等。五是国资国企监管制度有待进一步健全完善，国企发展核心竞争力还不够高等。对于这些问题，我们将认真分析，找准症结，综合施策，切实加以改进解决。

二、2020年财政预算草案

（一）财政预算编制指导思想

根据2020年度全区经济社会发展目标、国家宏观调控总体要求和跨年度预算平衡的需要，结合对2020年财政经济形势的分析和预测，按照区委对经济工作的总体部署以及财政改革总体要求，2020年我区财政工作的总体要求是：以习近平新时代中国特色社会主义思想为指导，全面贯彻党的十九大和十九届二中、三中、四中全会和习近平总书记在浙江、湖州考察时的重要讲话精神，落实中央、省、市、区经济工作会议要求，坚持稳中求进工作总基调，深入贯彻新发展理念，紧紧围绕区委“一一二八”工作部署和高水平推进区域治理现代化目标，坚持勤俭办一切事，集中财力办大事，全面实施预算绩效管理，统筹推进稳增长、促改革、调结构、惠民生、防风险、保稳定各项工作，努力把新冠肺炎疫情带来的影响降到最低，以财政新作为推动全区经济社会高质量发展，为助力“十三五”规划圆满收官，重塑“水晶晶南浔”提供坚实财政保障。

（二）2020年重点财政收支政策

1. 支持补齐民生短板

一是支持充分就业和社会保障。安排7.6亿元用于就业和社会保障。保障低收入群众小康生活，确保实现低收入群众动态清零。深入推进重点群体就业帮扶工程资金保障。支持加快水晶晶颐养中心建设。持续做好困难人员专项医疗救助。进一步加大危旧房治理改造资金保障，推进保障性住房建设。

二是支持卫生健康事业发展。安排6.35亿元用于卫生健康事业保障。加快发展老龄事业，完善养老服务补贴制度。深化医共体建设，支持智慧医疗信息平台建设，建立合理的医疗补偿和激励机制。全力支持保障办好首届南浔马拉松、全国射箭赛、第二届国际桨板赛等体育赛事资金安排落实。

三是支持教育事业发展。安排9.75亿元用于教育事业发展保障。统筹安排教育支出，全力保障一般公共预算教育支出只增不减，确保按在校学生人数平均的一般公共预算教育支出只增不减。全力保障好学前教育扩容补短、义务教育优质均衡、职业教育工匠培养等工作。安排好资金，支持浙江水利水电学院、南浔实验小学高铁新城校区、褚家漾小学，完成新南浔高中主体工程建设。保障实施中小学教师成长计划，落实教师关爱工程，打造新时代高素质教师队伍。

2. 助推经济高质量发展

一是全面落实减税减费。严格执行各项减税降费优惠政策，健全工作机制，优化服务流程，确保企业应享尽享。规范执行降费政策，健全收费项目监管机制，实行非税收入项目和涉企行政事业收费清单化管理，全力整治乱收费。

二是全力支持企业培育。出台相关政策，发挥政策叠加效应，形成目标一致、协作配合的政策合力。大力支持实施“新象新牛”大企业培育、“凤凰行动”、“雄鹰行动”。支持电梯、电机、电磁线、木地板等传统产业优化升级，提高行业整体竞争力。加大对企业科研创新奖励力度，鼓励企业加大科研投入，着力补齐科技创新短板，实现科技成果转化。

三是有效扶持重点产业。适度整合支出方向相同、扶持领域相关政策，突出工业转型、服务业、人才等专项资金，重点支持工业发展、数字经济、人才引进、外贸出口、绿色金融等领域，支持新能源经济、信息经济、高端装备等新兴产业，引导传统优势产业改造提升。

四是促进投资平稳增长。加快推进政府产业基金2.0版项目落地，加快各主题基金实质性运作，引导社会资本加大对重大产业项目及创业创新领域的投资。进一步规范PPP模式应用和管理，加强项目监管和政策解读。加快兑现外贸专项资金，全力以赴稳外贸。

3. 支持打赢三大攻坚战

一是支持打赢精准脱贫攻坚战。继续加大财政扶贫投入力度，推动实施促进低收入农户全面发展行动和新一轮壮大村级集体经济三年强村计划，全面完成集体经济欠发达村发展及低收入农户增收目标。积极筹措资金支持援藏、援疆、东西部扶贫、对口援建，确保项目合作、人才支援、资金支持等举措落实到位，助力打赢脱贫攻坚最后一战。

二是积极防控政府债务风险。严格落实年度化债任务，通过一般公共预算及政府性基金预算安排等方式，多渠道筹措化债资金。实现以“双覆盖”为核心标准，规范完成融资平台公司市场化转型，确保政府债务率在绿色安全区内，全面完成年度化债任务。

三是支持打赢污染防治攻坚战。落实生态文明财政政策，完善绿色发展财政奖补机制。牢固树立绿色发展理念，建立“两山”转化专项资金，不断拓宽“两山”转化通道。加大财政资金投入力度，重点支持打好蓝天、碧水、净土保卫战，推动实现污染防治攻坚战阶段性目标。

4. 支持实施乡村振兴战略

一是加快乡村产业振兴。整合美丽乡村、现代农业发展两方面资金，出台新的专项资金政策，支持乡村振兴战略示范区建设。落实财政补助政策，确保生猪增产保供，稳定粮食综合生产能力。

二是打造美丽乡村升级版。强化财政保障，深入实施“千万工程”，巩固提升城乡人居环境整治成果，健全农村环境长效管理机制，建设美丽乡村精品村和示范带。积极开展一事一议财政奖补项目工作，助推美丽乡村建设。

三是支持农业农村改革。支持国家城乡融合发展试验区建设，促进农村一、二、三产业融合发展。支持农村集体经济资金、资产、资源盘活利用，推动农业水价综合改革。支持全省数字乡村试点示范市建设。

（三）2020 年一般公共预算草案

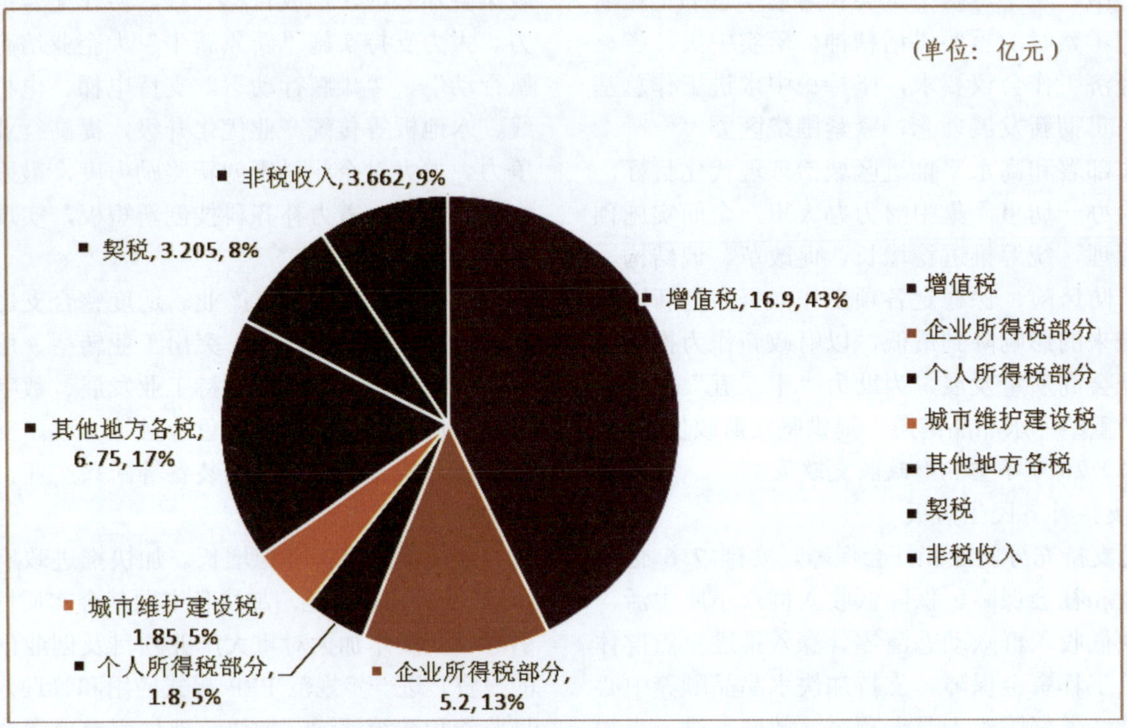

图 10　2020 年南浔区一般公共预算主要收入科目情况示意图

1. 一般公共预算收入

2020 年全区财政总收入预期完成 701210 万元，同比增长 10%；其中：一般公共预算收入预期完成 417170 万元，同比增长 10%。

主要收入科目情况：

增值税 169000 万元，增长 10. 59%；

企业所得税 52000 万元，增长 9. 87%；

个人所得税 18000 万元，增长 9. 92%；

城市维护建设税 18500 万元，增长 9. 55%；

其他地方各税 67500 万元，增长 30. 79%；

耕地占用税 23500 万元，减少 35. 94%；

契税 32050 万元，增长 31. 56%；

非税收入 36620 万元，增长 10. 32%。

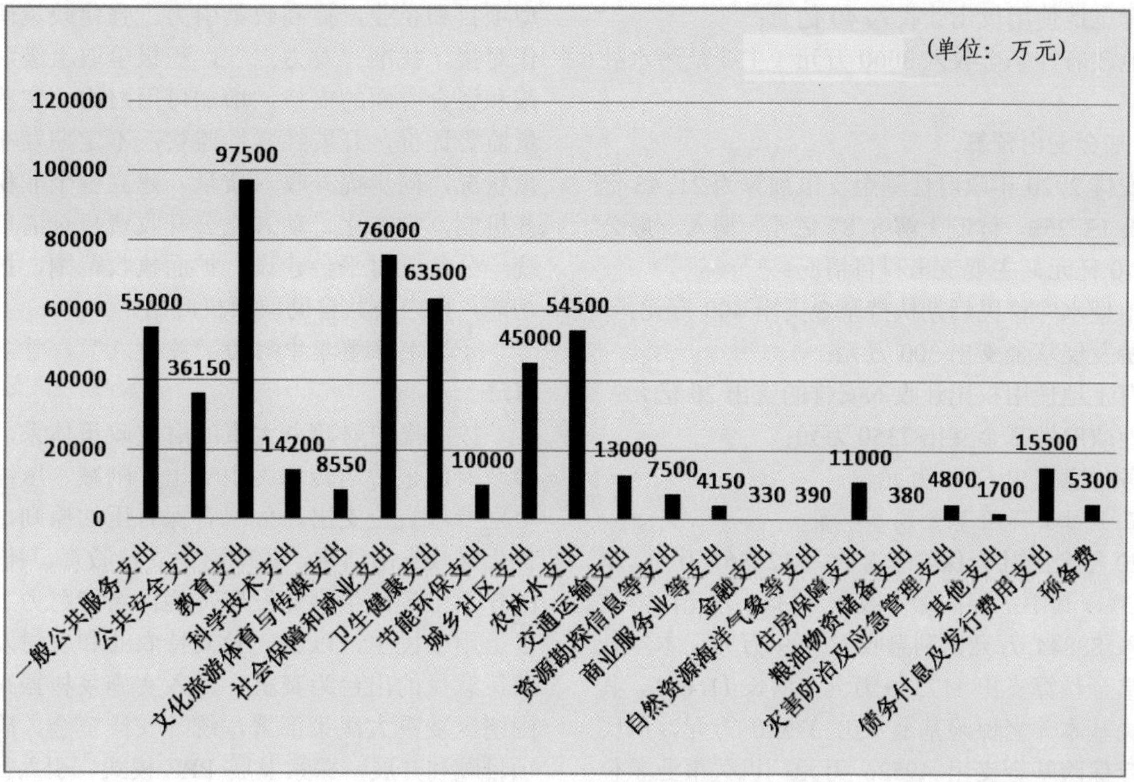

图11　2020年南浔区一般公共预算支出主要科目情况示意图

2. 一般公共预算支出

根据2020年一般公共预算收入安排，按照现行财政体制测算，预计当年全区地方财政可用资金为52.45亿元，其中：区级可用财力28亿元、上级专项补助12亿元、动用上年结转结余2亿元、动用预算稳定调节基金4500万元、调入资金10亿元。根据财政预算收支平衡原则，拟安排2020年全区一般公共预算支出52.45亿元，增长7%。主要支出科目如下：

一般公共服务支出55000万元，增长7.86%；

公共安全支出36150万元，增长7.25%；

教育支出97500万元，增长8.09%，其中：教育管理事务支出2060万元，普通教育支出85440万元，成人教育支出1730万元，教育费附加安排支出7900万元；

科学技术支出14200万元，增长8.6%，其中：科学技术管理事务支出340万元，应用研究支出2912万元，技术研究与开发支出7820万元，其他科学技术支出3100万元；

文化旅游体育与传媒支出 8550 万元，增长8.63%；

社会保障和就业支出76000万元，增长5.32%；

卫生健康支出63500万元，增长7.5%；

节能环保支出10000万元，增长7.94%；

城乡社区支出45000万元，增长7.29%；

农林水支出54500万元，增长7.82%，其中：农业支出27291万元，林业和草原支出20万元，水利支出14025万元，农村综合改革支出5150万元，其他农林水支出7900万元；

交通运输支出13000万元，增长7.92%；

资源勘探信息等支出7500万元，增长6.88%；

商业服务业等支出4150万元，增长6.9%；

金融支出330万元，增长3.45%；

自然资源海洋气象等支出390万元，增长7.73%，该支出来源主要为上级资金列支；

住房保障支出11000万元，减少33.23%；

粮油物资储备、灾害防治及应急管理、其他、债务付息及发行费用四项支出共 22380 万元，增长5.51%；

预备费5300万元。

（四）政府性基金预算草案

1. 基金收入预算

拟安排2020年政府性基金收入预算为40.3亿元，增长22.53%，其中：

国有土地使用权出让收入40亿元；

其他政府性基金收入3000万元（主要是污水处理费等）。

2. 基金支出预算

拟安排2020年政府性基金支出预算为21.43亿元，增长13.25%，体制上解8.87亿元，调入一般公共预算10亿元，主要支出科目情况：

大中型水库移民后期扶持基金支出400万元；

旅游发展基金支出300万元；

国有土地使用权出让收入安排的支出20亿元；

其他政府性基金支出7350万元；

债务付息支出6200万元。

（五）社会保险基金预算草案

2020年全区社会保险基金收入122861万元，增长19.33%，其中：保险缴费收入33346万元，财政补贴收入88844万元，利息收入489万元；本年社会保险基金预算支出117536万元，增长11.82%，其中：居民基本养老保险基金支出37340万元，居民基本医疗保险基金支出49526万元，机关事业单位基本养老保险基金支出30670万元。本年社会保险基金收支结余5325万元，年末滚存结余41093万元。

（六）国有资本经营预算草案

2020年国有资本经营预算收入2000万元，其中：利润收入2000万元，安排国有资本经营预算调出资金2000万元，调入一般公共预算统筹安排预算支出。

（七）地方政府债务预算管理

2020年地方政府债务暂按省财政厅下达的2019年政府债务限额63.7亿元控制。待省财政厅下达后，依法编制调整预算（草案）并提交区人大常委会审议批准。

三、认真抓好2020年预算执行工作

（一）突出挖潜育源“总抓手”，收入质量再提升

加强研究和主动应对经济发展形势及国家宏观政策变化，围绕全年收入目标，科学分解下达，把握工作主动权。进一步优化财政、税务信息共享机制，发挥税保平台作用，充分沟通协调，联合应对结构性减收压力，动态跟踪重点行业企业的税收变动情况，提高收入分析的科学性、预见性，确保完成收入预期目标。优化财政各项经济扶持政策，避免同质性重复性投入，加快实体经济转型升级，促进新兴税源型企业发展壮大。实施精准招商引资，树立税源导向，优先引进对地方财政贡献高的税源型项目和企业，提高政策引力。强化政策研究和工作对接，找准“发力点”，积极争取上级财政在政策和资金方面的支持，增加可用财力。完善收入质量监督评价，开展经常性监察，不定期发布收入质量状况，同步提升收入质量。建立健全非税信息公开机制，常态化、动态化公开收费目录清单。加快统一公共支付平台建设，扩面执收范围，扩容缴款功能，推广公共自助取票机应用。

（二）注重集中财力“关键点”，重点保障再推进

按照集中财政办大事的财政政策体系，优先保障政府的正常运转和民生支出，削减、压缩、调整个别专项资金支出，体现有保有压的原则，进一步优化财政支出结构，集中财力支持教育、社会保障、医疗卫生等民生事业发展，确保新增财力三分之二以上用于民生，以新一轮支持农业和农村发展若干政策意见的出台为契机，深入实施乡村振兴战略。围绕区委重大决策部署，统筹安排资金，确保民生项目顺利开展，探索发展PPP模式，引入社会资本参与区建设发展，加快产业基金运作，以灵活、合理的让利，引导社会资本加大对新兴产业投入，助力项目落地。

（三）打好财政创新“改革牌”，财政工作再提效

加快财税改革和信息化建设步伐，逐步建立起运行有序、约束有力、科学高效的财政运行机制。进一步健全全口径预算体系，规范预算编制、强化预算执行；围绕“全面实施绩效管理”和“两强三提高”，完善预算绩效管理工作制度，致力于探索建立科学合理、导向明确、规范管用的政府绩效管理体系；贯彻落实“最多跑一次”，着力跟进国库集中支付“不见单”审核方式，减少审核环节；全面实施政府会计制度改革，加强单位内部控制建设，不断提高单位财务管理水平；以“政采云”平台应用试点为契机，加快推进政府采购规范化进程；严把资金审核关，强化经济政策兑现、政府工程项目等资金管理。继续深化国有企业改革，不断完善政企机制，激发企业活力，促进国企监管职能转变，加大“放管服”改革力度，不断做强做优做大国有资本，增强国企核心竞争力。

（四）把握风险防范“着力点”，财政监管再严实

严格规范政府举债程序和融资担保行为，关注

分析债务变化，努力完成政府债务五年化债计划和隐性债务化解计划。督促债务单位按五年化债计划还款，加强与金融机构沟通协调，化解隐性债务行政法律风险。贯彻落实省厅关于建立财政扶贫资金动态监控机制的要求，及时做好财政扶贫资金动态监控相关牵头工作；强化国有资产监管，严格规范行政事业单位国有资产出租出借管理，积极推动国有资产管理增效；严格财政支出监管，加强投资评审、政府采购等管理，严控“三公”经费支出，提高财政支出监管水平；提升财政资金支持产业发展的精准性和有效性，进一步完善和强化产业资金联审机制，强化政策兑现公开性、公平性和反馈机制，加快产业资金的兑现进度，促进产业结构优化和调整。

（五）抓住从严治党“牛鼻子”，党风廉政再深入

继续深化“不忘初心、牢记使命”主题教育，积极推进学习型党组织建设，凝聚思想共识。深入学习贯彻习近平新时代中国特色社会主义思想，认真落实党中央和上级党委、纪委关于全面从严治党和党风廉政建设的要求，以建设清廉财政为目标，以落实主体责任为抓手，标本兼治，纵深推进全面从严治党和党风廉政建设工作。根据管党建与管业务相融合原则，在国有企业党建工作归口管理后，局党委将紧紧围绕中央和省、市、区委抓国企党建工作部署，严格落实行业主管部门抓党建主体责任，以高质量党建引领国企做大做强。

各位代表，2020 年全区财政改革工作发展任务依然艰巨，责任重大，我们将在区委的坚强领导下，自觉接受区人大监督，虚心听取区政协意见建议，贯彻区委、区政府各项决策部署，改革创新、真抓实干，持续推进财政改革发展，努力完成各项目标任务，为加快实现南浔经济社会高质量赶超发展作出更大的贡献！

湖州市南浔区人民法院工作报告

——在湖州市南浔区第四届人民代表大会第四次会议上

湖州市南浔区人民法院院长　沈舟平

2020 年 5 月 8 日

2019 年主要工作

2019年，在区委的正确领导、区人大常委会和上级法院的监督指导下，在区政府、区政协和社会各界的关心支持下，区法院高举习近平新时代中国特色社会主义思想伟大旗帜，认真执行区四届人大三次会议决议，坚持司法为民、公正司法工作主线，大力推进“四项建设”，为我区打造湖州“开放东大门、创业新高地”提供有力司法保障。共受理各类案件10852件（含旧存678件），办结10036件，同比分别下降5. 17%和6. 8%，结案标的额24. 88亿元。90%的质效指标在全省法院平均以上，近4成指标名列全省前20。员额法官人均办案270. 88件。连续三年获全市法院考核优胜奖。荣获全国法院“基本解决执行难”工作先进单位、省二等功法院、全省指导人民调解工作先进集体、全市人民满意的公务员集体等荣誉。

一、围绕中心服务大局，保障高质量赶超跨越发展

积极开展“三服务”活动，优化营商法治环境。落实“法治是最好的营商环境”，按照《南浔区政法机关服务保障民营企业发展的实施意见》要求，健全司法护企八项措施，发布《加强产权司法保护保障民营企业发展》白皮书，建立“新象新牛”企业涉诉月报制度，按照四个“不”总体要求，妥善审结涉企纠纷案件2553件，最大限度减小司法活动对企业正常生产经营的影响。与区市场监管局等5部门共建知识产权司法保护一体化协同平台，服务保障国家知识产权强县工程示范区建设。进一步加强“僵尸企业”司法处置，审结破产案件10件，浙江南方通信集团股份有限公司破产清算案顺利结案，

在职工安置、资产处置分配、投资者引进等方面均取得了良好效果。湖州新嘉力印染有限公司案件顺利执结，妥善处理所涉1000余名职工工资福利事项，首次将企业排污权纳入整体资产拍卖，企业建设和破产清算工作顺利平稳推进。对区重点企业在外涉诉案件，积极协调外地法院变更保全措施，解封银行基本账户等事宜，保障正常生产经营，得到市区领导充分肯定。强化精准“送法入企”，为行业协会、企业提供法律风险防范咨询服务270余人次，发送涉企司法建议5件。

主动保障重大项目，服务全域土地综合整治与生态修复。行政争议调解中心对涉頔塘南岸旧城改造工程征收补偿行政争议进行调解，已促成9户签约，并积极对接上级法院协调涉诉争议，为全市唯一入选全省首批未来社区项目顺利推进提供司法保障，案例入选浙江行政争议调解中心建设纪实。加强跨域司法协作，与沪、苏等地法院开展跨域立案、协助保全、委托执行、委托送达等560余件，服务长三角区域一体化发展。加强环境资源“三合一”审判，助力小城镇环境综合整治，审结全市首例环境污染责任公益诉讼纠纷案件，法检“两长”同庭履职，依法判处被告单位缴纳生态损害赔偿金186万余元。落实修复性司法理念，联合有关部门开展增殖放流活动，共计增殖放流100余万尾。实现辖区AAA级以上旅游景区巡回审判点全覆盖。审结涉农纠纷案件2817件，依法推进农村土地“三权分置”改革，促进乡村和谐、乡风文明。

大力推进诉源治理，提升基层社会治理水平。坚持“把非诉讼纠纷解决方式挺在前面”，进一步健全“三道过滤网”，从源头上减少诉讼增量。诉讼服务中心、行政争议调解中心入驻区社会矛盾纠纷调处化解中心，开展诉前调解、司法确认及简案速裁工作。健全纠纷分层调处机制，充分发挥人民调解、律师、行业调解力量，1630件纠纷通过诉前委托调解成功分流，诉前化解和民事可调撤率89. 91%，居全省第二位，一审民商事案件收案同比下降15. 62%。深化“水哥法官工作室”站点驻村、法官联村工程，强化民情走访、指导人民调解、巡回审判和法治宣传，被省委、省政府评为全省指导人民调解工作先进集体，获评全市法院矛盾纠纷多元化解工作先进集体。最高法院立案庭庭长钱晓晨来院调研并予以充分肯定。

坚持防疫办案“两手硬”，确保“两战赢”。一手抓疫情防控，积极参与下沉防控1340余人次；一手抓审判执行，大力推进在线办案，今年2—3月，通过“移动微法院”立案627件，开庭、调解、送达、终本约谈等4264次，运用“总对总”“点对点”系统网络查控5988次，网络冻结、扣划974次。依法严惩涉疫情违法犯罪，审结全省首例涉疫情居家隔离人员妨害公务罪案件，发布《疫情防控期间企业法律风险防范指南》，全面服务保障企业复工复产。

二、执法办案公正高效，维护社会公平正义

加强刑事审判，共建平安南浔。刑事一审案件受理575件，审结566件，判处罪犯893人。受理涉恶犯罪案件5件48人，对以米某某、薛某等为首的恶势力成员全部判处实刑。邀请100余名人大代表、政协委员、基层工作人员旁听庭审，加大典型案例宣传力度，营造浓厚社会氛围。审结电信网络诈骗案件9件75人，对42人特大网络电信诈骗案的2名主犯分别判处有期徒刑15年、11年，并处罚金。审结原湖州经济技术开发区党委副书记徐某某受贿案等职务犯罪案件11件11人，在全省法院职务犯罪案件审判工作调研座谈会上作经验交流，联合区纪委组织260余名党员干部旁听案件庭审，强化警示教育。坚持宽严相济司法政策，依法判处非监禁刑302人。深入推进以审判为中心的刑事诉讼制度改革，落实45名证人、鉴定人、侦查人员出庭作证，启动非法证据排除程序1次。推进认罪认罚从宽制度，审结认罪认罚从宽案件336件，其中适用速裁程序54件，开庭时间平均在20分钟以内，当庭宣判率100%。

审结未成年人犯罪案件9件10人，同比均下降47%，开展“十个一”法治关爱系列工程，未成年人犯罪率持续处于全省低位。未成年人道德法治体验馆项目主体建设完工，省关工委主任徐宏俊来院调研并予以充分肯定。温奕弋法官在获评“全国法院办案标兵”基础上，又获评“全国巾帼建功标兵”。《法制日报》头版、《人民法院报》、“学习强国”等30余家主流媒体宣传报道两代“法官妈妈”20年接力坚守未成年人法治关爱工作，入选全省十大最佳法院新闻。

加强民商事审判，促进社会和谐。民商事一审案件受理6134件，审结5585件，结案标的额22. 21亿元。审结人身损害、交通事故、劳动争议等案件264件，保障基本民生权利。审结婚姻家庭、继承、赡养、抚养等案件485件，一赡养纠纷调处案例获中央电视台《乡理乡亲》栏目深度报道。实行离婚冷静期制度，深化家事审判联席会议制度和家事纠纷联动调解机制，与市中院联合召开家事审判新闻发布会，以和美家庭促社会和谐。审结买卖、承揽、租赁等合同纠纷案件1723件，维护诚实守信市场交易规则。审结涉房屋买卖、租赁及建设工程等纠纷243件，妥善审理涉商品房“团购费”系列案件28件，维护房地产市场平稳健康发展。审结金融借款、信用卡、保险等纠纷案件271件，着力防范化解金融风险。推进非法民间借贷协同治理，民间借贷纠纷案件收案749件，同比下降36.31%。严厉打击虚假诉讼，落实诚信诉讼宣誓制度，移送涉嫌虚假诉讼案件20件，对4名虚假陈述、毁灭证据的当事人处以罚款、司法拘留。

加强行政审判，助推依法行政。抓好新一轮行政案件集中管辖工作，行政一审案件受理301件，审结204件。行政机关败诉率3.9%，行政机关负责人出庭应诉率100%。依托行政争议调解中心促成和解、撤诉132件，调撤率64.71%，根据湖州市人大常委会《关于推进行政争议实质性化解进一步加强社会治理的决定》精神，在依法前提下，先行先试，对2件行政争议调解协议进行司法确认，系全市首次，获市中院推广。行政非诉审查案件受理51件，裁定准予执行50件，支持行政机关依法履职。与区司法局共建行政争议案件法律援助工作机制，切实保护行政相对人的诉讼权益。召开行政诉讼与行政复议暨行政争议调解工作联席会议，发布行政审判白皮书，加强府院良性互动，进一步助推“法治南浔”建设。

三、“三项承诺”落实有力，努力让群众有更多司法获得感

推进“最多跑一次”改革，让当事人获得更加高效便捷的诉讼服务。持续深化标准化、智能化、多元化建设，诉讼服务“最多跑一次”改革工作获省深改办（跑改办）“竞跑者”、《新华每日电讯》、《新华社内参》等宣传推广，获评全省十佳“示范诉讼服务中心”。严格落实立案登记制，当场立案率98.6%。大力推广在线立案、调解、送达，“移动微法院”单月引入率、运用率、智能送达率均超90%。通过ODR平台引导全区3578起纠纷在线调解成功，调解成功率94.93%，让当事人及其代理人切身感受指尖诉讼、在线诉讼的便利。诉讼服务中心及人民法庭分中心实行午间延时服务，提供立案、调解、法律咨询服务350余人次，完成夜间送达、夜间调解120余件，为工作日无暇办理诉讼事务的当事人排忧解难。发放司法救助金10.5万元，指派法律援助律师140人次，确保经济困难群众打得起官司。

强化审判监督管理，让有理有据的当事人打得赢诉讼。建立法律适用分歧监管机制，强化院庭长审判监督管理职责，通过审判委员会、专业法官会议加强重大疑难复杂案件集体研讨，统一裁判尺度。在省高院组织的全省法院司法质量监督大检查中，无一件案件存在重大瑕疵，存在一般瑕疵、一般问题共2件，所占比例为全省最低。大力推进长期未结案清理，12个月以上未结案仅3件，18个月以上未结案清零，全省最少之一。深入推进审判流程、庭审活动、裁判文书、执行信息四大公开平台建设，向当事人推送案件节点信息3.2万余条，裁判文书上网7851份，网络庭审直播1365次，累计观看人数86.9万人次，让公正司法以“看得见”的方式实现。

巩固基本解决执行难成效，让胜诉当事人合法权益尽快得到兑现。执行案件受理3762件，执结3615件。全年开展凌晨集中执行12次，夜间、节假日外出执行1138人次。采取公诉与自诉并行方式，加大拒执犯罪打击力度，共审结拒执刑事自诉案件32件，全市最高，全市首例对单位、对协助义务人提起拒执自诉、对协助义务单位的法定代表人执行逮捕，被省高院选为全省六个拒执自诉典型案例之一。更加注重执行长效机制建设，全面推行执行团队派驻人民法庭执行制度，省高院刊发工作简报，《人民法院报》宣传推广。与公安、检察建立健全拒执打击、强制腾房、人员布控等执行长效机制，与区委宣传部、区发展改革和经济信息化局、区综合行政执法局、区卫生健康局等部门建立健全联动曝光失信被执行人长效机制，形成强大威慑力。执行案件制裁违法率41.75%，自动履行率59.26%，着力构建“自动履行为主、强制执行为辅”的格局。被最高人民法院、中华人民共和国人力资源和社会保障部评为“全国法院‘基本解决执行难’工作先进单位”，全省基层法院仅2家获评。

四、党建引领严管厚爱，为建设一流法院夯实根基

坚持把政治建设摆在首位。扎实推进“不忘初心、牢记使命”主题教育，迅速在全院掀起学习习近平新时代中国特色社会主义思想热潮，邀请中央党校教授做专题党课辅导报告，在读原著、学原文、悟原理上下功夫。结合“三服务”活动、“双联系双报到”制度，院领导带队深入基层调研，解决实际困难30余个。深入检视问题，召开律师与法官互评工作暨征求律师意见座谈会，并将改进措施向社会公开，主动接受监督，受到律师界广泛好评。把主题教育与争创全国文明单位结合起来，切实将理论思想学习成果转化为攻坚克难、争先创优的强大动力。

坚持把纪律作风建设挺在前面。深入推进“三个建设年”活动，加强对会风会纪、着装规范、日常考勤等专项巡查。严肃工作纪律，强化制度刚性，杜绝做“老好人”，共巡查通报69人次，运用“第一种形态”处理19人次，劝退、辞退在编干警和劳务派遣人员各1人。全面落实党风廉政建设“两个责任”，探索建立员额法官廉政档案，通过层层签订党风廉政责任书、随案发放廉政监督卡、常态化播放警示教育片、廉政短信提醒等方式，筑牢司法廉洁底线。

坚持把司法能力建设抓在常态。着力教育培养干警增强斗争精神和斗争本领，提升办大案、处置重大突发事件的能力。开展学习型法院提升工程，形成调研成果49篇，省级以上征文获奖、刊物录用11篇。选派8人到最高法院及高中级法院、援建法院、乡镇、村（社区）挂职锻炼，提升年轻干警综合素养。加大法官助理培养力度，出台法官助理跟办案件数量规定，开展书记员专项评查活动，切实提升司法辅助事务水平。

坚持把基层基础建设落在实处。优化法庭布局，恢复设立南浔法庭，进一步便利群众诉讼、纠纷化解和基层社会治理。有序完成内设机构改革，内设机构从18个缩减为11个，进一步优化司法资源配置。加强“智慧法院”建设，办案智能化水平进一步提升。加大对扰乱法庭秩序、辱骂威胁法官等行为的处罚力度，保障干警履职权益。通过举行升国旗、宪法宣誓、天平奖章颁奖仪式，积极组织参与各类文体活动和比赛，创作原创歌曲MV《法官妈妈》等系列活动，以昂扬的精神面貌向新中国成立70周年献礼。全院上下创新破难、力争第一的决心和气势显著增强，荣获市级以上集体荣誉18项、个人荣誉49项。

五、自觉主动接受监督，切实让审判权力在阳光下运行

自觉主动接受人大监督和政协民主监督。向区人大常委会专项报告扫黑除恶专项斗争工作情况，并根据审议意见抓好整改落实。向区政协主席会议通报法院工作情况，并抓好建议意见的落实。进一步加强代表委员定向联络工作，院领导带队分片区座谈、走访在浔各级代表、委员178人次，编印法院工作年报向代表、委员发放，增进对法院工作的了解。举行2次“代表委员法院行”活动。认真协办人大代表建议1件。

依法接受检察机关法律监督。支持、配合检察机关依法履行法律监督职责，区检察院检察长列席我院审判委员会4次，区检察院提请抗诉的3件案件依法予以改判。

广泛接受社会各界监督。新选任人民陪审员43名，参与审判普通程序案件868件，陪审率99. 54%。召开新闻发布会2次，举办公众开放日8次，500余人次“零距离”接触法院工作，认真办理群众来信来访，自觉接受媒体舆论监督。拓展官方微信订阅号、抖音、今日头条等新媒体宣传阵地，以群众喜闻乐见的形式传播司法正能量。

各位代表，区人民法院工作能够取得一定的成绩，离不开各级党委、人大、政府、政协和社会各界的关心与支持。在此，我代表区人民法院，向关心支持法院工作的人大代表、政协委员和社会各界人士，表示衷心的感谢和崇高的敬意！

我们清醒地认识到，工作中还存在不少困难与不足：一是党建与业务工作的融合仍需加强，党支部战斗堡垒和党员先锋模范作用有待进一步发挥；二是少数案件质量效率不够高，司法规范化水平离精细化要求仍有差距；三是一些干警在理念、效率、能力、作风上离党委新要求、群众新期待仍有差距；四是诉源治理的根基尚不稳固，社会矛盾纠纷调处化解中心建设离高标准、高要求尚有差距；五是专家型审判人才和复合型管理人才短缺，年轻干警做群众工作和化解复杂矛盾纠纷能力有待进一步提升。针对上述问题，我们将切实采取有效措施，努力加以解决。

2020 年工作思路

2020年，区人民法院总体工作思路是：高举习近平新时代中国特色社会主义思想伟大旗帜，全面贯彻党的十九大、十九届二中、三中、四中全会和省、市、区委全会精神，围绕“努力让人民群众在每一个司法案件中感受到公平正义”目标，深入开展“三个建设年”活动，全面深化“四项建设”，不断提升法院工作核心战斗力，大力提升基层社会治理水平，努力争创全国一流优秀基层法院，为重塑“水晶晶南浔”，建设美丽繁华新江南，高质量打造湖州“开放东大门，创业新高地”提供更加有力的司法保障。

在学懂弄通做实习近平新时代中国特色社会主义思想上再进一步。旗帜鲜明地把政治建设摆在首位，认真贯彻执行《中国共产党政法工作条例》，坚持党对法院工作的绝对领导。深入学习贯彻中共十九届四中全会精神，以及习近平总书记在浙江、湖州视察时的重要讲话精神，以法院工作实际成效为我省成为新时代全面展示中国特色社会主义制度优越性的重要窗口保驾护航、增光添彩。巩固深化“不忘初心、牢记使命”主题教育成果，着力抓好党支部标准化规范化建设，提升组织力、战斗力。

在服务保障改革发展稳定大局上再现担当。紧紧围绕当好践行“两山”理论样板地模范生、基层治理现代化先行地排头兵的使命目标和区委“一一二八”工作部署，更加积极主动地服务好重大项目推进、全域土地整治、三大攻坚战等中心工作，履行司法保障职能，展示司法担当。深入开展“三服务”活动，积极做好疫情防控和复工复产司法服务，妥善审理涉疫情各类合同、劳动争议、行政等纠纷，营造公平有序的营商法治环境。推动建立健全遏制黑恶势力滋生蔓延的长效机制，坚决取得“扫黑除恶”专项斗争压倒性胜利。加强破产重整、金融审判，防范化解重大风险。充分发挥知识产权司法保护一体化协同平台作用，依法惩处各类侵犯知识产权行为，服务保障国家知识产权强县工程示范区建设。加强行政争议调解中心建设，实质性化解行政争议工作力争继续走在全省前列。大力推进长三角跨区域司法协作，保障长三角一体化战略实施。

在践行为民宗旨增强群众司法获得感上再下功夫。积极化解人民群众关心的就业、教育、医疗、养老等领域矛盾纠纷，坚持案件审理政治效果、法律效果和社会效果的统一。深化标准化、智能化、多元化建设，当好全省法院司法领域“最多跑一次”改革的排头兵。进一步健全完善“自动履行为主、强制执行为辅”的执行长效机制，继续保持打击拒执犯罪的高压态势，推进社会诚信体系建设。加强律师履职保障，完善法官、律师互评机制，协力推进法律职业共同体建设。建设新媒体法治宣传集群阵地，进一步拓展司法公开的深度和广度。

在加强改革创新推进基层治理现代化水平上再获提升。全面推进“两个一站式”建设，充分发挥社会矛盾纠纷调处化解中心作用，诉源治理工作保持全省前列。进一步优化人民法庭布局，争取恢复设立和孚、善琏法庭，健全司法服务网络。加强“水哥法官工作室”驻村站点网格化融入、信息化管理，加强审判员、人民调解员、网格员“三员”联动，大力推进无讼村（社区）创建，全面参与基层治理。按照上级统一部署，推动现代科技和司法审判深度融合，打造移动电子诉讼体系，推进审判体系和审判能力现代化。

在全面从严治院争当司法排头兵上再上台阶。以争创全国文明单位为抓手，全面提升各项工作标准和管理水平。大力营造以实绩论英雄的氛围，大力推行“牛刀”工作法、“钉钉子”工作法、统筹工作法，不断提高司法能力和水平。大力加强清廉法院建设，自觉接受巡察、督查。自觉接受人大、政协、检察机关和社会各界监督。坚持严管厚爱，加强法官履职保障，深入推进审判队伍革命化、正规化、专业化、职业化建设。

各位代表，新的一年，我们将在区委的坚强领导、区人大及其常委会的有力监督下，认真落实本次大会决议，切实履行好宪法和法律赋予的职责，以新担当、新作为努力开创法院工作新局面，为我区高质量打造湖州“开放东大门、创业新高地”作出新的贡献！

湖州市南浔区人民检察院工作报告

——在湖州市南浔区第四届人民代表大会第四次会议上

湖州市南浔区人民检察院检察长　毕　琳

2020年5月8日

2019年，区检察院坚持以习近平新时代中国特色社会主义思想为指导，深入贯彻党的十九大及十九届历次全会精神，围绕区委“聚力大赶超、实现新跨越”的奋斗目标，紧扣“深化法律监督，彰显司法权威，维护公平正义”工作主线，以“三个年”活动为总抓手，深化主题教育，强化法律监督，推进改革创新，各项检察工作取得新成效。

一、提高政治站位，在服务大局中展现检察担当

始终坚持党对检察工作的绝对领导，持续在服务中心、保障大局中强化担当，促进检察工作与大局工作同向同行。

全力维护社会稳定。围绕新中国成立70周年，扎实做好检察环节维稳安保工作。坚决依法严厉打击危害国家安全、社会安全等各类刑事犯罪，共受理审查逮捕案件332件612人、审查起诉案件725件1177人，经审查批准逮捕458人，提起公诉1019人。始终保持严厉打击严重刑事犯罪的高压态势，依法从重打击强奸、抢劫等严重暴力犯罪18件22人，侵财型犯罪181件332人，“黄赌毒”等严重妨害社会管理秩序犯罪131件384人，放火、危险驾驶等危害公共安全犯罪220件220人。

扎实深化扫黑除恶。出台并严格落实《南浔区人民检察院扫黑除恶攻坚年活动方案》，建立“网格+检察”工作机制和大控方格局。坚持依法打击，强化提前介入，注重打准打狠、确保质效，共批捕涉黑涉恶52人，起诉45人。紧盯人民群众关注的大案要案，组织专案攻坚，依法办理省公安厅挂牌督办的郑某某等36人涉黑案和省检察院挂牌督办的米某某等15人涉恶案。注重“破网打伞”，依法办理“保护伞”案件4件，发现并移送“保护伞”线索7件。

护航企业健康发展。坚持“法治是最好的营商环境”，把惩治与保护并重贯穿办案始终，在依法快捕快诉11件阻碍企业发展的刑事犯罪同时，对涉企嫌疑人开展羁押必要性审查，变更强制措施5人，其中胡某某等二人拒不执行判决裁定羁押必要性审查案获评全省检察机关刑事执行检察精品案件。开展案后帮扶，落实涉企案件“一案一建议一宣讲”，针对办案中发现的企业、行业管理存在的问题漏洞，提出检察建议，开展法治宣讲，帮助堵漏建制。在办理的电梯行业虚开增值税专用发票系列案中，为40余家企业开展法治宣讲课取得积极成效，获评全市检察机关“三服务”优秀案例。

推进基层社会治理。坚持践行“新时期枫桥经验”，开展诉源治理，落实宽严相济刑事政策，坚持少捕慎诉，对不构成犯罪、证据不足或犯罪情节轻微的犯罪嫌疑人，依法不批捕153人，不起诉192人，不捕不诉率分别达25.04%和15.85%。坚持做好办案后半篇文章，努力研究突出问题治理对策，发出社会治理类检察建议15件。强化司法人文关怀，对12名存在生活困难的刑事被害人，积极开展司法救助，发放救助金6.4万元。

携手同心助力“两战”。在今年年初新冠肺炎疫情防控最吃劲时，协助区委区政府落实防控责任，下沉社区开展住户排摸、隔离人员驻点看守等基层防控工作。研究出台本院《疫情防控期间案件办理规定》，联合公安、法院出台《涉疫情刑事案件办理规定》，并依法办理全省首例居家隔离人员违反居家隔离规定、妨害公务案，被最高检评为十大妨害新冠肺炎疫情防控犯罪典型案例。扎实开展野生动物保护、制售问题口罩的专项公益诉讼监督，助力做好疫源防控。针对省内外监狱暴发疫情风险，及时制定《刑事执行监督案件化办理实施办法》，对监管场所的疫情防控实施有效监督。落实“深化‘三服务’、助企开复工”专项行动，坚持“企业复工需求在哪里，检察服务就跟进到哪里”，组建助企服务专员队伍进驻7家企业，“一对一”协调破解复工复产中的难点和堵点，有力推动疫情平稳后经济社会健康发展。

二、聚焦法律监督，在履职中推动四大检察高质量发展

贯彻区委《推进法治建设、加强检察机关法律监督实施办法》，聚焦“四大检察”工作新格局，提升法律监督上新台阶。

注重监督增效，做优刑事检察。加快刑检改革转型。实行捕诉一体办案机制，在全面提升法律监督水平的同时，进一步提高办案效率，缓解我院长期存在的案多人少问题。稳步推进认罪认罚从宽工作，办理认罪认罚案件 336 件 462 人。积极推进精准量刑建议，实行阶梯式从宽量刑，量刑建议采纳率 97.98%。加强侦查活动监督。注重防错防漏，监督立案 7 人，监督撤案 11 人，纠正漏捕漏诉 15 人。严格把握捕诉标准，依法适用非法证据排除 1 件，针对不符合法律规定的侦查行为，提出书面纠正意见 18 份。加强审判活动监督。完善双重审查和员额检察官交叉审查、判后听取律师意见等工作机制，对发现确有错误的刑事判决，提起提请刑事抗诉 3 件，均获法院改判。加强执行活动监督。开展羁押必要性审查，对 49 人依法变更为取保候审。开展“判实未执”专项监督，对 7 名违规社区服刑人员督促收监执行，对 34 件财产刑事案件督促执行，保证刑罚的严肃性。

注重监督刚性，做强做实民事行政检察。以区委出台《推进法治建设、加强检察机关法律监督实施办法》为契机，推动建立行政执法信息向检察机关共享的工作机制。深入开展行政非诉执行监督专项行动，重点关注“裁执分离”等行政执行领域，共受理行政非诉执行监督案件 5 件，提出检察建议 5 份。探索推动行政争议实质性化解工作，坚持在调解中监督、在监督中支持，对 1 件案件进行实质性化解。注重民事生效裁判监督，以查办虚假诉讼为抓手，加强对套路贷等案件线索的审查，共审查各类线索 50 余条，向市院提请抗诉 1 件。坚持抗诉与息诉并重，对法院正确的裁判，开展释法说理，引导当事人息诉 5 件，以共同维护法律权威。

注重提质扩面，做好公益诉讼。积极回应人民群众对公共利益的关切，聚焦法定领域，深化拓展。突出生态环境保护重点，通过办理案件来推动开展环境专项整治；关注食品药品热点，开展“保障千家万户舌尖上的安全”专项监督，针对售卖过期食品、网络餐饮等问题，推动开展食品安全专项整治。加强“等外”领域公益诉讼工作的探索，针对电梯、消防通道等公共安全领域存在隐患的问题，督促职能部门切实承担起监督管理职责。全年办理四大领域公益诉讼案件 7 件，对两起非法捕捞水产品案件依法提起刑事附带民事公益诉讼，追缴承担渔业增殖放流费用，向非法捕捞的水域投鱼苗 100 余万尾；对一起环境污染、破坏生态案件提起单独民事公益诉讼，追偿生态修复费用 190 余万元。

注重反腐倡廉，协力推进反腐。紧紧围绕反腐败工作大局，加强与监察委办案的衔接与配合，对重大复杂案件积极落实提前介入、案情协商等工作机制，对涉黑涉恶案件实行“保护伞”线索审查留痕及信息共享、线索移送机制，并率先对职务犯罪实行捕诉一体，努力在更高起点上推进反腐败斗争。受理监察委移送或上级交办的职务犯罪案件 14 件 14 人，决定逮捕 9 人，提起公诉 11 人。审查起诉的原湖州市开发区副主任徐某某受贿一案在全市率先适用认罪认罚从宽制度，取得较好社会效果和法律效果。

三、突出创新引领，在改革发展中打造浔检特色品牌

注重品牌打造、机制创新，认真落实内设机构、捕诉一体、认罪认罚等改革要求，激发创新改革产生“化学反应”。

创新发展未成年人司法保护。以全国未成年人检察工作创新实践基地为依托，将智慧化和保护性司法理念贯穿未成年人检察工作始终，高质量推进未检工作发展。构建线上人格甄别和观护体系，以儿童专家、司法社工、公益组织等 9 大平台为载体，组建 100 余人的专业帮教队伍，实现信息化的帮教需求发布、专业资源匹配、观护动态掌握。共对 75 名未成年人开展心理测评和疏导，依法作出不捕决定 5 人，不起诉决定 31 人，其中作出附条件不起诉决定 12 人，全部实现专业性观护帮教；办理的顾某某、邵某某盗窃监督撤案并分级干预案获评全省未成年人司法保护优秀案例。依托在线加强法治教育，学校主动预约和邀请“检察进校园”活动 12 次，主动到我院法治教育基地参加各类法治活动 180 人次，实现我区法治宣讲覆盖率达 91%。举办检察开放日，发布《未成年人刑事检察工作白皮书》，进一步推动未成年人司法保护共识与合力。开启未成年人公益服务跟踪体系，启动“‘浔+雏燕’公益服务项目”，联合团区委、区志愿者协会出台《涉罪未成年人公益服务跟踪考评实施办法（试行）》，构建全面科

学评价体系。我们通过线上签到、签退、评价反馈等功能，对附条件不起诉人参加公益活动进行实时监督及动态观护，为罪错青少年回归社会创造条件。该项工作已作为全省试点工作进行推广。

推进“检校合作”深度融合。“姚建龙教授学术团队工作室”在我院设立以来，我们致力于把未成年人检察工作打造成“未检改革的试验田”、“学术研究的样本”和“人才培养的基地”，工作室以南浔区检察院的司法实践为样本，开展学术理论与实践研究，并积极推动未成年人司法保护领域的各项改革。南浔区成为少年司法罪错先议制度试点地区、司法部课题少年收容教养制度改革试点地区、教育部《未成年学生学校保护规定》起草调研地区、《预防未成年人犯罪法》专家建议稿调研地区等，我们所调研的两个课题在最高检进行交流，工作成效被省院检察长批示肯定，区检察院在全国检察机关未成年人检察领域的影响力得到进一步提升。

加强智慧检务建设。注重科技引领，依托检察技术推动办案质效提升。深化智慧未检 App 的研发运用和全市推广，提升未检工作智能化。牵头做好政法一体化办案系统提质拓面工作，将协同拓展到立案监督、涉案财物等方面，网上协同办案率达100%。探索公益服务信息化跟踪系统，形成有效工作做法，成为全省信息化建设的试点应用项目，为全省发展提供南浔经验。承担浙江检察移动检务平台在基层院的试点工作，依托“掌上检察院”，努力为代表委员、人民监督员、律师及当事人等提供检察便民服务。

深化司法综合配套改革。落实政法领域全面深化改革精神，全面完成内设机构改革，成立民事检察、公益诉讼专门机构，构建四大检察专门机构职能和人员配备新格局。落实领导办案制，院领导带头办理疑难复杂等案件 212 件，院领导出庭公诉渐成常态，落实检察长列席法院审判委员会制度，健全案件质量评查制、检察官联席会议制、员额检察官交叉审查制及重大疑难案件报批制，为案件质量上“多重保险”，使每一件案件都经得起检验。

四、全面从严治检，在监督能力建设中夯实检察发展根基

牢固树立强基固本思想，主动适应改革要求和形势变化，加强队伍四化建设，为“四大检察”夯实根基。

全面加强政治建设。扎实开展“不忘初心、牢记使命”主题教育，进一步坚守为民初心，坚定理想信念。紧紧抓住学习贯彻习近平新时代中国特色社会主义思想这条主线，把“守初心、担使命、找差距、抓落实”的总要求贯穿始终，坚持党的绝对领导与抓检察业务有机结合，深入查找差距、狠抓整改落实。以纪律作风建设为保障，推动全面从严治党、从严治检向纵深发展，为检察工作创新发展提供坚强的政治保证。

实行人才兴检战略。加强专业能力建设，开展常态化的业务培训，承办“浙江省未成年人刑事司法研究会学术年会”及首期“湖州检察论坛”，深化“浔+青年”，开展青年说、浔溪问道等技能练兵。加强内外交流，在华东政法大学举办干警素能提升研修班，邀请博士生、研究生来“工作室”开展实践研究。加强调查研究和成果转化，干警撰写的 5 篇检察调研论文在全国性知名期刊上发表。

自觉接受外部监督。自觉接受人大监督，做好接受区人大常委会对检察机关公益诉讼专题审议工作，并认真整改。自觉接受民主监督，向政协通报检察工作，认真办理代表委员提出的建议件。深化代表委员“一对一”联络机制，举办检察开放日活动，邀请代表委员、民营企业家、工人代表、行政机关人员等走进检察机关，了解检察工作，听取意见建议。加强工作信息和案件信息公开，发布典型案件、特色工作、队伍建设等微信宣传 141 篇，公开法律文书 640 份，重要案件信息 23 条，主动接受群众监督。

2019 年，我院各项检察工作取得了新的进步，被评为全省“检察工作成绩突出的基层检察院”，并荣获集体三等功，全国模范检察官章春燕同志再获“全国三八红旗手”殊荣，27 个集体和个人荣获市级以上荣誉，22 件案件被评为省、市精品和优秀案例。南浔检察工作的发展和进步，离不开区委和上级院的坚强领导，离不开区人大及其常委会的有力监督，也离不开区政府、区政协和社会各界的大力支持。特别是各位代表委员依法履职、深入监督、积极建言献策，为我们做好各项工作提供了强大动力。在此，我代表区人民检察院向大家表示衷心感谢！

同时，我们也清醒认识到，检察工作中还存在一些问题和不足：一是检察工作与全区工作大局的融合度还有待进一步加强，结合办案开展“三服务”的优秀案事例不多；二是四大检察发展还不平衡，民事检察、行政检察发展瓶颈依然存在；三是检察人员专业素养、知识储备还不能适应快速推进的改革要求。对这些问题，我们将高度重视、认真研究加以解决。

各位代表，2020 年是高水平全面建成小康社会的收官之年。区检察院的总体思路是：继续高举习近平新时代中国特色社会主义思想伟大旗帜，深入学习贯彻党的十九大、十九届四中全会精神和习近平考察浙江重要讲话精神，紧紧围绕全区改革发展稳定大局，以贯彻落实区委《推进法治建设、加强检察机关法律监督实施办法》为抓手，以“深化法律监督，彰显司法权威，维护公平正义”为主线，坚持紧扣司法办案核心、聚焦法律监督重点、深化司法改革实践、提升队伍建设效能，为重塑“水晶晶南浔”，建设美丽繁华新江南，高质量打造湖州“开放东大门、创业新高地”提供有力的司法保障。重点做好以下工作。

一是在服务大局、保障经济发展、推进区域治理现代化上更有担当、有作为。认真贯彻落实党的十九届四中全会精神和习近平考察浙江重要讲话精神，牢牢把握检察机关“八八战略”践行者、护航者的职责定位，紧扣保障区委“一一二八”发展战略部署，找准服务南浔转型发展和区域治理现代化的切入点和着力点。坚持少捕慎诉，推动诉源治理，深化扫黑除恶，全力推进检察工作与经济社会发展和治理现代化同频共振。不断优化营商环境，努力在防疫抗疫中护航企业复工复产，在复工复产中持续服务好企业防疫抗疫，积极派送包含检察建议、政策支持更新等内容的法律“服务包”，努力为企业提供有温度的司法保障。

二是在践行“两山”理论、护航“重塑水晶晶南浔”上更有行动自觉。以纪念“绿水青山就是金山银山”理论提出 15 周年为契机，深入践行“两山”理论，大力开展生态检察工作，以打造“融合式监督、恢复性司法、社会化治理”为目标，依法打击破坏环境资源犯罪，积极探索野生动物保护等领域公益诉讼，主动开展环境资源保护常态化监督，综合运用“消除污染”“增殖放流”“补植复绿”等方式开展生态修复工作。加强分析研判，将个案办理与区域治理有机结合，注重发现个案背后的共性问题，以检察建议等形式堵塞监管漏洞，推动民生环保等重点领域和重点行业治理，努力助推打好三大攻坚战、重塑“水晶晶南浔”。

三是在强化法律监督和维护公平正义上提供更多更优的检察产品。以司法办案为中心，自觉抓好“四大检察”“十大业务”，全面贯彻落实区委《推进法治建设、加强检察机关法律监督实施办法》，提升监督刚性。深入落实认罪认罚从宽制度，依托捕诉一体化办案，强化对刑事立案、侦查、审判、刑罚执行的监督；拓宽民事、行政检察案源渠道，加大对民事行政裁判、执行、虚假诉讼等活动的监督；聚焦重特大案件办理，优化公益诉讼案件结构，提升办案质效；通过推动刑事、民事、行政和公益诉讼检察全面协调充分发展，努力让人民群众在每一个司法案件中都感受到公平与正义。

四是在深化改革和工作创新上更敢登高望远。深化司法体制综合配套改革，完善分类管理和绩效考核机制，扎实推进新型办案团队建设、领导带头办理重大疑难复杂案件、员额检察官动态调整等工作，努力做好司法改革的“精装修”。以政法机关一体化办案系统建设为着力点，加强信息技术、人工智能与检察工作的深度融合，加快实现刑事案件网上单轨制办理，全面推进办案智能辅助系统。依托“姚建龙教授学术团队工作室”，努力发挥服务国家立法与司法改革的积极作用，提升未检工作的品质。

五是在自身建设和提升司法公信上更有检察自信。强化党建引领，抓好“不忘初心、牢记使命”主题教育的巩固、深化和提升，坚持不懈强化思想政治建设，推动党建与业务建设融合发展。持之以恒抓好专业化建设，精细化推进教育培训和业务竞赛，全面提升法律监督能力，适应司法新要求。持续加强党风廉政建设，压实“两个责任”，强化监督制约，确保司法文明规范、队伍风清气正。加强检察宣传和代表委员联络，加大检察技术推动检务公开力度，自觉接受人民群众监督，以公开促公正树公信。

各位代表，初心如磐，使命在肩，新的一年，我们将在区委和上级检察院的坚强领导下，认真落实本次会议决议，不忘初心、牢记使命，推进南浔检察工作提质增效、创新发展，为我区“聚力大赶超，实现新跨越”作出新的贡献。

·表彰名单·

一、国家级先进集体

2020年度中国全面小康百佳示范县市
南浔区
2020年度中国社会治理百佳示范县市
南浔区
2020全国县域数字农业农村发展先进县
南浔区
国家级全域土地综合整治试点
南浔镇　旧馆镇
全国优秀法院
区人民法院
全国法院一站式多元解纷诉讼服务体系建设先进单位
区人民法院
司法宣传和通联工作先进单位
区人民法院
2020全国五四红旗团委（团支部）
区税务局团支部
全国侨联系统助力脱贫攻坚先进集体
区侨联
全国市场监管系统抗击新冠肺炎疫情先进集体
区市场监督管理局南浔分局
全国脱贫攻坚先进集体
中共湖州市南浔区委员会
2020年第二批全国乡村旅游重点村
和孚镇荻港村
全国侨联系统助力脱贫攻坚优秀集体
区侨联
《江南豪门》获第八届“徐迟报告文学奖”优秀奖
区委宣传部
《水无穷处——南浔笔记》获第八届“徐迟报告文学奖”长篇奖
区委宣传部
《线下与线上同步 制管与智管同频》荣获优秀案例奖
区纪委区监委
纪念中国农工民主党成立90周年参政议政工作先进集体
农工民主党南浔区支部
“百场老年健康教育培训活动进社区”获评全国终身学习培训品牌项目
区教育局
第五届“万步有约”健走激励大赛“全国优秀健走组织单位奖”
区教育局
中国曲棍球推广校
南浔思进小学
第三批国防教育特色学校
南浔实验小学
2020年全国青少年校园篮球特色学校
南浔锦绣实验学校
全国“乡村振兴大课堂”共建共享实验基地
双林成校
第十七届“当代杯”全国幼儿教师职业技能大赛“先进单位”
练市镇中心幼儿园
全国模范职工小家
移动南浔分公司工会

二、国家级先进个人

“法治进校园”全国巡讲活动表现突出个人
章春燕（区人民检察院）
沈勐儿（区人民检察院）
全国公安系统个人嘉奖
归松良（区公安分局交警大队）
张安帮（区公安分局禁毒大队）

全国劳动模范
施文美（湖州太平微特电机有限公司）
中国好人榜
沈应珍（善琏镇卜家堰村）
全国脱贫攻坚先进个人
张开荣（善琏镇公共事业服务中心）
CCTV 2020 年度法治人物
章春燕（区人民检察院）
守望正义——新时代最美检察官
章春燕（区人民检察院）
全国模范人民调解员
温根生（区司法局南浔司法所）
第五届全国未成年人思想道德建设工作先进工作者
陈培英（区委宣传部）
全国敬老爱老助老模范人物
蒋惠芳（区人民医院）
2019—2020 年度全国优秀企业家
李东流（森赫电梯股份有限公司）
全国关心下一代工作先进工作者
虞林妹（区“五老”关爱团）
全国内部审计先进工作者
韩　勇（浙江南浔农村商业银行股份有限公司）
全国公安系统个人三等功
王同凡（区公安分局练市派出所）
第二次全国污染源普查表现突出个人
谈利强（区生态环境分局）
罗玉妹（区生态环境分局）
陈嘉琦（区生态环境分局）
薛　姣（区生态环境分局）
民建全国抗击新冠肺炎疫情先进个人
沈玲女（民建南浔镇支部）
民进全国会史工作先进个人
李惠民（民进南浔区基层委菱湖支部）
全国无偿献血奉献奖金奖
金永军（市新闻传媒中心南浔分中心）

三、省级先进集体

浙江省 2020 年度平安县（市、区）
南浔区（十六连冠，授予“平安牌”）
2020 年浙江省区域推进语言文字规范化县（市、区）
南浔区
省级国土资源节约集约模范县（市、区）
南浔区
浙江省农村文化礼堂建设示范县（市、区）
南浔区
浙江省第二十二届水利大禹杯提名奖
南浔区
浙江省稻渔综合种养示范县
南浔区
健康浙江考核优秀等次
南浔区
2020 年度浙江省乡村全域土地综合整治与生态修复工程绩效评价优秀等次（全省第二）
南浔区
2020 年度“全省政法系统执法办案、矛盾纠纷调解成绩突出集体”
区人民检察院第三检察部
浙江省东西部扶贫协作奖（组织工作奖）
南浔区对口工作领导小组
浙江省东西部扶贫协作奖（社会责任奖）
浙江世友木业有限公司
浙江省第二次全国污染源普查成绩突出的集体
区农业农村局　区生态环境分局
2020 年全省“示范数字档案室”
区农业农村局
“森林浙江”建设工作突出贡献集体
区自然资源和规划分局
浙江省全域土地综合整治试点
南浔镇　旧馆镇
2020 年浙江省“一村万树”示范村
南浔镇英雄村　南浔镇息塘村　练市镇荃步村
菱湖镇杨港村　和孚镇新荻村　善琏镇窑里村
千金镇商墓村　石淙镇镇西村
浙江省 2019—2020 年度“三育人”先进集体
菱湖实验小学
浙江省抗击新冠肺炎疫情先进集体
区医疗集团南浔院区

浙江省先进基层党组织
南浔镇辽西村党支部
2020 年度全省先进基层检察院
区人民检察院
全省法院党建工作创新案例三等奖
区人民法院
全省突出贡献法院
区人民法院
2020 年度全省人大信息工作成绩突出单位
区人大机关
2020 年度全省政务信息工作考核二等奖
区政府办公室
《山中青年》融媒体系列报道优秀组织单位
区委宣传部
2020 年度宣传半月刊优秀组织奖
区委宣传部
2020 年度浙报集团最佳报道组
区委报道组
2020 年度全省宣传信息工作先进单位
区委宣传部
民革全省先进基层组织
民革南浔区总支
全省民盟系统抗击新冠肺炎疫情先进集体
民盟南浔区总支
农工民主党浙江省社会服务工作先进基层组织
农工民主党南浔区支部
抗击新冠肺炎疫情以来民营企业调查点工作先进单位
区工商联
浙江省"四好"商会
区工商联石淙商会
第三批省级民族团结进步重点培育单位
菱湖中学
省级"十百千万"宗教法治宣传教育基地
东岳庙
浙江省侨务工作示范基地
中国桑基鱼塘研学文化交流基地
浙江省华侨国际文化交流基地
中国湖笔文化馆
全省档案宣传工作先进单位
区档案馆
浙江省东西部扶贫协作组织工作奖
区发改经信局
"坚持项目为王，全力扩大有效投资"案例获评省经信系统"最佳实践"
区发改经信局
2020 年浙江省物联网年度科技创新（应用）奖
区发改经信局
全省"示范数字档案室"
区教育局
浙江省幼儿体育大会教师健身舞操表演三等奖
练市镇中心幼儿园
浙江省健康促进学校
金牌：旧馆小学
银牌：马腰小学
第十批浙江省绿色学校
湖州师范学院南浔附属小学
浙江省优秀少先队集体
湖州师范学院南浔附属小学
首批省级反恐怖"四联三防"建设示范点
湖州师范学院南浔附属小学
《欢声常伴 安暖心依》浙江省中小学艺术节二等奖
湖州师范学院南浔附属小学
《月光下的中国》浙江省 2020 经典诵读二等奖
湖州师范学院南浔附属小学
浙江省优秀成教品牌——《杜鹃盆景制作培训》
双林成校
2020 年度浙江省白蚁防治工程质量优秀单位
区住建局
南浔大桥荣获 2019—2020 年度上海市建设工程金属结构"金钢奖"
区交通局
南浔大道获省级特色精品道路
区交通局（南浔大道）
2020 年度全省优秀审计项目一等奖
区审计局
2020 年度全省优秀县级审计机关
区审计局
2020 年度浙江省审计厅优秀大数据审计案例
区审计局
《湖州南浔区担当作为 全国首创加装电梯地方标准》荣获浙江省"三服务"活动月度十个好典型
区市场监管局
浙江省标准化离退休干部党支部
区市场监管局机关退休党支部

区市场监管局“红盾银领”党支部

五星级规范化市场监管所

区市场监管局菱湖分局

四星级规范化市场监管所

区市场监管局和孚所　区市场监管局石淙所

区市场监管局善琏所

三星级规范化市场监管所

区市场监管局旧馆所　区市场监管局千金所

浙江省志愿服务工作先进集体

南浔红盾先锋志愿服务队

2020 年度省市场监管局综合绩效考评优秀单位

区市场监管局

2020 年度省市场监管系统政务信息工作先进单位

区市场监管局

全省战备建设先进单位

区人武部

全省军事训练先进单位

区人武部

全省民兵工作先进单位

区人武部

全省征兵工作先进单位

区人武部

2020 年度打击治理跨境赌博专项工作突出贡献集体

区公安分局“628”专案组

2020 年度“净边 2020”专项行动突出贡献集体

区公安分局禁毒大队

浙江省“最美环保人”提名奖

区环境监察大队双林中队

浙江省巾帼文明岗

移动南浔分公司练市网格

“2020 走千家、访万户、共成长”——推动数字化转型、建设一流社区银行劳动竞赛二等奖

南浔银行

2020 年度浙江农信系统文明规范服务示范单位

南浔银行双林支行

全省农行 2020 年度先进单位

农业银行南浔支行

2019—2020 年度全省农行对公业务先进集体

农业银行南浔支行

全省农行 2020 年度城市攻坚战先进单位（份额奖）

农业银行南浔支行

2020 年度全省农行运营基础管理先进单位

农业银行南浔支行

2019—2020 年度全省农行资金计财先进集体

农业银行南浔支行综合管理部

农业银行南浔支行运营财会部

全省农行 2019—2020 年度风险管理先进集体

农业银行南浔支行风险管理部

2020 年度全省农行合规标杆网点

农业银行南浔适园路支行

2020 年全省劳动人事争议案件处理工作突出集体

开发区劳动人事争议调解中心

全省首批“枫桥式”司法所

区司法局开发区司法所

浙江省首批现代商贸特色镇

南浔镇

2020 年浙江省电子商务电商镇

南浔镇　双林镇

浙江省美丽城镇建设样板创建乡镇行动方案省级优秀

练市镇（第一批）　双林镇（第二批）

《基层“一支队伍管执法”改革》荣获浙江省县乡法治政府建设“最佳实践”项目

练市镇政府

浙江省园林城镇

练市镇

浙江省美丽城镇基本达标城镇

练市镇

2020 年度浙江省美丽乡村示范乡镇

双林镇

2020 年度新时代美丽城镇省级样板

菱湖镇

浙江省特色小镇

善琏镇

“浙江善琏 2020 首届中华全国农民集邮展览”特殊贡献奖

善琏镇人民政府　善琏学校

2020 年度浙江省高标准生活垃圾分类示范片区

善琏镇

2020 年度浙江省高标准生活垃圾分类示范小区

凤凰水岸　润泽禄地　羊角圩小区　和福家园

东方豪园　练溪上郡　名雅苑　铭翠苑　玫瑰苑

新墩小区　石桥头小区　塔拉湾小区　展望家园

向阳小区　南林花园　虹阳花园　美莱国际

浙江省善治示范村

和孚镇陈塔村　和孚镇吴兴塘村　练市镇农兴村

石淙镇花园湾村　菱湖镇杨港村　和孚镇新荻村

善琏镇观音堂村　南浔镇横街村　练市镇悦新村
双林镇莲花兜村　善琏镇含山村　双林镇华侨村
开发区祐村村　南浔镇屯圩村　双林镇后坝村
千金镇石桥村　南浔古镇旅游度假区辽里村
开发区英雄村　开发区方丈港村　南浔镇堰四村
南浔镇计家兜村　练市镇白水河村
练市镇西堡村　练市镇车塔村　双林镇周家兜村
南浔镇神墩村　练市镇丰登村　练市镇严家圩村
双林镇邢窑村　菱湖镇永丰村　菱湖镇射中村
旧馆镇光明村

四、省级先进个人

2020年浙江省“春蚕奖”

冯月忠（浔溪中学）　刘　英（含山小学）

2020年浙江省“绿叶奖”

沈振宇（练市镇人民政府）

浙江省2019—2020年度“三育人”先进个人

刘光丽（南浔锦绣实验学校）

2019—2020年度浙江省优秀校长

张香明（南浔开发区实验学校）

“现代课程思想和学校高质量发展”探索贡献奖

马会仁（南浔锦绣实验学校）

第四届浙江省“最美教师”提名奖

沈越群（双林二中）

生态省建设突出贡献个人（三等功）

徐晓荣（区生态环境分局）

2020年浙江“十佳科技追梦人”

沈学能（菱湖渔业协会）

2020年度全省美丽城镇建设成绩突出个人

沈其民（菱湖镇人民政府）

2020年度浙江省生活垃圾分类工作成绩突出个人

袁榴红（区住建局）

浙江省抗击新冠肺炎疫情先进个人

张和义（区医疗集团双林院区，援鄂）
李世标（区医疗集团菱湖分院，援鄂）

浙江省担当作为好干部

陆利斌（区发改经信局）

2020年度“最美浙江人·浙江骄傲”人物提名奖

张开荣（善琏镇公共事业服务中心）

2020年浙江好人

沈　勇（区公安分局交警大队镇区中队辅警）
沈应珍（善琏镇卜家堰村东山庄村民）
马　斌（原南浔镇朱坞村美团站点骑手）
盛素红（菱湖盛江家庭农场农场主）

全省财政系统先进个人

何琪虎（区财政局）

浙江省2020年度改革创新工作中成绩突出个人

王剑峰（中共南浔区委）

浙江省水利建设工程质量监督先进个人

杨　帆（区水利局）

第二届全省检察机关案件管理业务能手

许芸华（区人民检察院）

2020年“最美诚信浙江人”

章春燕（区人民检察院）

浙江省东西部扶贫协作个人突出贡献奖

张开荣（善琏镇公共事业服务中心）
黄卫军（南浔区委）

浙江省东西部扶贫协作个人爱心奉献奖

沈利根（旧馆中学）

中国城市环境卫生协会华东地区“疫不容辞”诗歌朗诵比赛三等奖

陈　燕（区综合行政执法局）

省综合执法系统执法办案练兵比武活动优胜奖

沈建强（区综合行政执法局）

2020年度全省政务信息工作考核优秀个人

刘光云（区政府办）

省人民政协理论研究会2020年度论文征评三等奖

董明华（区政协机关）

省人民政协理论研究会2020年度论文征评优秀奖

姜文杰（区政协机关）

全省消除集体经济薄弱村工作成绩突出个人

陈泽育（区委组织部）

2020年度全省网信工作成绩突出个人

郭志辉（区委宣传部）

2020年度浙江省宣传半月刊优秀通讯员

王志刚（区委宣传部）

2020年度全省宣传信息工作先进个人

王志刚（区委宣传部）

2020年度全省社会舆情信息工作先进个人

王志刚（区委宣传部）

2020 年省“扫黄打非”成绩突出个人
何 凯（区委宣传部）
浙江省侨联系统先进工作者
熊 颖（区委统战部）
全省民革疫情防控先进个人
章 昊（民革南浔区支部）
民建全省抗击新冠肺炎疫情先进个人
吴 桢（民建南浔区基层委员会）
沈玲女（民建南浔区基层委员会）
2020 年度民盟省委会“抗击新冠肺炎疫情先进个人”
沈 丹（区财政局）
浙江省第六届民族团结进步模范个人
杨秀智（区少数民族代表人士联谊会）
浙江省侨界“十杰”
蔡崇信（南浔区乡贤）
全省反邪教工作成绩突出个人
吴学伦（区委政法委）
2020 年浙江省“最美公务员”
沈德明（区发改经信局）
公共法律服务体系建设成绩突出个人
李云芸（区法律援助中心）
全省司法行政系统法治化营商环境优化专项行动个人嘉奖
沈群松（区司法局）
全省司法行政系统特赦实施工作个人嘉奖
杨晓俊（区司法局）
2020 年度调解仲裁案件处理工作成绩突出仲裁员
朱佳宾（区人力社保局）
2020 年省级突出贡献红十字会员
孙惠芬（善琏镇人民政府）
浙江省红十字会新冠肺炎疫情防控先进个人
任爱英（区红十字会）
全省最美应急人
张晓一（区应急管理局）
2020 年度浙江省食品安全工作成绩突出个人
肖 薇（区市场监管局）
2020 年度全省消保委系统信息工作先进个人
温建春（区市场监管局）
浙江省“放心消费在浙江”成绩突出个人
温建春（区市场监管局）
沈 洁（区市场监管局）
2020 年度全省市场监管系统服务标兵
费 喆（区市场监管局）
全省药品检查工作成绩突出个人
宋玲凤（区市场监管局）
浙江省市场监管重大案件查处个人三等功
沈永强（区市场监管局）
2020 年度省市场监管系统政务信息工作先进个人
莫宇超（区市场监管局）
浙江省城市市容环境卫生工作成绩突出个人
朱虹丽（区环境卫生管理所）
全省法院抗击新冠肺炎疫情突出个人
庄利华（区人民法院）
浙江省军区个人三等功
沈 威（区人武部）
全省公安系统个人二等功
邵忠贤（区公安分局千金派出所）
陈 斌（区公安分局交警大队）
许书光（区公安分局水上派出所）
全省公安系统个人三等功
杨云龙（区公安分局水上派出所）
“森林浙江”建设工作突出贡献个人
江 晗（区交通工程建设有限公司）
浙江省第二次全国污染源普查成绩突出个人
邢 成（区生态环境分局）
徐敏强（区生态环境分局）
全省“法雨春风进万家”爱民实践活动表现突出个人
沈梦丽（区法律援助中心）
浙江省志愿服务工作先进个人
方 州（区税务局）
浙江省突出贡献红十字会员
吴 敏（开发区管委会）
浙江省维护国家安全先进个人
彭 琳（双林镇政府）
浙江省电信系统优秀工会积极分子
蒋奇峰（中国电信南浔分公司）
浙江省电信系统青年岗位能手
宋晓芬（中国电信南浔分公司）
浙江省电信系统“创优怀”营销技能竞赛行客个人优秀奖
丁琼飞（中国电信南浔分公司）
2019—2020 年度全省农行乡镇挂职工作先进个人
朱晓明（农业银行南浔支行）
2020 年度全省农行百名优秀客户经理
陈超炜（农业银行南浔支行）

沈佳微（农业银行南浔支行）

2020 年度全省农行百名优秀柜面经理

钱亚敏（农业银行南浔支行）

全省农行 2019—2020 年度运营管理先进个人

翁利忠（农业银行南浔支行）

2019—2020 年度全省农行“三农”业务先进个人

吴群英（农业银行南浔支行）

2020 年度全省农行“百名先进党支部书记”

钟　琴（农业银行南浔支行）

2019—2020 年度全省农行综合管理先进个人（群团条线）

翁利忠（农业银行南浔支行）

浙江省中行系统劳动模范

沈霆波（中国银行南浔区支行）

2020 年兴建旺行首季综合金融服务活动对公板块“优秀个人奖”

施志强（建设银行南浔支行）

2020 年兴建旺行首季综合金融服务活动对公增收先进个人

王毓娟（建设银行南浔支行）

2020 年兴建旺行首季综合金融服务活动对公有效客户提升先进个人

徐耀辉（建设银行南浔支行）

第三届浙江省首席水利员

杨方明（菱湖镇政府）

五、市级（市委、市政府表彰）先进集体

2020 年度湖州市乡村振兴示范区建设工作优胜单位

南浔区（一等奖）

2020 年度全市重大工作突出贡献集体

一、扩大有效投资突出贡献集体

区自然资源和规划分局

区发改经信局

开发区管委会

二、服务业高质量发展突出贡献集体

南浔区服务业发展工作领导小组办公室

三、制造业高质量发展（含数字经济创新发展）突出贡献集体

练市镇政府

四、稳外贸稳外资促消费突出贡献集体

区商务局

南浔镇人民政府

五、“最多跑一次”改革突出贡献集体

区政务办

六、人才招引突出贡献集体

区委组织部（人才办）

七、科技创新突出贡献集体

区科技局

八、小微企业和个体工商户纾困突出贡献集体

区市场监管局开发区分局

区市场监管局练市分局

九、新时代美丽城镇建设突出贡献集体

练市镇村镇建设办

菱湖镇政府

十、交通强市建设突出贡献集体

区交通局　区交投集团

十一、重点水利工程突出贡献集体

区水利局

十二、旅游发展突出贡献集体

区文化和广电旅游体育局

十三、健康湖州建设突出贡献集体

区教育局

十四、对口工作突出贡献集体

南浔区区域合作办　双林中学

十五、生活垃圾精准分类突出贡献集体

善琏镇政府

十六、大型活动安保突出贡献集体

区公安分局南浔派出所

十七、应急管理（防汛防台）突出贡献集体

区应急管理局

十八、预算绩效管理突出贡献集体

区委统战部　区卫生健康局

十九、征兵工作（含 2019 年度）突出贡献集体

菱湖镇人武部　善琏镇人武部

2020 年度推进市委市政府重大部署落实工作突出贡献集体

一、“三服务”活动突出贡献集体
区政务办政务科　南浔镇
二、绿水青山就是金山银山转化提升年突出贡献集体
区委办公室
三、重大项目攻坚年突出贡献集体
千金镇政府
四、开放合作突破年突出贡献集体
区商务局
五、基层治理深化年突出贡献集体
区委政法委
六、全面小康决胜年突出贡献集体
区民政局　区农业农村局
七、清廉湖州建设突出贡献集体
练市镇　旧馆镇新兴港村
八、村（社区）组织换届工作突出贡献集体
区委组织部　善琏镇
九、“在湖州看见美丽中国”城市品牌打造突出贡献集体
区委宣传部　区机关事务中心
十、全面深化改革突出贡献集体
区委政研室　区市场监管局
十一、“争先创优”行动突出贡献集体
开发区管委会

湖州市市域治理现代化突出贡献集体

一、矛盾纠纷排查见底突出贡献集体
南浔镇政府　菱湖镇政府
二、安全隐患排查见底突出贡献集体
区应急管理局
练市镇公共事业服务中心
三、社会矛盾纠纷调处化解中心建设突出贡献集体
区信访局　和孚镇政府
四、市域社会治理现代化突出贡献集体
区委政法委　区司法局
区公安分局政保大队

湖州市全国文明城市复评工作有功集体

一、集体二等功
南浔镇政府　旧馆镇政府　区委宣传部
区教育局　区综合行政执法局　区公安分局
二、集体三等功
区公安分局南浔派出所　团区委
区综合行政执法局开发区中队　和孚镇政府
千金镇政府　古镇旅游度假区管委会
区住房和城乡建设局　区市场监督管理局
三、集体嘉奖
练市镇政府　双林镇政府　菱湖镇政府
善琏镇蒙溪社区　区综合行政执法局石淙中队
区融媒体中心　区交通局　区商务局
区文化广电旅游体育局　南浔环境卫生管理所
区政务服务管理办公室
区机关事务管理服务中心
湖州南浔城市投资发展集团有限公司

2020 年度“在湖州看见美丽中国”城市品牌打造十佳典型案例

区委宣传部

湖州市文明城市建设突出贡献集体

区委办公室　区政府办公室　区档案馆
区发改经信局　区财政局　区消防救援大队
区妇联　区交投集团　区邮政管理局
区公安分局交警大队镇区中队　区网络传输中心
区生态建设指挥部　电信南浔分公司
移动南浔分公司　联通南浔分公司
国网湖州供电公司南浔分公司
南浔农商行

湖州市抗击新冠肺炎疫情先进集体

区中医院党总支　区医疗集团菱湖分院
南浔区集中医学观察点团队
区公安分局党委　区交通局
区发展改革和经济信息化局
区卫生健康局　区疾病预防控制中心
区综合行政执法局菱湖中队党支部
南浔经济开发区东迁村党总支
南浔镇浔南社区　练市镇水口村
湖州新仲湖针织制衣有限公司

湖州市抗击新冠肺炎疫情先进基层党组织

区中医院党总支　区公安分局党委
区综合行政执法局菱湖中队党支部
南浔经济开发区东迁村党总支

全市践行“绿水青山就是金山银山”理念 15 周年先进集体

一、践行“绿水青山就是金山银山”理念 15 周年推动高质量赶超发展先进集体
区科技局　区环境卫生管理所　善琏镇政府
练市镇水口村　旧馆镇新兴港村

南浔旅游投资发展集团有限公司
恰达快速电梯有限公司

二、生态文明重要战略先进集体

1. 全域旅游示范区建设先进集体
区文化和广电旅游体育局
2. 生态文明标准化示范区建设先进集体
浙江世友木业有限公司
3. 大花园建设先进集体
区发改经信局
4. 内河水运转型示范区建设先进集体
区交通局
5. 水生态文明示范区建设先进集体
区水利局

三、污染防治攻坚先进集体

1. 大气污染治理先进集体
练市镇政府
2. “五水共治”先进集体
南浔镇公共事业服务中心
南浔城市投资发展集团有限公司
3. 治土治废先进集体
区生态环境分局
4. 生态修复和矿山治理先进集体
区自然资源和规划分局　旧馆镇政府

四、美丽城乡建设先进集体

1. 美丽乡村建设先进集体
区农业农村局　区农村水利管理中心
千金镇政府　石淙镇政府
2. 城镇精细化管理先进集体
区综合执法局　开发区管委会
3. 清廉乡村建设先进集体
区纪委监委

五、绿色建设先进集体

1. 生活垃圾分类先进集体
区住建局　区乡村振兴服务中心
区综合执法局直属中队　和孚镇政府
善琏镇政府
2. 生态寺院建设先进集体
区佛教协会
3. 生态社区建设先进集体
南浔镇增山社区
4. 绿色学校建设先进集体
区教育局
5. 绿色家庭建设先进集体
双林镇华桥村
6. 生态文明青年服务行动先进集体
千金镇团委

六、制度创新和保障先进集体

1. 生态文明依法治理先进集体
区委政法委　区公安分局　区检察院
2. 生态文明文化建设先进集体
区委宣传部　区融媒体中心
3. 生态文明制度创新先进集体
区委组织部
4. 环境安全应急保障先进集体
区应急管理局
5. 生态文明建设资金保障先进集体
区财政局

全市社会事业发展工作先进集体

一、维护国家安全先进集体
区委办公室
二、档案系统先进集体
区档案馆　菱湖镇政府
三、民族团结进步模范集体
区委统战部　南浔镇利民学校　菱湖中学
四、民政系统先进集体
区民政局养老服务与社会福利科
区民政局婚姻登记处
五、人力社保系统先进集体
区人力资源服务中心　练市镇便民服务中心
六、文化广电系统先进集体
区文化馆　双林镇费新我艺术馆
七、卫生健康系统先进集体
区卫生健康局　区人民医院　区中医院
和孚镇卫生院
八、双拥模范单位
南浔镇政府　和孚镇政府
九、应急管理系统先进集体
练市镇应急管理办公室
善琏镇应急管理办公室
南浔经济开发区应急管理局
十、体育系统先进集体
区体育总会
十一、医保系统先进集体
区医保局
十二、残联系统先进集体
练市镇残联

十三、红十字系统先进集体
浙江南浔古镇旅游发展有限公司
十四、关心下一代工作先进集体
区法院关工委 双林镇关工委
区检察院关工委
星光农机股份有限公司关工委

湖州市 2020 年度平安乡镇（街道、开发区）

南浔镇 练市镇 双林镇 菱湖镇 和孚镇
善琏镇 旧馆镇 千金镇 石淙镇 开发区

湖州市 2020 年度平安建设优秀乡镇（街道）

练市镇

2020 年度市级平安建设模范单位

一、市级平安建设模范单位
区公安分局 区市场监管局 区法院
练市镇 双林镇 开发区 善琏镇砖溪村
和孚镇漾东村 南浔镇浔南社区
二、市级平安细胞模范单位
1. 平安（和谐）寺观模范单位
双林水镜寺
2. 平安校园模范单位
浔溪中学 双林中学
3. 平安出租房模范单位
双林镇吴家庄村和睦兜河西公寓
4. 平安诊所模范单位
练市镇杜馨中西医结合诊所
5. 平安餐饮模范单位
南浔花园名都大酒店有限公司

2020 年度湖州市美丽乡村示范乡镇、美丽乡村精品村

一、湖州市美丽乡村示范乡镇
双林镇
二、湖州市美丽乡村精品村
双林镇华桥村 练市镇农兴村
菱湖镇杨介巷村 和孚镇新荻村

2020 年度湖州市乡村治理示范村

和孚镇吴兴塘村 和孚镇长超村 和孚镇云东村
石淙镇石淙村 练市镇农兴村 练市镇悦新村
练市镇白水河村 练市镇西堡村 练市镇车塔村
练市镇丰登村 练市镇严家圩村 菱湖镇永丰村
菱湖镇思溪村 菱湖镇勤俭村 善琏镇车家兜村
善琏镇观音堂村 南浔镇横街村 南浔镇屯圩村
南浔镇堰四村 南浔镇计家兜村 南浔镇浔南村
双林镇千亩山村 双林镇华桥村 双林镇后坝村
双林镇周家兜村 开发区祐村村 开发区英雄村
开发区方丈港村 千金镇东马干村
南浔古镇旅游度假区浔东村

2020 年度湖州市“三农”工作突出贡献集体

一、粮食安全工作突出贡献集体
区财政局 区商务局
南浔镇迎春村 练市镇松亭村
双林镇公共事业服务中心
二、生猪增产保供工作突出贡献集体
区畜牧业发展中心 练市镇政府 善琏镇政府
三、乡村产业高质量发展工作突出贡献集体
区农业农村局 菱湖镇政府 和孚镇政府
南浔镇政府 南浔镇息塘村 和孚镇荻港村
旧馆镇港胡村 开发区东上林村
湖州绿腾生态农业有限公司 菱湖渔业协会
星光农业发展有限公司 和孚蔡海华家庭农场
四、“三年强村计划”工作突出贡献集体
区委组织部 开发区管委会 旧馆镇政府
五、低收入农户全面发展工作突出贡献集体
区人力社保局 区医保局 区妇联
区农业农村局改革与合作经济指导科
六、农村困难群众危房治理工作突出贡献集体
区住建局 双林镇政府 石淙镇政府
七、派村“第一书记”（农村工作指导员）工作突出贡献集体
千金镇政府
八、农合联建设工作突出贡献集体
区农合联 菱湖镇供销社
南浔浔稻生态农业有限公司
九、农村饮用水达标提标工作突出贡献集体
区水利局
十、美丽庭院建设工作突出贡献集体
和孚镇妇联 开发区富强村妇联
旧馆镇罗汉村妇联

湖州市创建全国法治政府建设示范市突出贡献集体

区政府办公室 区司法局
区人民法院 练市镇

2020 年度湖州市政务信息工作考核先进集体

区政府办公室（一等奖）

2020 年度反映社情民意信息工作成绩突出单位

区政协

湖州市扫黑除恶专项斗争集体三等功

区委政法委

全市档案工作先进集体
区档案馆
“‘在湖州看见美丽中国’——我在南浔区档案馆等你”微视频获教育基地微视频宣传作品优秀奖
区档案馆
湖州市东西部扶贫协作、对口支援、对口合作、山海协作工作突出贡献集体
区发改经信局
基层党建“双创双全”示范支部
罗开富小学
湖州市科技创新教育特色示范学校
石淙学校
“扫黄打非·护苗”工作站
横街中学
2020年湖州市五一劳动奖状
沃克斯迅达电梯有限公司
2020年湖州市五一劳动奖状（抗疫专项）
南浔镇辽西村村民委员会
浙江德茵菲科生物科技股份有限公司
2020年湖州市工人先锋号
浙江世友木业有限公司复合车间
区人民医院发热门诊
浙江泰嘉光电科技有限公司超薄玻璃基板深加工项目
中建八局第一建设有限公司工程部

六、市级（市委、市政府表彰）先进个人

2020年度全市重大工作突出贡献个人

一、扩大有效投资突出贡献个人
王国权（团区委）　何俊奇（区发改经信局）
朱哲飞（区城投集团）　沈寅忠（区旅投集团）
二、服务业高质量发展突出贡献个人
朱　虹（区发改经信局）
三、制造业高质量发展（含数字经济创新发展）突出贡献个人
皇　华（区发改经信局）
赵岂萍（区发改经信局）　张康康（开发区）
四、稳外贸稳外资促消费突出贡献个人
屠明华（区商务局）　吴　越（区商务局）
五、“最多跑一次”改革突出贡献个人
严芳华（练市镇）
六、人才招引突出贡献个人
潘雪祥（区科技局）　曹光景（区人力社保局）
七、科技创新突出贡献个人
陈莉莉（区科技局）　孙玮洁（区科技局）
八、推进企业上市突出贡献个人
平臻宏（区发改经信局〔金融办〕）
九、小微企业和个体工商户纾困突出贡献个人
徐　伟（区市场监管局）
周　芸（区市场监管局）
沈建荣（区市场监管局双林分局）
十、新时代美丽城镇建设突出贡献个人
胡建强（区政府办公室）　杨位国（区住建局）
十一、交通强市建设突出贡献个人
马　艳（区交通局）　邱小锋（区交通局）
十二、重点水利工程突出贡献个人
何国华（石淙镇）
十三、旅游发展突出贡献个人
费震夏（区旅投集团）
杨升辉（和孚镇荻港村）
十四、健康湖州建设突出贡献个人
吴钜凌（菱湖人民医院）　陆丹凤（练市镇）
十五、数字湖州建设突出贡献个人
陈东方（区大数据服务中心）
十六、对口工作突出贡献个人
王杰华（区审计局）
袁　峰（区供销社〔农合联〕）
十七、生活垃圾精准分类突出贡献个人
邹凌杰（区综合执法局）
十八、大型活动安保突出贡献个人
钟文华（区公安分局）
十九、应急管理（防汛防台）突出贡献个人
杨少锋（区应急管理局）　钱建中（练市镇）
二十、预算绩效管理突出贡献个人
莫慧泉（区财政局）　俞冰倩（区残联）
二十一、征兵工作（含2019年度）突出贡献个人
王柏林（区公安分局）　张国荣（区中医院）
姚　峰（南浔镇）　高远航（练市镇）
李如刚（石淙镇）

湖州市担当作为好干部

沈晓强（开发区党委副书记、管委会副主任）

姚文斌（南浔镇党委副书记、镇长）

王杰华（区审计局党组成员、副局长、二级主任科员，西藏那曲市审计局财政审计科副科长〔挂职〕）

陈洪伟（菱湖中学党总支书记、校长）

2020 年度推进市委市政府重大部署落实工作突出贡献个人

一、“三服务”活动突出贡献个人

姚国祥（区发改经信局）

沈剑平（区农业农村局）

吴建平（区市场监管局）　姚芳芳（双林镇）

二、绿水青山就是金山银山转化提升年突出贡献个人

胡国华（区综合执法局）

徐灵捷（区生态环境保护综合行政执法队）

三、重大项目攻坚年突出贡献个人

李　哲（区发改经信局）　俞芳英（区商务局）

四、开放合作突破年突出贡献个人

王　丰（区政务办）

五、基层治理深化年突出贡献个人

朱权达（区委办公室）　徐　斌（区委宣传部）

刘明明（区应急管理局）　沈建钢（练市镇）

六、全面小康决胜年突出贡献个人

董耀顺（区建设局）　朱凯敏（千金镇）

赵建荣（菱湖镇费介埭村）

姚建英（双林镇中心幼儿园）

七、清廉湖州建设突出贡献个人

孟鹏飞（区纪委监委）

耿若曦（区纪委监委派驻区委组织部纪检监察组）

严振华（区委统战部）

毛建强（区医疗集团南浔院区）

张玉林（练市镇水口村）

八、村（社区）组织换届工作突出贡献个人

严　洁（区委编办）　朱迪晖（区民政局）

沈晓强（开发区）　王新凤（练市镇）

沈洪杰（菱湖镇）

九、“在湖州看见美丽中国”城市品牌打造突出贡献个人

周培金（区社区教育学院）

闻爱祥（区交通集团）

费震夏（区旅游投资集团）

十、全面深化改革突出贡献个人

孙萍萍（区民政局）　陈海燕（区政务办）

田建强（旧馆镇）

十一、“争先创优”行动突出贡献个人

杨鑫怡（区自然资源和规划分局）

丁一平（千金镇）

湖州市市域治理现代化突出贡献个人

一、矛盾纠纷排查见底突出贡献个人

黄烽杰（区公安分局和孚派出所）

马小红（区司法局）　顾　辉（区人力社保局）

沈中洋（旧馆镇）

二、安全隐患排查见底突出贡献个人

董伟萍（区委政法委）　李　宁（区公安分局）

雷文聘（区消防救援大队）　戴国梁（双林镇）

三、社会矛盾纠纷调处化解中心建设突出贡献个人

胡　晓（区委政法委）　沈群松（区司法局）

凌慧琪（区社会矛盾纠纷调处化解中心）

陈小雄（区法院）　冯向明（练市镇政府）

四、市域社会治理现代化突出贡献个人

顾　靓（区委组织部）　莫海平（区委政法委）

赵坤尧（区检察院）　蔡育强（双林镇）

潘芬芬（练市镇）　倪春翔（和孚镇）

朱建国（开发区）

湖州市全国文明城市复评工作有功个人

一、个人二等功

郭楼儿（南浔镇）　陆松华（双林镇）

刘夕琦（区委宣传部）　杨位国（区住建局）

穆红卫（区市场监督管理局）

冯　强（区综合行政执法局）

刘厚平（湖州南浔旅游投资发展集团有限公司）

莫欣庆（区公安分局菱湖派出所）

谭国伟（区创建办）

二、个人三等功

沈　波（开发区）　王晓丹（南浔镇）

陆丹凤（练市镇）　沈增赟（和孚镇）

姚惠良（善琏镇）　姚永平（旧馆镇）

汪　健（石淙镇）　陈培英（区委宣传部）

屠　峻（古镇旅游度假区管委会）

王培华（区教育局）

程华斌（区交通局）

陆明鸿（区住建局质安中心）

徐铁成（区文化广电旅游体育局）

潘明峰（区卫生健康局）
王　薇（区创建办）
陈　亮（区市场监督管理局南浔分局）
温国荣（区综合行政执法局）
施东东（南浔市场发展有限公司）
周新林（区公安分局交警大队）
施　伟（区公安分局景区派出所）
周振兴（区公安分局交警大队）
卢祖辉（区公安分局城西派出所）

三、个人嘉奖

俞跃红（开发区）　陈青青（南浔镇）
周夏平（区市场监管局开发区分局）
何晶峰（南浔镇）　沈琴美（练市镇）
吴高杰（双林镇）　侯朝阳（菱湖镇）
张建红（和孚镇）　李慧瑜（千金镇）
郑晓桢（古镇旅游度假区管委会）
王佳琪（区委宣传部）姚华丽（区委宣传部）
陆国强（区教育局）　张思婷（区住建局）
吴　越（区商务局）　胡建荣（区政务办）
钱华祥（区市场监督管理局）
赵　钢（区综合行政执法局南浔中队）
陆文超（区法院练市法庭）　王　金（团区委）
毛锋华（区消防救援大队）
沈建平（浙江南浔古镇旅游发展有限公司）
钱飞华（区公安分局南浔派出所）
叶　琳（区创建办）　朱国旺（区创建办）
曹金金（区公安分局旧馆派出所）
杨惠明（区公安分局交警大队古娄港中队）
包立刚（南浔中学）　陈　冬（南浔银行）
潘　冬（泰隆银行南浔支行）

湖州市文明城市建设突出贡献个人

邹天宇（区纪委）　李硕果（区人大办公室）
张杨震（区政协办公室）　蒋振辉（区委组织部）
沈　彪（区互联网新闻舆情中心）
王志刚（区委宣传部）　冯旭康（区委统战部）
王娟娟（区委政法委）　嵇韡宏（区发改经信局）
胡春英（区教育局）　吴　平（区科技局）
武玉华（区民政局）　俞丹丹（区司法局）
崔正云（区财政局）　罗　燕（区人力社保局）
葛金海（区住建局）　郭根花（区交通局）
潘仲星（区农业农村局）　应一飞（区商务局）
陆雅明（区文广旅体局）　金卫利（区人民医院）
顾一飞（区应急管理局）
苏雷嵌（区综合执法局）　蒋磊华（区环卫所）
陈荣华（区机关事务中心）
周月萍（古镇旅游度假区镇东社区）
沈卫国（区科技新城管委会）
党　蕾（区总工会）　李倩璐（区志愿者协会）
陈洁英（区妇联）　梁　波（南浔城投集团）
陈　勇（区残联）　顾霄飞（区交通实业公司）
钱　峰（南浔古镇旅游公司）
李海涛（区公安分局景区派出所）
陆小英（市新闻传媒中心南浔分中心）
陈尔祝（区生态建设指挥部）
俞　俊（区创建办）　程宗辉（区创建办）
潘之恒（区创建办）　周卫东（开发区直港巷村）
莫国祥（开发区浔北村）
顾康寅（区市场监管局开发区分局）
杨红军（南浔镇朱坞村）
费红英（南浔镇辽西社区）
叶国方（区市场监管局练市分局）
季小辉（练市镇）　沈夏霞（双林镇）
沈杨欢（菱湖镇）张徐锦（和孚镇）
钱荣华（区公安分局交警大队和孚中队）
慎佩瑜（善琏镇）　陆　璐（旧馆镇）
张霖轩（区综合执法局千金中队）
宋明霞（石淙镇）　褚会锋（菱湖中学）
姜　巍（双林中学）　郭勤燕（练市中学）
胡彭年（区公安分局）　许建强（区公安分局）
颜　霆（区公安分局）　李亚斌（区公安分局）
沈笑良（区公安分局）　董培杰（南浔银行）
朱丽慧（移动南浔分公司）
姚红勇（联通南浔分公司）
阮倩倩（建行南浔支行）　徐建华（南浔银行）
凌祖香（南浔银行）　何　敏（南浔浙北大厦）

湖州市抗击新冠肺炎疫情先进个人

方　霞（区中医院，援鄂）
张　珊（区中医院，援鄂）
章培培（区医疗集团练市院区，援鄂）
唐海燕（区医疗集团南浔院区，援鄂）
邵萍萍（区医疗集团菱湖分院，援鄂）
陈梦君（区医疗集团双林院区，援鄂）
杨晓伟（区医疗集团公共卫生中心）
姜　波（区医疗集团南浔院区）
杜　寒（区中医院）
沈晓刚（区医疗集团菱湖分院和孚院区）

焦　敏（区信访受理服务中心）
张国群（区就业管理服务中心）
费伟国（区教育局）　宋新良（区商务局）
沈永斌（区融媒体中心）
刘彬辉（区疾病预防控制中心）
陶　裴（区市场监督管理局）
吴　昊（菱湖镇，挂职）
朱伟明（区机关后勤保障中心）
陈风平（古镇旅游度假区）
李根福（古镇旅游度假区辽里村）
陆琴芳（南浔经济开发区）　李学方（南浔镇）
费红英（南浔镇辽西社区）
沈少强（练市镇）　汤菊英（练市镇再兴社区）
沈利芳（双林镇）　沈金强（菱湖镇永丰村）
丁宇洁（善琏镇蒙溪社区）
曹献忠（旧馆镇潘家庄村）　费海峰（千金镇）
丁荣勇（石淙集镇）
叶伟强（南浔旅游投资发展集团有限公司）
周桂珠（北京隆安〔湖州〕律师事务所）
沈恩明（湖州南洋电机有限公司）
杨梅方（浙江尤夫高新纤维股份有限公司）
臧培峰（民革南浔区支部）

湖州市抗击新冠肺炎疫情优秀共产党员

章培培（区医疗集团练市院区，援鄂）
邵萍萍（区医疗集团菱湖分院，援鄂）
宋新良（区商务局）
李根福（古镇旅游度假区辽里村）
陆琴芳（南浔经济开发区）
杨梅方（浙江尤夫高新纤维股份有限公司）

2020 年度长三角地区主要领导座谈会承办工作有功个人

个人三等功：胡　赞（区委办）
个人嘉奖：董海辉（开发区）

2020 年湖州市优秀共产党员

褚利斌（区发改经信局）　徐志华（区科技局）
陈一华（区公安分局）　郭根花（区交通局）
王慧芳（区商务局）　杨丽萍（区疾控中心）
陈晓亚（区医疗集团）
洪　峰（区医疗集团南浔院区）
仲　华（浙江正导电缆有限公司）
姚文斌（南浔镇）　朱水林（南浔镇堰四村）
杨丽花（南浔镇浔南社区）
沈海林（开发区同心村）
沈利英（度假区夏家桥社区）

全市践行“绿水青山就是金山银山”理念 15 周年先进个人

一、践行“绿水青山就是金山银山”理念 15 周年推动高质量赶超发展先进个人

胡媛娟（区水利局）　张　超（区农业农村局）
温晓波（区文化和广电旅游体育局）
冯春敏（区生态环境分局）
张根江（区公路管理中心）　马新华（千金镇）
陆建龙（区中医院）　周美凤（南浔镇息塘村）
汤海明（和孚镇民当村）
卫　晏（区社会工作协会）
沈彬良（湖州南浔三农农业开发有限公司）
刘光来（浙江巨人机电有限公司）
徐　立（久盛地板有限公司）
翟忠杰（浙江睿高新材料股份有限公司）
沈　杰（浙江庆渔堂农业科技有限公司）

二、生态文明重要战略先进个人

1. 绿色智造试点示范城市建设先进个人
张康康（南浔经济开发区）
2. 全域旅游示范区建设先进个人
姚盈盈（善琏镇）　王旭丽（石淙镇）
3. 生态文明标准化示范区建设先进个人
瞿小峰（区市场监管局）
倪月忠（浙江世友木业有限公司）
4. 大花园建设先进个人
陈娟娟（区发改经信局）
黄　洁（区文化和广电旅游体育局）
邹敏杰（区生态环境分局）
5. 内河水运转型示范区建设先进个人
施海峰（区交通局）
6. 绿色金融改革创新试验区建设先进个人
姬胜军（区生态环境分局）
7. 水生态文明示范区建设先进个人
朱建章（区治水办）　唐春晖（区水利局）

三、污染防治攻坚先进个人

1. 大气污染治理先进个人
陈尔祝（区生态环境分局）
杨小明（善琏镇公共事业服务中心）
2. “五水共治”先进个人
王　羽（区交通局）　陆建军（区水利局）
乔慧明（南浔镇）　周少南（双林镇）
徐国平（旧馆镇）

3. 治土治废先进个人
沈小会（区生态环境分局）
4. 生态修复和矿山治理先进个人
钦　青（区自然资源和规划分局）
邹小强（区自然资源和规划分局）

四、美丽城乡建设先进个人
1. 美丽乡村建设先进个人
卫　良（区农业农村局）
沈　良（区农业农村局）
沈徐奇（练市镇）　潘小红（旧馆镇）
沈银龙（双林镇七星桥村）
费建荣（菱湖镇卢介庄村）
2. 城镇精细化管理先进个人
高新明（菱湖镇）
杨剑忠（区综合执法局练市中队）
陆　斌（区综合执法局石淙中队）
3. 清廉乡村建设先进个人
沈伟英（菱湖镇）　沈欣荣（练市镇）

五、绿色建设先进个人
1. 生活垃圾分类先进个人
袁榴红（区住建局）
范洁涛（区农业农村局）
方燕琴（区综合执法局）
施新惠（开发区）　沈建新（南浔镇）
杨丽花（南浔镇浔南社区）
朱晓华（南浔古镇度假区辽里社区）
杨国琴（善琏镇观音堂村）
2. 生态寺院建设先进个人
沈有清（和孚广济庙）
3. 生态社区建设先进个人
费月莉（菱湖镇南栅社区）
4. 绿色建筑建设先进个人
金雨春（区住建局）　林芳叶（区住建局）
5. 绿色学校建设先进个人
钮香君（区教育局）
6. 绿色家庭建设先进个人
陆嘉华（石淙镇石淙村）
7. 生态文明青年服务行动先进个人
王国权（团区委）
8. 五优联动绿色粮仓建设先进个人
樊金艳（区商务局）
方　敏（湖州练市民合粮油专业合作社）
李明峰（湖州创立米业有限公司）
陈建华（湖州佳良粮油股份有限公司）

六、制度创新和保障先进个人
1. 生态文明依法治理先进个人
傅洪亮（区公安分局）
李旭佳（区公安分局景区派出所）
吴觉民（区公安分局菱湖派出所）
陆才华（区公安分局练市派出所）
翁剑飞（区公安分局南浔派出所）
沈群松（区司法局）
沈　宁（区司法局开发区司法所）
邵钧伟（区法院）　漆　涛（区法院）
冯彩剑（区检察院）　邹　洁（区检察院）
徐伟中（菱湖镇）
2. 生态文明文化建设先进个人
徐根红（区新闻办）
凌永美（双林中学）
章荣明（区机关事务中心）
3. 生态文明制度创新先进个人
谢建伟（区政协、区生态建设指挥部）
4. 生态环境联保共治先进个人
杜新粱（区公安分局南浔派出所）
5. 智慧生态建设先进个人
沈伟利（区委办公室）
6. 生态文明科技创新先进个人
陈莉莉（区科技局）
7. 环境安全应急保障先进个人
吴　燕（区应急管理局）
8. 生态文明建设资金保障先进个人
李卫英（区财政局）

全市社会事业发展工作先进个人

一、维护国家安全先进个人
吴成成（区公安分局）　方燕斐（旧馆镇）

二、档案系统先进个人
钟秀明（区档案馆）王顺冬（区市场监管局）
邱森彪（练市镇）

三、民族团结进步模范个人
宋明霞（石淙镇）　曲　珍（菱湖中学）

四、民政系统先进个人
莫滇军（区民政局）　肖国强（石淙镇）
徐佳程（练市镇）　杨占桩（开发区）

五、人力社保系统先进个人
段良英（区人力社保局）　路文明（南浔镇）
周云飞（区人力社保局）　沈淦芳（开发区）

六、文化广电系统先进个人

孙　琳（区文化和广电旅游体育局）

陆小莉（菱湖镇）　沈　虹（善琏镇）

陈月荣（和孚镇）

七、卫生健康系统先进个人

王益钟（区卫生健康局）

沈国兵（区卫生健康局）

毛建强（区人民医院）

施晓峰（区人民医院）

黄小华（区中医院）

费雪芬（菱湖人民医院）

费新平（石淙镇卫生院）

八、双拥模范个人

钟　芹（区退役军人事务局）

姚　峰（南浔镇）　施　扬（练市镇水口村）

朱阿林（湖州乐通电子科技有限公司）

九、应急管理系统先进个人

陈艳梅（区应急管理局）

李荣伟（南浔镇）　沈伟联（练市镇）

戴国梁（双林镇）　倪伟峰（善琏镇）

十、体育系统先进个人

沈建新（区文化和广电旅游体育局）

王婷婷（南浔开发区实验学校）

十一、医保系统先进个人

李　梅（区医保局）　王建国（千金镇）

朱丽娟（练市镇水口村）

十二、残联系统先进个人

钱晓英（区残联）

杨芸芸（区残疾人服务中心）

十三、红十字系统先进个人

钱建芳（区红十字会）

十四、关心下一代工作先进个人

戴悦泉（区关工委）

金春芳（湖师院南浔附小关工委）

俞金生（双林镇爱国路社区）

邱福奎（旧馆镇关工委）

章宇民（和孚镇关工委）

俞泉森（善琏镇关工委）

杨炳德（千金镇关工委）

钟金虎（开发区洋南村关工委）

2020年度市级平安湖州守护者

管霞铃（区委政法委办公室）

陈国平（区公安分局人口管理大队）

吴　杰（区应急管理局）

宋明霞（石淙镇）

范小明（旧馆镇）

沈旭荣（千金镇）

钱　旻（古镇旅游度假区）

胡小龙（善琏镇姚家桥村）

高晋洁（菱湖镇永丰村）

党文超（区公安分局）

湖州好人

高秋辉（和孚镇居民，湖州新思潞农场总经理）

沈应珍（善琏镇卜家堰村东山庄村民）

温建春（区市场监管局消费者权益保护科副科长）

王一士（南浔镇辑里村村民）

盛素红（菱湖盛江家庭农场农场主）

马　斌（原南浔镇朱坞村美团站点骑手）

姚秋红（南浔恒欣绸厂职工）

姚子宝（善琏镇观音堂村理发店业主）

唐云轩（千金镇金城村村民）

2020年度湖州市“三农”工作突出贡献个人

一、粮食安全工作突出贡献个人

张孟迪（区农业农村局）

二、生猪增产保供工作突出贡献个人

陈　瑛（千金镇）　刘少明（练市镇）

三、乡村产业高质量发展工作突出贡献个人

杜小丽（区农业农村局）

金　莹（区农业农村局）

慎雪伟（双林镇）

四、“三年强村计划”工作突出贡献个人

尉洪华（区农业农村局）　孙益平（和孚镇）

五、低收入农户全面发展工作突出贡献个人

沈　宇（区纪委监委）　袁峰峰（练市镇）

六、农村困难群众危房治理工作突出贡献个人

沈学峰（南浔镇）

七、农村改革工作突出贡献个人

周杨晨（区政府办公室）

八、派村“第一书记”（农村工作指导员）工作突出贡献个人

吴兴权（区政协提案委）

九、农合联建设工作突出贡献个人

陈　宇（区农业农村局）

陈　虎（区供销社）

十、农村饮用水达标提标工作突出贡献个人

褚贺丞（区住建局）

十一、美丽庭院建设工作突出贡献个人

吴　英（开发区管委会）

黄兴吾（练市镇钟家墩村）

十二、乡村振兴英才

1. 农技推广标兵

陈永锋（区畜牧发展中心）

2. 乡村创客

谢去非（浙江本道农业有限公司）

3. 能人乡贤

徐敏利（湖州荻港徐缘生态旅游开发有限公司）

4. 农村种养能手

王义撑（双林嘉家庭农场）

5. 乡村厨师

费　平（湖州汉宸餐饮管理有限责任公司）

6. 乡村旅游讲解员

姚　莎（和孚镇）

7. 农村建筑工匠

谢斌斌（善琏镇）

8. 基层文体骨干

王　瑛（善琏镇）

9. 青年“新农人”

谢莹荣（南浔世荣湖羊养殖家庭农场）

2020年度湖州市政务信息工作考核先进个人

许　雯（区政府办）　刘光云（区政府办）

邹莎莎（区政府办）

湖州市创建全国法治政府建设示范市突出贡献个人

章　蓉（区委宣传部）　徐建刚（区委政法委）

李明智（区司法局）　冯彩剑（区人民检察院）

何　俊（和孚镇政府）

湖州市扫黑除恶专项斗争中表现突出个人

一、个人二等功

何文彬（区委政法委）

二、个人三等功

沈振华（区委宣传部）

三、个人嘉奖

孙　晖（区财政局）

全市档案工作先进个人

钟秀明（区档案馆）　邱森彪（练市镇政府）

2020年度湖州市工业项目“双进双产”服务能手

金牌能手：何俊奇（区发改经信局）

季琛贤（开发区管委会）

银牌能手：廖晓璐（区统计局）

湖州市2020年度招商引才能手

沈德明（区发改经信局）

高曙光（区政务办）

第二次全国污染源普查成绩突出个人

廖晓璐（区统计局）

2020年湖州市五一劳动奖章

杨六庆（双林镇镇总工会）

沈少魁（浙江洪波科技股份有限公司）

沈家骅（南浔银行）

2020年湖州市五一劳动奖章（抗疫专项）

李世标（菱湖人民医院）

杨长荣（练市镇莲墩村驻村书记）

杨丽萍（区疾控中心）

张　健（区公安分局巡特警大队）

施建强（区人民医院）

2020年湖州市第一批担当破难典型案例

沈建新（南浔镇人民政府）

七、区级（区委、区政府表彰）先进集体

2016—2020年度南浔区模范集体

开发区李家河村　南浔区南浔自然资源所

浙江正导电缆有限公司数据电缆创新班组

湖州菁诚纺织品有限公司　善琏镇皇坟村

浙江睿高新材料股份有限公司

浙江裕丰新材料有限公司研发检测团队

旧馆镇载旺村　石淙镇羊河坝村

千金镇公共事业服务中心

湖州市菱湖镇第一中学

国家税务总局湖州市南浔区税务局

南浔区人民医院　湖州市南浔区人民检察院

湖州市南浔区交通投资集团有限公司

南浔区2020年度“开放东大门、创业新高地”重点工作先进集体

一、融沪接苏工作先进集体

区委组织部　区委统战部　区市场监管局

区长三办

二、全域土地整治和生态修复工程先进集体
练市镇人民政府　善琏镇人民政府
旧馆镇人民政府　石淙镇人民政府
菱湖镇永丰村
三、“喜迎高铁 万亩征迁”百日攻坚行动及頔塘两岸改造提升工程先进集体
南浔经济开发区管理委员会　南浔镇人民政府
区人大机关　区信访局　区司法局　区住建局
区审计局　区综合执法局　区市场监管局
区机关事务管理中心　区邮政管理局
区总工会　区税务局
四、城市建设管理工作先进集体
区住建局　区综合执法局
南浔城市投资发展集团有限公司
南浔旅游投资发展集团有限公司
五、“三高一隧”项目推进工作先进集体
南浔经济开发区管理委员会　和孚镇人民政府
六、招商引资工作先进集体
南浔经济开发区管理委员会　练市镇人民政府
菱湖镇人民政府　善琏镇人民政府　区商务局
区科技新城
七、项目推进工作先进集体
南浔经济开发区管理委员会　千金镇人民政府
区统计局　区生态环境分局
八、净增“四上”工作先进集体
练市镇人民政府　和孚镇人民政府
区委宣传部　区住建局
九、质量和标准化工作先进集体
区科技局　区市场监管局
十、古镇保护和全域旅游工作先进集体
区文广旅体局　古镇旅游度假区管委会
南浔古镇旅游投资发展有限公司
南浔区善琏镇窑里村股份经济合作社
十一、“最多跑一次”改革先进集体
善琏镇人民政府　区医保局　区公安分局
区税务局
十二、“三服务”工作先进集体
南浔经济开发区管理委员会　练市镇人民政府
双林镇人民政府　千金镇人民政府
区人大机关　区委宣传部　区发改经信局
区教育局　区农业农村局　区民政局
区市场监管局　区总工会　区税务局
十三、乡村产业高质量发展工作先进集体
菱湖镇人民政府　和孚镇人民政府
旧馆镇人民政府　区农业农村局　区供销社
十四、百漾千河综合治理工作先进集体
南浔经济开发区管理委员会
练市镇人民政府　区水利局
十五、污染防治工作先进集体
南浔经济开发区管理委员会　南浔镇人民政府
双林镇人民政府　和孚镇人民政府
善琏镇人民政府　旧馆镇人民政府
十六、城乡垃圾分类先进集体
南浔经济开发区管理委员会　练市镇人民政府
区农业农村局　区市场监管局
区机关事务管理服务中心
南浔城市投资发展集团有限公司
十七、“六无六有”综合救助工作先进集体
区民政局　区医保局
十八、教育高质量发展工作先进集体
南浔锦绣实验学校　双林庆同小学
和孚中学　练市镇中心幼儿园
十九、东西部扶贫协作工作先进集体
练市镇人民政府　菱湖镇人民政府　区工商联
二十、清廉南浔工作先进集体
区委政法委　区政务办　开发区富强村
南浔镇横街村　双林镇儒林村
千金镇东马干村

南浔区 2020 年度重点工作突出贡献集体

一、区委区政府 41 项重点推进项目突出贡献集体
区委人才办　区发改经信局　区长三办
区教育局计财科　区交投集团产业工程管理部
区住建局　区交通局　区农业农村局
科技新城管委会　区城投集团　区交投集团
湖州南浔古镇旅游投资发展有限公司
区自然资源和规划局分局　开发区
区新城集团　南浔镇人民政府
练市镇高新园区办公室　双林镇人民政府
菱湖镇竹墩村　和孚镇人民政府
旧馆镇人民政府　度假区管委会　区委政法委
区财政局　区公安分局城西派出所
二、全国文明城市复评突出贡献集体
开发区丁家港村村民委员会
南浔镇朱坞社区居民委员会
练市镇综合行政执法队　区纪委区监委

区人大办　区政协办　区委组织部
湖州师范学院南浔附属小学　区图书馆
区市场监督管理局练市分局
区市场监督管理局双林分局
湖州南浔城市公共资源服务有限公司
湖州南浔欣城环境科技有限公司
区综合行政执法服务中心
区公安分局交通警察大队古娄港中队
区公安分局交通警察大队双林中队
区公安分局巡特警大队

三、国防动员和征兵工作突出贡献集体
湖州南浔圣船混凝土有限公司
浙江巨人集团有限公司
湖州南浔力创汽车销售服务有限公司
湖州太平微特电机有限公司
浙江正导电缆有限公司
湖州展望药业有限公司
星光农机股份有限公司
浙江江潮电机事业有限公司

四、“喜迎高铁 万亩征迁”百日攻坚行动及頔塘两岸改造提升工程突出贡献集体
区委办　区政府办　区政协机关　区委组织部
区委宣传部　区委统战部　区政法委
区委编办　区档案馆　区融媒体中心
区发改经信局　区科技局　区财政局
区人力社保局　区交通局　区商务局
区卫生健康局　区应急管理局　区统计局
区科技新城管委会　区政务办　团区委
区妇联　区城投集团　区公安分局
区自然资源和规划分局　区生态环境分局

五、2020年度南浔区信访工作“群众最满意窗口”突出贡献集体
开发区　南浔镇　菱湖镇
区人力资源和社会保障局　区公安分局

南浔区2020年度平安建设和社会治理突出贡献集体
开发区浔北村　湖州南洋电机有限公司
南浔镇人民政府　南浔镇三长村
练市镇松亭村　森赫电梯股份有限公司
双林镇人民政府　双林镇倪家滩村
菱湖镇杨港村　菱湖镇渔业专业矛调中心
和孚镇人民政府　星光农机股份有限公司
善琏镇人民政府　旧馆镇载旺村
千金镇石桥村　石淙镇花园湾村
区公安分局　区公安分局旧馆派出所
区人民法院　区人民检察院　区信访局
区应急管理局　区市场监管综合行政执法队
湖州市练市镇第一中学　区邮政管理局

南浔区全国文明城市复评工作有功集体

一、集体三等功（5个）
区卫健局　区法院　区综合执法局南浔中队
区市场监管局开发区分局
区公安分局双林派出所

二、集体嘉奖（8个）
区卫生计生行政执法大队
区公用事业管理中心　度假区管委会浔东村
南浔镇增山社区　区公安分局练市派出所
区市场监管局和孚所　区市场监管局千金所
区公安分局交警大队和孚中队

南浔区人民政府行政奖励（集体嘉奖）
区教育局　区自然资源和规划分局
区农业农村局

南浔区抗击新冠肺炎疫情行政奖励（有功集体）

一、集体三等功（36个）
练市人民医院　双林人民医院　和孚镇卫生院
开发区管委会　开发区直港巷村
南浔镇人民政府　区公安分局南浔派出所
练市镇人民政府　练市镇综合行政执法队
双林镇人民政府　区综合行政执法局双林中队
菱湖镇人民政府　区公安分局菱湖派出所
区综合行政执法局和孚中队　善琏镇含山村
旧馆镇寺桥村　千金镇东驿达村
石淙镇石淙村　南浔古镇旅游度假区适园社区
区教育局　区教育安全管理中心　区商务局
区人力资源和社会保障局　区农业农村局
区住房和城乡建设局　区市场监督管理局
湖州南浔旅游投资发展集团有限公司
区公安分局交警大队　区公安分局景区派出所
浙江南浔农村商业银行股份有限公司
浙江德茵菲科生物科技股份有限公司
湖州新奥万丰燃气有限公司
浙江久立特材科技股份有限公司
浙江湖州梅月针织有限公司
湖州鑫达国际物流有限公司
浙江省蔡崇信公益基金会

二、集体嘉奖（80个）
旧馆镇卫生院　善琏镇卫生院　千金镇卫生院

石淙镇卫生院　东迁卫生院　重兆卫生院
南浔安康康复医院　开发区江蒋漾村
开发区南林社区　开发区同心村
开发区庠上村　南浔镇社会事务办公室
南浔镇堰四社区　南浔镇公共事业服务中心
南浔镇党政综合办公室　练市镇万兴社区
区公安分局练市派出　练市镇庄家村
练市镇再兴社区　双林镇花城村
双林镇新丰兜村　双林镇跳家扇村
双林镇爱国路社区　菱湖镇环境卫生管理所
菱湖镇山塘村　湖州南浔龙玲宾馆有限公司
菱湖镇南栅社区　和孚镇人民政府
区公安分局和孚派出所　和孚镇和孚社区
区市场监督管理局和孚所　善琏镇人民政府
善琏镇善琏村　善琏镇蒙溪社区
旧馆镇人民政府　旧馆镇潘家庄村
千金镇人民政府　千金镇金城村
石淙镇人民政府　石淙镇花园湾村
南浔古镇旅游度假区管理委员会　区纪委监委
区委组织部　区委宣传部　区委统战部
区委政法委员会　区融媒体中心　区民政局
区教育教学研究和培训中心　区财政局
区公路管理中心　区文化和广电旅游体育局
区卫生计生行政执法大队　区医疗保障局
区综合行政执法局南浔中队　团区委
区政务服务管理办公室　区税务局办公室
区机关事务管理服务中心　区邮政管理局
湖州南浔市场发展投资集团有限公司
南浔区保安服务有限公司　区慈善总会
区公安分局情报指挥中心　区红十字会
南浔区南浔自然资源所
中国农业银行南浔支行
湖州南浔华统肉制品有限公司
浙江长城电工科技股份有限公司
湖州创立米业股份有限公司
浙江彩蝶实业股份有限公司
湖州科富拉膜技术有限公司
湖州刚强水泥有限公司
湖州美信佳商品混凝土有限公司
湖州银行菱湖支行
久立集团股份有限公司
湖州江南恒盛炼染有限公司
浙江富钢金属制品有限公司
浙江正导电缆有限公司　南浔区佛教协会

2020 年度南浔区镇（开发区）综合目标绩效考核奖

一、“以实绩论英雄贡献占比大比拼”考核（按得分高低排序）

开发区　南浔镇　千金镇　善琏镇　和孚镇
练市镇　旧馆镇　石淙镇　菱湖镇　双林镇

二、基础性考核

一等奖：练市镇　开发区　旧馆镇　南浔镇　双林镇　善琏镇
二等奖：和孚镇　菱湖镇　千金镇
三等奖：石淙镇

2020 年区级部门综合目标绩效考核奖

一等奖

经济建设类：区发改经信局　区农业农村局
区市场监管局
区文化和广电旅游体育局
区交通局　区水利局
区税务局　区商务局
区自然资源和规划分局

社会发展类：区卫生健康局　区政务办
区人力社保局　区教育局

政法执法类：区委政法委　区法院
区公安分局　区司法局
区生态环境分局　区检察院

党群综合类：区委办　区委统战部　区政府办
区委组织部　区人大机关
区纪委监委　区委宣传部
区政协机关　区档案馆
区审计局

二等奖

区应急管理局　区民政局　区融媒体中心
区综合执法局　区医保局　区委编办
区总工会　区机关事务中心　区信访局
区科技局　区邮政管理局　区残联　区供销社
区财政局　新闻传媒南浔分中心　区住建局
区统计局　区网络传输中心　度假区管委会

三等奖

科技新城管委会　团区委　区妇联
区退役军人事务局

2020 年度南浔区金融支持地方经济社会发展综合奖

一等奖

浙江南浔农村商业银行股份有限公司

中国农业银行股份有限公司湖州南浔支行

二等奖

中国工商银行股份有限公司湖州南浔支行

中国银行股份有限公司南浔区支行

中国人民财产保险股份有限公司湖州市南浔支公司

三等奖

湖州银行股份有限公司菱湖支行

浙江泰隆商业银行股份有限公司湖州南浔小微企业专营支行

中国平安财产保险股份有限公司南浔支公司

中国人寿保险股份有限公司湖州市南浔区支公司

南浔区2020年度人大代表建议和政协提案及办理工作成绩突出贡献集体

区住建局　区农业农村局　区交通局

区自然资源和规划分局　区教育局

区卫生健康局　区民政局　区人力社保局

区生态环境分局　区市场监管局

民革南浔区总支　区发改经信局

民建南浔区基层委员会

民进南浔区基层委员会

区商务局　区大数据局　区政协农业和农村委

2020年度反映社情民意信息工作先进集体

区政协农业和农村委　农工党南浔区总支

民建南浔区基层委员会　民盟南浔区总支

民革南浔区总支

2020年度南浔区政府质量奖

浙江江潮电机实业有限公司

浙江技鸣电工器材有限公司

湖州新利商标制带有限公司

浙江荣泰健康电器有限公司

浙江品阁木业有限公司

浙江丽童家居有限公司

湖州市菱湖新望化学有限公司

湖州高强新材料有限公司

天奥电梯（中国）有限公司

谱拉歌世服饰有限公司

安川双菱电梯有限公司

2020年度南浔区进出口超亿美元企业

浙江久立特材科技股份有限公司

2020年度南浔区外贸出口十强企业

浙江巨美家科技有限公司

湖州南洋电机有限公司

湖州市对外贸易股份有限公司

浙江联大科技有限公司

浙江永昌电气股份有限公司

湖州福美达纺织有限公司

浙江品阁木业有限公司

湖州领先丝带有限公司

湖州柔柔柔针纺织品有限公司

浙江星科木业有限公司

2020年度南浔区服务业纳税十强企业

浙江南浔农村商业银行股份有限公司

湖州富盈再生物资回收有限公司

湖州南浔国际建材城有限公司

湖州南浔浔商小额贷款有限公司

湖州新奥万丰燃气发展有限公司

湖州银行股份有限公司南浔支行

湖州南浔浙北大厦购物中心有限公司

湖州南浔民间融资服务中心有限公司

湖州浙北供应链管理有限公司

湖州市奔富物流有限公司

2020年度南浔区服务业规模二十强企业

（一）金融业

浙江南浔农村商业银行股份有限公司

中国农业银行股份有限公司湖州南浔支行

中国工商银行股份有限公司湖州南浔支行

中国建设银行股份有限公司湖州南浔支行

（二）批发业

久立集团股份有限公司

湖州市对外贸易股份有限公司

湖州富盈再生物资回收有限公司

湖州南浔交通实业发展集团有限公司

（三）零售业

湖州南浔浙北大厦购物中心有限公司

湖州南浔力创汽车销售服务有限公司

湖州南浔浙北大厦超市有限公司

（四）住宿餐饮业

湖州荻港徐缘生态旅游开发有限公司

湖州南浔花园名都大酒店有限公司

湖州南浔巨人君澜度假酒店有限公司

（五）其他营利性服务业

浙江麦格赫尔数控科技有限公司

湖州市南浔区保安服务有限公司

湖州晶尚阳光电力技术有限公司

湖州新奥万丰燃气发展有限公司

（六）房地产业

湖州新城悦安房地产开发有限公司

湖州锦城置业有限公司

2020 年度南浔区其他营利性服务业十强企业

浙江麦格赫尔数控科技有限公司

湖州市南浔区保安服务有限公司

湖州晶尚阳光电力技术有限公司

湖州新奥万丰燃气有限公司

浙江美伦映画影视传媒有限公司

浙江南浔古镇旅游发展有限公司

浙江庆渔堂农业科技有限公司

湖州南浔国际建材城有限公司

湖州市南浔创业测绘与土地规划院股份有限公司

浙江平城保安服务有限公司

2020 年度南浔区批发业十强企业

久立集团股份有限公司

湖州市对外贸易股份有限公司

湖州富盈再生物资回收有限公司

湖州南浔交通实业发展集团有限公司

湖州富联贸易有限公司

湖州南浔温氏畜牧有限公司

湖州长城电气科技集团有限公司

湖州佰蔚电子科技有限公司

久盛地板销售（浙江）有限公司

湖州鑫驿贸易有限公司

2020 年度南浔区零售业十强企业

湖州南浔浙北大厦购物中心有限公司

湖州南浔力创汽车销售服务有限公司

湖州南浔浙北大厦超市有限公司

湖州市南浔安达加油站有限公司

湖州南浔时代通讯商贸有限公司

浙江愚公生态农业发展有限公司

湖州南浔吉麦隆超市虹阳路加盟店

湖州南浔华威汽车销售服务有限公司

湖州双林浙北大厦超市有限公司

湖州菱湖浙北大厦超市有限公司

2020 年度南浔区住宿餐饮业十强企业

湖州荻港徐缘生态旅游开发有限公司

湖州南浔花园名都大酒店有限公司

湖州南浔巨人君澜度假酒店有限公司

湖州市广弘酒店经营管理有限公司

湖州市南浔丽菁大酒店有限公司

湖州南浔博阳度假酒店有限公司

湖州南浔龙玲宾馆有限公司

湖州南浔金象湖酒店有限公司

湖州南浔悦都大酒店有限公司

湖州南浔江南沃克斯君亭酒店

2020 年度南浔区人才招引突出贡献集体

湖州越球电机有限公司

浙江东通光网物联科技有限公司

浙江科宁电机有限公司

森赫电梯股份有限公司

恒达富士电梯有限公司

浙江欧冶达机械制造股份有限公司

久立集团股份有限公司

浙江睿高新材料股份有限公司

湖州绿田新材料有限公司

星光农机股份有限公司

浙江庆渔堂科技有限公司

浙江江潮电机实业有限公司

浙江卓旺农业科技有限公司

2020 年度南浔区“新象”企业、“新牛”企业及“新象新牛”培育企业

一、“新象”企业（4 家）

巨人通力电梯有限公司

久立集团股份有限公司

浙江富钢金属制品有限公司

浙江长城电子科技集团有限公司

二、“新牛”企业（12 家）

浙江尤夫高新纤维股份有限公司

沃克斯迅达电梯有限公司

怡达快速电梯有限公司

浙江大东吴绿色集成建筑发展有限公司

浙江世友木业有限公司

恒达富士电梯有限公司

浙江彩蝶实业股份有限公司

浙江正信石油科技有限公司

浙江巨人集团有限公司

久盛地板有限公司

森赫电梯股份有限公司

浙江洪波科技股份有限公司

三、“新象新牛”培育企业（37 家）

湖州南洋电机有限公司

浙江江潮电机实业有限公司

湖州求精汽车链传动有限公司

湖州协鑫环保热电有限公司
湖州南太湖环保能源有限公司
浙江荣泰健康电器有限公司
湖州海通管桩有限公司
湖州南太湖电力科技有限公司
湖州越球电机有限公司
浙江蒂尔森电梯有限公司
天奥电梯（中国）有限公司
浙江联大科技有限公司
湖州南浔新龙电机有限公司
湖州高强新材料有限公司
浙江湖磨抛光磨具制造有限公司
湖州展望药业有限公司
浙江森林之星文化地板有限公司
浙江正导电缆有限公司
湖州菁诚纺织品有限公司
浙江华夏电梯股份有限公司
谱拉歌世服饰有限公司
湖州德奥机械设备有限公司
浙江科宁电机有限公司
浙江杨艺园林工程有限公司
湖州新利商标制带有限公司
浙江永昌电气股份有限公司
湖州太平微特电机有限公司
浙江东通光网物联科技有限公司
蒙特费罗（湖州）电梯部件有限公司
湖州南浔华统肉制品有限公司
湖州南浔温氏佳味食品有限公司
湖州荣耀铝业有限公司
湖州市南浔弘鑫铜业有限公司
浙江伟康电机有限公司
浙江三行电气科技有限公司
星光农机股份有限公司
浙江泰嘉光电科技有限公司

2020年度南浔区规模百强工业企业

冠　军

久立集团股份有限公司

亚　军

浙江长城电子科技集团有限公司

季　军

巨人通力电梯有限公司

前十强

浙江洪波科技股份有限公司
浙江尤夫高新纤维股份有限公司
浙江富钢金属制品有限公司
浙江三行电气科技有限公司
浙江世友木业有限公司
沃克斯迅达电梯有限公司
恒达富士电梯有限公司

前二十强

浙江巨人集团有限公司
恰达快速电梯有限公司
湖州南洋电机有限公司
浙江大东吴绿色集成建筑发展有限公司
湖州南浔华统肉制品有限公司
浙江正信石油科技有限公司
湖州新奥万丰燃气有限公司
湖州南太湖电力科技有限公司
浙江东通光网物联科技有限公司
浙江彩蝶实业股份有限公司

前五十强

浙江江潮电机实业有限公司
久盛地板有限公司
湖州高强新材料有限公司
浙江荣泰健康电器有限公司
森赫电梯股份有限公司
湖州海通管桩有限公司
湖州南浔温氏佳味食品有限公司
湖州众驰建材有限公司
浙江科宁电机有限公司
浙江正导电缆有限公司
湖州南浔圣船混凝土有限公司
蒙特费罗（湖州）电梯部件有限公司
天奥电梯（中国）有限公司
湖州上建华煜混凝土有限公司
湖州美信佳商品混凝土有限公司
湖州刚强混凝土有限公司
湖州新利商标制带有限公司
浙江联大科技有限公司
浙江永昌电气股份有限公司
浙江伟康电机有限公司
浙江湖磨抛光磨具制造有限公司
湖州市南浔弘鑫铜业有限公司
湖州建臣建材有限公司
湖州展望药业有限公司
浙江蒂尔森电梯有限公司

湖州荣耀铝业有限公司
湖州越球电机有限公司
浙江清湖建材股份有限公司
湖州市菱湖三狮水泥有限公司
湖州南浔浔味堂食品有限公司

前百强

湖州力维纸业科技股份有限公司
湖州新奥克环保科技有限公司
湖州领先丝带有限公司
浙江品阁木业有限公司
浙江弗尔德驱动科技有限公司
浙江技鸣电工器材有限公司
湖州协鑫环保热电有限公司
湖州求精汽车链传动有限公司
湖州刚强水泥有限公司
湖州耀东包装有限公司
谱拉歌世服饰有限公司
湖州宏菱水泥有限公司
湖州高裕家居科技有限公司
浙江郎立电工器材有限公司
湖州市菱湖新望化学有限公司
湖州恒新商标制带有限公司
湖州南浔新龙电机有限公司
湖州五兴达丝绸整理有限公司
浙江国富纺织科技有限公司
浙江睿高新材料股份有限公司
湖州长辉金属表面处理技术有限公司
浙江杨艺园林工程有限公司
浙江恒通生物科技股份有限公司
星光农机股份有限公司
湖州市练市三峰线缆厂
湖州市南浔福强木业制造厂
湖州高翔水泥有限公司
湖州裕达线缆有限公司
浙江未来家木业有限公司
湖州菁诚纺织品有限公司
湖州天洋线缆有限公司
浙江伏牛钢板弹簧有限公司
湖州新仲湖针织制衣有限公司
湖州太平微特电机有限公司
湖州合欣包装机械有限公司
浙江华夏电梯股份有限公司
湖州霍普生物科技有限公司
湖州福美达纺织有限公司
安川双菱电梯有限公司
浙江船老大装饰材料有限公司
湖州汇丰电工科技有限公司
德森克电梯（中国）有限公司
浙江丽象木业有限公司
湖州绿田新材料有限公司
湖州鑫富新材料有限公司
浙江丝之美服饰染整有限公司
湖州新隆龙丝绸印花有限公司
国电湖州南浔天然气热电有限公司
湖州柔柔柔针纺织品有限公司
湖州鑫冠纺织品科技有限公司

2020年度南浔区税收百强工业企业

冠　军

巨人通力电梯有限公司

亚　军

久立集团股份有限公司

季　军

浙江富钢金属制品有限公司

前十强

浙江尤夫高新纤维股份有限公司
沃克斯迅达电梯有限公司
怡达快速电梯有限公司
浙江大东吴绿色集成建筑发展有限公司
浙江世友木业有限公司
恒达富士电梯有限公司
浙江彩蝶实业股份有限公司

前二十强

浙江长城电子科技集团有限公司
浙江正信石油科技有限公司
浙江巨人集团有限公司
久盛地板有限公司
森赫电梯股份有限公司
湖州南洋电机有限公司
浙江江潮电机实业有限公司
湖州求精汽车链传动有限公司
湖州协鑫环保热电有限公司
湖州南太湖环保能源有限公司

前五十强

浙江荣泰健康电器有限公司
湖州新奥万丰燃气有限公司
湖州南浔圣船混凝土有限公司

湖州海通管桩有限公司
湖州南太湖电力科技有限公司
湖州越球电机有限公司
浙江蒂尔森电梯有限公司
浙江洪波科技股份有限公司
天奥电梯（中国）有限公司
湖州美信佳商品混凝土有限公司
浙江联大科技有限公司
湖州刚强混凝土有限公司
湖州南浔新龙电机有限公司
浙江清湖建材股份有限公司
湖州高强新材料有限公司
湖州金騄印染实业有限公司
湖州众驰建材有限公司
浙江湖磨抛光磨具制造有限公司
湖州展望药业有限公司
浙江森林之星文化地板有限公司
湖州菁诚纺织品有限公司
浙江正导电缆有限公司
浙江华夏电梯股份有限公司
湖州宏菱水泥有限公司
谱拉歌世服饰有限公司
湖州德奥机械设备有限公司
湖州市菱湖三狮水泥有限公司
湖州巨赢纺织有限公司
湖州上建华煜混凝土有限公司
湖州吉昌化学有限公司

前百强

湖州喜得宝丝绸有限公司
湖州锐狮标准件制造有限公司
湖州高翔水泥有限公司
浙江科宁电机有限公司
湖州新仲湖针织制衣有限公司
浙江裕丰新材料有限公司
湖州江南恒盛炼染有限公司
浙江丝之美服饰染整有限公司
湖州长辉金属表面处理技术有限公司
浙江杨艺园林工程有限公司
湖州神龙服饰染整有限公司
湖州新利商标制带有限公司
海达门控有限公司
德森克电梯（中国）有限公司
湖州南浔浔味堂食品有限公司
湖州刚强水泥有限公司
浙江永昌电气股份有限公司
浙江长方木业有限公司
湖州耀东包装有限公司
湖州新隆龙丝绸印花有限公司
湖州得盛印染有限公司
湖州龙祥染整有限公司
湖州巨拓电梯配件有限公司
安川双菱电梯有限公司
浙江三欣重工传动有限公司
浙江星科木业有限公司
湖州三印丝绸炼染有限公司
浙江湖州新京昌电子有限公司
浙江湖州新京福纺织染整有限公司
湖州盛利染整有限公司
浙江菱格木业有限公司
湖州太平微特电机有限公司
湖州市南浔福强木业制造厂
湖州高盛毛纺有限公司
浙江睿高新材料股份有限公司
浙江弗尔德驱动科技有限公司
湖州绿盛木业有限公司
湖州市菱湖新阳水泥有限公司
湖州祥晖光伏发电有限公司
湖州丰诚纺织有限公司
湖州凌立印染有限公司
湖州领先丝带有限公司
湖州新奥克环保科技有限公司
瑞通高分子科技（浙江）有限公司
湖州市菱湖新望化学有限公司
湖州市南浔华源绝缘材料有限公司
湖州新加纺织有限公司
湖州高林不锈钢管制造有限公司
浙江朗泰金属制品有限公司
湖州南浔申达包装有限公司

八、区级（区委、区政府表彰）先进个人

2016—2020 年度南浔区劳动模范

马会仁（南浔锦绣实验学校）
王文卫（湖州南太湖环保能源有限公司）
王新亚（谱拉歌世服饰有限公司）
毛建强（南浔区医疗集团）
方　黎（湖州江南恒盛炼染有限公司）
田水芳（旧馆镇港胡村）
冯新达（浙江南浔农村商业银行股份有限公司）
邢斌斌（湖州市公安局南浔区分局南浔派出所）
朱永根（开发区方丈港村）
朱海民（浙江湖州新京昌电子有限公司）
孙永星（湖州南浔圣船混凝土有限公司）
严惠良（浙江东通光网物联科技有限公司）
李　仁（森赫电梯股份有限公司）
杨建忠（浙江尤夫高新纤维股份有限公司）
杨鸿梁（浙江江潮电机实业有限公司）
邱火江（旧馆镇北港村）
汪建辉（巨人通力电梯有限公司）
沈永根（湖州南浔千金永根生态渔业专业合作社）
沈金强（菱湖镇永丰村）
沈春芳（南浔区教育局）
沈根兴（湖州新奥万丰燃气有限公司）
张小凤（南浔善琏松柏湖笔厂）
张云峰（浙江久立特材科技股份有限公司）
张玉林（练市镇水口村）
张　言（湖州市南浔区交通投资集团有限公司）
张　珊（南浔区中医院）
张荣华（南浔镇神墩村）
张逸英（和孚镇横港村）
陆丽娟（双林镇邕山圩村）
陆柏林（沃克斯迅达电梯有限公司）
陈永峰（石淙镇花园湾村）
陈丽娟（湖州领先丝带有限公司）
邵海龙（久盛地板有限公司）
罗明安（浙江长方木业有限公司）
金根良（湖州高强新材料有限公司）
金筱琴（浙江洪波科技股份有限公司）
施东东（湖州市南浔市场发展有限公司）
施　屹（浙江彩蝶实业股份有限公司）
闻炬超（浙江正信石油科技有限公司）
姚国平（千金镇南窑桥村）
姚新荣（星光农机股份有限公司）
袁启城（浙江晶尚新能源科技有限公司）
顾正韡（浙江长城电工科技股份有限公司）
钱　江（怡达快速电梯有限公司）
钱　琴（湖州师范学院南浔附属小学）
徐林方（湖州美信佳商品混凝土有限公司）
高峻华（湖州盛特隆金属制品有限公司）
谈家红（湖州展望药业有限公司）
梅群锋（南浔区菱湖人民医院）
曹守峰（湖州南浔花园名都大酒店有限公司）
曹明亚（湖州市南浔区动物疫病预防控制和畜产品安全监测中心）
温奕弋（浙江省湖州市南浔区人民法院）
谢莹荣（湖州南浔世荣湖羊养殖家庭农场）
窦青青（浙江世友木业有限公司）

南浔区 2020 年度“担当作为好干部”

陈发兵（开发区、集聚区南浔分区管委会投资促进局局长）
费　军（南浔镇党委副书记）
季小辉（练市镇团委书记、村镇建设办副主任）
徐　辉（双林镇公共事业服务中心副主任〔负责经服工作〕）
吴　斌（菱湖镇经济发展办公室副主任〔负责招商、人才工作〕）
孙益平（和孚镇副镇长）
李莲莲（善琏镇党委副书记）
费海峰（旧馆镇党委副书记）
朱凯敏（千金镇副镇长）
王旭丽（石淙镇经济发展办公室主任）
吴　豪（区农业农村局党组成员、副局长，柯坪县农业农村局党组副书记、副局长〔援疆〕）
汤立宇（区卫生健康局公共卫生科科长）
吴建平（区市场监督管理局党委委员、副局长）
叶伟强（南浔旅投集团党委副书记、副董事长、总经理）
沈光明（区公安分局党委委员、副局长）

杨鑫怡（区自然资源和规划分局耕地保护监督科科长）

南浔区优秀共产党员

杨占桩（开发区）　金　珍（开发区）
吴　敏（开发区）　董利文（开发区）
沈　红（区综合行政执法局开发区中队）
汪欣娴（开发区）　马志刚（开发区东迁村）
冯伟荣（开发区江蒋漾村）
邵明元（湖州越球电机有限公司）
王　冬（南浔镇）　胡国华（南浔镇）
税　清（南浔镇）　高栋梁（南浔镇）
陆利根（南浔镇）　虞金狗（南浔镇辽西村）
费红英（南浔镇辽西社区）
梁　华（浙江久安公益事业有限公司）
吕文江（湖州南浔圣船混凝土有限公司）
陆丹凤（练市镇）　沈少强（练市镇）
杨剑忠（练市镇）　沈悦明（练市镇朱家埭村）
沈金香（练市镇庄家村村）
沈宏飞（练市镇松亭村）
沈新花（练市镇车塔村）
张玉林（练市镇水口村）
汤菊英（练市镇再兴社区）
严雅利（双林镇）　何慧仙（双林镇）
姚芳芳（双林镇）　魏冰峰（双林镇）
费惠明（双林镇倪家滩村）
陈忠伟（双林镇虹桥社区）
徐金林（湖州久立物业管理有限公司）
沈伟中（谱拉歌世服饰有限公司）
张　励（湖州新仲湖针织制衣有限公司）
邹　颖（菱湖镇）　陈晓凤（菱湖镇）
陆　斌（菱湖镇）　杨宇明（菱湖镇）
费建荣（菱湖镇卢介庄村）
王松乔（菱湖镇下昂村）
沈根林（菱湖镇山塘村）
费新民（菱湖镇达民村）
徐杰萍（菱湖镇东栅社区）
陈红兵（区综合行政执法局和孚中队）
邱明英（和孚镇）　陈德元（和孚镇云北村）
柴振凯（和孚镇李市村）
慎小琳（和孚镇陶家墩村）
王红新（和孚镇和孚社区）
杨梅方（浙江尤夫高新纤维股份有限公司）
杨雪锋（善琏镇）　孙惠芬（善琏镇）
丁宇洁（善琏镇）　张林勇（善琏镇善琏村）
何明发（善琏镇窑里村）
姚发祥（善琏镇砖溪村）　陈珊珊（旧馆镇）
郑卫红（旧馆镇）　朱佳佳（旧馆镇）
费丽三（旧馆镇寺桥村）
曹献忠（旧馆镇潘家庄村）
沈建强（旧馆镇新兴港村）
费海峰（千金镇）　金培虹（千金镇）
沈仲英（千金镇）　朱新华（千金镇金城村）
姚建斌（千金镇成人文化技术学校）
陆　斌（区综合行政执法局石淙中队）
吴可嘉（石淙镇）　杨晓红（石淙镇石淙村）
吴海强（石淙镇镇西村）
费银生（湖州江南恒盛炼染有限公司）
陈风平（度假区管委会）
嵇海兵（度假区管委会）
李根福（度假区管委会辽里村）
沈琦琦（度假区管委会泰安路社区）
姚海燕（区发改经信局）
徐玉明（区教育局）　张国群（区人力社保局）
沈海峰（区交通局）　费良明（区农业农村局）
钱方伟（区文广旅体局）
汤立宇（区卫生健康局）
章锋利（区卫生健康局）
章剑峰（区市场监管局石淙所）
郑林方（区医疗保障局）
马君君（科技新城管委会）
吴　燕（区应急管理局）
周剑峰（区公安分局法制大队）
余中贤（区公安分局巡特警大队）
邢斌斌（区公安分局南浔派出所）
李　宁（区公安分局水上派出所）
沈振赟（区公安分局和孚派出所）
杨晓伟（区医疗集团公共卫生中心）
张和义（区医疗集团双林院区）
李世标（区医疗集团菱湖分院）
邵萍萍（区医疗集团菱湖分院）
沈晓刚（区医疗集团菱湖分院和孚院区）

南浔区2020年度“开放东大门、创业新高地”重点工作先进个人

一、融沪接苏工作先进个人

张淑君（南浔经济开发区管理委员会）
陆　伟（南浔经济开发区管理委员会）

王　冬（南浔镇人民政府）
陆建芬（练市镇人民政府）
金江兰（区发改经信局）　孙　鸿（区科技局）
霍晓瑜（区民政局）　周金华（区人力社保局）
孙钟良（区交通局）

二、全域土地整治和生态修复工程先进个人

韦小泉（南浔经济开发区管理委员会）
姚　峰（南浔镇人民政府）
杨徐伟（双林镇人民政府）
沈峰勇（菱湖镇人民政府）
田建强（旧馆镇人民政府）
张苏雷（区农业农村局）　项莉花（区档案馆）
钱超群（区自然资源和规划分局）
钱建强（旧馆镇港胡村）
沈建强（旧馆镇新兴港村）

三、"喜迎高铁 万亩征迁"百日攻坚行动及頔塘两岸改造提升工程先进个人

计瑜萍（南浔经济开发区管理委员会）
劳三妹（南浔经济开发区管理委员会）
朱建国（南浔经济开发区管理委员会）
陈显清（南浔经济开发区管理委员会）
费　军（南浔镇人民政府）
胡秉耀（南浔镇人民政府）
钱新荣（南浔镇人民政府）
柴俊彦（南浔镇人民政府）
张小峰（区委办）　钟可光（区人大机关）
杨祯妮（区政府办）　章忠凯（区委组织部）
郭志辉（区委宣传部）　徐锡东（区委编办）
朱锦方（区司法局）　钱　峰（区应急管理局）
王　东（区审计局）　马金强（区市场监管局）
李　飚（区综合执法局）　宋美琴（区政务办）
章荣明（区机关事务管理服务中心）
顾伟民（区邮政管理局）　俞晓辉（区总工会）
蔡　亮（公安分局）　孟雪海（区税务局）

四、城市建设管理工作先进个人

胡建强（区政府办）　满　涛（区科技新城）
高栋梁（区综合行政执法局）
沈　红（区综合行政执法局）
沈建平（区综合行政执法局）
严政振（区综合行政执法局）
姜　波（南浔新城投资发展集团有限公司）
姜天彬（南浔交通实业发展集团有限公司）

五、"三高一隧"项目推进工作先进个人

沈学峰（南浔镇人民政府）
高远航（练市镇人民政府）
孙　慧（双林镇人民政府）
蒋文斌（菱湖镇人民政府）
沈益平（区人大机关）
胡宸宸（南浔城市投资发展集团有限公司）
孙　易（南浔区交通投资集团有限公司）

六、招商引资工作先进个人

陈发兵（南浔经济开发区管理委员会）
金　珍（南浔经济开发区管理委员会）
高小平（南浔镇人民政府）
朱风明（练市镇人民政府）
何慧仙（双林镇人民政府）
何学萍（旧馆镇人民政府）
赵晓武（旧馆镇人民政府）
黄惠彬（和孚镇人民政府）
李晓锋（区委统战部）
戴来香（区司法局）　高曙光（区政务办）
沈德明（驻上海联络处南浔工作部）

七、项目推进工作先进个人

沈雪强（南浔镇人民政府）
沈思佳（练市镇人民政府）
严加佑（和孚镇人民政府）
严　佳（千金镇人民政府）
孙东晖（区发改经信局）
朱　琪（区住建局）　吕圣伟（区统计局）
钱　磊（区自然资源和规划分局）

八、净增"四上"工作先进个人

顾亚群（南浔镇人民政府）
王　斌（南浔镇人民政府）
陆惠明（练市镇人民政府）
葛连勇（菱湖镇人民政府）
钱晓燕（旧馆镇人民政府）
许惠芳（区发改经信局）
钱雅斌（区住建局）　吴　越（区商务局）

九、质量和标准化工作先进个人

徐　斌（练市镇人民政府）
杨　斌（双林镇人民政府）
邵柳斌（区市场监管局）　陈　虎（区供销社）

十、古镇保护和全域旅游工作先进个人

潘晓明（练市镇人民政府）
沈夏霞（双林镇人民政府）

陆小莉（菱湖镇人民政府）
杨升辉（和孚镇人民政府）
王旭丽（石淙镇人民政府）
吴　洁（区文广旅体局）
褚小金（古镇旅游度假区管委会）
俞　晓（南浔古镇旅游投资发展有限公司）

十一、“最多跑一次”改革先进个人

严晓龙（南浔镇人民政府）
俞丹萍（善琏镇人民政府）
黄继斌（旧馆镇人民政府）
王剑娟（区委组织部）　赵一郎（区住建局）
曾林子（区编委办）　陈英辉（区政务办）
许晓斌（区自然资源和规划分局）

十二、“三服务”工作先进个人

朱淦峰（南浔镇人民政府）
陈佳勇（菱湖镇人民政府）
孙益平（和孚镇人民政府）
朱　华（善琏镇人民政府）
范小明（旧馆镇人民政府）
何国华（石淙镇人民政府）
嵇银荣（区纪委监委）　周建军（区委办）
胡凯玲（区政府办）　董明华（区政协机关）
吴博文（区委组织部）　冯旭康（区委统战部）
董伟萍（区委政法委）　程华斌（区交通局）
郭玉红（区人力社保局）　孙国华（区水利局）
陆艳苑（区商务局）　温晓波（区文广旅体局）
杨光辉（区卫生健康局）　郑林方（区医保局）
沈吴勇（区科技新城）　周　丰（区政务办）
姚　健（区融媒体中心）　林　燕（区法院）
金丹杰（区档案馆）　许芸华（区检察院）
蒋珊珊（区机关事务管理服务中心）
姜　宾（公安分局）

十三、乡村产业高质量发展工作先进个人

郑缓香（区人大机关）　吴明锋（区委办）
陈　云（区政府办）　沈振华（区委宣传部）
李卫英（区财政局）　陈春燕（区统计局）
彭黎霞（区综合执法局）　徐　杰（区供销社）
王　臻（区农业农村局）
花志兵（南浔交投集团）

十四、百漾千河综合治理工作先进个人

马新华（千金镇人民政府）
蒋国民（菱湖镇人民政府）
沈金龙（南浔镇人民政府）
朱国荣（善琏镇人民政府）
顾建明（双林镇人民政府）
曹娴琳（生态环境分局）

十五、污染防治工作先进个人

杨剑忠（练市镇人民政府）
陆佳瑶（双林镇人民政府）
嵇民强（菱湖镇人民政府）
堵佳平（千金镇人民政府）
张　琦（石淙镇人民政府）
袁梦华（区发改经信局）　方睿睿（区水利局）
盛彩根（区综合执法局）
陈　明（生态环境分局）
朱惠康（南浔城市投资发展集团有限公司）

十六、城乡垃圾分类先进个人

戴雪芳（南浔镇人民政府）
任良粱（菱湖镇人民政府）
费晓明（千金镇人民政府）
宋晨光（区人大机关）　龙　萍（区教育局）
金小晖（区政协农业和农村委）
周婷婷（区宗教事务所）　周　钰（区住建局）
金　艳（区卫健局）　应一飞（区商务局）
丁雨晨（区综合执法局）
潘金虎（古镇旅游度假区管委会）

十七、“六无六有”综合救助工作先进个人

闵明祥（南浔经济开发区管理委员会）
胡国华（南浔镇人民政府）
蔡金文（练市镇人民政府）
姚月丰（菱湖镇人民政府）

十八、教育高质量发展工作先进个人

沈利勇（南浔区教育局）
张建权（南浔区教育教学研究和培训中心）
高少勇（南浔区交通投资集团有限公司）
冯　悦（南浔旅游投资发展集团有限公司）
马叶洪（浔溪中学）
吴　颖（开发区实验学校）

十九、东西部扶贫协作工作先进个人

钱月华（南浔镇人民政府）
薛　景（菱湖镇人民政府）
戴　晶（区发改经信局）　丁洪英（石淙学校）
邢旭峰（南浔区人民医院）

二十、清廉南浔工作先进个人

姚陈芳（区纪委监委）
潘文贤（区纪委监委派驻组织部纪检监察组）

曹　薇（区民政局）　李学明（区市场监管局）
丁利民（区审计局）　钱　霞（南浔银行）
费建新（菱湖镇第三小学）
童义林（菱湖镇竹墩村）
鲍继业（和孚镇重兆村）
肖顺荣（善琏镇皇坟村）
陈冠峰（旧馆镇载旺村）
高海松（石淙镇羊河坝村）

南浔区 2020 年度重点工作突出贡献个人

一、区委区政府 41 项重点推进项目突出贡献个人

李广永（高新区）　王　俊（区住建局）
叶晓慧（区住建局）　施少华（区教育局）
王　良（区民政局〔抽调区长三办〕）
莫文杰（区交投集团）　张　言（区交投集团）
周光宇（区文广旅体局）
杨晓娜（区文广旅体局）　廖晓璐（区统计局）
喻志林（区消防救援大队）　顾振贤（南浔镇）
刘　勇（南浔镇）　温文泉（南浔镇）
胡光玺（南浔镇）　詹晓燕（南浔镇）
张　超（区综合执法局）　钱宏斌（区供销社）
杨　伟（区纪委）　冯新学（区委办公室）
姚勇明（区科技局）　宋佳红（区旅投集团）
罗　立（湖州南浔古镇旅游投资发展有限公司）
何学萍（旧馆镇）　朱　力（旧馆镇）
丁琴芳（区交通局）　杨桂斌（区交通局）
胡国峰（南浔供电分公司练市供电所）
费惠明（双林镇倪家滩村）
仰国红（双林镇）　周益敏（善琏镇）
杜新梁（区公安分局南浔派出所）
康建博（度假区管委会）
李　刚（度假区管委会）
周云飞（区人力社保局）　朱　慧（千金镇）
王笑宇（区生态环境局分局）
徐　瑶（区政务办）　沈利明（区财政局）
朱龙飞（练市镇公共事业服务中心）
费华娟（练市镇高新园区）
吴建荣（区自然资源和规划分局善琏所）
赖清华（区自然资源和规划分局练市所）
王　煜（湖州南浔城建投资发展有限公司）
沈　雪（湖州南浔浙商回归经济园建设有限公司）
张晓科（开发区）　崔惠惠（开发区）
朱　伟（开发区）　何文彬（区委政法委）
姚小莉（区民政局）　杨红艳（区商务局）
沈卫国（科技新城管委会）
费晓峰（菱湖镇菱东村）　李跃杰（菱湖镇）
汪艳艳（区卫生健康局）　陈　健（石淙镇）
诸晓飞（区委组织部）　郭　泓（区委组织部）
陆　剑（区委宣传部）　张鑫珍（区水利局）
姚月煜（区水利局）　陆佳泉（区农业农村局）
唐必嘉（区发改经信局）　沈欣荣（练市镇）
曹梦艺（区发改经信局）　孙益平（和孚镇）
吴　琳（区发改经信局）　薛　方（和孚镇）
朱　瑛（区发改经信局）　杨慧华（区政府办）

二、全国文明城市复评突出贡献个人

王国财（区委办）　魏延三（区咨询委）
陆明明（区委宣传部）　沈　洋（区委宣传部）
余　丹（区委宣传部）　吴开珺（区委宣传部）
王芳芳（区委编办）　姜向东（区信访局）
祝　原（区融媒体中心）
车海芬（区融媒体中心）
陆芳芳（区发改经信局）
盛惠良（区发改经信局）
王　欢（区发改经信局）　邱　芬（区教育局）
陈振宇（宏达南浔学校）　罗双林（区住建局）
满敬法（区公路管理中心）
黎朋红（区水利局）　任　梦（区商务局）
杨　燕（区文化市场综合行政执法队）
宋金华（菱湖人民医院）　戴圣辉（区审计局）
朱国华（区退役军人事务局）
张金灿（区市场监管综合行政执法队）
潘洁莹（区统计局）　宁季芸（区医保局）
蒋世明（区综合执法局）
冯小萍（度假区管委会）
朱梦笑（度假区管委会泰安路社区）
褚　斌（高新区管委会）
潘文文（区政务办政务服务中心）
屠鑫宇（区法院）　陈　瑶（区检察院）
张浩旻（区供销社）　费秋萍（区城投集团）
朱佳淮（南浔交通水利投资建设集团）
陆群丽（南浔古镇旅游公司游客服务中心）
胡婷婷（区自然资源和规划分局）
孙芳芳（区生态环境分局）
张琦虎（区税务局）
高陆华（区住房公积金管理部）
章洪杰（开发区）　施新惠（开发区）

华晓豪（南浔镇）　牟　锋（南浔镇）
沈　霞（南浔镇）　孙元芳（南浔镇）
姚建丽（区综合执法局南浔中队）
朱伟栋（区综合执法局南浔中队）
吴贤明（南浔镇施家浜村）
沈建卫（练市镇便民服务中心）
姚芳芳（双林镇）　张　燕（双林镇）
陆中华（菱湖镇公共事业服务中心环卫所）
周　翔（区公安分局菱湖派出所副所长）
陆新华（区公安分局菱湖派出所）
袁小锋（和孚镇）
王　辉（区市场监管局和孚所）
姚小良（区公安分局和孚派出所）
钟建伟（区市场监管局善琏所）
陈　洁（区市场监管局善琏所）
陈　凯（区市场监管局旧馆所）
黄卫栋（区公安分局交警大队旧馆中队）
冯国防（旧馆镇塘南村）
沈海平（千金镇）　丁荣勇（石淙镇石淙社区）

三、国防动员和征兵工作突出贡献个人

刘春燕（区发改经信局）　丁凯泓（区交通局）
王建龙（区公安分局双林派出所）
陆国强（区教育局）　沈曙霞（区卫生健康局）
宋建元（区人武部）　方惠芬（区住建局）
叶伟伟（区水利建设投资有限公司）
王鹏帅（南浔区南林路消防救援站）
朱丽娟（开发区方丈港村）
朱佳奇（开发区李家河村）
沈耀英（开发区）
濮小龙（南浔镇潘港桥村）
张　伟（南浔镇三长村）
朱伟伟（练市镇悦新村）
沈莉嘉（练市镇金塔村）
姚利钟（练市镇丰登村）
茅爱国（双林镇跳家扇村）
张忠燕（双林镇周家兜村）
陆　政（菱湖镇）
陈伟嘉（菱湖镇思溪村）
赵建荣（菱湖镇费家埭村）
严　佳（区公安分局菱湖派出所）
谢佳敏（和孚镇和孚社区）
章胜杰（和孚镇漾东村）
陈胜龙（善琏镇宏建村）
钱选意（善琏镇平乐村）
张林勇（善琏镇善琏村）
金培强（旧馆镇三桥村）
潘伟峰（旧馆镇塘南村）
郑月亮（旧馆镇寺桥村）
简财良（千金镇东马干村）
宋国鑫（千金镇石桥村）
王斌斌（千金镇东驿达村）
王　敏（石淙镇姚家坝村）
严晓东（石淙镇）　杨海斌（石淙镇镇西村）
费继林（湖州鑫富新材料有限公司）
高　宇（浙江巨人集团有限公司）
贺建民（湖州南浔圣船有限公司）
李明财（浙江久立特材科技股份有限公司南浔分公司）
罗光华（湖州兴茂建设有限公司）
邱忠婷（浙江洪波科技股份有限公司）
汤国雄（湖州锐狮标准件制造有限公司）
杨艳杰（浙江东通光网物联科技有限公司）
朱　飞（森赫电梯股份有限公司）
朱海民（浙江湖州新京昌电子有限公司）
王灯虎（湖州南浔云照建筑工程有限公司）
姚德华（湖州丰汇交通工程有限公司）

四、“喜迎高铁　万亩征迁”百日攻坚行动及頔塘两岸改造提升工程突出贡献个人

吴建林（区纪委驻区委办纪检监察组）
周建军（区委办）　葛兆远（区政府办）
屠赞宏（区政协机关）　沈新发（区委政法委）
姜向东（区信访局接访科科长）
张俊毅（区教育局）　孙新强（区财政局）
张建良（区住建局）　钱利明（区水利局）
邱昌华（团区委）　朱丽娟（开发区）
周国龙（区公安分局治安大队）
徐　昕（南浔镇南浔派出所）
陈桂芬（督查考核组区委组织部）

五、2020年度南浔区信访工作“群众最满意窗口”突出贡献个人

陆伟东（区人民调解协会）
钱利萍（区信访局）　张　诚（区人力社保局）
胡阿英（菱湖镇）　陈显清（开发区）
莫建芬（练市镇）　陆文婷（南浔区人民法院）
蒋斌斌（和孚镇）　汤民峰（善琏镇）
朱　威（湖州市华信公证处）

南浔区2020年度平安建设和社会治理突出贡献个人

陈显清（开发区）　沈　宁（开发区）
潘亮亮（南浔镇）　潘芬芬（练市镇）
杨　旭（区公安分局南浔镇派出所）
柳　彬（区公安分局练市镇派出所）
朱文良（双林镇）　陈晓芳（菱湖镇）
韩立祥（双林镇吴家庄村）
杨　英（菱湖镇北栅社区）
蒋斌斌（和孚镇）　王亮亮（旧馆镇）
朱雪良（区公安分局和孚派出所）
杨雪峰（善琏镇司法所）
庄　杰（千金镇）　杨秋文（石淙镇）
汤宗元（区公安分局）　胡元勇（区司法局）
雷文聘（区消防救援大队）　莫海平（石淙镇）
吴益骁（区纪委监委信访室）
周海淇（区委组织部）　何　凯（区委宣传部）
杨旭荣（区财政局）　沈国兵（区卫生健康局）
李雪峰（区人力社保局）　王永煜（区交通局）
潘一鸣（区生态环境分局）　嵇海兵（度假区）
李倩璐（区志愿者协会）

南浔区全国文明城市复评工作有功个人

一、个人三等功（10名）

章　蓉（区委宣传部）　李　晖（区住建局）
陆艳苑（区商务局）　李学明（区市场监管局）
沈国荣（区综合执法局）　王国权（团区委）
陈风平（度假区管委会）　褚夏亮（旅投集团）
徐剑峰（区公安分局交警大队练市中队）
宋锦荣（千金镇）

二、个人嘉奖（28名）

沈中心（区委宣传部）　熊旭娟（区档案馆）
叶文龙（区融媒体中心）　王琪超（区住建局）
杨徐超（区住建局）　韩立民（区中医院）
钟溢颖（区文广旅体局）
李希君（区交通工程质量安全管理服务中心）
刘丽萍（区市场监管局）
陈晓明（区综合执法局）　薛苏蓉（区法院）
施　健（度假区管委会）　徐建业（团区委）
施朝良（区机关事务管理中心）
茅雪莹（区妇联）　许亚萍（旅投集团）
鲍国建（区城建投资发展有限公司）
吴国平（开发区）　张国妹（南浔镇）
施旭明（练市镇）　刘佳彬（双林镇）
吴　昊（菱湖镇）　章伟平（菱湖镇）
王　康（和孚镇）　顾欢夫（石淙镇）
周俊佑（区综合执法局善琏中队）
钱震宇（区综合执法局旧馆中队）
张强亮（区公安分局石淙派出所）

南浔区抗击新冠肺炎疫情行政奖励（有功个人）

一、个人三等功（127名）

王斌礼（区人民医院）　归小琴（区人民医院）
袁引芳（区人民医院）　杨永亮（区人民医院）
姚申明（区人民医院）　钱智权（区人民医院）
方李燕（区人民医院）　蒋小丽（区人民医院）
施小妹（区人民医院）　杨娟红（区人民医院）
应　静（区人民医院）
项琴华（菱湖人民医院）
费雪芬（菱湖人民医院）
杨丽亚（菱湖人民医院）
童伟祥（菱湖人民医院）
程玉琴（区中医院）　沈佳慧（区中医院）
沈建中（区中医院）　周雪峰（区中医院）
施富强（双林人民医院）
徐莉芬（双林人民医院）
李　雨（旧馆镇卫生院）
王琪璋（练市人民医院）
杨智勇（练市人民医院）
陈　芳（练市人民医院）
张歆学（和孚镇卫生院）
倪伟良（千金镇卫生院）
沈红伟（区疾病预防控制中心）
贺一挺（南浔区卫生计生行政执法大队一中队）
吴　敏（开发区）　姚沈中（开发区）
王丹华（开发区）　杨占桩（开发区）
沈　亮（南浔镇）　邹建新（南浔镇）
杜新梁（区公安分局南浔派出所）
章　淼（南浔镇）　税　清（南浔镇）
沈　霞（南浔镇）　沈建钢（练市镇）
严芳华（练市镇）　徐宁峰（练市镇）
施旭明（练市镇）
杨剑忠（练市镇综合行政执法队）
石长国（练市镇综合行政执法队）
沈少华（练市镇综合行政执法队）
吴　斌（双林镇）　严雅利（双林镇）
倪雅静（双林镇便民服务中心）
慎雪伟（双林镇）　曹国飞（双林镇赵家兜村）
陈忠伟（双林镇虹桥社区）　沈其民（菱湖镇）

陈晓凤（菱湖镇）　陆国民（菱湖镇）
陆　斌（菱湖镇公共事业服务中心）
陆艳苑（区商务局）　王松乔（菱湖镇下昂村）
倪春翔（和孚镇）　褚良伟（和孚镇）
薛　方（和孚镇）　嵇卫斌（和孚镇）
吴慧丽（和孚镇）　何明发（善琏镇窑里村）
孙惠芬（善琏镇）　陈　蒙（善琏镇）
张华飞（旧馆镇）　侯建忠（旧馆镇）
潘静洁（区综合行政执法局旧馆中队）
姚国平（千金镇南窑桥村）
宋根荣（千金镇石桥村）　莫海平（石淙镇）
费玉婷（石淙镇）
李佳凤（南浔古镇旅游度假区）
顾建华（南浔古镇旅游度假区浔东村）
朱权达（区委办）　周佩群（区人大办）
方子崴（区大数据服务中心）
朱桂翔（区政协委工委）　黄海新（区教育局）
钱　芳（区养老保险服务中心）
邱小锋（区交通局）　王益钟（区卫生健康局）
曹桂江（区市场监管局）
胡国华（区综合行政执法局）
傅李佳（区机关事务管理服务中心）
高远航（练市镇）　施树雄（区公安分局）
赵奕丽（区公安分局）
费斌冰（区公安分局刑侦大队）
孟凌云（区公安分局环侦大队）
陈佳桧（区公安分局交警大队）
朱雪峰（区公安分局巡特警大队）
许子舟（区公安分局南浔派出所）
何俊恒（区公安分局城西派出所）
孙勤民（区公安分局练市派出所）
徐建明（区公安分局双林派出所）
雷鹏杰（区公安分局菱湖派出所）
费国强（区公安分局和孚派出所）
周剑峰（区公安分局法制大队）
冯新学（区委办督查考核服务中心）
顾康寅（区市场监管局开发区分局）
钱方伟（区图书馆）　姚晓杰（区民政局）
杨桂斌（区交通工程质量安全管理服务中心）
韦旭东（区政府办公室）
程　萍（区卫生健康局）
沈国兵（区卫生健康局）
汤立宇（区卫生健康局）
章锋利（区卫生健康局）
顾　恒（区卫生健康局）
姚国祥（区发展改革和经济信息化局）
徐庆兵（区市场监管局）
严振华（区委统战部）　曹雪祥（区纪委监委）
郝成杰（区委组织部）
闵鑫芳（湖州新仲湖针织制衣有限公司）
丁飞虎（湖州南洋电机有限公司）
丁炳慧（浙江泰嘉光电科技有限公司）
潘洪利（巨人通力电梯有限公司）
黄　勤（浙江海顺新材料有限公司）
王　亮（南浔浙北大厦购物中心有限公司）
孙根才（南浔区南浔圆梦志愿者协会）
严湖德（苏州富士精工电梯有限公司）
章灿林（南浔中青旅旅游有限公司）
李东流（森赫电梯股份有限公司）
陈找根（浙江洪波科技股份有限公司）

二、个人嘉奖（318名）

和鹏鹏（区人民医院）　陈思怡（区人民医院）
陆文华（区人民医院）　钱伟伟（区人民医院）
吴劲松（区人民医院）　胡红英（区人民医院）
李国锻（区人民医院）　杨秀智（区人民医院）
邵震华（区人民医院）　叶树锋（区人民医院）
周小红（区人民医院）　张　旭（区人民医院）
钱悦红（区人民医院）　张孟霞（区人民医院）
沈晓云（区人民医院）
唐成亮（菱湖人民医院）
施其彪（菱湖人民医院）
费国强（菱湖人民医院）
程海良（菱湖人民医院）
杨黎明（菱湖人民医院下昂社区卫生服务站）
潘亚芳（菱湖人民医院）
陆红燕（菱湖人民医院）
汪茂超（菱湖人民医院）
鲍　芳（千金镇朝阳村社区卫生服务站）
包怡颖（区中医院）　陈丹萍（区中医院）
何晴康（区中医院）　孔林华（区中医院）
卢旖洁（区中医院）　孙　璐（区中医院）
张志辉（区中医院）　朱琳媛（区中医院）
朱贤媛（区中医院）　李月华（双林人民医院）
沈宇晴（双林人民医院）
朱美丽（双林人民医院）
慎海卫（双林人民医院）

竺怀磊（双林人民医院）
金　宇（双林人民医院）
沈治国（双林人民医院）
章笑悦（旧馆镇卫生院）
王　毅（练市人民医院）
吴小利（练市人民医院）
蒋蓉芳（练市人民医院）
毛建为（练市人民医院）
朱煜华（练市人民医院）
顾金良（练市人民医院）
沈　超（练市人民医院）
章露丹（和孚镇卫生院）
陈晓敏（和孚镇卫生院）
沭丹凤（石淙镇卫生院）
方钻滢（石淙镇卫生院）
何智怀（石淙镇卫生院）
王敏红（千金镇卫生院）
费红雅（千金镇卫生院）
陆亚芳（南浔安康康复医院）
董钟琴（东迁卫生院）　沈伟民（横街卫生院）
施柏良（三长卫生院）　金国如（重兆卫生院）
李　丽（区疾病预防控制中心）
潘　杰（区疾病预防控制中心）
沈建根（善琏镇卫生院）
沈煜华（善琏镇卫生院）
杨永文（善琏镇卫生院）
韩　丹（南浔区卫生计生行政执法大队）
俞建锋（南浔双林俞建锋口腔诊所）
张飞龙（久安医院）　徐宏华（开发区）
俞宗浩（开发区）　沈淦芳（开发区）
方雪江（开发区）　王佳凡（开发区）
唐　颖（开发区）　莫国祥（开发区浔北村）
张建明（开发区祐村村）
方金法（开发区丁家港村）
高　浩（南浔新城集团发展有限公司）
张海清（开发区）　劳三妹（开发区）
戴雪芳（南浔镇）　孙娟娟（南浔镇）
褚国斌（区综合行政执法局南浔镇中队）
方海福（南浔镇便民服务中心）
周建荣（南浔镇）　潘亮亮（南浔镇）
朱淦峰（南浔镇）　张淳淳（南浔镇）
李四祥（吉祥驾校三长分校）
张莹熙（中国大地保险有限公司）

陆桂林（南浔镇联谊村）
潘荣林（南浔镇丁家桥村）
计荣梅（南浔镇神墩村）
冯利明（南浔区南浔自然资源所）
沈益斌（南浔华源绝缘材料有限公司）
姚建勇（南浔镇辽西村）
吴惠珍（南浔梅月集团）　俞新琴（练市镇）
袁峰峰（练市镇）　沈培芳（练市镇）
钱新泉（练市镇洪福村）
沈宏飞（练市镇松亭村）
王小妹（练市镇施浩村）
朱玉祥（练市镇水口村）
嵇黎红（练市镇朱家埭村）
姚利钟（练市镇丰登村）
施玲红（练市镇庄家村村）
钟丽黎（练市镇慈姑桥村）
沈翠萍（练市镇万兴社区）
施　屹（浙江彩蝶实业股份有限公司）
沈阿新（浙江练南建设集团有限公司）
沈晓红（浙江正导电缆有限公司）
章利明（浙江三行电气科技有限公司）
朱兴宇（浙江安和物业服务有限公司）
沈　平（练市镇洪福村）　徐惠琴（双林镇）
沈新根（双林镇）　沈国康（双林镇）
孙　慧（双林镇）　沈　亮（双林镇）
沈　海（区综合行政执法局双林中队）
李敏丽（双林镇房地产管理所）
徐娟英（双林镇便民服务中心）
曹凯凯（双林镇便民服务中心）
吴林土（双林镇华桥村）
林　虹（双林镇和睦社区）
施旭良（双林镇倪家滩村）
张赢峰（双林镇吴家庄村）
蔡翔强（湖州中盛公路桥梁工程有限公司）
沈建龙（双林镇黄泥兜村）
於斌强（双林镇邢窑村）
崔国栋（菱湖镇）　杨宇明（菱湖镇）
沈新民（菱湖镇）　方振峰（菱湖镇）
宋铮铮（菱湖镇）　徐新堂（菱湖镇菱东村）
沈伟英（菱湖镇）
许建章（菱湖镇补云斋画廊）
费云初（湖州新利特种纤维有限公司）
沈裕康（菱湖镇勤俭村）　嵇琴琴（菱湖镇）

郭丽萍（菱湖镇北栅社区）
沈　泉（菱湖镇综合行政执法中队）
李小强（南浔邮政管理局）
邹　颖（区水利局）　杨建中（和孚镇）
徐　欢（和孚镇）　邱明英（和孚镇）
顾红丽（和孚镇）　蔡永军（和孚镇）
李兆杰（和孚镇）　朱杭良（和孚镇）
金秋霞（和孚镇）　陈　方（和孚镇）
杨　明（和孚镇荻港村）　陈旭锋（和孚镇）
张新华（和孚镇重兆村）
徐美根（善琏镇施家桥村）
杨琴琴（善琏镇砖溪村）
钟明如（善琏镇港南村）
黄旭强（善琏镇蒙溪社区）
沈金龙（善琏镇综合行政执法中队）
吕卫国（湖州市善琏春风湖笔厂）
潘锦荣（杭州艾丽斯服装厂）
沈洪根（善琏镇观音堂村）　王亮亮（旧馆镇）
杨建强（旧馆镇麒麟村）
郑培红（旧馆镇便民服务中心）
郑　龙（旧馆镇消防队）
沈晓华（旧馆镇麒麟村）
钱永安（千金镇商墓村）
顾南石（千金镇千金村）
沈新泉（千金镇朝阳村）
宋文鑫（千金镇里浩村）
姚鑫良（千金镇东马干村）
沈梦阳（千金镇西马干村）
高海松（石淙镇羊河坝村）
沈建良（石淙镇姚家坝村）
叶秀江（石淙镇银子桥村）
李彩萍（石淙镇镇西村）
孙凤章（石淙镇南坝村）
王伟芳（南浔古镇旅游度假区）
陈明海（南浔古镇旅游度假区百间楼社区）
朱晓华（南浔古镇旅游度假区辽里社区）
施　伟（南浔古镇旅游度假区景区派出所）
姚国华（南浔古镇旅游度假区消防救援队）
于文广（区纪委监委）　沈立煜（区委办）
钟晓玲（区人大办）　沈国伟（区政府办）
金小晖（区政协农业和农村委）
胡少华（区委组织部）　何　凯（区委宣传部）
周婷婷（区宗教事务所）
王娟娟（区委政法委）　马　烽（区委编办）
尤梦霞（区信访受理服务中心）
张宇锋（区档案馆）　陈建伟（区委宣传部）
袁梦华（区发改经信局）
姚新惠（双林镇中心幼儿园）
郑建康（旧馆镇中心小学）
吴其忠（区科技局）　霍晓瑜（区民政局）
朱宏昌（区司法局）　许高峰（区财政局）
方　斌（区住房和城乡建设局）
郭根花（区交通局）　钱永强（区商务局）
杨　帆（区水利工程质量与安全监督管理中心）
向文彬（区农业技术推广服务中心）
沈建新（区文化和广电旅游体育局）
周新日（区卫生健康局）
侯　云（区退役军人事务局）
江月芳（区应急管理局）
俞晓丰（区审计服务中心）
俞　敏（区市场监管局双林分局）
王学良（区统计局）　李　梅（区医疗保障局）
温　圩（区综合行政执法局）
马君君（科技新城管委会）
李广永（高新区管委会）　沈红芳（区政务办）
汤富琴（区机关事务管理服务中心）
周　平（区人民法院）
杨事成（区人民检察院）
蒋　超（区消防救援大队）
崔雄文（区总工会）　邱昌华（团区委）
严凤英（区妇女儿童发展中心）
莫珉颖（区残疾人服务中心）
方欢欢（湖州南浔新欣现代农业发展有限公司）
吴建平（南浔城投集团）
夏赟飞（湖州南浔交通园林绿化工程有限公司）
吕　阳（浙江南浔古镇旅游发展有限公司）
施勇民（区公安分局警务保障室）
陈王伟（区公安分局法制大队）
赵育兵（区公安分局督察大队）
杨斌斌（区公安分局网安大队）
张　忠（区公安分局刑科室）
冯晓明（区公安分局人口管理大队）
黄艾华（区公安分局交警大队菱湖中队）
钱荣华（区公安分局交警大队和孚中队）
闫　伟（区公安分局巡特警大队）
丁　洲（区公安分局南浔派出所）

归荣方（区公安分局城西派出所）
王　峰（区公安分局练市派出所）
赵　腾（区公安分局双林派出所）
沈建新（区公安分局菱湖派出所）
姚小良（区公安分局和孚派出所）
朱　远（区公安分局巡特警大队）
卞索菲（区公安分局石淙派出所）
吴慕宇（区公安分局景区派出所）
周宇驰（区公安分局景区派出所）
施晨妍（区公安分局情报指挥中心）
沈耀庭（区公安分局交警大队练市中队）
杨沈旭（区公安分局交警大队双林中队）
杨伟强（区公安分局巡特警大队）
王　超（区公安分局巡特警大队）
戴　立（区公安分局南浔派出所）
杨俊怡（区公安分局城西派出所）
卜叶祥（区公安分局善琏派出所）
沈俭飞（区公安分局千金派出所）
邹小强（区自然资源和规划分局）
蔡　磊（区生态环境保护综合行政执法队）
陈　刚（区税务局）
张　琦（南浔邮政管理局）
吴秋艳（湖州市新闻传媒中心南浔分中心）
朱敏杰（南浔网络传输中心）
费红芳（区慈善总会）　周国良（区红十字会）
虞春艳（国网湖州南浔供电分公司）
陈伊炜（中国电信南浔分公司）
周卫东（中国移动南浔分公司）
陈　冬（南浔银行董事会）
邱美霞（中国工商银行湖州南浔支行）
马佳莹（中国农业银行湖州南浔支行）
施惠琴（中国银行南浔区支行）
尤琴浩（中国建设银行湖州南浔支行）
陆盈盈（交通银行湖州南浔支行）
潘明峰（区卫生健康局）
沈曙霞（区卫生健康局）
章中民（区卫生健康局）
费洪亮（区卫生健康局）
姚玉麟（区卫生健康局）
何俊奇（区发改经信局）
许惠芳（区发改经信局）
戴美清（区市场监管局南浔分局）
黄国平（区农业农村局）
吴龙龙（区大数据服务中心）
郭志辉（区互联网新闻舆情中心）
孙益岚（区审计局）　管霞铃（区委政法委）
周　青（区住房和城乡建设局）
顾建平（湖州高强新材料有限公司）
姚　辉（湖州三佳纺织有限公司）
朱爱斌（湖州杰盛高科纺织有限公司）
杨占丽（浙江尤夫高新纤维股份有限公司）
钱金娣（湖州市菱湖新望化学有限公司）
吴根荣（湖州新利商制带有限公司）
胡志虎（华荣科技股份有限公司）
莫建芳（浙江巨人集团有限公司）
贺晓瑛（湖州越球电机有限公司）
周海平（湖州富钢金属制品有限公司长材厂）
张佳音（湖州南浔吉麦隆超市虹阳路加盟店）
李海市（浙江省蔡崇信公益基金会）
顾洪宇（金肯职业技术学院在读学生）
李四化（南浔浔艺特产店）
谢琴琴（湖州恒悦广告传播有限公司）
陆　斌（奥特朗博电梯有限公司）
王金新（菱湖镇永丰村）
吴应江（菱湖镇菱东村）
朱荣林（练市镇朱家兜村）
陆新宏（善琏镇商会）
费金华（湖州新金马润滑助剂厂）
潘平福（获港一元茶馆）
高爱芬（湖州韵峰丝绸有限公司）

南浔区第五届道德模范

1. 诚实守信模范
   沈应珍（善琏镇卜家堰村）
   王一士（南浔镇辑里村）
2. 敬业奉献模范
   南浔区援鄂医疗团队
   温奕弋（区人民法院）
   胡春强（区公安分局双林派出所）
3. 见义勇为模范
   马　斌（南浔镇朱坞村美团站点）
   沈　勇（区公安分局交通警察大队镇区中队）
4. 孝老爱亲模范
   姚秋红（湖州南浔恒欣绸厂）
   忻阿美（练市镇水口村）
5. 助人为乐模范
   马朝辉（南浔镇乌家弄餐饮店万顺路店）

孙根才（南浔圆梦志愿者协会）

南浔区第五届道德模范提名奖

1. 诚实守信提名奖

周应娥（双林镇后坝村）

盛素红（菱湖盛江家庭农场）

2. 敬业奉献提名奖

严勤华（浙江洪波科技股份有限公司）

3. 见义勇为提名奖

高秋辉（和孚镇长超社区）

沈　徐（善琏镇姚家桥村）

姚　芳（善琏镇姚家桥村）

4. 孝老爱亲提名奖

张渭江（善琏镇姚家桥村）

沈水娟（石淙镇银子桥村）

5. 助人为乐提名奖

沈惠学（练市镇松亭村）

周银凤（南浔古镇旅游度假区百间楼社区三毛理发店）

南浔区2020年度"新时代南浔好人"

一、2020年第一季度"新时代南浔好人"

付桂金（南浔镇个体工商户）

王一士（南浔镇辑里村）

张云明（练市镇洪福村）

沈应珍（善琏镇卜家堰村）

杨丽亚（菱湖人民医院）

邵忠贤（区公安分局双林派出所）

忻阿美（练市镇水口村）

郑宗男（浙江图书馆地方文献部）

温建春（区市场监督管理局）

姚建斌（千金镇成人文化技术学校）

张渭江（善琏镇姚家桥村）

曹献忠（旧馆镇潘家庄村）

南浔区援鄂医疗团队

南浔区南浔圆梦志愿者协会

二、2020年第二季度"新时代南浔好人"

邢旭峰（南浔区医疗集团南浔院区）

马　斌（南浔镇朱坞村美团站点）

徐杰萍（菱湖镇东栅社区）

盛素红（菱湖盛江家庭农场）

鲍林文（千金镇南窑桥村）

严勤华（浙江洪波科技股份有限公司）

虞林妹（双林镇爱国路社区）

周银凤（南浔古镇旅游度假区百间楼社区三毛理发店）

姚秋红（湖州南浔恒欣绸厂）

姚俊杰（双林镇三田漾村）

王　兰（和孚镇横港村）

三、2020年第三季度"新时代南浔好人"

王丽霞（浙江林昌木业有限公司）

沈越群（双林镇第二中学）

张阿文（南浔镇施家浜村）

张和义（区医疗集团双林院区）

马志良（善琏湖笔厂）　韩升升（区税务局）

卢祖辉（区公安分局城西派出所）

李建良（和孚镇群益村）

郑益民（双林镇邢窑村美欣达环卫工人）

朱月祥（南浔区人民调解员协会）

四、2020年第四季度"新时代南浔好人"

沈根新（双林镇曹桥村垃圾处理中心）

胡　溢（区公安分局练市派出所）

姚玉林（菱湖镇六堡里村）

金新根（浙江长城电工科技股份有限公司）

沈建荣（区市场监督管理局双林分局）

张　超（区综合行政执法局机动中队）

周聪聪（双林镇后坝村）

唐云轩（千金镇金城村）

姚子宝（善琏镇观音堂村理发店）

朱炳新（南浔古镇旅游度假区管委会适园社区）

南浔区2020年最美家风诚信家庭（50户）

沈小青家庭（开发区洋南村）

石　晓家庭（南浔凯旋宫）

毕建超家庭（南林嘉园）

王家红家庭（开发区洋南新村）

顾建国家庭（开发区庠上村百家桥）

沈瑞芳家庭（南浔镇碧水尊邸）

俞发娥家庭（南浔镇罗马花园）

张贵凤家庭（南浔镇同泰花园）

孙根才家庭（南浔镇南方小区）

沈建娜家庭（南浔镇信泰商城）

郑　贞家庭（南浔镇逸龙湾）

徐红新家庭（练市镇严家圩村）

汤菊英家庭（练市镇凤凰小区）

沈新花家庭（练市镇车塔村）

李利玲家庭（练市镇湖滨花园）

朱荣华家庭（练市镇横塘村）

宋新法家庭（练市镇湖盐路针织品市场）

张新林家庭（双林镇跳家山村）
虞林妹家庭（双林镇老绢巷新村）
沈钰婷家庭（双林镇丰怡家园）
施阿多家庭（双林镇显洪村）
莫丽芬家庭（双林镇虹桥南村）
陆慧杰家庭（双林镇勤裕村）
冯梅江家庭（菱湖镇东河村）
姚培荣家庭（菱湖镇新庙里村）
施金泉家庭（菱湖镇山塘村）
丁火林家庭（菱湖镇山塘村）
李小艳家庭（菱湖镇竹墩村）
钱羽金家庭（菱湖镇新庙里村）
顾卫萍家庭（和孚镇新荻村）
宋林美家庭（和孚镇李市村）
周　平家庭（和孚镇佛堂兜村）
潘平福家庭（和孚镇荻港村）
唐厚明家庭（和孚镇长超村）
王国强家庭（善琏镇车家兜村）
沈林虎家庭（善琏镇和平村）
沈金山家庭（善琏镇观音堂村）
邱新华家庭（善琏镇窑里村）
汤卫华家庭（旧馆镇大洋社区）
郑培江家庭（旧馆镇港胡村）
俞根荣家庭（旧馆镇罗汉村）
曹献忠家庭（旧馆镇石桥头小区）
苏伟强家庭（千金镇朝阳村）
马炳荣家庭（千金村南斜港）
沈火清家庭（千金镇商墓村）
张　明家庭（千金镇石桥村）
潘根美家庭（石淙镇花园湾村）
沈建民家庭（石淙镇安桥港）
沈建林家庭（石淙镇羊河坝村）
严根祥家庭（石淙镇银子桥村）

南浔区 2020 年最美家风诚信乡贤（10 名）

潘平福（荻港村“一元茶馆”店主）
虞林妹（双林镇庆同小学退休教师）
王一士（辑里湖丝博物馆管理员）
姚玉林（美信佳集团有限公司员工）
张尧轩（千金镇东驿达村村民）
章宇民（荻港“六老”服务队队员）
徐文明（湖州明湖水产育苗有限公司总经理）
曹培新（练市镇凤凰小区退休教师）
顾应乔（练市镇专职调解员）
沈志平（石淙村党委书记、村委会主任，湖州润源丝织有限公司总经理）

南浔区 2020 年最美家风诚信老师（10 名）

包伟萍（南浔锦绣实验学校）
徐颖燕（南浔开发区实验学校）
沈新丽（练市镇第一中学）
宋雪雯（双林镇第二中学）
黄小强（石淙镇石淙学校）
陆芬芬（南浔实验小学）
张丽英（湖师院南浔附小）
包琴亚（双林庆同小学）
时晶晶（菱湖实验小学）
陆俊俊（千金镇中心小学）

南浔区 2020 年最美家风诚信学生（10 名）

李月航（南浔镇三长学校）
卜妍汐（浙江宏达南浔学校）
邱雨鑫（菱湖镇第一中学）
李昕暘（水晶晶新城学校）
陆依晗（练市镇练市小学）
张佳菲（南浔镇横街小学）
朱冰艳（南浔镇马腰小学）
翟艺湘（菱湖镇第三小学）
郑梓鑫（和孚镇长超小学）
陈旭尧（和孚镇重兆小学）

南浔区 2020 年最美家风诚信企业家（10 名）

沈方根（怡达快速电梯有限公司董事长）
朱林根（湖州银都铝业有限公司董事长兼总经理）
仲　华（浙江正导电缆有限公司董事长）
沈正发（谱拉歌世服饰有限公司董事长兼总经理）
阮永华（浙江智源办公设备制造股份有限公司总经理）
钱菊平（星光农机股份有限公司总经理）
高爱芬（湖州韵峰丝绸有限公司总经理）
杨桂荣（浙江杨艺园林工程有限公司董事长）
顾建平（湖州高强新材料有限公司董事长）
费银生（湖州江南恒盛炼染有限公司总经理）

南浔区 2020 年最美家风诚信干部（12 名）

倪培华（南浔镇）　沈雪江（练市镇）
戴国梁（双林镇）　宋铮铮（菱湖镇）
王允捷（和孚镇）　俞丹萍（善琏镇）
钱晓燕（旧馆镇）　王金根（千金镇）
宋根华（石淙镇）　吴素隆（区市场监管局）
王　燕（区医保局）　沈红芳（区政务办）

南浔区2020年度人大代表建议和政协提案及办理工作成绩突出贡献个人

沈建萍（浙江红利富实木业有限公司）
钱国英（南浔镇增山社区）
周国芳（开发区戴家桥村）
李小林（沃克斯迅达电梯有限公司）
李利强（练市镇花林小学）
曹水新（区医疗集团）　朱剑平（双林镇华桥村）
陆明芳（双林镇）　冯建囡（菱湖实验小学）
钱金娣（菱湖新望化学有限公司）
徐　伟（和孚镇漾东村）　吴惠丽（富钢集团）
慎鹤云（善琏镇四德笔庄）
姚鑫良（千金镇东马干村）
朱惠庆（湖州杰盛高科纺织有限公司）
沈　岐（科技新城管委会）
殷　彤（汉宇装饰材料〔湖州〕有限公司）
於　丽（区科技局）　蔡　锋（湖州市南浔中学）
程家兴（湖州广安钢结构有限公司）
秦玉明（湖州立华路桥工程有限公司）
何　伟（湖州印象文化发展有限公司）
汪建辉（巨人通力电梯有限公司）
王　琴（南浔锦绣实验学校）　闵陈晨（区妇联）
何小波（区城投集团）　穆红卫（区市场监管局）
张正华（蔡崇信公益基金会）
姚明根（湖州久益有机玻璃有限公司）

2020年度履职“最佳”政协委员

沈　岐　殷　彤　於　丽　蔡　锋　程家兴
秦玉明　戴　晶　何　伟　汪建辉　王　琴
何小波　董明华　张正华　穆红卫　闵陈晨
姚明根

2020年度反映社情民意信息工作先进个人

孙水根　邵　枫　吴　桢　陈　云
章　昊　赵朱慧　屠培峰　顾奕超

2020年度提案办理先进个人

邱建凤　王青瑶　吴　洁　陈华新

2020年度南浔区人才招引突出贡献个人

邵明元（湖州越球电机有限公司）
沈新华（浙江东通光网物联科技有限公司）
宁慧敏（浙江科宁电机有限公司）
宁林祥（浙江欧冶达机械制造股份有限公司）
施泉兵（浙江久立特材科技股份有限公司）
沈建良（浙江卓旺农业科技有限公司）

2020年度南浔区优秀“驻村书记”（农村工作指导员）

刘　勇（南浔镇）　从泉林（练市镇）
吴兴权（区政协机关）　徐和清（菱湖镇）
朱月林（区农业农村局）　高登旺（区财政局）
姚　金（区供销社）

南浔区人民政府嘉奖

马　斌（南浔镇朱坞村美团站点）

驻沪苏招商引才工作优秀招商员

陆仲怡（区退役军人事务局）
马君君（区科技新城）

南浔区第四届十佳“最美教师”

王　芳（双林庆同小学）
芮建琴（镇西小学）　朱雪莉（菱湖三中）
沈思倩（南浔锦绣实验学校）
谈丽芳（南浔镇幼儿园）
顾小岑（南浔实验幼儿园）
毛海英（浙江宏达南浔学校）
钮娅勤（菱湖实验小学）
刘兰英（练市一中）　周培芬（菱湖一中）

第六届南浔教育奖

（一）优秀管理成果奖

张香明（南浔开发区实验学校）
钱　琴（湖师院南浔附小）
沈国荣（南浔实验小学）　沈　瑛（马腰小学）
丁惠祥（横街小学）
章九英（南浔实验幼儿园）
曹晓明（南浔成校）　徐　辉（练市小学）
姚国英（练市镇中心幼儿园）
费　宏（双林二中）　沈国强（双林庆同小学）
姚新惠（双林镇中心幼儿园）
王新泉（菱湖一中）　沈玉民（菱湖实验小学）
周月康（和孚中学）　张乾坤（重兆小学）
罗亚芳（善琏镇中心幼儿园）
郑建明（旧馆中学）　杨　峰（千金中学）
黄学琴（千金镇中心幼儿园）
姚建斌（千金成校）　费国群（石淙学校）
马会仁（南浔锦绣实验学校）
罗敏江（浙江宏达南浔学校）
姚云仙（南浔新区幼儿园）
郑　旭（思进小学）
沈春芳（区教育局组织人事科）
沈利勇（区教育局基础教育科）
张建权（区教育教学研究和培训中心）

费伟国（区教育安全管理中心）

（二）优秀教育成果奖

张跃芬（南浔锦绣实验学校）
顾婷婷（南浔锦绣实验学校）
刘广萍（南浔锦绣实验学校）
肖莉阳（浙江宏达南浔学校）
计旭勤（浙江宏达南浔学校）
沈惠芬（浙江宏达南浔学校）
朱　晶（南浔开发区实验学校）
王丽芬（南浔开发区实验学校）
周德文（南浔开发区实验学校）
李　艳（马腰中学）　都　飞（马腰中学）
陆琴芳（浔溪中学）　章　云（浔溪中学）
施月飞（浔溪中学）　胡　斌（浔溪中学）
李莉芳（浔溪中学）　沈文艳（横街中学）
陶曙鸿（三长学校）　杨　柳（三长学校）
杨卫国（练市一中）　郭秋景（练市一中）
施丽妹（练市一中）　凌　晖（洪塘中学）
徐群芳（花林中学）　袁　芳（双林二中）
王健明（菱湖一中）　芮国良（菱湖一中）
周培芬（菱湖一中）　王丹花（菱湖一中）
张佳丽（菱湖三中）　沈　陈（和孚中学）
黄　荣（善琏学校）　陈少平（旧馆中学）
吴秀华（千金中学）　王芳芳（石淙学校）
管志英（南浔锦绣实验学校）
韩晓鸣（南浔锦绣实验学校）
施惠芬（浙江宏达南浔学校）
张　静（浙江宏达南浔学校）
王　晶（南浔开发区实验学校）
费伟娟（浔溪小学）　钱晓芳（马腰小学）
章旭丽（南浔实验小学）　沈月红（横街小学）
戴月香（南浔实验小学）　沈华芳（三长学校）
沈周晶（南浔实验小学）　黄妙英（练市小学）
李　佳（湖师院南浔附小）
沈根丽（练市小学）
吴春燕（湖师院南浔附小）
杨雯雯（练市小学）　董利锋（练市小学）
计云霞（洪塘小学）　蔡瑾珏（花林小学）
李末凤（花林小学）　李　瑾（双林庆同小学）
茅艳红（罗开富小学）
陈旭斌（双林庆同小学）　钱新花（镇西小学）
王新英（双林庆同小学）　余小川（菱湖三小）
吴立峰（菱湖实验小学）　费战辉（菱湖五小）
丁战芳（泉生小学）　沈　晔（长超小学）
丁新琴（长超小学）　钱彩敏（重兆小学）
杨惠芬（善琏学校）　朱筱筱（含山小学）
胡春艳（旧馆小学）　汤　莉（旧馆小学）
陆婷瑛（旧馆小学）　严美琴（旧馆小学）
顾　欣（千金小学）　胡海平（石淙学校）
姚贤芬（菱湖成校）　鲍　政（旧馆成校）
沈琴燕（浙江宏达南浔幼儿园）
顾丽芬（南浔实验幼儿园）
华小燕（南浔实验幼儿园）
夏翰秋（南浔镇幼儿园）
沈丽妹（练市镇中心幼儿园）
汤美虹（双林镇中心幼儿园）
潘　娟（双林镇中心幼儿园）
褚霞颖（菱湖镇幼儿园）
沈丽兴（菱湖镇幼儿园）
沈　赟（和孚镇中心幼儿园）
王　倩（旧馆镇中心幼儿园）
潘晓路（南浔新区幼儿园）
朱惠芳（南浔堰四幼儿园）
沈建方（浔溪小学）　姜晓翔（双林二中）
施月芬（区教育教学研究和培训中心）
徐勤芳（区教育教学研究和培训中心）
陈　芳（南浔中学）　裴兆洋（南浔中学）
张海青（南浔中学）　金建明（练市中学）
郭勤燕（练市中学）　曹洪新（练市中学）
廖应生（双林中学）　邢建荣（双林中学）
邱宏伟（菱湖中学）　丁红芳（菱湖中学）
刘　娟（菱湖中学）

九、各级各类文明荣誉称号

一、全国文明称号（6个）

1. 全国文明镇（1个）

练市镇

2. 全国文明单位（2个）

南浔区人民法院
浙江南浔农村商业银行（本部）

3. 全国文明村（3个）
南浔镇息塘村 练市镇荃步村
和孚镇荻港村

二、省级文明称号（51个）

1. 省级文明镇（3个）
和孚镇 善琏镇 千金镇
2. 省级文明单位（27个）
南浔区税务局 南浔区市场监督管理局
南浔区人民检察院 南浔区公路管理局
沃克斯迅达电梯有限公司
南星家居科技（湖州）有限公司
中国农业银行湖州南浔支行 湖州市南浔中学
中国移动通信集团浙江有限公司南浔分公司
久盛地板有限公司
中国建设银行湖州南浔支行 南浔区人民医院
中国工商银行湖州南浔支行
南浔镇马腰幼儿园 浔溪中学
浙江长城电子科技集团有限公司
湖州太平微特电机有限公司
森赫电梯股份有限公司 双林庆同小学
久立集团股份有限公司 湖州市双林中学
谱拉歌世服饰有限公司 湖州市菱湖中学
浙江南浔农村商业银行和孚支行 和孚中学
星光农机股份有限公司
浙江南浔农村商业银行旧馆支行
3. 省级文明村（20个）
开发区祐村村 南浔镇横街村 南浔镇迎春村
南浔镇灯塔村 双林镇华桥村
双林镇千亩山村 双林镇七星桥村
双林镇向阳村 菱湖镇杨港村 菱湖镇竹墩村
和孚镇吴兴塘村 和孚镇重兆村
和孚镇漾东村 和孚镇陈塔村 和孚镇横港村
和孚镇长超村 和孚镇民当村
旧馆镇潘家庄村 旧馆镇港胡村
石淙镇花园湾村
4. 省级文明社区（1个）
菱湖镇东栅社区

三、市级文明称号（235个）

1. 市级文明镇（4个）
菱湖镇 石淙镇 双林镇 旧馆镇
2. 市级文明单位（106个）
湖州市公安局南浔区分局
南浔区综合行政执法局 南浔区财政局
湖州广播电视总台南浔广播电视中心
南浔区农业农村局
南浔区文化广电旅游体育局
湖州市消防救援支队南浔区大队
南浔区图书馆
湖州市住房公积金管理中心南浔区业务管理部
南浔区档案馆
湖州市自然资源与规划局南浔分局
湖州南浔城建投资发展有限公司
南浔区机关事务管理服务中心
湖州市南浔新城投资发展公司
浙江南浔农村商业银行股份有限公司东迁支行
浙江巨人控股有限公司
浙北高速申苏浙皖浙苏收费所
怡达快速电梯有限公司
湖州银行股份有限公司南浔支行
中国银行股份有限公司南浔区支行
中国人民财产保险股份有限公司湖州市南浔支公司
中国联合网络通信有限公司南浔区分公司
浙江南浔农村商业银行股份有限公司南浔支行
湖州市水务集团有限公司南浔分公司
中国电信股份有限公司湖州分公司南浔区分局
中国人寿保险股份有限公司湖州市南浔区支公司
南浔新区幼儿园
浙江南浔农村商业银行股份有限公司马腰支行
南浔实验幼儿园 南浔镇横街幼儿园
湖州东方汽车有限公司
浙江南浔农村商业银行股份有限公司横街支行
南浔区中医院
湖州市南浔通惠金洁链条制造有限公司
浙江久安公益事业有限公司 南浔镇幼儿园
湖州市公安局南浔区分局南浔派出所
南浔镇国土资源管理所
浙江彩蝶实业股份有限公司
南浔区市场监督管理局练市镇分局
中国农业银行股份有限公司湖州练市支行
浙江南浔农村商业银行股份有限公司练市支行
南浔区综合行政执法局练市中队
浙江正导电缆有限公司
湖州市公安局南浔区分局练市派出所
中国邮政集团公司湖州市练市支局
练市人民医院 练市镇中心幼儿园

湖州练市自来水有限公司
练市镇成人文化技术学校
湖州练南建设工程有限公司
湖州菱城建设工程有限公司
浙江洪波科技股份有限公司
湖州协鑫环保热电有限公司
练市镇国土资源管理所
中国移动通信集团浙江有限公司南浔分公司练市营业厅
双林镇房地产管理所
湖州电力局客户服务中心双林供电营业所
南浔区市场监督管理局双林镇分局
中国农业银行股份有限公司湖州双林支行
浙江省电信公司湖州市分公司双林支局
浙江南浔农村商业银行股份有限公司双林支行
湖州双林自来水有限公司
湖州市自然资源和规划局双林镇自然资源所
双林镇中心幼儿园
南浔区人民法院双林人民法庭
湖州新仲湖针织制衣有限公司
湖州菁诚纺织品有限公司
浙江湖州新京昌电子有限公司
双林文化中心
中国移动通信集团浙江有限公司湖州双林营业厅
南浔区人民法院菱湖人民法庭
浙江省电信公司湖州市分公司菱湖支局
菱湖人民医院
浙江南浔农村商业银行股份有限公司菱湖支行
菱湖镇幼儿园　湖州菱湖自来水有限公司
菱湖新世纪幼儿园
南浔区市场监督管理局菱湖镇分局
湖州市公安局南浔区分局菱湖派出所
菱湖镇环境卫生管理所
湖州市自然资源和规划局菱湖镇自然资源所
菱湖镇下昂幼儿园
湖州荣凯植物提取有限公司
湖州市公安局南浔区分局和孚派出所
和孚镇中心幼儿园　和孚镇社区卫生服务中心
湖州市自然资源和规划局和孚镇自然资源所
和孚镇宣传文化中心
湖州中核苏阀一新铸造有限公司
善琏镇卫生院　善琏镇成人文化技术学校
浙江南浔农村商业银行股份有限公司善琏支行
善琏镇中心幼儿园　湖州市善琏湖笔厂
南浔区市场监督管理局善琏所　旧馆镇卫生院
旧馆贝贝乐幼儿园
浙江富钢金属制品有限公司
浙江南浔农村商业银行股份有限公司千金支行
千金镇中心幼儿园
浙江南浔农村商业银行股份有限公司石淙支行
石淙镇中心幼儿园
湖州市公安局南浔区分局石淙派出所
石淙镇国土资源管理所　南浔镇房地产管理所

3. 市级文明村（83个）

开发区英雄村　开发区丁家港村
开发区同心村　开发区方丈港村
开发区庠上村　开发区东上林村
开发区马嘶村　开发区洋南村　开发区坞仁村
南浔镇丁家桥村　南浔镇马腰村
南浔镇屯圩村　南浔镇永联村　南浔镇柏树村
南浔镇兴隆村　南浔镇伍林村　南浔镇堰四村
练市镇练南村　练市镇水口村　练市镇姚庄村
练市镇庄家村村　练市镇新联村
练市镇朱家兜村　练市镇农兴村
练市镇悦新村　练市镇朱家埭村
练市镇建新村　练市镇中心村　练市镇金塔村
练市镇水产村　练市镇车塔村　练市镇洪福村
练市镇花林村　练市镇钟家墩村
双林镇新丰兜村　双林镇莲花兜村
双林镇勤裕村　双林镇黄龙兜村
双林镇周家兜村　双林镇雉头村
双林镇花盘兜村　双林镇俞家埭村
菱湖镇山塘村　菱湖镇陈邑村　菱湖镇建丰村
菱湖镇勤劳村　菱湖镇菱东村　菱湖镇思溪村
菱湖镇许联村　和孚镇新荻村　和孚镇四联村
和孚镇云北村　和孚镇复乐村　和孚镇李市村
和孚镇群益村　善琏镇姚家桥村
善琏镇车家兜村　善琏镇施家桥村
善琏镇砖溪村　善琏镇宏建村　善琏镇港南村
善琏镇皇坟村　善琏镇善琏村
善琏镇观音堂村　善琏镇和平村
善琏镇平乐村　旧馆镇塘南村　旧馆镇祝良村
旧馆镇麒麟村　旧馆镇载旺村　旧馆镇光明村
千金镇东驿达村　千金镇东马干村
千金镇南窑桥村　千金镇石桥村
千金镇商墓村　千金镇朝阳村　千金镇千金村

千金镇西马干村　石淙镇羊河坝村
石淙镇姚家坝村　石淙镇石淙村
度假区硬长桥村

4. 市级文明校园（34个）

南浔开发区实验学校　南浔锦绣实验学校
南浔镇横街小学　南浔镇三长学校
南浔镇马腰小学　南浔实验小学
南浔镇横街中学　湖州师范学院南浔附属小学
练市国强小学　湖州市练市中学
练市镇花林小学　练市镇洪塘小学
练市镇练市小学　练市镇第一中学
练市镇洪塘中学　练市镇花林中学
双林第二中学　双林镇镇西小学
双林镇罗开富小学　双林综合高级中学
菱湖镇第一中学　菱湖镇第五小学
菱湖镇第三中学　菱湖镇第三小学
菱湖实验小学　泉生小学　和孚镇重兆小学
和孚镇长超小学　善琏学校　善琏镇含山小学
旧馆镇中心小学　旧馆中学　千金镇中心小学
千金中学

5. 市级文明社区（8个）

南浔镇江南社区　练市镇再兴社区
双林镇爱国路社区　双林镇新街社区
双林镇虹桥社区　菱湖镇南栅社区
菱湖镇下昂社区　南浔古镇管委会适园社区

四、区级文明称号（293个）

1. 区级文明单位（153个）

南浔区教育局　南浔区纪律检查委员会
南浔区发展改革和经济信息化局
南浔区水利局　南浔区政务服务中心
南浔区统计局　南浔区司法局　南浔区审计局
南浔区住房和城乡建设局　南浔区科学技术局
南浔区疾病预防控制中心
南浔区卫生计生行政执法大队
南浔区应急管理局
南浔古镇旅游度假区管理委员会
南浔城市投资发展集团有限公司
南浔区交通投资集团有限公司
东迁卫生院　浙江伟康电机有限公司
巨人通力电梯有限公司
湖州市公安局南浔区分局城西派出所
南浔思进小学　南浔镇东迁幼儿园
湖州东科电子石英股份有限公司
浙江湖州梅月针织有限公司
开发区浔溪小学　浙江联合电梯有限公司
开发区自然资源所　湖州市南洋电机有限公司
浙江东通光网物联科技有限公司
湖州越球电机有限公司
国电湖州南浔天然气热电有限公司
南浔区综合行政执法局开发区中队
湖州市横街卫生院
湖州银都铝业有限公司　三长卫生院
湖州万士乐建筑工程机械有限公司
国网湖州供电公司南浔供电分公司南浔供电所
中国邮政储蓄银行股份有限公司湖州市泰安路营业所
浙江万佳文化科技有限公司
湖州谊联皮具有限公司　马腰卫生院
浙江金三角家私有限公司
湖州市南浔三亚家私有限公司
交通银行股份有限公司湖州南浔支行
中国太平洋财产保险股份有限公司湖州市南浔支公司
南浔镇三长幼儿园　南浔镇利民小学
浙江长征电影碳棒有限公司
海达门控有限公司
南浔镇成人文化技术学校
湖州南浔城建工程有限公司
浙江大明家具有限公司
湖州南浔新龙电机有限公司
湖州市南浔区保安服务有限公司
湖州南浔阳光培训学校有限公司
上外附属浙江宏达南浔幼儿园
浙江泰隆商业银行股份有限公司湖州南浔小微企业专营支行
嘉兴银行股份有限公司湖州南浔支行
上海浦东发展银行股份有限公司湖州南浔小微企业专营支行
浙江永吉木业有限公司
湖州南浔花园名都大酒店有限公司
湖州市南浔丽菁大酒店有限公司
浙江平城保安服务有限公司
中国电信股份有限公司湖州分公司南浔分局练市支局
湖州市洪塘众立铸造有限公司
中国工商银行股份有限公司湖州练市支行

国网湖州供电公司南浔供电分公司练市供电所
湖州天阁粘合剂有限公司
练市镇便民服务中心（文化体育）
练市镇总工会　恒达富士电梯有限公司
浙江正豪钢结构工程有限公司
南浔区人民法院练市人民法庭
浙江依多金控股有限公司　练市镇洪塘幼儿园
南浔区税务局练市税务所
湖州鼎盛机械制造有限公司
湖州高裕家居科技有限公司
浙江三行电气科技有限公司
湖州市富顺达丝纺有限公司　双林人民医院
南浔区综合行政执法局双林中队
双林镇环境卫生管理所　湖州双林商标制带厂
浙江湖州新京福纺织染整有限公司
湖州盛利染整有限公司
湖州市南浔费新我艺术馆
湖州银行股份有限公司双林小微企业专营支行
浙江众立不锈钢管股份有限公司
湖州星星研磨有限公司
湖州鲜的食品有限公司
湖州三林塑料制品有限公司
湖州宏菱水泥有限公司　菱湖镇房地产管理所
菱湖镇公共事业服务中心
湖州鑫富新材料有限公司
菱湖镇便民服务中心
中国建设银行股份有限公司湖州菱湖支行
湖州市菱湖三狮水泥有限公司
中国农业银行股份有限公司湖州菱湖支行
湖州新利商标制带有限公司
湖州新溪五星丝绸有限公司
菱湖镇成人文化技术学校
中国移动通信集团浙江有限公司南浔分公司菱湖营业厅
湖州银行股份有限公司菱湖支行
中国工商银行股份有限公司湖州菱湖支行
南浔区菱湖渔业协会
南浔区综合行政执法局菱湖中队
湖州金利孚刀具有限公司
国网湖州供电公司南浔供电分公司和孚供电所
和孚镇成人文化技术学校　和孚镇重兆幼儿园
和孚镇公共事业服务中心
申嘉湖杭高速公路和孚收费中心所
浙江裕丰新材料有限公司
湖州南太湖环保能源有限公司
南浔区市场监督管理局和孚所
南浔区综合行政执法局和孚中队
中国电信南浔分公司善琏支局
善琏房地产管理所
湖州市公安局南浔区分局善琏派出所
湖州繁华绢纺有限公司
湖州市含山永明制刷有限公司
湖州韵峰丝绸有限公司
湖州善琏双喜湖笔有限公司
湖州永盛机械铸造有限公司
湖州科峰磁业有限公司
浙江卓旺农业科技有限公司
湖州市自然资源和规划局南浔分局善琏镇自然资源所
浙江江潮电机实业有限公司
善琏镇便民服务中心（宣传文化中心）
浙江丽童家居有限公司
湖州市公安局南浔区分局旧馆派出所
浙江大友木业有限公司　旧馆镇时代幼儿园
湖州市自然资源和规划局南浔分局旧馆镇自然资源所
南浔区综合行政执法局旧馆中队
旧馆镇便民服务中心（宣传文化中心）
旧馆镇成人文化技术学校
湖州市公安局南浔区分局千金派出所
千金镇卫生院　湖州南浔温氏畜牧有限公司
湖州南浔华统肉制品有限公司
湖州高强新材料有限公司
南浔区综合行政执法局千金中队
石淙镇卫生院　石淙镇石淙学校
湖州江南恒盛炼染有限公司
石淙镇公共事业服务中心
石淙镇便民服务中心
南浔区综合行政执法局石淙中队
石淙镇成人文化技术学校
浙江南浔古镇旅游发展有限公司

2. 区级文明村（92个）

开发区圣驾桥村　开发区戴家桥村
开发区李家河村　开发区富强村
开发区直港巷村　开发区江蒋漾村
开发区西阳村　开发区东迁村　开发区浔北村

南浔镇辑里村　南浔镇浔南村　南浔镇三长村
南浔镇施家浜村　南浔镇和睦兜村
南浔镇杨华村　南浔镇辽西村　南浔镇朱坞村
南浔镇计家兜村　南浔镇神墩村
南浔镇潘港桥村　南浔镇南林村
南浔镇泗洲村　南浔镇适溪村
练市镇李家兜村　练市镇莲墩村
练市镇民安村　练市镇施浩村　练市镇横塘村
练市镇慈姑桥村　练市镇松亭村
练市镇达井村　练市镇蔡家桥村
练市镇白水河村　练市镇丰登村
练市镇西堡村　练市镇北堡村　练市镇新丰村
练市镇大虹桥村　练市镇严家圩村
练市镇杨树河村　练市镇召林村
练市镇新会村　双林镇箍桶兜村
双林镇吴家庄村　双林镇倪家滩村
双林镇土山村　双林镇显洪村　双林镇儒林村
双林镇东双林村　双林镇曹桥村
双林镇岂山圩村　双林镇邢窑村
双林镇后坝村　双林镇洋滩村
双林镇黄泥兜村　菱湖镇六堡里村
菱湖镇东河村　菱湖镇南双林村
菱湖镇永福村　菱湖镇下昂村　菱湖镇三溪村
菱湖镇新庙里村　菱湖镇卢介庄村
菱湖镇勤俭村　菱湖镇费介埭村
菱湖镇千丰村　菱湖镇杨介巷村
菱湖镇射中村　菱湖镇南浜村　菱湖镇达民村
菱湖镇王家墩村　和孚镇佛堂兜村
和孚镇和孚村　和孚镇陶家墩村
和孚镇河东村　和孚镇云东村　和孚镇新胜村
和孚镇双福桥村　和孚镇张村村
善琏镇窑里村　善琏镇卜家堰村
善琏镇夹塘村　旧馆镇新兴港村
旧馆镇罗汉村　旧馆镇三桥村　旧馆镇寺桥村
千金镇金城村　石淙镇银子桥村
石淙镇南坝村　度假区浔东村　度假区辽里村
度假区沈庄漾村

3. 区级文明校园（25个）

南浔开发区实验幼儿园
南浔区南浔塘北花田幼儿园
南浔区诺亚舟幼儿园　南浔区水晶晶新城学校
南浔实验幼儿园朝阳园区
南浔镇香墅湾幼儿园
南浔区月亮湾金摇篮幼儿园
南浔区秀城幼儿园　南浔镇少儿教育辅导中心
南浔镇堰四幼儿园　南浔区华府艺术幼儿园
南浔镇金象湖实验幼儿园
南浔区金苹果幼儿园　南浔区城之南幼儿园
上海外国语大学附属浙江宏达南浔学校
南浔向阳小学　练市儒尔贝幼儿园
练市镇景月湾幼儿园　练市镇花林幼儿园
双林镇中心幼儿园镇西分园
双林镇博雅幼儿园　双林镇爱心幼儿园
和孚镇中心幼儿园长超分园
善琏镇含山幼儿园　旧馆镇中心幼儿园

4. 区级文明社区（23个）

开发区南林社区　南浔镇朱坞社区
南浔镇堰四社区　南浔镇增山社区
南浔镇辽西社区　南浔镇浔南社区
练市镇万兴社区　练市镇练溪社区
双林镇板桥社区　双林镇龙古兜社区
双林镇三桥社区　菱湖镇西栅社区
菱湖镇北栅社区　菱湖镇菱水社区
和孚镇长超社区　和孚镇重兆社区
和孚镇和孚社区　善琏镇蒙溪社区
旧馆镇大洋社区　度假区泰安路社区
度假区辽里社区　度假区镇东社区
度假区夏家桥社区

（编辑部收集整理　排序不分先后）